원전으로 읽는
제시 리버모어의 회상
REMINISCENCES *of a* STOCK OPERATOR

원전으로 읽는
제시 리버모어의 회상
REMINISCENCES *of a* STOCK OPERATOR

에드윈 르페브르 지음 | 박정태 옮김

굿모닝북스

■ 옮긴이 서문: 시장은 변하지 않는다

> 《제시 리버모어의 회상》은 당신 스스로 건전한 투자 원칙을 세워나갈 수 있도록 도와줄 것이며, 이 원칙이야말로 당신이 성공 투자자의 반열에 올라서는 열쇠가 될 것이다. 진정으로 원하면 당신도 그렇게 될 수 있다.
>
> — 윌리엄 오닐

이 책은 에드윈 르페브르가 1922년 6월부터 1923년 5월까지 12회에 걸쳐 〈새터데이 이브닝 포스트Saturday Evening Post〉에 연재했던 《제시 리버모어의 회상Reminiscences of a Stock Operator》을 그대로 옮긴 것이다. 《제시 리버모어의 회상》은 연재가 시작되자마자 큰 반향을 일으켰다. 당시 리버모어는 최고의 전성기를 맞은 전설적인 투자자였고, 르페브르는 월스트리트를 가장 적나라하게 묘사한다고 평가받는 작가 겸 언론인이었다. 게다가 〈새터데이 이브닝 포스트〉는 그 무렵 발행부수가 300만 부에 달하는 미국에서 가장 많이 팔리는 잡지였다. 신비에 싸인 주인공과 정곡을 찌르는 일류 기자, 여기에 전국 독자를 갖춘 인기 매체까지 3박자를 두루 갖추었으니 화제를 불러일으키기에 충분했다.

르페브르는 연재가 끝나자 곧바로 《제시 리버모어의 회상》을 단행본으로 출간했다. 이 책은 나오자마자 베스트셀러가 됐고, 월스트리트의 내로라하는 전문가들은 이구동성으로 이 책을 최고의 투자서로 손꼽았다. 이 책은 지금까지도 자타가 공인하는 "투자의 고전" 반열에 올라있다. 그런데 단행본으로 출간된 《제시 리버모어의 회상》은 연재된 기사와 많이 달랐다. 무엇보다 연재 기사는 르페브르가 로렌스 리빙스턴(리버모어의 작중 이름)을 직접 인터뷰한 내용인 데 반해 단행본은 리빙스턴이 1인칭 화자가 되어 회상하는 형식으로 바뀌었다.

그러다 보니 리버모어를 소개하는 내용이나 르페브르가 부연해서 설명하는 부분은 통째로 삭제해버려 분량도 많이 줄었다. 아마도 르페브르나 출판사 입장에서는, 잡지에 연재하는 기사와 완결된 형태의 단행본은 독자층이 다르므로 형식과 내용도 차별화해야 한다고 생각했던 것 같다. 그래도 저자가 전하고자 하는 메시지, 즉 "누구도 시장을 이길 수 없다"는 월스트리트의 진실을 담아내기에는 손색이 없었고, 또 주인공이 직접 얘기하는 형식이 되니까 더 흥미진진하게 느껴졌을 수 있다.

하지만 필자가 보기에는 아무래도 아쉬움이 많았다. 1년 이상 제시 리버모어라는 인물에 푹 빠져 관련 서적과 자료를 뒤적이다 보니 〈새터데이 이브닝 포스트〉에 연재된 최초의 기사만큼 사실적이면서도 가르침이 풍부한 것도 없었다. 그래서 《원전으로 읽는 제시 리버모어의 회상》(이하 《원전》)을 새로 번역하게 된 것인데, 간략하게 무엇을 주목해서 봐야 하는지 소개하겠다.

우선 1회분 전부를 비롯해 상당 부분이 단행본에서는 빠진 것들이다. 그중에서도 12회분은 백미(白眉)라고 할 수 있는 내용으로, 르페브르는 마지막 연재 기사에서 비극적으로 생을 마감한 투기자 세 명의 사례를 소개한 것이다.

미국 주식시장 최초의 큰손 투기자로 "월스트리트의 지도자"로 불렸던 제이콥 바커, 월스트리트 최초의 전업 트레이더이자 한때 미국 최고의 부호였던 제이콥 리틀, 전성기 시절 월스트리트의 제왕으로 군림했던 앤서니 모스 모두 참담한 최후를 맞았다. 바커는 90대 나이에 파산해 빈털터리로 생을 마감했고, 리틀은 말년에 고작 5주를 거래하다가 "가난하게 죽는군!"이라는 말을 마지막으로 숨을 거뒀다. 모스 역시 알거지가 돼 브로드웨이를 전전하다 싸구려 하숙집에서 세상을 떠났는데, 하숙집 여주인이 몇 달러 밖에 안 되는 밀린 하숙비를 받기 전까지는 그의 주검을 내줄 수 없다고 버티는 바람에 장례가 늦어지기도 했다.

혹시 리버모어 역시 앞서간 전설의 선배들처럼 그런 최후를 맞이할 것이라고 미리 내다본 것일까? 알다시피 리버모어는 권총 자살로 생을 마감했다. 하지만 인터뷰할 당시 리버모어는 그의 삶에서 절정기를 구가하고 있었다.

이 책《원전》의 또 한 가지 매력은 리버모어가 일하는 모습을 아주 사실적으로 전해주고 있다는 점이다. 가령 시장이 열리는 오후 3시 이전에는 오로지 주식에만 정신을 집중하다가 장이 끝나면 완전히 시장을 잊어버리는 습관이나, 스톱워치로 시간까지 재가며 자신이 거래할 증권회사를 고르는 자세를 생생하게 엿볼 수 있다. 당연히 1인칭 화자 형식의 글에서는 읽을 수 없는 부분으로, 투자의 세계에서 프로페셔널은 어떻게 행동하는지를 이해할 수 있는 대목이다.

이밖에도 르페브르는 자신이 《제시 리버모어의 회상》을 왜 쓰고 있는지를 반복해서 이야기하고 있다. 월스트리트에 새로운 것은 없다는 사실은 르페브르의 출발점이자 중심 주제다. 희망과 두려움, 탐욕과 무지로 인해 아마추어들은 물론 프로들까지도 결국 시장에 패배하고 만다는 점 역시 르페브르가 독자들에게 꼭 해주고 싶은 말일 것이다.

이 책의 출간 작업이 막바지에 이르렀던 2010년 11월 11일 우리나라 주식시장에서 소위 "옵션만기일 폭탄" 사건이 벌어졌다. 한 외국 증권회사 창구를 통해 장 막판 2조3000억 원의 매물이 쏟아져 나왔고, 그 바람에 주가지수가 10분만에 2.5%나 급락했다. 폭락의 여파로 국내 자산운용회사 한 곳이 800억 원 이상의 손실을 입고 문을 닫을 처지에 놓였다. 국내 증권회사 수십 곳도 큰 손실을 입었다. 허겁지겁 감독당국이 조사에 착수했지만 심증만 갈뿐 불법거래의 증거는 잡아내지 못하고 있다.

그런데 재미있는 사실은 이 책에서 그 단서를 읽을 수 있다는 것이다. 12회분에 나오는 제이콥 리틀의 사례(전환사채를 사들여 공매도했던 주식을 환매수하는 방법)처럼 월스트리트의 노련한 투기꾼들은 증권거래소 규정을 하나도 빠뜨리지 않고 최대한 활용했다. 세상에, 허점이 없는 법규정이 어디 있겠는가? 비리 허점을 파악해 그것을 결정적으로 써먹을 수 있는 상황을 만들어냈던 것이다. 그리고 그것은 어디까지나 "합법적인" 투기 방식이었다.

주식시장은 변하지 않는다. 오늘 주식시장에서 무슨 일이 벌어지든 이전에 똑같은 일이 일어난 적이 있었을 것이며 앞으로 또 다시 되풀이될 것이기 때문이다.

목차

옮긴이 서문:시장은 변하지 않는다 4

1. 월스트리트 역사상 최고의 승부사를 만나다 13

로렌스 리빙스턴의 공세 | 월스트리트 최고의 승부사는 누구인가 | 리빙스턴과의 첫 대면 | 단도직입적으로 묻다 | 누가 가장 많은 돈을 잃는가 | 주가가 그 전말을 말해준다 | 리빙스턴이 알려준 진짜 내막 | 룰렛 게임에서 이기는 법 | 인터뷰의 기술 | 정확해야 하는 사업 | 다양한 부류의 트레이더들 | 티커 센스 | 아마추어 투기자들의 약점

2. 주식 투기라는 퍼즐에 해답은 있는가 55

주가 테이프 읽는 법을 배우다 | 처음 들은 정보 | 버컷샵을 평정하다 | 본능적으로 함정을 피하다 | 시장에서 빠져나와야 할 때 | 버컷샵의 사기 수법 | 뉴욕에 발을 내딛다 | 6개월도 안 돼 파산하다 | 500달러를 빌려 세인트루이스로 | 정체가 드러나다 | 거래하기를 거부한 텔러의 버컷샵 | 맥더빗 노인이 전해준 정보 | 구원(舊怨)을 풀다 | 텔러를 한 번 더 응징하다

3. 정확히 맞추고도 전 재산을 날리다 101

제임스 R. 킨을 떠올리다 | 주식시장에는 한 가지 시각만 존재한다 | 판단이 옳은지 시험하다 | 비싼 대가를 치르고 얻은 경험 | 1901년 5월 9일 패닉을 예상하다 | 결함이 있는 트레이딩 방식 | 불법 증권업자 버커티어 | 자세히 탐문해보다 | 고객을 등쳐먹는 수법 | 사기꾼 vs. 사기꾼 | 가볍게 응징하다 | 뉴욕으로 가는 도중에 만난 버컷샵 | 월스트리트로 복귀하다

4. 샌프란시스코 대지진과 신비한 직감 144

주가 차트와 주가 테이프 | 다시 오지 않을 조정을 기다리다 | "지금은 강세장 아닌가!" | 패트리지 노인의 가르침 | 시장이 제공하는 배움의 기회 | 신비한 직감 | 무의식적인 충동 | 끝까지 밀어붙이다 | 경고의 목소리 | 값싸게 얻은 교훈 | 너무 싸게도 너무 쉽게도 매수하지 말라 | 디콘 화이트의 비밀정보 활용법 | 주식 매매의 타이밍

5. 내 생애 최고의 날 190

본격적인 투기 거래를 준비하다 | 이론에서는 맞고 실전에서는 틀리다 | 정확히 판단하고 파산하다 | 심판의 날이 다가오다 | 레딩 공격 계획 | 믿을만한 우군 | 실수를 저질렀을 때 | 시장가 주문의 중요성 | 싸움을 걸어오다 | 시장 전반의 여건을 공부해야 | 자금시장의 현실 | 그날 하루 제왕이 되다 | 1907년 10월 24일 | 월스트리트가 자비를 구하다 | 현명하게 거래하는 법을 배우다

6. 누구도 주식시장을 이길 수 없다 234

상처받기 쉬운 두 가지 약점 | 투기 시장은 어느 곳이든 똑같다 | 최소 저항선 | 주가에 이유나 설명을 요구하지 말라 | 심리적인 순간 | 추세에 따라 매매하다 | 프로와 아마추어의 차이 | 내부의 적, 희망과 두려움 | 전략적으로 빠져나오다 | 내부자 정보를 이용하는 법 | 천재 트레이더의 전술 | 7월물 면화 선물 거래 | 빠져나올 수 있을 때 빠져나와야 한다 | 면화 왕이라는 영예

7. 다른 사람의 게임에 돈을 걸다 275

월스트리트의 독불장군 | 실수를 용서받을 수 있는 유일한 길 | 인격의 값비싼 대가 | 순식간에 날아가버린 전 재산 | 월스트리트의 가장 흔한 악운 | 자만심이라는 몹쓸 병 | 내 평생 가장 기이한 경험 | 승부사라는 명성을 이용하다 | 감사하는 마음이 족쇄를 채우다 | 기회는 매일같이 찾아오지 않는다 | 주식시장과 노블레스 오블리주

8. 100만 달러 채무를 전부 갚다 315

승부사의 일하는 스타일 | 정신을 집중하는 습관 | 운명의 저주를 받다 | 월스트리트의 또 다른 얼굴 | 새로운 출발 | 연구하고 지켜보면서 기다리다 | 누구든 돈벼락을 피할 수 없는 시기가 있다 | 약세장의 조짐 | 시장이 기회를 줄 때까지 | 한꺼번에 빚을 갚다 | 돈을 따로 신탁해둔 이유

9. 검은 고양이와 억제할 수 없는 충동 347

행운을 가져다 준 검은 고양이 | 다시 현관문을 긁다 | 리빙스턴의 기이한 행동 | 정말로 무슨 일이 있었나 | 평가이익을 현금화할 수 있는 기회 | 성공하는 트레이더의 4가지 요소 | 시장이 나타내는 증상 | 같은 업종 주식과 다르게 움직인다면 | 가이아나 골드의 급등락 | 100만 달러 손실을 감수하다 | 역사는 똑같은 모습으로 반복된다 | 실수를 용납하지 않는 주식시장 | 경험과 기억을 다시 끄집어내다

10. 투기 거래에서는 어떤 것도 100% 확신할 수 없다 388

값비싼 끄트머리 | 리빙스턴 따라 하기 | 큰손 추종자들이 돈을 날리는 이유 | 돈을 떼먹는 비겁한 녀석들 | 신중한 커피 트레이딩 | 예상할 수 없는 일 | 약세 투기자를 탓하다 | 비밀정보는 누가 이용하는가 | 아내에게 건넨 비밀정보 | 정보 제공자가 간과한 것 | 주기적으로 찾아오는 희망의 열병 | 비밀정보를 거꾸로 이용하다 | 프로들도 당한다 | 펜실베이니아 더치맨의 투자 방식

11. 대중은 왜 항상 손실을 입는가 433

기사에 경의를 표하다 | 정확한 시점을 집어내려면 | 교훈을 놓친 독자 | 리빙스턴에게 의견을 묻다 | 아는 것이 힘이다 | 출처 불명의 루머들 | 익명의 비밀정보 제공자들 | 주가 상승을 유도하는 정보 | 내부자들의 매도와 약세 투기자들의 공세 | 뉴헤이븐 철도의 사례 | 리빙스턴을 희생양 삼다

12. 제왕에서 거지로, 투기라는 게임은 얼마나 위험한가 464

내부자와 그 공모자들 | 선물을 가져오는 그리스인 | 내부자의 발언은 실명화 해야 | 주식시장 최초의 지도자 제이콥 바커 | 제이콥 리틀의 파란만장한 이력 | 대반전이 이루어지다 | 원금과 이자까지 다 갚다 | 위대한 인물의 초라한 말로 | 강세 투기자 앤서니 모스 | 다니엘 드루저 물리치다 | 잠시 제왕으로 군림하다 | 아무도 기억하지 못하는 이름들

주요 인물 설명 497

제시 리버모어 연보 503

일러두기

1. 이 책은 1922년 6월부터 1923년 5월까지 12회에 걸쳐 〈*Saturday Evening Post*〉에 연재된 《Reminiscences of a Stock Operator》를 전문 번역한 것입니다.
2. 각주는 모두 역자의 주입니다. 이 역주들은 최근까지 출간된 제시 리버모어 관련 문헌, 당시의 경제 및 금융시장 상황을 알려주는 각종 자료를 참고해 작성한 것입니다.
3. 각 장의 제목과 장 중간의 소제목들은 독자의 이해를 돕기 위해 역자가 임의로 붙인 것들입니다.
4. 이 책에서 주가의 등락을 이야기하면서 자주 쓰는 "포인트"라는 표현은 뉴욕증권거래소(NYSE)에서 주가를 액면가(100달러) 대비 퍼센트로 표시했던 시절의 것으로, 별도의 설명이 없는 한 1포인트는 1달러와 같습니다. NYSE는 1915년 이후 주가를 실제 거래되는 금액을 기준으로 표시함으로써 "포인트"라는 표현은 사라지게 됩니다. 또 이 책에서 "세계대전"은 모두 제1차 세계대전을 가리킵니다.
5. 물가수준과 구매력을 기준으로 1900년대 초의 1달러는 현재(2010년) 화폐가치로 약 26달러 수준입니다.

1
월스트리트 역사상 최고의 승부사를 만나다

시장은 곧 주저앉을 것 같은 분위기였고, 객장의 고객들은 헛된 희망만 곱씹어보는 모습이었다. 이들은 이제 세상에서 가장 참담한 장부 정리의 두 번째 단계에 들어갈 터였다. 평가손실을 실제로 떨어내야 하는 것이다. 그러나 앞서의 첫 번째 단계는 더 힘들었다. 주식시장의 노름꾼들이란 원래 어떤 식으로든 희망하는 법이니까. 증권회사 직원들은 죄인마냥 살금살금 움직였다. 마치 자신들이 주가가 상승할 것이라는 결정적인 정보를 전달하는 바람에 고객들이 손실을 입은 것 같은 표정이었다. 하지만 객장에 있는 고객 가운데 아무나 붙잡고 바깥 날씨를 물어보면 아마도 아직 오후 3시가 되지 않았다고 대답할 것이었다.

두 소년이 작은 신음소리를 내며 시세판에 초록색 카드로 주가를 붙이고 있었다. 오늘의 전황은 이들이 붙이는 우울한 숫자, 다름아닌 그 작은 카드가 전해주고 있었다! 추락하는 주가는 배의 홀수선[1] 아래를 강타했고, 그럴 때마다 보이지 않는 가슴속 희망을 한가득 실은 배도 가라앉다. 평가이익은 날아가버렸고 한때의 기쁨도 꿈처럼 사라졌다!

자유낙하!

처음에는 사이엄 오일이나 애크미 모터스 같은 투기주들이 떨어지기 시작했다. 그러나 곧이어 마치 횃불을 든 악마가 건초더미에 불을 붙이며 달려가듯 다른 종목들로 하락세가 번져갔다. 불길은 무서운 기세였다!

연기가 자욱했다!

시세판 소년[2]들은 이제 미친 듯이 움직여야 했다. 그래도 티커[3]에 찍혀나오는 주가를 따라잡지 못했다. 어떤 종목들은 한 번에 몇 달러씩 떨어지기도 했다. 티커 옆에 있던 한 남자가 "T.M. 51달러! 50.50! 50.25! 49!"라고 비명을 지르자, 객장에 있던 모든 사람들의 시선이 일제히 그를 향했다. 그러고는 마치 못 볼 걸 봤다는 듯이 사람들은 예리한 콧날에 입술은 얇고 두꺼운 안경까지 쓴 이 남자에게 쏠렸던 눈길을 거두어들였다. 그는 T.M. 주식을 5000주나 보유하고 있었고, 앞서 다른 사람들을 향해 너무 소심하다며 비웃어주곤 했었다.

이 장면을 보니 나는 불현듯 옛날 생각이 났다. 주식시장에서 큰돈을 번 약세 투기자들이 지르는 기쁨의 함성을 들어본 게 한두 번이 아니었다. 승자와 패자로 갈린 대중들이 흥분해서 한껏 소리치는 모습을 다시 보게 된 것이다. 승자는 붙잡은 행운을 계속 밀어붙였고, 패자는 더 이상의 손실을 피하기 위해 안간힘을 썼다. 승자의 목소리에는 탐욕이 들끓

---

1) 물이 뱃전과 닿는 선으로 배에 실려있는 화물의 양을 알려준다.
2) 20세기 초까지 증권회사 객장에는 증권거래소의 주가가 실시간으로 전신선을 통해 전해졌는데, 분필을 들고서 대형 목제칠판에 이 주가를 일일이 손으로 써서 게시하는 일을 한 소년을 시세판 담당 사환(quotation-board boy)이라고 불렀고, 줄여서 그냥 시세판 소년이라고도 했다.
3) 증권거래소에서 가장 최근에 체결된 주가가 전신선을 통해 전해지면 이를 인쇄해 보여주는 게 티커(ticker)였다. 주가가 찍혀 나올 때마다 "틱, 틱"하는 기계음이 난다고 해서 티커라는 이름이 붙여졌는데, 여기서 계속 흘러나오는 폭이 좁고 기다란 인쇄용지가 티커 테이프(ticker tape)다.

고 있었다! 패배한 600명의 목구멍에서는 두려움이 쏟아져 나왔다! 1901년에 있었던 노던 퍼시픽 패닉이 떠올랐다. 그때도 이런 장면을 목격했고 똑같은 소리를 들었다.

"옛날 기억이 새롭군, 빌." 나는 친구인 이 증권회사의 사장에게 말했다.

그와 나는 거의 붙어있다시피 했다. 그러다 보니 다른 누가 그에게 당혹스러운 질문, 가령 이번 급락세가 얼마나 더 갈 것인지 같은 철없는 얘기는 꺼내기 힘들었다. 그런데 그가 고개를 흔들었다.

"시장 분위기가 변했어." 그는 멍한 표정으로 중얼거렸다. 마치 수십 년 만에 처음으로 티커가 과거의 수렁으로 빠져든 것 같은 말투였다.

사실 몇 주 동안 주식시장이 지지부진한 모습으로 약세를 보이자 강세론자들은 이제 최악은 지나갔다고 생각하기 시작한 상황이었다. 지난 2주간에 걸쳐 매일 조금씩 피를 흘렸으니 더 이상 대수술은 하지 않아도 될 것이라는 게 이들의 바람이었다. 그런데 급락하고 만 것이다! 늘 그렇듯 수익이 나기만을 잔뜩 기대하고 있던 투자자들은 예기치 않은 일이 발생하면 그냥 모든 것을 잊고 마는 것이다.

나는 고객들을 다시 한번 살펴봤다. 젊은이도 있었고, 노인도 있었고, 중년 남성도 있었다. 키 작은 사람, 키 큰 사람, 마른 사람, 뚱뚱한 사람, 모두 처음 보는 모습들이었다. 내가 이곳에 계좌를 갖고 있던 몇 해 전까지 여기서 거래했던 수십 명의 고객들 가운데 단 한 명도 남아있지 않았다. 하지만 그들의 후계자 격인 이들의 모습이 이상하게도 낯설지가 않았다. 이들의 눈빛 때문이었다. 이들은 한결같이 당황한 기색이 역력했고, 두려움에 사로잡혀 자신이 틀렸다는 사실을 인정하지 못한 채 신음하고 있었다.

이 증권회사에서 월급을 받는 직원 한 명이 옷을 멋지게 쏙 빼입고 객장을 돌아다녔다. 마치 자기가 해야 할 일은 반드시 해야 한다고 생각하는 영업자마냥 노련하게 고객들을 상대로 위안도 해주고 애도도 표했다. 정말 안 된 일이지만 화창한 4월 봄날에도 갑작스러운 소나기가 내릴 수 있는 것 아닙니까! 물론 휴일에, 그것도 골프장에 가기로 한 날에 비가 쏟아져 내린다면 꽤나 신경질이 나겠지만 말입니다. 그는 그야말로 능숙하게 잘 해나갔다. 몸에 밴 일이니까!

고객 한 명이 그에게 말을 걸었다. 이 사람은 친근하게 물었지만 누가 봐도 억지로 꾸민 목소리였다. "프레드, 무슨 뉴스 없나?"

"뉴스가 없네요." 시장이 괜찮을 때면 늘 "내가 들은 바로는……" 하면서 말문을 열던 만물박사 프레드의 대답이었다.

로렌스 리빙스턴의 공세

이 고객도 그의 이런 버릇을 기억하고 있던 터라 재차 물었다. "뭐 들은 거 없어?"

"아무것도 없어요." 프레드가 대답하자, 이 고객은 얼굴을 찌푸렸다. 고객들을 상대로 열심히 떠들어대는 대가로 월급을 받는 처지인 프레드가 다시 입을 열었다. "차라리 안 듣는 게 낫습니다. 온통 약세 투기자 천지잖아요. 괜히 귀 기울였다가는 끔찍한 소식만 들을 겁니다." 그는 잠시 멈췄다가 천천히 꽤 설득력 있게 이야기했다. "나는 이 문제에 관한 한 강세론자지요. 24시간 안에 농토가 전부 황무지로 변하고, 샘물이 말라붙고, 태양이 더 이상 빛을 보내주지 않을 거라고 하면 믿을 것 같습니까? 세상이 아무리 어렵더라도 농산물 수확량은 줄어들지 않을 것이고, 철강 거래도 그대로 이루어질 것이고, 또……."

"이런 급락에는 틀림없이 이유가 있어!" 화가 난 고객이 중간에 말을 끊었다.

"이유라니요?" 프레드가 우습다는 듯이 반문했다. 하지만 고객의 표정을 보고서는 재빨리 덧붙였다. "제임슨 증권회사에 갈 일이 있는데, 그 사람들은 시장에 대해 무슨 말을 하고 있는지 알아보도록 하지요." 그러고는 자리를 떴다.

다른 고객들 몇몇은 두 사람의 대화를 귓등으로 흘리고 있었다. 그들은 이미 손을 쓸 수 없는 지경이었다. 구원해줄 것은 오로지 기적밖에 없었다. 그들은 가슴속이 새까맣게 타들어 가도록 기적이 오기만을 기원했다.

증권회사 직원 프레드가 돌아왔다.

"그렇습니다!" 객장으로 들어서자마자 그가 입을 열었다. "원래부터 알았다고요! 그렇게 말했잖아요!"

고객들은 그가 객장에서 가장 눈에 잘 띄는 곳, 그러니까 미친 듯이 돌아가고 있는 주가 티커 바로 옆으로 빠르게 걸어가는 모습을 성난 표정으로 지켜봤다. 그가 원래부터 알고 있었고 또 그렇게 말했다면 자신들만 듣지 못했던 셈이다. 그래서 이렇게 주가가 급락하기에 앞서 팔지 못했던 것이다. 그렇다면 그는 욕 얻어먹을 짓을 한 것이다.

"로렌스 리빙스턴[4]이 공세를 펴고 있어요!" 그는 자신 있게 소리쳤다.

갑자기 수십 년 세월을 거슬러올라간 느낌이었다. 나는 다시 젊음과 열정을 되찾은 것 같았다. 청춘으로 돌아간 것이었다. 월스트리트에서 보냈던 젊은 시절 말이다. 나는 행복에 겨워 웃음을 터뜨렸다.

프레드가 잽싸게 돌아보더니 눈살을 찌푸렸다. 내가 이 회사 사장 친구며, 따라서 잠재적인 고객이라는 점이 떠올랐는지 그는 미간을 다시

---

[4] 로렌스 리빙스턴(Lawrence Livingston)은 저자 에드윈 르페브르가 붙인 제시 리버모어의 작중 이름이다.

폈다. 하지만 얼굴색은 여전히 벌겋게 달아올라 있었다. 고객들은 나를 노려봤다. 이날 증권회사 객장에서 웃음소리를 낸 건 내가 처음이었다.

너그러운 성격에 사업 감각이 뛰어난 내 친구가 고개를 돌려 다정하게 물어왔다. "무슨 벌레한테 물렸어?"

"지나간 옛날 생각이 나는군!" 나는 유쾌하게 답했다.

고객들은 이제 내게서 시선을 돌렸다. 사실 이런 상황에서 웃을 수 있다면, 그건 주식중개인한테 이미 빚을 지고 있는데 추가로 또 증거금을 내라고 요구 받은 인간밖에 없을 테니까.

"평소보다 좀더 미묘하군. 이제 나도 늙었는지 자네의 그 날카로운 비유를 이해하지 못하겠어." 친구가 말했다.

"프레드가 하는 말을 듣자니 순간순간 더 젊어지는데." 내가 그에게 자신있게 말했다.

친구는 직업상 고객들이 들을 수 있는 곳에서는 늘 안전하게 행동했다. 그는 누구도 주식 투기라는 게임에서 계속해서 이길 수는 없다는 내 십팔번에서 뭔가 편치 않은 기운을 감지했고, 그래서 눈치 빠르게 다른 사람이 내 말을 듣지 않도록 선수를 쳤다. "자, 이리로 오라고!" 그가 웃으면서 다정하게 말했다.

나는 그의 집무실로 따라 들어갔다. 그는 방음 출입문을 닫더니 내게 의자를 가리켰다. 나는 앉았다. 그는 체념한 표정이었다.

"강세장에서 고객들을 너무 오래 붙잡아뒀다고 해서 자네를 탓하려는 건 아냐." 내가 분명하게 말했다.

"괜찮아, 하지만 자네가 월스트리트 프로들의 어리석음에 대해 한마디 할 것 같더군. 나는 자네가 마음대로 말하도록 내버려둘 수 없었네. 로버트 W. 체임버스라면 자네 집 지하실에 연단을 마련해줄 수 있겠지. 나는 그럴 수 없다네. 왜 웃은 건가?"

"자네 직원인 프레드야 원래 고객들이 아무 생각도 하지 못하게 만드는 게 직업이지. 하지만 이번 급락이 로렌스 리빙스턴의 매도 공세 때문이라고 확신하듯 말하는 걸 듣는 순간, 1890년대 말과 1900년대 초 한 석간신문에서 일하며 월스트리트에 관한 칼럼을 쓸 때의 기분이 들더군."

"하지만 그때는 리빙스턴이 투기를 하지도 않았잖아." 그가 강하게 나왔다. 이 친구는 워낙 고지식한 데다 뉴욕증권거래소의 유능한 임원 가운데 한 명이기도 했다.

"그는 늘 월스트리트에 있었네." 내가 말했다.

그가 어리둥절해 하며 하도 당황해 하길래 나는 곧바로 설명해주었다.

"리빙스턴은 주식시장의 투기자가 아니라 주식시장의 핑계거리지. 단지 그의 이름만 조금씩 바뀔 뿐이야. 예전에는 제임스 킨이었고, 그 전에는 찰리 워리쇼퍼였고, 또 그 전에는 다니엘 드루였지. 자네 같은 주식중개인 친구들은 대개 익 호구들, 그러니까 평균적인 자네 고객들이 진짜 이유가 아니라 변명거리를 원한다는 것을 일찌감치 간파했어. 고객들은 그저 트레이딩하는 데 필요한 구실, 사업성과는 무관하게 무조건 게임에 뛰어들기 위한 구실, 경기가 좋지 않아 시장이 조정을 겪을 때의 불가피한 핑계거리, 자기 자신과 주식중개인의 어리석음에 대한 변명거리를 원한단 말이야. 진실을 빼고는 어떤 설명이든 결국 분명한 사실의 원인이 되지. 분명한 사실이란 고객이 바보가 된다는 거야. 고객은 돈을 잃고, 자네 주식중개인한데 수수료를 내지. 그래서 강세장이 끝나고 고객들이 수익을 하나도 챙기지 못하게 되면, 증권회사에서는 시장의 전환을 얘기해줄 수 없었던 구실을 만들어내야 하는 거야."

"됐네!" 친구가 말을 끊었다. "고객들한테 그만두라고 말하는 건 쓸데없는 짓이라는 거 자네도 알잖아. 자네도 잠자코 있는 게 좋을 거야. 고객들이야 그냥 고집 부리다 한 대 맞는 거라고."

"그렇게 말한다고 해서 내 잘못은 아니잖아. 내가 기분 나쁜 건 강세장이 끝나는 것을 알려주는 자연적인 조정이 찾아올 때마다 무슨 큰손 투기자가 시장을 공격한다고 대중들에게 습관적으로 말해준다는 거야. 래리 리빙스턴이 공세를 펴고 있다는 말을 프레드가 했을 때 내가 웃었던 게 아직도 이상한가?"

"자네는 래리 리빙스턴이 시장을 공격하지 않고 있다고 어째서 그렇게 자신하나?" 친구는 화가 치미는 것을 억누르며 짐짓 부드러운 목소리로 물었다. 이건 유머감각 없는 사람들이 상대방을 아무 소리도 못하게 할 때 보여주는 싸늘한 모습이었다.

하지만 나는 기분 좋게 웃으면서 답했다. "상식적으로 보면 확실하니까. 지금은 약세장인 데다, 너무도 많은 겁쟁이들이 여전히 주식을 들고 있어. 하락세가 아주 격렬하고 고통스럽다 보니 증거금이 소진된 투자자들은 가만 있을 수가 없는 거야. 그렇지만 이건 당연한 수순이고 논리적이기도 해. 무조건 리빙스턴이 대규모로 주식을 내다팔고 있다고 넘겨짚는 건 그 사람한테 너무 가혹한 모욕이지. 자네는 마치 그가 예전에 손절매 주문이 쏟아져 나오도록 주가를 끌어내렸던 룸 트레이더[5]처럼 말하고 있어. 왜 고객들한테 자신 있게 진실을 얘기해주지 않나?"

"리빙스턴을 알고 있나?" 친구가 딱한 목소리로 물었다.

내가 모른다고 하면 안도의 한숨을 내쉴 것이라는 생각이 들어 나는 기꺼이 대답해주었다. "몰라."

역시나 그는 미소를 지었다!

"그럴 줄 알았어! 자네는 월스트리트를 떠난 지 15년이나 됐으면서도

---

[5] 룸 트레이더(room-trader)란 증권거래소 플로어에서 자기 계정으로 거래하는 트레이더로, 주식 거래가 원활하게 이뤄지도록 유동성을 공급하는 역할을 하며 플로어 트레이더(floor-trader)라고도 부른다.

그때나 지금이나 똑같다고 생각해. 하지만 분명히 변했어. 그건 내가 잘 알지."

"잠깐 있어봐, 나는 월스트리트가 변하지 않는다는 주제의 칼럼을 연례행사처럼 쓰고 있거든. 꽤 오랫동안 그렇게 해왔어."

"그래, 나도 알지. 그걸 보면 웃기지." 내 칼럼이 우습다는 얘기였다.

"어디가 잘못됐는데?" 아무렇지도 않은 표정을 지으며 내가 물었다.

"기본이 잘못됐어. 자네는 중요한 것들은 절대 변하지 않는다고 했잖아."

"주식중개인들, 고객들, 전 세계 모든 투기자들의 심리, 투기 이론, 놀랄 만큼 근시안적인 증권거래소 임원진, 예전이나 지금이나 똑같이 주식투기라는 게임은 여전히 이길 수 없다는 사실, 이런 것들이 변하지 않는다는 거야. 고객들을 볼까, 이들이 없으면 주식중개인도 없을 테니까 말이지. 요즘 고객들은 말끔히 수염을 깎은 얼굴이야. 60년 전만 해도 고객들은 아랫입술부터 턱밑까지 수염이 더부룩했어. 하지만 옛날이나 지금이나 이들은 똑같은 이유로 월스트리트에 와서 돈을 잃고 나가. 너무 한쪽 예만 들었다고 한다면 주식중개인들 역시 변하지 않았다고 얼마든지 얘기해주겠네. 그런데도 자네가 할 말이 있다면 대체 뭔가?"

"한 가지야. 래리 리빙스턴이 시장을 공격하고 있다는 사실을 알고 있다는 거지."

"자네가 그걸 어떻게 아는데?"

"알고 있으니까!" 친구는 마치 자기는 전부 알고 있고 나는 단지 고객이라는 듯이 웃어 보였다.

"자네가 리빙스턴의 대표 주식중개인인가?"

"아냐, 하지만 그 사람의 주식중개인들이 지금 대규모로 매도하고 있어."

월스트리트 최고의 승부사는 누구인가

"영리한 투기자들이 매매하는 걸 항상 파악할 수 있다고 생각하는 것은 자네 같은 친구들이 절대 버리지 못하는 환상이지. 플라워 주지사가 활동하던 시절에는 모두들 그가 매수하는 것을 알 수 있었어. 자신이 매수하는 걸 사람들이 알아주기를 바랐으니까. 하지만 그가 파는 시점은 아무도 알지 못했어. 제임스 킨이라면, 자네 같은 친구들이 그가 뭘 하는지 알고 있다고 여길 때 어떻게 할 거라고 생각하나?"

"그래도 리빙스턴은 팔고 있다고." 친구가 우겨댔다. 그러고는 내 얼굴을 흘끗 보더니 덧붙였다. "장담할 수 있어."

"그래, 자네가 그렇게 장담할 수 있다면 그는 정말 바보 멍청이야." 나는 진심으로 충고해주었다. "내가 듣기로는 자네 표현대로 그에 관한 해설기사가 아주 넘쳐난다더군."

"맞아, 엄청나. 그가 또 다시 공세를 펼치고 있다는 것을 알게 된 것도 그 덕분이지. 그는 월스트리트 역사상 최고의 승부사[6]니까……."

"계속 같은 얘기군." 나는 그냥 듣고만 있을 수가 없었다. "월스트리트 역사상 최고의 승부사라고 말할 수 있는 인물은 진짜로 아무도 없어. 잠깐 우연히 엄청나게 거래하면 누구든 전설적인 공세를 펼친 전설적인 영웅이 되는 거지. 찰리 워리쇼퍼가 역사상 최대의 승부사라고 사람들이 말했던 적이 있어. 한창 시절 겁이라고는 몰랐던 디콘 S.V. 화이트는 또 아주 인상적인 어조로 이렇게 공언했었지. 제임스 R. 킨이야말로 천문학적인 투기 규모와 천재적인 거래 방법이라는 점에서 월스트리트 역사상 누구도 따를 수 없다고 말이야. 캘리포니아 금광업자였던 왕년의 스미스

---

[6] 여기서 승부사를 뜻하는 plunger는 당시 공매도 투기꾼을 지칭했는데, 특히 큰 이익을 위해 무모하게 높은 리스크를 감수하는 투기자를 말한다.

는 이들을 전부 합쳐도 1864년 챈셀러스빌 주가 상승의 영웅이었던 앤서니 W. 모스의 발뒤꿈치에도 못 미친다고 얘기했을 거야. 그는 또 말없는 윌리엄으로 잘 알려진 헨리 킵도 언급하겠지. 오랫동안 사이어미즈 트윈스를 지켜본 뒤 P.T. 바넘으로 넘어간 빌 트래버스는 진지한 목소리로 이렇게 물을 거야. '치이이인구들, 나는 어어어어떤가?' 애디슨 제롬과 레오나드 제롬, 또 자네는 들어보지도 못한 인물들까지 자기들이 한창때는 주식시장의 황제였다고 나설 거야."

"알겠네. 그러나 이제 이 나라가 더 부유해진 만큼 투기 규모도 그만큼 커졌다고." 그는 동정어린 어조로 말했다.

"그렇다면, 다시 잘 들어봐. 그리 오래된 일도 아니야, 시카고의 한 이름난 상품선물 트레이더가 내게 이런 말을 하더군. 존 게이츠보다 훨씬 더 큰 규모로 거래했던 투기자가 로열 스미스라고 말이야. 그 사람은 살았을 때나 죽은 다음이나 자네 같은 중개인들 대부분이 알지도 못했지. 15년쯤 전에는 이름을 대면 알만한 사람 한 명이 분명하게 얘기하기를, 윌리엄 록펠러가 주식 100만 주를 운용한다는 거야. 그것도 전부 투기적인 목적으로 운용하는 주식이라더군. 그게 사실이라면 월스트리트가 생겨난 이래 당연히 그 누구보다 많은 물량을 거래한 셈이지."

"자네한테 그런 말을 했다는 친구를 믿을 수가 없네."

"그 친구도 록펠러의 장부를 보지 못했어. 자네가 리빙스턴의 장부를 못 본 거나 마찬가지지. 하지만 내 말은 리빙스턴에 관한 자네 생각이 틀렸다는 거야. 자네가 원한다면 그를 만나 직접 물어볼 수도 있어."

"직접 말하겠다고!" 그가 비웃듯 응수했다.

"못할 것도 없잖아?"

"그는 아무 말도 안 해."

"그래도 웨이터에게 주문은 할 거 아냐? 자네 말처럼 수다쟁이는 아니겠지만 말이야. 자네 회사 고객들 역시 한 명도 빠짐없이 결국은 그렇게 되듯이 그도 언젠가 투기라는 게임에서 돈을 잃을 것에 대비해 100만인가 200만 달러를 신탁해두었다는 소식을 듣고 꼭 한 번 만나보고 싶어지더군. 그는 절대 주식과 관련된 비밀정보는 얘기해주지 않을 거야. 하지만 자기가 강세 시각을 갖고 있는지 혹은 약세 시각을 갖고 있는지, 또 왜 그런지는 얘기해줄 거라고 생각해. 말과 행동이 따로 노는 인물도 절대 아닐 거야. 자기 스스로 시장의 큰 흐름을 논리적으로 판단하기 전에는 누구 의견도 듣지 않는 고상한 취미를 갖고 있을 테니까. 주식 투기라는 게임을 계속 해나가야 한다고 생각한다면 이 게임은 절대 이길 수 없다는 내 의견에 리빙스턴도 동의할 거야."

"물론! 그도 전적으로 동의하겠지. 그는 주식 투기로 수백만 달러를 벌었으니까."

"그 역시 한 명의 투기자로서 게임을 하고 있다는 사실을 모르는 것 같군. 더구나 그는 여러 차례 큰돈을 벌기도 하고 잃기도 했어. 그는 틀림없이 다시 또 돈을 전부 날릴지 모른다고 생각하고 있을 거야. 그렇지 않다면 그 몇 백만 달러나 되는 돈을 따로 챙겨두지 않았겠지. 자기한테 돈을 벌게 해준 티커가 언제든지 돈을 빼앗아갈 수 있을 테니까. 그가 투기를 하는 데는 반드시 그럴만한 이유가 있어. 그 이유야말로 내 이론을 뒷받침해주는 것이지."

"그는 시장에 대해서는 말할지 모르지만, 자기 자신에 대해서는 말하지 않을 거야." 친구는 물러서지 않았다.

"자신의 투기 방식을 이야기하지 않고는 시장에 대해 말할 수 없지. 그의 시장 철학이 바로 그 자신이니까." 내가 말했다.

주식중개인들은 추상적인 개념은 듣지 않는다. 그렇게 했다면 고객들 가운데 일부는 돈을 벌었을 텐데 말이다. 친구는 진지하게 말했다. "그는 늘 혼자서만 활동하는데, 거래 규모가 엄청나다더군. 가까운 친구들은 있지만 개인적으로 자기 수하에 추종자는 한 명도 두지 않는다네. 자네가 줄줄이 이야기했던 예전의 그 유명했던 투기자들과 마찬가지지."

"그렇다면 정말로 탁월하고 또 솔직할거야. 당연히 아주 예외적인 인물인 셈이지. 감히 얘기하건대 약세장에서는 어떤 투기자든 그에게 필요한 추종자는 옳은 판단이 전부야. 하지만 알다시피 대개의 경우 틀리지. 예전에 내가 기억하기로 유일하게 추종자를 가졌던 투기자가 플라워 주지사였는데, 엄밀하게 말해 그는 투기자는 아니었고 작전세력의 주도자이자 시장이 좋지 않을 때 대규모 물량을 처분하는 시장조성자였지. 그런 인물은 선무후무할 거야. 그의 역할, 대중들의 높은 평가, 그의 지도력을 가능케 했던 당시 여건들은 다시 보기 힘들겠지. 리빙스턴과 가장 비슷한 선배 격인 킨은 혼자서만 활동했지. 그러나 필요할 경우 동조 세력을 마다하지 않았어. 그가 큰 상처를 입은 것도 이 세력 때문이었고, 그가 월스트리트에서 말년을 불명예스럽게 보냈던 것도 이 세력 때문이었지. 하지만 나는 자네에게 한 가지 감사해야 할 게 있네, 정말 고마워."

"뭐가?" 그가 의아하다는 듯이 쳐다봤다.

"지금 내가 이렇게 리빙스턴을 만나고 싶어진 것 말일세. 내 이론이 얼마나 괜찮은지 그가 입증해줄지도 모르니까 말이야."

"자네 이론이라!" 친구는 미소를 지었다.

"자네가 그 이론을 자기 거라고 한 적도 없잖아." 나는 아주 부드러운 목소리로 대답했다.

리빙스턴과의 첫 대면

우리 두 사람을 다 알고 지내는 한 친구가 리빙스턴에게 내가 만나고 싶어한다는 말을 전했다. 나처럼 한때 신문기자를 했던 친구인데, 무슨 말을 덧붙였는지는 모르겠다. 어쨌든 리빙스턴은 일요일 점심식사를 자기 집에서 같이 하면 얼마든지 시간을 낼 수 있다는 전갈을 보내왔다. 그러면 우리 두 사람은 일요일 오후 시간을 통째로 함께 할 수 있을 터였다.

나는 약속한 시간에 그곳으로 갔다. 호화로운 대저택이었다. 평생 투기 이외에는 아무것도 한 적이 없는 집주인은 최고의 사치를 누리며 살고 있었다. 홀에는 제복을 입은 하인들이 있었고, 벽에는 거장들의 그림이 걸려 있었으며, 모든 게 그런 식이었다. 쏟아져 들어오는 수백만 달러의 돈을 과시하려는 천박함이 아니라 주식시장을 정확히 내다봤음을 명명백백하게 보여주는 증거였다. 이 사나이는 비록 주식 투기라고 하는 이길 수 없는 게임을 완전히 이겨내지는 못했다 하더라도 최소한 어느 정도는 마음껏 주물러봤을 것이다. 월스트리트에 나도는 풍문에 따르면 지난 몇 년 동안에만 그는 여러 차례 큰돈을 벌기도 하고 잃기도 했다. 최후의 패배는 당하지 않은 게 분명했다. 적어도 아직까지는! 그러나 그가 이런 호화 저택을 소유하고 있다는 사실은 내 소중한 이론에 치명타를 날린 것이나 다름없다는 점을 인정하지 않을 수 없었다.

그는 키가 컸고 건장한 체격에 육군사관생도처럼 늘씬했다. 그는 확실히 최상의 상태에 있는, 즉 이해력이 아주 빠른 인물이었다. 나이보다 훨씬 젊어 보였고 전혀 투기자처럼 보이지 않았다. 얼굴에는 주름살 하나 없었다. 월스트리트의 수많은 프로 투기자들을 겉늙어 보이게 만드는 걱정이나 근심의 흔적조차 찾아볼 수 없었다. 대충대충 살아본 적이 결코 없는 것 같아 보였다. 하지만 제일 강하게 와 닿은 인상은 몸에 밴 것처럼 냉정할 때 가장 잘 작동하는 그의 사고였다.

나를 맞는 태도는 아주 차갑지도 않았지만 그렇다고 아주 따뜻한 편도 아니었다. 하지만 그의 이런 중립적인 자세에서 늘 주의를 기울이는 그의 습관을 알 수 있었던 것은 아니다. 사실 사업상의 이유로 끊임없이 자기를 방어해야 하는 사람에게서 풍겨나는 적의는 그의 이마에 나타난 그늘진 주름만으로도 알 수 있었기 때문이다. 또 시장이 크게 움직이는 시기에 그가 어떻게 수백만 달러짜리 의사결정을 단번에 내리는지 도저히 상상이 가지 않았다.

우리는 여전히 중립적인 자세로 악수를 나눴다. 나는 우선 왜 그를 만나고 싶어했는지 설명했다.

말을 하면서 그가 내 말을 어떻게 받아들이는지 알아보기 위해 그의 얼굴에서 눈을 떼지 않았다. 하지만 그가 무슨 생각을 하고 있는지, 아니 그가 생각이나 하고 있는지조차 알 수 없었다. 그의 두 눈은 갓난아이의 눈에서나 볼 수 있는 뭐라 말할 수 없는 초롱초롱함으로 가득 차있었다. 맑고 깨끗하고 초록빛이 어린 회색의 두 눈동자였다. 그것은 너무나도 인상적이어서 단지 시각기관 이상의 무엇 같았고, 마치 그가 두 눈을 통해 더 잘 들을 수 있는 것처럼 느껴졌다.

리빙스턴은 헨리 M. 플래글러처럼 분석하는 것을 싫어하지 않았고, 지금은 고인이 된 제임스 스틸먼처럼 냉혹한 영혼의 소유자도 아니었다. 오히려 그의 정신을 전달해주는 신경체계가 작동하지 않는 것 같았다. 그의 표정에는 진짜로 동요하지 않는 냉정함이 있었다. 그것은 잘 훈련된 자기 통제에 의해 억지로 정지해 버린 모습과는 다른 것이었다. 굳이 그것을 듣는 눈이라고 하지 않는다면 차분함이라고 할 수 있을 것이다.

단도직입적으로 묻다

나는 그에게 내가 주식 투기라는 게임에 대해, 또 거래 규모가 크건 작건 투기자의 심리에 관해 확실한 이론을 갖고 있다고 말했다.

"선생이 쓴 기사를 좀 읽어봤습니다."

그가 아주 애매하게 얘기하길래 내가 말했다. "그래요?"

"네, 선생은 주저하지 않고 진실을 말하는 필자더군요. 그 기사를 쓰면 주식중개인들의 사업에 지장을 초래할 수 있는 상황에서도 말이지요."

"하지만 진실은 주식중개인들의 사업에 지장을 주지 않습니다." 내가 말했다.

그는 고개만 끄덕였다.

"몇 가지 질문이 있습니다." 내가 말했다.

"선생이 묻는 질문이라면 무엇이든 대답하겠습니다." 그가 자신 있게 말했다.

"당신 자신에 관한 질문에도요?" 내가 물었다.

그의 표정에 불편한 기색이 잠시 감돌았다. 그가 마음 놓고 미주알고주알 이야기할 기분이 아니라는 점은 분명했다. 이런 기분은 상대방이 자기를 완전히 그것도 순간적으로 간파했을 때만 드는 것인데, 그러면 진정한 대화는 중단되고 그저 소리내서 생각하는 것으로 바뀌어버리는 것이다.

물론 기사화는 되지 않았지만 한 신문기자한테 이런 얘기를 들은 적이 있다. 리빙스턴이 시장에서 공세를 펴고 있다는 미확인 기사를 읽은 별난 인간들이 그에게 협박편지를 보내고 있다는 것이다. 주가가 급락한 경우가 여러 차례 있었고, 대중들이 참담한 손실을 입었다는 안타까운 소식들이 끊이지 않았다. 가족들과 함께 이 저택에서 사는 한 그가 아무리 용감하다 해도 집을 폭파하겠다는 위협을 무시할 수만은 없을 것이었다. 결국 관건은 그로 하여금 한 가지 주제에 대해 마음대로 이야기하도록 유도함으로써 다른 모든 주제들에 대해서도 속 시원하게 털어놓도록 하는 것이었다.

그래서 이렇게 말했다. "내가 당신을 만나고 싶어했던 가장 큰 이유는 모두들 지난 금요일 주식시장의 약세가 당신의 매도 공세 탓이었다고 말하고 있기 때문입니다. 들리는 얘기로는 당신은 일반 대중들이 시장에 매도 물량이 쏟아지고 있다는 느낌을 강하게 받도록 당신의 매도 주문을 100명쯤 되는 주식중개인에게 나눠서 내곤 한다더군요. 그게 맞습니까?"

예상했던 대로 그의 얼굴이 붉어졌다.

"나는 절대 시장을 공격하지 않습니다." 그는 금방 입을 열었다. "그럴 필요가 없어요. 많은 사람들이 갑자기 주가가 10포인트 올랐으니 팔아야 한다고 생각할 때, 혹은 많은 내부자들이 더 이상 대중들이 소화할 수 없을 만큼 주식을 처분할 때, 아니면 주식중개인들이 차입금을 갚아야 할 때 시장은 스스로 공격합니다. 하지만 사람들은 그게 약세 투기자들 때문이라고 비난하지요. 사실 약세장은 100% 합리적인 것입니다. 시세조종이나 불법적인 사기 같은 게 없어도 약세장은 시작되고, 그냥 가만히 놔둬도 약세장은 계속 이어집니다. 누구도, 아니 어떤 집단도 매일같이 시장을 후려칠 수 없습니다. 내가 시장을 공격했다고 합시다. 하지만 그게 나한테 무슨 도움이 될까요? 만일 약세장이 아니라면 주가는 그냥 떨어지지 않을 겁니다. 만일 약세장이라면 내가 공격할 필요도 없겠지요. 그렇지 않습니까?" 그는 상기된 표정으로 나를 쳐다봤다.

"네, 그럴 필요 없겠지요." 내가 말했다.

누가 가장 많은 돈을 잃는가

"나는 개인적으로 매수 쪽으로 투기하는 것을 더 선호합니다. 그게 더 건설적이기도 하고, 주가가 오르면 다른 사람들과 다 함께 수익을 나눌 수 있다는 점에서 훨씬 더 매력적이지요. 대중들은 쉽사리 공매도에 나서지 않습니다. 무엇보다 낙관적인 입장을 갖는 게 더 편하기 때문입니다. 장밋빛 미래는 믿을수록 즐거워지고 그래서 더 믿게 되는 거지요. 그 다음으로는 앞서도 말했듯이 은행가든 호구든 모두가 강세장을 끌어올립니다. 강세론자들의 부정한 행위나 내부자들이 자기 회사와 관련해 거짓 발표를 하는 행위에 대해서는 아무도 얘기하지 않지요. 강세를 부추기는 정보들은 대개가 익명의 제공자에게서 나오지요. 만일 신문에서 강세를 뒷받침하는 재료는 반드시 실명으로 된 것만 보도한다면 대중들이 입는 손실은 크게 줄어들 겁니다. 책임을 분명히 해야지요. 그러나 약세 투기자들이 주가 하락의 진짜 이유라고는 얘기하지 말아주세요."

"탐욕에 눈이 멀어 분별력을 잃는 상황에서는 누가 무슨 짓을 해도 어쩔 수 없을 것이라고 생각합니다." 내가 말했다.

그는 형식적으로 고개를 끄덕였다. 상대방의 말을 완전히 알아듣지는 못했지만 그렇다고 해서 다시 물어볼 정도도 아닐 때 사람들이 나타내는 반응이었다. 이를 입증하듯 그는 곧장 이렇게 말했다.

"월스트리트가 바보들한테서 돈을 빼앗아가고 있다고 대중들이, 또 신문에서 비난하는 소리를 귀가 따갑도록 들었습니다. 누가 제일 많은 돈을 날렸는지 보세요. 소심한 호구들은 아닙니다. 이들은 겨우 잔돈푼을 거니까요. 바로 성공한 사업가, 아주 영리한 상인이 월스트리트를 통틀어 최대의 호구가 되는 겁니다. 자기 본업에서 큰돈을 번 친구지요. 어떻게 벌었을까요? 오랫동안 자기 일을 해왔고, 사업과 관련해 알아야 할 것들은 전부 배웠으며, 합리적인 기회를 붙잡았고, 자신의 지식과 경험을 활용해 미래의 가능성을 내다봤기 때문에 성공한 거죠. 그런데 그가 갑자기 더 적은 노력으로 더 빠르게 재산을 불리고 싶어진 겁니다. 그는 자기 돈을 이용해 더 높은 소득을 올리기로 한 거에요. 정상적인 수익보다 훨씬 더 많은 돈을 벌기 위해서는 자기가 건 돈을 전부 잃을 수도 있는 리스크를 감수해야 한다는 사실을 그도 잘 알고 있습니다. 따라서 이 친구는 월스트리트에서 돈을 잃었다고 할 수 없지요. 그는 자기 사무실에서 돈을 잃은 겁니다. 그는 주식 투기라는 게임한테 당한 게 아닙니다. 스스로 패배한 거지요. 내 말이 맞지 않습니까?"

그는 정말로 내 대답을 듣고 싶어하는 것처럼 보였다. 그래서 "전적으로 동의합니다!"라고 말해주었다. 사실 그건 내가 가장 좋아하는, 정곡을 찌르는 주장 가운데 하나였다.

"이 친구는 자기 본업을 할 때는 결코 생각하지 않았던 방식으로 월스트리트에서 돈을 벌어보려고 했던 겁니다. 법 제도를 아무리 잘 만들어도 별 도움이 되지 않는 건 이런 이유 때문이죠. 공짜로 뭔가를 얻으려는 심보를 가진 사람에게는 어쩔 도리가 없습니다. 만약 소위 말하는 부정한 방법을 제도적으로 방지하고, 대중들을 온갖 사기와 그들 자신의 탐욕이나 무지로부터 보호한다면, 그래서 아무도 돈을 잃지 않는다면 대체 누가 돈을 벌 수 있겠습니까? 모두들 바닥에서 주식을 매수한다면 대체 이 주식은 누구한테서 사는 겁니까? 누가 팔겠습니까?"

"정확히 봤습니다. 의회 조사위원회가 한결같이 간과하는 내용 중의 하나지요." 내가 말했다.

그는 진지하게 말을 이어갔다.

"호구들이 하는 짓은 늘 똑같습니다. 쉽게 돈을 벌려고 하지요. 투기라고 하는 게 절대 변하지 않는 게 이 때문입니다. 그런 행동을 하는 동기역시 똑같습니다. 탐욕, 허영심, 게으름이지요. 스타킹이나 무명천 따위라 해도 결코 바보들한테 조언을 들어가며 매매하지 않았을 사업가가 일단 월스트리트에 발을 들여놓으면 그의 수익과 아무 관계도 없는 사람들, 혹은 그가 하려는 게임에서 전혀 큰돈을 벌어보지 못한 정보 제공자가 하는 말을 듣고 기꺼이 자기 돈을 겁니다. 그는 자기가 비상한 두뇌와 비전, 지식, 경험으로 무장하고 있으며, 자기 자신에 대해서도 분명히 이해하고 있다고 생각하지요. 주식시장이 자기 생각대로 움직이든 반대로 흘러가든 그의 희망은 늘 그의 판단과 충돌합니다. 좀더 많이 벌겠다는 희망은 마땅히 이익을 거뒀어야 할 때 그렇게 하지 못하게 합니다. 또 조금이라도 덜 잃겠다는 희망은 비교적 적은 손실을 감수했어야 할 때 그렇게 하지 못하게 만들지요. 이게 인간이 가진 한계입니다!"

"그래요." 내가 말했다. "왕년의 다니엘 드루조차도 손실 보는 것을 받아들이지 못했으니까요. 여러 종목을 거래하다가 한 종목에서 손실이 나면, 손실이 난 계좌를 수익이 난 계좌와 합치는 겁니다. 그런 식으로 하면 자기가 손실을 보지 않았으며, 따라서 자신의 판단이 틀리지도 않았다고 자신할 수 있는 거죠! 전성기 시절 주식 투기자들을 통틀어 가장 영리한 인물로 손꼽혔던 그도 손실을 봤다는 생각을 받아들이지 못했던 겁니다. 그는 욕심쟁이가 아니었는데도 말이에요. 그러니 대부분의 호구들은 어떻겠습니까!"

"맞습니다. 대개의 호구는 주가가 하락하는 이유가 나의 공세 때문이라고 믿는 부류니까요." 리빙스턴이 말했다.

지금까지 그가 장광설을 늘어놓은 것은 이런 불만 때문이었던 게 분명해 보였다. 하지만 경계해야 할 사업상의 원칙보다는 그가 거둔 솔직한 성공담을 듣고 싶었다. 이런 호화 저택은 어떻게 살 수 있었으며, 시장을 제대로 읽어낸 게 언제부터인가 하는 이야기 말이다.

나는 그의 투기 방식에 대해 물었다. 그 자신에 대한 질문은 나중에 할 참이었다. 대답을 들어보니 그가 특정 종목들의 어떤 움직임보다는 시장의 큰 흐름이 어느 방향이며 얼마나 이어질 것인가를 판단하는 데 훨씬 더 관심을 쏟고 있다는 점이 확실해졌다. 어떤 투기자든 정확한 포지션을 취했다면 큰돈을 버는 게 전혀 어렵지 않을 터였다. 가령 약세장에서는 모든 주식이 다 떨어진다. 시장을 둘러싼 여건이 약세로 기울어진 게 분명해지면 투기자는 앞으로 상황이 더 나빠질 것이며 여러 산업으로 파급될 것이라는 점을 예상하고 주식을 골라내야 한다. 모든 업종 주식이 차례대로 무너질 것이다. 리빙스턴 자신은 항상 시장을 둘러싼 여건을 연구하고 있었다. 그에게는 이게 하루 일과의 일부였다. 그는 아침식사를 하기 한참 전에 일간신문과 업계 전문지를 통해 다양한 시장 분석을 읽었다.

그는 월스트리트의 실상을 단적으로 보여주는 일화를 하나 들려줬다. 증권회사의 그 똑똑한 체하는 인간들이 얼마나 쉽게 틀린 판단을 내리며, 진짜로 영리한 사람이 어떻게 성공하는지 여실히 드러내는 이야기였다.

주가가 그 전말을 말해준다

납입 자본금이 1억 달러에 달하는 유나이티드 스테이츠 월드 트레이드 코퍼레이션(U.S.W.T.)은 다양한 해외 사업을 운영하는 기업이었다. 세계 각지의 증기선 항로는 물론, 브라질에서는 전차 노선을, 과테말라에서는 대규모 커피 농장을, 볼리비아에서는 수력발전소를, 페루에서는 은행들을 보유했고, 엄청난 수출 사업까지 해나가고 있었다. 전쟁이 끝나고 세계적인 경기가 가라앉은 다음에도 U.S.W.T.의 주가는 흔들리지 않았다. 다른 주식들은 계속해서 하락했지만, 대중들은 이 회사의 사업이 세계 전역에 퍼져있어 위험 분산이 잘 돼 있다고 생각했다. 더구나 이 회사 임원진은 미국에서도 가장 돈 많은 금융가들이었다. 이 회사는 분기별 정기 배당금도 빠짐없이 지급하고 있었다.

약세장은 더욱 심화됐다. 주가도 몇 차례나 급락했다. 세력들은 하나 둘씩 보유 주식을 어쩔 수 없이 내다팔아야 했다. U.S.W.T. 주가는 이사회의 귀족적인 색채를 반영하듯 조금씩 천천히 하강했다. 그러다 어느날 시장의 다른 주식들은 회복할 기미가 보였는데, U.S.W.T. 주식은 갑자기 몇 달 만의 최대 거래량을 기록하며 5포인트나 떨어졌다.

으레 그런 것처럼 설명이 필요해지자, 한 증권전문 기자가 여러 신문 기자들을 대표해 이 회사 사장을 찾아가 만났다.

"다음 번 이사회에서 배당금 지급을 중단할 거라는 루머가 있던데요." 기자가 말했다. 이건 이 회사로서도 부끄러운 일이 아니었다. 이미 다른 회사들은 경기 악화를 이유로 그렇게들 하고 있었다.

"처음 듣는 얘기요." 사장이 말했다.

노련한 증권기자에게 이런 말은 아무 의미도 없는 것이었다. 그는 재차 물었다. "공식적으로든 비공식적으로든 배당금 지급 중단을 논의한 적이 있습니까?"

"없소!"

"그러면 배당금 삭감에 대해서는요?"

"우리 이사회에서 공식적으로 혹은 비공식적으로 무엇을 논의했는지는 댁이 관여할 문제가 아니라고 대답해주고 싶군요. 다만 그와 관련된 것이 무엇이든 말을 나눈 적도 없고, 다음 번 배당금을 지급하지 않는다거나 삭감하는 일은 계획도 없고 그럴 의도도 없다고 얘기해주겠소. 나는 우리 이사회가 절대 그래서는 안 된다고 생각합니다."

"나도 그러기를 바랍니다. 고맙습니다!" 기자가 말했다.

모든 신문들은 이 회사가 다음 번 배당금을 지급하지 않는다거나 삭감할지 모른다는 루머를 최고위층, 즉 사장이 부정했다는 내용을 기사화했다. 이 기사가 나가자 많은 주주들이 매도하려던 것을 멈췄다. 이 회사 사장은 솔직하고 진실된 인물로 알려져 있었고, 그러다 보니 집무실에 주가 티커를 설치해둔 사장들에 대해서는 일체의 환상 같은 것을 품고 있지 않은 증권기자들조차도 그를 높이 평가했다.

그러나 다음날이 되자 주가가 반등하기는커녕 전날보다 더 심하게 급락했고, 그 다음날도 시장의 대표적인 약세 종목이 됐다. 신문들은 이렇게 주가가 빠진 이유가 무엇인지 알지 못했다. 사장의 일관된 부정을 감안할 때 배당금이 지급되지 않는다거나 삭감된다고는 믿기 어려웠기 때문이다. 하지만 월스트리트의 현자(賢者)는 늘 최악의 상황을 당연하게 받아들일 준비를 하라고 웃으면서 지적한다. "주가가 그 전말을 말해준다! 당신이 기뻐하는 공식적인 부정이 숱하게 나올 수 있지만, 주가는 내부자 매도에 따라 떨어지고 있는 것이다!"

사장을 만나 얘기를 들었던 증권기자가 그때 나를 찾아와서 하는 말이, 자신은 늘 그 회사 사장의 인품을 존경해 왔는데 이건 정말 대단한 충격이었다고 고백했다. 사실 나도 그 사장과 가까운 사이였다.

"그런데 자네는 왜 그 사장이 거짓말을 했다고 생각하는 거지?" 내가 물었다.

"주가를 보라고!" 증권기자가 대답했다.

나는 아무 말도 하지 않았다. 그래 봐야 아무 소용도 없었다. 게다가 나는 주가를 다 알고 있었으니까.

역시나 이틀 뒤 U.S.W.T. 이사회가 열렸고, 주식시장이 마감된 다음 이렇게 발표했다. 전 세계적인 금융, 상업, 산업 분야의 불안정한 여건을 감안해 회사는 현금 자산을 지켜나가기로 결정했으며, 분기별 정기 배당금은 지급하지 않을 것이라고 말이다.

리빙스턴이 알려준 진짜 내막은

똑똑하다고 잘난 체 했던 무리들에 대한 조롱 섞인 비난이 월스트리트에 울려 퍼졌다.

"당연한 일 아닌가! 이 회사 임원들은 보유 주식을 팔고 공매도까지 했어. 근래에 볼 수 없었던 정말 추잡한 거래였지!"

사장한테서 얘기를 들었던 증권기자는 그가 모든 면에서 월스트리트의 거짓말쟁이 클럽에 정회원 자격이 있다고 주장했다.

그런데 나도 그 사장과 친한 사이였다. 시내에서 우연히 그와 마주친 나는 막역한 친구답게 단도직입적으로 쏘아붙였다.

"대체 어쩌자고 배당금 지급 중단 사실을 부인했던 건가?"

"그게 사실이었으니까!" 그는 아주 당당하게 말했다. 이런 질문을 한두 번 받은 게 아닌 눈치였다.

"뭐?"

"사실이었다고! 내가 말했을 때는 배당금과 관련해 단 한 마디도 논의하지 않았네. 덧붙이자면 이사회에서 표결을 붙이기 2분 전까지도 이사회의 결정을 확신한 이사가 한 명도 없었어."

"알다시피 나는 자네 친구잖아." 내가 말했다. "약속은 지키는 사람이고, 그러니 자네가 감옥에 가든 말든 나는 자네 편이야."

"무슨 말이야?"

"나한테까지 자네가 결백하다고 얘기할 필요는 없다는 거야. 나는 자네를 믿어. 하지만 구린내가 진동해. 누가 주식을 팔았나?"

"나는 안 팔았어. 재수가 없었지!"

그의 목소리에서는 정말 후회막급이라는 심정이 드러났고, 나는 그를 다시 쳐다봤다.

그러고는 조용히 물었다. "미리 알고 주식을 매도한 이사는 누군가?"

"이사 전원이 결백하다고 맹세했네."

"그들은 늘 그러지. 그들이 순순히 자백하기를 기대하나?"

"들어봐." 사장은 진지하게 말했다. "이번에는 단 한 명의 이사도 혐의가 없어. 내가 기자에게 말한 뒤로 우리 사업이 아주 나빠졌거든. 우리 제품 시장 중에 일부는 아예 전망할 수조차 없었어. 남미에서는 두 건의 혁명이 일어나 사방에서 수많은 은행과 기업이 쓰러졌지. 한마디로 참담한 상황이었어. 막대한 자금이 필요할 것 같더군. 왜냐하면 앞으로 한동안은 계속 더 어려울 것이고, 그래서 자연스럽게 가능한 한 많은 현금을 확보해두기로 결정한 거야. 배당금 지급을 중단하는 안건에는 상당한 반대가 있었지만 결국 보수파가 승리했지."

"그렇지만, 월스트리트는 자네 이야기를 믿지 않을 걸세." 내가 웃으면서 지적해주었다.

"나도 알아." 그가 말했다. 그리고 나서는 갑자기 언성을 높였다. "세상에, 처음 급락했을 때 나는 5000주나 샀다고. 벌써 15포인트나 떨어졌어."

"그래도 자네는 기자들한테 그렇게 말하지 말았어야 했네." 내가 말했다.

"앞으로는 안 그럴 거야." 그가 진심으로 약속했다.

"다음 번은 걱정할 필요도 없어." 내가 분명하게 말해주었다. "다시는 기자들이 자네한테 그런 질문을 던지지 않을 테니까. 혹시 그런 걸 묻더라도 기사화하지는 않을 거야. 앞으로는 안 그러지."

우연히도 이 일이 있은 지 몇 주 만에 리빙스턴을 만나게 됐다. 그런데 그가 나에게 이런 이야기를 들려준 것이다. 그는 한동안 수출 동향과 함께 남미와 동양 쪽의 상황을 예의주시하고 있었다. 그런데 전망이 암울

했다. 상황은 갈수록 악화될 게 분명했다. 그는 평소 해왔던 것처럼 기본 여건에 관한 그의 견해를 뒷받침해주고 또 확인해줄 종목을 찾아봤다. U.S.W.T.가 눈에 들어왔는데, 주가는 오르고 있었다. 그는 이 회사의 3년치 사업보고서를 구해 재무구조뿐만 아니라 다양한 사업 분야 하나하나가 어떤 상태에 있는지 전부 파악한 뒤 1만 주를 공매도했다. 그가 처음 공매도했을 때 주가는 110달러였다. 다음날 사장의 말이 신문에 났다. 그는 이 기사를 읽고서 추가로 1만 주를 더 공매도했고, 주가가 급락하자 그는 힘을 얻어 3일째 되는 날 또 다시 1만 주를 공매도했다. 이렇게 해서 그는 3만 주를 공매도하게 됐고, 주가는 80달러 대로 떨어졌다. 내부자의 주가 지지는 눈에 띄지 않았다. 이를 눈치챈 거래소의 룸 트레이더들이 무차별적으로 매도에 나섰고, 워낙 공매도 물량이 많아 나중에 이를 정리할 때 주가가 꽤 큰 폭으로 반등했을 정도다. 어쨌든 이사회가 열린 다음날 주식시장 개장과 함께 주가는 마지막으로 급전직하했다. 리빙스턴은 주가가 폭락하자 공매도했던 주식을 60달러 조금 넘는 가격에 환매수해 이익을 거둬들였다.

"그 주식에서 한방 날렸지요. 내부자 정보 따위는 필요 없었어요." 그가 말을 마쳤다.

"그 이야기의 백미는 월스트리트에서 그 회사 이사들이 자기 회사 주식을 갖고 투기를 벌였다고 비난했다는 겁니다. 배당금 지급을 중단하지 않을 거라는 사장의 말이 나간 다음 주가가 급락하자 신문들이 악하고 비명을 지른 거 알고 있지요? 신문들은 당신이 공매도하고 있다는 사실을 몰랐습니다. 우연히 알게 된 거지만, 배당금 지급 중단 사실은 이사들조차 표결에 들어가기 2분 전까지도 몰랐다고 하더군요."

"그래요?" 그가 냉정하게 말했다. "어쨌든 나는 이사들이 표결하기 2주 전에 그걸 알고 있었습니다. 사장의 말도 신문에서 봤지요. 나는 이사회에서 배당금 지급 중단 결정을 내리지 않을 것이라고는 생각하지도 않았습니다. 그들이 그래야만 한다는 것을 알고 있었지요. 이번에 중단하지 않는다면 3개월 후에 중단하겠지요. 만약 이 회사가 분기별 정기 배당금을 지급했다면 나는 추가로 2만 주를 더 공매도했을 겁니다. 왜냐하면 그런 결정이야말로 자신들이 해야 할 일이 뭔지도 모르는 것이거나 주식시장 눈치만 보다 그릇된 판단을 내린 것이라는 점을 알려주는 것이니까요. 더구나 수출 사업이 워낙 불투명하다는 점을 감안하면 내가 거래를 끝내기 전에 이사들도 보유 주식을 내다 팔게 만들 수 있었습니다. 물론 그 회사 이사들은 미국에서 제일 돈 많은 은행가들이지만 개인이든 집단이든 누구도 시장을 둘러싼 상황과 싸울 수는 없다는 사실을 나는 잘 알고 있지요."

룰렛 게임에서 이기는 법

월스트리트에서 벌어지는 전형적인 사건의 내막이 어떤 것인지 생생하게 보여준 셈이었다. 내가 친구인 그 사장을 만나 리빙스턴이 해준 이야기를 들려줬더니 그의 반응은 이랬다. "거 참 재미있군. 하지만 정신 나간 주식 도박꾼이 하는 말 따위는 일고의 가치도 없네."

리빙스턴과 나는 시장의 다른 화제거리에 대해서도 대화를 나눴다. 그는 정확한 시점을 잡지 못하고 주식을 매매했을 때 어떤 일이 벌어지는지 가르쳐주는 여러 일화를 들려주었다. 또 주가 테이프를 어떻게 읽어내는지, 그리고 주가를 나타내는 숫자와 그 의미가 무엇인지에 대해 자세히 설명했다. 그가 주가의 움직이라고 부르는 것에 기초해 투기를 할 수 있는 것도 이 덕분이었다. 시점 선택과 주가의 움직임! 그는 이 두 가지에 집중했다.

"이건 주식에만 해당되는 게 아닙니다. 이 세상 거의 모든 것에 그대로 들어맞지요. 한번은 남쪽 휴양지에 갔는데, 친구들이 나를 그리들리스 카지노[7]로 데려가더군요. 그때까지 나는 룰렛을 단 한 번도 해본 적이 없었습니다. 그래서 조금 있다가 해봤지요."

"돈을 땄나요?" 내가 물었다.

"그럼요." 그가 아무것도 아니라는 투로 대답했다.

나는 가슴이 철렁 내려앉아 귀를 의심할 정도였다. 나는 이 주식 투기자를 처음보다 훨씬 더 높이 평가하고 있던 터였다. 그는 자기가 시장에서 번 돈으로 산 궁전 같은 저택에서 살았지만, 나의 지론이자 모든 주식시장 참여자가 부딪칠 수밖에 없는 운명을 뒷받침해주는 인물이었다. 나는 그가 끝없이 펼쳐지는 월스트리트의 흥미진진한 이야기에 나오는 진짜 영웅이라고 생각했다. 그런데 이제 와서 모든 것을 망쳐버린 것이었다!

나는 무심코 던지는 것처럼 이렇게 물었다. "당신 말은 룰렛 게임에서 돈을 따는 어떤 시스템이 있다는 말인가요?"

그렇게 기대했었는데, 이렇게 물어보다니 너무 아쉬웠다!

"아니요." 그가 천천히 대답했다. "룰렛 게임에서 돈을 따는 시스템 같은 건 없습니다. 다만 특정 바퀴가 특정 시점에 돌아가는 게임에 돈을 거는 방법이 있었지요."

"무슨 말입니까?"

"무슨 말인지 설명해드리죠. 룰렛 게임이 진행되는 테이블 앞에 서서 바퀴가 돌아가는 것을 유심히 지켜봅니다. 바퀴가 멈추고 숫자가 나올 때마다 전부 노트에다 적어두었지요. 얼마나 오랫동안 그렇게 했는지는

---

[7] Gridley's는 작중 이름으로 당시 플로리다 주 최대의 카지노였던 Bradley's Beach Club 카지노를 가리킨다.

모르겠습니다. 하지만 게임 결과를 수백 번은 기록했습니다. 이 기록을 연구해보니 특정 숫자들이 다른 숫자들보다 훨씬 자주 나오고, 또 특정 숫자들은 어떤 다른 숫자들이 나온 다음에 자주 나온다는 사실을 알게 됐어요. 간단히 얘기하자면 특정 숫자들이 나오는 어떤 순서를 발견한 겁니다. 나는 정확한 시점을 기다렸다가, 내가 지켜봤던 테이블에서 내 관찰 결과를 토대로 게임을 했어요! 나는 확률이 나한테 유리하다고 생각했지요. 역시나 나는 돈을 땄습니다."

"계속해서 돈을 땄나요?"

"아, 아닙니다! 나와줘야 할 숫자들이 나오지 않을 때면 게임을 그만뒀습니다. 바퀴와 싸워봐야 헛일이니까요. 뭔가가 잘못 된 겁니다. 이유는 나중에 알게 되겠지요. 그러나 누구든 자기가 틀렸을 때 가장 시급히 해야 할 일은 재빨리 그만두는 겁니다. 나는 그리들리스 카지노를 꽤나 자주 가서 룰렛 테이블을 연구했습니다. 나는 숫자들이 나오는 순서가 각각의 바퀴마다 달라질 뿐만 아니라 그걸 돌리는 딜러에 따라서도 달라진다는 것을 배웠죠. 게다가 똑같은 바퀴를 똑같은 딜러가 돌리는데도 숫자들이 예상과 맞지 않을 때도 있었습니다. 아마도 카지노에서 그날 오후에 바퀴에다 기름을 쳤거나 기계 상태를 바꾸는 모종의 조치를 취했기 때문일 겁니다. 모든 것은 오로지 각각의 바퀴가 돌아가는 기계적인 움직임과 그것을 돌리는 딜러 각자의 신체적 특징에 달려있지요. 나는 반복적으로 나오는 숫자들을 주목했던 겁니다. 이미 말했듯이 손실이 나면 재빨리 끊었습니다. 어떤 바퀴에서도 절대 200달러 이상은 잃지 않았어요. 그 정도 금액을 잃으면 나는 뭔가가 바뀌었으며 앞서 내가 기록한 관찰이 다 쓸모 없게 돼버렸다고 결론을 내립니다. 하지만 대개는 조금이라도 땄습니다. 결국 휴가를 마칠 무렵에는 많지 않은 돈을 벌었더군요. 아마 3000달러인가 4000달러쯤 됐을 겁니다. 그러나 그건 중요하지 않아요. 내가 게임을 한 이유는 내가 정확하게 관찰했는지 여부를 알기 위해서였으니까요."

인터뷰의 기술

영어권 남성들은 전통처럼 내려오는 과묵함 때문에 고생한다. 자기 자신에 대해서는 절대 솔직하게 털어놓지 않고 자기 희망에 대해서도 인간적으로 얘기하지 않는다. 그래서 인터뷰를 하는 기자 입장에서 가장 큰 문제는 상대방으로 하여금 "내 앞에 앉은 사람이 내 얘기를 듣고 있다"는 생각을 갖지 않도록 하는 것이다. 자기 말이 인용되지 않기를 원하는 사람은 그의 말이 잘못 인용되는 일은 없을 것이라고 잘 설득해야 한다. 이를 위해서는 그가 자신에 대해 알고 있는 것보다 인터뷰를 하는 당신이 그를 더 잘 알고 있다는 점을 납득시키는 게 최선의 방법이다. 왜냐하면 특별한 인물이 되는 게 그의 일이듯, 당신이 하는 일은 사람을 알아가는 것이기 때문이다.

말만 번지르르한 사람은 일반적으로 행동이 따르지 않는다. 그러나 앞장서서 실천하는 사람 가운데는 말하기를 좋아하는 경우가 종종 있다. 어느 실천가가 생각하기에, 당신이 확실한 지식과 독선적인 자기 주장을 혼동하지 않을 것이며, 그가 좋아하는 것-그의 업적-에 깊은 관심을 보일 만큼 똑똑한 게 확실할 경우 그는 당신을 자기 분신처럼 여길 것이다. 박해 받는 여성에 대해 이야기해보라! 자기에게도 사람들이 이해하지 못하는 측면이 있다는 점에 가장 열을 올리는 사람은 다름아닌 엄청나게 성공한 인물이다. 물론 당신의 평가가 얼마나 진심에서 우러난 것인지 알기 전에-그는 공치사로 하는 찬사는 원하지 않는다-그는 당신을 연구할 것이고, 마치 당신이 그의 진정한 면모를 캐보려는 것처럼 당신이 진짜 누구인지 알아볼 것이다. 문제를 해결하기 위해 당신이 해야 할 일은 그를 진정으로 이해하는 게 전부다. 그저 호의적으로 들어주는 게 아니라 똑바로 경청함으로써 이런 특별한 목적지에 도달할 수 있다. 왜냐하면 그가 대단한 인물일수록 호의나 동정 따위는 원하지 않기 때문이다. 때로는 그가 하던 말을 다 마칠 때까지 기다려주지 않고 당신이 마무리 지음으로써 그를 이해하고 있다는 점을 분명하게 보여줄 수도 있다. 만일 당신이 그 사람 자신보다 더 깊이 있게 그가 가진 생각을 이야기한다면, 그 사람 역시 당신의 말을 십분 이해하고 다양한 방식으로 따라 하고 있다는 것을 발견할 것이다! 그 다음부터 그는 당신을 상대로 그냥 얘기하는 게 아니라 거침없이 허심탄회하게 털어놓는 것이다! 심지어 당신이 중간에 끼어들어 더 빨리 이야기할 정도다. 그래도 그는 당신의 무례함을 용서할 것이다. 왜냐하면 그런 행동이야말로 그가 말하고자 하는 모든 것, 바로 그 기막힌 이야기를 당신이 더 빨리 듣고 싶어 미칠 지경이라는 사실을 보여주는 것이기 때문이다.

  머리회전이 빠른 사람들은 인터뷰하는 기자가 자신의 생각을 따라올 수 있도록 속도를 늦춰야 할 경우 아주 답답해한다. 시어도어 루즈벨트나 제임스 J. 힐, 넬슨 A. 올드리치 같은 인물들은 그야말로 전광석화처럼 돌아가는 그들의 머리에 기자가 보조를 맞출 수 있다는 확신이 들면 어떤 질문이 쏟아져도 거침없이 대답했다. 부연하자면 그가 어떤 식으로 얘기하든, 그가 아무리 빨리 이 생각에서 저 생각으로 넘어간다 해도, 한 주제에서 다른 주제로의 비약이 아무리 심하다 해도 그 사람이 당신을 향해 이야기하는 것은 그만두게 해야 한다는 말이다. 대신 그가 당신이 듣는 가운데 자신을 향해 이야기하도록 해야 한다. 왜냐하면 자제력이 가장 뛰어난 업계 지도자나 은행가 혹은 시인조차도 당신이 경청하는 것이야말로 바로 자신을 인정하는 것이라고 여기고 즐거워할 것이기 때문이다. 그는 때로 자신의 행동에 대한 자기 견해를 처음으로 명확히 정의하기도 한다. 큰 일을 하는 인물은 자신이 오해로 인해 비난 받는 것을 그리 두려워하지 않는다. 그는 당신에게 칭찬 받기를 원하지 않는다. 그에게 한 가지 바람이 있다면, 그가 자신을 이해하듯 당신도 그를 이해하는 것뿐이다. 왜냐하면 그때 비로소, 그가 지금 이 자리에 서게 된 게 자연스러운 일이었다는 것을 당신도 깨달을 것이기 때문이다. 현재 자신이 어디에 서 있는지 그는 잘 알고 있다!

지금까지 주제와 벗어난 이야기를 이렇게 늘어놓은 것은, 자기 자신에 대한 이야기를 결코 하지 않던 사람이 때로 아주 자유롭게 얘기하는 이유를 설명하기 위해서였다. 정치인은 기꺼이 자기 자신에 대해 이야기할 수 있고 이야기하지 않을 수도 있다. 시어도어 루즈벨트처럼 자기 과시형 정치인이 될 수도 있고, 매튜 퀘이처럼 베일 속에 가린 정치인이 될 수도 있다. 하지만 주식 투기자는 시장에 대해서만 이야기해야 한다. 그것도 자신에게 도움이 될 때만 말해야 한다. 리빙스턴은 굳이 대중적인 인기에 연연할 이유가 없다. 그는 추종차도 필요 없고 표를 모을 일도 없다. 그는 자신이 거둔 성공을 떠벌려 만족을 얻는 따위의 허영심도 없다. 사실 그의 성공 스토리가 신문에 나봐야 협박 편지나 폭파 위협, 심야의 불청객이나 더 불러들일 테니 말이다. 내가 듣고자 했던 것은 사실 그의 투자 철학보다는 그의 인생 이야기였다. 벽에 걸린 대가들의 작품과 아내의 우아한 목을 장식하고 있는 아름다운 진주 목걸이에 관한 사연도 다 거기서 나온 것이었다. 그가 자서전을 쓴다면 이야기할 그 인간 본연의 모습을 듣고 싶었다. 평생에 걸쳐 혼자서만 활동해 왔다고 해서 한번 말하기 시작하면 죽 늘어놓는 것은 아니다. 점심식사 내내 나는 이 남자가 지나온 주식시장에서의 인생 편력을 생각하면서 어떻게 하면 그것을 꺼내놓게 할 수 있을지 궁리했다.

앞서 말했듯이 리빙스턴의 성격에서는 뭔가 알 수 없는 침착함 외에는 정말 아무런 인상도 받지 못했다. 그는 신체적으로는 말 그대로 둔한 편이었다. 그러나 나는 곧 그가 나를 시험하고 있다는 사실을 알아챘다. 적이 많은 사람들은 누구나 인터뷰 상대가 될 때 그렇게 한다. 인터뷰하는 기자 입장에서는 오히려 더 잘 된 일인 게, 상대방이 인물 분석 전문가가 아닌 이상 기다릴 필요 없이 자신을 알릴 수 있기 때문이다.

리빙스턴의 비서가 무슨 서류를 들고 들어왔다. 내가 바로 자리를 비켜주려고 했더니, 그가 "아녜요, 이건 그냥 사적인 겁니다"라고 말했다.

비서가 나가자, 나는 리빙스턴이 나와 잘 모르는 사이라는 생각이 들이 이렇게 말했다. "당신이 어떤 식으로 생각하는지 보니까 참 재미있군요."

"뭘 봤다는 거지요?" 그가 곧바로 물었다.

"바로 그겁니다!" 내가 말했다. "봤다고요! 내가 당신한테서 뭘 봤는지 얘기해보죠."

정확해야 하는 사업

나는 차근차근 설명했다. 그가 대화의 주제에서 벗어나 새로운 문제를 떠올릴 때 어떤 모습을 보이는지, 그가 지금 연구하고 있는 것을 제외한 모든 것을 어떻게 잊고 얼마나 집중하는지 말해주었다. 그리고 나서는 내가 어떻게 그의 행동에서 그의 생각을 읽어내는지, 그리고 내가 보기에 그가 비서에게 말했던 것을 그가 왜 하려고 결정했는지를 얘기했다.

상대방이 자기 자신에 대해 솔직히 말해주면 누구나 그렇듯이 그도 열심히 듣더니 고개를 끄덕였다. 하지만 그 다음부터 그의 태도가 눈에 띄게 달라졌다. 그는 이제 내가 듣는 것만큼이나 자기가 말하는 데 푹 빠져버렸다. 우리는 어느새 안면을 텄다. 불과 10초 사이에 우리는 1년쯤 사귄 친구가 된 것이다.

일단 리빙스턴이 해주는 말을 듣고 난 다음에는 역시 그가 이런 머리를 가졌기에 주가를 읽어내는 최고수가 될 수 있었으며, 따라서 당대의 큰손 투기자들 중에서도 가장 탁월한 기술적 트레이더가 될 수 있었겠다는 생각을 갖지 않을 수 없었다. 그건 너무나도 선명한 수학적 두뇌였다. 단지 계산이 빠른 정도가 아니라, 번개처럼 계산이 빠르면서 동시에 천문학자가 하늘에 떠있는 별을 읽어내듯 숫자를 읽어내는 그런 인물이었다. 게다가 그 숫자와 의미를 그것을 본 시점과 장소까지 함께 기억했다. 이건 확연히 구분되는 능력이었다. 따라서 그가 사무실에서 일하는 하루 다섯 시간과 비교할 때 집에서 보내는 일상생활은 무척 단조로워 보였고, 그러다 보니 인간의 본성과 감정 전반에 대한 그의 통찰조차도 그저 하찮게 여겨질 정도였다. 왜냐하면 시인이 됐든 푸줏간 주인이 됐든 단지 인간이라는 이유만으로 그 사람들에게 흥미를 느낀 것은 아닌 게 분명하기 때문이다. 그가 하는 게임과 똑같은 게임을 하는 사람들만이 그에게는 중요한 문제였다. 한껏 내지르는 투기자든 소심한 투자자든 그가 풀어야 할 숙제의 일부였다. 이들이 가진 인간적 약점에 대해 그는 일말의 동정도 느끼지 않았고 비난하지도 않았다. 주식 투기자들이야말로 그의 계획을 도와줄 수도 있고 방해할 수도 있었다. 좀더 정확히 말하자면 그가 승리를 거두는 시점을 이들이 앞당길 수도 있고 늦출 수도 있다는 것이다.

나중에 그가 자신의 경험을 이야기하면서, 자기와 함께 거래한 사람들에 대한 인상을 단 한 번도 먼저 소개하지 않는 것을 보고 나는 전혀 놀라지 않았다. 그는 자신이 투기 경력을 쌓아오는 과정에서 일정한 역할을 해준 사람들의 신체적 혹은 정신적 특징들에 대해 일절 설명하지 않았다. 그런 것을 떠올리는 것 자체가 의미 있다고 생각하지 않았다. 그가 무엇을 했으며, 그들이 무엇을 얘기했는가가 늘 중요했다. 그로 하여금 그때 그렇게 하도록 만든 것이 중요했다는 말이다. 그는 자신의 거래와 관련된 사실들을 놀라울 정도로 자세히 기억했다. 20년 전에 매매한 주식의 정확한 수량과 주가를 똑똑히 떠올렸다. 다시 말해 주식시장에서 정확하게 판단하는 게 본업인 그는 사업에 관한 모든 것을 다 기억하고 있었다.

나는 지금 몇 시간 동안 그의 얘기를 들으면서 받은 인상을 설명하고 있는 것이다. 대화가 진행될수록 인간적인 모습이 더 두드러졌다. 자신을 드러내는 작은 번쩍임이 계속해서 쌓인 결과였다. 가령 그가 뛰어난 체스 선수가 갖고 있는 보기 드문 두뇌의 소유자임을 나는 단번에 알아차렸다. 타고난 두뇌였다. 그가 무엇을 할지 본능적으로 알아내는 이유도 여기에 있었다. 마치 세계챔피언 잭 뎀프시가 권투 본능을 타고났고, 특출한 기자들이 뉴스 감각을 가진 것처럼 그는 비상한 티커 센스를 지니고 있었다. 모짜르트가 음악을 위해 태어났듯, 또 타이 콥이 야구를 위해 태어났듯 그는 투기라는 게임을 위해 태어났다. 그는 이런 재능을 타고났을 뿐만 아니라, 폴 모피가 자신의 체스 기술을 발전시켜나간 것처럼 자신의 재능을 더욱 연마했다. 그는 열심히 공부했고 실전에 활용했다. 그러나 나중에 알게 되겠지만, 그가 거둔 수백만 달러의 성공은 이런 인물조차도 투기라고 하는 난공불락의 게임을 이겨낼 수 없다는 사실을 뒷받침해주는 것이다. 왜냐하면 그가 한 것은 단순히 도박이나 투기가 아니었기 때문이다. 여기서 내가 쓴 "투기"라는 단어는 주식의 가치가 자신에게 유리하게 변할 것을 기대하고 계속적으로 주식을 매매하는 행위를 의미한다. 그는 모든 성공한 상인과 제조업자, 철도업자, 개척자, 프로권투 프로모터들이 하는 일을 했다. 확률을 예측했던 것이다. 이건 단지 도박을 완곡하게 표현한 게 아니다. 여기에는 결정적인 차이가 숨어있다.

다양한 부류의 트레이더들

타고난 투기자인 데다 그 재능을 갈고 닦은 그 역시 주식시장에서 공짜로 뭔가를 얻으려 했을 때마다, 혹은 비밀정보를 따르거나 다른 사람의 조언을 믿고 엉뚱한 시장에서 모험을 했을 때마다 호되게 당했다는 이야기는 무척 흥미진진했다. 그도 호구 짓을 하는 바람에 수백만 달러를 날렸던 것이다. 그는 무덤덤하게 이를 인정했다. 이런 실수가 없었다면 아마도 이 세상 최고의 갑부가 됐을 것이고, 이건 누구나 마찬가지다!

그는 정말 신비할 정도의 기억력을 소유한 인물이었다. 그는 주가와 그 변동폭을 정확하게 기억했다. 그는 15년 전 그가 강세 시각 혹은 약세 시각을 가졌을 때 어떤 주식이 얼마였는지 말할 수 있었다. 프로 체스 선수는 수 년 전에 둔 복잡한 게임의 한 수 한 수를 전부 기억해낸다. 언젠가 이런 글을 읽은 적이 있다. 당시 세계 챔피언쯤 되는 한 당구 선수가 전쟁 전에 벌어졌던 어느 토너먼트 대회의 특별한 경기에서 마지막 공을 놓쳤을 때 자기가 어떻게 쳤는지 정확히 설명하는 것이었다. 이런 기억력은 쉬지 않고 무한정 주가를 토해내는 티커 테이프의 가르침을 떠올려야 하는 주식 트레이더에게 특히 소중하다.

월스트리트의 거인들 가운데 탁월한 주식 트레이더는 거의 없다고 해도 과언이 아니다. 위대한 금융 천재였던 제이 굴드는 주식시장에서 목표 달성을 위한 수단을 찾았다. 그는 투기로 수백만 달러를 벌기도 하고 잃기도 했다. 그는 기업 경영권을 쟁취하기 위한 시세조종에 더 뛰어났다. 그의 대표 주식중개인들 중 한 명한테서 듣기로는, 어느 해 그는 굴드에게서 중개수수료로 10만 달러를 벌었는데, 같은 해 굴드가 거둔 순수익은 5만 달러를 넘지 못했다는 것이다. 그렇다면 결국 굴드는 그해에 손실을 본 것 같다는 말이었다. 그 유명한 노스웨스트 철도 주식 매집이 벌어졌던 해였다.

코모도어 밴더빌트는 자신이 믿는 주식을 매수한 다음 계속해서 보유했다. 그는 투자를 한 것이지 트레이딩을 한 게 아니었다. 그는 자신이 벌인 두 차례의 할렘 철도 주식 매집 때 공매도 투기자들을 압박했지만, 그의 목적은 사기꾼과 배신자를 응징하는 것이었다. 더구나 그는 자신의 자금 동원력을 잘 알고 있었고, 철도산업의 미래와 자신의 앞날을 확신했다. 그러나 이런 밴더빌트도 주식시장에서 몇 차례나 왕년의 다니엘 드루에게 당했다.

지금은 고인이 된 J.P. 모건은 주식시장을 트레이더의 눈으로 바라본 적이 한 번도 없었다. 비록 토머스 히치콕과 몇몇 사람들이 이야기하듯이, 그는 젊은 시절 아버지 밑에서 일할 때 주식시장에서 전설적인 성공담을 만들어냈으며, 이로 인해 그의 아버지는 친구들에게 피어폰트(J.P. 모건)가 은행가가 되기는 글러먹은지 모르겠다고 종종 얘기했다고 하지만 말이다! 그가 기업 인수합병으로 U.S. 스틸을 설립했을 때는 아직 검증되지 않은 이 회사 주식의 시세조종을 제임스 R. 킨에게 맡겼다. 또 내가 듣기로, 그는 늘 이런 주식은 투기적인 시장을 조성해야 한다는 점을 탐탁지 않게 여겼다고 한다. 모건의 파트너들 가운데도 주식시장에서 특별히 뛰어난 트레이더라고 할 만한 사람은 들어보지 못했는데, 조지 W. 퍼킨스는 예외라고 할 수 있다. 퍼킨스는 비상한 재주와 상상력을 갖춘 돈 버는 데는 타고난 아주 대단한 인물이었고, 자연히 자신의 다양한 능력을 마음껏 활용할 수 있는 주식시장에 이끌렸다.

제임스 J. 힐은 주식에 흥미를 느꼈고 또 성공적인 투기자였지만, 계속

해서 거래하는 통상적인 의미의 트레이더는 아니었다. 그는 내가 지금까지 월스트리트에서 만나본 가장 별나고 재미있는 인물이었다. 반면에 E.H. 해리먼은 아주 훌륭한 트레이더였다. 그가 모은 막대한 재산은 불과 몇 차례의 황금기에 주식시장에서 나온 것이었지만, 주식을 트레이딩한 게 아니라 전체 시장을 상대로 고도의 시세조종을 해서 번 것이었다. 하지만 그는 주가 테이프를 아주 잘 읽어냈다. 그가 젊은 시절 뉴욕증권거래소 플로어에서 쌓은 경험은 무엇보다 소중한 것이었다. 한번은 이런 일이 있었다. 하루는 아주 뛰어난 투기자와 함께 어느 사무실에 있었는데 그가 왠지 걱정하는 눈치였다.

티커 센스

"뭐가 문제요?" 나는 뭔가 잘못됐다는 낌새를 눈치채고 물었다. 잘하면 1면 뉴스거리였다.

"음, 계획을 바꿔야 해서 말이야. 얼마 전에 한 친구한테 내 계획을 말했더니, 그 주식을 2만 주나 샀거든. 근데 이제 그 친구한테 내 계획이 바뀐 것을 알려줘야 할지, 아니면 좀더 기다려야 할지 잘 모르겠어."

"당신이 시장을 완전히 빠져나올 때까지 말인가요?" 내가 말했다. 나는 미소를 지었지만, 그는 대답하지 않을 것 같았다.

"아니, 다른 친구들이 빠져나올 때까지 말이야." 그가 솔직하게 말했다.

"2만 주를 샀다는 친구는 꽤 가까운 사인가요?"

"그렇게 가깝지는 않아."

"부자에요?"

"그럼, E.H. 해리먼이야." 그가 말했다.

나는 웃음을 터뜨리고는 이렇게 말해주었다. "그 사람 걱정은 마세요. 벌써 빠져 나왔어요."

"자네가 어떻게 알아?"

"주가 테이프를 보세요. 그러고도 잘 모르겠으면 그에게 전화를 걸어 봐요."

주가 테이프만 갖고는 충분치 않았는지, 월스트리트 최고의 작전 주도자였던 이 사람이 해리먼에게 전화를 걸었다.

"그냥 물어보세요." 내가 일러줬다. "언제 그 주식을 다 팔았는지."

"안 돼."

"그러면 아직도 그 주식을 갖고 있느냐고 물어봐요."

그러자 그가 물어봤고, 해리먼은 이렇게 대답했다고 한다. "아, 그저께 팔았네. 시장이 좋아 보이지 않아서 말이야." 해리먼은 한 치의 오차도 없이 정확히 예측했던 것이다.

제임스 R. 킨은 물론 시세조종의 달인이었고, 주가 테이프를 읽어내는 데는 절정의 고수였다. 그는 말년에 단 한 종목을 갖고 승부를 내는 데 푹 빠졌다. 이건 남북전쟁 시절 존 M. 토빈이 뉴욕증권거래소에서 처음 썼던 방법인데, 한 회사의 사정을 속속들이 전부 연구한 다음 그렇게 알게 된 지식에 따라 행동해야 했다. 토빈은 그 유명한 1864년의 할렘 철도 주식 매집 당시 코모도어 밴더빌트의 대표 주식중개인이었다. 그와 제롬은 한 지점을 집중 공격하는 나폴레옹 원칙을 차용했다. 한 종목이면 충분했다. 당연히 킨은 많은 주식을 트레이딩했지만, 내가 티커 센스라고 부르는 아주 뛰어난 감각의 소유자였다. 이 신비한 감각은 그를 여러 차례 구해줬다. 그는 탁월한 시세조종 주도자였고 대담할 정도로 크게 걸었다. 그는 어느 기업이든 경영에는 관심 없었지만 그 회사의 사업보고서는 전문 회계사만큼이나 정확하게 분석했다. 그것도 남들보다 열 배나 더 빠른 속도로.

리빙스턴이 타고난 재주는 정말 놀라운 것이었고, 나는 쉽게 돈 벌어보겠다고 월스트리트에 오는 대개의 사람들을 그와 비교해보지 않을 수 없었다. 대중들이 손실을 보는 이유들을 여기서 요약해보겠다.

아마추어 투기자들의 약점

동기 호구는 공짜로 뭔가를 얻으려 한다. 호구를 부추기는 것은 눈먼 탐욕과 도박의 흥분이다. 그러나 리빙스턴은 오로지 이기는 것, 즉 정확히 판단하는 것에만 관심을 갖는다. 돈은 단지 그것을 입증해주는 수단에 불과하다. 그는 지켜본다. 그러고 나서 자신이 본 것을 실제 투기를 통해 검증하고자 한다. 체스를 두는 체스 챔피언이 비록 냉정한 자세로 게임에 임한다 해도 그의 마음속에는 뜨거운 열정이 있을 것이다. 문제의 해결책을 찾아내야 한다는 억제할 수 없는 충동 말이다. 리빙스턴에게는 오로지 주식시장의 문제가 전부였다.

조바심 리빙스턴이 수백만 달러의 돈을 잃어가면서 배운 것은 정확한 시점을 기다려야 한다는 점이었다. 너무 빠른 것은 너무 늦는 것만큼이나 치명적이다.

희망 대개의 호구는 남들에게 혹은 자신에게 어떤 이유를 대건 간에 그저 바라기만 한다. 하지만 리빙스턴은 바라지 않는다. 그는 생각한다. 그는 실수를 저지르지만 똑같은 실수를 되풀이하는 일은 결코 없다. 왜냐하면 그가 투기라는 게임을 대하는 태도는 놀라울 정도로 개인적일 뿐만 아니라 화가가 그의 작품을 대하듯 철저하게 제3자적이기 때문이다. 그가 자주 말하는 경구 가운데 하나는 "나는 절대 주가 테이프와 다투지 않는다"는 것이다. 그의 판단이 옳을 수도 있고 틀릴 수도 있다. 희망은 이

것과 아무런 관계도 없다. 심지어 우연히 어떤 사건이 발생해 그가 돈을 날렸다 해도 그 사건이 그가 틀렸다는 증거는 아니다. 그래서 그의 시각은 변하지 않고, 자기 자신에 대한 확신도 흔들리지 않는 것이다. 바로 이런 자세가 수백만 달러를 벌어들인 것이다!

지식의 결여 시장의 흐름과 전반적인 경기 상황, 특정 주식에 영향을 미치는 특별한 여건들, 주식의 가치, 자금시장 동향에 대한 지식의 결여는 대중들이 돈을 잃는 주된 요인이다. 그러나 리빙스턴은 항상 이런 내용을 알고 있고 또 공부한다. 그는 업계 전문지를 보고, 전문가를 고용하고, 보고서를 구해서 읽고, 이 같은 자신의 본업을 꾸준히 수행한다.

경험 부족 주식 투기는 리빙스턴이 잘 알고 있는 단 한 가지 사업이다. 그는 열네 살 때부터 이 일을 해왔다.

부적합한 기질 숱한 실패가 이것 때문에 비롯된다. 그러나 리빙스턴은 경험과 뛰어난 기억력을 갖고 있고, 정확하면서도 신속하게 움직인다. 또 고수(高手)가 되려면 반드시 갖춰야 하는 게임에 대한 본능적인 감각, 즉 티커 센스를 지녔다. 때로는 티커 센스가 그의 추론보다 더 신뢰할 만한 가이드로 판명되기도 한다. 왜냐하면 건강이 나쁘다거나 정신이 혼미하고, 특별한 상황에 처했을 경우 추론 자체가 나빠질 수 있기 때문이다. 그러나 본능이 잠을 자는 경우는 절대 없다.

그럼에도 불구하고 리빙스턴 역시 돈을 잃는다. 그는 불과 몇 해 전인 1915년에 수백만 달러를 날리고 파산 선고를 받았다. 그리고 2년 만에 그는 원금과 이자를 다 갚았다. 또 2년 뒤에는 천만장자 갑부가 됐다.

어떻게 해서 그는 이 모든 일을 해냈을까?
어떻게 해서 그는 1907년에 처음으로 100만 달러를 벌었을까?
어떻게 해서 그는 1915년에 수백만 달러의 재산을 전부 날렸을까?
어떻게 해서 그는 재기에 성공했을까?

그리고 이보다 더욱 흥미롭고 가치 있는 질문이 있다. 맨 처음에 그는 어떻게 해서 돈을 벌었던 것일까?

〈*Saturday Evening Post*〉 1922년 6월 10일

2
주식 투기라는 퍼즐에 해답은 있는가

나는 로렌스 리빙스턴의 사무실과 집에서 그를 여러 차례 만났다. 그는 시장을 사색하며 대부분의 시간을 보냈다. 이제 나는 그의 노회한 지혜를 듣기 보다 젊은 시절 래리 리빙스턴의 모습을 보고 싶었다. 그러면 최고조에 이른 그를 이해하는 데 도움이 될 터였다. 어느날 저녁 내가 주가 테이프를 읽어내는 그의 비상한 능력을 화제로 올리자 그는 그저 고개만 끄덕였다.

하지만 나는 계속해서 화제를 이어갔다. "당신은 그 재주를 타고 났어요. 그런데 어떻게 발전시킨 거지요?"

"초창기의 훈련 덕분입니다. 난생 처음 가져본 직업이었지요."

"그 얘기를 듣고 싶군요." 내가 말했다.

그러나 그것만으로는 충분하지 않았다. 비록 우리 둘 사이가 친밀해졌다고는 해도 말이다. 사실 누구든 말을 꺼내도록 하는 건 어렵지 않다. 하지만 전말을 소상히 밝히도록 하기 위해서는 그가 그런 분위기에 있을 때 작업을 해야 한다. 프로 소설가는 이야기를 쉽게 풀어나갈 때가 언제인지 잘 알고 있다.

"이야기할 게 별로 없는데요." 그가 말했다.

그러나 나는 그의 눈에서 알아챘다. 내가 영혼 깊숙한 곳에서 그의 이야기를 듣고 있다는 것을 그 역시 나의 눈에서 읽고 있다는 것을. 그래서 나는 이야기가 곧 나올 것임을 감지했다. 그는 무덤덤한 목소리로 전혀 서두르지도 않고, 사실들을 하나하나씩 기억해내면서, 아무도 신경 쓰지 않는 태연한 기색으로 이야기했다. 가끔씩 내가 질문을 던지면, 그는 조금도 망설임 없이 대답한 뒤 마치 감정도 없이 쉬지 않고 돌아가는 기계처럼 말을 이어갔다. 나는 그의 말이 계속 이어지도록 몇 가지 질문을 일부러 참았다.

"나는 초등학교를 마치자마자 일을 시작했습니다. 증권회사에서 시세판 담당 사환으로 일한 것이지요. 나는 숫자에 빨랐어요. 초등학교에서도 산수는 3년 과정을 1년만에 해치웠고, 암산이 특히 뛰어났습니다. 시세판 사환이 하는 일이란 증권회사 객장에 있는 큰 시세판에 숫자를 적는 거지요. 대개는 객장에 있는 고객이 티커 옆에 앉아서 주가를 불러줬습니다. 이들이 아무리 빨리 불러도 내가 따라가지 못하는 경우는 없었어요. 나는 늘 숫자를 기억했고, 그건 식은죽 먹기나 다름없었지요.

내가 일하던 증권회사에는 다른 직원들도 많았습니다. 당연히 여러 친구들을 사귈 수 있었는데, 내가 하는 일이라는 게 원래 주식시장이 활기를 띠면 나도 덩달아 분주해져 아침 10시부터 오후 3시까지는 누구와 이야기할 짬도 내기 어려웠지요. 이런 건 내게 별 문제가 아니었는데, 어차피 업무시간이었으니까요."

주가 테이프 읽는 법을 배우다

"그러나 시장이 아무리 바쁘게 돌아가도 나는 내가 하는 일에 대한 생각의 끈을 놓지 않았습니다. 내가 적는 호가들은 주식의 가격, 즉 한 주당 얼마라는 것이었지만, 그건 나와 아무 상관도 없었어요. 그건 숫자에 불과했습니다. 물론 그 숫자에는 틀림없이 어떤 의미가 담겨 있었겠지요. 이 숫자들은 늘 변했습니다. 내가 관심을 갖지 않을 수 없었던 것은 바로 이 변화였어요. 이 숫자들은 왜 변할까? 알 수 없었습니다. 하지만 관계없었어요. 그건 생각할 필요도 없었습니다. 나는 그저 숫자들이 변하는 걸 지켜봤지요. 매일 하루 다섯 시간씩, 토요일에는 두 시간씩 나의 뇌리를 떠나지 않았던 생각은 바로 이것이었습니다; 이 숫자들은 끊임없이 변하는구나.

이렇게 해서 처음으로 주가의 움직임에 관심을 갖게 됐습니다. 나의 숫자 기억력은 정말 비상했어요. 어느 종목의 주가가 오르거나 내리면 바로 전날 그 주가가 어떻게 움직였는지 손바닥 들여다보듯 훤히 떠올릴 수 있었으니까요.

나는 주가가 하락할 때는 물론 상승할 때도 어떤 특징들을 보여준다는 점을 발견했습니다. 유사한 사례가 끊임없이 되풀이됐고, 이런 선례들은 훌륭한 길잡이 역할을 해주었지요. 열네 살 나이에 불과했지만 이미 수백 가지 사례를 머릿속으로 관찰했고, 과거의 주가 움직임과 오늘의 주가 변동을 비교해가며 그 정확성을 확인했습니다. 오래지 않아 나는 주가의 흐름을 예측하게 됐어요. 앞서 말했지만 내 유일한 길잡이는 과거의 주가 움직임이었습니다. 나는 마음속으로 '경주마 기록표'[1] 같은 것

---
[1] 경주마 기록표(dope sheets)는 출전하는 경주마들의 현재 컨디션이나 과거 수상 경력 등을 기록한 것이다.

을 그려놓고 있었지요. 여러 종목의 주가가 어떻게 달릴지 미리 예상한 겁니다. 나는 이들이 달리는 속도까지 정확히 쟀어요. 내가 무슨 말을 하는지 이해할 겁니다.

예를 들어 봅시다. 이런 방법을 써서 주식을 매수하는 게 매도하는 것보다 조금이라도 나은 시점을 집어낼 수 있을 겁니다. 조금씩 저항을 이겨내고 방어선을 구축하는 것을 확인할 수 있는 거지요. 전장(戰場)은 경마장이 아니라 주식시장이고, 망원경으로 경주마를 바라보는 대신 주가가 찍혀 나오는 티커를 지켜보는 것입니다. 이 방법 대로 하면 열 번 가운데 일곱 번은 맞출 수 있지요.

내가 일찌감치 배운 또 한 가지 가르침은 월스트리트에 새로운 것은 없다는 점입니다. 그럴 수밖에 없는 것이 투기라는 게 아주 오래 전부터 존재했으니까요. 오늘 주식시장에서 무슨 일이 벌어지든 이전에 똑같은 일이 일어났던 적이 있으며 앞으로 또 다시 되풀이될 것입니다. 이 사실만큼은 단 한순간도 잊은 적이 없어요."

"그래요." 내가 말했다. "당신은 앞서 무슨 일이 있었는지 잊지 않습니다. 이와 동시에 당신은 그 일이 과거에 정확히 언제 그리고 어떻게 벌어졌는지 기억해내려고 애쓰지요. 당신은 이렇게 과거 사례들을 머리 속에 저장해두고 그것을 활용하는 겁니다. 그게 경험이고, 당신이 기억하는 사실입니다."

"기억하면 안 됩니까?" 리빙스턴이 간단하게 물었다.

"안 될 이유야 없지요." 내가 분명히 답해주었다. 갑자기 위대한 체스 챔피언 폴 모피가 떠올랐다. 그러고는 대개의 주식 투기자들은 어떤지 생각해봤다. 전혀 이상할 것도 없었다!

리빙스턴은 이야기를 이어나갔다.

"나는 내가 만든 이 게임에 푹 빠졌고, 거래가 활발히 이뤄지는 종목들의 주가가 오를지 내릴지 예상하는 게 너무 재미있어서 작은 장부를 갖고 다닐 정도였습니다. 이 장부에는 내가 관찰한 것들을 기록했지요. 그렇다고 해서 많은 사람들이 하는 것처럼 수백만 달러를 벌거나 날려도 대단히 자랑스러워하거나 비참해질 필요가 없는 상상 속의 주식 거래를 기록한 것은 아니었습니다. 여기에는 내가 적중한 것과 놓친 것들을 적었고, 내가 정확히 본 것인지 꼭 검증해보고 싶은 종목의 예상 주가와 실제 움직임도 적어두었습니다. 다시 말해 내 예측이 맞았는지 여부를 기록했던 것이지요.

이런 식입니다. 어느날 슈가 주식의 하루 주가 등락을 자세히 분석해본 결과 이 종목은 8~10포인트 정도 급락하기 전에는 반드시 어떤 움직임을 보여주었다고 판단합니다. 그러면 이 종목의 이름과 월요일 주가를 적어두고, 과거의 주가 흐름을 기억해내 화요일과 수요일 주가가 어떻게 될지 써보지요. 그 다음에는 주가 테이프를 통해 흘러나오는 실제 주가와 비교해 정확성을 확인해보는 겁니다.

주가 테이프가 전해주는 메시지에 흥미를 느끼게 된 것은 이런 과정을 통해서였습니다. 주가의 등락은 처음부터 내가 마음속으로 그려놓은 상승 혹은 하락 움직임과 연결됐어요. 주가가 등락하는 데는 당연히 그럴 만한 이유가 있습니다. 하지만 주가는 왜, 무슨 까닭으로 그렇게 움직였는지는 전혀 신경 쓰지 않지요. 아무런 설명도 해주지 않습니다. 나 역시 열네 살이던 그때도 주가에게 그 이유를 묻지 않았고, 마흔이 넘은 지금도 묻지 않아요. 어떤 종목의 주가가 오늘 왜 그렇게 움직였는지 그 이유는 며칠 혹은 몇 주나 몇 달 동안 알려지지 않을 수 있습니다. 하지만 그게 대체 무슨 상관입니까? 당신이 주가 테이프를 들여다 보고 해야 할 일은 바로 지금 일이지 내일 일이 아닙니다. 이유야 나중에 밝혀져도 되지요. 그러나 행동은 당장 취해야 합니다. 그렇지 않으면 주가는 당신을 두고 영영 떠나버리니까요. 나는 이런 경우를 수없이 지켜봤습니다. 어느 날 다른 종목은 전부 급등하는데 할로우 튜브만 3포인트 하락했던 경우를 기억할 겁니다. 그게 중요한 사실이었지요. 바로 다음주 월요일에 이 회사 이사회는 배당금 지급을 중단하기로 했지요. 그게 이유였습니다. 이 회사 임원들은 무슨 일이 벌어질지 알고 있었고, 비록 주식을 팔지는 않았지만 적어도 사지는 않았어요. 내부자 매수는 전혀 없었고, 주가가 떨어져서는 안 될 이유 역시 없었던 셈입니다."

처음 들은 정보

"나는 그렇게 6개월 정도 작은 비망록 장부를 갖고 다녔습니다. 일을 마치면 곧장 집으로 가는 대신 사무실에 앉아 꼭 분석해보고 싶은 종목의 주가 변동을 적어두었지요. 나는 늘 주가 흐름의 반복되는 패턴과 유사성을 찾아내려 애썼습니다. 비록 그때는 의식하지 못했지만 주가 테이프를 읽어내는 방법을 배우려고 한 겁니다.

하루는 점심을 먹는데 증권회사에서 함께 일하는, 나보다 나이가 많은 사환 친구가 오더니 작은 목소리로 돈 좀 가진 게 있느냐고 묻더군요.

'왜 그러는데?'

'실은 말이야, 벌링턴[2]에 관한 근사한 비밀정보를 들었거든. 누가 나랑 함께 해보겠다면 이 정보를 갖고 한판 해보려고.'

'뭐야, 한판 해본다는 거야?' 사실 나는 비밀정보를 갖고 한판 한다는 사람들은 전부 증권회사의 고객들, 그러니까 주로 나이든 유한계급뿐이라고 생각했습니다. 당연히 그런 게임을 하려면 수백 달러, 어떤 경우에는 수천 달러가 들었기 때문이지요. 따라서 한판 한다고 하면 마치 실크 모자를 쓴 마부가 모는 전용마차를 가졌다는 말처럼 들렸습니다.

'그래 그거야, 한판 해보자고!' 그러고는 이렇게 덧붙이더군요. '얼마나 갖고 있어?'

'얼마나 필요한데?'

'응, 5달러가 있으면 다섯 주를 거래할 수 있어.'

'어떤 식으로 할 건데?'

'버킷샵3)에 가서 돈을 내면 증거금으로 쓸 수 있어, 나는 전부 벌링턴을 살 거야.' 그는 계속해서 말을 이어갔습니다. '오를 건 확실해. 그냥 돈을 줍는 거나 다름없어. 우리 돈은 금방 두 배가 될 거야.'

'잠깐!' 나는 이렇게 말하고는 갖고 다니던 작은 주가 예측 장부를 꺼냈습니다.

나는 돈을 두 배로 늘리는 데는 관심이 없었어요. 진짜로 흥미로운 대목은 벌링턴의 주가가 올라갈 것이라는 말이었습니다. 그의 말이 사실이라면 장부에 그렇게 적혀 있어야 했거든요. 장부를 들여다봤더니, 확실하다고 할 만했습니다. 내가 기록한 내용에 따르면 벌링턴은 주가가 오르기 전에 나타내는 움직임을 보여주고 있었어요. 그때까지 나는 무엇을 사거나 팔아본 적이 단 한 번도 없었을 뿐만 아니라 다른 친구와 도박을 해본 경험도 없었습니다. 하지만 내가 알 수 있는 것은, 이것이야말로 내가 일이자 취미로 하고 있는 작업의 정확성을 시험해볼 아주 좋은 기회

---

2) Burlington Northern & Santa Fe Railway를 말한다. 이 회사는 1996년에 Atchison, Topeka & Santa Fe Railway와 합병했는데, 2009년에 워런 버핏이 260억 달러를 투자해 이 회사 지분 77.4%를 사들여 화제가 되기도 했다.
3) 버킷샵(bucket shop)은 일종의 사설 증권회사로, 고객들로부터 주식이나 상품선물의 매매 주문을 받지만 실제로는 주식이든 상품선물이든 전혀 거래하지 않았다. 버킷샵에서는 공식 거래소에서 체결된 가격을 전신으로 받아 시세판에 적어놓는데, 고객들은 이것을 보고 통상 1%의 증거금만 내고 주가의 등락에 베팅했다. 버킷샵 고객은 공식 거래소를 이용할 만한 자금이 없는 소액 투기자가 대부분이었고, 중장기적으로 투자한 게 아니라 하루하루의 주가 등락에서 초단기 차익을 얻으려 했다. 미국에서는 1877년경에 처음 문을 열어 1890년대까지 성업했으나, 1905년 대법원 판결로 공식 거래소에서 체결된 가격을 사용하지 못하게 되자 20세기 초 급격히 사양길로 접어들었다.

라는 점이었지요. 나의 주가 예측이 실전에서 통하지 않는다면 그런 이론은 아무도 거들떠보지 않을 것이라는 생각이 퍼뜩 들었습니다. 마침내 나는 가진 돈을 전부 주었고, 그는 근처 버컷샵으로 가서 우리 둘의 투자 자금으로 벌링턴 주식을 샀지요. 이틀 후 우리는 이 주식을 팔았는데, 나는 여기서 3.12달러의 수익을 올렸습니다."

내가 리빙스턴의 말을 끊었다. "정확히 기억하는 겁니까?"

"그럼요!"

"그게 당신의 첫 거래기 때문인가요?" 나는 계속 추궁했다.

"그렇게 기억하기 때문이지요." 그가 말했다.

나중에야 나는 리빙스턴이 숫자를 하나도 까먹지 않는 사람이란 사실을 알게 됐다. 그는 마치 모든 시세판을 사진으로 찍어서, 혹은 지금까지 나온 몇 마일 길이의 주가 테이프를 가지고 다니는 것처럼 보였다.

리빙스턴의 말이 이어졌다.

"이렇게 처음 주식 거래를 한 뒤로는 버컷샵에서 나 혼자 투기를 했습니다. 점심시간이면 버컷샵으로 가서 매수하기도 하고 매도하기도 했는데, 어느 쪽이든 전혀 개의치 않았어요. 나는 시스템을 따라 거래한 것이지, 인기 있는 종목이나 다른 사람의 의견을 좇아 거래한 게 아니었으니까요. 내가 아는 건 주가를 나타내는 숫자가 전부였습니다. 사실 내 시스템은 버컷샵에서 써먹기에 아주 이상적인 기법이었지요. 왜냐하면 그곳에서 트레이더가 하는 일이라고는 주가 테이프에 인쇄돼 나오는 주가의 등락에 베팅하는 게 전부였으니 말입니다.

얼마 지나지 않아 버컷샵에서 버는 돈이 증권회사에서 일하고 받는 돈보다 훨씬 많아졌지요. 그래서 나는 시세판 사환 자리를 그만뒀습니다. 가족들은 반대했지만 내가 버컷샵에서 얼마를 버는지 알고 나서는 입을 다물더군요. 나는 여전히 어린아이였고, 사환이 받는 임금은 얼마 되지 않았습니다. 반면 주식 거래는 혼자 힘으로도 아주 잘 해냈어요."

나는 다시 리빙스턴의 말을 끊었다. "그렇게 많은 돈을 벌었으니 자만에 빠졌을 법도 한데요?"

"아니요. 왜 그래야 하지요?" 그가 아무렇지도 않게 물었다.

"원래 그러니까요!" 내가 다시 말했다.

"분명히 아닙니다." 그의 대답이 이어졌다. "돈은 아무것도 아니었어요. 내가 처음 1000달러를 벌어서 어머니 앞에 현금으로 내밀었을 때가 기억납니다."

"그게 몇 살 때지요?"

"열다섯."

"그 돈을 전부 버컷샵에서 번 겁니까?"

"네."

"불과 몇 달 만에요?"

"네, 게다가 그 금액은 그동안 집에 가져온 돈은 제외한 것이었습니다. 어머니는 섬뜩한 표정을 짓더군요. 어머니는 내가 이 돈을 쓰고 싶은 유혹을 물리칠 수 있도록 은행에 맡겨두었으면 하고 바랐습니다. 열다섯 살짜리가 이렇게 큰 돈을, 그것도 빈손으로 시작해 벌었다는 얘기는 아직 들어본 적이 없다는 게 어머니의 말이었지요. 사실 어머니는 이게 진짜 돈인지 반신반의했습니다. 어머니는 늘 그 돈에 대해 걱정했고 불안해했어요. 하지만 나는 내 예측이 옳다는 사실을 계속해서 증명할 수 있다는 것 외에는 아무 생각도 하지 않았습니다. 내 머리를 써서 정확히 예측해낸다는 것 자체가 너무너무 신나는 일이었으니까요. 10주를 거래하면서 검증해본 내 예측이 정확히 들어맞았다 해도 이제 100주를 거래한다면 열 배 더 정확해져야 했습니다. 증거금이 많아질수록 내 예측은 더 정확해질 필요가 있었지요. 더 큰 용기가 필요하냐고요? 아니요! 아무 차이도 없습니다! 가진 게 10달러가 전부고 이걸 몽땅 판돈으로 걸려면, 100만 달러를 따로 챙겨놓고 100만 달러를 걸 때보다 더 용감해져야 합니다."

버컷샵을 평정하다

"어쨌든 나는 열다섯 살에 이미 주식시장에서 넉넉한 생활비를 벌고 있었던 겁니다. 내가 거래를 시작한 곳은 소규모 버컷샵들이었는데, 이런 곳에서는 한 번에 20주씩만 거래해도 존 W. 게이츠나 J.P. 모건이 신분을 숨긴 채 여행하다 들린 것으로 의심할 정도였지요. 그 시절 버컷샵은 고객들에게 결코 굽실거리지 않았습니다. 그럴 필요조차 없어요. 고객들의 예상이 적중한다 해도 이들에게서 돈을 빼앗는 다른 여러 방법이 있었으니까요. 버컷샵 주인들에게 이 사업은 노다지를 캐는 거나 다름없었어요. 버컷샵에서 합법적으로, 즉 속임수를 쓰지 않고 운영해도 주가가 등락할 때마다 밑천이 적은 투기꾼들은 자연히 떨어져 나갔습니다. 수수료를 뺀 증거금이 불과 0.75포인트에 불과했으니 주가가 조금만 떨어지거나 반등해도 고객들은 깡통을 찼지요. 더구나 판돈을 갚지 않고 도망친 사람은 다시는 이 게임에 들어올 수 없었습니다. 어떤 거래도 하지 못했지요.

내 수하에는 아무도 없었습니다. 오로지 혼자서 내 사업을 했어요. 아무튼 그건 혼자 해야 하는 사업이었습니다. 내 머리로 하는 사업이니까요. 친구나 사업 파트너의 도움 없이도 주가는 내가 예측한 대로 움직일 수 있고, 또 예측과 달리 움직인다 해도 누가 나를 위해 그걸 멈춰줄 수는 없었습니다. 나는 어디서도 내 사업에 대해 누구에게 말해야 할 필요를 느끼지 못했어요. 물론 친구들은 있었지만 내 사업은 항상 한 사람이

하는 1인 사업 그대로였습니다. 내가 지금까지도 늘 혼자서 주식 거래를 하는 것은 이런 이유 때문이지요.

하지만 얼마 지나지 않아 버컷샵에서 나를 바라보는 시선이 냉랭해졌습니다. 매번 자기들한테 돈을 따가다 보니 그런 것이었지요. 버컷샵으로 가서 증거금을 내밀어도 쳐다보기만 할 뿐 돈에는 손도 대지 않더군요. 한마디로 그냥 나가라는 말이었습니다. 그들이 나를 꼬마 승부사라고 부르기 시작한 것도 이 무렵부터였어요. 나는 여기저기 버컷샵으로 계속 옮겨 다녀야 했지요. 그러기 위해서는 가명을 써야 했고, 처음에는 15주나 20주 정도로 가볍게 시작했습니다. 의심하는 눈치가 보일 때면 일부러 처음에는 잃어주었다가 다음에 적당히 혼내주곤 했어요. 물론 이것도 잠시뿐이었습니다. 그들은 나한테 잃는 손실이 너무 크다는 걸 알고는 다른 곳으로 가버리라고, 제발 자기네 사장 돈을 축내지 말라며 신경질을 부리더군요. 한번은 몇 달 동안 거래해왔던 큰 버컷샵에서 나를 못 들어오게 했습니다. 나는 이들의 돈을 좀더 따먹어야겠다고 다짐했지요. 이 버컷샵은 시내 전역에 지점을 두고 있었는데 호텔 로비에까지 지점이 있었습니다. 나는 한 호텔 로비에 있는 지점으로 가서 매니저에게 몇 가지 물어본 뒤 거래를 할 수 있었지요. 그런데 거래가 활발한 종목 하나를 찍어 내 나름의 독특한 방식으로 한판 시작하자마자 본사에서 매니저 앞으로 메시지를 보내왔습니다. 지금 누가 거래하고 있느냐는 내용이었어요. 매니저는 지시 받은 대로 나에게 물었고, 나는 케임브리지에서 온 에드워드 로빈슨이라고 대답했습니다. 그는 본사에다 이 기쁜 소식을 전했지요. 그러나 그쪽에서는 내가 어떻게 생겼는지 알고 싶어 한다는 겁니다. 매니저가 이 말을 하자, 나는 '키는 작고 뚱뚱한 데다 검은 머리에 수염이 덥수룩하다고 얘기해요!' 라고 다그쳤지요. 하지만 그는 사실대로 내 모습을 전했고, 그쪽에서 하는 말을 듣더니 벌겋게 상기된 표정으로 수화기를 내려놓고는 나에게 당장 꺼지라고 하더군요.

'그쪽에서 뭐라고 하길래 그래요?' 나는 정중하게 물었습니다.

'이러더군.「이런, 천하에 바보 멍청이 같은 녀석이 있나, 래리 리빙스턴하고는 어떤 거래도 하지 말라고 했잖아, 그러니까 녀석이 따간 우리 돈 700달러를 당장 뱉어내라고 해!」' 그쪽에서 한 말은 더 있었지만 매니저는 그 이상 이야기하지 않더군요.

나는 다른 지점들도 하나씩 돌아다녔으나 모두 나를 알아봤고, 내 돈은 어디서도 환영 받지 못했습니다. 심지어 버컷샵 직원이 살짝 들여보내주지 않으면 시세판조차 쳐다볼 수 없었어요. 나는 일부러 각각의 버컷샵을 들르는 날짜 간격을 길게 하려고 애써보기도 했지요. 하지만 이것 역시 소용이 없었습니다.

마지막으로 한 가지 방법밖에 남지 않았지요. 버컷샵 가운데 가장 크고 돈도 제일 많은 코스모폴리탄 증권중개회사[4]였습니다.

코스모폴리탄은 최고 등급의 버컷샵으로 평가 받고 있었고 사업 규모도 상당히 컸습니다. 뉴잉글랜드 지방의 공업도시마다 전부 지점을 두고 있을 정도였지요. 이들은 거래를 받아들였고, 나는 몇 달 동안 주식을 사고 팔면서 돈을 벌기도 하고 잃기도 했습니다. 물론 최종 결산을 해보면 다른 데서도 그랬듯이 이들에게 손해였지요. 이들은 작은 버컷샵처럼 그렇게 노골적으로 내 사업을 가로막지는 않았습니다. 그렇다고 해서 당당하게 행동하려고 그런 게 아니라, 자신들이 몇 푼 안 되는 돈을 따먹는 투기꾼의 거래를 막았다는 사실이 혹시라도 알려지는 게 창피했기 때문이지요. 그러나 이들은 나에게 출입금지 못지 않은 불리한 규정을 적용했습니다. 3포인트의 증거금을 받은 것 외에도 처음에는 주식 거래 시 0.5포인트의 프리미엄을 추가로 내도록 강요하더니 나중에는 1포인트, 급기야 1.5포인트까지 올렸어요. 세상에 이런 핸디캡이 어디 있습니까?

어떤 식이냐고요? 간단합니다! 가령 스틸[5] 주식이 현재 90달러에 거래되고 있는데, 당신이 이 주식을 매수했다고 합시다. 그러면 당신의 매매전표에는 이렇게 적히는 게 정상이지요: '스틸 10주 90.125달러에 매수.' 만일 당신이 1포인트의 증거금을 냈다면 스틸 주가가 89.250달러 아래로 떨어질 경우 당신이 매수한 거래는 자동적으로 청산돼 깡통이 돼버리는 겁니다.[6] 버컷샵에서는 굳이 고객에게 증거금을 추가로 내라고 재촉하지도 않았고, 고객 역시 일반 증권회사에서처럼 보유 주식을 팔아달라고 힘들게 사정할 필요도 없었어요.

그런데 코스모폴리탄은 여기에다 프리미엄까지 부과하는 반칙을 저지른 겁니다. 즉 내가 매수했을 때의 주가가 90달러였다면 매매전표에 '스틸 90.125달러에 매수'라고 적는 게 아니라 '스틸 91.125달러에 매수'라고 적는 거지요. 그러다 보니 내가 매수한 다음 주가가 1.25달러나 올라 매도했다 해도 수익을 한 푼도 건질 수 없는 겁니다. 게다가 코스모폴리탄에서는 작정하고서 나에게 3포인트의 증거금을 내도록 했기 때문에 나의 최대 거래규모는 3분의 1로 제한될 수밖에 없었지요. 하지만 어쨌든 여기가 내 사업을 받아주는 유일한 버컷샵이었으므로 이들이 내세운 조건을 받아들이든지 아니면 주식 거래를 그만둬야 했습니다.

내가 돈을 딸 때도 있었고 잃을 때도 있었지만 최후의 승자는 나였어요. 그런데 코스모폴리탄 사람들은 여기서 그치지 않았습니다. 다른 사람 같으면 절대 이길 수 없는 가혹한 핸디캡을 씌워놓고도 이번에는 완

---

[4] 코스모폴리탄 증권중개회사(Cosmopolitan Stock Brokerage Company)는 저자가 지어낸 작중 이름으로, 당시 미국 최대의 버컷샵이었던 하이트 앤 프리즈 회사(Haight & Freese Co.)를 가리킨다. 1905년 감독당국에 의해 불법 주문 및 거래 사실이 적발되면서 파산했다.
[5] 여기서 스틸(Steel)은 당시 세계 최대의 상장기업이었던 U.S. 스틸을 말한다.
[6] 뉴욕증권거래소의 공식 매매 수수료율은 매매대금의 0.250%였다. 코스모폴리탄은 액면가(100달러)를 기준으로 이 같은 수수료율을 적용해 매수 시 주당 0.125달러, 매도 시 주당 0.125달러의 매매 수수료를 받은 것이다.

전히 사기를 쳐먹으려고 했어요. 하지만 나를 이겨내지는 못했습니다. 나는 일종의 직감 덕분에 빠져나갈 수 있었지요."

본능적으로 함정을 피하다

우리는 앞서 사람들이 직감이라고 부르는 것에 대해 이야기를 나눈 적이 있었다. 리빙스턴은 직감을 가리켜 주가 테이프가 전해주는 아주 독특한 메시지라고 표현했다. 작은 종이 리본이 그에게, 일단 시장을 빠져나가 하늘이 다시 맑아질 때까지 기다리라고 말해주는 느낌이 든다는 것이었다. 이게 무슨 의미인지 잘 보여주는 몇 가지 일화를 그가 나중에 들려주었을 때야 비로소 나는 이게 그 신비한 티커 감각이라는 생각이 들었다. 리빙스턴은 내가 지금까지 만나본 어떤 투기자보다 훨씬 탁월한 직감을 갖고 있었다. 다만 제임스 R. 킨 역시 이와 똑같은 육감의 소유자였다. 비록 그는 자신이 맹목적인 충동에 따라 행동하지 않는다고 했지만, 휘트니-라이언 일당이 결정적인 순간에 두 차례나 킨을 옭아매지 못했던 단 한 가지 이유는 그가 함정의 낌새를 직감적으로 알아챘기 때문이었다. 킨이나 리빙스턴 같은 타고난 투기자들은 종종 그자리에서 즉시 정확한 행동에 나선다. 그 이유는 본능에 따라 그렇게 하기 때문이다.

"코스모폴리탄은 내 마지막 버킷샵이었습니다. 이곳은 뉴잉글랜드에서 가장 돈이 많은 버킷샵이었고, 통상적으로 거래 규모에 제한을 두지 않았어요. 내 생각으로는 이들의 개인 고객, 즉 매일 꾸준히 거래하는 사람들 가운데 내가 거래를 제일 많이 했던 것 같습니다. 코스모폴리탄의 사무실은 근사했고, 어디서도 볼 수 없을 정도로 완벽한 대형 시세판을 갖추고 있었지요. 시세판은 큰 객장의 벽면을 끝에서 끝까지 채웠고, 온갖 투기 상품들의 시세가 다 적혀있었습니다. 뉴욕과 보스턴의 증권거래소에서 거래되는 주식은 물론이고, 면화와 밀, 곡물 및 육류, 금속 등 뉴욕을 비롯해 시카고, 보스턴, 리버풀에서 매매되는 모든 것의 시세가 전부 망라돼 있었다는 말입니다.

버킷샵에서 거래하는 방식은 이렇지요. 버킷샵 직원에게 돈을 주면서 무엇을 사고 싶은지 혹은 팔고 싶은지 얘기합니다. 그러면 직원은 티커 테이프나 시세판을 보고 가장 최근의 가격을 확인합니다. 그러고는 당신의 매매전표에 시간을 적는데, 정식 증권회사의 거래내역서나 전혀 다를 바 없어요. 즉 당신이 몇 월 몇 일 몇 시 몇 분에 어떤 주식을 얼마에 몇 주 사고 팔았는지, 또 당신이 돈을 얼마 냈는지 매매전표에 기입하는 겁니다. 당신이 거래를 청산하고 싶으면 그 직원이나 다른 직원에게 가서 말하면 됩니다. 그러면 가장 최근의 주가를 적어주거나, 만약 그 주식이 거래가 적은 종목이라면 다음 체결가가 티커에 찍혀나올 때까지 기다리지요. 그러고는 당신의 매매전표에 시간과 주가를 적고 O.K. 사인을 한 뒤 도로 건네줍니다. 이 매매전표를 들고 현금지급 창구에 가면 매매전표에 적힌 금액을 내주지요. 물론 시장이 당신의 예상과 반대로 흘러가는 바람에 주가가 증거금 한도를 벗어나버렸다면 당신의 거래는 자동적으로 청산되고, 손에 쥔 매매전표는 한갓 휴지조각으로 변해버리지요.

한번에 기껏해야 5주 정도 거래할 수 있는 소규모 버킷샵은 매매전표로 작은 종이조각, 그러니까 매수와 매도용을 다른 색깔로 구분한 종이조각을 사용할 정도로 영세했는데, 이런 곳은 때로 심각한 타격을 받기도 했습니다. 가령 엄청난 상승장이 펼쳐지면 고객들이 전부 강세에 베팅하고 이 예상이 결국 맞아 떨어졌기 때문이지요. 그러다 보니 버킷샵에서는 매수 수수료와 매도 수수료를 한꺼번에 떼버려, 어떤 주식을 20달러에 매수하면 매매전표에 20.250달러라고 적는 겁니다. 따라서 당신이 매수한 주식이 예상대로 1달러 올랐다 해도 0.75달러밖에 손에 쥘 수 없었지요.

그러나 코스모폴리탄은 뉴잉글랜드에서 가장 근사한 버킷샵이었습니다. 수천 명의 단골고객을 거느리고 있었고, 내가 생각하기에 나를 빼고는 어떤 고객도 무서워하지 않았어요. 그들은 나에게 살인적인 프리미엄과 3포인트라는 증거금 규정을 부과했지만, 내 거래규모는 별로 줄어들지 않았습니다. 나는 그들이 받아들일 만큼 최대한 사고 팔았지요."

"그들이 당신에게 허용한 한도가 얼마나 컸습니까?"

"가장 컸을 때 말인가요?" 그가 물었다.

"네."

"한, 5000주." 리빙스턴이 대답했다.

"버킷샵에서, 그것도 3포인트의 증거금까지 있는데, 그정도면 쓸데없이 너무 큰 것 아닌가요?"

그는 고개를 끄덕이더니 말을 이어갔다.

"그러던 어느날 내가 이야기하려는 바로 그 일이 벌어진 겁니다. 그날 나는 슈가[7] 주식 3500주를 공매도했습니다. 내 주머니에는 각각 500주 매도라고 적힌 7장의 큰 핑크색 매매전표가 들어있었지요. 코스모폴리탄은 마치 추가 증거금을 더 적을 수 있도록 따로 준비해둔 것처럼 여백이 많은 큼직한 종이조각을 매매전표로 사용했습니다. 물론 버킷샵에서 추가 증거금을 요구하는 일은 절대 없었지요. 고객의 판돈이 작을수록 버킷샵에게 더 유리했으니까요. 이들이 거두는 이익은 순전히 고객의 거래가 청산돼 깡통을 차느냐에 달려 있었으니까요. 소규모 버킷샵에서는 거래를 계속하기 위해 증거금을 더 내겠다고 하면 새로운 매매전표를 작성했는데, 이렇게 함으로써 매수 수수료를 추가로 부과해 공매도했을 경우 1달러가 떨어져도 0.75달러밖에 받을 수 없었어요. 또한 추가 증거금으로 공매도한 부분에 대해서는 매도 수수료를 부과했습니다.[8]"

시장에서 빠져나와야 할 때

"어쨌든 그날 내 기억으로는 증거금만 1만 달러를 넘게 냈습니다. 원래 나이보다도 몇 살은 어려 보이는 젊은 녀석치고는 꽤 큰 금액이었지요."

"그때가 몇 살이었습니까?"

"스무 살쯤."

"그러면 그때 1만 달러가 넘는 돈을 벌었다는 겁니까?" 내가 물었다.

"네, 스무 살 나이에 나는 생애 처음으로 1만 달러를 현금으로 벌어두었습니다. 어머니가 무슨 말을 했을지 상상이 갑니까! 어머니는 1만 달러를 현금으로 가진 사람은 그 대단한 존 D. 록펠러 밖에 없을 것이라고 생각했지요. 어머니는 나에게 제발 그만 만족하고 보통사람들이 하는 정식 사업을 해보라고 말하곤 했습니다. 어머니에게 내가 도박을 하는 게 아니라 계산을 해서 돈을 버는 것이라고 납득시키기는 대단히 힘들었지요. 1만 달러는 어머니가 보기에는 너무 큰 돈이었지만, 나는 오로지 더 많은 증거금을 확보했다는 생각뿐이었습니다.

나는 슈가 3500주를 105,250달러에 공매도해둔 상태였습니다. 당시 객장에는 헨리 윌리엄스도 있었는데, 이 친구 역시 2500주를 공매도해놓고 있었어요. 나는 버릇처럼 티커 옆에 앉아서 시세판 사환에게 주가를 불러주고 있었습니다. 주가는 예상한 대로 움직이고 있었어요. 공매도한 직후 금세 2포인트가 떨어지더니 잠시 호흡을 가다듬고는 다시 하락하더군요. 시장 전반은 꽤 부진한 편이었고, 모든 게 잘 될 것처럼 보였습니다. 그런데 갑자기 슈가의 주가 움직임이 멈칫멈칫 하는 게 마음에 걸렸어요. 뭔가 편치 않은 느낌이 들기 시작한 겁니다. 나는 시장에서 빠져

---

7) 아메리칸 슈가(American Sugar Refining Co.)를 말한다.
8) 가령 어떤 주식을 공매도했는데, 주가가 오르는 바람에 추가 증거금을 낼 경우 이 주식을 도로 매수했다가 다시 공매도하는 것으로 간주하고, 양쪽 거래에서 모두 수수료를 받는 것이다.

나와야겠다고 생각했습니다. 그때 주가는 103달러였어요. 그날 주가로는 가장 낮은 저가였는데도 믿음이 가는 게 아니라 불확실하다는 느낌이 더 강해졌습니다. 어디선가 뭔가 잘못돼 가고 있다는 건 알겠지만, 그게 무엇인지 정확히 짚어낼 수는 없었지요. 그러나 무언가가 다가오고 있는데, 그게 어디서 오는지 알 수 없다면, 나는 그것을 제대로 막아낼 수 없습니다. 그럴 때는 시장에서 빠져나오는 게 상책이지요.

알다시피 나는 일을 경솔하게 처리하지 않습니다. 그런 건 싫어하지요. 그때까지 그렇게 한 적도 없었어요. 어렸을 적부터 나는 무슨 일을 왜 해야 하는지 알아야만 했습니다. 그러나 이번에는 내게 분명한 이유가 없었어요. 그런데도 마음이 편치 않아 도저히 가만 앉아 있을 수가 없었습니다. 나는 알고 지내던 친구 데이브 와이만을 불렀습니다: '데이브, 여기 내 자리에 앉아봐. 내 부탁 좀 들어줘. 잠깐만 있으면 슈가의 다음 주가가 나올 거야, 그러면 불러주게, 알겠지?

이 친구는 그러겠다고 대답하더군요. 나는 일어나 티커 옆자리를 내주고, 이 친구가 시세판 사환에게 주가를 불러줄 수 있도록 했습니다. 나는 주머니에서 7장의 슈가 매매전표를 꺼내 카운터로 걸어갔어요. 버컷샵에서 거래를 끝낼 때는 카운터에 있는 직원이 매매전표에 표시해줍니다. 그런데 그때까지도 나는 왜 시장에서 빠져나와야 하는지 정확한 이유를 알지 못했으므로 그냥 카운터 쪽에 몸을 기댄 채 가만 서 있기만 했지요. 직원 쪽에서는 내 손에 들려있는 매매전표를 볼 수도 없었습니다. 찰나의 순간이 지났을까, 갑자기 전신기가 돌아가는 소리가 들려왔고, 톰 번햄이라는 직원이 재빨리 고개를 돌려 귀를 기울이는 모습을 볼 수 있었지요. 곧바로 나는 뭔가 음모가 꾸며지고 있다는 것을 직감했고, 더 이상 기다리지 않기로 했습니다. 그때 티커 옆에 앉아있던 데이브 와이만이 주가를 부르기 시작했지요. '슈-.' 나는 번개처럼 매매전표를 카운터에 내려놓으며 직원을 향해 소리쳤습니다. '슈가 매수!' 데이브가 주가를 마저 부르기도 전이었지요. 따라서 버컷샵에서는 그 이전의 가장 최근 주가로 내 슈가 거래를 종료해야 했습니다. 데이브가 불러준 주가는 앞서와 똑같은 103달러였지요."

버컷샵의 사기 수법

"예상대로라면 슈가는 이번에 103달러 밑으로 떨어져야 했습니다. 내 주가 예측이 제대로 맞아떨어지지 않은 거지요. 바로 주위에 함정이 있다는 느낌이 들었습니다. 어쨌든 전신기는 계속 미친 듯이 돌아갔고, 버컷샵 직원 톰 번햄은 내가 내놓은 매매전표에 아무 표시도 하지 않은 채 마치 뭔가를 기다리는 것처럼 전신기 돌아가는 소리에 귀를 기울이고 있더군요. 나는 그를 향해 고함을 질렀습니다: '이봐, 톰, 도대체 뭘 기다리고 있는 거요? 이 매매전표 7장에 당장 103달러라고 적어요. 당장 말이요!'

객장에 있던 사람들 모두 내 고함소리를 듣더니 우리 쪽을 돌아보며 무슨 문제가 있느냐고 묻기 시작했습니다. 알다시피 코스모폴리탄이 물러선 적은 한 번도 없었지만 이번에는 아무런 말도 없었어요. 버컷샵에서도 인출 사태가 벌어지면 은행에서의 인출 사태와 유사합니다. 고객 한 명이 의심하기 시작하면 다른 고객들도 뒤따르는 거지요. 결국 톰은 성난 표정을 지으며 내 쪽으로 오더니 매매전표에 '103달러에 거래 종료'라고 표시하고, 7장 모두 나한테 밀어주었습니다. 그의 얼굴은 잔뜩 일그러져 있었지요.

톰이 있는 곳에서 현금 출납 창구까지는 거리가 2미터 남짓밖에 안 됐어요. 하지만 내가 미처 현금 출납 창구에서 돈을 받기도 전에 티커 옆에 앉아 있던 데이브 와이만이 흥분된 목소리로 소리쳤습니다: '이런! 슈가

108달러!' 그러나 너무 늦었지요. 나는 웃음을 터뜨리며 톰을 향해 이렇게 말했습니다. '시간을 제대로 못 맞췄네요. 그렇죠, 형씨?"

리빙스턴은 잠시 말을 멈추더니 나를 쳐다봤고, 나 역시 그를 바라봤다. 20년 전 버컷샵에서 불법 증권업자들을 당황하게 만들던, 갈색머리에 푸른빛이 도는 회색 눈동자의 젊은이가 웃고 있었다. 리빙스턴의 목소리에서 코스모폴리탄에 대한 분노나 배신감 따위는 전혀 읽을 수 없었다. 그 게임은 자신이 선택해서 한 게임이었다. 상대방이 공정하게 나오면 그도 공정하게 했고, 상대방이 속임수를 쓰면 그도 똑같이 했다. 자신이 처한 상황은 반드시 스스로 계산해둬야 했다. 그는 말을 이어갔다.

"당연히 이건 미리 짜고 친 사기였어요. 헨리 윌리엄스와 나는 합쳐서 슈가 주식 6000주를 공매도하고 있었습니다. 코스모폴리탄의 다른 고객들도 슈가 주식을 꽤 많이 공매도했을 겁니다. 결국 이 버컷샵 고객들이 공매도한 슈가 주식은 줄잡아 8000~1만 주에 달했을 것이고, 나와 헨리의 증거금을 포함해 코스모폴리탄에서 받아둔 증거금만 2만 달러는 됐을 거에요. 이 정도면 슈가 주식이 실제로 거래되는 뉴욕증권거래소의 주가를 조작해 우리 거래를 전부 청산시켜버려도 충분히 수지 맞는 금액이었습니다. 그 시절만 해도 많은 고객들이 특정 주식이 내리는 쪽에 베팅했다는 사실을 버컷샵에서 알게 되면, 아는 주식중개인을 시켜 주가를 끌어올림으로써 이 주식을 공매도한 고객들이 한꺼번에 깡통을 차게 만드는 일이 다반사로 벌어졌지요. 버컷샵 입장에서는 기껏해야 몇 백 주만 거래해도 주가를 2포인트 이상 끌어올릴 수 있으니 큰 부담은 없는 반면 이렇게 해서 거둬들이는 수입은 수천 달러에 달했으니까요.

코스모폴리탄이 나와 헨리 윌리엄스를 비롯한 슈가 공매도 투기자를 사기 치려 한 짓이 바로 이런 수법이었습니다. 뉴욕에 있는 코스모폴리탄 휘하의 주식중개인이 슈가 주가를 108달러로 끌어올렸던 겁니다. 당연히 주가는 다시 제자리로 떨어졌지만, 헨리와 다른 많은 공매도 투기자들의 판돈은 전부 날아간 다음이었지요. 그래서 이 무렵 주가가 도저히 설명할 수 없는 이유로 급등락했다가 금방 회복하면 신문에서는 버컷샵 몰아붙이기라고 부르곤 했습니다.

그런데 코스모폴리탄에서 나를 사기 치려고 한 지 열흘도 채 지나지 않아 진짜 재미있는 일이 벌어졌지요. 뉴욕에서 활동하던 한 투기자가 코스모폴리탄으로부터 7만 달러나 빼앗은 겁니다. 이 사람은 전성기 시절 시장에 막강한 영향력을 휘둘렀고 뉴욕증권거래소의 정회원이기도 했는데, 특히 1896년 브라이언 패닉[9] 때 시장의 약세를 주도한 일로 유명했지요. 또 증권거래소의 다른 회원에게 손실을 입혀가며 사업을 할 수 없도록 한 거래소 규정을 끝까지 인정하지 않은 인물이었습니다. 그러던 어느날 그가 이런 생각을 하게 된 거에요. 버젓이 영업하고 있는 버컷샵이 야바위 짓으로 번 돈은 자기가 따먹어도 증권거래소나 감독 당국이 뭐라고 하지 않을 것이라고 말입니다. 그는 즉시 35명을 고용해 고객으로 위장하도록 했어요. 그러고는 코스모폴리탄의 본점과 대형 지점으로 보냈습니다. 그는 이들 대리인에게 특정 날짜와 시간에 특정 주식을 지시 받은 수량만큼 매수하도록 했지요. 또 이익이 어느 정도 되면 거래를 종료하고 조용히 빠져 나오도록 지시해두었어요. 당연히 그는 한편으로는 친구들에게 이 주식이 오를 것이라는 비밀정보를 흘려놓고는 자신도 거래소 현장에 가서 매수호가를 높여 주문을 냈지요. 거래소의 룸 트레이더들로 하여금 자신이 믿을만한 투기꾼이라는 확신을 심어주려는 속

---

9) 윌리엄 제닝스 브라이언(William Jennings Bryan)은 미국 역사상 주요 정당의 최연소 대통령 후보로 지명된 인물로 금본위제에 맞선 "은화의 자유 주조"를 공약으로 내세워 36세에 민주당 대통령 후보가 됐다. 브라이언 패닉(Bryan panic)은 매우 진보적이었던 그가 대통령 후보로 지명된 1896년 7월부터 공화당의 윌리엄 맥킨리(William McKinley) 후보가 대통령에 당선된 그해 11월까지 주식시장이 침체에 빠졌던 것을 말한다.

셈이었습니다. 더구나 그는 이런 작전에 딱 맞는 종목을 신중하게 골라냈기 때문에 주가를 3~4포인트 끌어올리는 건 문제도 아니었어요. 버킷샵에 보낸 그의 대리인들은 지시 받은 대로 현금으로 수익을 챙겨 빠져나왔습니다.

그가 이렇게 해서 거둔 순수익만 7만 달러에 달했다고 합니다. 그가 고용한 대리인들도 각종 비용 외에 따로 수고비를 받았지요. 이 사람은 전국을 무대로 몇 차례나 이런 수법을 써먹었는데, 그렇게 뉴욕과 보스턴, 필라델피아, 시카고, 신시내티, 세인트루이스에서 영업하던 대형 버킷샵을 응징했던 겁니다. 그가 특히 애용했던 종목은 웨스턴 유니언이었어요. 이 종목은 거래가 그런대로 활발히 이뤄지는 주식이라 몇 포인트 정도는 쉽게 끌어올리거나 내릴 수 있었습니다. 그가 고용한 대리인들은 미리 정해놓은 주가에 매수한 다음 주가가 2포인트 오르면 팔고, 그 가격에 다시 공매도한 다음 3포인트 내리면 도로 매수했지요. 그런 일이 있고 나서 한참 뒤에 신문을 보니, 이 사람이 돈 한 푼 없이 불쌍하게 죽었다는 기사가 났더군요. 차라리 한창 때였던 1896년에 세상을 떠났더라면 그의 부음은 적어도 뉴욕에서 발행되는 모든 신문의 1면에 박스 기사로 실렸을 겁니다. 그런데 결국 그의 부음기사는 5면에 달랑 두 줄뿐이었어요."

뉴욕에 발을 내딛다

"어쨌든 코스모폴리탄 증권중개회사는 나에게 증거금 3포인트와 무려 1.5포인트의 프리미엄이라는 살인적인 핸디캡을 씌우고도 먹혀 들지 않자 종국에는 야비한 방법으로 사기를 치려 했던 겁니다. 이런 사실을 알게 된 나는 그들이 끝내 나와 거래하지 않겠다는 신호를 보내오기 전에 뉴욕으로 가야겠다고 결심했습니다. 그곳에서는 뉴욕증권거래소[10] 회원인 정식 증권회사에서 거래할 수 있을 테니까요. 나는 전신을 이용해 시세를 받아봐야 하는 보스턴 지점에서는 거래하고 싶지 않았습니다. 진짜 주식 거래가 이뤄지는 현장 가까이에 있고 싶었어요. 그렇게 뉴욕에 갔던…….'

"그때가 몇 살이었지요?" 내가 말을 끊었다.

"스물한 살이 갓 지났을 겁니다."

"그 나이도 안 돼 보였겠지요."

"아마 그랬을 겁니다."

"수중에는 얼마나 가지고 갔습니까?"

"내 전 재산, 그러니까 2500달러를 갖고 갔지요."

"그보다 더 많이 벌어두었을 텐데요. 스무 살 때 1만 달러를 벌었었고, 버컷샵에서 슈가 주식을 거래했을 때는 증거금만 1만 달러가 넘었잖아요."

"내가 항상 이겼던 것은 아닙니다." 리빙스턴이 말했다.

"그러면 당신의 시스템은 어떤 때는 이기고 어떤 때는 지고, 그런다는 말인가요?"

"그게 아닙니다. 내 트레이딩 계획은 아주 괜찮았고, 잃을 때보다 딸 때가 더 많았어요. 내가 이 계획을 그대로 따랐다면 적어도 열 번 중에 일곱 번은 맞췄을 겁니다. 사실 거래를 하기 전에 내가 옳다는 확신이 들었을 때는 항상 돈을 벌었습니다. 그런데도 패배한 것은 바로 나 자신의

---

[10] 뉴욕증권거래소(New York Stock Exchange, NYSE)는 1792년 24명의 증권 중개인이 버튼우드(아메리카 플라타너스 나무) 아래서 최저 매매 수수료율 0.250%에 합의함으로써 출범했다. 리버모어가 처음 뉴욕에 갔을 때 NYSE는 이미 설립한 지 100년이 넘은 세계적인 증권시장으로 성장한 다음이었다. 다른 거래소와 마찬가지로 정식 회원들만 뉴욕증권거래소 플로어에서 거래할 수 있었다.

게임을 고수할 만큼 똑똑하지 못했기 때문이지요. 뭔가 유리한 신호가 보이고 만족스러운 느낌이 들 때만 시장에 뛰어들어야 했다는 말입니다. 모든 일에는 다 때가 있게 마련인데 나는 그걸 몰랐어요. 이 점이 바로 누가 봐도 속아넘어갈 것 같지 않은 월스트리트의 똑똑한 친구들이 돈을 날리는 이유지요. 언제 어디나 늘 멍청한 짓을 하는 진짜 바보가 있지만, 월스트리트 바보는 자신이 항상 거래를 해야 한다고 생각하는 친구들입니다. 매일같이 매수하거나 매도해야 할 적절한 이유를 갖고 있는 사람은 없습니다. 또한 누구도 늘 자신의 거래가 현명한 것이었다고 설명할 수 있을 만큼 지식이 풍부하지도 못하지요.

이건 내가 직접 증명한 사실입니다! 경험이라는 빛을 통해 주가 테이프를 읽었을 때는 항상 돈을 벌었습니다. 그러나 정말 바보짓을 했을 때는 돈을 날려야 했지요. 나 역시 예외일 수 없었습니다. 그렇지 않았겠습니까?"

그는 의분을 토하듯 반문했다.

"그렇지요." 선뜻 그의 말에 동의하는데, 이길 수 없는 게임에 관해 썼던 글이 떠올랐다. "때가 되기를 기다리지 않았으니까요."

리빙스턴은 무척이나 아쉬워하는 목소리로 말을 이었다.

"눈 앞에는 거대한 시세판이 나를 노려보고 있고, 티커는 계속 소리를 내며 돌아갔습니다. 거래하는 사람들은 자신의 매매전표가 현금으로 바뀌거나 혹은 휴지조각으로 변해버리는 것을 지켜봅니다. 물론 나는 이겼을 때의 흥분을 갈망하며 내 판단의 정확성을 더 높여야 했지요. 버컷샵에서는 증거금이 아주 적었으므로 거래를 길게 가져가서는 안 됐습니다. 그랬다가는 언제든 순식간에 거래가 끝나버립니다. 현재의 시장 여건은 고려하지 않은 채 늘 뭔가를 하려는 욕망이야말로 많은 사람들이 월스트리트에서 돈을 날리는 이유지요. 심지어 프로페셔널이라고 하는 이들조차 마치 고정급여를 받는 것처럼 매일 주식시장에서 돈을 벌어가야 한다는 강박관념에 사로잡혀 있습니다. 나는 아직 철부지에 불과했다는 점을 상기하기 바랍니다. 나중에 배운 것, 그러니까 15년 후의 나를 만든 가르침을 그때는 몰랐어요. 이제 안심하고 매수해도 되겠다는 생각을 하기까지 꼬박 2주를 기다리며, 상승하리라고 미리 점 찍어놓은 종목이 30포인트나 올라가는 것을 지켜보면서 터득한 가르침이지요. 당시 나는 파산한 상태에서 시장에 복귀하려고 애쓰고 있었습니다. 결코 무모하게 거래할 수 없었지요. 반드시 적중시켜야 했고, 그러려면 기다려야 했습니다."

"그게 언제 일입니까?"

"1915년에 그랬어요. 이야기하자면 깁니다. 이걸 듣고 싶습니까?" 그가 물었다.

6개월도 안 돼 파산하다

"그럼요, 나중에 꼭 들려주시기 바랍니다. 일단은 하던 얘기부터 계속 해보기로 하죠. 당신은 비상한 수학적 두뇌와 놀라운 기억력, 게임에 임하는 예사롭지 않은 소질을 갖고 있고, 게다가 수 년간 실전 경험도 쌓았습니다. '버킷샵이 벌벌 떠는 아이'라는 말까지 들으며 거기서 생활비를 벌었는데, 그런데 당신이 딴 돈 거의 전부를 도로 잃었다는 말입니까?"

리빙스턴은 고개를 끄덕였다.

"맞아요! 그것도 그냥 빼앗긴 게 아니라 두 눈 멀쩡히 뜬 채로 당한 겁니다! 물론 지금까지 살아오면서 내가 이렇게 당한 건 이때 한 번만은 아니었지요. 주식 투기자는 자기 내부에 도사리고 있는, 너무나 값비싼 대가를 요구하는 숱한 적들과 상대해야 합니다. 아무튼 나는 2500달러를 들고 뉴욕에 왔습니다. 뉴욕에는 믿을만한 버킷샵이 없었어요. 뉴욕증권거래소와 경찰의 단속이 아주 효과적으로 이뤄져 버컷샵이 거의 문을 닫은 상태였습니다. 더구나 나는 가진 금액만큼 얼마든지 거래할 수 있는 그런 곳을 원했어요. 당시 내가 가진 돈은 많지 않았지만 언제까지 이렇게 잔돈푼으로 거래하지는 않을 거라고 생각했지요. 무엇보다 중요한 일은 마음 놓고 공정하게 거래할 수 있는 곳을 찾는 것이었습니다. 그래서 뉴욕증권거래소의 회원사로, 아는 친구가 고향에 있는 지점에서 직원으로 일하고 있는 증권회사로 갔지요. 이 회사는 이미 오래 전에 문을 닫아 지금은 없어졌어요. 나는 이 회사의 파트너 한 명이 마음에 들지 않아 오래 거래하지 않고 A.R. 풀러튼 회사[11]로 옮겼습니다. 누군가 나의 이전 활약상을 퍼뜨렸는지 얼마 지나지 않아 모두들 나를 꼬마 트레이더[12]라고 부르더군요. 나는 늘 어리게 보였습니다. 이게 어떤 면에서는 약점으로 작용했지만, 많은 사람들이 나를 어리게 보고 이용해 먹으려 드는 바람에 오히려 더 악착같이 싸울 수 있었지요. 버컷샵에서 일하던 녀석들도 나를 아주 어린애로 취급하면서 요행수나 바라는 풋수처럼 여겼고, 내가 그들한테 그렇게 자주 이긴 게 순전히 행운이 따랐기 때문이라고 생각했으니까요.

어쨌든 내가 파산하는 데는 6개월도 채 걸리지 않았습니다. 나는 아주 적극적으로 거래하는 트레이더였고 큰판을 먹은 것으로 이름깨나 알려지기도 했지요. 내가 낸 수수료만 해도 상당했을 겁니다. 내 계좌의 잔액

---

11) A.R. 풀러튼 회사(A.R. Fullerton & Co.)는 작중 이름으로, E.F. 허튼(E.F. Hutton)을 가리킨다. 나중에 리버모어에게 500달러를 빌려주는 풀러튼은 1900년에 이 회사를 창업한 에드워드 프랜시스 허튼(Edward Francis Hutton)이다. E.F. 허튼은 1980년대 중반까지 월스트리트에서 손꼽히는 증권회사였으나 1987년 주가 대폭락 때 큰 손실을 입고, 시어슨 리먼 아메리칸 익스프레스에 매각된 뒤 결국 씨티그룹 산하로 들어갔다.
12) Boy Trader, 앞서 버컷샵에서는 거래 규모가 상당히 큰 편이라 꼬마 승부사(Boy Plunger)로 불렸지만, 정식 증권회사에서 거래를 시작한 초기에는 상대적으로 거래 규모가 크지 않아 그냥 꼬마 트레이더로 불린 것이다.

이 아주 조금 불어난 적도 있었지만 결국은 잃었습니다. 나는 신중하게 거래했어요. 그런데도 질 수밖에 없었습니다. 그 이유를 말하지요. 그건 다름아닌 내가 버킷샵에서 거둔 엄청난 성공 때문이었습니다!

내 방식대로 해서 게임을 이길 수 있는 곳은 주가의 등락에 베팅하는 버킷샵뿐이었습니다. 주가 테이프를 읽어내는 내 기술은 그곳에서만 써먹을 수 있는 것이었어요. 내가 매수했을 때의 가격은 바로 내 앞에 있는 시세판에 적혀있는 가격이었습니다. 나는 매수하기도 전에 내가 찍은 종목을 얼마에 살지 정확히 알았지요. 그리고 나서는 그 즉시 매도할 수 있었어요. 나는 워낙 행동이 빨랐기 때문에 순식간에 여기저기서 약간씩 돈을 벌 수 있었습니다. 운이 따르면 이익을 챙겼고 손실이 나면 즉각 끊어버렸지요. 가령 어떤 종목이 적어도 1포인트는 움직일 게 확실하다는 생각이 들 때가 있어요. 그러면 나는 게걸스럽게 욕심부리지 않고 1포인트 증거금을 내고 잠깐 사이에 100% 수익을 거두는 겁니다. 어떤 경우에는 0.5포인트 수익에 만족할 때도 있지요. 이런 식으로 하루에 100~200주씩 거래한다고 해보세요. 한 달이면 꽤 괜찮은 수입을 올릴 수 있지 않겠습니까?

물론 이런 식으로 할 경우 현실적으로 부딪치는 문제는, 버킷샵이 그렇게 큰 손실을 감당할 만큼 돈이 많다 해도 계속해서 가만 있지는 않을 것이라는 점이지요. 그들은 매번 돈을 따가는 고약한 심보를 가진 고객은 가까이 오지 못하게 할 겁니다.

여하튼 버킷샵에서 거래할 때는 완벽했던 시스템이 풀러튼 증권회사에서는 먹혀 들지 않았습니다. 그곳에서는 주식을 실제로 사고 팔았던 겁니다. 티커에 찍혀 나오는 슈가의 주가가 105달러인 것을 보고, 나는 3포인트 하락이 임박했음을 내다볼 수 있었지요. 그런데 실은 티커에 105달러라고 찍히는 바로 그 시점에 이미 증권거래소 매매 플로어의 진짜 주가는 104달러 혹은 103달러가 될 수 있는 겁니다. 플로어에 나가 있는 풀러튼 소속 트레이더가 내가 낸 1000주 매도 주문을 실행할 때는 주가가 더 떨어질 수도 있었지요. 직원으로부터 거래내역서를 받아 들기 전까지는 내가 낸 1000주 매도 주문의 체결가를 알 수 없는 겁니다. 버킷샵 같았으면 3000달러를 벌었을 거래였는데, 이와 똑같이 했는데도 뉴욕증권거래소 소속 증권회사에서는 단 1센트도 벌지 못하는 일이 벌어질 수 있다는 말입니다. 물론 이건 극단적인 경우지만 풀러튼 증권회사에서 티커를 통해 받아보는 주가는 내 거래 시스템으로 활용하기에는 이미 한물 간 것이었다는 게 분명했고, 나는 이 점을 깨닫지 못했던 거지요.

더구나 매도 주문이 상당히 클 경우 내가 팔려고 주문한 주식으로 인해 주가가 더 떨어지기 십상이었지요. 버킷샵에서는 나 자신의 거래가 어떤 영향을 미치는지 전혀 생각할 필요가 없었어요. 내가 뉴욕에서 돈을 날린 것은 이처럼 게임의 성격이 완전히 달랐기 때문입니다. 버킷샵과는 달리 게임의 룰을 지키면서 거래했기 때문에 패배한 게 아니라 내가 무지했기 때문에 패배한 겁니다. 당신은 이런 말을 했지요. 뉴욕증권거래소 소속 주식중개인을 제외하고는 당신이 본 사람 가운데 내가 주가 테이프를 가장 잘 읽어내는 것 같다고 말이지요."

리빙스턴을 나를 바라봤다. 나는 고개를 끄덕였다. "그렇습니다."

"하지만 주가 테이프를 아무리 노련하게 읽어내도 어쩔 수 없었습니다." 그의 말이 이어졌다. "어쩌면 거래소 플로어에서 직접 거래하는 룸 트레이더였다면 큰돈을 벌었을지도 모르지요. 함께 거래하는 사람들 틈에 끼어있다 보면 내 앞에 놓인 상황에 맞춰 시스템을 재빨리 수정했을 테니까요. 물론 그렇다 해도 지금처럼 이렇게 큰 규모로 거래한다면, 나 자신의 거래가 주가에 미치는 영향 때문에 내 시스템은 똑같이 실패할 겁니다.

한마디로 나는 주식 투기라는 게임을 제대로 알지 못했어요. 나는 한 부분만을 알고 있었던 겁니다. 그건 중요한 부분이고 나에게는 언제나 매우 소중한 것이었지요. 하지만 그 모든 것을 갖고도 나는 졌습니다. 그렇다면 아무것도 모르는 초보자가 돈을 따갈 가능성은 얼마나 되겠습니까?"

500달러를 빌려 세인트루이스로

"나는 오래지 않아 내 방식에 뭔가 문제가 있다는 사실을 깨달았지만 무엇이 잘못됐는지 집어낼 수는 없었습니다. 내 시스템이 환상적으로 들어맞을 때도 있었지요. 그러고는 갑자기 일이 꼬이고 계속 엉망이 돼버렸습니다. 그때 내 나이 겨우 스물둘이었어요. 스스로에게 집착해 뭐가 잘못인지 알고 싶어하지 않았던 게 아니에요. 그 나이에는 아무도 어떤 분야에 대해 그리 많이 알지 못하니까요.

풀러튼 증권회사에 있는 사람들은 나를 아주 잘 대해주었습니다. 이 회사의 증거금 규정으로 인해 내가 원하는 만큼 한껏 내지르지는 못했지만, 존경스런 풀러튼 씨와 회사 사람들은 나에게 매우 친절했고, 그 덕분에 6개월간 무척 적극적으로 주식 거래를 한 결과 내가 가져온 돈 전부와 그곳에서 그나마 벌어두었던 돈을 몽땅 다 날렸을 뿐만 아니라 회사 쪽에 몇 백 달러의 빚까지 지게 됐습니다.

그렇게 해서 난생 처음 고향을 떠나온 어린 나이의 소년이 파산해버린 겁니다. 그러나 나에게 무슨 잘못이 있었던 것은 아닙니다. 잘못은 단지 내 거래 방식에 있었어요. 마음속으로 아쉬워할 때야 있겠지만 나는 결코 주식시장을 향해 화를 내지 않습니다. 주가와 다투는 일은 절대로 없지요. 시장을 바라보며 괴로워해봐야 나아지는 건 하나도 없으니까요.

나는 다시 거래를 하고 싶어 미칠 지경이었고 한순간도 허송할 수 없었습니다. 하는 수 없이 풀러튼 씨를 찾아가 얘기했지요. '저, 선생님, 500달러만 빌려주세요.'

'뭐 하려고?'

'돈이 꼭 좀 필요합니다.'

'뭐 하려고 그러느냐니까?'

'물론 증거금으로 쓰려는 것이지요.'

'그런데 500달러라?' 이렇게 말하는 그의 표정이 언짢아 보였습니다. '자네도 알다시피 이 회사에서는 증거금으로 10%를 내야 하네, 그러니 100주를 거래하려면 1000달러가 필요하겠지. 자네에게 신용을 쓰게 해주면 그게 훨씬 더 유리할 텐데……'

'안 됩니다. 저는 여기서 신용을 쓰려는 게 아닙니다. 이미 얼마의 빚까지 있다는 것 아시잖아요. 선생님이 500달러만 빌려주면 다른 곳에 가서 돈을 불려 돌아오겠습니다.'

'그 돈으로 어떻게 할 작정인가?' 풀러튼 씨가 묻더군요.

'버킷샵으로 가서 거래할 겁니다.'

'여기서 하게.'

'아닙니다. 아직 이곳에서는 게임에서 이길 수 있다는 확신이 서질 않습니다. 하지만 버킷샵에서는 확실히 돈을 벌 수 있습니다. 그 게임은 알고 있으니까요. 이제야 비로소 여기서 무엇이 잘못됐던 건지 알겠습니다.'

그는 나에게 돈을 주었고, 나는 풀러튼 증권회사를 나왔습니다. 나는 한때 버킷샵이 벌벌 떠는 아이[13]로 불렸지만 결국 전 재산을 다 날렸지요. 고향으로 돌아갈 수는 없었습니다. 그곳 버킷샵에서는 내 거래를 받아주지 않을 게 분명했어요. 뉴욕에는 당시 문을 연 버킷샵이 없었으므로 생각할 필요조차 없었지요. 들리는 얘기로는 1890년대에는 브로드 스트리트와 뉴 스트리트에 버킷샵이 즐비했다고 하더군요. 하지만 막상 내가 거래해야 할 때가 되니 전부 사라진 겁니다. 궁리 끝에 세인트루이스로 가기로 했습니다. 그곳에는 중서부 전역을 무대로 아주 크게 판을 벌이고 있는 두 곳의 버킷샵이 있다는 말을 들은 적이 있었거든요. 이들 두 곳이 버는 돈은 당연히 엄청났을 겁니다. 이들은 수십 개 도시에 지점을 두고 있었으니까요. 들리는 말로는 거래 규모 면에서 이들과 견줄 만한 버킷샵이 동부 지역에는 없다고 했습니다. 두 버킷샵은 버젓이 드러내놓고 영업했고, 최상류층 인사들도 아무 거리낌 없이 거래했어요. 심지어 어떤 친구는 그 중 한 곳의 소유주가 상공회의소 부회장이라고 말해주었는데, 세인트루이스에서는 도저히 있을 수 없는 일이었지요. 어쨌든 나는 뉴욕증권거래소 회원사인 풀튼 증권회사에서 증거금으로 사용할 종잣돈을 벌어오기 위해 빌린 돈 500달러를 들고 세인트루이스로 향했습니다."

정체가 드러나다

"나는 세인트루이스에 도착해 호텔을 잡은 뒤 씻고 나서 버킷샵을 둘러보러 나갔습니다. 한 곳은 J.G. 돌란 회사(J.G. Dolan Company)였고, 또 한 곳은 H.S. 텔러 회사(H.S. Teller & Co.)였어요[14] 나는 이들을 이길 수 있다는 걸 알고 있었습니다. 나는 아주 안전하게, 그러니까 매우 신중하고 보수적으로 거래할 생각이었지요. 나의 유일한 걱정거리는 혹시 누구라도

---

13) "Boy Terror of the Bucket Shop"
14) 두 회사 모두 가공의 이름인데, 당시 세인트루이스에는 C.C. 크리스티(C.C. Christie)와 셀라 커미션 회사(Cella Commission Co.)라는 대형 버킷샵이 영업하고 있었다.

나를 알아보고 쫓아내지나 않을까 하는 것이었습니다. 전국의 버컷샵들이 꼬마 트레이더에 관해서는 익히 들어봤을 테니까 말이지요. 버컷샵은 도박장이나 거의 마찬가지여서 진짜 꾼들에 대한 소문은 다 듣고 있었습니다.

돌란이 텔러보다 더 가까워 여기부터 들렀지요. 이곳에서 나를 내쫓기 전에 며칠 동안만이라도 거래를 했으면 하는 바람이었습니다. 문을 열고 들어가자 터무니없이 넓은 객장에 적어도 200명은 됨직한 사람들이 시세판을 바라보고 있더군요. 이렇게 사람들이 많으면 눈에 띄지 않을 것이라는 생각이 들어 괜히 기분이 좋아졌습니다. 나는 선 채로 시세판을 바라보며 첫 거래 대상 주식을 점 찍을 때까지 신중하게 종목별 주가를 지켜봤지요.

고개를 돌려보니 창가에 주문 담당 직원이 보이더군요. 이 직원에게 돈을 주면 매매전표를 받을 수 있었습니다. 그와 눈이 마주친 나는 곧장 그에게 걸어가 물어봤지요. '여기서 면화하고 밀도 거래하나요?'

'그렇다네, 젊은 친구.'

'그럼 주식도 살 수 있나요?'

'그럼, 돈만 있으면 되지.'

'아, 그거야 있지요. 있고 말고요.' 나는 잘난 체 하는 어린아이처럼 대답했습니다.

'돈이 있구나, 그렇지? 그가 미소를 지으며 말하더군요.

'100달러면 주식을 얼마나 살 수 있어요?' 나는 좀 골이 난 목소리로 물었습니다.

'100주를 살 수 있지. 100달러를 진짜로 갖고 있다면 말이야.'

'100달러 진짜로 있어요. 그럼, 200달러면 200주를 살 수 있겠군요!'

'당연하지!'

'그럼 200주를 사주세요.' 나는 쏘아붙이듯 말했습니다.

'200주라, 무슨 종목?' 그는 이제 진지한 표정으로 물어왔습니다. 이건 진짜 영업이었으니까요.

나는 마치 현명한 판단을 위해 궁리하는 것처럼 시세판을 다시 들여다보고는 입을 열었지요. '오마하[15] 200주요.'

'좋았어!' 그는 내 돈을 받아 들고 셰어보더니 매매전표를 써나갔습니다.

'이름이 어떻게 되지?'

'호레이스 켄트요.'

나는 그가 건네준 매매전표를 받은 다음 객장에 있는 고객들 사이에 앉아 내 돈이 불어나길 기다렸습니다. 나는 기민하게 움직인 덕분에 그날 여러 차례 거래할 수 있었지요. 다음날도 마찬가지였고요. 이렇게 해서 이틀 동안 2800달러를 벌었고, 제발 주말까지만 이곳에서 거래할 수 있었으면 하고 바랐습니다. 지금처럼 계속 돈을 딴다면 꽤 두둑한 수입을 올릴 수 있을 테니까요. 그 다음에는 다른 버킷샵으로 가서 작업할 생각이었습니다. 그곳에서도 운이 좋아 수입을 챙기게 된다면 그야말로 돈다발을 들고 뉴욕으로 돌아가 뭔가를 할 수 있을 것 같았어요.

사흘째 되던 날 아침 나는 B.R.T[16] 주식 300주를 사기 위해 천진난만한 표정을 지으며 창가에 있는 직원에게로 갔습니다. 그러자 직원이 이렇게 말하더군요. '아, 켄트 군, 사장님이 보자고 하는데.'

이제 게임은 끝나버린 셈이었지요. 하지만 나는 그에게 되물었습니다. '사장이 무슨 일로 나를 보려는 거죠?'

---

15) 정식 명칭은 Chicago, St. Paul, Minneapolis and Omaha Railway로 이 회사 주식은 당시 꽤 인기가 높아 버킷샵 고객들이 많이 거래했다.
16) 정식 명칭은 Brooklyn Rapid Transit인데, 뒤에 나오는 플라워 주지사의 매수와 투기 열풍에 힘입어 1898년 초부터 1899년 초까지 1년 사이 주가가 35달러에서 136달러까지 치솟았다.

'그건 나도 모르지.'

'사장이 어디 있는데요?'

'집무실에 있어. 저리로 들어가면 돼.' 그는 문 쪽을 가리켰습니다.

나는 문 안으로 들어갔습니다. 돌란이 책상 앞에 앉아 있더군요. 그는 회전의자를 돌리더니 말문을 열었습니다. '앉게, 리빙스턴.'

그가 의자 하나를 가리켰습니다. 내 마지막 희망마저 사라져버린 것이었지요. 그가 내 정체를 어떻게 밝혀냈는지는 알 수 없었습니다. 아마도 호텔 숙박계에서 알아냈을 겁니다.

'무슨 일로 보자고 한 겁니까?' 내가 물었지요.

'잘 들어봐, 이 친구야. 나는 자네한테 무슨 노여움 같은 건 없어. 전혀 없다고. 알겠나?'

'아니요, 무슨 말인지 모르겠군요.'

그가 앉아 있던 회전의자에서 일어났습니다. 몸집이 엄청나게 큰 거구였어요. '이리로 와보게, 리빙스턴, 응?' 그는 이렇게 말하면서 문 쪽으로 걸어갔습니다. 문을 열더니 널찍한 객장에 있는 고객들을 가리키더군요.

'저 사람들이 보이나?'

'뭘 보라고요?'

'저 사람들 말이야. 저들을 한번 보란 말이야, 이 친구야. 전부 다 해서 300명이야! 호구들이 300명이나 된단 말이지! 바로 저들이 나와 내 가족을 먹여 살려, 알겠나? 300명의 호구들이 말일세! 그런데 자네가 오더니 이틀만에 내가 이 300명의 호구들한테서 2주 동안 따먹는 것보다 더 많은 돈을 가져갔어. 그건 나한테 남는 장사가 아니지, 이 친구야! 나는 자네한테 무슨 노여움 같은 건 없어. 자네는 따먹은 돈 가져가면 돼. 단 더 이상 이곳에 오지 말라고. 여긴 자네가 얼씬거릴 곳이 아냐!'

'왜요, 저는…….'

'됐네. 그저께 자네가 들어오는 걸 봤어, 영 인상이 마음에 안 들더군. 솔직히 말하는 거야, 진짜 마음에 안 들었어. 딱 보니까 꾼이더라고. 그래서 저기 저 화상을 불렀지.' 그는 죄를 저지른 직원을 가리켰다. '그러고는 자네가 뭘 하느냐고 물었어. 저 화상이 말하길래 나는 「저 친구 인상이 마음에 안 들어. 저 놈은 꾼이야!」라고 얘기해주었지. 그랬더니 저 아무짝에도 쓸모 없는 녀석이 이러더라고. 「내 눈을 속이다니요, 사장님! 저 친구 이름은 호레이스 켄트고, 그냥 어른 흉내만 내며 게임을 즐기는 어린아이라니까요. 아무 문제 없습니다!」 그래서 저 화상한테 알아서 하라고 했지. 그랬더니 저 천하의 바보 멍청이가 2800달러나 잃었지 뭐야. 그건 이미 엎질러진 물이야, 알겠나. 하지만 내 돈을 네 녀석한테 더 줄 수는 없어.'

'잠깐만…….' 나도 한마디 했어요.

'내 말 듣게, 리빙스턴. 나는 자네에 관한 얘기를 다 들었어. 나는 호구들한테서 돈을 따먹거든, 그러니까 자넨 여기 있으면 안 되지. 나는 어디까지나 노름꾼이야, 자네가 우리한테 따간 돈은 가져가게. 하지만 더 가져가겠다면 그건 나를 완전히 호구로 만들겠다는 거지. 이제 자네 정체도 밝혀졌으니 말이야. 그러니 당장 꺼지라고, 이 친구야!"

거래하기를 거부한 텔러의 버킷샵

"나는 2800달러의 수입을 챙겨 돌란의 버킷샵을 빠져 나왔습니다. 텔러의 버킷샵은 같은 블록에 있었지요. 텔러는 대단한 재력가로 많은 영업장을 운영하고 있다는 것을 나는 이미 파악해두었어요. 그의 버킷샵에 가기로 했습니다. 나는 두 가지 방법을 놓고 고민했는데, 적은 금액으로 시작해 1000주까지 끌어올리는 쪽과 아무래도 하루 이상 거래하기 어려울 것이므로 처음부터 크게 내지르는 쪽 가운데 어느 게 더 현명할지 판단이 서질 않았어요. 그들은 돈을 잃으면 정신이 퍼뜩 들 테니 처음부터 B.R.T. 주식 1000주를 사는 게 나아 보였습니다. 이 주식에서 4~5포인트는 따먹을 게 확실했으니까요. 하지만 그렇게 했다가는 의심을 살 수 있고, 또 너무 많은 고객이 한꺼번에 이 주식을 매수하게 되면 내 주문은 아예 안 받을지도 몰랐지요. 그렇다면 처음에는 거래 규모를 잘게 쪼개 작게 시작하는 것도 좋은 방법이라고 생각했습니다.

이곳은 돌란의 버킷샵만큼 넓지는 않지만, 시설은 더 근사했고 모여 있는 사람들도 한 단계 더 높은 부류인 게 분명해 보였어요. 나는 여기가 마음에 쏙 들었고, B.R.T. 주식 1000주를 사기로 했습니다. 직원이 있는 창가 쪽으로 걸어가서 이야기했지요. 'B.R.T. 주식을 좀 사고 싶은데요. 얼마까지 살 수 있지요?'

'한도는 없네. 원하는 만큼 살 수 있어. 돈만 있다면 말이야.' 직원이 대답하더군요.

'1500주를 매수하지요.' 나는 이렇게 말한 다음 주머니에서 돈을 꺼냈고, 이 사이에 직원은 매매전표를 쓰기 시작했습니다.

그때 갑자기 빨간 머리의 사내가 나타나 직원을 창구에서 밀어냈습니다. 이 사내는 내 쪽으로 몸을 기울이면서 이렇게 말하더군요. '이봐, 리빙스턴, 돌란의 버킷샵으로 돌아가. 우린 자네와 거래 안 해.'

'내가 주문한 주식의 매매전표는 받아야지요. 방금 B.R.T. 주식을 좀 샀거든요.'

'자네한테 줄 전표는 여기 없어.' 그가 말하더군요. 벌써 다른 직원들이 몰려와 그의 등뒤에서 나를 노려보고 있었습니다. '다시는 여기 와서 거래할 생각 말라고. 네 거래는 안 받으니까. 알겠어?'

이런 상황에서는 흥분하거나 논쟁을 벌여봐야 아무 의미도 없지요. 나는 호텔로 돌아와 계산한 다음 뉴욕으로 돌아가는 첫 기차를 탔습니다. 텔러는 아주 지독한 상대였어요. 나는 뉴욕으로 가져갈 돈을 벌어야 했는데, 텔러는 단 한 차례의 거래도 받아주지 않았으니까요."

리빙스턴은 동의를 구하려는 듯 잠시 말을 멈췄다. 하지만 나는 이렇게 말해주었다. "그래도 그를 비난할 수는 없지요."

"왜요?"

"그도 살아야 하니까요." 내가 대답했다.

"그러면 나 역시 살아야 하잖아요." 리빙스턴이 거칠게 응수했다. 그가 처음으로 자기 감정을 드러낸 것이었다.

"그래서 어떻게 했습니까?" 내가 말했다.

"나는 뉴욕에 돌아와 풀러튼 씨에게 500달러를 갚은 다음 세인트루이스에서 벌어온 돈으로 다시 거래하기 시작했습니다. 좋을 때도 있었고 나쁠 때도 있었지만, 그래도 번 돈이 잃은 돈보다는 많았지요. 결론적으로 내가 버려야 할 나쁜 습관은 많지 않았어요. 단지 주식 투기라는 게임에는 내가 풀러튼 증권회사에 처음 왔을 때 생각했던 것보다 더 많은 게 있다는 한 가지 사실은 배웠습니다. 나는 일요판 신문 간지에 실리는 크로스워드 퍼즐에 몰두하는 퍼즐광과 같았어요. 이런 사람은 퍼즐을 다 풀 때까지는 만족하지 못하지요. 그러니까 내가 풀어야 할 퍼즐에도 틀림없이 해답이 존재할 것이라는 점을 나는 알고 있었습니다."

"반드시 그렇지는 않지요." 내가 논쟁을 벌이듯 말을 끊었다.

맥더빗 노인이 전해준 정보

리빙스턴은 나를 노려보더니 입을 열었다. "만일 주가가 오르내리는 데 어떤 이유가 있다면, 주가의 상승과 하락을 예측하면서 돈을 버는 문제의 해결책도 있을 겁니다. 물론 해답을 찾기가 쉽지 않을 수도 있겠지요. 어쨌든 나는 버컷샵에서의 트레이딩을 다 끝냈어요."

"그 이후로는 버컷샵에서 전혀 거래하지 않았다는 말입니까?" 내가 물었다.

"아, 아니요." 리빙스턴이 웃으면서 대답했다.

"다시 파산했나요?"

"아닙니다. 그래서 다시 버컷샵에 간 게 아니에요. 뉴욕으로 돌아온 지 두 달쯤 지났을 무렵 나이 지긋한 양반 한 분이 풀러튼 증권회사에 왔습니다. 그는 풀러튼 씨와 아는 사이였어요. 들리는 말로는 두 사람이 한 무리의 경주마를 공동으로 소유한 적도 있다고 하더군요. 한창때는 꽤 잘 나갔을 양반이었지요. 나는 맥더빗이라는 이름의 이 분과 인사를 나눴습니다. 그는 객장에 모여 있는 사람들에게 서부지역의 경마 사기꾼 일당에 대해 이야기했는데, 이 사기꾼들이 최근 세인트루이스에서도 한탕 해먹었다는 겁니다. 그런데 그 일당의 우두머리가 텔러라는 이름의 사설 경마장 주인이라고 덧붙이더군요.

'무슨 텔러요?' 내가 물었습니다.

'하이 텔러, 그러니까 H.S. 텔러지.'

'저도 그 친구 압니다.'

'안 좋은 친구지.'

'그냥 안 좋은 정도가 아니죠. 더구나 저는 그 친구와 풀어야 할 것도 좀 있고요.'

'어떻게 하겠다는 말이지?'

'그런 고약한 꾼들을 혼내주는 방법은 돈을 따먹는 것밖에 없지요. 당장은 세인트루이스에 가서 상대할 수 없지만 언젠가는 꼭 할 겁니다.' 그러고는 맥더빗 씨에게 내가 칼을 갈게 된 사연을 들려주었어요.

'그런데 말이야, 텔러가 뉴욕에까지 손을 뻗치려고 했다가 실패했지. 그래서 호보켄[17]에 하나를 연 거야. 들리는 말로는 판돈에 제한이 없고, 그래서 판돈이 산더미처럼 쌓였다가는 순식간에 사라져버린다는군.'

'뭘 하는 겁니까? 나는 사설 경마장일 거라고 생각했어요.

'버컷샵.' 맥더빗 씨의 대답이었습니다.

'영업을 하는 게 확실합니까?'

'그럼, 그곳에 대해 얘기하는 친구들을 여럿 봤다니까.'

'그냥 소문일 수도 있어요. 지금 영업을 하고 있는지, 또 실제로 거래 한도는 얼마나 되는지 확실히 알아봐줄 수 있나요?'

'그러지, 젊은이. 내일 아침 내가 직접 가본 뒤에 이리로 와서 얘기해줌세.'

그는 그렇게 했어요. 텔러는 이미 크게 사업을 벌이고 있었고, 가져갈 수 있는 만큼 돈을 벌고 있는 것 같더군요. 그날이 금요일이었습니다. 주식시장은 월요일부터 계속해서 오름세를 이어왔어요. 20년 전 이야기라는 점을 감안하기 바랍니다. 이럴 때 토요일 은행 잔고를 보면 잉여준비금이 크게 줄어들었으리라는 점은 눈감고도 알 수 있었지요. 증권거래소에서 활동하는 거래 규모가 큰 룸 트레이더들이 시장에 뛰어들어 증거금이 부족한 증권회사 고객들이 보유한 종목의 주가를 흔드는 것도 다 이런 이유가 있었기 때문입니다. 그래서 주가가 계속해서 상승한 주의 토요일에는 장 마감 30분을 앞두고 통상적인 조정이 닥치곤 했지요. 일반 투자자들이 제일 거래를 많이 하는 종목들이 특히 그랬습니다. 물론 텔러의 버컷샵 고객들도 이런 종목의 주가 상승에 대거 베팅했고, 따라서

---

17) Hoboken, 뉴저지 주의 항구도시로, 허드슨 강을 사이에 두고 맨해튼을 바라보고 있어 맨해튼~호보켄 간에 페리가 운행했다.

버컷샵 입장에서는 이런 종목의 하락에 베팅하는 고객을 기꺼이 환영할 것이었지요. 양쪽에서 봉을 잡는 것이므로 더할 나위가 없었지요. 증거금이 1포인트에 불과했으니 이거야말로 식은죽 먹기나 마찬가지였습니다.

토요일 아침 나는 호보켄으로 가서 텔러의 버컷샵을 찾았습니다. 그곳에는 아주 널찍한 객장과 멋들어진 시세판이 있었고, 직원 숫자도 전혀 모자람이 없었으며, 회색제복을 입은 청원경찰까지 있더군요. 고객들은 25명쯤 됐습니다.

나는 매니저와 이야기를 나눴습니다. 그는 뭘 도와줄지 물었고, 나는 그냥 됐다며 이렇게 말했어요. 누구든 가진 돈 전부를 우승 확률이 높은 경주마에다 걸면 훨씬 더 많은 돈을 딸 것이며, 아마도 몇 푼 오르기를 며칠씩이나 기다리는 대신 단 몇 분만에 수천 달러를 벌 수 있지 않겠느냐고 말이지요. 그러자 그가 말을 쏟아내기 시작하더군요. 주식 게임이라는 게 얼마나 안전한지, 또 자기네 고객들이 주식시장에서 얼마나 많은 돈을 벌었는지 말이지요. 사실 증권거래소에서 실제로 주식을 사고팔려면 정식 증권회사로 가야 하는데도 말입니다. 게다가 아주 큰 금액만 거래하는 고객이 온다 해도 자기네는 충분히 대접할 수 있다고 말하더군요. 그는 내가 사설 경마장을 찾아갈 거라고 생각한 게 틀림없었습니다. 그래서 조랑말들이 내 돈을 전부 집어삼켜버리기 전에 어떻게 한 건 해볼 심산이었지요. 토요일에는 주식시장이 12시에 마감하므로 서둘러야 한다고 말해준 것도 그런 이유 때문이었지요. 주식시장이 빨리 끝나니 오후에는 내 마음대로 할 수 있을 것이라고 덧붙이더군요. 또 주식을 잘만 고른다면 경마장에 두둑한 현금다발을 들고 갈 수 있을 거라고 부추겼습니다.

나는 믿을 수 없다는 듯이 그를 쳐다봤고, 그는 계속해서 지껄여댔어요. 나는 시계를 봤습니다. 11시 15분이 되자 나는 '좋아요'라고 말한 다음 여러 종목의 매도 주문를 내기 시작했어요. 내가 현금 2000달러를 내자 그는 즐거운 표정으로 받아 챙겼습니다. 그는 자기가 보기에 내가 돈을 많이 벌 것 같다면서 자주 들러줬으면 좋겠다고 하더군요.

마침 내가 계산한 대로 일이 돌아갔습니다. 거래소의 룸 트레이더들은 미리 점 찍어둔 종목들의 매물을 대거 쏟아냈고, 손절매 물량까지 가세했을 것이므로 주가는 당연히 미끄러졌지요. 나는 트레이더들이 통상 공매도 물량을 다시 거둬들이는 마지막 5분간의 랠리 직전에 거래를 끝냈습니다.

내가 번 순수익은 5100달러나 됐고, 나는 현금 창구로 매매전표를 바꾸러 갔습니다.

'다시 들르게 돼 기쁘군요.' 나는 매니저에게 이렇게 말하며 내 전표를 건네주었습니다.

'실은 돈을 다 내줄 수가 없어. 이렇게 떨어질 줄은 몰랐거든. 월요일 아침에는 틀림없이 돈을 줄게.'

'좋아요. 하지만 우선 지금 여기 남아있는 돈이라도 가져갈게요.'

'저기 금액이 적은 친구들한테 먼저 줄 수 있게 해줘. 자네가 처음에 건 돈은 돌려줄 거야. 여기 남는 돈도 다 줄 거고. 그러니까 다른 전표를 현금으로 바꿔줄 때까지 기다려줘.' 그래서 돈을 딴 다른 사람들에게 현금을 지불하는 동안 기다려주었습니다. 나는 내 돈이 안전하다는 사실을 잘 알고 있었어요. 이렇게 돈벌이가 잘 되는 영업장을 운영하는 텔러가 내 돈을 떼먹지는 않을 터였으니까요. 설사 그가 도망쳐버린다 해도 지금 여기에 있는 돈이라도 전부 가져가는 것보다 더 나은 방법은 없지 않겠습니까? 나는 내 돈 2000달러와 800달러를 더 받았지요. 그게 텔러의 버킷샵에 있는 돈 전부였어요. 나는 매니저에게 월요일 아침에 오겠다고 말했습니다. 그는 틀림없이 돈을 마련해놓겠다고 약속하더군요."

구원(舊怨)을 풀다

"나는 월요일 오전 12시 조금 전에 호보켄에 도착했습니다. 한 친구가 매니저하고 이야기하고 있었는데, 세인트루이스에서 텔러가 나에게 돌란한테 돌아가라고 했던 바로 그날 텔러의 버컷샵에서 본 얼굴이었어요. 나는 매니저가 본사로 전보를 쳤고, 본사에서 경위를 조사하기 위해 자기네 사람을 하나 보낸 것임을 단번에 알아챘습니다. 사기꾼들은 아무도 믿지 않는 법이거든요.

'내 돈을 마저 받으러 왔는데요.' 내가 매니저에게 말했습니다.

'이 친구가 그 사람인가?' 세인트루이스에서 온 녀석이 묻더군요.

'네.' 매니저는 이렇게 대답하고는 주머니에서 옐로우백 고액권[18] 뭉치를 꺼냈습니다.

'잠깐!' 세인트루이스 친구는 매니저에게 이렇게 소리치고는 내 쪽으로 돌아섰습니다. '이봐 리빙스턴, 우리가 자네랑은 거래하고 싶지 않다고 말하지 않았던가?'

'먼저 돈부터 내놔요.' 내가 매니저에게 말하자, 그는 1000달러짜리 지폐 두 장과 500달러짜리 네 장, 100달러짜리 세 장을 집어주었습니다.

'그게 무슨 말이에요?' 내가 세인트루이스 친구에게 물었지요.

'우리 버컷샵에서는 자네와 거래하기를 바라지 않는다고 말했을 텐데.'

'그랬지요. 그래서 내가 여기에 온 겁니다.'

---

[18] 금화로 교환할 수 있는 일종의 금화폐(gold notes)인데, 1930년대 초까지 발행됐으며 일반 달러화를 그린백(greenbacks)이라고 부른 것처럼 옐로우백(yellowbacks)이라고 불렀다.

'그러니까 더 이상 여기 오지 말라고. 당장 꺼져버려!' 그는 나에게 버럭 고함을 질렀습니다. 회색 제복의 청원경찰이 무슨 일인가 해서 달려오더군요. 세인트루이스 친구는 매니저를 향해 주먹을 흔들어 보이며 소리쳤습니다. '당신이 더 잘 알았어야지, 이 한심한 사람아, 이런 녀석을 받아들이면 어떡하나. 이 녀석이 리빙스턴이야. 우리가 지시한 것도 있잖아.'

'그쪽도 내 말 좀 들어봐요.' 내가 세인트루이스 친구에게 말했습니다. '여긴 세인트루이스가 아니에요. 여기서는 당신네 사장이 시골아이들한테나 써먹는 그런 허튼 수작은 써먹을 수 없다고요.'

'우리 회사에서 당장 나가! 너는 여기서 거래할 수 없어!' 그는 소리를 질러댔습니다.

'내가 여기서 거래할 수 없다면 아무도 거래하지 않을 거야. 여기서는 그런 식으로 아무나 내쫓을 수 없다고.'

그러자 세인트루이스 친구는 금방 목소리를 낮추더군요.

'이봐, 우리 사정 좀 봐줘. 합리적으로 생각하자고! 우리가 매일 이렇게 당하기만 할 수는 없다는 거 자네도 알겠지. 누가 돈을 따갔는지 우리 사장이 아는 날에는 길길이 날뛸 거야. 자네도 양심이란 게 있지 않은가, 리빙스턴!'

'그럼 순순히 물러나 드리죠.' 나는 약속해주었습니다.

'합리적으로 판단할 수 있겠지? 그러니 제발 사라져주게! 우리가 다시 잘 해나갈 수 있게 기회를 주게나. 여기는 이제 시작일세. 그렇게 해주겠지?'

'다음 번에 내가 왔을 때는 이렇게 오만하게 장사하지 않았으면 좋겠어요.' 나는 말을 마친 다음 그가 매니저에게 속사포처럼 쏘아대는 장면을 뒤로 한 채 버킷샵을 떠났습니다. 나는 그들이 세인트루이스에서 내게 했던 방식 그대로 그들한테서 돈을 따먹은 거지요. 굳이 내가 흥분하거나, 일부러 그들을 문닫게 할 이유는 없었습니다. 나는 풀러튼 증권회사로 돌아와 맥더빗 씨에게 무슨 일이 있었는지 얘기해주었지요. 그러고는 맥더빗 씨가 동의한다면 한 가지 제안을 하겠는데, 텔러의 버컷샵으로 가서 그들이 평소처럼 대해주게끔 20~30주 정도로 거래를 시작해보는 게 어떻겠느냐고 말했습니다. 그렇게 하다가 내가 크게 휩쓸어버릴 만한 좋은 기회를 잡으면 전화를 걸어 맥더빗 씨로 하여금 큰돈을 걸도록 하는 것이었지요."

텔러를 한 번 더 응징하다

"나는 맥더빗 씨에게 1000달러를 주었고, 그는 호보켄으로 가서 내가 말한 대로 했습니다. 단골고객이 된 거지요. 그러던 어느날 급락이 임박했다고 판단되자 나는 맥더빗 씨에게 전갈을 보냈고, 그는 최대 한도로 매도했습니다. 그날 내가 거둔 수익은 맥더빗 씨가 쓴 비용과 그의 몫을 제외하고도 2800달러에 달했어요. 아마도 맥더빗 씨는 자기 돈으로도 약간 더 베팅해 수입을 좀더 챙겼을 겁니다. 한 달도 채 지나지 않아 텔러는 호보켄 지점을 폐쇄했지요. 경찰이 바빠졌습니다. 나는 다행히 그곳에서 두 번밖에 거래하지 않았지만 텔러의 버컷샵은 돈을 다 내주지 않고 문을 닫아버렸던 것이지요. 그 무렵 주식시장은 초강세장을 구가하며 조정다운 조정도 받지 않았기 때문에 1포인트의 증거금조차도 버컷샵에서는 마음대로 떨구어내지 못했습니다. 또 모든 고객들이 당연히 강세에 베팅해 이기면 판돈을 더 키워나갔지요. 그러다 보니 전국적으로 버컷샵의 줄도산이 이어졌던 겁니다.

버컷샵들은 게임의 규칙을 계속 바꾸었습니다. 예전에 버컷샵에서 거래하는 것은 정식 증권회사에서 투기하는 것에 비해 몇 가지 결정적인 이점이 있었어요. 그 중 하나가 증거금이 소멸되는 시점에 이르면 자동으로 거래가 종료되는 것인데, 이보다 더 훌륭한 손절매가 없었습니다. 따라서 자기가 처음에 건 판돈 이상을 잃을 염려가 없다는 점, 또 정식 증권회사에서처럼 주문 체결이 지연되는 일도 없다는 점이 버킷샵에서 거래할 때의 유리한 점이었지요. 그런데 뉴욕에 있던 버킷샵들은 서부지역 버킷샵들보다 단골고객들에게 더 많은 제한을 가했습니다. 여기서는 대표적인 11개 종목[19]에 걸었을 때 가져갈 수 있는 최대 수익을 2포인트로 제한하곤 했는데, 슈가와 테네시 콜 앤 아이언[20]이 그런 종목이었지요. 가령 자기가 매수한 종목이 10분만에 10포인트 상승했다 해도 전표 한 장 당 2포인트의 수익밖에는 가져갈 수 없었던 겁니다. 그들 생각으로는 이런 장치가 없으면 고객들이 이길 확률이 훨씬 더 높다고 본 것이지요. 고객들 입장에서는 잃으면 최대 1포인트의 증거금을 날리지만 벌면 10포인트도 가져갈 수 있었으니까요. 게다가 가장 큰 버킷샵을 포함한 모든 버킷샵에서 특정 주식들에 대한 주문을 받지 않은 적도 있었습니다. 1900년 대통령 선거[21] 전날의 경우가 그랬는데, 맥킨리의 승리가 거의 기정사실이 되자 단 한 곳의 버킷샵도 고객들한테서 매수 주문을 받지 않았지요. 맥킨리의 당선 가능성은 3대 1이었어요. 따라서 선거 전날 아무 주식이나 사도 3~6포인트 이상은 가만히 앉아서 따먹을 수 있었습니다. 심지어 브라이언 지지자도 주식을 매수하면 확실히 돈을 벌 수 있었어요. 그러다 보니 버킷샵에서는 아예 주문을 받지 않았던 겁니다.

---

19) 다우존스 평균주가가 처음 발표된 1884년 당시 지수 산정 대상 종목은 모두 11개였다.
20) 정식 명칭은 Tennessee Coal, Iron & Railroad Co.로, 통상 약칭 TCI로 불렸다.
21) 브라이언은 1896년에 이어 1900년 대통령 선거에서도 반(反) 기업주의와 친(親) 농민 정서를 내세워 맥킨리에 도전했으나 더 큰 표차로 고배를 들었다.

그런데 내 주문은 1년 내내 받지 않았습니다. 만일 버킷샵에서 내 거래를 거절하지 않았더라면 나는 계속 그곳에서 거래를 했을 것이다. 그랬다면 주식 투기라는 게임이 단지 몇 포인트의 주가 등락을 겨냥한 노름이 아니며, 이 게임에는 그것을 넘어서는 훨씬 더 많은 것이 존재한다는 사실을 절대 배우지 못했겠지요." 리빙스턴이 말을 마쳤다.

"그렇다면 그들이 좋은 일을 해준 셈이네요." 내가 말했다.

그러고 나서 나는 호화스러운 응접실을 바라봤는데, 리빙스턴은 그냥 어깨만 으쓱할 뿐이었다.

〈*Saturday Evening Post*〉 1922년 6월 17일

3
정확히 맞추고도 전 재산을 날리다

나는 로렌스 리빙스턴의 사무실에서 주식시장이 마감될 때까지 기다렸다. 그는 자신의 대표 주식중개인인 윌리엄슨 앤 브라운 증권회사에 트레이딩 본부를 차려놓고 있었다. 이 증권회사는 스타 고객이 전용으로 쓸 수 있도록 두 개의 방으로 된 공간을 따로 두고 있었다. 그가 이런 공간을 사용하고 있다는 것은 연간 수십만 달러의 수수료를 내고 있다는 말이었다. 증권회사 입장에서는 거래 수수료라는 직접적인 수입뿐만 아니라 그의 성공과 함께 사업상의 명성도 높아지는 효과까지 거둘 수 있었다.

두 개의 방 가운데 큰 방에는 대개의 증권회사 객장에서 볼 수 있는 통상적인 시세판이 있었다. 여기에 적혀 있는 시세를 읽어내 돈을 버는 사람은 극소수였다. 방의 한쪽 끝에는 티커가 있었고, 소년 하나가 줄줄 흘러나오는 주가 테이프를 보면서 시세판에 주가를 붙이고 있었다. 래리 리빙스턴도 25년 전 그의 고향 도시에서 이와 똑같이 했을 것이다. 시세판 사환 소년은 다갈색 머리에 주근깨투성이 얼굴로 손발을 재빨리 움직였지만 눈망울은 공허해 보였다. 이 소년이 자신의 직업을 통해 보고 있는 것이라고는, 반드시 기민하게 움직여야 하며 자기가 하고 있는 기계적인 일을 기계적으로 해나가야 한다는 사실뿐이었다. 리빙스턴은 이보다 훨씬 더 많은 것을 보았다. 그 덕분에 백만장자가 될 수 있었다. 방 한가운데는 리빙스턴이 따로 보는 별도의 티커가 있었다. 시세판의 반대편에는 그의 비서가 앉는 높은 책상과 방음장치를 확실하게 한 세 개의 전화부스가 자리잡고 있었다.

작은 방은 그의 집무실이었다. 가구 중에는 윗면이 평평한 작은 책상이 있었는데, 책상 위에는 리빙스턴의 가족사진을 담은 두 개의 은테 액자가 놓여 있었다. 종이는 한 장도 보이지 않았다. 의자는 두 개가 있었는데, 하나는 리빙스턴이 앉는 것이고 다른 하나는 방문객 용이었다. 그는 오로지 혼자서만 일을 했기 때문에 사업상 한 번에 한 명 이상의 손님을 맞을 일이 거의 없었다.

책상 옆에는 주가 테이프를 앉아서도 볼 수 있도록 제작한 키 작은 꼬맹이 티커가 있었다. 이런 티커는 보는 사람이 게으르다거나 몸이 약해서가 아니라 하루종일 지켜볼 수 있도록, 심지어 피곤한 남편 곁에 누운 아내가 침대에서도 볼 수 있게 고안된 것이었다.

그러나 리빙스턴이 집무실에 앉아 있는 경우는 드물었다. 그가 꼬맹이 티커를 그곳에 설치한 건 한시라도 주가 테이프가 자기 시야에서 사라지는 것을 못 견뎠기 때문이다. 그가 사무실을 이리저리 걸어 다닐 때는 세 개의 티커가 유용하게 쓰였다. 그는 시장이 열리는 동안에는 시세판 앞에 있는 것이 어린 시절부터 몸에 배어있었고, 그래서 큰 방에는 그가 볼 수 있도록 시세판을 설치해둔 것이다. 그는 평생에 걸친 습관을 굳이 억제하지 않았고 그렇게 함으로써 스트레스도 줄였다.

제임스 R. 킨을 떠올리다

그에게 시세판은 작전용 군사지도와 같았다. 그 자신도 주가 테이프를 자신이 얼마나 성공했는지를 가늠해주는 망원경에 비유하곤 했다. 어쩌면 자신의 노력이 아직 부족하다는 것을 보았는지도 모른다. 그는 버릇처럼 방 한가운데 있는 티커 옆에 서 있곤 했는데, 이때 그의 입에는 시가가 물려 있었고, 그의 회색 눈은 바로 앞의 작전지도에 못박혀 깜박거리지도 않았다. 시세판은 대다수 사람들에게 들려주는 것보다 당연히 훨씬 더 많은 것을 그에게 들려줄 터였다. 참 신기한 일이었다. 나는 문자 그대로 그가 주가 테이프를 읽는 것을 보았다. 그는 이따금 주가 테이프를 유심히 살펴봤는데, 시세판 소년이 새로 바뀐 주가를 붙이기에 앞서 무슨 일이 벌어지고 있는지 알려고 했다. 그의 마음속에서 선명하게 움직이고 있는 큰 주가 흐름을 보았던 것이다.

때로는 주가 테이프가 말하는 것을 듣고는, 갑자기 방향을 바꿔 등 뒤에 있는 전화부스 가운데 하나로 쏜살같이 뛰어가기도 했다. 그곳에서는 아무 소리도 들리지 않았다. 그는 아마도 매수하거나 매도했겠지만, 어쩌면 정보를 확인해봤을지도 모른다. 아무튼 그보다 조금이라도 더 현명한 사람은 방 안에 없었다.

자신의 일에 몰입하는 그의 모습은 그야말로 완벽했다. 얼굴을 찡그리지 않아도 그가 모든 움직임을 주시하고 있다는 것을 알 수 있었다. 굳은 표정은 짓지 않았지만, 한동안은 더위나 추위에도 아랑곳하지 않을 거라는 인상을 주었다. 그렇게 오전 10시부터 오후 3시까지 그는 그곳에 있었다. 자신의 일에 가진 것 전부를 쏟았다.

나는 이전에도 여러 유명한 주식 투기자들이 어떻게 하는지 그 모습을 지켜봤는데, 이렇게 완전히 몰입하는 경우는 그 대단했던 1901년 봄의 제임스 R. 킨을 제외하고는 한 번도 본 적이 없다. 당시 킨은 주식시장의 공룡으로까지 불리며, 그때까지 시장에 나와본 적도 없고 검증되지도 않은 U.S. 스틸 주식을 처분하기 위해 세계적인 시장을 조성하고 있었다. 킨은 런던과 암스테르담 주식시장에서 마치 연극 대본을 써나가듯 조심스럽게 작업하면서, 매일같이 휘하의 주식중개인들이 뉴욕에서 해야 할 일을 꼼꼼히 구상했다. 어느날 그는 나에게 만나고 싶다는 전갈을 보내왔다. 다음날 아침 내가 그의 사무실로 찾아갔을 때는 시장이 아직 열리기 전이었다. 그는 고개를 들더니 나를 물끄러미 쳐다봤다. 그러고는 천천히 나에게로 와서는 손을 내밀면서 뭐라고 중얼거리더니 말을 멈췄는데, 그날 사무실에서 그가 어떤 생각을 가졌는지 도저히 떠올릴 수가 없다. 그가 나에게 알려주려고 했던 게 무엇이었든 그는 완전히 몰입해버린 상태였다.

그러나 리빙스턴은 누가 끼어들어도 전혀 동요하지 않았다. 직원이 들어와 티커 옆에 조용히 앉아있는 그에게 뭐라고 속삭이면, 그는 눈도 깜짝하지 않고 얘기를 듣고는 고개를 한 번 끄덕이거나 아니면 흔들었다. 그리고 나서는 곧바로 주가 테이프를 다시 찬찬히 들여다봤다.

그의 이런 침착함은 의도적으로 꾸민 것이 아니었다. 그는 신경을 단단히 억제하고 있는 게 아니라 아예 신경이 없는 것 같았다.

그건 아주 귀중한 재산이었다. 한번은 시험해보기 위해 그에게 다가가 갑자기 말을 붙였다. "당신의 맥박을 재보고 싶군요."

그는 마치 나에게는 보이지 않는 뭔가를 바라보는 듯한 불가사의한 눈빛으로 시세판을 주시하고 있었다. 그는 내가 다가가는 것을 의식하지도 않았다. 내가 말을 해도 전혀 놀라지 않았다. 그는 단지 자신을 왼쪽 손목을 내밀었을 뿐이다. 내가 실수를 한 건지 모르겠지만, 맥박을 재보니 1분에 60번 뛰고 있었다!

정말 대단한 거래가 아니라면 절대 마음의 평정을 잃을 사람이 아니었다. 그가 주가 테이프와 결코 다투지 않는다거나, 누군가로 인해 혹은 시장의 흐름 때문에 돈을 날리더라도 절대 원망하지 않는다는 게 별로 이상해 보이지 않았다.

나는 내 자리로 돌아와 앉았고, 그는 아무 말 없이 계속 시세판을 주시했다. 그에게 호기심 같은 게 있다 해도 그는 전혀 힘들이지 않고 그것을 참아낼 수 있었다. 그의 관심은 오로지 시장에만 있었다.

창 밖을 바라보니 트리니티 성당 안의 묘지가 보였다. 동쪽으로는 끝이 뾰족한 철제 울타리 너머로 결국 헛된 꿈으로 인해 상심하게 될 불나방 같은 무리들이 브로드웨이 보도를 까맣게 넓고 있었다. 서쪽으로는 덜컹거리며 신경 거슬리는 소리를 내는 고가철도가 있었는데, 무심하게 기차가 도착하고 출발할 때마다 속세의 시간과 장수가 어떠지를 여실히 보여주고 있었다. 남쪽으로는 오래된 갈색 빛깔의 교회가 엄청난 돈이 잠시 머물렀다 가는 거대한 거리를 마주보고 있었다. 그리고 이 교회와 요즘 가장 잘 나가는 주식 투기자의 사무실 사이에는 비록 분야는 다르지만 그보다 훨씬 더 위대한 업적을 남긴 여러 인물들의 무덤과 기념비가 있었다.

그렇다고 해서 내가 설교하는 것은 아니다. 소용돌이치듯 돌아가는 티커를 보니 주식시장을 공동묘지에 비유한 게 생각났다. 제임스 피스크 주니어에 관한 얘기다. 이리 철도의 별난 황태자였던 피스크가 친구와 함께 브로드웨이를 따라 증권거래소를 향해 걸어 내려가고 있었다.

월스트리트에 닿기 직전 친구가 물었다. "피스크, 자네는 시장에 대해 어떻게 생각하나?"

"저게 생각나는군." 피스크가 공동묘지를 가리키며 대답했다.

"그래." 비밀정보라도 얻어볼까 해서 물어봤던 친구는 실망한 기색을 감추려 미소까지 지으며 말했다. "너무 조용하지, 안 그런가?"

"아냐. 주식시장이 딱 저렇다니까. 저기 안에 들어가 있는 사람들은 나올 수가 없고, 저기 바깥에 있는 사람들은 들어가려 하지 않으니까 말이지."

그의 말은 지금 작전세력들이 주식을 잔뜩 들고 있는데 대중들이 들어오지 않고 있다는 의미였다.

쾌활한 해적 무리의 일원이자 현란할 정도의 과장과 엄청난 덩치의 어릿광대로 기억되는 이 별난 인물은 늘 우리를 당황하게 했다. 젊은 시절 그는 뉴햄프셔에서 이곳 저곳 돌아다니며 물건을 파는 도부장수를 했다. 그의 아버지도 같은 일을 했는데, 꽤 성공한 편이었다. 그는 전형적인 양키보다 더 교활했을 뿐만 아니라 극적인 효과를 내는 쇼맨으로서 타고난 감각이 있었다. 의기양양한 네 마리 말이 끄는 그의 마차는 서커스단처럼 화려했고, 그의 재치 있는 입담은 워낙 유명해 가족까지 구해냈을 정도다. 하루는 한 여성이 그에게 불평하기를 그의 아버지가 무명천을 팔면서 자신을 속였다고 했다.

"무명천을 얼마나 팔았지요?" 그가 동정 어린 목소리로 물었다.

"1야드요."

"1야드에 얼마라고 했나요?"

"12.5센트요." 그녀가 대답했다.

그는 고개를 흔들었다.

"그랬다니까요! 그 사람은 나를 속였어요!" 그 여자가 화를 내며 굽히지 않았다.

그러나 그는 당당하게 말했다. "나는 아버지를 아주 잘 압니다. 아버지와는 사업도 같이 해봤어요. 분명히 말하는데, 그분은 12.5센트라고 거짓말할 사람은 아닙니다." 그리고는 자신 있게 덧붙였다. "아마 8야드에

1달러라고 했을 겁니다. 단 1야드에 얼마라고는 안 하지요. 진짜로 그분은 그렇게 하지 않습니다."

주식시장에는 한 가지 시각만 존재한다

50년 전 그와 제이 굴드가 했던 일들은 오늘날에는 할 수도 없고, 또 절대 그런 일이 있어서도 안 된다. 그러나 불과 몇 해 전만 해도 피스크와 굴드가 했다고 해서 누구도 비난할 수 없었던 그런 일을 당시에는 전혀 다른 타입의 인물이었던 J.P. 모건이나 E.H. 해리먼 두 사람조차 해낼 수 없었다. 도매 금융 방식에는 유익한 변화가 이뤄졌고, 대중을 보호하기 위한 여러 법률과 규제가 만들어졌다. 그래도 대중들은 예전처럼 돈을 잃고 있다. 그것은 방식이 변하고 많은 법률을 만들고 돈을 빼앗아가지 못하도록 아무리 제한해도 호구는 여전히 호구이기 때문이다. 호구를 위협하는 모든 사람을 막아줄 수는 있지만 호구 자신은 막아주지 못한다. 호구를 위협하는 모든 것으로부터 보호해줄 수는 있지만 쉽게 돈을 벌겠다는 환상으로부터는 보호해주지 못한다.

 트리니티 교회의 종소리가 오후 3시를 알렸다. 1~2분이 지나자 주가 테이프는 "마감"을 찍었고, 로렌스 리빙스턴은 주식 투기자로서의 일과를 끝냈다. 내일 오전까지는 더 이상 주식시장이 열리지 않는 것이다. 나는 그의 대표 주식중개인들이 찾아올 것이라고 생각했다. 킨도 그랬고, 예전의 대단했던 주식 투기자들이 다 그랬다. 그런데 리빙스턴은 아니었다. 그는 오후 3시가 지나자 주식시장에 대한 관심을 완전히 끊어버렸다. 단거리 코스를 다 뛰고 난 다음 혹은 담배를 다 피우고 난 뒤의 모습이었다. 어쩔 수 없기는 하지만 한순간에 그런 식으로 물러나는 건 보기 드문 장면이었다. 전사자의 숫자를 헤아리지 않는 위대한 장군들, 오늘의 현실만 생각하지 않는 정치인들, 그리고 실제로 번 돈보다 투기라는 게임에서 이겼는지 여부에 더 관심을 쏟는 투기자들만이 보여줄 수 있는 모습이었다. 다시 말하지만 그날 시장은 거래가 그리 활발하지 않았다.

"들어오세요." 그가 말했다. 나는 그의 집무실로 들어가 하나뿐인 손님용 의자에 앉았다. 티커는 조금 전과는 달라진 소리를 내며 매수호가와 매도호가를 무심하게 찍어내고 있었다.

다음에 증권회사에 가면 이 차이를 한번 주목해보기 바란다.

리빙스턴은 그의 책상에 앉은 다음 나를 무심히 바라봤다. 그의 눈빛을 보니 뭔가 묻고 싶어졌다.

나는 고개를 끄덕이며 말했다. "세인트루이스에서 새로이 종자돈을 마련해서 돌아온 뒤로 당신의 트레이딩 시스템을 결정적으로 수정한 겁니까?"

"네, 물론이지요." 리빙스턴이 대답했다. 그러고는 이렇게 덧붙였다. "얼마 있다가 그랬지요."

"그게 맞지 않는다는 걸 알면서도 무엇 때문에 즉시 바꾸지 않은 겁니까?"

"아, 사람이란 자신이 저지른 온갖 실수에서 얻을 수 있는 가르침 하나하나를 전부 배우는 데 오랜 시간이 걸립니다. 무엇이든 그것을 바라보는 시각은 두 가지가 있다고 하지요. 그러나 주식시장에는 오로지 한 가지 시각만 존재합니다. 그것은 강세론도 아니고 약세론도 아닌 시장을 정확히 바라보는 눈입니다. 이 기본적인 원칙을 마음속 깊이 새기는 데는 주식 투기라는 게임의 보다 기술적인 요소들을 터득하는 것보다 더 긴 시간이 필요했습니다.

주식시장에서 가상의 돈으로 상상의 투기를 하면서 자기 판단이 정확했는지 확인하고 이를 즐거워하는 사람들이 있지요. 이런 유령 노름에서 때로는 수백만 달러를 벌기도 할 겁니다. 한판 크게 내지르기도 손바닥 뒤집듯 쉽겠지요. 이건 마치 다음날 결투를 앞둔 사나이에 관한 옛날 이야기나 마찬가집니다.

이 사나이의 조수가 물었습니다. '총은 잘 쏩니까?'

'그럼, 스무 걸음쯤 떨어져 있는 와인 잔의 목을 맞출 수 있지.' 이 사나이는 별 것 아니라는 표정을 지었습니다.

'참 대단하시군요.' 조수는 그리 대수롭지 않다는 목소리로 이렇게 덧붙였지요. '그런데 만일 그 와인 잔이 선생님의 심장을 향해 탄환이 장전된 권총을 겨누고 있다면, 그래도 와인 잔의 목을 정확히 맞출 수 있을까요?'

나는 반드시 진짜 내 돈을 갖고 내 의견이 맞는지 확인합니다. 내가 손실을 보면서 배운 점은, 물러설 필요가 없을 것이라고 확신하기 전까지는 절대 앞으로 나가서는 안 된다는 것이지요. 하지만 앞으로 나갈 수는 없다 해도 꼼짝하지 않고 그 자리를 지킬 수는 있습니다. 이런 말을 한다고 해서 자기 의견이 틀렸을 때 손실을 그냥 방치해도 된다는 의미는 아닙니다. 더 이상의 손실은 막아야 합니다. 그러나 우유부단해져서는 안 되지요. 나는 지금까지 살아오면서 많은 실수를 저질렀지만, 돈을 잃을 때마다 귀중한 경험을 했고, 아주 소중한 하지 말아야 할 것들(DON'TS)을 수없이 터득할 수 있었습니다. 완전히 파산하는 경험도 여러 차례 했지만 손실을 봤다고 해서 모든 것을 전부 잃는 것은 아니었으니까요. 그렇지 않았다면 지금 여기 이렇게 있지도 못할 겁니다. 나는 항상 또 한번의 기회가 찾아올 것이며, 똑같은 실수를 두 번씩 되풀이하지 않을 것이라고 생각했습니다. 나는 나 자신을 믿었지요.

누구든 자기 자신을 믿고 스스로의 판단을 신뢰해야 합니다. 그래야 주식 투기라는 게임에서 살아남을 수 있지요. 내가 비밀정보를 믿지 않는 것도 이런 이유 때문입니다. 가령 내가 스미스라는 친구에게서 비밀정보를 들어 주식을 샀다면 이 주식을 팔 때도 이 친구로부터 비밀정보를 얻어야 합니다. 그에게 의지하는 거지요. 그런데 매도 시점이 다가왔는데 스미스가 휴가를 떠나버렸다면 어찌 될까요? 당연히 안 되지요. 자기 아닌 다른 사람이 하라는 대로 했다가는 절대 큰돈을 벌지 못합니다. 나 자신의 판단보다 나에게 더 많은 돈을 벌게 해줄 비밀정보를 단 한 건이든 시리즈로든 나에게 전해줄 수 있는 사람은 아무도 없습니다. 나는 이 점을 경험을 통해 깨달았어요."

나는 리빙스턴이 잠시 말을 멈춘 틈을 타 그에게 물었다. "뉴욕에 와서 큰돈을 벌기까지 얼마나 걸립니다. 그러니까 100만 달러를 처음 버는 데 얼마나 걸렸습니까?"

"한 5년쯤 걸렸지요."

"오래 걸렸군요."

"다른 사람들은 훨씬 더 걸리지요." 리빙스턴이 무심하게 말했다.

"내 말은 당신처럼 타고난 재주를 갖고 있고 출발부터 아주 탁월했던 사람치고는 오래 걸렸다는 겁니다. 처음 100만 달러는 어떻게 해서 번 겁니까?"

"투기라는 게임을 현명하게 했기 때문이지요. 그걸 배우는 데 5년이 걸린 겁니다. 아주 간단하게 말해보죠. 어떻게 트레이딩하는지 배운 덕분입니다."

"편한 대로 길게 얘기해도 상관없습니다." 내가 다정하게 말했다.

판단이 옳은지 시험하다

"당신은 내가 아주 흥미로운 경험을 대단히 많이 했을 거라고 생각하겠지만 그 정도는 아닙니다." 리빙스턴이 이야기했다. "지금 되돌아보면 주식 투기의 방법을 배워나간 과정이 그렇게 극적이지는 않았던 것 같다는 말이지요. 나는 여러 차례 파산했고, 그건 결코 유쾌한 기억이 아니지만, 내가 돈을 잃었던 이유는 월스트리트에서 돈을 잃는 모든 사람들이 돈을 잃은 이유와 똑같았습니다. 투기란 아주 어렵고 노력을 요하는 사업이지요. 그리고 투기를 하는 사람은 항시 자기 일에 집중해야 합니다. 그렇지 않으면 금방 자기 일마저 잃게 되지요.

내가 해야 할 일은, 맨 처음 시련을 겪은 뒤에 배워야 했던 것처럼 아주 간단했습니다: 지금까지와는 다른 시각으로 투기를 바라보는 것, 그거였어요. 그러나 이 게임에는 버컷샵에서 배울 수 있는 것보다 훨씬 더 많은 게 있다는 사실을 알지 못했지요. 나는 주식 투기라는 게임을 이겨냈다고 생각했지만 실제로는 버컷샵을 이긴 데 불과했던 겁니다. 이와 동시에 내가 버컷샵에서 거래하며 스스로 개발해낸 주가를 읽어내는 능력과 오랜 훈련을 통해 길러낸 기억력은 너무나도 값진 자산이었습니다. 이 두 가지 능력은 쉽게 얻어졌어요. 내가 초창기에 트레이더로 거둔 성공은 나의 두뇌나 지식이 아니라 순전히 이 두 가지 능력 덕분이었습니다. 왜냐하면 나의 사고방식은 전혀 단련되지 않았고 나의 무지는 너무 엄청났기 때문이지요. 이 게임은 게임으로 나를 가르쳤습니다. 그리고 가르치는 동안 매를 아끼지 않았지요.

뉴욕에서 보낸 그 첫 날이 떠오르는군요. 앞서 설명했듯이 버컷샵들이 내 거래를 받아주지 않는 바람에 결국 정식 증권회사를 찾아가게 됐던 겁니다. 내 첫 직장에서 함께 일했던 친구가 뉴욕증권거래소 정식 회원사인 하딩 브라더스[1]에서 일하고 있었어요. 나는 아침에 뉴욕에 도착했

---

[1] Harding Brothers, 저자가 지어낸 가공의 회사 이름으로, 이런 증권회사는 당시 존재하지 않았으나 당시 면화 선물 거래에 적극적이었던 리먼 브라더스(Lehman Brothers)일 것으로 추측된다.

는데, 그날 오후 한 시도 채 되기 전에 이미 그 증권회사에 계좌를 개설하고 거래할 준비를 마쳤습니다.

이 점을 설명하지 않았군요. 버컷샵에서는 오로지 주가의 등락에 베팅하되 작지만 확실한 주가 변동을 이익으로 챙기는 게 전부였어요. 당연히 정식 증권회사에서도 이와 똑같이 거래했습니다. 아무도 버컷샵과 증권회사의 차이를 지적해주지 않았고, 또 내 잘못을 바로잡아주려고도 하지 않았던 거지요. 설사 누군가 내 방식이 제대로 작동하지 않을 것이라고 말해주었다 해도 나는 스스로 확신할 때까지 계속 시도했을 겁니다. 왜냐하면 내가 틀렸을 때 나 자신을 납득시킬 수 있는 유일한 방법은 단 한 가지, 돈을 잃는 것이기 때문이지요. 나는 옳았을 때만 돈을 벌었습니다. 투기란 게 그런 것이니까요."

비싼 대가를 치르고 얻은 경험

"그 무렵 경기는 꽤나 흥청거렸고 주식 거래량 역시 폭발적이었습니다. 이런 분위기는 늘 사람들을 들뜨게 만들지요. 나는 금세 편안해졌습니다. 눈앞에는 익숙한 시세판이 걸려있었고, 대화 내용은 열다섯 살도 되기 전부터 들어온 말이었으니까요. 내가 첫 직장에서 했던 일과 정말로 똑같은 일을 하는 사환 아이도 있었습니다. 시세판을 바라보거나 선 채로 매매전표를 들고 주가를 확인하며 시장에 대해 얘기하는 고객들도 똑같이 나이든 사람들이었지요. 그곳 장비들은 내가 봐왔던 것들과 외양이 똑같았습니다. 객장을 떠다니는 공기 역시 내가 벌링턴에 투자해 주식시장에서 처음으로 3.12달러를 번 뒤 맡아왔던 공기와 똑같았어요. 똑같은 종류의 티커에 똑같은 부류의 트레이더들이 똑같은 방식의 게임을 하고 있었던 겁니다. 더구나 그때 내 나이는 불과 스물둘이었지요. 나는 내가 게임의 처음부터 끝까지를 전부 알고 있다고 단정지었습니다. 그렇게 생각하지 않았겠습니까?

나는 시세판을 유심히 바라보다 괜찮아 보이는 종목을 발견했습니다. 주가 움직임이 좋았어요. 나는 100주를 84달러에 매수했습니다. 한 시간도 채 안 돼 85달러에 매도했지요. 그리고 나서 또 괜찮은 종목을 발견하고는 똑같이 매수와 매도를 반복했습니다. 순식간에 0.75포인트를 챙겼지요. 순조로운 출발이었습니다. 그렇지 않은가요?

그럼 이렇게 정리해보지요. 그날, 그러니까 증권거래소 회원으로 있는 정식 증권회사의 고객으로 거래한 첫 날, 나는 단 두 시간 동안 매수와 매도를 반복하며 1100주를 거래했습니다. 그리고 그날 거래의 손실과 이익을 정산하니 정확히 1100달러를 잃었더군요. 한마디로 내 첫 번째 도전에서 판돈의 절반 가까이가 먼지처럼 날아가버린 셈이었지요. 물론 내가 이익을 거둔 거래도 있었어요. 하지만 그날 나는 1100달러의 손실을 입고 물러났던 겁니다."

"걱정되지는 않았나요?" 내가 물었다.

"아니요." 리빙스턴이 대답했다. "그것 때문에 걱정하지는 않았습니다. 무엇이 잘못됐는지 알지 못했으니까요. 나의 거래 하나하나는 전혀 틀리지 않았고, 옛날 코스모폴리탄 버컷샵에서 이렇게 거래했더라면 이익이 손실보다 더 많았을 겁니다. 사라져버린 1100달러는 당연히 그렇게 됐어야 할 나의 거래 기법이 제대로 작동하지 않았다는 사실을 분명히 알려준 것이었지요. 그러나 그 거래 기법을 사용하는 사람이 괜찮다고 생각한다면 굳이 속을 끓일 필요가 없는 거지요. 스물두 살 나이에 무지는 그냥 그렇게 넘어가는 결함인 겁니다.

나는 며칠 뒤 속으로 이렇게 생각했습니다. '여기서 이런 식으로 거래할 수는 없어. 티커가 도움이 돼야 하는데 전혀 그렇지 않잖아!' 그러나 나는 계속 이렇게 해나갔고, 바닥을 향해 계속 추락했습니다. 돈을 버는 날도 있었고 잃는 날도 있었지만, 그런 식으로 이어가다 돈을 다 날리고 말았지요. 결국 풀러튼 씨에게 가서 500달러를 빌리게 됐던 겁니다. 그러고는 앞서 말했듯이 세인트루이스에 갔고, 그곳 버컷샵에서 내가 항상 이길 수 있는 게임을 해서 돈을 벌어 돌아온 거지요.

나는 한동안 좀더 신중하게 거래했고 성적도 좋아졌습니다. 주위 환경이 편해지자 씀씀이가 헤퍼지기 시작했어요. 친구들을 사귀면서 즐거운 시간을 보냈습니다. 아직 스물셋도 되기 전이었으니까요. 뉴욕에서 혼자 외롭게 생활하고 있던 데다 주머니에는 쉽게 번 돈이 들어있었고, 머릿속에는 이제 새로운 거래 기법을 이해하기 시작했다는 믿음이 자리잡고 있었지요.

나는 증권거래소 플로어에서 내 주문이 실제로 체결되는 시점까지 감안해서 거래했고 보다 신중하게 매매했습니다. 하지만 아직도 주가에 집착했어요. 다시 말해 여전히 기본적인 법칙들을 무시하고 있었던 겁니다. 그렇게 하는 한 내가 게임을 하는 데 정확히 무슨 문제가 있는지 집어낼 수 없었지요.

1901년 주식시장은 그야말로 초강세장이었어요. 나는 젊은 나이 치고는 꽤 큰 돈을 벌었습니다. 정말 대단한 시절이었지요. 온 나라에 사상 유례 없는 번영의 물결이 몰아쳤습니다. 그때까지 우리가 쌓아왔던 모든 것을 능가할 정도로 산업 전반이 더욱 강력해지고 자본은 더욱 확충된 시대였을 뿐만 아니라 대중들이 주식시장을 미친 듯이 밀어 올린 시기이기도 했습니다. 듣기로는 앞선 호경기 시절 월스트리트의 하루 평균 거래량은 25만 주로 액면가를 기준으로 하루 거래대금이 2500만 달러에 달했다고 합니다. 그런데 1901년 주식시장의 하루 평균 거래량은 300만 주였습니다. 모두가 돈을 벌었지요. U.S. 스틸이 새로 주식시장에 상장됐고, 술 취한 선원들만큼이나 돈을 우습게 아는 백만장자들이 넘쳐났습니다. 이들이 만족해하는 유일한 게임은 주식시장이었어요. 월스트리트 역사상 최대의 투기꾼들도 이 시기에 활개를 쳤습니다: '백만 달러 걸기'로 유명한 존 W. 게이츠와 그의 친구들인 존 A. 드레이크와 로열 스미스 등이 있었고, U.S. 스틸 지분 일부를 처분한 돈으로 주식시장에서 거대 철도 회사인 록 아일랜드[2]의 대주주 지분을 사들인 레이드-리즈-무어 일당, 그리고 슈왑과 프릭, 핍스 같은 피츠버그 패거리, 이 밖에도 워낙 난리통이라 그냥 넘어가 버렸지만 다른 시대 같았으면 대단한 투기꾼으로 불렸을 숱한 인물들을 만날 수 있었지요. 누구나 어떤 주식이든 사거나 팔 수 있었어요. 킨은 U.S. 스틸 주식이 팔릴 수 있는 시장을 조성했습니다. 어떤 증권회사는 단 몇 분만에 10만 주의 주식을 팔아 치웠지요. 꿈 같은 시절이었습니다! 그야말로 대박을 터뜨리는 경우도 여럿 있었어요. 또한 주식을 매도하는 데 아무런 세금도 매기지 않았습니다! 더구나 전혀 끝날 것 같지도 않았지요.

그랬지요, 나도 좀 벌었다고 해서 결코 가만히 있지는 않았습니다. 투기라는 게임을 잘 알고 있고, 지금처럼 게임에 웬만큼 돈을 걸 수 있는 역량이 있었으니까요.

잘 되지 않았겠느냐고요? 하지만 유감스럽게도 끔찍한 실수를 저지르고 말았습니다. 꿋꿋이 자리를 지켰으면 가만히 있어도 시장이 알아서 큰돈을 벌어주었을 텐데 그만 계속해서 트레이딩을 했던 겁니다.

당연히 얼마 뒤 불길한 조짐들을 여기저기서 들을 수 있었고, 노련한 베테랑들은 자기들만 빼고 모두들 미쳐버렸다고 얘기했습니다. 하지만 그들을 제외한 모두가 돈을 벌었어요. 시장이 상승하는 데는 반드시 한

---

2) 정식 명칭은 Chicago, Rock Island & Pacific Railway Company다.

계가 있으며, 광적인 '묻지마 식' 매수는 끝날 수밖에 없다는 점을 나는 잘 알고 있었습니다. 그래서 나는 약세 시각을 갖게 됐지요. 하지만 매도할 때마다 돈을 잃었습니다. 그나마 신속하게 움직이지 않았더라면 더 많은 돈을 날렸을 겁니다. 나는 급락이 있을 거라고 내다봤지만 안전한 방식으로 거래했어요. 주식을 매수할 때는 돈을 벌었고, 공매도할 때는 돈을 잃었습니다. 그렇게 하는 바람에 어린 나이부터 거래 규모를 꽤 크게 가져갔던 것을 감안할 때 활황장 와중에도 생각만큼 큰돈을 벌지는 못했지요.

당시 내가 공매도 하지 않은 주식이 하나 있었지요. 노던 퍼시픽이었습니다. 주가를 읽어내는 능력은 유용하게 쓰였어요. 대부분의 주식들이 지지부진한 모습을 보였는데, 리틀 니퍼[3]의 주가는 마치 더 상승할 것처럼 움직였지요. 지금이야 다 아는 사실이지만 당시 노던 퍼시픽 보통주와 우선주는 쿤-로브-해리먼 연합 세력이 꾸준히 매집하고 있었어요. 나 역시 노던 퍼시픽 보통주 1000주를 매수해놓고 있었고, 객장에 있던 사람들이 전부 반대했지만 계속 보유했습니다. 주가가 110달러 수준이 됐을 때 나는 30포인트의 이익을 보고 팔았습니다. 덕분에 내 계좌 잔고는 거의 5만 달러로 불어났는데, 이건 그때까지 내가 벌어본 최대의 금액이었지요. 불과 몇 달 전 똑같은 증권회사에서 한푼 안 남기고 몽땅 털려봤던 입장에서는 그리 나쁘지 않은 성과였습니다.

알다시피 해리먼 연합 세력은 모건과 힐에게 벌링턴-그레이트 노던-노던 퍼시픽 연결노선을 제시했고, 그러자 모건 측에서는 먼저 킨에게 노던 퍼시픽 주식 5만 주를 매수하도록 함으로써 이 회사의 지배권을 유지하고자 했습니다. 내가 듣기로는 킨이 로버트 베이컨에게 15만주 매수

---

[3] 뉴욕증권거래소에 상장된 노던 퍼시픽의 종목 심볼이 NP였는데, 이를 애칭으로 리틀 니퍼라고 불렀다. 노던 퍼시픽 우선주는 빅 니퍼로 불렸다.

주문을 냈고, 베이컨은 지시대로 했다고 합니다. 어쨌든 킨은 자신의 주식중개인인 에디 노턴을 노던 퍼시픽 연합 세력에게 보내 자신이 10만 주를 매수했다고 전했지요. 내 생각으로는 이렇게 알린 뒤 5만 주를 추가로 매수했으며, 곧 이어 유명한 매집 작전이 벌어졌던 겁니다. 1901년 5월 8일 주식시장이 마감된 뒤 금융시장의 거인들간의 전투가 벌어지고 있다는 사실이 만천하에 알려졌지요. 이처럼 거대한 두 자본가 세력이 맞대결을 펼친 적은 일찍이 없었습니다. 해리먼과 모건이라는 절대로 질 수 없는 두 세력이 양보할 수 없는 목표를 놓고 충돌한 것이었지요."

1901년 5월 9일 패닉을 예상하다

"5월 9일 바로 그날 아침 나는 5만 달러 가까운 현금만 있었고 주식은 단 한 주도 없었습니다. 앞서도 말했듯이 나는 그 무렵 꽤 오랫동안 약세 시각으로 기울어 있었고, 마침내 나에게 기회가 온 셈이었지요. 나는 무슨 일이 벌어질지 알고 있었습니다. 끔찍한 폭락 사태가 덮친 다음 주식은 아주 헐값에 팔릴 것이었지요. 주가는 곧 빠르게 회복할 것이고, 앞서 헐값에 주식을 매수했던 사람들은 크게 이익을 남길 겁니다. 셜록 홈즈가 아니더라도 이런 시나리오는 충분히 예상할 수 있었어요. 우리 눈앞에 흘러 다니는 이런 기회를 붙잡음으로써 우리는 큰돈을, 그것도 아주 확실하게 벌 수 있는 겁니다.

모든 일이 내가 예상했던 대로 벌어졌습니다. 나는 완벽하게 맞췄어요. 그리고 내가 가진 돈을 한 푼도 남김없이 전부 날렸습니다! 뭔가 희한한 일이 벌어져 깡통을 차게 된 겁니다. 이런 희한한 일이 없다면 사람들 사이에 아무런 차이도 없을 것이고, 우리네 삶 역시 아무런 재미도 없겠지요. 이 게임도 단순히 더하기와 빼기의 문제로 전락할 겁니다. 그러면 우리는 누가 더 열심히 부기(簿記)를 하느냐로 경쟁하면 되겠지요. 인간의 지적 능력을 개발하는 것은 예측하는 것입니다. 따라서 정확히 예측하려면 무엇을 해야 하는지 생각해봐야겠지요.

시장은 내가 예상했던 대로 상당히 뜨겁게 달아올랐습니다. 거래량은 엄청났고, 주가의 등락폭은 유례가 없을 정도로 컸지요. 나는 꽤 많은 공매도 주문을 냈습니다. 그날 아침 개장가를 보고서는 급락세가 워낙 심각해 나도 깜짝 놀랄 정도였어요. 내가 거래하던 증권회사는 할 일을 했습니다: 어느 회사보다 뒤지지 않게 신중한 자세로 일을 처리했지요. 하지만 그곳에서 내 주문을 체결시켰을 때는 주가가 20포인트나 더 떨어진 다음이었습니다. 주가 테이프를 통해 전해지는 주가는 실제 시장 가격보다 늦었고, 매매 체결 보고는 주문이 폭주하는 바람에 지체됐습니다. 가령 티커에서 주가가 100달러 할 때 내가 공매도 주문을 낸 주식이 실제로는 80달러에 팔린 겁니다. 이것은 전날 종가보다 30~40포인트 하락한 것으로, 내가 공매도했던 주식을 환매수하기로 마음먹었던 주가 수준이었지요. 시장은 더 이상 추락할 것 같지 않았습니다. 그래서 나는 곧장 공매도 물량을 정리하고 매수 포지션을 취했어요.

내가 주문한 대로 증권회사에서는 매수했습니다: 그러나 내가 포지션을 바꾼 그때의 주가가 아니라 플로어 트레이더가 내 주문을 받은 시점에 증권거래소에서 거래되고 있던 가격이었지요. 증권회사에서 매수한 가격은 내가 주문을 냈을 때의 주가보다 평균 15포인트 이상 높았습니다. 이런 식으로 하루에 35포인트의 손해를 보면 어느 누구도 당해낼 재간이 없지요.

나는 실제 시장 체결가보다 한참 늦은 주가를 전해주는 티커에게 당했던 겁니다. 나는 주가 테이프에 찍혀 나오는 주가에 따라 베팅해 왔기 때문에 이 테이프는 내 귀여운 가장 친한 친구로 여겼지요. 그런데 이번에는 이 테이프가 나를 배신한 겁니다. 테이프에 찍혀 나오는 주가와 실제 주가의 차이로 인해 망해버린 거죠. 이건 앞서 내가 당했던 것과 똑같은 실패가 좀더 높은 차원에서 그대로 반복된 것이었습니다. 이제 증권회사 측의 주문 체결 지연과는 관계없이 주가를 읽어내는 능력만으로는 충분하지 않다는 게 분명해 보였어요. 그런데도 왜 그때는 내 문제점과 치유책을 발견하지 못했는지 정말 알 수 없는 노릇입니다."

결함이 있는 트레이딩 방식

"그러나 이날 나는 문제점과 치유책을 발견하지 못한 것 이상의 어처구니없는 짓을 저질렀어요. 주문 체결 여부와는 상관없이 끊임없이 사고 판 겁니다. 알다시피 버컷샵에서 거래할 때는 절대로 주가의 범위를 정해놓고 거래하지 않았습니다. 시장의 흐름을 보면서 기회를 잡아야 했지요. 버컷샵에서 내가 맞추려고 한 것은 시장의 방향이지 절대적인 주가 수준이 아니었습니다. 내가 생각하기에 팔아야겠다면 주가 수준과는 관계없이 팔았어요. 주가가 오를 것이라고 생각되면 주가 수준과는 관계없이 매수했어요. 이 같은 투기의 기본 원칙을 지킨 덕분에 버컷샵에서 살아남을 수 있었던 겁니다. 그런 점에서 내가 주가의 범위를 정해놓고 거래한 것은 오래 전 버컷샵에서 써먹던 방법을 정식 증권회사에서 사용할 수 있도록 적당히 수정한 셈이었지요. 나는 지금껏 주식 투기라는 게 무엇인지 정식으로 배워본 적은 없지만, 제한된 경험을 통해 내가 확실하다고 생각하는 것에 베팅해 왔습니다.

주문 체결의 지연으로 인한 손실을 최소화하기 위해 내가 주가의 범위를 정해놓으려 애쓸수록 시장이 나로부터 멀어져 간다는 사실을 알게 됐습니다. 이런 일이 자꾸 반복되자 나는 주가의 범위를 정해놓는 일을 그만두었지요. 내가 몇 분 뒤의 주가를 겨냥해 속전속결로 베팅하기를 포기하고, 나의 게임이라는 게 결국 시장의 큰 방향이 어떻게 될지를 예상하는 것이라는 점을 배우기까지 얼마나 많은 세월이 필요했는지는 이루 다 설명하기 어렵습니다.

5월 9일의 불운했던 그 일을 겪고 난 뒤 나는 개선하기는 했지만 여전히 결함이 있는 방법을 갖고 계속 거래해나갔습니다. 만일 내가 돈을 벌지 못했더라면 시장의 지혜를 더 빨리 터득했을 겁니다. 그런데 나는 한동안 여유로운 생활을 누릴 만큼의 돈은 벌었어요. 나는 친구들을 좋아했고 쾌락을 즐겼습니다. 그해 여름 나는 월스트리트의 부유한 인사들처럼 저지코스트에서 지냈어요. 그렇지만 돈을 벌기는 했어도 손실을 벌충하고 생활비를 대기에는 충분치 않았지요.

고집스럽게 내가 해왔던 거래 방식을 끝까지 고수하지는 않았습니다. 단지 나 자신의 문제점을 스스로에게 말해줄 수 없었고, 그러다 보니 자연히 해결책을 찾기란 불가능했습니다. 이 얘기를 이렇게 장황하게 늘어놓는 이유는 내가 진짜로 돈을 벌 수 있는 단계로 접어들기까지 어떤 과정을 거쳐야만 했는지 보여주기 위해서입니다. 내가 그동안 써왔던 구식 엽총이나 공기총은 큰 게임에 나갔을 때 고성능 자동소총만한 성능을 발휘하지 못했던 겁니다.

그해 초가을 나는 다시 깡통계좌를 차게 된 데다 더 이상 내가 이기지 못하는 이 게임에 화가 치밀어 올라 결국 뉴욕을 떠나 다른 곳에서 뭔가 새로운 일거리를 찾아보기로 했습니다. 나는 열네 살 때부터 주식 거래를 해왔습니다. 불과 열다섯 나이에 1000달러를 벌어보기도 했고, 1만 달러를 처음 번 것은 스물한 살도 채 되기 전이었지요. 1만 달러라는 큰 돈을 땄다가 다 날려버린 것도 이미 두 차례가 넘었습니다. 뉴욕에 와서는 수천 달러를 벌기도 하고 잃기도 했지요. 5만 달러가 내 수중에 들어왔다가 이틀 만에 사라져버리기도 했습니다. 나는 다른 사업은 해본 적도 없고 다른 게임은 알지도 못했어요. 몇 년이라는 세월이 흐른 뒤 결국 나는 처음 출발했던 제자리로 돌아온 셈이었지요. 아니 그것보다 더 안 좋았습니다. 왜냐하면 나는 이미 돈이 많이 드는 생활 스타일과 습관에 젖어 있었거든요. 그러나 이런 부분보다 내가 진짜로 괴로웠던 것은 지긋지긋할 정도로 계속 틀리고 있다는 사실이었습니다.

그렇게 해서 나는 고향으로 돌아왔습니다. 하지만 고향 땅을 밟는 순간 내가 숨이 붙어 있는 한 해야 할 일은 단 하나뿐이라는 사실을 알게 됐지요. 그것은 다름아닌 종자돈을 벌어 월스트리트로 복귀하는 것이었습니다. 월스트리트는 내가 얼마든지 거래할 수 있는 유일한 곳이있으니까요. 언젠가 내 게임이 잘 풀려갔던 시절 나는 그런 곳을 절실히 원했습니다. 누구든 정확한 판단을 했을 때는 옳은 판단 덕분에 자신에게 돌아오는 모든 것을 갖고자 합니다.

나는 큰 기대는 하지 않았지만, 그래도 버킷샵에서 다시 거래해보려고 시도해봤어요. 버킷샵은 몇 개 남지 않았고, 외지인이 운영하는 곳도 있었습니다. 나를 기억하고 있는 곳에서는 트레이더로서 나도 한물갔다는 것을 보여줄 기회조차 주지 않으려 했지요. 나는 그들에게 솔직히 털어놨습니다. 고향에서 번 돈을 전부 뉴욕에서 날렸다는 사실, 내가 알고 있다고 생각한 만큼 많이 알고 있지 못하다는 점, 그리고 나를 버킷샵에서 거래하게 놔두어도 그들에게 사업상 해가 될 이유가 없다는 것을 말이지요. 하지만 그들은 허락하지 않았습니다. 한편으로 새로 생긴 버킷샵은 믿음이 가지 않았어요. 이런 가게의 주인들은 어떤 손님이 와서 아무리 큰소리를 쳐도 20주까지만 매수할 수 있게 했습니다.

나는 돈이 필요했고, 큰 버킷샵들은 단골고객으로부터 돈을 긁어 모으고 있었어요. 나는 친구 하나를 미리 정해둔 버킷샵에 들여보내 거래하도록 했습니다. 나는 그저 객장을 기웃거리며 고객들을 쳐다봤습니다. 주문 담당 직원에게 한번 더 접근해 고작 50주에 불과한 주문이니 받아 달라고 사정해봤지요. 물론 안 된다고 하더군요. 나는 친구와 암호를 만들어 언제 어떤 주식을 매수하고 매도할지 친구에게 알려주었습니다. 하지만 그렇게 해서는 푼돈밖에 벌 수 없었어요. 게다가 버킷샵에서 내 친구의 주문을 받으며 신경질을 부리기 시작했지요. 결국 어느날 친구가 세인트폴 주식을 100주 매도하려고 하자 버킷샵에서 거래를 중단해버렸습니다.

나중에야 알게 됐지만 한 고객이 바깥에서 친구와 내가 얘기한 다음 안으로 들어가는 것을 보고 이를 버킷샵에다 전한 것이었지요. 아무것도 모르는 친구가 주문 담당 직원에게 세인트폴 100주 매도 주문을 내자, 이 직원이 이렇게 말하더군요.

'너한테서는 세인트폴 매도 주문을 받지 않아.'

'왜요 조, 뭐가 문제에요?' 내 친구가 묻자 조라는 직원이 대답했습니다.

'안 한다니까, 그게 전부야.'

'돈이 충분하지 않아서요? 잘 보세요. 여기 있잖아요.'

친구는 내가 준 돈 100달러를 10달러 지폐로 건네줬습니다. 친구는 분한 표정을 지었고, 나는 아무 관심도 없는 체 했지요. 하지만 다른 고객들 대부분은 버킷샵과 고객 사이에 작은 다툼이 벌어지거나 큰소리라도 들려오면 늘 그런 것처럼 실랑이를 벌이는 두 사람 쪽으로 다가왔습니다. 고객들은 시비가 붙은 이유를 들어봄으로써 이 회사의 지급능력에 관한 정보를 알아보려는 것이었지요.

조라는 직원은 부매니저 급이었는데, 창구에서 나오더니 친구한테로 걸어와서는 친구를 힐끗 본 다음 곧 나를 돌아봤습니다.

'재미있군.' 그는 느릿느릿 얘기했습니다. '아주 재미있어. 네 친구 리빙스턴이 근방에 없으면 너는 여기서 아무 짓도 안 하거든. 그냥 앉아서 몇 시간이고 시세판만 바라보지. 찍 소리도 안 낸단 말이야. 그런데 리빙스턴이 들어오면 갑자기 바빠져. 아마도 너는 혼자 힘으로 행동할 거야. 그런데 여기서는 그렇지 않거든. 리빙스턴이 너한테 정보를 넘겨주는 짓거리에 우리는 속지 않아.'

아무튼 이것으로 버킷샵에서 돈 버는 일은 끝나버렸지요. 하지만 그동안 쓴 돈을 제하고도 몇 백 달러를 벌었어요. 뉴욕으로 복귀하려면 충분한 돈을 모으는 게 그 어느 때보다 시급한 일이었으므로 이 돈을 어떻게 활용할지 궁리했습니다. 다음 번에는 더 잘 할 거라는 생각이 들더군요. 나는 시간을 두고 내가 저지른 멍청한 짓을 조용히 곱씹어봤습니다. 그렇게 무엇이든 좀 떨어져서 바라보면 더 잘 보이는 법이지요. 당면한 문제는 새로운 종자돈을 버는 것이었습니다."

불법 증권업자 버커티어

"하루는 호텔 로비에서 아는 친구들과 얘기하고 있었지요. 이들은 아주 꾸준한 트레이더들이었고, 모두들 주식시장을 화제로 이야기했습니다. 나는 증권회사에서 주문 체결이 지연된 거래내역서를 받게 된다면 누구도 이 게임에서 이길 수 없으며, 내가 그랬듯이 시장가로 거래할 경우 특히 그렇다고 말해주었어요.

그러자 한 친구가 목청을 돋우더니 대체 어떤 증권회사를 말하는 것이냐고 묻더군요.

내가 '우리나라 최고의 증권회사'라고 대답하자, 구체적으로 어디냐고 물었습니다. 내가 일류 증권회사와 거래해본 적이 있다는 걸 그는 믿지 않으려 했습니다. 나는 그의 속내를 읽었지만 이렇게 얘기해주었지요.

'내 말은 뉴욕증권거래소의 정식 회원사라는 겁니다. 그러니 사기를 친다거나 아무렇게나 처리하지는 않겠지요. 하지만 누가 시장가로 매수 주문을 내면 증권회사로부터 거래내역서를 받을 때까지는 그 주식을 얼마에 샀는지 알 수 없지요. 주가라는 게 한꺼번에 10~15포인트씩 오르고 내리는 경우는 드물지만 1~2포인트 오르내리는 일은 자주 있으니까요. 그런데 증권거래소 바깥에 있는 일반 트레이더는 실제 주문 체결이 얼마에 될지 모르기 때문에 이런 작은 등락을 따먹을 수 없겠지요. 버컷샵에서 크게 거래할 수만 있다면 언제든 버컷샵에서 거래할 겁니다.'

내게 물어온 친구는 이전에 한 번도 본 적이 없는 인물로, 이름은 로버츠였어요. 그는 꽤 붙임성이 좋아 보였습니다. 그는 나를 한 쪽으로 데려가더니 다른 거래소 중에는 거래해본 곳이 있는지 묻더군요. 나는 없다고 대답했지요. 그는 면화거래소[4]와 농산물거래소[5], 그밖에도 소규모 증권거래소에 정식 회원으로 있는 몇 군데 회사를 알고 있다는 겁니다. 이 회사들은 일 처리가 매우 꼼꼼해서 주문 체결에 특히 조심한다고 했습니다. 그가 말하기를 이 회사들은 뉴욕증권거래소 소속의 가장 크고 제일 영리한 증권회사들과 은밀한 관계를 맺고 있으며, 증권회사와의 개인적인 연줄을 통해, 또 매달 수십만 주의 거래를 보장함으로써 개인 고객들보다 훨씬 나은 조건으로 증권회사와 거래할 수 있다는 겁니다.

'그들은 소액 고객들을 진정으로 보살펴줍니다.' 그가 계속해서 말을 하더군요. '그들은 개인 투자자를 상대로 한 사업에 특히 강점이 있는 데다 10주를 주문해도 1만 주를 주문한 것만큼 똑같이 신경을 써줍니다. 아주 유능하고 정직하지요.'

'그렇군요. 그런데 증권거래소 소속 증권회사에게 0.125%의 공식 수

수료를 지급할 텐데, 그러면 어디서 수입을 얻지요?'

'당연히 그들도 0.125%의 수수료를 낸다고 봐야지요. 하지만 뭐 다 알지 않습니까!' 그러고는 나에게 윙크를 했습니다.

'그렇군요. 그런데 증권거래소 소속 증권회사는 절대 수수료를 나눠 먹지 않을 걸요. 증권거래소 이사장이라면 정식 회원으로 있는 주식중개인이 비회원과 사업하기 위해 합법적인 수수료율 0.125%보다 적은 수수료를 받는다면 차라리 자살하거나 불을 지르거나 이중 결혼을 하라고 할 겁니다. 이 룰을 어긴다는 건 증권거래소의 존폐를 위협하는 일이니까요.'

그도 이제 내가 증권거래소 사람들과 이야기해본 적이 있다는 사실을 깨달은 게 틀림없어 보였습니다. 이를 증명하듯 곧이어 이렇게 말하더군요. '들어보세요! 꽤 점잖은 증권거래소 회원사 중에서도 매번 한 곳은 그 룰을 어기는 바람에 1년간 영업정지를 당하지 않습니까, 그렇지요? 아무도 밀고할 수 없는 방법으로 리베이트를 주는 방법은 무궁무진하답니다.' 내 얼굴에서 믿을 수 없다는 표정을 읽었는지 그는 말을 이어갔습니다. '더구나 좀 특별한 거래에 대해서는 우리, 그러니까 와이어 하우스[6]는 0.125%(8분의 1%)의 공식 수수료 외에 추가적으로 0.03125%(32분의 1%)를 더 부과합니다. 사실 이 부분에 대해서도 아주 괜찮습니다. 극히 예외적인 경우나 거래가 뜸한 고객들이 아니라면 절대로 추가 수수료를 부과

---

4) 뉴욕면화거래소(New York Cotton Exchange)는 1870년에 세워진 상품선물 거래소로 1998년 커피, 설탕, 코코아거래소(Coffee, Sugar & Cocoa Exchange)와 합병해 뉴욕상품거래소(New York Board of Trade)를 만들었다.
5) 뉴욕농산물거래소(New York Produce Exchange)는 식민지 시절인 17세기 초부터 열렸던 월요일시장(Monday market)이 그 뿌리로, 버터와 치즈, 밀가루 등 각종 농산물과 돼지고지, 소고기 등을 거래했다.
6) 와이어 하우스(wire house)는 고객들의 주문을 전화나 전신을 통해 처리하는 증권회사인데, 여기서는 지점망을 갖춘 대형 증권회사임을 과시하는 의미로 쓰였다.

하지 않으니까요. 알다시피 이런 경우에는 그렇게 하지 않으면 수입을 올릴 수 없지요. 그들이라고 그저 몸이나 풀자고 사업하는 건 아닐 테니까 말입니다.'

이쯤 되자 나는 이 친구가 유사 증권회사의 삐끼라는 사실을 알게 됐습니다.

'그러면 그런 회사 가운데 신뢰할 수 있는 곳을 알고 있나요?' 내가 물었습니다.

'미국에서 제일 큰 중개회사를 알고 있지요. 나도 거기서 거래한답니다. 그 회사는 미국과 캐나다의 78개 도시에 지점망을 갖고 있지요. 방대한 사업을 하고 있는 겁니다. 그 회사가 진짜 정직하지 않다면 그렇게 매년 꾸준히 잘 해나갈 수는 없지요, 그렇지 않습니까?

'그렇겠지요.' 나는 그의 말에 일단 동의했습니다. '그 회사도 뉴욕증권거래소에 상장된 주식을 거래하는 겁니까?

'물론이지요. 게다가 장외시장[7]이나 미국 혹은 유럽에 있는 다른 어느 거래소에 상장돼 있는 것들도 다 거래합니다. 밀도 거래하고, 면화도 거래하고, 농산물도 거래하고, 댁이 원하는 건 뭐든지 거래하지요. 그 회사는 각지에 통신원을 파견해두고 있고, 거래소마다 자기 명의로, 혹은 은밀히 회원으로 가입해놓고 있답니다.'

이쯤 되자 나는 꿍꿍이를 알 수 있었지만 그의 말을 계속 들어보기로 했습니다.

'그렇군요. 하지만 그렇다 하더라도 누군가는 주문을 체결시켜야 할 것이고, 또 시장이 어떻게 될지는 아무도 장담할 수 없으니, 거래소 현장에서 실시간으로 체결되는 가격과 티커에 찍혀 나오는 지연된 가격 간의 차이는 누구도 없앨 수 없지요. 어떤 사람이 여기서 주가를 받아본 다음 주문하면, 이 주문은 뉴욕으로 전송되고 그 사이 귀중한 시간이 흘러갈

테니까요. 돈을 날리더라도 그냥 뉴욕으로 돌아가 정식 증권회사에서 거래하는 게 더 나을 것 같네요.'

'돈을 날리다니 무슨 말인지 모르겠군요. 우리 고객들은 그런 취미 없습니다. 우리 고객들은 돈을 벌어갑니다. 우리는 고객들이 돈 버는 걸 도와줍니다.'

'우리 고객들이라니요?'

'그러니까, 나도 그 회사에 지분을 갖고 있거든요. 그리고 그 회사에 소개할 만한 사업거리가 있으면 소개시켜 준답니다. 왜냐하면 그 회사는 늘 나를 공정하게 대해주었고, 나 역시 그 회사를 통해 꽤 많은 돈을 벌었으니까요. 댁이 원한다면 그 회사 매니저를 소개시켜 드리지요.'

'그 회사 이름이 어떻게 됩니까?' 내가 물었습니다.

그가 대답해주더군요. 들어본 적이 있는 회사였습니다. 그 회사는 신문마다 광고를 내서는, 고객들이 자기네 내부자 정보에 따라 주식을 거래한 덕분에 엄청난 이익을 거뒀다고 선전해왔지요. 그게 바로 그 회사의 최대 무기였습니다. 그 회사는 통상적인 버컷샵이 아니라 버커티어[8]였지요. 고객들이 주문해도 실제 거래소에서는 거래하지 않는 유사 중개업자지만, 아주 교묘하게 위장해 자신들이 합법적인 사업을 하는 정상적인 증권회사인양 행세하는 곳이었습니다. 그 회사는 이런 불법 증권업자 가운데서도 가장 오래된 회사였지요.

당시만 해도 그 회사는 올 들어 무더기로 도산한 불법 증권업자의 전형이었습니다. 불법 증권업자들은 일반적인 원칙이나 방법에서는 모두 똑같았고, 대중을 끌어들이는 방식만 약간씩 달랐는데, 오래된 수법이

---

7) 여기서 장외시장은 New York Curb Exchange를 가리키는데, 장외시장은 그 뒤 American Stock Exchange로 성장해 뉴욕증권거래소와 경쟁을 벌이다 2008년에 뉴욕증권거래에 인수됐다.
8) Bucketeer, 불법적인 유사 증권업자.

너무 많이 알려지게 되면 세부적인 내용을 계속 바꿨지요."

자세히 탐문해보다

"이들은 특정 주식에 대해 매수 혹은 매도 쪽 비밀정보를 보내는 게 일이었습니다. 옛날 경마 정보업자들이 써먹던 수법대로, 어떤 주식을 즉시 매수하라는 수백 건의 전보를 보내면서 다른 고객들에게는 똑같은 주식을 매도하는 게 좋다는 전보를 수백 건 보내는 식이지요. 그러면 매수 주문과 매도 주문이 함께 들어옵니다. 회사에서는 가끔 실제로 매매하곤 했는데, 가령 어떤 주식 1000주를 증권거래소 정식 회원사를 통해 매매한 다음 거래내역서를 받아두는 겁니다. 이 거래내역서는 자기들이 버컷샵처럼 고객들의 주문을 처리하지 않는다는 소문을 낼지도 모를 깐깐하고 의심 많은 고객들에게 보여줄 것이지요.

또 자신들이 모든 권한을 행사할 수 있는 자금 풀을 만들기도 했는데, 마치 대단한 호의를 베풀 듯 고객의 돈으로 고객의 명의로 거래하되 자신들의 판단이 최선이므로 모든 권한을 자기들한테 서면으로 일임하게 했습니다. 이렇게 해두면 꽤나 성깔 있는 고객들조차 돈을 날린 다음 법적 보상을 받을 길이 없었지요. 게다가 어떤 종목의 주가를 끌어올리기도 했습니다. 물론 숫자상으로만 주가가 올라간 것이었지만 그런 식으로 고객을 끌어들인 다음 옛날 버컷샵이 써먹던 수법을 동원해 수백 명의 몇 푼 안 되는 증거금을 쓸어갔지요. 아무도 인정사정을 봐주지 않았는데, 특히 여성과 교사, 노인들이 이들이 가장 좋아하는 먹잇감이었습니다.

'나는 중개업자라고 하면 넌더리가 납니다.' 그 뻐끼에게 말했습니다. '시간을 두고 생각해봐야겠어요.' 그러고 나서는 자리를 떠났기 때문에 더 이상 나에게 말을 붙일 수 없었습니다.

나는 이 회사에 대해 탐문해 봤습니다. 고객 숫자가 수백 명에 이르며, 대개 이런 회사에는 고객이 돈을 땄을 경우 돈을 못 받는다는 얘기가 따라다니게 마련인데도, 이런 말을 전혀 들을 수 없었어요. 문제는 이 회사에서 돈을 번 사람을 찾아내기가 어려웠다는 겁니다. 그러나 나는 이 회사에서 돈을 벌었습니다. 그 무렵은 이 회사가 원하는 대로 일이 진행되는 것 같았고, 따라서 어느 거래가 그들에게 손실을 입히더라도 돈을 떼먹지는 않을 것으로 보였어요. 물론 이런 부류의 회사는 대부분 최후에는 파산하고 말지요. 예전부터 은행 한 곳이 망하면 여러 은행이 줄줄이 도산하듯이 이런 버커티어들의 파산이 전염병처럼 퍼져나갈 때가 있습니다. 어느 한 곳이 파산하면 다른 곳의 고객들도 깜짝 놀라 서둘러 돈을 찾아가는 겁니다. 하지만 아직도 이 나라에는 버컷샵을 운영하는 퇴직자들이 넘쳐나지요."

고객을 등쳐먹는 수법

"어쨌든 나는 그 삐끼가 말한 회사에 대해 특별히 경계해야 할 얘기는 듣지 못했습니다. 다만 이 회사가 처음부터 끝까지 돈벌이에만 열중하며, 항상 정직하지만은 않다는 얘기는 들었습니다. 이 회사의 특기는 벼락부자가 되려는 호구들을 속여먹는 것이었지요. 그러나 고객들한테서 돈을 빼앗기 전에 반드시 고객들에게 서면동의를 요구했습니다.

내가 만나본 한 친구는 이런 이야기를 들려주더군요. 어느날 하루 동안 600명의 고객들에게 전보를 보내 어떤 주식을 사라고 권하는 한편 다른 600명의 고객들에게는 똑같은 주식을 즉시 팔 것을 강력히 촉구하는 전보를 보내더랍니다.

'그거, 나도 아는 수법이야.' 내가 친구에게 말했습니다.

'그래, 한데 말이야, 다음날 이 회사에서는 똑같은 사람들에게 전보를 다시 보내 지금 보유하고 있는 포지션을 전부 청산하고, 다른 주식을 매수하라거나 매도하라고 권고한다는 거지. 내가 이 회사에 근무하는 고참 파트너에게 물어봤어. 「대체 왜 그러는 건가? 첫 날 일은 이해할 수 있네. 고객들 가운데 일부는 미실현 이익이기는 하지만 한동안은 돈을 벌 수 있을 테니 말이야. 물론 이들도 결국은 돈을 잃겠지만. 그런데 둘째 날처럼 전보를 보내면 고객들은 전부 다 죽어버려. 그렇게 하는 진짜 숨은 의도가 뭔가?」

그러자 고참 파트너가 대답하더군. 「그게 말이야, 고객들은 어차피 어떤 식으로든 돈을 잃게 돼있어. 무엇을 사든, 언제 어디서 어떻게 사든 말이야. 그들이 돈을 다 날리면 나는 고객을 잃게 되지. 그래서 나는 고객들한테서 내가 가져갈 수 있는 만큼 최대한 돈을 가져가는 거야. 그러고는 새로운 먹잇감을 물색하는 거지..」'

여하튼 나는 이 회사의 사업 윤리에는 관심이 없다는 점을 솔직히 인정하겠습니다. 앞서 텔러의 회사에서는 분노를 느꼈고, 그래서 어떤 식으로 앙갚음을 해주었는지 이야기했지요. 하지만 이 회사에는 그런 감정이 전혀 없었습니다. 물론 그들이 사기꾼일 수도 있고, 반대로 어쩌면 알려진 것처럼 그렇게 날강도는 아닐지 모릅니다. 나는 그들한테 나 대신 거래하도록 위임하지도 않았고, 그들이 제공하는 비밀정보를 따르지도 않았으며, 그들이 하는 거짓말을 믿지도 않았어요. 나의 유일한 목적은 종자돈을 따서 뉴욕으로 돌아가는 것이었습니다. 뉴욕에 가면 정식 증권회사에서 상당한 규모로 거래할 수 있었지요. 그곳에서는 버킷샵에서 그런 것처럼 경찰이 들이닥칠 걱정을 하지 않아도 됐고, 체신청에서 급습해 계좌를 동결한 뒤 1년이나 1년 반 뒤 1달러 당 8센트의 이자를 주면 행운으로 여기는 일을 당하지 않아도 됐으니까요.

어쨌거나 나는 이 회사가 합법적인 증권회사보다 더 유리한 거래상의 이점을 제공하는 게 무엇인지 알아보기로 했습니다. 나는 증거금으로 걸 돈이 많지 않았지만, 주문을 받아놓고도 실제 체결은 시키지 않는 이런 회사들의 경우 으레 증거금 부분에 대해서는 무척 관대했기 때문에 몇 백 달러만 갖고도 상당히 크게 거래할 수 있었지요.

나는 그들의 본거지로 가서 매니저 본인과 직접 얘기했습니다. 그는 내가 오래 전부터 트레이딩을 해왔고, 뉴욕증권거래소 소속 증권회사에서 계좌를 운용해보기도 했으며, 전 재산을 다 날려 버린 적도 있다는 사실을 알게 되자, 자신들에게 투자하면 순식간에 백만 달러를 벌 것이라는 따위의 약속은 하지 않더군요. 그는 나를 영원한 호구로 생각하는 것 같았습니다. 즉 순간순간의 주가 변동만 좇아 다니며 끊임없이 거래하고 끊임없이 돈을 잃는 부류 말이지요. 주문이 들어와도 제대로 처리하지 않는 유사 증권업자든 수수료 수입에 적당히 만족해하는 정식 증권회사든 관계없이 중개업자들의 꾸준한 수입원이 바로 이런 인간들입니다.

나는 매니저에게 내가 원하는 건 적절한 거래 체결뿐이며, 나는 항상 시장가로 거래하는데 티커에 나오는 주가와 0.5~1포인트씩 차이 나는 거래내역서는 받고 싶지 않다고 이야기했습니다.

그는 내가 옳다고 생각하는 것이라면 무엇이든 다할 것이라며 자신의 명예를 걸고 다짐하더군요. 이 회사는 나와 거래하기를 바랐고, 내게 일류 주식중개라는 게 무엇인지 보여주겠다는 겁니다. 회사 인력 가운데는 업계에서 최고로 손꼽히는 인재도 있었습니다. 사실 이 회사는 거래 체결 면에서는 유명했어요. 만일 티커에 나오는 주가와 거래내역서 상의 주가 사이에 차이가 있을 경우 반드시 고객에게 유리한 쪽으로 했는데, 물론 그걸 무조건 보장한 것은 아니었습니다. 내가 계좌를 개설하기만

하면 전화선을 통해 들어오는 주가 그대로 매매할 수 있다며 자신들의 중개 능력을 자신했습니다.

결국 이 말은 그곳에서도 사실상 버컷샵에서 했던 것처럼 거래할 수 있다는 의미였지요. 나는 다음 체결가로 거래할 수 있는 것이었습니다. 그래도 너무 조바심치는 것처럼 보이고 싶지 않았어요. 그래서 머리를 흔들면서 그날 계좌를 바로 개설하지는 않을 생각이지만 곧 알려주겠다고 했습니다. 그는 돈을 벌기에 아주 좋은 장세니 지금 당장 시작하라고 강하게 밀어붙이더군요. 그 무렵 시장은, 다름아닌 그들에게 좋은 장세였습니다. 즉 시장은 지루하게 아주 작은 변동폭 안에서 오르내렸는데, 고객들을 끌어들인 다음 미리 점 찍은 종목의 주가를 급락시켜 고객들이 낸 증거금을 싹쓸이하기에 딱 좋은 장세였지요. 나는 실랑이 끝에 매니저를 뿌리치고 나올 수 있었습니다.

내 이름과 주소를 남겼더니, 바로 그날부터 발신자 부담으로 된 전보와 편지들이 도착하더군요. 그들 말로 내부자 작전 세력이 주가를 50포인트 끌어올릴 게 확실한 이런저런 주식에 빨리 올라타라고 강력히 권하는 내용이었습니다.

나는 바쁘게 돌아다니면서 그들과 똑같은 유사 중개업자들 여러 곳을 힘닿는 데까지 찾아봤습니다. 뉴욕으로 가져갈 판돈을 그들의 수중에서 확실히 꺼내올 수 있는 방법은 이들 유사 중개업자 여러 곳한테서 조금씩 돈을 따 모으는 것 외에는 달리 길이 없었지요."

사기꾼 vs. 사기꾼

"내가 알아볼 수 있는 유사 중개업자들을 전부 둘러본 뒤 세 곳에 계좌를 개설했습니다. 그리고는 작은 사무실을 하나 얻어 세 곳의 중개업자들과 연결되는 직통 전화 회선을 설치했지요.

　나는 그들이 처음부터 깜짝 놀라지 않도록 일부러 적은 금액으로 거래했습니다. 내가 수익을 거두자 그들은 자기네 회사와 직통 전화 회선을 갖고 있는 고객과 진짜 사업을 했으면 한다고 주저 없이 밝혀왔지요. 그들은 신중한 도박꾼은 원치 않았어요. 그들은 내가 더 많이 거래할수록 더 많이 잃을 것이며, 내가 조금이라도 더 빨리 빈털터리가 될수록 자신들이 더 많이 챙길 수 있을 것이라고 생각한 겁니다. 이건 꽤 설득력 있는 이론이었어요. 그들은 당연히 평균적인 고객들과 거래해왔고, 평균적인 고객들은 금융거래상의 용어로 말해 결코 수명이 길지 않았으니까요. 일단 파산해버린 고객은 더 이상 거래할 수 없습니다. 그런데 빤쯤 생명이 붙어있는 고객은 투덜거리기도 하고 에둘러 말하기도 하면서 그들 사업에 얼마든지 지장을 초래할 수 있었지요.

　나는 이와 동시에 뉴욕증권거래소의 정식 회원사와 직통 전화 회선으로 연결돼 있는 이 지방 증권회사와도 거래를 텄습니다. 내 사무실에 주가 티커를 하나 설치한 다음 보수적으로 거래하기 시작했습니다. 앞서도 말했듯이 버커티어들과 거래하는 건 단지 속도만 약간 느렸을 뿐 버컷샵에서 하는 트레이딩과 거의 똑같았어요.

　이건 내가 이길 수 있는 게임이었고, 나는 실제로 이겼습니다. 열 번 중에 열 번을 모두 이길 만큼 완벽했다고는 할 수 없겠지요. 하지만 나는 수익을 남겼고 매주 이익을 챙겼습니다. 생활은 다시 풍족해졌지만 월스트리트로 가져가야 할 종자돈을 늘리려면 반드시 얼마씩은 저축해야 했습니다. 버커티어 두 곳에 추가로 직통 전화 회선을 연결해 내 사무실에서 바로 거래할 수 있는 상대는 모두 다섯 곳이 됐지요.

　내 계획이 어긋나 주가가 생각했던 대로 움직이지 않는 정도가 아니라 완전히 정반대로 흘러간 경우도 있었습니다. 하지만 그런 일을 당했어도 심각한 타격을 받지는 않았어요. 그럴 수밖에 없었던 것이 내 증거금 자체가 워낙 적었으니까요. 버커티어들과의 관계는 썩 괜찮은 편이었습니다. 그들이 갖고 있는 계좌 잔고와 거래 내역이 내가 갖고 있는 것과 늘 일치하지는 않았는데, 차이가 날 때면 늘 내가 손해를 보는 쪽이었습니다. 세상에 이런 우연의 일치가 있다니, 그럴 리가 없지요! 나는 내 돈을 되찾기 위해 싸웠고, 대개의 경우 내 주장을 관철시켰어요. 그들은 내가 자기네들한테서 가져간 돈을 도로 뺏어가기만을 바랐습니다. 그들은 내가 따간 돈을 잠시 빌려주었을 뿐이라고 여겼던 것 같아요.

그들은 사실 그리 깔끔한 편은 아니었습니다. 중개 수수료에 만족하지 않으면서 수단과 방법을 가리지 않고 돈을 버는 게 그들의 사업이었으니까요. 호구들이란 주식으로 절대 투기를 하지 않고 도박을 하지요. 그래서 늘 돈을 잃게 되고, 그러면 버커티어들이 소위 말하는 합법적인 불법 사업을 했을 것이라고만 생각합니다. 그러나 버커티어들은 그렇게 하지 않았어요. '고객이 돈을 벌면 당신도 부자가 될 것'이라는 옛말은 틀림없이 진실이지만, 그들은 이런 말을 한번도 들어본 적이 없는 것 같았어요. 대놓고 고객의 주문을 마음대로 처리하는 일도 멈추지 않았습니다.

그들이 낡은 수법으로 나를 사기 치려고 한 적도 여러 번 있었습니다. 내가 보지 못하는 바람에 그들이 나를 속인 적도 두 번 있었지요. 그들은 늘 내가 평상시 물량 혹은 그 미만으로 거래할 때만 사기를 쳤습니다. 나는 치사한 수법이라고, 아니 그보다 더 나쁘다고 비난했지만 그들은 혐의를 부인했고, 종국에는 내가 평소처럼 다시 거래하는 것으로 결말이 났습니다. 사기꾼과 거래를 하는 데서 얻는 묘미는 당신이 한방 먹이더라도 거래를 중단하지 않는 이상 항상 사기꾼이 먼저 용서를 구한다는 점이지요. 그가 걱정하는 한 아무 문제도 없습니다. 그는 기꺼이 당신에게 유리한 쪽으로 타협하려고 합니다. 이 얼마나 고결한 영혼입니까!'

가볍게 응징하다

"그런데 사기꾼들의 속임수로 인해 내 종자돈이 불어나는 속도가 늦춰지는 것을 가만 놔둘 수 없다는 생각이 들었습니다. 그래서 그들에게 한 가지 가르침을 주기로 했지요. 나는 한때 투기 대상으로 인기를 끌었지만 지금은 거래량이 아주 적은 종목을 골라냈습니다. 한마디로 수렁에 빠져버린 주식이었지요. 만일 거래가 활발히 이뤄졌던 적이 한번도 없는 종목을 골랐다면 그들은 내가 거래하는 걸 의심의 눈초리로 바라봤을 겁니다. 나는 다섯 곳의 유사 중개업자들에게 이 종목의 매수 주문을 냈습니다. 나한테서 주문을 받은 그들이 주가 테이프에 찍혀나올 다음 체결가를 기다리는 사이 나는 뉴욕증권거래소 소속 증권회사를 통해 바로 그 주식을 시장가로 100주 매도해달라는 주문을 냈지요. 나는 빨리 처리해달라고 재촉했어요. 매도 주문이 증권거래소 플로어에 선날됐을 때 무슨 일이 벌어졌을지는 상상할 수 있을 겁니다. 거래량도 별로 없는 지지부진한 종목을 한 증권회사의 시골 지점에서 급히 팔아달라는 주문을 냈으니까요. 누군가는 싼값에 주식을 매수했을 겁니다. 그러나 이 거래로 인해 주가 테이프에 찍혀 나온 체결가가 바로 내가 매수 주문을 낸 유사 중개업자 다섯 곳에 지불할 가격이 됐지요. 나는 낮은 가격으로 그 주식 400주를 매수해둔 셈이 된 겁니다. 증권회사에서는 나에게 뭐 들은 게 있느냐고 물어왔고, 나는 이 주식에 관해 비밀정보를 들은 게 있다고 대답해주었지요. 시장 마감 직전에 나는 정식 증권회사에 그 주식 100주를 도로 매수하라는 주문을 냈습니다. 나는 아무 때나 공매도하지 않습니다. 100주를 얼마에 도로 매수할지 신경 쓸 필요도 없었지요. 증권회사에서는 내가 낸 주문을 뉴욕으로 전달했고, 100주 매수 주문은 금세 주가를 끌어올렸습니다. 나는 당연히 친애하는 버커티어들이 서류상으로만 매수해둔 500주의 매도 주문을 냈습니다. 모든 일이 아주 순조롭게 이뤄졌지요.

그래도 여전히 그들은 자기네들 방식을 수정하지 않더군요. 그래서 나는 이 수법을 여러 차례 더 써먹었지요. 나는 이들이 저지른 죄과에 비하면 그렇게 심하게 응징하지는 않았습니다. 100주 단위로만 거래했고, 1~2포인트를 초과해 돈을 따먹는 일은 거의 없었지요. 그렇게 해도 내가 월스트리트에 재도전하는 데 필요한 종자돈의 잔고를 불려나갈 수 있었으니까요. 때로는 먼저 어떤 주식을 공매도하는 식으로 다른 방법을 쓰기도 했는데, 그래도 지나칠 정도는 아니었습니다. 한 번에 순수익으로 600~800달러만 챙기면 만족했어요.

하루는 재주를 부린다는 게 너무 잘 들어맞아 당초 계획을 훨씬 뛰어넘는 10포인트의 수익을 얻게 됐습니다. 전혀 기대하지 않은 것이었지요. 더구나 한 중개업자한테는 대개의 경우처럼 100주를 건 게 아니라 200주를 걸어놓고 있었어요. 물론 나머지 네 곳에는 100주씩만 걸었습니다. 이들 입장에서는 너무나 다행스런 일이 아닐 수 없었지요. 중개업자들은 이 일로 얼토당토않게 화를 내며 전화에다 대고 지껄여대더군요. 결국 중개업자 사무실로 가서 매니저를 만났습니다. 나한테 계좌를 만들라고 채근했던 친구로, 나에게 사기를 치려다 들키면 늘 용서를 구하던 바로 그 매니저였지요. 그는 자기 처지에 어울리지 않게 아주 큰 소리로 떠들어댔습니다.

'그 주식은 완전히 시장이 날조된 거라고, 그래서 댁한테는 한 푼도 줄 수 없어!' 그가 다짐하듯 말하더군요.

'당신네 회사가 내 매수 주문을 받았을 때는 시장이 날조되지 않았었지요. 당신은 틀림없이 내 돈을 받았잖아요. 그러니까 이제는 내 돈을 내주어야겠지요. 그런 식으로 빠져나갈 수는 없어요, 그렇지 않아요?

'아냐, 그럴 수 있지! 어떤 녀석이 일을 꾸몄다는 걸 증명할 수도 있어.' 그가 소리쳤습니다.

'누가 일을 꾸몄는데요?' 내가 물었지요.

'어떤 녀석이지.'

'그럼 누가 그 일을 하도록 시켰지요?'

'당연히 자네 친구들이겠지.'

내가 응수했지요. '당신도 잘 알다시피 나는 혼자서만 주식을 합니다. 이 동네 사람들 모두 알고 있어요. 내가 주식 거래를 처음 시작했을 때부터 사람들은 그렇게 알고 있거든요. 그럼 당신한테 우정 어린 충고를 해주고 싶군요. 사람을 보내 내 돈을 가져오도록 하기만 하면 됩니다. 기분 상하고 싶지 않거든요. 그냥 내가 말한 대로만 하세요.'

'돈 을 줄 수 없소. 그건 시세를 조작한 거래였어.' 그가 소리를 지르더군요.

나는 그의 말에 짜증이 나서 이렇게 말해주었습니다. '그 돈을 지금 당장 바로 여기서 나한테 지급해야 할 거요.'

어쨌든 그는 좀더 소리를 높여 고함을 치더니 나를 완전히 날강도 사기꾼으로 몰아붙였습니다. 그러나 결국에는 현금을 넘겨주더군요. 다른 네 곳은 그리 요란스럽지 않았습니다. 한 매니저 친구는 내가 써먹던 '거래가 부진한 주식 수법'을 연구해서는 내가 주문을 내면 주문한 대로 진짜 주식을 매수하는 한편 자기도 리틀 보드[9]에서 약간의 주식을 샀는데, 그는 돈을 벌었지요. 이 친구들은 대개 기술적인 측면에서 꽤 든든한 법적 방어장치를 마련해놓고 있어서 고객들한테 사기 혐의로 고소당하는 걸 전혀 두려워하지 않았습니다. 그러나 그들은 내가 돈을 받지 못했다

---

9) Little Board, 장외시장의 애칭.

며 그들이 은행에 예치해둔 돈을 차압하는 것은 두려워했어요. 왜냐하면 그들은 어떤 자금도 이런 위험에 노출되지 않도록 세심하게 관리했기 때문이지요. 속임수를 잘 쓴다는 식으로 알려지는 것은 큰 문제가 안 됐지만, 돈을 떼먹는다는 소문이 나면 그건 치명적이었으니까요. 어떤 고객이 증권회사에서 거래하면서 돈을 잃는 것은 그리 드문 일이 아닙니다. 하지만 어떤 고객이 돈을 벌었는데도 그 돈을 받지 못했다면 그건 투기꾼 세계에서 최악의 범죄 행위지요.

나는 이들 모두한테서 돈을 받아냈습니다. 그러나 이 10포인트 급등 건으로 인해 사기꾼들을 상대로 사기치는 즐거운 소일거리도 끝나버렸지요. 그들은 자기네들이 그동안 수백 명의 불쌍한 고객들을 속여먹던 얕은 속임수를 경계하게 됐습니다. 나는 정상적인 트레이딩으로 돌아갔습니다. 하지만 시장이 늘 내 시스템에 맞게 돌아가는 것은 아니었어요. 즉 그들이 받아주는 주문 규모가 제한적이었기 때문에 나는 큰돈을 벌 수 없었습니다."

뉴욕으로 가는 도중에 만난 버컷샵

"나는 1년 이상 이렇게 거래했습니다. 이 기간 동안 나는 이들 유사 중개업자들과 거래하면서 돈을 벌 수 있는 온갖 수단을 다 생각해내 활용했지요. 나는 상당히 여유롭게 생활했고, 자동차도 한 대 구입했으며, 굳이 스스로 지출 한도를 정해놓지도 않았습니다. 물론 판돈을 모아야 했지만, 그러는 중에도 살아나가야 했지요. 시장에서 내가 취한 포지션이 옳았을 때는 번 돈을 전부 다 쓸 수 없었으므로 늘 얼마씩은 저축할 수 있었지요. 내 포지션이 틀렸을 때는 돈을 벌지 못했으므로 당연히 돈을 쓸 수 없었습니다. 이미 말했듯이 나는 상당한 금액의 현금을 모아둔 상태였고, 유사 중개업자 다섯 곳에서 버는 돈도 더 이상 많지 않았어요. 마침내 나는 뉴욕으로 돌아가기로 결심했습니다.

나는 자가용을 갖고 있어서 트레이더로 일하는 친구 한 명에게 같이 뉴욕으로 가자고 했습니다. 그는 동의했고 우리는 함께 출발했지요. 저녁식사를 위해 뉴헤이븐에서 차를 세웠어요. 트레이딩을 하며 알게 된 오랜 지인을 호텔에서 만났는데, 이 친구는 여러 말을 하는 중에 이곳에 버킷샵이 하나 있으며, 전화 회선까지 갖추고서 아주 근사하게 영업을 한다고 하더군요.

우리는 뉴욕으로 가기 위해 호텔을 떠났지만, 버킷샵이 자리잡은 거리로 차를 몰았습니다. 바깥 모습만 살펴볼 생각이었어요. 버킷샵이 눈에 들어오자 유혹을 이기지 못하고 차를 세워 안을 둘러보기로 했습니다. 아주 호화롭지는 않았으나 고풍스러운 칠판이 있었고 고객들도 있었으며 게임이 한창 벌어지고 있었습니다.

매니저는 생긴 게 꼭 한때 배우나 정치 연설가로 활동했음직한 사내였어요. 아주 감동적인 목소리를 갖고 있었지요. '굿모닝' 하고 말할 때는 마치 지난 10년간 현미경을 들고 샅샅이 뒤진 끝에 아침의 신선함을 찾아내 이렇게 발견한 아침의 신선함은 물론 하늘과 태양과 자기 회사의 현금다발까지 선물로 주려는 것처럼 느껴지더군요. 그는 우리가 날렵하게 생긴 승용차를 타고 온 것을 보고는 두 사람 다 젊은 데다 경솔할 것이라고 넘겨짚었고, 자연스레 우리를 예일대학교 학생으로 단정지었습니다. 나는 스무 살 정도로까지 어리게 보이지는 않았지만 굳이 그렇지 않다는 말은 하지 않았지요. 그는 그런 말을 할 기회조차 주지 않은 채 열변을 쏟아내기 시작했습니다. 우리를 만나서 너무 반갑다, 편히 자리에 앉는 게 어떠냐? 우리가 보기에 오늘 아침 시장은 누구나 돈을 벌 수 있을 정도로 상승세다, 사실 대학생들이 용돈 좀 더 달라고 아우성치지 않는가, 유사이래 똑똑한 대학생치고 주머니 사정이 넉넉했던 적은 없었으니 말이다, 그런데 바로 지금 여기서 인심 후한 티커 덕분에 조금만 투자하면 수천 달러를 벌 수 있다, 다 쓸 수 없을 정도의 넉넉한 용돈이야말로 주식시장이 제발 가져가달라고 사정하는 것이다.

뭐 이런 말이었습니다. 나는 버컷샵의 잘생긴 사내가 이렇게까지 안달을 부리는데 인정상 거래를 안 할 도리가 없었지요. 그래서 이렇게 말했습니다. 원하는 대로 하겠는데, 많은 사람들이 주식시장에서 돈을 벌었다고 하기에 하는 거라고 말입니다.

나는 아주 보수적으로 시작했지만, 돈을 따가면서 거래 규모도 커져갔지요. 내 친구도 함께 했습니다.

우리는 그날밤 뉴헤이븐에서 묵었고, 다음날 아침 10시 5분 전에 그 친절한 버컷샵에 갔습니다. 달변의 매니저는 우리를 반갑게 맞았고, 이날은 자기가 돈을 딸 차례라고 생각했지요. 그러나 나는 1500달러에서 몇 달러 모자라는 큰돈을 벌었습니다. 다음날 아침에도 우리는 그 웅변가를 찾아가 슈가 주식 500주의 매도 주문을 냈지요. 그는 잠시 주저하더니 주문을 받더군요. 아무 말도 없이 말이지요! 주가는 1포인트 이상 떨어졌고, 나는 공매도한 것을 청산한 다음 매매전표를 그에게 건네주었습니다. 순수익으로 정확히 500달러를 벌었고, 내가 낸 증거금이 500달러 있었습니다. 그는 금고에서 50달러짜리 지폐 스무 장을 꺼내더니 세 번씩이나 아주 천천히 세어보고는, 다시 내 앞에서 또 한 번 셌습니다. 마치 그의 손가락에서 끈적거리는 점액질이 분비돼 지폐가 자꾸 그의 손에 달라붙는 것 같았지만 결국 돈을 넘겨주었지요. 그는 양팔을 끼고는 아랫입술을 깨물더니 계속 입술을 깨문 채로 내 뒤편에 있는 창문 꼭대기를 노려보더군요."

월스트리트로 복귀하다

"나는 그에게 스틸 주식 200주를 매도하겠다고 말했습니다. 하지만 그에게서는 아무런 반응도 없었어요. 그는 내 말을 듣고 있지 않았습니다. 나는 되풀이해서 말했지요. 다만 이번에는 300주를 매도하겠다고 했습니다. 그가 고개를 돌리더군요. 나는 이 웅변가가 말을 쏟아내기를 기다렸습니다. 하지만 그저 나를 바라보기만 했지요. 그러고는 입맛을 다시더니 침을 꿀꺽 삼켰습니다. 마치 50년간 정치적인 실정에 시달리다 상대편의 터무니없는 독직(瀆職) 사건을 빌미로 공격을 개시하려는 모습 같았어요.

마침내 그는 내 손에 들려 있는 고액권 지폐를 향해 손사래를 치며 이렇게 말하더군요. '그 속보이는 물건은 치워버려!'

'뭘 치우라고요?' 나는 그가 무슨 말을 하는지 분명히 알아듣지 못했어요.

'학생, 어디로 갈 건가?' 그가 아주 인상적인 어투로 말했습니다.

'뉴욕이요.' 내가 대답했습니다.

'그래, 맞아.' 그는 고개를 스무 번쯤 끄덕였습니다. '맞아, 저어어엉확해. 네 녀석들은 여기를 떠나는 게 좋아. 왜냐하면 이제 나는 두 가지를 알게 됐거든. 두 가지를 말이야, 학생! 나는 네 녀석들이 학생이 아니라는 걸 알게 됐어. 또 네 녀석들의 정체가 뭔지도 알게 됐어. 그래! 맞아! 맞다니까!'

'그래서요?' 나는 아주 정중하게 말했지요.

'그래. 너희 두 녀석은······.' 그는 잠시 말을 멈췄습니다. 그러고는 의회에서 연설하는 것 같은 어투는 집어치우고 버럭버럭 소리를 질러대더군요. '너희 두 녀석은 이 미국 땅에서 제일 가는 사기꾼들이지! 학생이라고? 웃겨! 차라리 신입생이라고 하지! 어때!

우리는 그가 지껄여대는 것을 놔둔 채 나와버렸습니다. 그는 돈을 잃은 건 그렇게 분하지 않았을 겁니다. 프로 도박꾼은 원래 그렇지요. 게임이란 게 다 그런 것이고, 운이란 돌고 도는 것이니까요. 그가 자존심이 상했던 것은 우리한테 바보 취급을 당했기 때문입니다.

이렇게 해서 나는 월스트리트로 돌아왔습니다. 이번이 세 번째 도전이었지요. 물론 나는 계속해서 연구하고 있었습니다. 풀러튼 증권회사에서 패배한 것은 내 시스템 때문이었고, 나는 이 시스템의 문제점이 무엇인지 정확히 찾아내고자 했습니다. 나는 스무 살에 1만 달러를 처음 벌었고 전부 잃었습니다. 그러나 나는 어떻게 무슨 이유로 돈을 날렸는지 알았지요. 시도 때도 없이 날마다 거래했기 때문입니다. 내 연구와 경험에 바탕을 둔 시스템에 따라 게임을 하지 않고 무조건 뛰어들어 도박을 한 겁니다. 나는 과거 자료를 기초로 한 주가 예상표에 따라 승리해야 함에도 불구하고 그저 이기기만 바랐습니다. 스물두 살 무렵 나는 5만 달러의 판돈을 굴려봤습니다. 나는 이 돈을 5월 9일에 다 잃었지요. 하지만 나는 무슨 이유로 어떻게 돈을 날렸는지 정확히 알았습니다. 티커에 나오는 주가가 실제 체결 주가에 비해 늦었고, 끔찍했던 그날 주가가 사상 유례없이 격렬하게 움직였기 때문이었지요. 그러나 내가 세인트루이스에서 돌아온 다음에, 또 5월 9일의 패닉이 지나간 뒤에는 내가 왜 돈을 잃었는지 미처 알지 못했습니다. 나는 이론을 갖고 있었습니다. 다시 말해 내 거래 방식에서 발견했다고 생각하는 결점들에 대한 치유책이 있었어요. 하지만 필요한 것은 실전 경험이었습니다.

당신이 가진 모든 것을 전부 잃는 것만큼 무엇을 하지 말아야 하는지 제대로 가르쳐주는 것도 없습니다. 돈을 잃지 않기 위해서는 무엇을 하지 말아야 하는지 알았다면, 그때 비로소 이기기 위해서는 무엇을 해야 하는지 배우기 시작한 겁니다. 이해가 됐나요? 당신도 배우기 시작한 겁니다!

〈*Saturday Evening Post*〉 1922년 7월 1일

4
샌프란시스코 대지진과 신비한 직감

다음날 나는 로렌스 리빙스턴의 집에서 그를 만났다. 우리는 그의 서재에 자리를 잡았다. 그는 내게 시가를 권했다.

"담배 피우지 않습니다." 내가 말했다. "그대신 열심히 듣도록 하지요."

그는 고개를 끄덕이고는 시가에 불을 붙이더니 잠시 침묵을 지켰다. 나는 가만히 지켜보기만 했다.

곧 그가 말했다. "주가 티커의 움직임에만 몰두하는 대개의 티커 사냥꾼, 속칭 테이프 벌레는 결국 틀리고 맙니다. 그건 무엇보다 너무 한정된 시각으로 보기 때문이지요. 융통성이 없어 값비싼 대가를 치르는 겁니다. 궁극적으로 투기라는 게임은 그 중심에 거스를 수 없는 엄격한 원칙은 있을 수 있지만, 수학이 전부도 아니고 고정불변의 법칙이 있는 것도 아닙니다. 내가 주가 테이프를 읽을 때도 단순한 산술 이상의 요소가 개입됩니다. 내가 주식의 움직임이라고 부르는 것인데, 주가의 흐름이 앞서 주의 깊게 관찰해두었던 이전 궤적을 따라 움직일 것인지 판단할 수 있게 해주는 것이지요. 만약 그렇게 움직이지 않는다면 이 주식은 건드리면 안 됩니다. 왜냐하면 무엇이 잘못됐는지 정확히 알 수 없다는 것은 그 주식이 앞으로 어느 방향으로 갈지 알지 못한다는 것이니까요. 진단이 없다면 예측은 불가능합니다. 예측이 없다면 이익도 얻을 수 없지요.

주식의 움직임을 주의 깊게 관찰하고, 이 주식의 과거 수익률을 연구하는 것은 꽤 오래 전부터 해온 일입니다. 내가 처음 뉴욕에 왔을 때 한 증권회사에는 자기가 만든 차트에 대해 설명하는 프랑스인이 있었습니다. 증권회사에서 이 사람을 아주 친절하게 대해주었기 때문에 나는 첫눈에 그가 좀 독특한 괴짜일 서라고 생각했지요. 알고 보니 그는 언변이 아주 탁월했고 설득력도 있었습니다. 그는 거짓말을 할 수 없기에 거짓말을 하지 않는 유일한 게 바로 수학이라고 했습니다. 그는 자기가 그린 도표를 갖고 시장의 움직임을 예측할 수 있었지요. 그는 시장의 움직임을 분석하고 설명해줄 수도 있었습니다. 가령 제임스 R. 킨이 애치슨 우선주의 주가를 끌어올린 그 유명한 시세조종 거래에서 어떻게 성공할 수 있었는지, 그리고 나중에 서던 퍼시픽 연합 세력의 작전에서는 왜 실패했는지 이야기해주었지요. 프로 트레이더들이 한 사람 두 사람씩 몇 번이나 이 프랑스인의 시스템을 적용해보려고 시도해봤지요. 종국에는 그동안 생활비를 벌어준 비과학적인 옛날 방식으로 돌아가더군요. 자기네들이 쓰던 엉터리 시스템이 더 싸게 먹힌다는 게 그들의 변이었습니다. 프랑스인이 말하기를 킨도 차트가 100% 정확하다는 점은 인정했지만, 거래가 아주 활발할 때 이 방식을 적용하려면 너무 늦는다고 토로했다는 겁니다."

주가 차트와 주가 테이프

"일간 주가 차트를 갖춰놓은 증권회사도 한 곳 있었습니다. 이 차트를 보면 어떤 주식이 지난 몇 달간 어떻게 움직였는지 한눈에 알 수 있지요. 고객들은 개별 주가의 흐름과 전체 시장의 흐름을 비교해보고, 나름대로의 특별한 원칙에 대입해봄으로써 비과학적인 매수 정보를 얻어들은 주식이 진짜 상승할 것인지 가늠해볼 수 있었습니다. 이들은 차트를 일종의 부수적인 정보제공자로 활용했던 거지요. 요즘은 트레이딩용 차트를 구비해놓고 있는 증권회사들이 수없이 많습니다. 이런 차트들은 통계 전문가들이 만들어놓은 것인데, 주가 차트뿐만 아니라 상품선물 차트도 있지요.

차트는 그것을 읽을 줄 아는 사람, 좀더 정확히 말해 자기가 읽은 것을 구별해낼 줄 아는 사람에게 도움이 됩니다. 그러나 대개의 차트 분석가는 주가의 천정과 바닥, 대세상승과 대세하락, 조정과 반등이 주식 투기의 전부라고 생각하는 경향이 너무 강하지요. 이런 논리적 한계에도 불구하고 차트 리더가 끝까지 확신하고 밀어붙인다면 파멸할 수밖에 없습니다. 뉴욕증권거래소 소속의 유명 증권회사 파트너를 지냈고, 정식으로 수학을 배운 매우 유능한 사람이 있었어요. 그는 일류 공과대학교를 졸업했는데, 주식과 채권, 곡물, 면화, 통화, 이 밖에도 여러 시장의 가격 움직임을 하나하나 매우 주의 깊게 연구한 결과를 토대로 나름대로의 차트를 고안해냈습니다. 그는 이 차트를 만들기 위해 과거 수십 년간의 자료를 뒤졌고, 가격 움직임간의 상관관계와 계절적 변동을 비롯해 온갖 것들을 전부 추적했습니다. 그리고 수 년간 주식을 거래하면서 이 차트를 이용했지요. 사실 그가 한 것이라고는 좀더 지능적인 평균화 작업을 활용한 것뿐이었습니다. 듣기로는 그가 일정한 승률을 보여주었지만, 세계대전이 터지면서 과거의 모든 전례들이 못쓰게 돼버렸고 이것으로 끝이었다고 합니다. 결국 이 사람과 그를 따른 다수의 추종자들은 수백만 달러를 날린 다음에야 물러났지요. 그러나 주식시장을 둘러싼 여건이 강세일 때는 전쟁조차도 강세장을 돌려놓지 못하고, 시장 여건이 약세일 때는 그 무엇도 약세장을 막지 못합니다. 따라서 돈을 벌고자 한다면 무엇보다 시장을 둘러싼 여건을 제대로 평가할 줄 알아야 합니다.

그렇다고 해서 무조건 차트 같은 것을 멀리하라는 말은 아닙니다. 월스트리트에서 보낸 처음 몇 년간을 돌아보면 나 자신도 차트를 버리지 못할 것 같아요. 그때는 몰랐던 것들을 지금은 알고 있지요. 내가 저지른 실수들은 나의 무지로 인한 것이있습니다. 왜냐하면 그 실수들은 다름아닌 대개의 주식 투기자들이 해마다 반복적으로 저지르는 똑같은 실수들이기 때문이지요.

내가 뉴욕 땅을 세 번째로 다시 밟은 것은 뉴욕증권거래소 소속의 정식 증권회사에서 시장을 이겨보기 위해서였습니다. 나는 복귀하자마자 꽤 활발히 거래했습니다. 버컷샵에서 했던 것처럼 그렇게 잘 하기를 기대하지는 않았지만 시간이 좀 지나면 한번에 훨씬 더 큰 물량을 거래할 수 있을 것이므로 확연히 나아질 것이라고 생각했지요. 하지만 이제서야 알 수 있는 사실은 주식 투기와 주식 도박 간의 결정적인 차이점을 이해하지 못했다는 게 진짜 문제였다는 겁니다. 물론 7년간이나 주가 테이프를 읽어낸 경험과 게임에 대한 타고난 감각 덕분에 대박을 터뜨리지는 못했지만 그래도 꽤 높은 수익률을 거뒀습니다. 이전처럼 이기고 지기를 되풀이해도 최후에는 번 돈이 잃은 돈보다 많았지요. 많이 벌수록 많이 썼습니다. 나 역시 대부분의 사내들처럼 그렇게 한 거지요. 아니, 내가 꼭 돈을 쉽게 번 사람들처럼 행동했다는 게 아니라, 축재(蓄財) 본능의 노예가 되기를 거부한 사람들처럼 행동했다는 말입니다. 러셀 세이지 같은 사람들은 돈을 벌고 돈을 쌓아두는 본능이 모두 아주 잘 발달돼 있어 넌더리가 날 정도로 엄청난 재산을 남겨놓고 죽지요.

매일 오전 10시부터 오후 3시까지는 시장을 상대로 한 게임이 나를 사로잡았고, 3시 이후에는 삶이라는 게임을 즐겼습니다. 그렇다고 오해하지는 말았으면 합니다. 방탕한 생활로 인해 내 사업에 지장을 주는 일은 절대로 없었으니까요. 내가 돈을 잃었다면 그것은 내가 틀렸기 때문이지 과도한 유흥을 즐겼기 때문이 아닙니다. 주의가 산만해지거나 술에 취해 손발이 떨리는 바람에 게임을 망친 적은 단 한 번도 없었습니다. 정신적, 육체적 안정을 해치는 어떤 것도 나는 견딜 수 없었어요. 지금도 나는 통상 밤 10시면 잠자리에 듭니다. 젊은 시절부터 나는 절대 밤늦게까지 있지 않았어요. 충분한 수면을 취하지 못하면 일을 제대로 할 수 없기 때문이지요. 잃는 돈보다 따는 돈이 더 많았고, 그랬기 때문에 굳이 내 삶에서 즐거운 것을 없애버릴 필요를 느끼지 못했습니다. 그것을 제공해주는 시장은 늘 거기 있었어요. 스스로 먹고 살 수 있는 자기만의 방식을 프로다운 냉정한 시각으로 바라보는 인간에게서 느껴지는 자신감을 나는 체득해 가고 있었던 겁니다."

다시 오지 않을 조정을 기다리다

"투기라는 게임을 하면서 내가 가장 먼저 바뀐 것은 시간이라는 문제에서였습니다. 이제 버컷샵에서 해왔던 것처럼 확실한 게 나타날 때까지 기다렸다가 1~2포인트 수익을 챙기는 일은 불가능했으니까요. 풀러튼 증권회사에서 뭔가 움직임을 포착하려면 훨씬 일찍 일을 시작해야 했습니다. 무슨 일이 벌어질지 공부하고, 주가의 움직임을 예측해야 했다는 말입니다. 너무나도 상식적인 말처럼 들리겠지만 그래도 내 말이 무슨 뜻인지 알 겁니다. 나에게 무엇보다 중요했던 바로 그 게임에 대한 자세가 바뀐 것이지요. 이렇게 함으로써 나는 단순히 주가의 등락에 베팅하는 것과 불가피하게 닥쳐올 상승세나 하락세를 예상하는 것, 즉 도박과 투기의 근본적인 차이점을 조금씩 배워나갔던 겁니다.

나는 시장을 공부하면서 한 시간 이상 복습해야 했는데, 이런 과정은 제아무리 큰 버컷샵에서도 절대 배울 수 없는 것이었지요. 업계 보고서와 철도회사의 순이익, 각종 재무 통계와 상거래 통계에 흥미를 느끼게 됐습니다. 물론 나는 크게 한판 하기를 즐겼고, 사람들은 꼬마 승부사라고 불렀지만, 나는 주가의 움직임을 공부하는 것 역시 좋아했습니다. 좀 더 현명하게 거래하는 데 도움이 되는 것이라면 어떤 것도 지루하게 느껴지지 않았어요. 문제를 해결하려면 그 전에 나 스스로 문제를 명확히 할 필요가 있었습니다. 해결책을 찾아냈다는 생각이 들면 내가 옳다는 것을 입증해야 했습니다. 그것을 증명하는 방법으로 나는 딱 한 가지밖에 알지 못했지요. 바로 내 돈으로 입증하는 것이었습니다.

지금 되돌아보면 발전 속도가 꽤 느렸던 것 같지만, 어쨌든 돈을 벌고 있었다는 점을 감안하면 나로서는 최고로 빠르게 배워나갔다는 생각입니다. 만일 손실을 더 자주 봤더라면 더 꾸준히 공부하는 자극제가 됐을 겁니다. 돈을 잃었으니 틀림없이 더 많은 실수를 발견했을 테니까요. 하지만 돈을 잃는 것의 가치가 정확히 얼마나 될지는 가늠하기 어렵습니다. 왜냐하면 그렇게 더 많은 돈을 날렸다면 개선한 트레이딩 기법을 테스트할 자금이 부족했을지도 모르니까 말이지요.

풀러튼 증권회사에서 내가 돈을 번 거래들을 연구해보니 시장에 대한 판단, 그러니까 시장을 둘러싼 여건과 전반적인 추세에 대한 진단이 100% 옳았던 경우가 종종 있었음에도 불구하고, 나의 정확한 시장 판단이 부여해주는 만큼 돈을 벌지 못했다는 사실을 발견했습니다. 왜 그랬던 것일까요?

부분적인 승리에서 배울 수 있는 가르침은 패배로부터 배울 수 있는 것만큼이나 값졌습니다.

예를 들어 보죠. 나는 강세장이 막 시작되는 단계부터 강세 시각을 가졌고, 주식을 매수함으로써 내 입장을 더욱 분명히 했습니다. 내가 확실하게 내다본 대로 상승세가 이어졌습니다. 여기까지는 모든 게 더할 나위 없이 좋았어요. 그런데 내가 또 무슨 짓을 한 걸까요? 도대체 왜 노회한 훈수꾼들의 말을 듣고서 내 팔팔한 기세를 꺾어버린 것일까요? 나는 현명해지자고, 좀더 신중하게, 보수적으로 게임을 하자고 결심했습니다. 그렇게 한다는 것은 모두가 알고 있듯이 일단 이익을 챙긴 다음 주가가 조정을 받으면 다시 사는 겁니다. 그게 바로 내가 한 행동이었지요. 아니 정확히 말하자면 내가 하려고 했던 행동이었습니다. 왜냐하면 나는 자주 이익을 취한 다음 다시는 오지 않을 조정을 기다렸던 겁니다. 그러고는 내 주식이 날개를 달고 10포인트 이상 날아가는 것을 지켜보며, 내가 챙긴 4포인트의 이익을 보수적인 호주머니 안에 꼭꼭 넣어둔 채 마냥 앉아 있었지요. 사람들은 말하기를 일단 이익을 챙기면 절대 가난해지지 않는다고 합니다. 그래요. 가난해지지 않습니다. 하지만 강세장에서 4포인트 이익을 챙겨가지고서는 절대 부자가 될 수 없지요.

이렇게 2만 달러를 벌었어야 할 자리에서 2000달러밖에 벌지 못했던 겁니다. 나의 보수적인 태도가 가져다 준 결과였지요. 마땅히 벌었어야 할 돈의 극히 일부만을 손에 쥐었다는 것을 발견했을 즈음 또 다른 사실도 알게 됐는데, 그것은 호구들도 경험의 정도에 따라 차이가 난다는 점이었어요.[1]

초짜들은 아무것도 모르고, 그 자신을 포함해 모든 사람이 그 사실을 알고 있습니다. 그런데 그 다음 호구, 그러니까 두 번째 단계의 호구는 자기가 상당히 많이 알고 있다고 생각하고, 다른 사람들도 그걸 알아주도록 하지요. 그는 경험이 많은 호구로, 공부도 했지만 시장 그 자체를 연구한 게 아니라 좀더 높은 단계의 호구들이 내놓은 몇 가지 시장에 대한 언급을 읽어봤을 뿐이에요. 이 두 번째 단계의 호구는 완전 초짜가 당하듯이 그렇게 허술하게는 돈을 잃지 않습니다. 사실 증권회사가 1년 내내 수입을 올릴 수 있는 것은 100% 초짜가 아니라 이들 좀 안다는 호구 덕분이지요. 월스트리트에 처음 발을 들여놓은 초짜들의 생존기간이 대개 3~30주인데 반해 두 번째 단계의 호구들은 평균적으로 3년 반 정도를 견뎌냅니다. 잘 알려진 시장의 격언과 다양한 게임의 규칙을 줄줄 외고 다니는 이들 역시 좀 안다는 호구들이지요. 이들은 옛날 꾼들의 수수께끼 같은 입에서 나온 '하지 말아야 할 것들'을 전부 알고 있어요. 정작 가장 중요한 한 가지, '절대로 호구가 되지 말라!'는 것만 빼고서 말입니다.

이들 좀 안다는 호구는 주가가 하락할 때 매수하기를 좋아하는 자신을 바라보며 그만큼 더 현명해졌다고 여기는 부류지요. 그는 주가가 떨어지기를 기다립니다. 자기가 얼마나 싸게 매수했는지는 이전 고점으로부터 몇 포인트나 떨어졌는가로 가늠합니다. 강력한 대세상승 장에서 진짜로 순진무구한 호구는 시장의 원칙이나 과거 사례들은 완전히 무시한 채 오로지 맹목적으로 희망하기 때문에 맹목적으로 매수에 나섭니다. 그는 이렇게 해서 돈을 거의 수중에 넣지만, 늘 있는 조정이 한번 찾아오면 단 한 차례의 주가 하락으로 그동안 벌었던 수익을 전부 날려버리지요. 그

---

1) 리버모어는 여기서 호구(sucker)를 세 단계 등급으로 구분하면서 "절대로 호구가 되지 말라"고 강조한다. 가장 순진한 첫 번째 단계는 아무것도 모르는 초짜 호구(tyro)고, 두 번째 단계는 스스로 상당히 많이 알고 있다고 생각하는 좀 안다는 호구(semisucker)며, 세 번째 단계는 이 무렵 리버모어가 그랬던 것처럼 자기 자신은 현명하게 게임을 한다고 여기는 조심성 많은 호구(Careful Mike sucker)다.

런데 조심성 많은 호구는 바로 내가 현명하게, 그러니까 다른 사람들이 현명하다고 생각하는 잣대에 따라 게임을 한다고 여겼던 것과 똑같이 행동합니다. 나는 버켓샵에서 써먹던 방식을 바꿔야 한다는 점을 알고 있었고, 증권회사 고객들 중에서도 노련한 트레이더들이 아주 결정적인 순간 시험해보는 특별한 변화를 통해 내 문제를 해결해가고 있다고 생각했습니다.

여기서는 그냥 고객들이라고 하지만, 대부분의 사람들이 다 비슷하지요. 이들 가운데 월스트리트로부터 받을 돈이 한 푼도 없다고 솔직하게 이야기할 사람은 거의 없을 겁니다. 풀러튼 증권회사의 고객들도 그저 그런 군중들이었지요. 초짜부터 조심성 많은 호구에 이르기까지 온갖 호구들이 다 있었습니다! 그런데 이들과 다른 단 한 명의 노인이 있었어요. 우선 그는 다른 사람들보다 훨씬 연로했습니다. 그리고 누구에게 먼저 조언을 해준다든가 자기가 크게 이긴 일을 자랑하는 경우는 절대 없었지요. 그는 다른 사람들이 하는 말에는 매우 주의 깊게 귀 기울이는 대단한 인물이었습니다. 하지만 비밀정보에는 전혀 관심 없어 보였어요. 그는 말하는 사람에게 무엇을 들었는지 혹은 무엇을 알고 있는지 절대 묻는 법이 없었습니다. 하지만 누가 그에게 비밀정보를 주면 늘 정보 제공자에게 매우 정중하게 감사를 표했지요. 이따금 그 비밀정보가 맞는 것으로 드러나면 정보 제공자에게 재차 고맙다고 했습니다. 그러나 그 비밀정보가 틀렸다 해도 그는 결코 두말하는 법이 없었고, 그러다 보니 그가 정말 그 비밀정보를 따라서 했는지, 아니면 그냥 슬쩍 흘려버렸는지 아무도 알지 못했지요. 이 나이든 노인이 돈이 많으며, 아주 크게 한판 할 수 있다는 건 풀러튼 증권회사에서 전설처럼 전해져 오는 얘기였어요. 하지만 그는 증권회사에 수수료 수입을 많이 올려주지는 않았습니다. 누가 봐도 그는 거래를 자주 하지 않았으니까요. 그의 이름은 패트리지였지만, 사람들은 그가 안 보는 곳에서 터키[2] 라고 불렀는데, 그가 두툼한 가슴팍에다 턱을 파묻은 채로 이 방 저 방을 마치 칠면조처럼 점잔을 빼며 활보하고 다녔기 때문이지요."

"지금은 강세장 아닌가!"

"고객들은 억지로 떠밀려서 무슨 일을 저지른 다음, 실패의 책임을 다른 사람에게 돌리기를 무척 좋아하는데, 그러다 보니 자기가 아는 친구의 친구인 어느 내부자가 어떤 주식에 대해 이렇게 하라고 귀띔해주었다는 얘기를 하러 이 노인을 찾아오곤 했습니다. 이들은 패트리지 노인에게 자기네들이 비밀정보를 듣고도 아직 아무것도 하지 않은 것은 그의 조언을 듣기 위해서였다며, 어떻게 했으면 좋겠는지 말해달라고 청했지요. 그러나 이들이 가져온 비밀정보가 매수 쪽이든 매도 쪽이든 이 노인의 대답은 항상 똑같았습니다.

고객은 패트리지 노인을 찾아와 자신이 처해있는 상황을 털어놓은 다음 물었지요: '어떻게 하는 게 좋을까요?'

노회한 터키는 머리를 한쪽으로 곧추 세우고는 인자한 미소와 함께 이 고객을 뚫어지게 바라본 다음 마침내 아주 감동적인 어조로 답했습니다. '알다시피 지금은 강세장 아닌가!' [3]

나는 수도 없이 들었습니다. '그래, 알다시피 지금은 강세장 아닌가!' 이 말을 할 때면 그는 마치 상대방에게 백만 달러짜리 보험증서 안에 값을 따질 수 없는 귀중한 부적을 넣어 건네주는 듯한 모습이었지요. 물론 처음에는 이 말의 진정한 의미를 알지 못했습니다.

---

[2] Turkey, 칠면조.
[3] You know, it's a bull market!

하루는 엘머 하우드라는 친구가 헐레벌떡 증권회사로 뛰어들어오더니 주문서를 작성해 직원에게 건네줬습니다. 그러고는 패트리지 노인이 존 페닝이라는 친구가 하는 얘기를 차분하게 듣고 있는 곳으로 달려가더군요. 존 패닝은 예전에 킨이 주식중개인한테 주문하는 것을 들었는데, 이 말을 듣고는 100주를 사서 기껏 3포인트 먹고 팔아버리자 즉시 주가가 뛰기 시작해 3일만에 24포인트나 올랐다는 이야기를 하고 있던 중이었지요. 존이 이 뼈아픈 사연을 패트리지 노인에게 들려준 건 최소한 네 번이 넘지만, 노회한 터키는 마치 처음 들어보는 이야기인양 동정 어린 미소까지 지어 보였습니다.

이런 와중에 엘머가 노인을 찾아온 것이었지요. 그는 존 패닝에게 한 마디 사과도 없이 터키에게 말했습니다. '패트리지 씨, 제가 보유하고 있던 클라이막스 모터스 주식을 방금 팔아버리고 오는 길입니다. 잘 아는 사람들한테서 들은 얘기로는 시장이 곧 조정에 들어갈 것이라는데, 그러면 저는 싼값에 다시 매수할 수 있을 겁니다. 선생님도 저처럼 하는 게 좋을 게에요. 아직도 그 주식을 갖고 있다면 말이죠.'

엘머는 자기한테서 맨 처음 매수하라는 귀띔정보를 받은 노인을 다소 의심스러운 눈빛으로 바라봤습니다. 돈도 받지 않고 정보를 흘려주는 아마추어 정보 제공자는 자기한테서 정보를 받은 사람의 몸과 마음까지 늘 자기가 다 지배하고 있다고 생각하지요. 그 정보가 어떻게 판명될지 모르는 상황이라 할지라도 말입니다.

'맞네, 하우드 군, 나는 아직도 그 주식을 갖고 있네. 당연하지!' 터키는 기분 좋은 목소리로 대답하더군요. 노인을 일일이 생각해주는 엘머의 마음이 고맙다는 표시였습니다.

'그러니까, 지금이 이익을 실현할 시점이라는 얘깁니다. 나중에 주가가 급락하면 그때 다시 사면 되니까요.' 엘머는 마치 노인을 위해 예금전표라도 작성해주는 투였습니다. 그런데 정보를 들은 사람에게서 진심으로 감사하는 표정이 보이지 않자 엘머는 이렇게 덧붙였습니다. '방금 제가 보유하고 있던 주식을 전부 팔았다니까요!'

그의 목소리와 태도를 보면 아무리 보수적으로 잡아도 그가 1만 주를 매도했으리라는 사실을 알 수 있었지요.

하지만 패트리지 노인은 유감스럽다는 듯 고개를 저으며 넋두리를 늘어놓았지요.

'아니지! 아냐! 그럴 수는 없어!'

'네?' 엘머가 소리를 질렀습니다.

'그럴 수는 없다고!' 패트리지 노인이 대답했지요. 엘머는 참으로 난감해 했습니다.

'제가 그 주식을 사라고 정보를 주지 않았던가요?'

'그랬지, 하우드 군, 그래서 나는 자네한테 매우 고마워하고 있다네. 진심이야. 하지만, 이보게……'

'잠깐만요! 제가 얘기하지요! 그 주식이 열흘 만에 7포인트나 오르지 않았습니까? 맞지요?'

'그렇네, 그러니까 이렇게 자네한테 감사하지 않나. 그러나 그 주식을 판다는 건 생각할 수조차 없다네.'

'생각할 수조차 없다고요?' 이렇게 묻는 엘머 자신도 이제 의심스러워지기 시작했습니다. 이건 정보 제공자가 정보 수령자가 될 때 자주 있는 일이지요.

'그래, 생각할 수조차 없네.'

'왜 안 된다는 겁니까?' 엘머는 노인에게 가까이 다가섰습니다.

'왜냐하면 말이지, 지금은 강세장 아닌가!' 이 노인은 마치 긴 내용을 자세히 설명하듯 얘기했습니다.

'맞습니다. 저도 지금이 강세장이란 건 선생님만큼 잘 압니다. 하지만 보유 주식을 잠시 매도한 다음 조정을 받을 때 다시 매수하는 게 더 낫겠지요. 그러면 매수 단가도 떨어뜨릴 수 있을 겁니다.' 엘머는 실망한 기색이 역력했고 화가 난 표정이었지요.

'젊은이, 좀 들어보게나, 지금 그 주식을 팔아버리면 나는 내 포지션을 잃을 것이네, 그러면 나는 대체 어디에 서 있겠나?' 패트리지 노인은 무척 고통스러운 목소리로 말했어요.

엘머 하우드는 두 손을 들어올리고는 머리를 저으며 동의를 구하려는 듯 나에게로 걸어왔습니다. '무슨 말인지 알아듣겠어?' 그는 속삭이는 목소리로 나에게 물었지요. '자네한테 묻는 거야!'

나는 아무 말도 하지 않았습니다. 그러자 그가 계속 얘기하더군요. '내가 저 노인한테 클라이맥스 모터스에 관한 정보를 줬거든. 그는 500주를 매수했어. 이미 7포인트 이익을 올렸는데, 내가 그만 팔고 곧 조정이 찾아올 테니 그때 다시 사라고 조언해준 거야. 그런데 내가 그렇게 말해주니까 뭐라고 한 줄 알아? 주식을 팔면 자기 일자리를 잃는다는 거야. 너는 뭐 짚이는 게 있어?'

'미안하지만, 하우드 군, 나는 내 일자리를 잃는다고는 말하지 않았네.' 노회한 터키가 끼어들었습니다. '나는 내 포지션을 잃을 거라고 했지. 그리고 자네가 나처럼 나이를 먹고, 내가 그랬던 것처럼 숱한 거품과 패닉을 경험해본다면 알게 될 걸세. 포지션을 잃는다는 건 누구도 감당할 수 없다는 것을 말이지. 존 D. 록펠러조차도 말일세. 주가가 조정 받기를 바라네. 그러면 자네는 이미 상당한 차익을 거둔 자네 물량을 도로 매수할 수 있겠지. 그렇지만 나는 오랜 세월의 경험에 따라서만 거래할 수 있다네. 나는 이 경험을 쌓느라 많은 수업료를 냈어. 또 다시 수업료를 내고 싶지는 않다네. 그러나 자네에게는 내 돈을 맡아주는 은행에게 그런 것처럼 똑같이 신세를 졌다고 생각하네. 알다시피, 지금은 강세장 아닌가.' 패트리지 노인은 멍한 표정의 엘머를 놔둔 채 점잖을 뺀 걸음걸이와 함께 사라져버렸습니다."

패트리지 노인의 가르침

"패트리지 노인의 말이 무슨 의미인지 확실히 알게 된 것은 내가 시장 전반을 정확히 예측해놓고도 당연히 손에 쥐었어야 할 돈을 벌지 못했던 숱한 실패들을 곱씹어보기 시작하면서부터였습니다. 공부를 하면 할수록 패트리지 노인이 얼마나 현명했는지 가슴에 와 닿았지요. 틀림없이 그도 젊은 시절에는 나와 똑같은 결점으로 인해 고생했을 것이고, 인간의 약점에 대해 알게 됐을 겁니다. 경험이 가르쳐주듯이 그는 극복해내기 힘들 뿐만 아니라 늘 값비싼 대가를 치러야 했던 유혹에 자신을 그냥 방치해두지 않으려 했을 것이며, 그 점은 나 역시 마찬가지였지요.

패트리지 노인이 다른 고객들에게 '알다시피, 지금은 강세장 아닌가!'라고 한 말의 진정한 의미를 마침내 깨달았을 때 나는 트레이딩을 배워 나가는 과정에서 확실히 진일보한 것 같았습니다. 그가 말하고자 했던 것은, 큰돈은 개별적인 주가 등락이 아니라 시장의 기본적인 주가 흐름을 알아야 벌 수 있다는 것이었습니다. 다시 말해 주가 테이프를 읽는 게 아니라 전체 시장과 그 추세를 파악해야 큰돈을 벌 수 있다는 것이지요.

여기서 한 가지 이야기해둘 것이 있습니다. 월스트리트에서 오랜 세월을 보내며 수백만 달러를 벌어보기도 하고 잃어보기도 한 내가 꼭 하고 싶은 말이에요. 내가 큰돈을 벌 수 있었던 것은 결코 내 머리 덕분이 아니었습니다. 항상 그것은 앉아 있은 덕분이었습니다. 무슨 말인지 이해하겠어요? 진득하게 앉아 있은 덕분에 큰돈을 벌었다는 말입니다! 시장에 대해 올바른 판단을 하는 것은 전혀 대단한 기술이 아닙니다. 강세장 초기에 얼마든지 상승 주도 종목을 잡아낼 수 있고, 약세장 초기에 얼마든지 하락 주도 종목을 찾아낼 수 있습니다. 정확한 시점에 정확한 판단을 내린 사람을 수도 없이 만나봤지요. 이들은 이렇게 찾아낸 종목들의 주가가 틀림없이 엄청난 수익을 올려줄 바로 그 수준에 왔을 때 매수하거나 공매도했습니다. 그리고 그 결과는 나와 너무도 똑같았습니다. 이들 역시 진짜 큰돈을 벌지 못했던 겁니다. 옳은 판단을 내리는 동시에 진득하게 앉아 있는 사람은 드물지요. 나는 이것이야말로 정말 가장 배우기 힘든 것 가운데 하나임을 알게 됐습니다. 그러나 주식 투기자는 이것을 확실히 이해한 다음에야 큰돈을 벌 수 있어요. 무지한 상태에서 수백 달러를 버는 것보다 거래하는 방법을 제대로 안 다음 수백만 달러를 버는 게 더 쉽다는 것은 틀림없는 사실입니다.

왜냐하면 누구든 똑바로 분명하게 볼 수는 있지만 시장이 그가 생각한 대로 움직이기 위해서는 불가피하게 시간이 걸리는데, 이걸 참지 못하고 의심하기 때문입니다. 월스트리트의 수많은 사람들, 호구도 아니고 심지어 좀 안다는 호구에도 들지 않는 사람들마저 돈을 날리는 것은 바로 이런 이유 때문이지요. 시장이 이들을 이기는 게 아닙니다. 이들 스스로 무너지는 겁니다. 머리는 갖고 있으나 진득하게 앉아 있지를 못하기 때문이지요. 노회한 터키가 한 행동이나 그가 자신의 행동에 대해 한 말은 모두 100% 옳은 것이었습니다. 그는 자신의 신념을 밀고 나갈 용기를 가졌을 뿐만 아니라 느긋하게 앉아 있을 만큼 지혜로운 인내까지 지닌 인물이었어요.

큰 흐름을 무시한 채 시도 때도 없이 매매하려고 한 게 나에게는 치명적이었습니다. 주가의 작은 등락을 전부 잡아낼 수 있는 사람은 이 세상에 단 한 명도 없습니다. 강세장에서 해야 할 게임은 강세장이 막바지에

다다랐다는 생각이 확실해질 때까지 매수 후 보유(buy and hold)하는 겁니다. 이렇게 하기 위해서는 비밀정보에 귀 기울이거나 개별 종목에 영향을 미치는 특별한 요인에 신경 쓰지 말고 시장을 둘러싼 여건을 공부해야 합니다. 그 다음에는 모든 주식을 처분하는 겁니다. 완전히 빠져나와야 합니다! 이제 시장이 방향을 틀었음을 확인할 때까지, 혹은 확인했다는 생각이 들 때까지 기다려야 합니다. 시장의 전반적인 여건이 반전되기 시작할 때까지 말이지요. 이렇게 하려면 머리를 써야 하고 비전을 가져야 합니다. 그렇게 하지 않는다면 지금까지의 내 조언이 그저 쌀 때 사서 비쌀 때 팔라는 말처럼 우습게 들릴지도 모릅니다. 누구라도 배울 수 있는 가장 도움이 되는 말 가운데 하나는 마지막 8분의 1달러나 처음 8분의 1달러까지 붙잡으려고 애쓰지 말라는 겁니다. 이 둘은 세상에서 가장 비싼 대가를 치러야 하는 8분의 1달러에요. 주식 트레이더들이 이로 인해 날린 돈을 전부 합친다면 콘크리트로 대륙횡단 고속도로를 건설할 만한 엄청난 금액이 될 겁니다.

  내가 풀러튼 증권회사에서 했던 거래를 연구하면서 발견한 게 하나 더 있습니다. 좀더 현명하게 거래하기 시작하면서 알아낸 것인데, 내가 맨 처음에 한 거래가 손실을 기록하는 경우는 매우 드물다는 점이었어요. 이 사실을 알게 되자 자연히 나는 처음부터 크게 시작하기로 했지요. 그렇게 함으로써 내 판단을 신뢰할 수 있었고, 다른 사람의 조언이나 심지어 나 자신의 조바심 때문에 일을 망치는 것을 미리 예방할 수 있었습니다. 자기 자신의 판단에 대한 믿음이 없으면 누구도 이 게임에서 끝까지 나아갈 수 없지요. 이것이 바로 지금까지 내가 배운 모든 것이나 다름없습니다. 시장 전반의 여건을 공부하고 포지션을 잡은 다음에는 꿋꿋이 지켜나가야 합니다. 나는 이제 고통스럽게 초조해하지 않고도 기다릴 수 있습니다. 주가가 떨어지더라도 단지 일시적인 조정이라는 사실을 알기 때문에 전혀 흔들리지 않고 바라볼 수 있지요. 10만 주를 공매도한 상태에서 꽤 큰 반등이 곧 닥쳐올 것이라는 사실을 내다본 적도 있습니다. 나는 이렇게 예상했어요. 내가 보기에 그 반등은 불가피하며, 아무리 좋게 봐줘도 내가 거둔 평가이익에서 100만 달러는 날려버릴 것이라고요. 내 생각은 정확한 것이었지요. 그럼에도 불구하고 나는 내 포지션을 고수했고, 평가이익이 절반으로 줄어드는 것을 지켜봤습니다. 나는 공매도한 물량을 환매수한 다음 추가로 랠리가 이어지면 그때 다시 공매도하라는 조언을 단 한 번도 고려해보지 않았어요. 그렇게 하면 내 포지션을 잃을 것이며, 그것은 틀림없이 치명적인 상처를 남길 것이라는 사실을 나는 알고 있었습니다. 나에게 큰돈을 벌어주는 것은 시장의 큰 흐름이니까요."

시장이 제공하는 배움의 기회

"내가 이 모든 것을 배운 과정은 상당히 느렸는데, 그건 내가 실수를 통해 배웠기 때문일 겁니다. 게다가 실수를 저지른 다음 그것을 깨닫기까지는 늘 시차가 존재했고, 그것을 깨달은 뒤 정확히 그 원인을 짚어내는 데는 더 많은 시간이 걸렸지요. 하지만 그런 와중에도 나는 아주 편안하게 생활했고, 또 한창 젊은 나이였기 때문에 다른 방식으로 꾸려나갈 수 있었습니다. 내가 번 돈의 대부분은 여전히 주가 테이프를 읽어내는 기법 덕분에 얻어졌는데, 그 무렵 장세가 내 기법이 아주 잘 통하는 그런 흐름이었기 때문이지요. 처음 뉴욕에 와서 거래했을 때처럼 그렇게 지긋지긋할 정도로 자주 손실을 보지도 않았어요. 그렇다고 해서 자랑할 일만은 아닌 게, 알다시피 나는 이미 2년도 채 안 되는 사이 세 번씩이나 깡통을 차봤으니까요. 앞서 말했듯이 돈을 전부 날려보는 것이야말로 아주 훌륭한 배움의 기회를 제공해줍니다.

내 판돈은 그렇게 빨리 불어나지 못했는데, 그건 내가 늘 최대한 풍족하게 살았기 때문이지요. 나는 내 또래나 나 같은 취향의 친구들이 하고 싶어하는 많은 것들을 굳이 자제하려고 하지 않았습니다. 나는 자가용을 굴렸고, 시장에서 생활비를 버는 동안에는 전혀 검소하게 살 필요성을 느끼지 못했어요. 티커는 늘 그래왔던 것처럼 일요일과 휴일에만 멈췄습니다. 내가 손실을 본 이유를 발견했을 때, 혹은 무슨 이유로 왜 또 다시 실수를 저질렀는지 알게 됐을 때면 언제나 내 재산목록에 새로운 '하지 말아야 할 것!'을 추가했습니다. 그리고 이렇게 불어난 내 재산목록을 활용해 얻어낸 가장 멋진 점은 생활비를 줄이지 않아도 된다는 것이었지요. 물론 재미있는 경험들도 있었고 썩 유쾌하지 않은 일들도 있었지만, 이걸 미주알고주알 이야기하다 보면 한도 끝도 없을 겁니다. 사실 내가 자연스럽게 떠올릴 수 있는 사건들이란 트레이딩을 통해 나에게 확실히 가치 있는 뭔가를 가르쳐준 것들뿐이지요. 이것들은 주식 투기라는 게임에 관한 내 지식 창고에 추가됐고, 나는 혼자서 이 작업을 해낸 것이었습니다!

1906년 봄 나는 애틀랜틱시티에서 짧은 휴가를 보내고 있었지요. 보유 주식은 완전히 정리한 상태였고, 그저 편안히 휴식을 취하며 기분 전환을 해볼 심산이었습니다. 그러다 내가 처음으로 거래했던 정식 증권회사인 하딩 브라더스 시절을 떠올려봤지요. 그동안 나는 꽤 적극적으로 거래해왔습니다. 이제 3000~4000주는 거래할 여유가 있었어요. 사실 이 정도면 겨우 스무 살 나이에 코스모폴리탄 버컷샵에서 거래했던 것에 비해 그리 많지 않은 편이었지요. 하지만 여기에는 상당한 차이가 있는데, 버컷샵에서는 증거금으로 1포인트를 걸었던 반면 뉴욕증권거래소에 상장된 주식을 내 이름으로 진짜 사고 팔아 주는 증권회사에서는 이보다 훨씬 더 많은 증거금을 요구했기 때문입니다.

내가 코스모폴리탄에서 슈가 주식 3500주를 공매도 했을 적의 이야기를 기억합니까? 그때 나는 뭔가 이상하다는 예감이 들었고, 그래서 빠져나오는 게 좋겠다고 생각했었지요. 그런 식으로 이상한 느낌이 드는 경우가 가끔 있습니다. 대개는 그런 느낌을 받아들이지요. 하지만 때로는 바보 같은 생각이라고 치부하면서, 내 포지션과 역행하는 이런 맹목적인 충동을 뜬금없이 따르는 것은 너무 어처구니없는 짓이라고 스스로 되뇌기도 했습니다. 육감이라는 게 시가를 너무 많이 피우는 바람에, 혹은 수면이 부족하거나 감각이 마비되는 바람에 일어나는 일종의 신경증적인 상태라고 혼자 진단한 적도 있었지요. 그런데 나 스스로 이런 충동을 무시하자고 단단히 마음먹고 기존의 입장을 고수했을 때는 늘 후회할 이유가 생겼습니다. 직감에도 불구하고 매도하지 않았는데, 다음날 시내에 나가보니 시장이 강한 상승세를 타는 경우가 있습니다. 그러면 나는 무조건 매도하려는 충동을 따랐더라면 얼마나 멍청한 짓이었을까 하고 자문하지요. 그런데 다음날 심각한 급락세가 벌어지는 겁니다. 뭔가가 어딘가에서 탈출하듯 튀어나온 것처럼요. 내가 그처럼 똑똑하고 논리적이지 않았더라면 오히려 돈을 벌 수 있었을 테지요. 결국 직감이라는 것은 생리학적인 이유가 아니라 심리적인 이유로 생겨나는 겁니다. 나에게 이런 경우는 지금까지 열 번은 있었습니다."

신비한 직감

"이 중 하나만 소개하고 싶은데, 직감 덕분에 돈을 벌었던 경우라 그렇습니다. 1906년 봄 애틀랜틱시티[4]에서 바로 그 짧은 휴가를 보내고 있을 때 일어났던 일입니다. 나처럼 하딩 브라더스를 통해 거래하던 친구와 함께 지내고 있었지요. 그 무렵 나는 시장이 어떻게 움직이든 전혀 관심이 없었고 그저 무료함을 즐기고 있었습니다. 나는 눈이 돌아갈 정도로 시장이 활발하게 움직이고 내 거래 규모도 아주 큰 경우가 아닌 다음에는 언제든 트레이딩을 그만 두고 놀 수 있었어요. 내 기억으로 그때는 강세장이었습니다. 전반적인 경기 전망은 양호했고, 주식시장도 그 열기는 다소 둔화됐지만 강세 기조는 흔들림이 없었지요. 모든 지표들 역시 주가 상승세를 알려주고 있었습니다.

하루는 아침도 먹었고, 뉴욕에서 발행되는 조간신문도 전부 읽었고, 바다갈매기들이 조개를 낚아채 공중으로 6미터쯤 날아오른 다음 딱딱한 백사장으로 떨어뜨려 입 벌린 조개를 아침식사로 먹어 치우는 광경을 보는 것도 따분해져 친구와 나는 보드워크 거리[5]를 따라 걷기 시작했지요. 이 길을 걷는 것은 낮 시간에 우리가 할 수 있는 가장 재미있는 일과였습니다.

아직 정오도 되기 전이라, 우리는 시간을 죽이기 위해 천천히 걸으면서 소금기가 밴 공기를 흠뻑 들이마셨어요. 보드워크 거리에는 하딩 브라더스의 지점이 있었는데, 매일 아침 이곳에 들러 시장이 어떻게 개장됐는지 살펴보곤 했습니다. 그렇다고 내가 뭘 하지는 않았으니 이건 순전히 습관적인 행동일 뿐이었지요.

시장은 강했고 거래량도 많았습니다. 강세론자였던 친구는 주식을 좀 사둔 상태였는데, 매수한 가격보다 이미 몇 포인트 올라 있었지요. 그는 주가가 훨씬 더 오를 때까지 계속 보유하는 게 누가 봐도 현명한 행동일 것이라고 얘기했습니다. 나는 그의 말에 별로 관심이 없어 맞장구 쳐주지도 않았지요. 나는 시세판을 바라보며 주가의 변동을 유심히 살폈습니

---

[4] Atlantic City, 뉴저지 주 남동부의 바닷가 휴양도시.
[5] Boardwalk는 "해안가에 판자를 깐 산책로"라는 뜻을 갖고 있다.

다. 대부분의 종목이 상승했는데, 유니언 퍼시픽(UP)에서 내 눈이 멈췄어요. 이 주식을 꼭 팔아야겠다는 느낌이 들었습니다. 더 이상 무슨 얘기도 할 수 없었지요. 그저 이 주식을 팔아야겠다는 느낌뿐이었습니다. 내가 이렇게 느껴야 하는 이유를 스스로 자문해보았지만 대체 무슨 이유로 UP 주식을 공매도해야 하는지 도무지 알 수 없었어요.

나는 시세판에 적힌 UP의 마지막 주가만 뚫어지게 바라봤고, 결국 내 눈에는 다른 숫자나 다른 시세판, 아니 다른 어떤 것도 들어오지 않았습니다. 내가 아는 것은 오로지 유니언 퍼시픽을 매도하고 싶다는 것뿐이었고, 나는 왜 그렇게 하고 싶은지 그 이유를 찾을 수 없었어요.

내 옆에 서 있던 친구의 눈에는 틀림없이 내가 좀 이상해 보였을 겁니다. 친구는 갑자기 나를 쿡 찌르더니 묻더군요. '이봐, 왜 그래?'

'나도 모르겠어.'

'좀 자러 갈래?'

'아냐, 자러 가지 않을 거야. 내가 뭘 할 거냐 하면 저 주식을 팔 거야.' 나는 직감을 따라 하면 늘 돈을 벌었습니다.

나는 빈 주문용지 철이 있는 탁자 쪽으로 걸어갔습니다. 친구는 나를 따라왔지요. 나는 주문용지에 유니언 퍼시픽 1000주를 시장가로 매도한다고 써서 매니저에게 건네주었습니다. 매니저는 내가 주문서를 작성해 건네줄 때까지 줄곧 미소를 짓고 있었습니다. 그러나 내 주문서를 보자 표정이 굳어지더니 나를 쳐다보더군요.

'맞게 쓴 겁니까?' 그가 묻더군요. 하지만 나는 그를 쳐다보기만 했고, 그는 급히 주문서를 거래담당자에게 넘겼습니다.

'지금 뭐 하는 거야?' 친구가 다그쳤습니다.

'그걸 팔고 있잖아!'

'뭘 판다고?' 친구가 나를 향해 소리치더군요. 그가 강세론자인데, 내가 어찌 약세론자가 될 수 있단 말입니까? 뭔가가 잘못된 것이지요.

'UP 1000주.' 내가 대답했습니다.

'이유가 뭔데?' 그가 흥분을 감추지 못한 채 물었어요.

나는 고개를 흔들었습니다. 아무 이유도 없다는 뜻이었지요. 하지만 그는 내가 비밀정보를 얻은 게 틀림없다고 생각하는 것 같았어요. 그는 나를 잡아 끌고는 객장 바깥으로 데려갔습니다. 아무도 우리를 보지 못하고, 우리 얘기가 들리지도 않으며, 누가 끼어들 염려도 없는 곳이었지요.

'무슨 말을 들었는데?' 그가 물었습니다.

궁금해 죽겠다는 눈치였지요. UP는 그가 좋아하는 종목 가운데 하나였고, 이 회사의 실적과 전망 모두 긍정적이라 그는 상승 쪽에 걸고 있었습니다. 하지만 그 역시 간접적인 방식으로 그 회사에 관한 좋지 않은 비밀정보를 기꺼이 듣고 싶어했지요.

'아무것도!'

'안 들었다고?' 그의 표정에는 의심스러워 하는 기색이 역력했습니다.

'하나도 들은 거 없어.'

'그럼 왜 그렇게 급히 매도한 거야?'

'모르겠어.' 나는 이렇게 대답했지만, 이건 맹세컨대 진실이었어요.

'그러지 말고, 솔직히 말해봐, 래리.' 그가 말했습니다.

나는 몸에 밴 습관처럼 내가 왜 거래하는지 그 이유를 알아야 했고, 그는 나의 이런 습관을 알고 있었지요. 나는 유니언 퍼시픽 1000주를 매도했습니다. 이런 강세장의 와중에 그 정도 물량을 공매도했다면 틀림없이 결정적인 이유를 갖고 있어야 했지요.

'모르겠어, 뭔가 곧 일어날 것 같다는 느낌이 들었을 뿐이야.' 나는 똑같은 말을 되풀이했습니다.

'무슨 일이 일어난다는 거야?'

'모르겠어. 이유는 말할 수 없어. 내가 아는 건 저 주식을 매도하고 싶다는 게 전부야. 그래서 1000주를 더 매도할 생각이야.'

나는 증권회사 안으로 다시 걸어가 추가로 1000주 매도 주문을 냈습니다. 맨 처음 1000주를 매도한 게 맞는 것이라면, 당연히 좀 더 매도해야 했던 거지요.

'무슨 일이 벌어질 것 같은데?' 친구는 끈덕지게 물어왔지만, 여전히 나를 따라 해야 할지 갈피를 잡지 못하고 있었습니다. 내가 어디서 UP의 주가가 떨어질 거라는 얘기를 들었다고 그에게 말해주었다면, 그 얘기를 누구한테서 들었으며, 왜 떨어질 것인지 따위는 묻지도 않고 그는 무조건 매도했을 겁니다. '무슨 일이 벌어질 것 같은데?' 그가 다시 물어왔습니다.

'무수한 일들이 벌어질 수 있어. 하지만 그 중에서 어떤 일이 벌어질 거라고 장담하지는 못해. 이유를 말해줄 수도 없고, 점쟁이처럼 얘기해주지도 못해.'

'그렇다면 너는 돌아버린 거야. 완전히 미쳐버린 거지. 아무 까닭도 없이 저 주식을 매도하다니 말이야. 정말로 저 주식을 왜 매도하고 싶은지 그 이유를 모른다는 거야?'

'왜 매도하고 싶은지는 나도 모르겠어. 내가 아는 건 그저 그렇게 하고 싶다는 것뿐이야. 그런 거 있잖아, 그냥 하고 싶은 거.' 나는 매도하고 싶은 욕구가 너무 강했고, 그래서 또 1000주를 더 매도했습니다."

무의식적인 충동

"친구는 도저히 더 이상 지켜볼 수 없었던지 나를 붙잡고는 말했습니다. '이봐! 이곳을 나가자고. 그러다 그 회사 발행주식을 전부 매도해버리겠

어.'

내 느낌을 충족시킬 만큼 충분히 매도했으므로, 두 번째와 세 번째 매도 주문의 거래내역서가 나오기를 기다려보지도 않고 친구를 따라 나섰습니다. 공매도 3000주라면 아주 확실한 매도 이유가 있었다 해도 상당히 많은 물량이었지요. 어쨌든 아무런 이유도 없이, 특히 시장 전반이 아주 강한 데다 사람들의 시각을 약세 쪽으로 돌려놓을 만한 재료도 전혀 없는 상황에서 공매도한 것 치고는 좀 과해 보였습니다. 그러나 지난 일들을 떠올려보면 내가 이렇게 매도해야겠다는 강한 충동을 느껴놓고도 이를 따르지 않았을 때는 항상 후회할 이유가 생겼지요.

내가 이런 이야기를 하면, 친구들은 그건 직감이 아니라 창조적인 사고를 하는 잠재의식이 발현된 것이라고 말합니다. 이 잠재의식이란 예술가로 하여금 어떻게 하는지 자신도 모른 채 작품을 만들게 하는 것이지요. 아마도 나에게는 개별적으로 보면 중요하지 않지만 한데 합치면 아주 강력해지는, 무수히 많은 작은 것들이 쌓이고 쌓여 이런 잠재의식으로 이어졌던 것 같습니다. 어쩌면 친구의 무조건적인 강세론이 이를 부정하고픈 심리를 자극해, 가장 많은 사람들이 주목하는 UP를 공매도 대상으로 잡은 것인지도 모르지요. 직감이 어디에서 왔고 그 동인(動因)이 무엇이었는지는 얘기할 수 없습니다. 내가 아는 것이라고는 시장이 상승하는 가운데 유니언 퍼시픽 3000주를 공매도한 뒤 하딩 브라더스 증권회사의 애틀랜틱시티 지점을 빠져 나왔지만, 전혀 걱정되지 않았다는 것이지요.

나는 두 번째와 세 번째 매도 주문이 얼마에 체결됐는지 알고 싶어졌습니다. 그래서 점심을 먹은 다음 증권회사로 걸어가봤어요. 시장 전반은 여전히 강했고 유니언 퍼시픽의 주가는 더 올랐지만, 나는 즐거운 표정으로 지켜봤습니다.

'자네 최후가 보이는군.' 친구가 이렇게 말하더군요. 그가 주식을 팔지 않은 것을 얼마나 다행스럽게 생각했을지 상상이 될 겁니다.

다음날도 시장 전반은 좀더 올랐고, 친구가 기쁘게 떠들어대는 소리만 들렸지요. 하지만 나는 UP를 매도한 게 옳았다고 확신했고, 내가 옳다고 느낄 때 나는 절대 조바심을 치지 않습니다. 그래 봐야 무슨 소용이 있겠습니까? 그날 오후 유니언 퍼시픽은 상승세를 멈췄고, 장 마감 시간이 가까워지자 하락하기 시작했습니다. 유니언 퍼시픽의 주가는 금세 내가 3000주를 매도한 평균 단가보다도 1포인트 아래로 떨어졌어요. 정확한 판단을 했다는 느낌이 그 어느 때보다 강하게 들었고, 그렇게 느껴졌으므로 자연히 좀더 매도해야 했습니다. 그래서 장 마감 무렵 추가로 2000주를 더 매도했습니다.

그렇게 해서 나는 직감에 따라 UP 주식 5000주를 공매도한 겁니다. 이건 내가 하딩 증권회사에서 쓸 수 있는 증거금 한도 내에서 최대한 매도한 것이지요. 휴가 중이었다는 점을 감안하면 너무 과할 정도로 많은 물량이었어요. 나는 휴가를 중단한 채 그날 밤 뉴욕으로 돌아왔습니다. 무슨 일이 벌어질지 알 수는 없었지만, 언제든 조치를 취할 수 있어야 한다는 생각이 들었어요. 뉴욕에 있으면 필요할 경우 신속하게 대처할 수 있으니까요.

끝까지 밀어붙이다

다음날 샌프란시스코 대지진[6] 소식이 전해졌습니다. 끔찍한 대재앙이었어요. 그러나 시장은 불과 2포인트 하락한 채 개장했습니다. 시장의 강세를 이끄는 힘은 여전히 강력했고, 대중들은 뉴스에 절대 독립적으로

---

[6] 1906년 4월 18일 수요일 새벽 샌프란시스코를 강타한 진도 8.3의 지진. 42초간 지진이 계속되며 약 1000명의 사망자가 발생하고 5억 달러의 재산피해가 났다.

반응하지 않지요. 언제나 똑같습니다. 시장의 강세 기조가 아주 확고할 때는, 가령 신문에서 주가를 끌어올리려는 세력이 준동하고 있다고 쓰든 말든, 어떤 뉴스도 약세장이었다면 당연히 몰고 왔을 파장을 충분히 미치지 못합니다. 이번 경우에도 월스트리트는 재난의 파장을 제대로 평가하지 않았는데, 이건 그들이 바라지 않았기 때문입니다. 이날 장이 끝나기 전에 주가는 하락폭을 전부 만회했지요.

나는 5000주를 공매도한 상태였습니다. 한바탕 폭풍이 몰아쳤는데 내 주식은 꿈쩍도 하지 않았지요. 직감은 그야말로 완벽했지만, 재산은 전혀 불어나지 않았습니다. 미실현 수익조차 없었어요. 애틀랜틱시티에서 내가 UP 주식을 공매도할 때부터 함께 있던 친구는 이런 사실이 즐거운 한편으로 유감스럽기도 한 기색이었습니다.

친구가 말하더군요. '너 참, 직감 대단해. 하지만 말이야, 똑똑한 친구들하고 돈 많은 친구들이 전부 강세 쪽에 섰는데, 이들한테 맞서본들 무슨 소용이 있겠어? 그들이 이기게 돼 있다니까.'

'기다려보자고.' 내 말은 시간을 두고 주가를 더 지켜보자는 것이었습니다. 나는 공매도 물량을 정리하지 않을 작정이었지요. 지진 피해가 천문학적이며, 유니언 퍼시픽은 최대 피해자 가운데 하나일 것이라는 점을 잘 알고 있었으니까요. 그러나 월스트리트의 무지를 지켜보자니 화가 치밀어 올랐습니다.

'기다려보겠다, 그러면 다른 약세론자들 가죽처럼 네 가죽도 뜨거운 태양 아래 쭉 펼쳐진 채 말라비틀어져 버릴 거야.' 친구는 단언하듯 얘기했습니다.

'어떻게 하는 게 좋겠어?' 내가 물었지요. '서던 퍼시픽을 비롯한 다른 철도회사들이 수백 만 달러의 피해를 입었는데, 그렇기 때문에 UP 주식을 매수해야 한다고? 지진으로 인한 손실을 다 메우고 나면 배당금으로 줄 이익은 어디서 나오지? 네가 기껏 할 수 있는 말이라고는 피해가 알려진 것처럼 그렇게 심각하지 않다는 정도겠지. 하지만 그렇다 하더라도 엄청난 타격을 입은 철도회사 주식을 매수할 이유가 될까? 한번 대답해봐.'

그러나 친구는 이렇게 말할 뿐이었습니다. '그래, 네 말도 그럴듯해. 근데 말이야, 시장은 네 말에 동의하지 않잖아. 주가는 거짓말하지 않는다고, 그렇잖아?'

'주가가 언제든 즉각 진실을 말하는 건 아냐.'

'들어봐. 한 친구가 검은 금요일[7] 며칠 전에 짐 피스크한테 가서 금값이 계속해서 떨어질 수밖에 없는 확실한 이유 열 가지를 말했다는 거야. 이 친구는 자기 말에 스스로 용기를 얻어 마지막으로 피스크한테 수백만 달러어치의 금을 팔 것이라고 말했다는군. 그러자 짐 피스크는 빤히 이 친구를 쳐다보더니 이렇게 얘기했다는 거야. 『그렇게 하게나! 하라고! 공매도하라고. 그리고 나서 자네 장례식에 나를 초대하게..』'

'그래, 그 친구가 만약 금을 공매도했더라면 엄청난 돈을 벌었을 거야! 너도 UP 주식을 매도하라고.'

'나는 안 그래! 나는 말이지 바람에 거슬러 조류에 맞서며 노를 저어가지 않는 게 성공 비결인 사람이라고.'

다음날 좀더 상세한 보도가 전해졌고, 시장은 미끄러지기 시작했지만, 내가 예상했던 만큼 급한 하락세는 아니었습니다. 이 세상 어느 것도 시장의 급락을 막을 수 없다는 점을 잘 알고 있었으므로 나는 공매도 물량을 두 배로 늘려 5000주를 추가로 매도했어요. 세상에, 이 시점까지도 대부분의 사람들은 아무런 걱정도 하지 않았고, 내가 거래하는 증권회사

---

7) Black Friday, 제이 굴드와 제임스 피스크의 대규모 금 매집으로 인해 천정부지로 치솟던 금값이 그랜트 대통령의 금 공급으로 1869년 9월 13일 폭락한 것을 말한다. "검은 금요일"이라는 말은 이때 처음으로 만들어졌다. 당시 굴드는 미리 이 사실을 알고 금을 처분해 1100만 달러를 벌었으나, 피스크는 계약 이행을 파트너한테 떠넘긴 채 피신했다.

역시 이런 상황을 당연하게 받아들였지요. 이건 그들이나 나나 그냥 지나칠 문제가 아니었고, 내가 예상했던 시장의 모습은 더더욱 아니었습니다. 다음날 시장은 제대로 움직이기 시작했습니다. 반드시 치러야 할 과정이 있는 법입니다. 나는 물론 내가 붙잡은 행운의 가치가 드러날 때까지 끝까지 밀어붙였지요. 다시 공매도 물량을 두 배로 늘려 1만 주를 추가로 매도했습니다. 그게 내가 할 수 있는 유일한 거래였으니까요.

내가 옳다는 것, 그것도 100% 옳다는 것 외에는 아무 생각도 하지 않았습니다. 이건 하늘이 주신 기회였습니다. 이 기회를 이용하는 것은 나에게 달린 문제였지요. 그래서 더 매도한 거에요. 그렇게 엄청난 물량을 공매도한 상태에서는 주가가 조금만 상승하더라도 내가 거둔 평가이익은 물론 투자 원금까지 전부 날아가버릴 수 있다는 생각은 혹시 하지 않았냐고요? 그런 생각을 했는지 여부는 모르겠지만, 만일 생각했다 해도 그건 별 문제가 되지 않았습니다. 나는 아무 생각 없이 판돈을 건 게 아니었으니까요. 정말 보수적으로 매매한 것이었어요. 이미 발생한 지진을 도로 사라지게 할 수는 없지 않습니까? 무너져 내린 건물더미를 하루아침에 돈 한푼 들이지 않고 복구할 수는 없지 않습니까? 이 세상 돈을 전부 다 가져온다 한들 앞으로 몇 시간 동안 무슨 큰 도움이 되겠습니까?"

경고의 목소리

"나는 맹목적으로 베팅한 게 아니었습니다. 나는 정신 나간 약세론자가 아니었어요. 성공에 도취해 있지도 않았고, 샌프란시스코가 지도상에서 사라져버리면 온 나라가 파멸의 길을 걸을 것이라고 생각하지도 않았습니다. 진짜 아닙니다! 나는 패닉을 기대하지 않았어요. 그래서 다음날 공매도 물량을 깨끗이 정리했습니다. 나는 25만 달러를 벌었습니다. 그때까지 내가 거둔 최대의 수익이었지요. 불과 며칠만에 이걸 전부 번 겁니다. 월스트리트에서는 지진이 발생한 뒤 하루 이틀은 아무런 관심도 기울이지 않았습니다. 사람들은 맨 처음 속보가 그렇게 급박하지 않았기 때문이라고 말하겠지만, 나는 다르게 생각합니다. 주식시장을 바라보는 대중들의 시각이 바뀌는 데는 꽤 오랜 시간이 걸리기 때문이지요. 프로 트레이더들조차 대부분 느리게 반응했고 앞을 내다볼 줄 몰랐습니다.

나는 아무런 설명도 해줄 수 없습니다. 과학적인 것이든 어설픈 것이든 마찬가지에요. 단지 내가 어떤 행동을 했고, 왜 했으며, 그 결과가 어떻게 됐는지 이야기하고 있을 뿐이지요. 내가 25만 달러를 벌었다는 사실에 비하면 신비한 직감 따위는 그리 중요한 문제가 아닙니다. 다시 그런 기회가 온다면 그 어느 때보다 크게 한판 걸어볼 수 있게 된 거지요.

그해 여름 나는 사라토가 스프링스[8]로 갔습니다. 휴가를 즐기기 위한 것이었지만 나는 시장을 주시하고 있었어요. 별로 피곤하지 않았기 때문에 시장을 생각하는 게 전혀 귀찮지 않았습니다. 게다가 그곳에 있는 내가 아는 사람들은 한결같이 시장에 아주 적극적인 관심을 기울이고 있거나 예전에 그랬던 사람들이었지요. 우리는 자연히 시장에 대해 이야기를 나눴습니다. 나는 얘기하는 것과 실제로 거래하는 것 사이에는 상당한 차이가 있다는 점을 알게 됐지요. 이들 가운데는 말하는 것만 들으면, 정말 성미 고약한 사장을 앞에 놓고도 거리낌없이 얘기해대는 대담한 직원이 아닐까 싶은 사람도 있었으니까요.

하딩 브라더스는 사라토가에 지점이 있었습니다. 그곳에는 고객들도 많았지요. 하지만 내가 생각하기에 하딩 브라더스가 지점을 둔 진짜 이유는 광고 효과 때문이었어요. 휴양지 지점은 그 자체로 상류층을 상대

---

8) Saratoga Springs, 뉴욕 주 북부의 휴양지로 사라토가 경마장이 유명했다.

로 크게 광고하는 셈이었으니까요. 나는 이 지점에 들어가 다른 휴양객들과 함께 앉아 있곤 했습니다. 지배인은 뉴욕 본사에서 온 아주 친절한 사내로, 낯선 사람도 친구처럼 반갑게 맞으면서 언제든 거래할 수 있게 해주었지요. 이곳에서는 온갖 귀띔정보가 다 돌아다녔는데, 경마와 주식시장, 심지어 웨이터들에 관한 정보까지 나돌았습니다. 증권회사에서는 내가 비밀정보를 받지 않는다는 사실을 알았기 때문에 매니저가 내 귀에다 대고 뉴욕 본사에서 은밀히 받은 정보라며 몰래 속삭이는 경우는 없었지요. 매니저 친구는 그저 전보용지를 내게 건네주며 '이게 저쪽에서 보내온 내용이요'라는 식으로 말하는 게 전부였습니다.

물론 나는 시장을 주시하고 있었습니다. 시세판을 지켜보며 어떤 조짐들을 읽어내는 것은 내게 하나의 과정이었습니다. 내가 다정한 친구처럼 여기는 유니언 퍼시픽은 지켜본 결과 상승세를 탈 것처럼 보였어요. 주가는 높은 수준이었지만, 마치 누가 계속해서 물량을 확보해가는 것 같은 움직임이었지요. 이틀 동안 한 주도 거래하지 않고 계속 지켜만 봤는데, 관찰하면 할수록 결국은 누군가가, 그것도 시시한 꾼이 아니라 막강한 현금 동원력을 갖고 있으면서 무슨 일이 벌어지고 있는지 잘 알고 있는 누군가가 매수하고 있다는 확신이 더 강해졌습니다. 대단히 영리한 물량 확보 작전이라는 생각이 들더군요.

이런 확신이 들자 나는 곧장 유니언 퍼시픽을 매수하기 시작했습니다. 주가는 160달러 수준이었어요. 주가는 더할 나위 없이 만족스럽게 움직여주었으므로, 나는 한 번에 500주씩 계속해서 매수했습니다. 내가 매수하면 할수록 주가는 더 강하게 움직였어요. 급등세를 분출하지는 않았지만 마음은 아주 편했습니다. 굳이 내가 주가 테이프를 읽어낸 것이 아니더라도 이 주식이 앞으로 훨씬 더 크게 오르지 못할 이유를 발견할 수 없었지요.

그런데 갑자기 매니저가 다가오더니 뉴욕에서 연락을 받았다고 하더군요. 이들은 당연히 뉴욕과 직통 전화로 연결돼 있었는데, 그쪽에서 내가 지점 안에 있느냐고 묻길래 그렇다고 했더니, 수화기에다 대고 이렇게 말하더라는 겁니다. '그 친구 꼼짝 말고 있으라고 하게. 하딩 씨가 할 말이 있다고 전하게.'

나는 기다리겠다고 한 다음 UP 주식 500주를 추가로 매수했습니다. 나는 하딩이 내게 할 말이라는 게 무엇인지 도통 감을 잡을 수 없었어요. 주식 거래와 관련된 것은 아닐 거라고 생각했습니다. 지금까지 매수한 물량에 비해 내 증거금은 차고 넘쳤으니까요. 어느새 매니저가 나에게로 와서는 에드 하딩 씨가 장거리 전화로 나와 통화하기를 원한다고 말했습니다.

'오랜만입니다, 에드 씨.' 내가 말했습니다.

그런데 그는 다짜고짜 쏘아대더군요. '자네 도대체 뭔 일을 하고 있는 거야? 자네 미쳤어?'

'제가요?'

'뭔 일을 그렇게 하느냐고?'

'무슨 일을?'

'그 주식을 전부 다 사들이고 있잖아.'

'왜요, 제 증거금이 모자라기라도 한가요?'

'증거금 얘기가 아니야, 진짜 호구 짓을 하니까 그러는 거라고.'

'무슨 말인지 이해할 수 없군요.'

'대체 왜 유니언 퍼시픽 주식을 모조리 사들이는 건가?'

'주가가 오르잖아요.'

'오른다고, 제기랄! 지금 내부 거래자들이 자네에게 미끼를 던지고 있다는 걸 모르나? 자네는 그야말로 가장 손쉬운 표적이네. 차라리 경마장

에서 돈을 잃으면 이보다는 더 재미있을 것 아닌가. 그들한테 속아넘어가지 말게나.'

'아무도 나를 속이지 못해요. 나는 아무에게도 이 얘기를 하지 않았다고요.'

하지만 그의 말이 곧 내 귓전을 때렸습니다. '자네가 그 주식에 덤벼들 때마다 기적이 일어나 자네를 구해줄 거라고 기대할 순 없어. 아직 기회가 있으니 빨리 빠져나가게. 지금 주가에 그 주식을 매수하는 건 정말 창피한 일이라고. 그 무자비한 놈들이 곧 엄청난 물량을 쏟아 부을 거야.'

'주가를 보면 그들은 사들이고 있는데요.' 나도 가만있지 않았습니다.

'래리 이 친구야, 자네가 처음 주문하기 시작했을 때 내 심장이 멈추는 것 같았어. 제발 호구가 되지 말게. 빠져나오라고! 당장! 순식간에 폭락할 수도 있어. 내 할 일은 다 했네. 그럼 잘 있게!' 그는 전화를 끊었습니다."

값싸게 얻은 교훈

"에디 하딩은 아주 영리한 사람이었고, 정보력이 대단한 데다 사심 없고 따뜻한 마음씨를 지닌 진정한 친구였어요. 더구나 그가 뭔가를 들을 수 있는 위치에 있다는 점이 중요했지요. 내가 UP 주식을 매수할 수 있었던 것은 오로지 수 년간에 걸쳐 주가 움직임을 연구해왔고, 결정적인 상승세가 나타날 때 동반되는 특별한 징후를 경험을 통해 알고 있었기 때문입니다. 내게 무슨 일이 벌어졌는지는 모르겠어요. 단지 내부자들의 아주 교묘한 주가 조작으로 인해 주가 테이프가 진실이 아닌 거짓 이야기를 전해주었고, 그래서 주식이 매집되고 있는 것으로 주가를 잘못 읽었다는 결론을 내렸던 것 같습니다. 어쩌면 에드 하딩 자신이 그렇게 확신하면서 내가 저지른 황당한 실수를 그만 멈추도록 애써 연락해준 점이 마음에 와 닿았을 겁니다. 그가 얼마나 똑똑하며 그의 동기가 얼마나 순수한지는 의문의 여지가 없었어요. 그의 충고를 따르기로 결심하게 된 이유가 정확히 무엇인지는 말할 수 없습니다. 하지만 나는 그의 충고를 따랐습니다.

나는 보유하고 있던 유니언 퍼시픽 주식을 전부 팔았습니다. 그 주식을 보유하는 게 바보 같은 짓이라면 당연히 그 주식을 공매도하지 않는 것도 현명한 행동이 아닐 겁니다. 그래서 나는 보유 주식을 모두 팔아버린 다음 4000주를 공매도했어요. 공매도했을 때의 주가는 162달러 수준이었습니다.

다음날 유니언 퍼시픽 이사회는 10%의 배당금 계획을 발표했습니다. 처음에는 월스트리트의 누구도 이 사실을 믿지 못했지요. 이건 궁지에 몰린 도박꾼들의 절박한 전술이나 마찬가지였으니까요. 모든 신문들이 이사들을 비난했습니다. 그러나 월스트리트의 똑똑한 친구들이 머뭇거리는 사이 시장은 부글부글 끓어올랐지요. 유니언 퍼시픽이 상승세를 주도했고, 대량 거래 속에 신고가를 경신했습니다. 룸 트레이더들은 불과 한 시간만에 큰돈을 벌었고, 나중에 듣기로는 좀 어리숙한 스페셜리스트 한 친구가 실수로 유니언 퍼시픽을 매수했다가 35만 달러를 챙겼다고도 하더군요. 이 친구는 바로 다음주에 증권거래소 회원권을 팔아버리고는 다음달에는 어엿한 농장주가 됐다고 합니다.

유례없는 10% 배당금 발표 소식을 듣는 순간 당연히 나도 경험의 목소리를 무시한 채 비밀정보 제공자의 목소리에 귀 기울인 대가가 무엇인지 절실히 깨달아야 했습니다. 한 친구의 의구심 때문에 내 마음속의 확신을 밀어내버린 겁니다. 단지 그 친구가 사심 없고 자기가 하는 일을 전반적으로 잘 알고 있다는 이유만으로 말입니다.

유니언 퍼시픽이 신고가를 경신하는 것을 보자마자 나는 속으로 다짐했지요. "이건 내가 공매도할 주식이 아니야."

내가 가진 전 재산을 하딩 증권회사에 증거금으로 낸 상태였습니다. 그렇다고 해서 내가 위로 받을 일도 없고 더 고집스러워질 이유도 없었지요. 분명한 사실은 내가 주가를 정확히 읽어냈으며, 바보처럼 에드 하딩 때문에 내 결의가 흔들렸다는 겁니다. 일일이 따져봐야 아무 의미도 없었지요. 그렇게 낭비할 시간이 없었습니다. 더구나 이미 엎질러진 물이었어요. 그래서 나는 공매도한 주식을 도로 사들이기로 하고 주문을 냈어요. 내가 시장가로 UP 주식 4000주 매수 주문을 냈을 때 주가는 165달러 정도였습니다. 이 정도 주가면 주당 3포인트 손실이었지요. 그런데 증권회사에서 처리한 내 주문 가운데 일부는 172달러와 174달러에 매수된 것도 있었습니다. 결국 거래내역서를 받아보니 에드 하딩이 친절하게도 고의적으로 끼어든 덕분에 4만 달러의 손실을 입었다는 사실을 알게 됐습니다. 자기 마음속의 확신조차 지킬 용기가 없는 인간이 치른 대가치고는 차라리 싼 편이었습니다! 이건 정말 아주 적은 수업료로 얻은 교훈이었어요."

너무 싸게도 너무 쉽게도 매수하지 말라

"나는 걱정하지 않았습니다. 주가는 계속 올라가고 있었으니까요. 이례적인 주가 움직임이었고, 이사회의 결정도 전례가 없는 것이었습니다. 그러나 이번에는 내가 해야만 한다고 생각되는 것을 했습니다. 공매도했던 4000주를 도로 매수하기로 하고 맨 처음 주문을 내자마자, 나는 주가가 알려주는 대로 해서 이익을 얻자고 결심했고 그렇게 해나갔습니다. 나는 새로이 4000주를 매수해 다음날 아침까지 보유했지요. 그러고는 빠져 나왔습니다. 나는 앞서 잃었던 4만 달러의 손실을 전부 만회했을 뿐만 아니라 1만5000달러 정도를 더 벌었습니다. 만일 에드 하딩이 애써 나를 돈벼락에서 구해내지 않았던들 나는 정말 큰돈을 벌었을 겁니다. 하지만 그는 나에게 아주 훌륭한 일을 해주었는데, 다름아닌 내가 확신하건대 트레이더로서 배워가는 과정에 마침표를 찍게 해준, 바로 이 사건의 가르침이 그것이었습니다.

내가 배워야 할 것은 비밀정보를 따르지 말고 자신의 의지를 따르라는 게 전부가 아니었어요. 이 사건 덕분에 나 자신에 대한 믿음을 갖게 됐고, 마침내 나의 오랜 트레이딩 방식을 떨쳐버릴 수 있었습니다. 사라토가에서의 경험은 운에 기대서 대충대충 했던 마지막 거래였습니다. 그 이후 나는 개별 종목이 아닌 시장을 둘러싼 기본적인 여건들에 대해 생각하기 시작했지요. 나는 주식 투기라는 냉혹한 학교에서 스스로 한 단계 위로 진급한 겁니다. 이렇게 되기까지는 정말 길고도 고된 과정을 거쳐야 했습니다.

나는 언제든 주저하지 않고 내 시각이 강세인지 약세인지 말해줍니다. 하지만 특정 주식을 매수하라거나 매도하라고는 말하지 않지요. 약세장에서는 모든 주식이 하락하고 강세장에서는 모든 주식이 상승합니다. 그렇다고 해서 전쟁이 빌미가 된 약세장에서 군수(軍需) 업종 주식들마저 상승하지 못한다는 말은 아닙니다. 일반적인 의미에서 그렇다는 거지요. 그러나 보통사람들은 지금이 강세장인지 약세장인지 여부를 듣고 싶어하는 게 아닙니다. 이들은 어떤 주식을 매수하고 어떤 주식을 매도할 것인지 구체적으로 알고 싶어하지요. 이들은 아무 대가도 없이 뭔가를 얻으려 합니다. 열심히 공부하려고 하지도 않아요. 심지어 생각하고 싶어하지도 않습니다. 땅에 떨어진 돈을 주워 세어보는 것조차 아주 귀찮게 여깁니다.

나는 물론 그렇게 게으르지 않았어요. 하지만 주식시장 전체를 놓고 고민하는 것보다는 개별 종목을 생각하는 게 더 용이하다는 점을 알았고, 그러다 보니 시장 전체의 흐름보다는 개별 주식의 등락을 생각하는 게 더 쉬웠습니다. 나는 이런 자세를 바꿔야 했고 그렇게 했습니다. 이 얘기는 너무 길어서 오늘밤에 하기는 어렵겠군요."

리빙스턴은 말을 마치더니 미심쩍어 하는 표정으로 나를 빤히 바라봤다.

내가 말했다. "좋습니다. 그런데 필요하면 언제든 물어보라고 말했었지요. 당신은 늘 시장이 상승할 때 매수한다고 했습니다. 그게 주식을 매수하는 가장 편한 방법이라는 말 같은데요."

"그렇습니다. 핵심을 말하자면, 가능한 한 싸게 매수하려 한다거나 높은 주가에 공매도하려 하는 게 아니라 정확한 타이밍에 매수하고 매도하는 게 중요하다는 겁니다. 시장이 하락할 것이라는 시각을 갖고 주식을 공매도할 경우 반드시 매도 주문을 낼 때마다 주가가 이전 체결가보다 더 낮아야 합니다. 매수할 경우에는 이와 반대가 되겠지요. 매수 단가가 반드시 계속 높아져야 합니다. 나는 매수 단가를 낮춰가며 매수하지 않으며, 매수 단가를 높여가며 매수합니다."

"왜 그렇지요?" 내가 물었다.

"내가 어떤 식으로 매매하는지 설명해드리죠. 가령 어떤 주식을 매수한다고 해봅시다. 내가 110달러에 2000주를 매수하는 겁니다. 매수한 다음 주가가 111달러로 상승하면 적어도 일시적으로라도 내 거래는 옳은 것이지요. 왜냐하면 1포인트 올랐으니 말입니다. 나는 이렇게 이익을 얻은 겁니다. 어쨌든 판단이 옳았으므로 다시 시장에 들어가 2000주를 추가로 매수합니다. 시장이 계속 상승세를 보인다면 세 번째로 2000주를 더 매수합니다. 이제 주가가 114달러까지 올라갑니다. 나는 당분간 이 정도면 충분하다고 생각하지요. 이제 트레이딩을 해나갈 기본을 갖춘 겁니다. 나는 평균 단가 111.75달러로 매수한 6000주를 보유하고 있고, 현재 주가는 114달러에요. 한동안 더 이상 매수하지 않지요. 나는 기다리며 지켜봅니다. 상승세가 어느 단계에 이르면 조정이 있을 것이라는 사실을 나는 잘 알고 있지요. 조정을 겪은 다음 시장이 어떻게 제 모습을 되찾아가는지 보려고 하는 겁니다. 아마도 내가 세 번째로 매수한 가격까지 조정을 받을 겁니다. 가령 114달러에서 좀더 올라갔다가 112.25달러로 떨어진 다음 다시 랠리를 재개하는 거에요. 그렇게 해서 주가가 113.75달러까지 회복되면 나는 곧장 4000주를 추가로 매수합니다. 매수 주문은 당연히 시장가로 냅니다. 만일 4000주의 체결가가 113.75달러라면 나는 뭔가가 잘못됐다고 생각하고, 시험용 주문을 낼 겁니다. 즉 시장이 어떻게 매물을 소화하는지 알아보기 위해 1000주를 매도해보는 것이지요. 그러나 앞서 주가가 113.75달러일 때 매수 주문을 낸 4000주 가운데 2000주는 114달러에 매수됐고, 500주는 114.50달러에 매수되는 식으로 체결가가 계속 올라가 마지막 500주는 115.50달러에 매수됐다고 해보지요. 그러면 내 판단이 옳은 겁니다. 이렇게 내가 마지막 4000주를 매수하는 방법은 정확한 주식을 정확한 시점에 매수했는지 알려주는 거에요. 물론 전반적인 시장 여건을 아주 세심하게 체크한 결과 모든 게 강세라는 전제 아래 이런 작업을 진행할 겁니다. 나는 절대 주식을 너무 싸게도 너무 쉽게도 매수하려고 하지 않습니다.

디콘 S.V. 화이트에 관한 이야기가 기억나는군요. 그가 월스트리트에서 큰손으로 활동할 때의 일인데, 이 노인은 무척 매력적인 인물로 굉장히 영리했을 뿐만 아니라 용기도 있었습니다. 들리는 얘기로는 한창 시절 그는 정말 끝내주는 거래도 여러 건 했다고 합니다.

슈가 주식이 끊이지 않고 시장의 원성을 사던 종목 가운데 하나였던 시절이니 꽤 오래 전 이야기에요. 그 시절 이 회사 사장 H.O. 해브마이어는 최고의 전성기를 누리고 있었습니다. 옛날 분들한테서 듣기로는 H.O.와 그의 수하들은 자기 회사 주식에 관한 한 어떤 거래든 성사시킬 만큼 충분한 현금 동원력과 두뇌를 갖고 있었다고 합니다. 해브마이어는 슈가 주식으로 소규모 자금을 굴리는 프로 트레이더들을 수도 없이 망하게 만들었는데, 이렇게 망쳐버린 트레이더의 숫자가 다른 주식으로 이런 몹쓸 짓을 한 그 어떤 내부 거래자보다 많았다고 하지요. 그래서 통상 플로어 트레이더들은 내부 거래자들의 게임에 협력하기 보다는 이를 방해하는 경우가 많았습니다."

디콘 화이트의 비밀정보 활용법

"하루는 디콘 화이트를 아는 사내가 한껏 흥분해서 헐레벌떡 증권회사로 뛰어들어오더니 말했어요. '집사님, 저한테 말씀하신 적 있지요. 만일 제가 괜찮은 정보를 입수하는 즉시 집사님께 가져온다면, 그리고 집사님이 이 정보를 이용한다면, 저도 몇 백 주 함께 할 수 있을 거라고요.' 그는 잠시 말을 멈추고는 호흡을 가다듬으며 확답을 기다리는 눈치였습니다.

집사는 특유의 생각에 잠긴 표정으로 쳐다보더니 대답했습니다. '내가 정확히 그런 말을 했는지는 잘 모르겠네. 하지만 쓸 수 있는 정보라면 응당 대가를 지불할 것이네.'

'그래서 제가 정보를 가져온 겁니다.'

'그래, 잘 했군.' 집사가 너무나 다정하게 이야기하자 정보를 가져온 사내는 감격에 겨운 목소리로 대답했지요. '감사합니다, 집사님.' 그리고 나서 아무도 들을 수 없게 집사 쪽으로 가까이 다가가서는 속삭였습

니다. 'H.O. 해브마이어가 슈가 주식을 매수하고 있습니다.'

'그 친구가?' 집사가 매우 차분한 목소리로 물었습니다.

정보를 가져온 사내는 더 안달이 나서 목에 힘을 주어 말했지요. '네, 그렇습니다. 최대한으로 쓸어 담고 있습니다, 집사님.'

'그래, 확실한 건가?' 노회한 S.V.가 물었지요.

'집사님, 이건 확실한 사실입니다. 그 상습적인 내부 거래자 일당이 닥치는 대로 매수하고 있는 겁니다. 관세와 관련된 재료[9] 때문일 겁니다. 보통주 주가는 엄청나게 오를 겁니다. 우선주 주가를 추월할 겁니다. 그러니까 상승 초기에 매수한 사람은 무조건 30포인트는 번다는 얘기지요.'

'정말로 그렇게 생각하나, 자네?' 그러고는 주가 테이프를 보기 위해 쓰고 있는 구식 은테 안경 너머로 그 사내를 바라봤습니다.

'그렇게 생각하다니요? 아닙니다, 저는 그렇게 생각하는 게 아니라 그렇게 알고 있는 겁니다. 틀림없이 말이지요! 집사님 말입니다, H.O. 해브마이어 일당이 지금처럼 슈가 주식을 매수한다면 이들은 순수익으로 40포인트 미만은 절대 만족하지 않을 겁니다. 지금 그들은 매수 물량을 확보할 때까지 주가를 억누르고 있지만, 언제든 시장이 그들의 손아귀에서 벗어나 매수 물량을 다 채우기도 전에 급등한다 하더라도 저는 전혀 놀라지 않을 겁니다. 증권회사 주변에 돌아다니는 슈가 주식이 한 달 전만큼 많지 않단 말입니다.'

'그가 슈가 주식을 사고 있다는 말이지?' 집사는 무표정한 얼굴로 재차 물었습니다.

'사고 있다니요? 세상에, 그는 지금 주가를 올리지는 않으면서 최대한

---

9) 1902년 미국 의회에서는 쿠바산 사탕수수에 대한 수입관세율 인하 논의를 시작했는데, 이듬해 수입관세율을 20% 인하해 기존의 미국산 사탕무보다 값싼 설탕 원료가 대거 들어오게 됐다.

빠르게 슈가 주식을 쓸어 담고 있다니까요.'

'그래?' 집사의 말은 이게 전부였지요.

하지만 정보를 갖고 온 사내를 조바심하게 하는 데는 이것으로 충분했습니다. "그으으렇습니다! 그래서 제가 아주 훌륭한 정보라고 하는 거지요. 이건 정말 절대적으로 신뢰할만한 겁니다.'

'그렇다고?'

'맞습니다, 이건 대단히 가치 있는 정보가 틀림없지요. 이걸 이용해보실 생각이세요?'

'아, 그래. 이용해보도록 하지.'

'그럼 언제?' 정보를 가져온 사내는 의심스러운 눈빛으로 물었습니다.

'지금.' 집사는 곧바로 '프랭크!' 라고 소리쳤습니다. 프랭크는 그의 수하에 있는 가장 빈틈없는 주식중개인으로, 마침 옆방에 있었지요.

'네, 영감님.' 프랭크가 말했습니다.

'뉴욕증권거래소로 가서 슈가 주식 1만 주를 매도해주었으면 하네.'

'매도요?' 정보를 가져온 사내가 비명을 질렀습니다. 그의 목소리가 얼마나 고통스럽게 들렸는지 막 뛰어나가던 프랭크가 발길을 멈췄을 정도였지요.

'물론, 그렇다네.' 집사가 부드러운 목소리로 대답했습니다.

'그런데 저는 H.O. 해브마이어가 슈가 주식을 매수하고 있다고 말했단 말입니다!'

'여보게, 자네가 그랬다는 건 나도 알고 있네.' 집사는 조용히 말하고는 주식중개인 쪽으로 돌아섰습니다. '프랭크, 서둘러야지!'

주식중개인은 주문을 처리하기 위해 뛰어나갔고, 정보를 가져온 사내는 낯빛이 붉어졌지요.

그가 화난 목소리로 얘기했습니다. '제가 이곳에 가져온 정보는 이제

껏 한번도 보지 못한 최고의 정보였습니다. 저는 집사님이 제 친구이자 정직한 분이라고 생각했기 때문에 이 정보를 가져온 겁니다. 저는 집사님이 이 정보에 따라 거래하리라고 기대했는데……'

'나는 그 정보에 따라 거래하고 있다네.' 집사가 아주 차분한 목소리로 가로막았습니다.

'하지만 저는 H.O.와 그 일당이 매수하고 있다고 말했다니까요!'

'맞네. 자네가 그렇게 말했지.'

'매수! 매수! 저는 매수하고 있다고 말했어요!' 정보를 가져온 사내는 비명을 질러댔습니다.

'그래, 매수하고 있다고 했지! 내가 듣기에도 자네는 그렇게 얘기했네.' 집사는 다짐하듯 이야기했지요. 그리고는 티커 옆에 서서 주가 테이프를 쳐다봤습니다.

'그런데 집사님은 매도하고 있지요.'

'그래, 1만 주.' 집사는 고개를 끄덕였습니다. '물론 매도했지.'

그는 말을 멈추고는 주가 테이프에 집중했고, 정보를 가져온 사내도 진짜 여우 같은 이 노인 곁으로 다가가서 그가 보는 것을 함께 봤습니다. 정보를 가져온 사내가 집사의 어깨 너머로 눈길을 주고 있는데, 증권회사 직원이 종이조각을 하나 들고 들어왔습니다. 프랭크가 보내온 거래내역서가 틀림없었지요. 집사는 거래내역서를 거의 쳐다보지도 않았습니다. 그는 자기가 낸 주문이 어떻게 처리됐는지 주가 테이프를 통해 이미 알고 있었으니까요.

그는 곧바로 직원한테 말했습니다. '프랭크에게 슈가 주식 1만 주를 추가로 매도하라고 전하게.'

'집사님, 그들이 진짜로 그 주식을 매수하고 있다고 맹세할 수 있다니까요!'

'해브마이어가 자네에게 직접 말했나?' 집사는 조용히 물었습니다.

'물론 아니지요! 그는 아무한테도 아무것도 말하지 않으니까요. 자신의 가장 친한 친구가 한 푼 버는 데 도움이 되는 일이라 해도 눈썹 하나 까딱하지 않을 인물이지요. 하지만 이건 정말입니다.'

'여보게, 그렇게 흥분하지 말게나.' 집사는 한 손을 들어올리고는 주가 테이프를 유심히 들여다봤습니다. 정보를 가져온 사내는 참담한 목소리로 말했지요.

'집사님이 제가 기대했던 것과 정반대로 할 줄 알았더라면 절대로 집사님 시간이나 제 시간을 이렇게 낭비하지 않았을 겁니다. 하지만 집사님이 공매도한 주식을 환매수하면서 끔찍한 손실을 입는다 해도 저는 기쁘지 않을 겁니다. 유감입니다, 집사님. 진심입니다! 양해해주신다면 다른 곳으로 가서 제 정보를 갖고 거래해보겠습니다.'

'나는 지금 그 정보에 따라 행동하고 있는 것이네. 나는 시장에 대해 아주 조금 알고 있다고 생각한다네. 아마도 자네나 자네 친구인 H.O. 해브마이어만큼 많이 알지 못하겠지만 그래도 조금은 알고 있지. 내가 지금 무슨 행동을 하고 있느냐 하면, 그동안의 경험에서 배웠듯이 바로 자네가 나에게 가져온 정보로 현명하게 거래하는 것이라네. 월스트리트에서 나만큼 오랜 풍상을 겪어본 사람이라면 자기한테 미안하게 생각하는 사람에게 오히려 감사해 한다네. 여보게, 진정하고 좀 있어 보게나.'

정보를 가져온 사내는 그저 집사를 뚫어지게 바라볼 뿐이었습니다. 그의 판단력과 배짱에 대해서는 예전부터 감탄해오던 터였으니까요.

그 순간 직원이 다시 들어와 집사에게 거래내역서를 건네주었습니다. 집사는 거래내역서를 보더니 말했지요. '이제 프랭크에게 슈가 주식 3만 주를 매수하라고 전하게. 3만 주!'

직원은 서둘러 밖으로 나갔고, 정보를 가져온 사내는 신음소리를 내며 늙은 회색 여우를 바라봤지요.

집사는 친절하게 설명해주었습니다. '여보게, 나는 자네가 본 그대로 진실을 말했을 것이라는 점을 전혀 의심하지 않았네. 그런데 설사 H.O. 해브마이어가 직접 자네한테 말하는 것을 들었다 해도 나는 방금 거래했던 것처럼 똑같이 할 걸세. 왜냐하면 자네가 말한 대로 H.O. 해브마이어와 그의 친구들이 슈가 주식을 매수하듯이 누군가가 어떤 주식을 사고 있다면 그것을 확인할 방법은 하나밖에 없기 때문이네. 그게 바로 내가 거래했던 방법일세. 처음 낸 1만 주 매도 주문은 상당히 쉽게 체결됐지. 그렇다고 확신이 설 정도는 아니었어. 그런데 두 번째로 낸 1만 주 매도 주문이 시장에서 소화되는 중에도 상승세가 꺾이지 않더군. 이렇게 2만 주가 소화되는 방식을 보자 틀림없이 누군가가 시장에 나오는 주식을 모조리 쓸어 담으려 한다는 걸 확실히 알 수 있었다네. 매수하는 그 누군가의 정체는 이 시점에서 그리 중요하지 않아. 그래서 나는 공매도한 물량을 청산하고 1만 주 매수 포지션을 취한 것이라네. 자네 정보는 아주 훌륭했다고 생각해.'

'그러면 이 주식이 얼마나 오를까요?' 정보를 가져온 사내가 물었습니다.

'자네는 내가 1만 주를 매수한 평균단가로 이 증권회사에서 500주를 매수한 걸세. 좋은 하루 되길 바라네. 다음 번에는 좀 침착해지게나.' 집사가 말했지요.

'저, 집사님, 주식을 매도할 때 제 것도 함께 팔아주면 안 될까요? 부탁입니다. 저는 생각만큼 똑똑하지 못하거든요.'"

리빙스턴은 잠시 말을 멈췄다. 나는 그의 이야기에 충분히 공감한다는 표시로 고개를 끄덕였다. 그는 말을 이어갔다.

주식 매매의 타이밍

"이게 바로 나의 이론입니다. 그래서 나는 절대로 주식을 싸게 사지 않는 겁니다. 물론 나는 늘 효과적으로, 즉 약세든 강세든 내가 시장을 바라보는 쪽으로 도움이 되도록 매수하려고 애쓰지요. 주식을 매도할 때가 됐는데 아무도 그 주식을 사고 싶어하지 않는다면 누구도 주식을 팔지 못하리라는 건 자명한 이치겠지요.

만일 주식을 대규모로 거래한다면 항시 이 점을 명심하고 있어야 합니다. 어떤 사람이 시장 상황을 공부한 뒤 신중하게 거래 계획을 세워 하나씩 실행해 나간다고 합시다. 그는 상당히 큰 물량을 거래하면서 막대한 이익을 거둔 상태입니다. 물론 미실현 이익이지요. 그런데 이 사람은 마음대로 팔 수가 없습니다. 시장에서 어느 한 종목 주식 5만 주를 소화하기가 같은 주식 100주를 소화하는 것처럼 쉬울 거라고 생각해서는 안 됩니다. 그는 시장이 자신의 매물을 소화해낼 정도가 될 때까지 기다려야 합니다. 그러다 보면 정말 꼭 필요한 매수 세력이 생겨났다고 여겨지는 시점이 오지요. 기회가 왔을 때 반드시 붙잡아야 합니다. 그는 이런 기회를 기다려왔다고 할 수 있지요. 자기가 팔고 싶을 때가 아니라 팔 수 있을 때 팔아야 합니다. 그 시점을 알기 위해서는 관찰하고 시험해봐야 하지요. 당신이 내놓을 물량을 시장이 언제 소화할 수 있을지 알아내는 데는 어떤 요령도 필요 없습니다. 다만 아주 정확하게 시장 상황을 판단했다는 확신이 들지 않는 한 주가가 어느 방향으로 막 움직이기 시작했을 때 당신이 투자할 물량을 전부 확보하는 건 현명하지 않습니다. 주가가 너무 높아 매수를 시작할 수 없는 경우란 없고, 주가가 너무 낮아 매도를 시작할 수 없는 경우 역시 없지요. 그러나 처음 거래를 한 다음, 첫 번째 거래에서 이익이 나지 않았다면 두 번째 거래를 해서는 절대 안 됩니다.

기다리면서 지켜봐야 합니다. 바로 이때 당신은 주가 테이프를 읽어가면서 본격적인 거래를 개시할 시점을 결정할 수 있는 겁니다. 얼마나 정확한 시점에 거래를 시작하느냐는 무척이나 중요합니다. 이걸 깨닫기까지 나는 오랜 세월을 흘려 보내야 했어요. 수업료로 수십만 달러를 지불해야 했습니다.

그렇다고 해서 무조건 피라미딩 방식을 쓰라는 말로 이해해서는 안 됩니다. 누구라도 피라미딩 방식을 쓸 수 있고, 그러면 피라미딩 방식을 쓰지 않는 경우보다 더 많은 돈을 벌 수 있지요. 당연한 말이에요. 그러나 내가 말하고자 하는 의도는 이런 겁니다. 가령 500주를 매수하려고 한다고 합시다. 이 경우 한 번에 500주를 다 매수해서는 안 된다는 거지요. 설사 투기를 하고 있다 해도 그래서는 안 됩니다. 만일 한갓 도박꾼이라도 해도 내가 해줄 수 있는 딱 한마디 조언은 그렇게 하지 말라는 겁니다!

처음에 100주를 매수했는데, 곧 바로 손실이 났다고 해보지요. 그렇다면 굳이 힘들여서 추가로 매수할 필요가 있을까요? 즉시 자신이 틀렸다는 사실을 직시해야 합니다. 적어도 일시적이라 할지라도 틀린 것이니까요.

바로 이런 방법으로 자기 돈을 걸어야 합니다. 앞서 이야기한 것처럼 팜비치의 그리들리 카지노에서 룰렛에 돈을 걸 때도 나는 이렇게 합니다. 자기가 딸 때는 큰돈을 걸고, 자기가 잃을 때는 적은 금액을 거는 게 현명하다는 사실은 아주 간단한 산술로도 입증할 수 있지요. 내가 말한 식으로 판돈을 걸게 되면 항상 큰돈을 따게 돼 있습니다."

리빙스턴이 자리에서 일어나면서 말했다. "그만 하지요. 듣기에 지겨울 것 같군요."

"사라토가에서 에드 하딩의 정보 때문에 거래를 망친 뒤 당신은 거래 방식까지 바꾸었는데, 거기서 무엇을 배웠는지 말해줄 수 있을까요?"

"한 가지만 말하자면 더 이상 소심해지지 않게 됐다는 겁니다. 덕분에 큰돈을 벌게 된 거지요. 그런 일이 없었다면 나는 절대로 100만 달러를 손에 쥐어보지 못했을 겁니다."

"100만 달러를 처음 번 게 몇 살 때지요?"

"스물여섯 살 때입니다. 이제 그만! 다음 번에 또 합시다."

〈*Saturday Evening Post*〉 1922년 7월 15일

5
내 생애 최고의 날

내가 로렌스 리빙스턴을 찾아간 것은 단순한 호기심 이상이었다. 나는 그가 어떻게 해서 맨 처음 100만 달러를 벌게 됐는지 알고 싶었다. 왜냐하면 그것으로 그가 부자가 되어서가 아니라 탁월한 트레이더로 자리매김할 수 있었기 때문이다. 그가 마침내 주식으로 성공하는 방법을 발견했다는 게 무엇보다 중요한 점이었다. 그는 어떻게 그것을 발견한 것일까?

그를 만나자마자 나는 단도직입적으로 물었다. "1906년 여름 사라토가에서 유니언 퍼시픽 주식 매수와 관련된 일을 겪고 난 뒤 당신의 거래 방법에 어떤 변화를 준 겁니까?"

"그 사건이 내게 미친 영향을 잘못 전달한 것 같군요." 그는 그게 아니라는 투로 말했다. "그 사건을 계기로 나는 비밀정보나 풍문 따위는 아예 바라지도 않게 됐습니다. 그 사람이 개인적으로 친하고 또 아무리 능력이 출중하다 하더라도 일단 타인의 의견이나 추측, 어렴풋한 느낌에는 초연해지기로 한 것이지요. 주변 사람들보다 내가 주가를 더 정확히 읽어낸다는 것은 자랑이 아니라 실제 결과를 통해 입증할 수 있는 사실이었습니다. 나는 또 투기적인 선입관으로부터 전적으로 자유로웠다는 점에서 하딩 브라더스의 보통 고객들보다 준비가 잘 돼 있는 편이었지요. 약세론자들의 주장은 강세론자들의 주장만큼 설득력 있게 들리지 않았고, 그 반대 역시 마찬가지였습니다. 내게 단 한 가지 흔들리지 않는 선입관이 있다면 잘못된 판단에 대한 거부감이었습니다.

소년 시절부터 나는 어떤 사실이든 늘 내가 관찰한 대로 나만의 의미를 찾아냈습니다. 내가 그 의미를 느낄 수 있는 길은 오로지 그 방법뿐이었어요. 누가 나에게 알려주는 것에서는 어떤 사실도 캐낼 수 없었습니다. 내가 찾아낸 사실이라야 했지요. 이해가 됩니까? 만일 무엇인가를 믿는다면, 단지 내가 그래야 했기 때문에 믿은 것이라고 생각하면 됩니다. 내가 주식을 매수해 보유하고 있다면 그건 시장 상황을 읽어본 결과 강세 시각을 갖게 됐기 때문입니다. 그러나 자기가 주식을 보유하고 있다는 이유로 강세 시각을 갖게 된 사람들을 많이 볼 수 있을 겁니다. 똑똑하다고 알려진 이들도 마찬가지에요. 내가 현재 어떤 자산을 보유하고 있으며, 이전에 어떤 자산을 보유했었는지는 나의 사고에 아무런 영향도 미치지 않습니다. 내가 절대 주가와 싸우지 않는다고 반복해서 강조하는 이유도 바로 이 때문이지요. 시장이 예상치 못했던 방향으로 혹은 전혀 논리적이지 않게 움직이는 바람에 손실을 입었다고 해서 시장을 향해 화를 낸다면 그건 당신이 폐렴에 걸렸다고 해서 허파한테 신경질을 부리는 것과 같습니다.

주식 투기에는 주가를 읽어내는 것보다 훨씬 더 많은 것이 있다는 사실을 완전히 깨닫기까지 나는 천천히 한 걸음씩 나아가야 했습니다. 강세장에서는 꾸준히 강세 시각을 유지하는 게 제일 중요하다는 패트리지 노인의 지론은 당연히 나로 하여금 자기가 트레이딩 하려는 시장이 강세장인지 약세장인지를 판단하는 게 그 무엇보다 우선이라는 생각을 갖게 해주었지요. 큰돈은 반드시 대세상승이나 대세하락 같은 시장의 큰 흐름에서만 벌 수 있다는 사실도 깨닫기 시작했습니다. 시장의 큰 흐름을 만들어내는 최초의 동인이 무엇이든 중요한 사실은, 큰 흐름이 지속되는 것은 작전 세력의 시세조종이나 금융업자들의 계략 때문이 아니라 기본적인 시장 여건의 변화 때문이라는 점입니다. 또한 누가 반대하든 관계없이 시장의 큰 흐름이 얼마나 멀리, 얼마나 빠르게, 얼마나 오랫동안 뻗어갈 것인가는 전적으로 앞으로 끌고 나가는 힘에 달려있지요."

본격적인 투기 거래를 준비하다

"사라토가 사건 이후 나는 보다 명확하게, 그러니까 좀더 성숙한 시각으로 바라보기 시작했습니다. 주식시장에 상장돼 있는 모든 종목들이 시장의 큰 흐름을 따라 움직이므로 개별 종목의 매매 동향이나 이 종목 저 종목의 주가 움직임을 따로 연구해 추측할 필요가 그리 많지 않았지요. 또한 시장의 큰 흐름을 생각하게 되면 굳이 자신의 거래 물량에 제한을 두지 않아도 됐습니다. 시장에 상장돼 있는 전 종목을 사거나 팔 수 있으니까요. 어떤 종목들은 발행 주식의 일정 비율 이상을 공매도할 경우 위험해질 수 있기 때문에 공매도 물량은 그 주식을 누가 얼마나 어디서 보유하고 있느냐에 따라 결정됩니다. 하지만 전 종목을 대상으로 할 경우 돈만 있다면 100만 주도 공매도할 수 있습니다. 물론 매수 압박에 몰릴 위험도 없지요. 옛날에는 내부 거래자들이 공매도 세력이 느끼는 매집과 매수 압박이라는 조심스러운 두려움을 이용해 정기적으로 공매도 세력들한테서 엄청난 돈을 빼앗아가고는 했지요.

강세장에서는 강세 시각을 가져야 하고 약세장에서는 약세 시각을 갖는 것이야말로 무엇보다 중요합니다. 우습게 들리지 않습니까? 하지만 이 말을 실행한다는 게 실은 그 가능성을 기대하는 것이라는 사실을 깨닫기 전까지 나는 이 말을 순전히 일반적인 원칙으로만 이해했습니다. 내가 이 말의 진정한 의미에 따라 거래하는 방법을 배우는 데는 오랜 시간이 걸렸어요. 그러나 객관적으로 얘기하자면 그때까지 나는 그런 방법으로 투기할 만큼 충분한 규모의 큰돈을 한 번도 가져본 적이 없었다는 점을 상기시켜주고 싶군요. 시장의 큰 흐름이란 당신의 포지션이 클 경우에만 큰돈이 될 수 있고, 큰 물량을 거래하려면 증권회사에 상당한 금액의 잔고를 갖고 있어야 합니다.

나는 늘 주식시장에서 매일매일의 생활비를 벌어야 했습니다. 어쩌면 그래야만 하다고 느낀 것이지도 모르겠군요. 이런 강박관념은, 수익성은 높지만 결과가 나오기까지 더 많은 시간이 걸리고 당장은 비용도 많이 드는 거래 방식, 즉 시장의 큰 흐름을 따라 거래하는 데 필요한 자금을 늘리려는 내 노력에 걸림돌이 됐습니다.

그러나 이제는 나 자신에 대한 확신이 강해졌을 뿐만 아니라 거래하는 증권회사에서도 더 이상 나를 이따금 행운이 따르는 꼬마 승부사로 여기지 않게 됐습니다. 내가 거래하는 증권회사는 나 덕분에 엄청난 수수료를 벌었지만, 나도 그 회사의 스타 고객이 될 자격이 있었고, 또한 주식 거래 규모 이상으로 내 가치를 인정받을 만했지요. 돈을 버는 고객은 어느 증권회사에게든 귀중한 자산이니까요.

단지 주가를 공부하는 것만으로 만족했던 자세에서 벗어나자 곧바로 몇몇 종목의 하루하루 주가 등락에만 매달리던 태도도 버리게 됐지요. 그렇게 되자 좀 다른 각도에서 게임을 공부해야 했습니다. 나는 시시각각의 주가 등락에서 벗어나 가장 중요한 원칙들을 공부했고, 매일매일의 주가 등락을 버리고 시장의 기본적인 상황을 연구한 것이지요.

물론 매일 발행되는 시장정보지를 오랫동안 정기적으로 읽었습니다. 모든 트레이더들이 다 읽지요. 그러나 시장정보라는 것의 상당수가 소문이고, 일부는 고의적인 거짓 정보고, 나머지는 필자의 개인적인 견해일 뿐입니다. 이름 있는 주간 평론지도 현재의 시장 상황을 다룬 것을 보면 전혀 만족스러운 수준이 아니었어요. 금융전문 편집자들의 시각은 대개 나와 달랐습니다. 사실들을 잘 정리해 거기서 결론을 도출하는 게 그들에게는 그리 중요한 문제가 아니겠지만 나에게는 진짜 중요한 문제였어요. 또한 시간이라는 요소를 어떻게 평가하느냐에 대해서도 그들과 나 사이에는 엄청난 간극이 있었습니다. 이미 지나간 주간을 분석하는 것보다는 앞으로 다가올 여러 주간을 예측하는 게 나에게는 더 중요했습니다.

지난 여러 해 동안 나는 부족한 경험과 젊은 나이의 무분별함, 충분치 못한 자본이 한데 어우러져 가져다 준 불운을 감수해야 했습니다. 하지만 이제 나는 신대륙 발견자가 가지는 의기양양한 기분을 느낄 수 있었습니다. 투기라는 게임을 대하는 새로운 자세를 통해 왜 내가 뉴욕에서 큰돈을 벌려다 계속해서 실패했는지 알 수 있었지요. 그런데 이번에는 적절한 자본과 경험, 자신감까지 갖고 있었지만, 새로운 열쇠를 사용하기 위해 너무 서두르다 보니 그 문에는 또 다른 자물쇠, 다름아닌 시간이라는 자물쇠가 채워져 있다는 사실을 미처 알아차리지 못했던 겁니다! 완벽할 정도로 못 본 채 그냥 넘어갔던 거죠. 나는 늘 치러왔던 수업료를 내야 했습니다. 한 걸음 앞으로 내디딜 때마다 가해지는 뼈아픈 채찍질이었지요.

1906년의 경제 상황을 공부해보니 자금시장 전망이 특히 심각하다는 생각이 들었습니다. 전 세계적으로 엄청난 규모의 실질 자산이 사라져버렸습니다. 모두가 조만간 고통을 느낄 수밖에 없고, 따라서 아무도 누구를 도와줄 처지가 아니었어요. 이건 1만 달러짜리 주택을 8000달러짜리 경주마 한 객차분과 바꾸는 바람에 겪는 힘든 시기와는 차원이 다른 겁니다. 화재로 주택이 전소해버리고, 기차가 전복해 객차에 실려 있던 경주마들이 죽어버린 거죠. 막대한 금액의 경화(硬貨)가 보어 전쟁에서 대포 연기와 함께 사라져버렸고, 수백만 달러의 돈이 남아프리카의 비생산적인 군인들을 유지하는 데 쓰여짐으로써 과거처럼 영국 투자자들이 도움을 주리라고는 전혀 기대할 수 없게 됐지요. 또 샌프란시스코에서 일어난 대지진과 화재로 공장주, 농민, 상인, 노동자, 백만장자들까지 모두가 피해를 입었습니다. 철도회사가 입은 타격은 엄청났어요. 나는 이제 붕괴를 막을 수 있는 것은 아무것도 없다고 생각했습니다. 이런 경우라면 할 수 있는 건 하나뿐이었지요. 주식을 파는 것이었습니다!

앞서도 말했듯이 내가 어느 쪽 포지션을 잡을 것인지 결정한 다음 시도하는 첫 거래에서는 대개 이익을 거둔다는 점을 나는 이미 잘 알고 있었습니다. 이제 나는 매도 쪽으로 결정했고 과감히 뛰어들었지요. 우리가 진짜 약세장으로 진입하고 있다는 건 의심할 나위가 없었으므로 내 생애 최고의 대박을 터뜨릴 것이라고 확신했습니다.

시장은 아래로 향했습니다. 그리고는 다시 올라왔지요. 조금 내렸다가는 다시 꾸준히 상승세를 이어갔습니다. 내가 거둔 평가이익은 사라졌고 평가손실만 불어났습니다. 어느날 보니 진짜 약세장이 어떤 것인지 이야기해줄 약세론자가 한 명도 남아있지 않은 것 같았어요. 나는 이런 상황을 도저히 견뎌낼 수 없었습니다. 결국 공매도 물량을 정리했지요. 그 정도면 괜찮은 편이었어요. 그때 정리하지 않았더라면 나에게는 우편엽서 살 돈마저 남지 않았을 겁니다. 판돈의 상당 부분을 잃었지만, 그래도 후일을 기약하며 살아남았다는 게 불행 중 다행이었습니다."

이론에서는 맞고 실전에서는 틀리다

"나는 실수를 저질렀습니다. 그런데 어디서? 나는 약세장에서 약세 시각을 가졌습니다. 이건 현명한 일이었어요. 나는 주식을 공매도했지요. 이것 역시 적절했습니다. 그런데 너무 빨리 매도한 겁니다. 이로 인해 값비싼 대가를 치러야 했지요. 내 포지션은 맞았지만 실제 거래는 틀렸던 겁니다. 그런데 하루하루 지날수록 시장은 불가피한 파국을 향해 조금씩 다가가고 있었습니다. 나는 기다렸고, 마침내 랠리가 주춤거리다 멈추기 시작하자 안타깝게도 지난번 손실로 인해 쪼그라든 내 증거금이 허용하는 한도 내에서 최대한 공매도했지요. 나는 이번에도 맞췄습니다. 정확히 딱 하루만 맞았지요. 바로 그 다음날부터 또 다시 랠리가 시작됐으니까요. 격렬한 고통과 함께 한 번 더 작별 인사를 해야 했습니다! 나는 다시 주가 테이프를 읽은 다음 공매도 물량을 정리하고 기다렸지요. 얼마 지나지 않아 다시 매도했고, 시장은 다시 한번 약속이나 한 듯이 떨어졌다가 아주 당당하게 랠리를 이어갔습니다.

마치 시장이 최선을 다해 나로 하여금 버킷샵에서 트레이딩하던 그 옛날의 단순한 방법으로 돌아가라고 재촉하는 것 같았어요. 이렇게 한두 종목이 아니라 시장 전체를 아우르는 분명한 향후 계획을 갖고 거래하기는 나로서는 처음이었습니다. 나는 이런 자세를 고수하면 틀림없이 이길 것이라는 생각이 들었지요. 물론 이 무렵까지 나는 포지션을 순차적으로 늘려가는 시스템을 개발하지 못한 상태였고, 그러다 보니 앞서 설명한 것처럼 시장이 하락할 때마다 공매도 물량을 늘려가야 했는데 그러지 못했습니다. 만약 그랬더라면 내 증거금이 그렇게 많이 날아가지 않았을 겁니다. 또 비록 틀렸다 하더라도 그토록 큰 상처는 입지 않았겠지요. 알다시피 나는 분명한 사실들을 잡아냈지만 그 사실들을 제대로 정렬하는 방법은 알지 못했습니다. 불완전한 사실 인식은 아무런 도움도 되지 않았을 뿐만 아니라 현실적으로 장애가 됐습니다.

내가 저지른 실수를 공부하면 돈으로 연결된다는 사실을 늘 깨닫습니다. 그 덕분에 나는 약세장에서는 매도 포지션을 놓치지 않는 게 매우 중요하지만, 주가 테이프를 읽어가면서 거래하기에 적당한 시점을 반드시 먼저 결정해둬야 한다는 점을 알게 됐지요. 시작하는 시점이 정확하면 일단 이익을 거둔 포지션이 심각한 타격을 입을 리 없습니다. 그러면 아무 걱정 없이 꿋꿋이 밀고 나갈 수 있지요.

물론 지금은 단순한 바람이나 기호가 전혀 개입되지 않는 내 사실 인식의 정확성에 대해 훨씬 더 신뢰하게 됐고, 또 내가 찾아낸 사실들을 검증할 뿐만 아니라 내 시각이 옳은지 여부를 다양하게 시험해볼 수 있는 훨씬 더 많은 장치들을 갖고 있습니다. 그러나 1906년의 계속된 랠리는 내 증거금에 치명적인 손실을 가져왔습니다.

당시 나는 겨우 스물일곱 살이었어요. 나는 12년 동안이나 이 게임을 해왔습니다. 그러나 파국은 여전히 예고편 상태였기 때문에 나는 이번 거래를 시작한 이래 처음으로 내가 망원경을 사용해왔다는 사실을 알게 됐지요. 폭풍우를 몰고 올 먹구름이 내 눈에 처음 들어온 시점과 시장의 폭락으로 현금을 챙겨야 할 시점 간의 간격이 생각보다 훨씬 멀어서 내가 분명히 봤다고 생각하는 것을 진짜로 봤는지 나 자신도 의심스러워지기 시작했습니다. 숱한 경고 신호가 쏟아져 나왔고, 콜금리는 급격하게 치솟았습니다. 그래도 여전히 몇몇 대형 금융기관장들은 적어도 신문기자들 앞에서는 희망적인 이야기를 늘어놓았고, 계속 이어지는 주식시장의 랠리를 보면 파국을 외치는 사람들이 전부 거짓말을 하는 것 같았어요. 나의 약세 시각이 기본적으로 틀렸던 것일까요, 아니면 일시적인 오류로 인해 너무 성급하게 공매도를 시작했던 것뿐일까요?"

정확히 판단하고 파산하다

"나는 너무 빨리 시작했다고 생각했습니다. 하지만 그것은 나로서도 어쩔 수 없었지요. 그때 시장이 다시 떨어지기 시작했습니다. 이번에는 나에게 기회가 온 겁니다. 나는 최대한 공매도했고, 그러자 주식은 다시 랠리를 재개해 한참 더 높이 올라갔습니다.

내 계좌는 완전히 깡통계좌가 돼버렸어요.

그게 내 현주소였습니다. 정확히 판단하고 파산해버린 겁니다!

정말 희한한 일이었습니다. 사건의 전말은 이렇습니다. 나는 앞날을 내다봤고 돈이 산더미처럼 쌓여있는 것을 봤어요. 바깥에는 이런 표지판이 붙어있었지요. '마음대로 가져가세요.' 아주 큰 글씨로 적혀있었습니다. 그 옆에는 측면에 '로렌스 리빙스턴 운송회사'라고 써놓은 수레가 서 있었어요. 내 손에는 최신형 삽이 한 자루 들려있었고요. 보이는 사람은 아무도 없었고, 따라서 누구랑 경쟁하며 돈을 퍼 담을 걱정조차 할 필요가 없었습니다. 남들보다 먼저 돈더미를 발견한 사람이 누리는 특권 가운데 하나가 바로 이것이지요. 보려고만 했다면 이 돈더미를 알아챘을지도 모를 사람들이 그냥 야구경기를 보거나 혹은 자동차를 몰고 다니거나, 아니면 내가 본 바로 그 돈으로 살 수 있는 집을 사고 있었던 겁니다. 내 눈앞에 그렇게 큰돈이 있는 걸 보기는 난생 처음이었으므로 나는 당연히 서둘러 돈더미를 향해 달려가기 시작했지요. 그런데 돈더미에 채 닿기 전에 맞바람이 몰아쳐 땅바닥에 넘어지고 말았습니다. 돈더미는 여전히 거기 있었지만 내 손에 들려있던 삽과 수레가 사라져버렸어요. 너무 빨리 전속력으로 달렸던 겁니다! 너무나 기뻤던 나머지 내가 본 게 진짜 돈더미며 신기루가 아니라는 것을 나 자신에게도 납득시키지 못했던 것이지요. 나는 봤고, 봤다는 걸 알았습니다. 탁월한 선견지명이 가져다 줄 보상을 생각하느라 돈더미가 얼마나 멀리 떨어져 있는지 보지 못했던 겁니다. 나는 걸어가야 했던 겁니다. 전속력으로 달리면 안 됐어요.

이게 사건의 전말입니다. 나는 그 시점이 약세 쪽에다 모든 것을 걸기에 정확한 시점이라고 덮어놓고 판단했던 겁니다. 한 번은 주가를 읽어내는 기법의 도움을 받았어야 했는데 그렇게 하지 못한 것이지요. 이렇게 해서 약세장이 막 시작하는 단계에 정확히 약세 시각을 가진 경우에도 시장 엔진이 역회전 할 위험이 완전히 사라질 때까지는 공매도 물량을 마구 늘려가지 않는 게 좋다는 사실을 배우게 된 겁니다.

나는 몇 해 동안 하딩 증권회사에서 적어도 수천 주 이상씩 거래해왔습니다. 더구나 이 회사는 나를 신뢰했고, 우리 둘 사이의 관계는 최상이었지요. 그들은 내가 금세 다시 제자리로 돌아올 것이라고 여겼습니다. 그들은 또 내가 행운을 잡으면 한껏 밀어붙이는 성질이 있으므로 내게 필요한 것은 일단 시작하는 것이고, 그러면 잃은 것을 회복하는 데 그치지 않고 더 많은 돈을 벌 것이라는 점도 알고 있었지요. 나의 트레이딩 덕분에 그들은 상당히 많은 돈을 벌었고, 앞으로 더 벌 것이었지요. 따라서 내가 높은 신용도를 유지하는 한 그곳에서 다시 거래하는 데는 아무런 문제도 없었습니다.

몇 차례 연속해서 얻어터지고 나자 무조건 대들던 자만심을 다소 줄일 수 있었습니다. 아마도 좀더 신중해졌다는 표현이 더 어울릴 겁니다. 물론 이렇게 된 이유는 시장의 파국이 그만큼 더 가까워졌다는 사실을 알고 있었기 때문이지요. 한번 세게 판돈을 걸기 전에는 반드시 그래야 하듯이 오로지 조심스럽게 기다리는 게 내가 할 수 있는 일의 전부였습니다. 이건 소 잃고 외양간 고치는 것과는 다른 경우였어요. 나는 계속해서 확신할 수밖에 없었고, 다음 번에 또 시도할 것이었으니까요. 한 번의 실수도 저지르지 않는 사람이 있다면 그는 한 달 안에 전 세계를 손안에 넣겠지요. 그러나 자신의 실수에서 무언가를 배운다면 그것이야말로 진정한 축복일 겁니다.

그런데, 어느 화창한 날 아침 나는 다시 한번 확신에 차 시내로 나갔습니다. 이번에는 의심의 여지가 없었어요. 도하 각 신문의 경제면에 실린 광고를 봤더니, 내가 한껏 세게 내지르기 위해 기다리는 동안 한 번도 느껴보지 못했던 뚜렷한 조짐을 읽을 수 있었습니다. 노던 퍼시픽과 그레이트 노던 철도의 신주 발행 소식[1]이 그것이었지요. 신주 발행 대금은 주주들의 편의를 봐주기 위해 분할 납입하도록 돼 있었습니다. 이런 식으로 사정을 봐주다니 월스트리트에 일찍이 없던 일이었지요. 이건 불안한 징조 이상의 충격으로 와 닿았습니다.

지난 수 년간 그레이트 노던 우선주에 따라다녔던 확실한 강세 요인은 공식 배당 외에 특별배당이 발표된다는 것이었는데, 이 특별배당이란 '운 좋은 주주들'에게 그레이트 노던 신주를 액면가로 청약할 수 있는 권리를 부여하는 것이었습니다. 그레이트 노던 주가는 늘 액면가 이상이었으므로 이 권리는 꽤 돈이 되는 것이지요. 한데 지금 자금시장의 사정은 미국에서 가장 막강한 은행들조차 그레이트 노던 주주들이 값싼 신주를 살 만한 현금이 있는지 자신하지 못할 정도였던 겁니다. 그레이트 노던 우선주의 현재 주가가 330달러 수준이었는데도 말입니다!

나는 증권회사에 도착하자마자 에드 하딩에게 말했습니다. '바로 지금이 매도할 때에요. 실은 나도 지금에야 공매도를 시작했어야 했어요. 이 광고를 한번 보세요, 어때요?'

그는 광고를 봤습니다. 나는 은행들의 진짜 의도가 요컨대 내가 얘기하는 것에 다름 아니라는 점을 지적했지만, 그는 대폭락이 임박했다는 말을 선뜻 받아들이지 못했지요. 그는 시장이 반복적으로 큰 폭의 랠리를 이어왔다는 점에서 공매도 물량을 쏟아내려면 좀더 기다리는 게 좋겠다는 생각이었어요. 주가가 지금보다 더 떨어지기를 기다려 공매도한다면 물론 더 안전하겠지요.

나는 그에게 말했어요. '에드, 급락하는 시점이 늦춰질수록 급락이 시작되면 그 기세가 더 무서워질 겁니다. 이 광고는 은행가들 입장에서 이름까지 내걸고 고백한 거예요. 이들이 두려워하는 게 바로 내가 바라는 겁니다. 이건 우리들한테 약세장으로 가는 마차에 올라타라는 신호예요. 다른 건 기다릴 필요도 없습니다. 내가 1000만 달러를 갖고 있다면 바로 지금 이 순간 몽땅 다 걸겠어요.'

나는 몇 가지 더 이야기해야 했고 논쟁도 벌여야 했습니다. 제대로 된 사고를 가졌다면 누구든 그 이례적인 광고에서 끄집어낼 수 있는 추론 한 가지만으로 그는 만족해하지 않았지요. 나는 그것으로 충분했지만, 증권회사에 있는 대부분의 사람들은 그렇지 않습니다. 나는 조금 공매도했습니다. 아주 조금이었어요.

며칠 뒤 세인트폴 철도가 아주 친절하게도 자기네 역시 유가증권을 발행한다고 발표했습니다. 그게 주식이었는지 채권이었는지 기억이 나지 않아요.[2] 그건 별로 중요하지 않습니다. 중요한 건 그 내용을 읽어보니 대금 납입일이 앞서 신주 발행을 발표한 그레이트 노던과 노던 퍼시픽보다 더 빨랐다는 사실입니다. 월스트리트에 돌아다니는 돈이 얼마나 적었으면 그 유서 깊은 세인트폴 철도가 다른 두 철도회사보다 먼저 그 돈을 갖겠다고 이처럼 확성기를 들고 외쳐대는 것인지 확실히 보여주는 것이었지요. 세인트폴의 유가증권 발행을 맡은 주간사 은행들도 세 회사

---

1) 1906년 12월 노던 퍼시픽과 그레이트 노던은 각각 9300만 달러와 6000만 달러 규모의 신주를 발행한다고 발표했다. 신주 대금은 각각 1909년 1월, 1908년 4월까지 나눠서 내도록 했다.
2) 세인트폴은 1억 달러 규모의 신주를 액면가로 발행한다고 발표했는데, 신주대금은 1909년 3월까지 분할 납입하도록 했다.

에 돌아갈 만큼 돈이 충분치 않다는 것을 두려워하는 게 분명했고, 그러다 보니 '형님 먼저, 아우 먼저!' 따위는 찾을 겨를이 없었던 겁니다. 이미 시중자금이 이토록 말라붙어 버렸다면, 게다가 은행들도 틀림없이 이 사실을 알고 있다면 앞으로 자금 사정은 어떻게 될 것인가? 철도회사들은 돈을 절실히 필요로 했습니다. 그런데 돈은 없었어요. 그러면 답은 무엇일까요?

주식을 파는 겁니다! 당연한 말이지요! 오로지 주식시장만 바라보는 대중들은 거의 아무것도 보지 못했습니다. 이들은 일주일 정도만 봤을 뿐이니까요. 현명한 주식 투기자는 더 많은 것을 봤습니다. 일 년 정도를 내다봤지요. 이게 결정적으로 다른 점이었습니다.

나는 이로써 의구심과 초조함을 완전히 떨쳐버릴 수 있었습니다. 나는 즉시 아주 단단히 마음을 굳혔지요. 그날 아침 나는 그동안 견지해왔던 노선에 따라 진짜 첫 전투를 개시했습니다. 나는 하딩에게 내가 어떻게 생각하는지, 내 입장이 무엇인지 설명했어요. 그는 내가 그레이트 노던 우선주를 330달러 근방에서, 그 밖의 주식들도 높은 가격에서 공매도하는 데 반대하지 않았습니다. 나는 앞서 저질렀던 실수에서 값비싼 교훈을 얻었고, 덕분에 보다 지혜롭게 매도할 수 있었습니다.3)

나의 명성과 신용은 금방 회복됐습니다. 이건 우연이든 아니든 증권회사에서 정확한 판단을 내린 사람이 누리는 특권이었지요. 그러나 이번에는 냉혹할 정도로 정확했습니다. 육감이나 주가 테이프를 기술적으로 잘 읽어냈기 때문이 아니라 주식시장 전반에 영향을 미치는 제반 여건을 제대로 분석한 결과였지요. 나는 추측한 게 아니었습니다. 나는 불가피하게 발생할 사건을 예측한 겁니다. 주식을 공매도하는 데는 용기가 없어

---

3) 그레이트 노던 우선주는 1906년 2월 9일 348달러까지 상승하기도 했으나, 신주 발행 발표 후 급락하기 시작해 그해 12월 26일에는 178달러까지 떨어졌다.

도 됩니다. 나는 단지 주가가 더 떨어질 것이라는 것 외에는 볼 수 없었고, 따라서 그렇게 할 수밖에 없었지요. 그렇지 않습니까? 달리 내가 무엇을 할 수 있었겠습니까?"

심판의 날이 다가오다

"주식시장에 상장된 모든 종목이 다 흐느적거리듯 움직였습니다. 그러다 한번 랠리가 있자 사람들은 나에게 다가와 하락세가 바닥을 쳤다고 경고하듯 말해주었지요. 공매도 물량이 엄청나다는 것을 알고 있는 큰손 세력들은 약세 투기자들을 압박하기로 마음먹었으며, 그렇게 몰아붙일 것이라는 이야기였습니다. 그러면 나 같은 비관론자들은 수백만 달러를 빼앗길 것이었지요. 큰손 세력들은 인정사정 없이 압박할 게 뻔했습니다. 나는 이 친절한 조언자들에게 고맙다는 인사를 하곤 했습니다. 나는 논쟁을 벌이지 않았어요. 만약 그랬다면 내가 자신들의 경고에 감사하지 않는다고 생각했을 테니까요.

예전에 애틀랜틱시티에서 나와 같이 있었던 친구는 몹시 괴로워하더군요. 그는 내가 직감으로 대지진을 먼저 예상했던 것은 이해할 수 있었지요. 내가 의식적으로 눈 딱 감고 육감에 따라 유니언 퍼시픽을 공매도한 덕분에 25만 달러나 벌었으니 그는 이런 뭔가가 존재한다는 사실을 믿지 않을 수 없었던 겁니다. 그는 심지어 이것을 신의 섭리라고 부르기도 했는데, 자기가 강세 시각을 갖고 있을 때 나로 하여금 공매도하게 만드는 신비스러운 힘으로 작용한다는 것이었지요. 그는 사라토가에서 있었던 두 번째 유니언 퍼시픽 주식 거래도 이해할 수 있었습니다. 개별 종목에 결정적인 영향을 미치는 비밀정보는 상승 쪽이든 하락 쪽이든 반드시 주가의 움직임을 미리 정해놓는다는 사실을 이해할 수 있었기 때문이지요. 그런데 이번에 내가 모든 주식이 하락할 수밖에 없다는 예측을 내놓자 그는 신경질을 부리곤 했어요. 누가 그런 주가 예측을 듣고 좋다고 하겠습니까? 불구덩이에 빠져 있는 인간한테 뭘 어떻게 하라는 말을 할 수 있겠습니까?

나는 패트리지 노인이 좋아하는 말을 떠올렸습니다. '그래, 알다시피 지금은 강세장 아닌가?' 이 말은 충분히 지혜로운 사람에게는 아주 충분한 비밀정보처럼 들렸습니다. 15~20포인트의 급락으로 인해 엄청난 손실을 입고도 여전히 그 주식을 갖고 버티다가 3포인트 랠리에 기뻐 날뛰며 주가가 이제 바닥을 쳤고 확실한 회복세가 시작된 것이라고 확신하는 사람을 보면 그저 기가 막힐 따름입니다.

하루는 친구가 다가오더니 이렇게 묻더군요. '공매도한 건 정리했어?'

'내가 왜?'

'이 세상에서 가장 훌륭한 이유가 있으니까.'

'그게 뭔데?'

'돈을 벌었잖아. 주가는 바닥을 쳤고, 하락한 것은 반드시 오르게 돼 있지. 그렇지 않아?'

내가 대답했습니다. '그래, 먼저 주가는 바닥으로 추락해. 그 다음에 올라가지. 그런데 지금 당장은 아니야. 한 이틀 정도 완전히 죽어야 돼. 지금은 시체가 물위로 떠오를 때가 아냐. 아직 완전히 죽지 않았거든.'

증권회사의 한 터줏대감이 내가 하는 얘기를 들었습니다. 그는 늘 옛날 일을 회고하는 인물이었지요. 그는 약세 시각을 갖고 있던 윌리엄 트레버스가 강세 시각을 갖고 있던 친구와 만난 이야기를 꺼냈습니다. 두 사람은 시장에 관한 의견을 교환했고, 이어서 친구가 말했지요. '트레버스, 시장이 이토록 고공행진을 하는데 어찌 자네는 약세 관점을 가질 수 있나?' 그러자 트레버스가 되받아 쳤습니다. '맞아! 터어어무니없을 정도로 노오오옵지!' 트레버스는 한 회사를 찾아가 회계장부 열람을 요청한 일화로도 유명합니다. 직원이 그에게 물었습니다. '저희 회사에 지분을 갖고 있나요?' 그러자 트레버스가 대답했지요. '지분이 있다고 마아아알을 해에에야겠지! 나는 이 회사 주식 이이이만 주우우를 고오오옹매도했으니까!'

어쨌든 랠리는 갈수록 힘이 약해졌어요. 나는 나에게 찾아온 행운을 전력을 다해 밀고 나갔습니다. 그레이트 노던 우선주를 몇 천 주씩 매도할 때마다 주가는 몇 포인트씩 급락했습니다. 나는 다른 종목들에서도 약한 구석을 감지했고, 몇 종목은 공매도하기도 했지요. 모든 종목들이 떨어졌지만 아주 두드러진 예외가 하나 있었는데, 바로 레딩[4]이었습니다.

다른 모든 주식이 썰매처럼 미끄러져 내려가는 와중에도 레딩 주가는 전혀 흔들림이 없었어요. 전부들 이 주식이 매집되고 있다고 얘기했습니다. 주가 움직임을 보면 틀림없이 그랬지요. 레딩 같은 주식을 공매도하는 건 자살 행위나 다름없다고 사람들은 말하곤 했습니다. 증권회사에는 이제 나처럼 모든 종목에 대해 약세 시각을 가진 사람들이 있었지요. 그러나 누가 레딩 주식을 공매도할 기미라도 내비치면 비명을 지르며 막았습니다. 나 자신은 약간 공매도한 상태에서 끝까지 이를 고수했지요. 사실은 이렇게 방어막이 튼튼한 주식을 공격하기 보다는 다루기 쉬운 주식을 찾아내 공격하는 쪽을 더 선호했습니다. 주가를 읽어내는 기술 덕분에 나는 쉽게 돈을 벌 수 있는 다른 종목들을 찾아낼 수 있었으니까요."

레딩 공격 계획

"레딩 주가를 끌어올리려는 작전 세력에 대해서는 많은 얘기가 들려왔

---

[4] 정식 명칭은 Philadelphia & Reading Railroad다.

습니다. 천하무적의 강력한 작전 세력이었지요. 친구들이 이야기해준 내용에 따르면 무엇보다 그들은 주가가 낮을 때 엄청난 주식을 사들여 평균 매수 단가가 현재 주가보다 상당히 낮았습니다. 더구나 작전 세력의 주요 구성원은 은행 쪽 인사들과 가까운 관계여서 레딩의 막대한 지분을 사들이는 데 은행 돈을 가져다 쓸 수 있었어요. 주가가 계속 높은 수준을 유지하는 한 은행과 이들의 유착관계는 절대 흔들림이 없을 터였지요. 작전 세력 구성원 한 명이 거둔 평가이익이 300만 달러가 넘었습니다. 이 정도라면 주가가 웬만큼 하락해도 치명상을 입을 리 없었지요. 그러니 이 주식이 급락세를 견뎌내며 약세론자들을 우습게 봤던 게 전혀 이상한 일이 아니었습니다. 이따금 룸 트레이더들이 이 종목의 주가를 지켜보다 군침을 한번 삼킨 뒤 시험 삼아 1000주나 2000주쯤 공매도해보곤 했지요. 그러나 단 한 주도 굴복시키기 못한 채 공매도한 주식을 정리하고, 쉽게 돈을 벌 수 있는 다른 종목으로 눈을 돌려야 했습니다. 나 역시 이 종목을 볼 때마다 약간씩 매도했습니다. 그저 나의 새로운 트레이딩 원칙에 충실하다는 것을 스스로 확신하는 정도였을 뿐 내가 공격하기 좋아하는 다른 종목처럼 강하게 공매도한 것은 아니었지요.

예전 같았으면 레딩 주가의 강세에 그저 바보가 됐을 겁니다. 레딩 주가를 보면 '이 주식은 건드리지 마!' 라고 얘기하고 있었으니까요. 그런데 내 머리에서는 다른 소리가 들려왔습니다. 나는 시장 전체의 급락을 예상하고 있었고, 거기에는 어떤 예외도 있을 수 없지요. 주가를 끌어올리려는 작전 세력이 있든 없든 말입니다.

나는 늘 혼자서만 거래해왔습니다. 버컷샵에서 그렇게 시작했고, 그 이후 쭉 그래왔지요. 그건 내가 생각하는 방식이기도 합니다. 나는 내 눈으로 바라봐야 했고 내 머리로 생각해야 했습니다. 하지만 시장이 내가 예측했던 방향으로 움직이기 시작한 다음부터 내 생애 처음으로 우군(友

軍)을 가졌다는 느낌이 들었음을 말하고 싶군요. 이 세상에서 가장 강력하고도 가장 진실한 우군, 다름아닌 지금 시장을 둘러싼 여건 말입니다. 이 우군은 최선을 다해 나를 도와주었어요. 때로는 예비군을 모으느라 조금 늦어지기도 했지만 너무 조급하게만 굴지 않는다면 충분히 의지할 수 있는 우군이었습니다. 주가 테이프를 읽어내는 요령이나 육감이 나의 기회와 맞서는 일은 용납하지 않았습니다. 냉혹한 일련의 사건들이 내게 돈을 벌어주고 있었습니다."

믿을만한 우군

"정확한 판단을 내리는 게 무엇보다 중요했습니다. 그것을 알고 그에 따라 행동해야 했어요. 나의 진정한 우군인 시장을 둘러싼 전반적인 여건은 '하락!'이라고 말했는데, 네닝은 이 명령을 무시했습니다. 이건 우리를 모욕하는 것이었어요. 레딩 주가가 꼼짝 않는 것을 보자 마치 모든 게 아무일 없는 것처럼 보여 부아가 치밀기 시작했습니다. 레딩 주식은 전체 상장 종목 중에서 최고의 공매도 대상 주식이 돼야 했습니다. 이 주식은 아직 하나도 떨어지지 않았고, 작전 세력들은 이미 너무 많은 주식을 사들여 자금 경색이 좀더 심해지면 더 이상 사들일 수 없었지요. 지금은 은행 쪽에서 친구처럼 대해주지만 언젠가는 일반 대중보다 나은 대접을 받지 못하는 날이 올 테니까요. 레딩 주가도 다른 종목들과 함께 동반 하락할 수밖에 없었습니다. 만일 레딩 주가가 떨어지지 않는다면 그때는 내 이론이 틀린 겁니다. 내가 틀린 것이고, 내가 본 사실들도 틀린 것이며, 내가 편 논리도 틀리는 것이었습니다.

레딩 주가가 버티는 이유는 월스트리트가 공매도하기를 두려워하기 때문이라는 게 내 생각이었지요. 그래서 하루는 두 증권회사에다 동시에 각각 4000주씩 매도 주문을 냈습니다.

공매도를 하면 자살 행위나 마찬가지라던, 이 매집 종목이 양쪽에서 경쟁적으로 매도 주문이 들어오자 급전직하로 떨어졌습니다. 이 장면을 보여주지 못해 무척 아쉽군요. 나는 몇 천 주를 추가로 매도했습니다. 내가 공매도를 시작했을 때 주가는 111달러였어요. 불과 몇 분만에 내가 공매도한 물량의 평균 단가는 92달러로 주저앉았습니다.

그 뒤로는 환상적인 시간이 이어졌고, 1907년 2월에야 나는 공매도한 물량을 다시 사들였습니다. 그레이트 노던 우선주는 60~70포인트 떨어졌는데, 다른 종목들도 하락률은 비슷했지요. 나는 상당한 수익을 거뒀습니다. 사실 내가 공매도를 정리한 이유는 주가 하락세가 가까운 장래의 상황까지 이미 반영한 것이라고 생각했기 때문입니다. 나는 주가가 반등해 상당폭 회복될 것으로 내다봤지만, 그렇다고 지금까지와는 정반대로 거래할 만큼 강세 시각을 갖고 있지는 않았어요. 나는 약세 포지션을 완전히 잃고 싶지 않았습니다. 한동안 시장은 내가 거래하기에 적당하지 않을 것 같았어요. 버컷샵에서 처음으로 벌었던 1만 달러는 시장 여건이 좋든 나쁘든, 시도 때도 없이 매일같이 사고파는 바람에 다 날렸습니다. 나는 이런 실수를 두 번 다시 되풀이하지 않았어요. 또 이번 급락을 너무 빨리 내다보는 바람에 아직 때가 되지 않았는데도 공매도를 시작함으로써 잠시 동안이었지만 빈털터리가 됐다는 사실도 잊지 않았습니다. 이제 나는 큰돈을 벌면 일단 현금화해 내가 정확했다는 사실을 실감하고 싶었어요. 앞서 몇 차례 랠리가 이어졌을 때 나는 큰 타격을 입었습니다. 다음 번 랠리에 또 당해 깡통계좌를 만들고 싶지는 않았어요. 내 포지션을 끈질기게 고수하는 대신 플로리다로 떠났습니다. 나는 낚시를 좋아했고 휴식이 필요한 상태였어요. 플로리다로 내려가면 두 가지를 모두 즐길 수 있었지요. 게다가 월스트리트와 팜피치 간에는 직통 전화까지 연결돼 있었어요.

나는 플로리다 해안으로 배를 타고 나갔습니다. 낚시는 즐거웠어요. 주식은 모두 정리한 상태였고 마음은 편했지요. 그야말로 멋진 시간을 보내는 중이었습니다. 하루는 몇몇 친구들과 모터 보트를 타고 팜비치[5] 앞바다로 나갔지요. 신문을 갖고 배에 오른 친구가 있더군요. 나는 며칠 동안 신문을 전혀 보지 않았고, 보고 싶은 마음도 없었습니다. 신문에 실릴 만한 뉴스에는 관심조차 없었어요. 그런데 친구가 가져온 신문을 언뜻 보니 주식시장이 크게 반등했다는 뉴스가 실려 있더군요. 10포인트 랠리에 이어 추가로 더 올랐다는 겁니다.

나는 친구들에게 함께 뭍으로 가야겠다고 말했습니다. 이따금 있는 어느 정도의 랠리는 충분히 이해할 만합니다. 그러나 약세장이 아직 끝나지 않은 상태였어요. 그렇다면 이건 월스트리트의 바보 같은 대중들이, 혹은 벼랑 끝에 몰린 강세 투기자들이 현재의 시중자금 사정을 무시한 채 비이성적으로 주가를 끌어 올리고 있든가, 그렇지 않다면 누군가를 시켜 그런 짓을 하고 있는 게 분명했어요. 도저히 그냥 외면할 수가 없었습니다. 일단 내 눈으로 시장을 봐야 했지요. 나는 뭘 해야 할지 알지 못했습니다. 다만 시세판을 보는 게 무엇보다 시급하다는 사실만큼은 알고 있었습니다.

내가 거래하던 증권회사인 하딩 브라더스는 팜비치에 지점이 있었습니다. 지점 안으로 들어가자 아는 얼굴들이 꽤 눈에 띄었지요. 대부분 하는 이야기가 강세 쪽이더군요. 이들은 주가 테이프만 보고 거래하면서 속전속결로 매매하는 타입이었습니다. 이런 트레이더들은 먼 장래는 전혀 개의치 않았는데, 거래 스타일 자체가 그럴 필요가 없었기 때문이지

---

[5] Palm Beach, 플로리다 주의 아름다운 휴양도시.

요. 내가 어떻게 해서 뉴욕의 증권회사에서 꼬마 승부사로 알려지게 됐는지 기억할 겁니다. 사람들은 늘 누군가가 한판 이긴 것을 과장하고, 그게 얼마나 큰 판이었는지 마구 부풀리지요. 증권회사에 있던 사람들은 내가 뉴욕에서 약세 쪽에다 걸어 아주 큰돈을 번 것으로 알고 있었고, 내가 다시 한번 크게 공매도하기를 바라고 있었습니다. 그들은 내심 이번 랠리가 상당히 오래 갈 것이라고 생각했지만, 그래도 랠리와 맞서 싸우는 게 내가 할 일인 양 여겼지요.

나는 낚시 여행 차 플로리다로 온 것이었습니다. 나는 극심한 압박감에 시달려왔고 휴식이 필요했지요. 그런데 주가가 얼마나 많이 회복됐는지 내 눈으로 확인한 순간 더 이상 휴가의 필요성을 느끼지 못했습니다. 배에서 내렸을 때만 해도 나는 뭘 해야 할지 아무 생각도 없었어요. 그러나 지금은 공매도를 해야 한다는 사실을 알게 됐습니다. 나는 옳았고, 내가 오랫동안 써왔던 단 한 가지 방법으로 그것을 증명해야 했습니다. 다름아닌 돈을 갖고 내가 옳다고 외치는 것이었지요. 상장 종목 전체를 대상으로 공매도하는 게 적절하면서도 신중하고 수익성도 높고 애국적인 행동이라고까지 할 수 있었습니다."

실수를 저질렀을 때

"그런데 시세판을 바라보자 아나콘다[6]가 막 300달러를 넘어서려는 게 가장 먼저 눈에 들어왔어요. 주가는 아주 빠르게 올라가고 있었고, 매우 공격적으로 주가를 끌어올리려는 무리가 개입해 있는 게 틀림없었습니다. 어떤 주식이 처음으로 100달러나 200달러, 혹은 300달러를 넘어서면 주가는 거기서 멈추지 않고 더 높이 올라간다는 게 내 오랜 트레이딩 이론이지요. 따라서 이 가격대를 넘어서자마자 매수하면 거의 틀림없이 이익을 챙길 수 있습니다. 소심한 사람들은 신고가를 경신한 주식은 매수하지 않으려 하지요. 하지만 나는 이런 주가 움직임이 있으면 주목해서 따라갑니다.

아나콘다는 4분의 1짜리 주식이었어요. 이 주식의 액면가[7]는 25달러에 불과했다는 말입니다. 따라서 400주를 매수해야 액면가가 100달러인 다른 주식 100주를 매수한 것과 같았습니다. 나는 이 주식이 300달러를 넘어서면 틀림없이 더 올라갈 것이고, 금세 340달러 정도까지 갈 것이라고 생각했지요.

알다시피 나의 시각은 약세였습니다. 하지만 나는 주가 테이프를 읽어가면서 거래하는 트레이더이기도 했습니다. 나는 아나콘다가 내 생각대로 방향을 잡기만 한다면 아주 빨리 움직일 것이라는 점을 잘 알고 있었지요. 나는 빠르게 움직이는 주식은 어떤 종목이든 다 주목합니다. 나는 인내심과 함께 꿋꿋이 참고 기다리는 법을 배웠지만 주가가 팔딱팔딱 살아 움직이는 종목을 개인적으로 선호했어요. 아나콘다는 굼벵이 같은 주식이 절대 아니었습니다. 주가가 300달러를 넘어섰다는 이유로 아나콘다를 매수한 이유는 내 마음속에 항상 강렬하게 자리잡고 있는, 내가 관찰한 사실들을 확인하고 싶은 욕망이 부추겼기 때문이지요.

마침 그 시각 주가 테이프는 매수세가 매도세보다 강하다는 점을 알려주었고, 따라서 시장 전반의 랠리는 별 문제 없이 좀더 이어질 것 같았습니다. 공매도를 하기에 앞서 일단 기다리는 게 현명해 보였지요. 하지만 기다리는 동안에도 약간의 돈벌이는 해볼 수 있었어요. 아나콘다 주가가 순식간에 30포인트 상승해준다면 가능한 일이었습니다. 주식시장 전체

---

6) Anaconda Copper Mining Co., 1881년에 설립된 당시 세계 최대의 구리광산 기업으로 1899년에 어멜거메이티드 코퍼가 이 회사의 최대주주 지분을 사들였다.
7) 현재 미국 주식시장에서 거래되는 대부분의 주식은 액면가가 없지만, 이 무렵에는 액면가가 기본적으로 100달러였고 주식 증서에도 이 금액을 적었다.

는 약세 시각으로 바라보면서 한 종목만은 강세 시각을 가진 셈이었지요! 그래서 나는 아나콘다 주식 3만2000주, 그러니까 액면가 100달러짜리 주식으로 치면 8000주를 매수했습니다. 이건 작지만 근사한 투기였어요. 나는 내 이론을 확신했고, 여기서 거둔 이익은 나중에 공매도 거래를 할 때 증거금을 늘려줄 것이라고 생각했습니다.

다음날 전신선이 불통됐는데, 북부 지역에 폭풍우가 몰아쳤든지 뭐 그런 사건 때문이었을 겁니다. 나는 하딩 증권회사에서 뉴스를 기다렸어요. 객장에 모인 사람들은 주식 트레이더들이 거래를 할 수 없을 때면 으레 그렇듯 지겹도록 불평을 해대며 온갖 것들을 다 궁금해했지요. 그런 와중에 주가가 전달됐는데, 그날은 이게 처음이자 마지막이었습니다. 아나콘다 주가는 292달러였어요.

그곳에는 뉴욕에서 만나본 적이 있는 중개인 친구가 한 명 있었습니다. 그는 내가 액면가 100달러짜리로 8000주를 매수해놓고 있다는 것을 알고 있었고, 나 역시 그가 어느 정도 주식을 보유하고 있을 것이라고 짐작했습니다. 왜냐하면 우리가 그날 딱 한 번뿐이었던 주가를 받아봤을 때 그는 당황하는 기색이 역력했기 때문이지요. 그는 바로 그 시점에 아나콘다 주가가 추가로 10포인트 더 떨어졌을지도 몰라 안절부절 하지 못했거든요. 아나콘다 주가가 상승했던 과정을 떠올려보면 20포인트쯤 급락하는 건 그리 대단한 일도 아니었습니다. 하지만 나는 이렇게 말해주었지요. '걱정 말게나, 존. 내일이면 좋아질 거야.' 실제로 내 마음이 그랬습니다. 그러나 그는 나를 보더니 고개를 젓더군요. 그는 그렇게 바보가 아니었습니다. 그는 제 나름의 방식을 갖고 있었어요. 결국 나는 씩 웃고는, 주가가 다시 전해질 경우를 대비해 객장에서 기다렸습니다. 그러나 끝내 오지 않았어요. 우리가 받은 주가는 앞서 전해진 게 전부였습니다. 아나콘다 292달러. 이 말은 내가 10만 달러 가까운 평가손실을 입었음을 의미했습니다. 나는 속전속결로 이 거래를 마치고 싶었어요. 그런데 정반대 방향이긴 했지만 그렇게 돼가고 있었던 겁니다.

다음날 전신선은 제대로 돌아갔고, 평상시처럼 주가를 받아볼 수 있었습니다. 아나콘다는 298달러에 개장해 302.75달러까지 올랐다가, 순식간에 상승폭을 반납하기 시작했지요. 더구나 다른 종목들도 더 이상의 랠리가 있을 것 같은 움직임을 보여주지 못했습니다. 나는 아나콘다 주가가 301달러 밑으로 떨어지면 지금까지의 모든 게 틀림없이 속임수였을 것이라고 마음을 굳혔어요. 정상적인 상승세라면 주가는 곧장 310달러까지 치고 올라갔어야 했습니다. 그런데 오히려 조정을 받는다면 그건 내가 관찰한 앞서의 움직임이 내 기대를 저버렸으며, 내가 틀렸음을 의미했지요. 누구든 자신이 틀렸을 때 해야 할 일은 단 한 가지, 틀린 행동을 당장 멈추고 옳은 행동을 하는 겁니다. 나는 아나콘다의 주가가 30~40포인트 오를 것을 기대하며 액면가 100달러짜리로 8000주를 매수했었습니다. 내가 처음으로 실수를 저지른 것은 아니었지요. 이게 내 마지막 실수도 아니었어요."

시장가 주문의 중요성

"예상했던 대로 아나콘다는 301달러까지 도로 내려왔습니다. 이곳 지점과 뉴욕 사무소를 연결하는 직통 회선이 있었는데, 나는 주가가 301달러를 기록하는 순간 조용히 전신 담당자한테 걸어가서 말했습니다. '내가 보유한 아나콘다 주식, 액면가 100달러짜리로 8000주를 전부 매도해주게.' 나는 아주 낮은 목소리로 이야기했어요. 내가 뭘 하는지 아무에게도 알리고 싶지 않았으니까요.

그는 겁에 질린 표정으로 나를 쳐다봤습니다. 하지만 나는 고개를 끄덕이며 '보유 주식 전부!' 라고 말해주었지요.

'설마, 리빙스턴 씨, 시장가로 주문하는 건 아니겠지요?' 그는 마치 부주의한 주식중개인의 허술한 주문 처리로 자기가 200만 달러쯤 손해볼 것 같은 표정이었어요. 하지만 나는 단호하게 일러주었습니다. '무조건 팔아! 더 이상 토를 달지 말고!'

지점 사무실에는 두 명의 블랙 형제, 짐과 올리가 있었는데, 전신 담당자와 내가 주고받는 이야기를 들을 수는 없었습니다. 이들은 원래 시카고에서 밀 선물 거래를 크게 해 유명해진 큰손 트레이더로, 지금은 뉴욕 증권거래소에서 대규모로 거래하고 있었지요. 이들은 아주 부자였고, 정말 대단한 큰손들이었습니다.

내가 전신 담당자를 뒤로 하고 시세판 앞의 내 자리로 돌아가는데, 올리버 블랙이 나를 향해 고개를 끄덕이더니 미소를 짓더군요.

'후회할 텐데, 래리.' 그가 말했습니다.

나는 걸음을 멈추고는 그에게 물었습니다. '그게 무슨 말이죠?'

'내일이면 자네는 도로 매수할 거야.'

'뭘 도로 산다는 겁니까?' 나는 앞서 전신 담당자 외에는 귀신한테도 얘기하지 않았어요.

'아나콘다 말일세. 내일 살 때는 320달러는 줘야 할 거야. 자네가 보유하고 있는 동안에는 주가 움직임이 안 좋았지, 래리.' 그는 다시 미소를 지었습니다.

'뭐가 안 좋았다는 거죠?' 나는 아무것도 모른다는 듯이 물었습니다.

'자네가 갖고 있는 아나콘다 주식 8000주를 시장가로 매도한 것 말일세. 실은 그렇게 하라고 아주 세게 얘기한 것 말이지.'

나는 그가 매우 영리하며 늘 내부자 정보를 갖고 거래한다는 사실을 알고 있었습니다. 그러나 어떻게 해서 그가 내 거래내역을 그렇게까지 정확히 알고 있는지 도저히 이해가 되지 않더군요. 지점에서는 절대 나 몰래 거래내역을 알려주지 않았을 테니까요.

'올리, 그걸 어떻게 알았죠?' 내가 물었습니다.

그가 웃으면서 대답하더군요. '찰리 크라처한테서 알아냈지.' 전신 담당자의 이름이었습니다.

'하지만 그 친구는 자기 자리에서 꼼짝도 하지 않았는데요.'

'나는 자네와 그 친구가 속삭이는 건 들을 수 없었어.' 그는 꽤 재미있어하더군요. '그런데 그 친구가 자네한테서 주문을 받고는 뉴욕 사무소로 보내는 메시지 내용을 전부 들었지. 나는 예전에 전신 메시지 상의 실수 하나로 크게 싸운 다음 전신 보내는 법을 배웠다네.[8] 그 이후로는 자네가 방금 한 것과 같은 일, 그러니까 전신 담당자한테 말로 주문을 할 때면 내가 주문한 대로 메시지를 보내는지 반드시 확인하지. 그래서 내 이름으로 보낸 메시지를 아는 것이고. 그런데 자네는 그 아나콘다 주식 매도한 걸 후회하게 될 거야. 500달러까지 갈 거니까.'

'이번에는 아닐 겁니다, 올리.' 내가 응수했지요.

그는 나를 뚫어지게 바라보더니 이렇게 말하더군요. '자네 꽤나 자신만만하구만.'

'내가 아니지요. 주가 테이프가 그렇지요.' 그곳에는 티커가 없었으므로 주가 테이프도 있을 리 만무했지요. 하지만 그는 내가 무슨 말을 하는지 알아들었습니다.

'그런 녀석들 얘기를 들어봤네. 주가 테이프를 들여다보기는 하는데, 실은 주가를 보는 게 아니라 기차 시간표마냥 주식이 언제 들어오고 나가는지나 보는 녀석들 말일세. 그런데 그 녀석들은 더 이상 자해하지 못

---

8) 당시 장거리 전신은 모르스 부호로 보냈다.

하도록 정신병원에 수용됐다더군.'

나는 아무 대답도 하지 않았습니다. 그때 막 소년이 체결 내역을 가져왔으니까요. 내가 낸 주문 가운데 5000주가 299.75달러에 체결됐더군요. 시세판에 적혀 있는 주가는 실제 시장가보다 약간 늦다는 점을 나는 알고 있었습니다. 내가 전신 담당자한테 매도 주문을 냈을 때 팜비치 지점의 시세판에 적혀 있던 주가는 301달러였지요. 바로 그 시점에 뉴욕의 증권거래소 플로어에서 실제로 팔리고 있는 가격은 이보다 조금 낮을 것이며, 만약 누가 296달러에 내 주식을 매수하겠다고 해도 나는 기꺼이 그 제안을 받아들일 것이라고 확신했습니다. 주문이 체결된 것을 보면 내가 지정가로는 결코 거래하지 않는 게 옳다는 사실을 알 수 있을 겁니다. 내가 만일 300달러로 매도 주문을 냈다면 어떻게 됐겠습니까? 절대로 팔지 못했겠지요. 절대 안 됩니다! 시장에서 빠져나오고 싶을 때는 무조건 빠져나와야 합니다."

싸움을 걸어오다

"어쨌든 내가 보유하고 있던 주식의 매수 단가는 300달러 정도였습니다. 액면가 100달러짜리를 기준으로 500주가 추가로 299.75달러에 팔렸어요. 그리고 1000주가 299.625달러에 팔렸지요. 그 다음에는 100주가 299.50달러에, 200주가 299.375달러에, 또 200주가 299.25달러에 매도됐습니다. 내 주문의 마지막 체결가는 298.75달러였어요. 하딩 증권회사의 영특하기 짝이 없는 플로어 트레이더가 내 주문을 마지막 100주까지 전부 처분하는 데는 15분이 걸렸습니다. 증권회사에서는 체결 가격들간의 차이가 너무 벌어지지 않도록 애쓰지요.

내가 보유하고 있던 주식의 마지막 물량까지 다 팔렸다는 체결 내역을 받아 든 순간 나는 배에서 내리면서 진짜 하려고 했던 것을 하기 시작했습니다. 공매도를 한 거지요. 그렇게 할 수밖에 없었습니다. 시장은 가파른 랠리를 이어간 다음 매도해달라고 손짓하고 있었어요. 세상에, 사람들은 다시 시장의 상승을 이야기하고 있었습니다. 그러나 시장의 추이를 살펴보면 랠리는 이미 올 데까지 다 왔음을 알 수 있었지요. 주식을 파는 게 안전했습니다. 고민할 필요도 없었지요.

다음날 아나콘다의 개장가는 296달러였습니다. 추가 상승을 기다리던 올리버 블랙은 일찌감치 객장으로 나와 주가가 320달러를 넘어설 경우 즉시 행동에 나설 태세였지요. 나는 그가 아나콘다 주식을 얼마나 보유하고 있는지, 아니 그가 정말로 주식을 갖고 있기나 한지조차 알지 못했어요. 하지만 개장가를 본 그의 표정에서 웃음기는 찾아볼 수 없었습니다. 그날 시간이 흐르며 주가가 더 떨어졌을 때도 그랬고, 더 이상 거래가 이뤄지지 않았다는 소식이 팜비치 객장에 전해졌을 때도 마찬가지였습니다.

물론 그정도면 누구나 충분히 확인할 수 있었지요. 내 계좌의 평가이익이 매시간 계속 늘어나고 있다는 사실은 내가 옳다는 점을 알려주고 있었습니다. 당연히 나는 좀더 많은 종목을 추가로 공매도했지요. 주식시장 전체를 공매도한 겁니다! 지금은 약세장이었어요. 모든 종목이 하락하고 있었습니다. 다음날은 금요일이자 공휴일인 조지 워싱턴 탄생일[9]이었지요. 플로리다에서 낚시나 즐기고 있을 수는 없었습니다. 나로서는 상당히 큰 물량을 공매도하고 있었기 때문이지요. 뉴욕에 가있을 필요가 있었습니다. 누가 나를 필요로 했냐고요? 바로 나 자신이었습니다! 팜비치는 거리상으로나 시간적으로 너무 멀리 떨어져 있었어요. 뉴욕과 전신을

---

[9] George Washington Birthday, 미국 초대 대통령인 조지 워싱턴이 태어난 2월 22일로 미국 대부분의 주에서 법정 공휴일로 지정하고 있다. 1971년부터 2월 셋째 월요일로 옮겨졌다.

주고받는 데 귀중한 시간을 너무 많이 허비했습니다.

　나는 팜비치를 떠나 뉴욕으로 향했습니다. 월요일에는 세인트어거스틴에서 세 시간 동안 기차를 기다려야 했지요. 그곳에는 증권회사 지점이 있어서 자연스레 기다리는 동안 시장이 어떻게 돌아가는지 알아봐야 했습니다. 아나콘다 주가는 지난주 마지막 거래일보다 몇 포인트 떨어져 있었어요. 사실 아나콘다는 꾸준히 계속해서 하락하다 그해 가을 대폭락을 맞았지요.

　나는 뉴욕에 도착한 뒤 4개월 정도 약세 시각을 유지하며 거래했습니다. 시장은 이전처럼 자주 랠리를 나타냈고, 나는 공매도 물량을 정리한 다음 다시 공매도하기를 반복했습니다. 엄밀하게 말하자면 내 포지션을 꿋꿋이 고수하지는 않았던 셈이지요. 앞서 샌프란시스코 대지진 당시 벌었던 30만 달러를 전부 다 날렸던 적을 기억할 겁니다. 나는 그때 옳았지만 그럼에도 불구하고 빈털터리가 됐습니다. 나는 이제 안전하게 거래했습니다. 왜냐하면 누구든 한번 추락해본 다음에는 비록 정상까지는 올라가지 못한다 하더라도 비상(飛翔) 자체가 즐겁기 때문이지요. 돈을 벌기 위해서는 그저 돈을 벌기만 하면 됩니다. 그런데 큰돈을 벌기 위해서는 아주 정확한 시점에 정확해야 하지요. 주식 투기라는 사업에서는 누구든 이론과 실전 거래 모두를 고려해야 합니다. 투기자는 단지 배우는 학생에 그쳐서는 안 됩니다. 반드시 학생인 동시에 투기자가 돼야 하지요.

　나는 꽤 잘 해나갔습니다. 지금도 그때 공매도 거래 가운데 어디가 전술적으로 잘못됐었는지 하나하나 떠올릴 수 있을 정도니까요. 여름이 되자 시장은 지지부진한 모습을 보였습니다. 가을까지는 한판 크게 할 일이 없을 게 분명했어요. 내가 아는 사람들은 전부 유럽으로 갔거나 떠날 준비를 하고 있었습니다. 나 역시 유럽으로 떠나는 게 괜찮아 보였지요. 그래서 공매도 물량을 전부 정리했습니다. 배를 타고 유럽으로 향할 무렵 내가 번 돈은 순수익만 75만 달러가 조금 넘었습니다. 나에게는 상당히 큰 금액이었지요.

나는 엑스레뱅[10]에서 마음껏 즐겼습니다. 내 휴가를 번 셈이었지요. 엑스레뱅처럼 돈도 넉넉하게 있으면서, 안면 있는 지인과 친구들도 많고, 모두들 좋은 시간을 보내려는 곳에 머무르는 건 참 즐거운 일이었습니다. 엑스레뱅에서 즐겁게 지내는 데는 별 문제가 없었어요. 월스트리트는 워낙 멀리 떨어져 있어 아예 생각조차 하지 않았는데, 그 점에서는 미국에 있는 어느 휴양지보다 낫다고 할 수 있었지요. 주식시장에 관한 얘기를 들을 필요조차 없었으니까요. 주식을 거래할 이유도 없었지요. 그저 오랫동안 머물러 있기만 하면 충분했습니다. 더구나 뉴욕으로 돌아가면 그해 여름 유럽에서 지출한 것보다 더 많은 돈을 벌기 위해 뭘 해야 할지도 잘 알고 있었습니다.

하루는 파리에서 〈해럴드Herald〉 신문을 보니까 스멜터스[11]가 특별 배당을 발표했다는 뉴욕 발 기사가 났더군요. 이 발표 덕분에 스멜터스의 주가는 뛰었고, 주식시장 전반도 강세로 반전했습니다. 당연히 엑스레뱅에 있던 나도 모든 게 바뀌었지요. 이 뉴스는 주가를 끌어올리려는 무리들이 여전히 시장 여건을 무시한 채 상식과 진실에 맞서 안간힘을 쓰고 있다는 사실을 의미할 뿐이었어요. 왜냐하면 그들 자신이 앞으로 무슨 일이 닥칠지 알고 있었고, 시장을 끌어올린 다음 폭풍우가 몰아치기 전에 주식을 팔아 치우려고 이런 일을 꾸몄을 테니까요. 그들 입장에서는 앞으로 닥칠 위험이 내가 예상하는 것만큼 그렇게 심각하다거나 임박했다고 생각하지 않았을 수도 있습니다. 월스트리트의 큰손들은 정치인이

---

10) Aix-les-Bains, 프랑스 남동부의 대표적인 휴양지.
11) American Smelting & Refining Co., 이 회사는 1907년 6월에 배당금을 7%에서 8%로 증액한다고 발표했다.

나 순진한 호구들처럼 미래를 장밋빛으로 바라보는 경향이 있지요. 나는 그런 식으로 할 수 없습니다. 투기자에게 그런 자세는 치명적이기 때문이지요. 유가증권을 발행해 팔아먹는 증권업자들이나 신생 기업의 사업성을 부풀려 선전하는 자본가들이 아니라면 이렇게 희망에 취해 흥청거릴 수는 없을 겁니다.

아무튼 이런 약세장에서는 주가를 끌어올리려는 어떤 작전도 실패할 수밖에 없다는 사실을 나는 잘 알고 있었습니다. 나는 그 기사를 읽는 순간 편한 마음으로 할 수 있는 게 딱 한 가지 있으니, 다름아닌 스멜터스 주식을 공매도하는 것이라는 점도 알아챘지요. 세상에, 자금시장 패닉을 코앞에 두고 있는 상황에서 배당금을 증액했다는 건 내부자들이 무릎을 꿇고 제발 공매도해달라고 애원하는 거나 마찬가지였어요. 이건 어린 시절 '싸움을 걸어오는 녀석들' 만큼이나 화를 돋구는 것이었습니다. 그들은 자기네가 찍은 바로 그 주식을 공매도하라고 감히 덤비고 있었던 겁니다."

시장 전반의 여건을 공부해야

"나는 스멜터스 주식을 공매도하는 주문을 국제전보를 통해 내는 한편 뉴욕에 있는 친구들에게 이 주식을 공매도하라고 일러주었습니다. 증권회사에서 온 거래내역서를 보니 체결 가격이 앞서 〈헤럴드〉에 나와 있던 주가보다 6포인트나 낮더군요. 이것만 봐도 상황이 어땠는지 알 수 있을 겁니다.

나는 원래 그 달 말에 파리로 돌아가 3주쯤 뒤 뉴욕 행 배를 탈 예정이었어요. 그런데 국제전보를 통해 증권회사에서 보내준 거래내역서를 받아보자마자 파리로 돌아갔습니다. 파리에 도착한 당일 여객선 회사에 전화를 걸어 다음날 뉴욕으로 떠나는 쾌속선이 있다는 사실을 알아냈지요. 나는 이 쾌속선을 탔습니다.

그렇게 해서 당초 일정보다 한 달 가량이나 앞당겨 뉴욕으로 돌아온 겁니다. 뉴욕이야말로 주식을 공매도하기에 가장 편한 곳이니까요. 수중에는 증거금으로 쓸 수 있는 현금이 50만 달러가 훨씬 넘게 있었습니다. 내가 시장에 복귀한 이유는 약세 시각을 갖고 있어서가 아니라 그게 논리적이었기 때문입니다.

나는 공매도 물량을 더 늘렸습니다. 자금시장이 경색될수록 콜금리[12]는 높아지고 주가는 떨어졌지요. 이미 예상했던 시나리오였습니다. 지난번에는 예상했던 시나리오대로 했다가 돈을 다 날렸지요. 그러나 지금은 정확했고 수익도 계속 늘어났습니다. 그렇지만 트레이더로서 마침내 올바른 궤도에 들어섰다는 의식만큼 기쁜 일도 없습니다. 배울 것은 여전히 많이 남아있었지만 그래도 무엇을 해야 할지는 알았지요. 더 이상 방황하지 않아도 됐고, 반쯤 정확한 방법을 고집할 필요도 없었습니다. 투기라는 게임에서 주가를 읽어내는 기술은 중요한 부분이지요. 정확한 시점에 시작하는 것도 중요합니다. 자신의 포지션을 고수하는 것도 중요하지요. 그러나 내가 발견한 가장 중요한 사실은 반드시 시장 전반의 여건들을 공부해야 한다는 것입니다. 시장 전반의 여건을 확실히 파악해야 그 가능성을 예측해낼 수 있기 때문이지요. 한마디로 돈을 벌기 위해서는 노력해야 한다는 점을 배웠던 겁니다. 나는 더 이상 맹목적으로 베팅하지 않았고, 투기라는 게임의 기술을 마스터하려고 애쓰지도 않았습니다. 다만 열심히 공부하고 명료하게 사고함으로써 성공을 거두는 데만 관심을 쏟았습니다. 또한 누구도 호구처럼 매매하는 위험으로부터 자유

---

[12] 금융기관간에 융통하는 통상 만기 하루짜리 단기 자금을 콜자금이라 하며, 여기에 적용되는 금리가 콜금리다.

롭지 못하다는 사실을 배웠지요. 호구처럼 매매하는 사람은 응당 그 대가를 치러야 합니다. 수업료를 징수하는 서무 담당자가 당신에게 보낼 고지서를 빠뜨리는 일은 절대 없지요.

내가 거래하는 증권회사는 엄청난 돈을 벌었습니다. 내 주식 거래도 꽤 성공적이어서 증권회사에서는 내 이야기가 회자됐고, 당연히 내 성공담은 상당히 부풀려졌지요. 내가 많은 종목의 급락을 야기한 장본인으로 알려졌지요. 이름도 모르는 사람들이 와서 축하해주더군요. 그들은 내가 벌어들인 돈을 최고로 멋진 것으로 여겼어요. 그들은 내가 언제 처음으로 시장의 약세를 이야기했는지에 관해서는 한마디도 하지 않았습니다. 그들은 그때 나를 미치광이 약세론자로 여겼고, 내가 하는 말은 주식시장의 패배자가 스스로를 변명하는 불평쯤으로 치부했지요. 내가 자금시장의 애로를 내다본 것은 아무것도 아니었습니다. 증권회사의 경리 담당자가 내 이름이 적힌 거래원장의 부채를 적는 난에 그저 눈곱만큼의 잉크로 점만 찍곤 하는 게 그들에게는 내가 거둔 진짜 신비스러운 업적이었지요.

친구들은 많은 증권회사에 이런 얘기가 퍼져있다고 전해주곤 했습니다. 주식시장이 훨씬 더 아래로 떨어질 수밖에 없는 상황에서 강세 주도 세력이 여러 종목의 주가를 끌어올리려 하자 하딩 브라더스의 꼬마 승부사가 온갖 위협 수단을 동원해 이들에게 맞섰다는 것이었습니다. 그들은 아직까지도 내가 강세 주도 세력을 공격했다고 이야기하지요.

9월 후반부터 자금시장의 경고음이 전 세계를 향해 울려 퍼지기 시작했습니다. 그러나 기적에 대한 한 가닥 믿음으로 인해 사람들은 투기 상품인 보유 주식을 팔지 못하고 있었지요. 세상에, 아는 주식중개인이 10월 첫 주에 내게 해준 얘기를 들어보면, 내가 그렇게 공격적으로 공매도 하지 않은 게 부끄러울 지경이었습니다."

자금시장의 현실

"알다시피 주식중개인들의 단기자금 대출은 증권거래소 플로어에 있는 머니 포스트 주변에서 이뤄집니다. 거래은행으로부터 콜자금을 갚으라는 통지를 받은 주식중개인은 자기들이 신규로 얼마나 빌려야 할지 대개 알고 있지요. 물론 은행들도 얼마나 대출해줄 수 있는지 자신들의 포지션을 알고 있고, 이 금액은 증권거래소에서 단기대출 자금으로 쓸 수 있습니다. 증권거래소에서 정기대출을 주된 업무로 하는 몇몇 주식중개인이 이 은행 자금을 운용합니다. 매일 정오 경에 그날의 새로운 대출금리가 공표되지요. 이 금리는 그 시각까지 이뤄진 대출의 공정한 평균금리에요. 단기자금 대출은 통상 공개 입찰 방식으로 행해지기 때문에 모두들 어떤 일이 벌어지고 있는지 다 압니다. 정오부터 오후 2시 무렵까지는 자금 대출이 별로 많이 이뤄지지 않다가, 소위 인도 시한(delivery time)으로 불리는 오후 2시 15분이 지나면 주식중개업자들이 그날 자신의 현금 포지션이 정확히 얼마인지 알게 되는데, 그러면 머니 포스트로 가서 남는 자금을 빌려주거나 아니면 모자라는 자금을 빌려왔습니다. 이런 자금 거래 역시 공개적으로 행해졌습니다.

그런데 10월 초의 어느날 내가 이야기한 그 주식중개인이 나를 찾아와 이렇게 말하는 것이었습니다. 대출해줄 돈이 있는 주식중개인들이 머니 포스트로 가지 않는다고 말입니다. 증권거래소 소속 회원사인 두 곳의 유명 증권회사가 그곳에 진을 치고서 대출 자금이 나오는 대로 전부 가로채가고 있었기 때문이지요. 당연히 공개적으로 대출 자금을 내놓은 대여자 입장에서는 이들 회사의 차입 요구를 거절할 수 없었습니다. 이들 회사는 지불능력이 충분했고, 담보 역시 넉넉했지요. 그런데 문제는 일단 이들이 콜자금을 가져가 버리면 대여자가 그 돈을 언제 돌려받을지 모른다는 점이었지요. 이들 회사가 그냥 차입금을 상환할 수 없다고 말하면 대여자는 좋든 싫든 콜자금 대출을 갱신해줘야 했습니다. 그러다 보니 소속 회원들에게 대출해줄 자금을 갖고 있는 증권거래소에서도 머니 포스트가 아닌 플로어로 직원을 보내곤 했습니다. 이 직원은 가까운 주식중개업자들에게 '100이 필요해?'라고 속삭였는데, 이 말은 '10만 달러를 차입하고 싶나?'라는 의미였지요. 은행 역할을 하는 자금 중개업자들도 이와 똑같은 방식을 쓰게 됐고, 결국 머니 포스트는 아주 썰렁한 분위기가 돼버린 겁니다. 그 광경을 한번 떠올려보세요!

한술 더 떠 그는 이런 말까지 덧붙이더군요. 바로 그 10월 무렵에는 차입자 스스로 대출 자금의 금리를 정하는 게 증권거래소의 도의적 관행이었다는 겁니다. 알다시피 그때 콜자금의 대출금리는 무려 연 100~150% 수준에 달했지요. 차입자가 금리를 결정하도록 했던 것은, 그렇게 함으로써 대여자는 좀 이상한 방법이기는 하지만 어쨌든 고리대금업자 같은 기분을 덜 느끼려 했기 때문이 아닌가 싶습니다. 그런데 차입자들은 어느 곳보다 낮지 않은 금리를 부담했습니다. 대여자들은 차입자들이 그 높은 금리를 부담하지 않으리라고는 꿈에도 생각하지 않았지요. 차입자들은 속이지 않았고, 남들과 똑같은 금리를 부담했습니다. 그들에게 필요한 것은 오로지 돈이었고, 돈만 빌리면 고마워했지요. 그것으로 만족이었습니다.

상황은 갈수록 더 악화됐습니다. 처음의 작은 손실이 가져다 주는 고통을 두려워했던 강세 투기자와 낙관주의자, 희망적 관측론자를 비롯한 엄청난 다수 대중이 이제 완전한 절단의 고통을, 그것도 마취조차 없이 당해야 했던 그 끔찍한 날이 마침내 오고야 말았던 거지요. 1907년 10월 24일, 나는 그날을 영원히 잊지 못할 겁니다.

머니 포스트에 모여드는 사람들 사이에서는 일찌감치 차입자들은 대여자가 콜금리로 얼마를 요구하든 원하는 대로 지불해야 한다는 이야기가 나왔습니다. 그만큼 유동자금이 충분치 못했지요. 그날 머니 포스트에는 돈을 빌리려는 수요가 평소보다 훨씬 더 많았습니다. 그날 오후 인도 시한이 닥치자 머니 포스트 주변에는 자기네 회사에서 급히 필요로 하는 돈을 빌리기 위해 100여 명의 주식중개인이 몰려들었지요. 돈이 없으면 증거금으로 갖고 있는 주식을 무조건 매도해야 합니다. 말라붙어버린 돈만큼이나 매수자를 찾아보기 힘든 시장에서 가격불문하고 팔아야 하는 것이지요. 정말 이 순간에는 단 1달러도 구할 수 없었습니다.

친구가 다니던 증권회사의 파트너는 나처럼 약세 시각을 갖고 있었습니다. 따라서 그 회사는 돈을 빌릴 필요가 없었지요. 그런데 내 친구, 그러니까 지금까지 이야기했던 그 주식중개인은 머니 포스트 주변에 몰려든 초췌한 면면들을 보자마자 곧장 나를 찾아왔던 겁니다. 그는 내가 주식시장 전 종목에 걸쳐 막대한 물량을 공매도했다는 사실을 알고 있었지요.

그가 말했습니다. '난리가 아냐, 래리! 무슨 일이 벌어질지 모르겠어. 이런 일은 처음이거든. 더 이상은 안 돼. 뭔가 나와서 해결해줘야지. 내가 보기에 당장이라도 전부 터져버리고 말 것 같아. 아무도 주식을 팔 수 없어. 이제 돈이 완전히 말라붙어버렸다고.'

'그게 무슨 말이야?' 내가 물었습니다.

그의 대답은 이랬습니다. '학교 실험실에서 유리로 만든 종 안에 쥐를 넣은 다음 종 안에 든 공기를 빼내기 시작하면 무슨 일이 벌어지는지 알아? 계속 줄어드는 종 안의 산소를 들이마시려고 불쌍한 쥐는 점점 더 빨리 호흡을 하고, 옆구리는 허파처럼 잔뜩 부풀게 되지. 눈동자는 거의 튀어나올 지경에 이르고 절망적으로 헐떡거리다 결국 질식사하게 돼. 그런데, 머니 포스트에 몰려든 사람들을 본 순간 내가 떠올린 장면이 바로 그

거야! 어디에도 돈이 없어. 주식을 살 사람이 전혀 없다 보니 아무도 주식을 팔 수가 없지. 무슨 말이든 해보라고 한다면, 월스트리트는 지금 이 순간 완전히 망했다고 말해주겠네!'

그의 말을 듣자 나도 생각해볼 필요가 있었습니다. 나는 대폭락을 예상하기는 했지만, 그렇다고 사상 최악의 패닉이 닥치리라고 기대한 것은 아니었습니다. 여기서 더 폭락한다면 누구에게도 이익이 되지 않을 테니까요.

끝내 머니 포스트에서 돈을 기다려봐야 아무 소용도 없다는 게 분명해졌습니다. 무슨 일이 일어날지 아무도 몰랐지요. 대혼란이 벌어졌습니다.

그날 늦게 들은 바로는, 월스트리트의 증권회사가 전부 파국을 향해 치닫고 있음을 잘 알고 있던 뉴욕증권거래소 이사장 R.H. 토마스가 구원자를 찾아 나섰다고 합니다. 그는 미국에서 가장 부유한 은행으로 손꼽히던 내셔널 씨티 뱅크의 제임스 스틸먼에게 전화를 걸었지요. 이 은행은 대출금에 대해 절대 연 6%를 초과하는 금리를 받지 않는다는 것을 자랑으로 여기는 곳이었습니다."

그날 하루 제왕이 되다

"스틸먼은 뉴욕증권거래소 이사장이 하는 이야기를 전부 다 듣더니 이렇게 말했습니다. '토머스 씨, 이 문제에 관해서는 모건 씨를 만나보는 게 좋을 것 같습니다.'

두 사람은 사상 최악의 패닉을 어떻게든 막아보겠다는 기대를 갖고 J.P. 모건의 사무실로 가서 모건을 만났습니다. 토머스 이사장은 사정을 이야기했지요. 그가 이야기를 마치자마자 모건이 말했습니다. '증권거

래소로 돌아가 그 사람들한테 이야기하세요. 그들이 원하는 돈이 있을 거라고요.'

'어디에?'

'은행이지요!'

그 절체절명의 순간 모건에 대한 모든 사람들의 신뢰는 가히 절대적이어서 토마스 이사장은 더 이상의 설명은 듣지도 않은 채 증권거래소 플로어로 쏜살같이 돌아와 사형선고를 받아둔 동료 주식중개업자 회원들에게 형의 집행 연기를 선언했습니다.

그날 오후 2시 30분이 되기 전 J.P. 모건은 그의 회사와 가까운 반 엠버그 앤 애터버리의 존 T. 애터버리를 머니 포스트에 모여있는 주식중개인들에게 보냈습니다. 친구 말로는 이 노회한 주식중개인이 빠른 걸음으로 머니 포스트에 들어왔다고 합니다. 그러더니 마치 신앙부흥회의 전도사처럼 한쪽 손을 들더랍니다. 처음에 토마스 이사장의 선언을 듣고 다소 잠잠해졌던 머니 포스트의 주식중개인들은 구제 계획이 잘못돼 최악의 사태가 벌어질지도 모른다는 두려움에 빠지기 시작했지요. 하지만 애터버리가 나타나 손을 들어올리는 모습을 보자 한순간 완전히 망연자실한 표정을 지었습니다.

죽음 같은 침묵이 흐른 뒤 애터버리가 말했지요. '나는 1000만 달러를 빌려줄 수 있는 권한을 위임 받았습니다. 걱정마세요! 모두에게 돌아갈 만큼 충분합니다!'

그러고는 곧장 시작했지요. 돈을 빌리려는 사람들한테 누가 대여해줄 것이라고 말해주는 대신 그냥 차입자의 이름과 차입금액만 적고는 차입자들에게 이렇게 말했습니다. '여러분의 돈이 어디에 있는지 알려줄 겁니다.' 그의 말은 차입자들이 나중에 돈을 찾아갈 은행이 어디인지 일러줄 것이라는 의미였지요.

하루인가 이틀 뒤 들은 바로는, 겁에 질린 뉴욕의 은행가들에게 J.P. 모건이 이런 말을 했다고 합니다. 은행가들은 반드시 뉴욕증권거래소가 필요로 하는 돈을 공급해야 한다고 말이지요.

'그런데 우리도 돈이 없습니다. 우리는 한도까지 전부 대출해줬다고요." 은행가들이 거세게 반발했습니다.

'은행에는 준비금이란 게 있잖아요.' J.P.가 호통을 쳤습니다.

'하지만 이미 법정 준비금 한도 밑으로 떨어졌다니까요.' 그들도 고함을 질러댔지요.

'그걸 쓰시오! 준비금이란 이런 때를 위한 것이오!' 결국 은행가들은 그의 말을 따랐고, 2000만 달러에 달하는 준비금을 사용했습니다. 이로써 주식시장은 살아났지요. 은행 패닉 사태는 그 다음주에 가서야 발생했습니다. J.P. 모건은 그런 사람이었습니다. 누구도 감히 범접할 수 없는 거물이었지요.

그날은 한 평생 주식 투기자로 살아오면서 가장 생생하게 기억하는 날입니다. 그날은 내가 거둔 수익이 100만 달러를 넘은 날이기도 했지요. 그날은 내가 처음으로 심사숙고 해서 세운 트레이딩 전략이 대성공을 거둔 날이었습니다. 내가 예측한 일이 그대로 벌어졌지요. 그러나 이 모든 것보다 더 중요한 게 있었습니다. 바로 내 야망이 실현됐다는 것이지요. 그날 하루만큼은 내가 제왕이었습니다!'

1907년 10월 24일

"물론 설명이 좀더 필요합니다. 뉴욕에서 2년을 지낸 뒤 나는 머리를 싸매고 고민하곤 했습니다. 보스턴의 버킷샵에서는 열다섯 살 어린 나이로도 이겼던 게임인데, 뉴욕증권거래소에서는 왜 이기지 못하는지 그 정확한 이유를 꼭 찾아내고 싶었습니다. 언젠가는 무엇이 잘못됐는지 밝혀낼 것이며, 틀리는 일도 없어질 것이라는 점을 나는 알고 있었습니다. 그때가 되면 무조건 옳아야 한다는 의지뿐만 아니라 내가 옳다는 것을 보장해줄 지식도 갖추게 될 것이었지요. 그리고 그것은 바로 나의 힘을 의미했습니다.

내 말을 오해하지 말기 바랍니다. 그건 일부러 꾸민 화려한 몽상이라든가, 오만한 허영심에서 출발한 헛된 바람이 아니었습니다. 그것은 오히려 풀러튼 증권회사와 하딩 증권회사에서 나를 그토록 좌절하게 만들었던 바로 그 주식시장이 어느날 갑자기 고분고분 내 말을 듣는 것 같은 그런 느낌이었어요. 나는 이런 날이 꼭 오리라고 느꼈습니다. 그리고 그 날이 온 겁니다. 1907년 10월 24일이 그날이었습니다.

내가 이렇게까지 그날을 이야기하는 이유가 있어요. 그날 아침 한 주식중개인이 월스트리트에서 최고로 꼽히는 은행의 파트너 한 명[13]을 찾아갔습니다. 이 주식중개인은 내가 거래하던 증권회사와도 많은 일을 같이 해왔고, 내가 약세 시각을 갖고서 엄청난 물량을 공매도했다는 사실도 잘 아는 내 친구였지요. 이 친구는 은행가에게 내가 원래 운이 좋다 싶으면 끝까지 밀어붙이는 성격이라 정말 무지막지하게 거래했을 것이라고 말했습니다. 정확한 판단을 내리고도 거기서 최대한 이익을 얻어내지 못한다면 그게 다 무슨 소용이겠습니까?

아마도 내 친구는 자기가 중요한 이야기를 하고 있는 것처럼 보이기 위해 꽤 부풀렸을 겁니다. 어쩌면 나를 따르는 추종자가 내가 아는 것보다 더 많았을 수도 있습니다. 혹은 현재 상황이 얼마나 급박하게 돌아가는지 이 은행가 자신이 나보다 훨씬 더 잘 알고 있었는지도 모르겠습니다. 어쨌든 친구는 나에게 이렇게 말하더군요. '자네가 나한테 말한 내

---

13) J.P. 모건을 말한다.

용, 그러니까 한두 번 더 매도 공세가 있은 다음 진짜 매도 물량이 쏟아지기 시작하면 시장이 어떻게 될지 말해주었더니 아주 진지하게 듣더군. 말을 마치자 그 분은 좀 있다가 오늘 중으로 나한테 뭘 부탁할 게 있다고 하더군.'

주가가 얼마든 주식을 살 돈이 한 푼도 없다는 사실을 증권회사들도 파악했다면 이제 때가 된 것입니다. 나는 주식중개인들을 통해 증권거래소 플로어의 상황을 알아봤습니다. 세상에, 이구동성으로 하는 말이 유니언 퍼시픽의 매수 주문이 단 한 건도 없다는 겁니다. 어떤 가격으로도 말이지요! 상상이 됩니까! 다른 주식들도 마찬가지였습니다. 돈이 없으니 주식을 갖고 있을 여력이 없었고, 주식을 매수할 사람도 없었지요.

나는 막대한 평가이익을 거뒀고, 주가를 더 추락시키기 위해 내가 해야 할 일은 오로지 유니언 퍼시픽과 배당 수익률이 괜찮은 다른 6개 종목을 각각 1만 주씩 매도 주문을 내는 것이며, 그러면 정말 끔찍한 상황이 벌어질 게 틀림없었습니다. 그렇게 패닉을 더욱 재촉한다면 그 파급은 너무나도 강력하고 이례적일 것이었지요. 증권거래소 이사회에서는 세계대전이 발발한 1914년 7월에 그랬던 것처럼 거래소 폐쇄를 바람직한 대안으로 고려할 수도 있었습니다.

이렇게 되면 내 평가이익은 엄청나게 불어나겠지요. 동시에 내가 거둔 평가이익을 실제 현금으로 바꾸지 못할 수도 있었습니다. 그러나 고려해야 할 게 더 있었어요. 추가적인 급락은 내가 생각하기 시작한 회복세, 즉 최악의 상황이 지나간 뒤 찾아오는 보상적인 주가 상승에 찬물을 끼얹을 수도 있었습니다. 이런 패닉은 국가 전반에 심각한 피해를 입힐 것이었습니다.

적극적인 매도 공세를 계속 취하는 것은 현명하지 못할뿐더러 기분 좋은 일도 아니었기 때문에 공매도 포지션을 그냥 유지하는 것 역시 논리적이지 않다고 생각했지요. 결국 나는 입장을 바꿔 매수하기 시작했습니다."

월스트리트가 자비를 구하다

"아무튼 나는 바닥에서 매수했는데, 내가 거래하던 증권회사에서 내 주문에 따라 매수하기 시작한 지 얼마 지나지 않아 그 은행가가 내 친구를 보냈습니다.

'자네를 만나보라고 해서 왔어.' 그가 말하더군요. '그 분이 이러더군. 즉시 친구 리빙스턴을 만나 오늘은 더 이상 주식을 매도하지 말기 바란다고 전해주라고 말이야. 시장은 더 이상의 압력을 견디지 못한다고. 다시 말해 참담한 패닉 상태를 되돌리려면 무척이나 힘든 일이 될 것이라고. 그러니 친구의 애국심에 호소해달라고. 이건 모두의 이익을 위해 해야만 할 일이라고. 그 분은 그러면서 자네가 뭐라고 말하는지 즉시 알려달라고 했어.'

친구는 곧장 달려와서 말을 전하던 참이었습니다. 그 은행가는 그야말로 빈틈이 없었습니다. 그는 이렇게 생각하고 있는 것 같았어요. 내가 시장을 추가로 급락시킬 계획을 갖고 있으며, 따라서 그의 요청은 1000만 달러를 벌 기회를 포기하라는 것이나 마찬가지로 여길 것이라고 말이지요. 그는 또 내가 월스트리트의 거물들이 대중들에게 써먹었던 것과 똑같은 방식으로 그들에게 앙갚음을 하고 있다는 사실도 알고 있었습니다. 월스트리트의 거물들은 나와 마찬가지로 무슨 일이 닥칠지 알면서도 엄청난 주식을 대중들에게 떠넘겼으니까요.

사실 월스트리트의 거물들이야말로 가장 큰 고통을 느끼고 있었고, 내가 진짜 바닥권에서 매수한 주식들 가운데 많은 물량이 유명 금융기관들이 내놓은 것이었습니다. 그때는 나도 이 사실을 몰랐고, 그건 중요하지도 않았지요. 나는 공매도한 주식을 실제로 전부 정리했고, 이건 주식을 싼 값에 매수하는 기회임과 동시에 더 이상 아무도 시장을 후려치지 않는다면, 그 무엇보다 절실히 요구되는 주가 회복에 도움이 될 것으로 보였습니다.

나는 친구에게 이렇게 말했습니다. '돌아가서 그분에게 내가 동의한다고 말해주게. 그리고 자네를 나한테 보내기 전에 이미 상황의 심각성을 십분 알고 있었다고 전하게. 나는 오늘 더 이상 어떤 주식도 매도하지 않을 뿐만 아니라 시장에서 내 능력이 닿는 데까지 매수할 생각이네.' 나는 약속을 지켰습니다. 나는 그날 공매도 물량을 완전히 정리한 다음 10만 주를 매수해 보유했습니다. 나는 그 이후 9개월 동안 단 한 차례도 공매도하지 않았어요."

현명하게 거래하는 법을 배우다

"내가 친구들에게 내 꿈이 실현됐으며 잠시나마 제왕이 됐다고 말한 것은 바로 이런 이유 때문입니다. 그날 주식시장은 누군가가 시장을 후려치려 했다면 그의 손아귀 아래 놀아날 수 있는 상황이었지요. 나는 과대망상증 환자가 아닙니다. 사실 내가 시장을 공격하는 장본인으로 지탄받고, 또 월스트리트에서는 내 거래에 대한 소문이 얼마나 과장되는지, 내가 이런 것들에 대해 어떻게 느끼는지 잘 알 겁니다.

나는 아주 기분 좋게 공매도 거래를 끝냈습니다. 신문에서는 래리 리빙스턴, 일명 꼬마 승부사가 수백만 달러를 벌었다고 썼지요. 어쨌든 그날 거래를 모두 마친 뒤 내가 거둔 이익은 100만 달러가 넘었습니다. 하지만 내가 거둔 진정한 승리는 돈의 액수가 아니라 무형의 것이었어요.

나는 정확했고, 앞을 내다봤으며, 분명한 계획에 따라 거래했습니다. 나는 큰돈을 벌기 위해서는 마땅히 무엇을 해야 하는지 배웠습니다. 도박꾼 단계에서 이제 영원히 빠져 나온 셈이었지요. 마침내 큰돈을 걸고서 현명하게 거래하는 법을 배운 겁니다. 그날은 내 생애 최고의 날이었습니다."

리빙스턴은 말을 멈추고 시가를 길게 한 모금 들이마셨다. 그는 천천히 연기를 내뿜고는 천정 근처의 어느 지점을 응시했다.

"진정으로 주식 투기라는 게임을 하려면 어떻게 해야 하는지 그렇게 해서 배운 거로군요?" 내가 말했다.

"네." 리빙스턴은 난음절로 답했다.

"지금까지 당신이 어떻게 해서 처음으로 100만 달러를 벌었는지 얘기했습니다. 이제 그 돈을 어떻게 해서 잃게 됐는지 들어야겠군요." 내가 말했다.

"다음 기회에!" 리빙스턴이 자리에서 일어났다. 그는 창가 쪽으로 걸어가더니 한참 동안 바깥을 바라봤다.

"내일까지 기다리지요." 내가 다정한 목소리로 이야기했다.

"네? 그래요, 그 돈을 다 날렸지요! 그때처럼 똑같이 하면 또다시 돈을 잃을 겁니다. 그건 바보짓을 한 대가치고는 정말 엄청나게 값비싼 거지요!"

⟨*Saturday Evening Post*⟩ 1922년 8월 12일

6
누구도 주식시장을 이길 수 없다

주식시장은 마치 안락의자에 앉아 고개를 끄떡이며 졸고 있는 지친 노인마냥 한없이 지루하고 답답한 모습이었다. 쉬지 않고 주가의 등락을 중계해주던 티커 테이프는 이제 단속적으로 가끔씩 주가를 찍어내고 있었다. 이렇게 혼수상태에 빠져 있는 시장이 한때 광기를 드러내며 낙관론자들로 하여금 값비싼 대가를 치르게 했던 그 시장이라고 생각하기는 어려웠다. 어떤 주식이 눈곱만큼 오르는가 하면 잠시 뜸을 들인 뒤 다른 주식이 찔끔 떨어졌다. 그러고는 또 슬며시 찔끔 더 떨어졌다. 하지만 이게 조심성 없이 너무 심하게 떨어진 것 같다고 느꼈는지 찔끔찔끔 떨어졌던 하락폭을 회복한 뒤 하루종일 붙들어맨 것처럼 주가를 유지하곤 했다.

시장이 이런 모습을 보이면 증권회사의 소심한 고객들은 극도로 초조해져 아무런 결정도 내리지 못한다. 어느 누구도 뭘 해야 할지 자신 있게 말할 수 없다. 시세판 앞에 앉아 있기는 하지만 뭘 해야 할지 모르는 것이야말로 투기자에게는 지옥이나 다름없다. 주식을 매수하든 매도하든 혹은 보유하든, 심지어 공매도하는 것조차 돈이 되지 않는다. 무슨 일이든 벌어질 수 있다. 그런데 현실은 아무 일도 벌어지지 않는 것이다. 아무 일도 벌어지지 않으면 주식중개인과 고객들은 둘 다 암담한 운명을 받아들여야 한다. 한쪽은 일거리가 사라져 비용조차 댈 수가 없고, 다른 쪽은 공돈을 벌 희망마저 버려야 한다. 모두가 빈손이 되는 것이다.

일과시간 중임에도 불구하고 내가 주저하지 않고 로렌스 리빙스턴을 찾아간 것은 바로 그런 날이었다. 우리 두 사람 사이가 매우 가까워지기는 했어도 나는 그에게 시장을 바라보는 시각이나 의견 혹은 매매 계획은 결코 묻지 않았다. 나는 그의 향후 전략에는 전혀 관심이 없었다. 대신 그가 투기자로 성상하게 된 스토리를 꼭 듣고 싶었다. 그게 바로 내가 그를 찾은 이유이기도 했다.

그는 마치 거래가 활발한 가운데 시장이 자기 뜻대로 돌아가기라도 하는 양 시세판을 열심히 분석하고 있었다. 내가 보기에 그는 시험용으로 낸 주문의 효과를 지켜보고 있는 것 같았다. 시장이 반응하는 징후를 잘 지켜보면 때가 얼마나 무르익었는지, 아니면 아직 때가 안 됐는지 알 수 있을 터였다.

상처받기 쉬운 두 가지 약점

나는 그가 주식시장의 힘없는 경련을 주시하고 있는 것을 지켜봤다. 시장은 지겹고 답답했지만 그는 나 같은 사람은 절대 볼 수 없는 것을 잡아냈다. 이건 그의 눈빛에서 확인할 수 있었다. 아마도 나는 그렇게 멀리까지 내다보지는 못했을 것이다. 이런 지루한 장세가 결국 강세장 혹은 약세장으로 이어졌던 경우를 기억하지 못했던 것인지도 모르겠다. 하지만 이런 침체장마다 제각각 갖고 있는 특징들을 구별해내려고 기꺼이 노력한다면 그 차이를 발견할 수 있을 것이다.

늘 그렇듯 주가 테이프가 돌아가는 것을 멈추자 리빙스턴의 시장에 대한 관심도 휴면 상태로 들어갔다. 나는 다음 회에 연재할 그의 회상을 듣고 싶어 미칠 지경이었다.

우선 이렇게 물어봤다. "주식시장에서 저지르는 실수에 대해 이야기해보도록 하지요. 당신의 경험에 비춰볼 때 사람이란 자기가 저지른 실수에서만 배울 수 있는 겁니까, 아니면 다른 사람의 실수에서도 유익한 내용을 건질 수 있는 겁니까?" 나는 그의 회상을 읽고 있는 독자들을 떠올렸다.

"사람마다 다르다고 생각합니다." 리빙스턴이 대답했다. "자신이 저지른 실수를 이해하는 것은 자신이 거둔 성공을 분석해보는 것만큼이나 도움이 됩니다. 하지만 우리에게는 처벌을 피하려는 본능적인 성향이 있지요. 어떤 실수를 했을 경우 그에 상응하는 대가가 따른다고 생각하면 두 번 다시 그런 처벌을 받고 싶지 않을 겁니다. 당연한 얘기지만 주식시장에서 저지르는 모든 실수는 우리의 두 가지 상처받기 쉬운 부위를 건드리는데, 돈지갑과 허영심이 그것이지요. 좀 재미있는 이야기를 하겠습니다. 주식 투기자는 때로 실수를 저지르고, 자신이 실수를 저질렀다는 사실도 알지요. 실수를 저지른 다음에는 스스로 왜 그런 실수를 저질렀는지 물을 겁니다. 냉정하게 고민하고 처벌의 고통도 지나간 다음 한참의 시간이 흐른 뒤에는 자기가 어떻게 실수를 저질렀으며, 언제 그리고 정확히 거래의 어느 시점에서 실수를 범했는지 배울 수 있겠지요. 그러나 왜 실수를 저질렀는지는 배우지 못합니다. 단지 자기 자신을 질책하고, 그냥 그대로 놔둬버리지요."

"그렇다면 당신은 무슨 특별한 이유도 없이, 그것도 두 눈 시퍼렇게 뜬 채로 실수를 저질렀다는 말입니까?"

"바로 그렇습니다." 리빙스턴이 말했다. "물론 현명한 데다 운까지 좋은 사람이라면 똑같은 실수를 두 번 다시 반복하지 않을 겁니다. 그러나 이런 사람 역시 원래의 실수와 비슷하거나 유사한 수만 가지 실수 가운데 하나를 저지를 거에요. 실수라는 집안은 워낙 대가족이어서 당신이 무슨 바보짓을 할 수 있을까 하고 주위를 살펴보기만 하면 언제든 하나쯤 만나게 마련이지요."

"그러면 당신이 100만 달러나 잃게 된 실수는 어떤 것이었습니까?" 내가 물었다.

"그러니까 내가 맨 처음 저지른 100만 달러짜리 실수를 알고 싶다는 거군요." 그가 엄숙한 어조로 바로잡았다. "내가 지지른 실수에 대해 더 흥미를 느끼는 것 같은데, 맞지요?"

"우리는 주로 자기가 저지른 실수에서 배웁니다." 내가 말했다. "하지만 우리가 실수를 하지 않을 때는 다른 사람이 저지른 실수를 돌아보며 배워야 합니다."

"당신은 절대 실수를 하지 않나요?" 리빙스턴이 물었다.

"리빙스턴 씨, 분명히 말하지만 나는 평생을 살아오면서 100만 달러짜리 실수는 한 번도 저지르지 않았습니다. 그런데 당신은 그런 실수를 저질렀다고 말했어요." 내 목소리는 진심에서 우러나온 것이었다.

"네." 그가 동의했다. "그러면 한번 기억해 볼까요……."

"잠깐." 내가 끼어들었다. "1907년 10월 주가 대폭락 직후로 돌아가서 시작하기 바랍니다. 100만 달러를 처음으로 벌었을 때니까요. 백만장자가 되니까 기분이 어떻던가요?"

"트레이딩을 하는 한 나에게 백만 달러는 단지 예비자금이 좀 많다는 의미일 뿐입니다. 돈이 많다고 해서 트레이더가 더 편안해지는 것은 아니에요. 부유하든 가난하든 트레이더라면 누구나 실수를 저지를 수 있고, 자신이 틀렸을 때는 결코 편안할 수 없기 때문이지요. 백만장자가 옳은 판단을 내렸을 때 그가 가진 돈은 자신이 부릴 수 있는 여러 하인들 가운데 하나일 뿐입니다. 돈을 잃는다는 것 역시 나에게는 가장 부수적인 문제일 뿐이지요. 손실이란 내가 일단 그것을 받아들인 다음에는 더 이상 나를 괴롭히지 않습니다. 하룻밤 지나고 나면 다 잊혀져요. 그러나 틀려놓고도, 손실을 받아들이지 않고 가만히 있는다면, 그거야말로 돈지갑과 자기 영혼에 상처를 입히는 겁니다. 딕슨 G. 와츠가 들려주는 이야기를 떠올려보세요. 한 사내가 너무 초조해하자 그의 친구가 무슨 문제 때문에 그러느냐고 물었어요.

'잠을 잘 수가 없어.' 초조해하는 사내가 대답했습니다.

'이유가 뭐야?' 친구가 다시 물었어요.

'면화 선물을 너무 많이 보유하고 있거든. 그 생각만 하면 잠을 잘 수가 있어야지. 피곤해 죽겠어. 어떻게 하면 좋지?'

'잠을 이룰 수 있는 선까지 팔아치우게.' 친구가 대답해주었지요."

나는 리빙스턴에게 다시 설명했다. "백만장자가 됐을 때 기분이 어땠는지 물어본 건 투기자로서가 아니라 한 사람의 인간으로서 어떤 느낌이었는지 알고 싶었던 겁니다."

투기 시장은 어느 곳이든 똑같다

그가 고개를 끄덕이고는 말했다. "일반적으로 우리 인간은 자신이 처한 상황에 너무 빨리 적응하는 바람에 넓게 조망하는 시야를 잃어버립니다. 달라진 점을 크게 느끼지 못한다는 말이지요. 즉 백만장자가 되고 난 뒤에는 그 이전에 자신이 어떻게 느꼈는지 생생하게 기억하지 못합니다. 단지 지금은 할 수 있는데 예전에는 할 수 없었던 게 있었구나 하고 떠올릴 뿐이지요. 그리 나이가 많지 않은 보통 사람은 가난했던 시절의 습관을 잊는 데 오랜 시간이 걸리지 않습니다. 부자로 지냈던 시절을 잊는 데는 조금 더 긴 시간이 필요하지요. 이렇게 되는 이유는 돈이라는 게 필요를 만들어내고 스스로 증식하려고 하기 때문인 것 같습니다. 내 말은 주식시장에서 돈을 벌게 되면 눈깜짝할 사이에 절약하는 습관을 잊고 만다는 겁니다. 그런데 돈을 날린 뒤에 이전의 낭비하던 습관을 버리는 데는 긴 시간이 필요하지요.

1907년 10월에 공매도 물량을 정리하고 매수 포지션을 취한 다음 나는 당분간 느긋하게 지내려고 마음먹었습니다. 요트 한 척을 샀고, 남쪽 바닷가로 항해를 떠날 계획까지 세웠어요. 그때나 지금이나 나는 낚시광이고, 인생 최고의 시간을 즐길 참이었습니다. 나는 이런 날을 기대해왔고, 언제든 떠날 수 있으리라고 생각했어요. 그런데 그렇게 하지 못했지요. 시장이 나를 가만 내버려두지 않았습니다."

"당신은 그해 바닥권에서 주식을 산 걸로 알고 있는데요. 주식에서는 손실이 날 리가 없었지요." 내가 말했다.

"네, 주식에서는 손해보지 않았습니다. 옥수수에서 손실이 났지요." 리빙스턴이 설명해주었다.

"당신이 그때 곡물도 거래했다는 건 몰랐습니다." 내가 말했다.

"아, 그래요. 나는 늘 주식뿐만 아니라 상품 선물도 거래했습니다. 어린 시절 버킷샵에서부터 상품 거래를 해왔지요. 주식시장만큼은 아닐지 모르겠지만 오랜 세월 상품시장에 대해서도 열심히 공부했습니다. 사실대로 말하자면 주식보다는 오히려 상품을 더 거래하고 싶었어요. 상품시장이 더 정통성 있는 곳이라는 점은 의문의 여지가 없습니다. 상품 거래는 주식 거래보다 상업적 모험이라는 성격이 더 강해요. 상품 거래는 통상적인 상거래 문제를 바라보는 시각으로 접근할 수 있습니다. 가령 상품시장에 어떤 분명한 추세가 있는데, 이를 강화하거나 약화시키기 위해 거짓된 주장을 내세울 수도 있지요. 하지만 이렇게 해봐야 일시적인 성공을 거둘 수 있을 뿐입니다. 결국은 사실이 퍼져나갈 수밖에 없고, 상품시장 트레이더는 정상적인 사업을 할 때와 마찬가지로 스스로 공부하고 관찰한 데 따른 대가를 얻지요. 어떤 트레이더든 시장을 둘러싼 여건을 유심히 살펴보고 평가할 수 있으며, 다른 누구 못지않게 많은 것을 알 수 있습니다. 상품시장에서는 내부 거래자들을 경계하지 않아도 됩니다. 갑자기 배당금 지급이 중단된다거나 하룻밤 사이에 배당금이 증액되지도 않지요. 면화시장이든 밀시장이든 옥수수시장이든 다 그래요. 장기적으로 상품 가격은 딱 한 가지 법칙에 따라 결정됩니다. 수요와 공급의 법칙이지요. 상품시장에서 트레이더가 하는 일은 간단합니다. 현재와 미래의 수요와 공급에 관한 사실들을 수집하는 것이지요. 주식시장처럼 열 가지가 넘는 것들을 예측하느라 고생할 필요가 없습니다. 그런 점에서 상품 거래는 늘 매력적으로 다가왔어요."

"가격을 읽어내는 데는 무슨 특별한 차이가 없습니까?" 내가 물었다.

"그러니까 주가와 면화 가격 혹은 곡물 가격을 읽어내는 데 차이가 있느냐는 말씀이지요? 없습니다. 투기 시장이라면 어느 곳이든 똑같은 일이 벌어집니다. 가격 테이프가 전해주는 메시지는 동일합니다. 누구든 시간을 들여 생각하고자 하면 이 메시지는 아주 분명하게 자신을 드러내지요. 자기 자신에게 질문해보고 시장 여건에 대해 심사숙고 하다 보면 해답이 저절로 눈앞에 나타날 겁니다. 그런데 사람들은 절대 시간을 들여 질문하려 하지 않고, 무조건 답만 구하려 들지요. 대개의 미국인들은 언제 어디서나 의심이 많은 편이지만, 유독 증권회사에 가서 가격 테이프를 볼 때만은 그렇지 않습니다. 주식을 거래하든 상품을 거래하든 마찬가지에요. 게임에 뛰어들기 전에 반드시 공부를 해야 하는 단 한 가지

게임인데도 사람들은 평소에 해오던, 지적으로 상당히 차원 높은 예비적이고 예방적인 의심조차 없이 덤벼듭니다. 그러다 보니 웬만한 승용차를 고를 때보다도 고민하지 않은 채 전 재산의 절반을 주식시장에 집어넣는 리스크를 감수하는 겁니다.

가격을 읽어내는 문제는 보기보다 그리 복잡하지 않습니다. 물론 경험이 필요하지요. 하지만 기본적인 경제 여건들을 마음속에 담아두는 게 훨씬 더 중요합니다. 가격을 읽어낸다는 것은 운세를 보는 게 아니에요. 가격 테이프는 다음 목요일 오후 1시 35분에 당신 재산이 정확히 얼마가 될지 알려주지 않습니다. 가격을 읽어내는 목적은 먼저 어떻게 거래할 것인지, 그 다음으로는 언제 거래할 것인지 알아내려는 겁니다. 즉 매수하는 게 매도하는 것보다 현명한지 여부를 판단하려는 것이지요. 이 점은 거래 대상이 주식이든 면화든 밀이든 옥수수든 귀리든 단 한 치의 차이도 없이 똑같습니다."

최소 저항선

"당신이 시장을 지켜보는 목적, 즉 가격 테이프에 찍혀 나오는 가격의 추이를 주시하는 목적은 딱 한 가지입니다. 시장의 방향, 즉 가격이 어떤 경향을 띠는지 알아내기 위해서지요. 알다시피 가격은 어떤 저항에 부딪치느냐에 따라 위로 올라가거나 아래로 떨어집니다. 쉽게 설명하자면 가격 역시 다른 모든 것들과 마찬가지로 최소 저항선[1]을 따라 움직이지요. 가격이란 어느 방향이 됐든 가장 쉬운 쪽으로 움직일 겁니다. 다시 말해 내려가는 쪽보다 올라가는 쪽의 저항이 더 적다면 올라갈 것이고, 그 반

---

[1] the line of least resistance, 최소 저항선은 리버모어의 투기 거래에서 가장 중요한 개념으로, 그의 추세 매매 방식은 최소 저항선을 좇아 거래하는 것이라고 할 수 있다.

대도 성립하지요.

강세장이든 약세장이든 일단 시장이 한쪽 방향으로 움직이기 시작했다면 아무도 그 추세에 당황해 하지 않을 겁니다. 현명한 투기자라면 결코 자신이 수집한 사실들을 자신의 이론에 끼워 맞추려 하지 않을 것이므로, 열린 마음과 합리적이고 밝은 시야를 지닌 사람에게는 추세가 명확하게 보이겠지요. 이런 사람은 지금이 강세장인지 약세장인지 알 것이고, 아니 알 수밖에 없을 겁니다. 그것을 알게 되면 자신이 매수해야 할지 매도해야 할지도 알겠지요. 따라서 매수해야 할지 아니면 매도해야 할지를 알아야 할 시점은 시장이 방향을 잡고 막 움직이기 시작했을 때입니다.

예를 들어 설명해보지요. 대세상승이나 대세하락 같은 큰 흐름의 중간에는 시장이 10포인트 정도의 범위 안에서 등락하는 일이 자주 있습니다. 위로는 130달러, 아래로는 120달러 사이에서 움직이는 거지요. 바닥에서는 매우 약해 보일 겁니다. 그런데 올라갈 때는, 가령 8포인트나 10포인트씩 상승한 다음에는 여느 강세장 못지 않게 강하게 보일 겁니다. 그렇다고 해서 징후만 보고 트레이딩을 시작하면 안 됩니다. 때가 무르익었다고 가격 테이프가 알려줄 때까지 기다려야 합니다. 사실 단지 싸게 보인다고 해서 주식을 매수했다가, 혹은 비싸 보인다는 이유로 공매도했다가 날려버린 돈을 따지면 그야말로 천문학적인 금액이 될 겁니다. 투기자는 투자자가 아닙니다. 투기자의 목적은 괜찮은 금리로 꾸준한 수익률을 올리는 게 아니에요. 자신이 무엇에다 투기를 했든 그것의 가격이 오르거나 내릴 때 이익을 거두는 게 투기자의 목적입니다. 따라서 투기자는 트레이딩을 하는 시점에 투기적 최소 저항선이 어디인지 결정해둬야 합니다. 그리고 이 최소 저항선이 스스로 그 모습을 드러내는 순간을 기다려야 하지요. 그것이 바로 바쁘게 움직이라는 신호기 때문입니다.

주가를 읽어내는 기술이 있다 해도 알 수 있는 것은, 130달러에서는 매도세가 매수세보다 더 강하고, 논리적으로 볼 때 가격 조정이 나타날 것이라는 정도지요. 매도세가 매수세를 넘어서는 그 지점에 다다른 순간까지도 주가를 피상적으로 읽어내는 사람은 150달러 근방에 이를 때까지는 상승세를 멈추지 않을 것이라고 단정짓고 매수합니다. 그러나 조정이 시작되면 그냥 보유하거나, 약간의 손실을 감수하고 팔아버리거나, 아니면 공매도한 뒤 약세론자로 돌변해버립니다. 하지만 120달러에서는 하락에 대한 저항이 더 강하지요. 매수세가 매도세를 압도하고, 랠리가 나타나면서 공매도했던 사람들이 물량을 정리합니다. 대중들은 매번 이렇게 양쪽으로 당하지요. 그런데도 시장이 가르쳐주는 교훈을 끝까지 배우지 않는 걸 보면 기가 막힐 따름입니다.

마침내 무슨 일이 벌어져 상승하려는 힘 혹은 하락하려는 힘이 증대되고, 저항이 가장 컸던 지점이 위로 올라가거나 아래로 내려옵니다. 즉 130달러에서 처음으로 매수세가 매도세보다 강해지거나 혹은 120달러에서 매도세가 매수세보다 강해지는 겁니다. 주가가 예전의 등락 한계이기도 했던 장벽을 돌파하면 계속 그 방향으로 갈 겁니다. 그런데 일반적으로 주가가 120달러까지 오면 너무 약해 보인다는 이유로 공매도하는 다수의 트레이더들이 항상 있고, 130달러까지 가면 너무 강해 보인다는 이유로 매수 포지션을 취하는 트레이더 무리들이 꼭 있습니다. 이들은 시장이 자신들의 의도와 반대로 움직이면 얼마 가지 않아 스스로 마음을 바꿔 정반대 포지션으로 돌아서든가 혹은 보유하고 있는 포지션을 전부 정리해버릴 겁니다. 어떤 경우든 이들은 주가의 최소 저항선이 더 확실히 드러나도록 하는 데 도움이 됩니다. 그런 점에서 이 최소 저항선을 결정하기 위해 참고 기다린 지혜로운 트레이더는 우선 기본적인 경제 여건이 유리하게 돌아갈 뿐만 아니라, 잘못된 추측을 한 바람에 뒤늦게 실수를 바로잡아야 하는 대중들의 어쩔 수 없는 매매의 덕까지 보게 되는 겁니다. 실수를 바로잡는 매매에 따라 주가가 최소 저항선을 따라 움직이는 경향이 더 강화되는 것이지요.

그러면 여기서 말해두어야겠군요. 비록 수학적으로 정확하다거나 투기의 공리(公理)라고까지는 말할 수 없겠지만, 지금까지의 경험에 따르면 최소 저항선을 결정한 다음 시장 포지션을 취했을 때는 늘 우연한 사건들, 즉 예상치 못했거나 미리 예측할 수 없었던 사건들이 내 포지션에 도움을 주었습니다. 앞서 이야기했던 사라토가에서의 유니언 퍼시픽 일화를 기억합니까? 그때 나는 최소 저항선이 올라간다는 사실을 알아냈기 때문에 매수 포지션을 취했습니다. 증권회사 쪽에서 내게 내부 거래자들이 주식을 팔고 있다고 얘기했다 해도 이를 무시하고 계속 매수 포지션을 지켰어야 했어요. 유니언 퍼시픽 임원들이 어떤 마음을 먹었든 달라질 것은 없었습니다. 그건 내가 알 수 없는 것이기도 했지요. 하지만 나는 주가 테이프가 말하는 것을 알 수 있었고, 아주 정확히 알았습니다. 주가 테이프는 '올라간다!'고 말했어요. 그러고 나서 기대하지 않았던 배당금 증액 발표가 나왔고, 주가는 30포인트나 상승했습니다. 164달러면 엄청나게 높은 주가였지만, 앞서 말했듯이 주식은 절대 매수하기에 너무 높거나 매도하기에 너무 낮은 경우는 없습니다. 주가란 본질적으로 내가 최소 저항선을 설정하는 것과 아무 관계도 없어요.

누구든 내가 얘기한 대로 거래해보면 어느날 시장이 마감되고 다음날 시장이 개장하는 바로 그 사이에, 대개 최소 저항선과 어울리는 어떤 중요한 뉴스가 나왔음을 실제로 확인할 수 있을 겁니다. 추세는 뉴스가 인쇄되기 전에 이미 자리를 잡아놓고 있어요. 강세장에서는 약세 요인이 무시되고 강세 뉴스는 과장되며, 그 역도 마찬가지에요. 세계대전이 발발하기 전부터 시장은 이미 심각한 약세 상황이었습니다. 바로 이때 독일이 잠수함 정책을 선언한 겁니다. 나는 이 무렵 15만 주를 공매도 해놓고 있었어요. 그런 뉴스가 나올 것을 알고 있었기 때문이 아니라 최소 저항선을 따라 거래하고 있었기 때문이지요. 나의 주식 거래와 관련해서 보자면 그 뉴스는 하늘에서 금덩어리가 뚝 떨어진 격이었습니다. 물론 나는 이 상황을 십분 활용했고, 뉴스가 나온 당일 공매도 물량을 모두 정리했습니다."

주가에 이유나 설명을 요구하지 말라

"듣기에는 무척 쉬워 보이지요. 당신이 해야 할 일은 주가 테이프를 지켜보고, 당신 나름의 저항 지점들을 설정한 다음 최소 저항선을 결정하는 대로 그것을 따라 거래하면 되니까요. 그러나 실제로는 많은 것을 경계해야 합니다. 그 중에서도 가장 경계해야 할 대상은 자기 자신, 즉 인간의 본성이에요. 정확한 판단을 내린 사람은 자신에게 유리하게 작용하는 두 가지 힘을 갖고 있다고 말하는 이유도 바로 이 때문입니다. 두 가지 힘이란 앞서 말한 것처럼 기본적인 경제 여건과 잘못된 판단을 내린 사람들이지요. 강세장에서는 약세 요인들이 무시당합니다. 이게 인간의 본성이지만, 그러면서도 사람들이란 그것에 놀라워하지요. 가령 사람들이 와서 올해 밀 수확이 엉망이 됐다고 말할 겁니다. 밀 경작지 한두 곳의 기상조건이 나빴던 데다 일부 농민들마저 농사를 집어치우는 바람에 그렇게 됐다고 말이지요. 그런데 전체 수확량이 집계되고, 전국의 밀 경작 농민들이 수확한 밀을 운반하기 시작하면 흉작으로 밀 가격이 오를 것이라고 내다봤던 강세론자들조차 피해가 아주 경미했다는 사실에 놀랍니다. 강세론자들은 결국 자신들이 약세론자들을 도와준 꼴이 됐다는 사실을 알게 되지요.

누구든 상품시장에서 거래할 때는 절대 이런저런 의견들에 치우쳐서는 안 됩니다. 반드시 개방적인 자세와 유연성을 가져야 합니다. 곡물의 작황이나 예상되는 수요에 대한 자기 견해가 어떻든 가격 테이프가 전해주는 메시지를 무시하는 것은 현명한 행동이 아니에요. 시장이 본격적으로 움직이려는 출발 신호를 잡기 위해 노력만 하다가 결국 크게 한 건 할 수 있는 기회를 놓쳐버린 경우를 나는 생생히 기억합니다. 그때 나는 시장을 둘러싼 여건이 워낙 확실하다고 여겼고, 그래서 최소 저항선이 스스로 그 모습을 드러낼 때까지 기다릴 필요도 없다고 생각했지요. 심지어 약간의 도움만 있으면 최소 저항선이 만들어질 것이므로, 최소 저항선이 그 모습을 드러내는 데 일조할 수 있다고까지 생각했습니다.

나는 면화 가격이 꽤 강세를 보일 것으로 예상했습니다. 면화는 당시 12센트 정도 했는데, 비교적 작은 범위 안에서 오르내렸지요. 면화는 어느 쪽도 아닌 중립적인 상품 가운데 하나였고, 나는 계속 지켜볼 수 있었습니다. 나는 정말로 기다려야만 한다는 사실을 알았어요. 그런데 이런 생각을 하게 된 겁니다. 내가 약간만 밀어주면 위쪽의 저항선을 뚫고 올라갈 수 있을 것이라고 말이지요.

나는 5만 베일을 매수했어요. 예상했던 대로 가격은 상승했습니다. 또한 역시 예상했던 대로 내 매수 주문이 끊기자마자 가격 상승세도 멈췄지요. 그러고는 내가 매수하기 시작했을 때의 그 가격으로 돌아오기 시작했습니다. 마찬가지로 내가 매도하면 가격이 떨어졌다가 다 팔고 나오면 하락세가 멈췄습니다. 나는 시장의 출발 신호가 훨씬 더 가까워졌다고 생각했고, 다시 한번 출발해보자고 다짐했어요. 그렇게 했습니다. 똑같은 일이 벌어졌어요. 매수하면서 가격을 끌어올렸지만, 매수를 멈추자

가격은 다시 떨어졌지요. 그렇게 네 번인가 다섯 번을 하다가 결국 분통이 터져 그만두었습니다. 이렇게 해서 날린 돈만 20만 달러에 달했어요. 면화 쪽은 아예 쳐다보지도 않았습니다. 그런데 얼마 지나지 않아 가격이 오르기 시작하더니, 내가 그렇게 급히 서두르지 않았더라면 정말 큰 수익을 올렸을 가격대까지 쉬지 않고 상승했어요.

이런 경우는 너무나도 많은 트레이더들이 너무나도 많이 경험하는 것이므로 하나의 원칙을 제시할 수 있습니다. 주가가 어느 방향으로 갈지 오리무중인 채로 좁은 변동폭 안에서 움직이는 시장에서는 다음에 나타날 큰 흐름이 대세상승일지 대세하락일지를 예상하려 애쓰는 것 자체가 무의미하다는 겁니다. 이럴 때 해야 할 일은 시장을 지켜보며, 주가가 오르내리는 제한된 범위를 결정하고, 어느 쪽으로든 주가가 이 제한된 범위를 뚫고 나가기 전까지는 시장에 뛰어들지 않겠다고 단단히 결심하는 거지요. 투기자가 매달려야 할 관심사는 시장에서 돈을 버는 것이지, 주가 움직임이 자기 생각과 맞아야 한다고 주장하는 게 아니니까요. 주가 움직임과 절대 다투지 마세요. 주가 움직임에 어떤 이유나 설명을 요구하지도 마세요. 일이 끝난 뒤에 주식시장을 헤집어봐야 돈 한 푼 나오지 않습니다."

심리적인 순간

"얼마 전 여러 친구들과 함께 한 적이 있었습니다. 친구들이 밀 선물에 대해 이야기하더군요. 강세 시각을 가진 친구들도 있었고, 약세 시각을 가진 친구들도 있었습니다. 결국은 내 생각을 물어왔어요. 사실 그때 나는 한동안 밀 시장을 연구해온 터였지요. 친구들이 통계수치나 시장 여건 분석을 원하는 건 아니라는 점을 나는 알고 있었습니다. 그래서 이렇

게 얘기했지요. '자네들이 밀 시장에서 돈을 벌고 싶다면 어떻게 해야 할지 말해주겠네.'

그들은 모두 돈을 벌고 싶다고 했고, 그래서 이렇게 말해주었어요. '자네들이 정말 밀 시장에서 확실히 돈을 벌고 싶다면 말이야, 일단 지켜봐야 한다네. 기다리라고. 밀 선물가격이 1.20달러를 넘는 순간 매수하게. 그러면 멋지게 금방 한 건 할 수 있을 거야.'

'왜 지금 매수하면 안 되지, 1.14달러잖아?' 한 친구가 묻더군요.

'그건 밀 선물가격이 어느 쪽으로 갈지 나도 알 수 없기 때문이야.'

'그러면 왜 1.20달러에 사라는 거지? 꽤 높은 가격으로 보이는데.'

'아주 크게 한판 먹어볼 요량으로 막무가내로 도박판에 뛰어들기를 원해? 아니면 현명하게 투기를 하면서 작지만 가능성이 훨씬 더 높은 이익을 얻고 싶어?'

그들은 이구동성으로 작지만 확실한 이익을 원한다고 답했고, 나는 이렇게 설명했습니다. '그러니까 내가 말해준 대로 하라고. 1.20달러를 넘어서면 매수해.'

앞서 말했듯이 나는 오래 전부터 밀 시장을 지켜보고 있었어요. 몇 달 동안 밀 선물가격은 1.10달러와 1.20달러 사이에서 오르내리며 특별한 움직임을 보여주지 않았습니다. 그러다 어느날 1.19달러를 넘어선 가격으로 거래를 마쳤어요. 나는 준비태세를 갖췄습니다. 예상했던 대로 다음날 개장가는 1.205달러였고, 나는 매수했습니다. 밀 선물가격은 1.21달러로 오르더니 1.22달러로, 다시 1.23달러로, 또 1.25달러로 상승했고, 나는 밀 선물을 계속 보유했습니다.

그런데 그 시점까지도 정작 무슨 일이 벌어지고 있는지 알지 못했어요. 나는 밀 선물가격이 제한된 범위 안에서 오르내리는 중에도 왜 그렇게 움직이는지 알 수 없었습니다. 제한된 가격이 1.20달러를 뚫고 위쪽으로 올라갈지 아니면 1.10달러를 깨고 아래쪽으로 내려갈지 알지 못했어요. 다만 위로 올라갈 것이라고 생각하기는 했는데, 이건 밀 선물가격의 폭락을 야기할 만큼 전 세계적으로 밀이 풍족한 상황은 아니라는 이유 때문이었지요.

사실 유럽에서 밀 선물을 조용히 사들이는 것 같았고, 많은 트레이더들이 1.19달러 근방에서 공매도를 한 것으로 보였습니다. 유럽인들의 매수와 다른 요인들에 힘입어 상당히 많은 양의 밀이 시장에서 자취를 감췄고, 마침내 대세상승 흐름이 시작된 거지요. 밀 선물가격은 1.20달러라는 경계선을 넘어섰습니다. 내가 기다려왔던 게 바로 이것이었고, 나로서는 이거면 충분했지요. 밀 선물가격이 1.20달러를 넘어서면 어떻게 될지 나는 알고 있었습니다. 위쪽으로 올라가려는 움직임은 마침내 경계선을 허물어뜨리는 데 필요한 에너지를 모은 상태였으므로 뭔가가 벌어져야만 했어요. 다시 말해 1.20달러를 넘어섬으로써 밀 선물가격의 최소저항선이 형성된 셈이었지요. 이제부터는 다른 이야기가 전개될 것이었습니다.

하루는 휴일이라 미국 내 모든 시장이 열리지 않았던 것으로 기억합니다. 그런데 캐나다 위니펙 상품거래소[2]에서 밀 선물이 부셸 당 6센트 오른 가격으로 개장했어요. 다음날 미국 시장이 열리자 마찬가지로 부셸 당 6센트가 상승했지요. 밀 선물가격은 최소 저항선을 따라 움직였던 겁니다.

지금까지의 설명이 가격 움직임 연구에 바탕을 둔 내 트레이딩 시스템의 정수(精髓)입니다. 나는 단지 가격이 어느 쪽으로 움직일 가능성이 높은지 알아냅니다. 그러고는 추가적인 테스트를 통해 내 매매를 점검해본

---

[2] 위니펙 상품거래소(Winnipeg Commodity Exchange)는 1887년에 개장해 1904년부터 밀 선물을 거래했으며, 현재 캐나다의 유일한 농산물 거래소다.

다음 심리적인 순간3)을 결정하지요. 일단 본격적인 거래를 시작한 뒤에는 가격이 어떻게 움직이는지 지켜봄으로써 나 자신의 트레이딩을 점검합니다."

추세에 따라 매매하다

"주가가 상승할 때 주식을 매수하면서 기꺼이 최고의 가격을 지불하려 하고, 주식을 공매도할 때는 낮은 주가에서 팔려고 합니다. 그렇지 않으면 아예 매매하지 않지요. 내가 이렇게 말하면 믿지 못하겠다는 표정을 짓는 노련한 트레이더들이 얼마나 많은지 정말 놀라울 지경입니다. 어느 트레이더든 항상 자신의 투기적인 자세를 고수한다면, 즉 최소 저항선이 스스로 모습을 드러낼 때까지 기다리면서, 주가 테이프가 '올라간다'고 얘기할 때만 매수하고, '내려간다'고 얘기할 때만 매도한다면 주식시장에서 돈을 벌기란 그리 어려운 일이 아닐 겁니다. 매수 물량은 주가가 올라갈 때 늘려나가야 합니다. 우선 전체 매수 물량 가운데 5분의 1을 매수하지요. 만일 여기서 수익이 나지 않는다면 보유 물량을 늘려서는 절대 안 됩니다. 왜냐하면 잘못된 길로 들어선 게 틀림없기 때문이지요. 일시적으로 틀렸을 수도 있지만, 어떤 경우든 틀렸을 때는 한 푼의 이익도 얻지 못합니다. '올라간다'고 말했던 바로 그 주가 테이프가 이제 와서 '아직은 아냐'라고 말한다고 해서 거짓말을 했다고는 할 수 없지요.

면화 시장에서 나는 꽤 오랫동안 성공적인 트레이딩을 해왔습니다. 나만의 이론이 있었고, 완벽하게 그 이론에 따라 행동했지요. 가령 면화 시장에서 4만~5만 베일4)의 포지션을 취하기로 했다고 합시다. 그러면 앞서 얘기한 것처럼 가격 움직임을 연구하면서, 매수 혹은 매도 기회를 탐색할 겁니다. 그런데 최소 저항선이 강세 움직임을 나타냈다면 1만 베일을 매수할 겁니다. 매수한 다음 시장이 상승해 처음 매수한 가격보다 10포인트 오르면 추가로 1만 베일을 더 매수합니다. 똑같은 일이 벌어져 20포인트의 이익이 발생하면, 즉 베일 당 80센트에 매수한 면화 선물가격이 베일 당 1달러로 오른다면 2만 베일을 추가로 더 살 겁니다. 이렇게 해서 내 포지션을 취하는 것이고, 이것은 내 트레이딩의 기본이기도 하지요. 그런데 만약 처음 1만~2만 베일을 매수한 다음 손실이 났다면 나는 빠져나올 겁니다. 내가 틀린 거지요. 단지 일시적으로 틀린 것일 수도 있습니다. 하지만 출발이 잘못되면 어디서도 수익을 얻을 수 없지요.

내 시스템을 고수함으로써 나는 면화 선물가격이 본격적으로 움직일 때마다 내 포지션에 따른 물량을 확보할 수 있었습니다. 전체 물량을 확보하는 과정에서 5만~6만 달러를 나 스스로 감을 잡아나가는 거래 비용으로 쓰기도 합니다. 이건 꽤 비싼 테스트 같아 보이지만 실은 그렇지 않습니다. 가격이 본격적으로 움직이기 시작하면 이렇게 들어간 5만 달러를 되찾는 데 시간이 얼마나 걸릴 것 같습니까? 한 치의 오차도 없이 정확한 시점에 물량 확보에 나섰다는 점을 확신하기 위해 들인 비용 말입니다. 시간은 전혀 걸리지 않습니다. 정확한 시점에 정확한 판단을 내린 사람에게는 늘 보상이 따르지요.

이전에도 말한 것 같지만 이건 내가 베팅을 해나가는 시스템이라고 말할 수 있습니다. 자기가 이길 때만 크게 베팅하고, 질 때는 탐색용으로 작게 베팅한 돈만 잃는 게 현명한 행동이라는 사실은 간단한 산술만으로도 알 수 있지요. 누구라도 내가 이야기한 방식대로 거래한다면 늘 수익이 나는 포지션을 취할 것이고, 이렇게 얻은 수익으로 크게 베팅해 큰돈

---

3) psychological moment, 최소 저항선과 함께 리버모어의 투기 거래에서 매우 중요한 개념으로, 매수 혹은 공매도를 단행하기 시작하는 결정적인 타이밍이라고 할 수 있다.
4) bale, 1베일은 약 500파운드

을 벌 수 있을 겁니다."

프로와 아마추어의 차이

"프로 트레이더들은 항상 저마다의 시스템을 갖고 있습니다. 이 시스템은 자신의 경험을 토대로 만들어지며, 투기를 바라보는 자세와 자신의 바람에 따라 좌우되지요. 팜비치에서 만난 한 노신사가 기억나는군요. 그의 이름은 내가 잘 알아듣지 못했던가, 그의 모습에 걸맞는 이름을 못 들었던 것 같습니다. 나는 그가 남북전쟁 시절까지 거슬러 올라갈 정도로 아주 오래 전부터 월스트리트에서 활동해왔다는 사실을 알고 있었습니다. 숱한 주식 붐과 패닉을 경험한 아주 현명하면서도 괴팍한 노인이었는데, 늘 하는 말이 하늘 아래 새로운 것은 없으며 그 중에서도 가장 변하지 않는 곳이 바로 주식시장이라는 것이었습니다.

이 노인은 나에게 꽤 많은 질문을 했습니다. 내가 트레이딩을 할 때 쓰는 방법을 이야기해주자, 내 말이 끝나기 무섭게 고개를 끄덕이며 말했지요. '그래! 그래! 자네가 맞아. 자신의 성격에 맞는 방식, 그러니까 자기 마음이 이끌어주는 방식이야말로 자신의 시스템을 자기에게 적합한 훌륭한 시스템으로 만들어준다네. 자네가 거는 돈은 사실 자네에게 부수적인 것이니, 지금 이야기한 대로 실행하는 게 쉬울 걸세. 그러고 보니 팻 허니[5]가 떠오르는군. 그 친구에 대해 들어봤나? 그래, 그 친구는 아주 이름난 도박꾼이었지. 우리 증권회사와도 거래를 했어. 영리했을 뿐만 아니라 대담한 친구였지. 주식으로 돈을 많이 벌었는데, 그러자 사람들이 그에게 조언을 구했어. 그는 절대 해주지 않았지. 사람들이 그에게 어

---

5) Pat Hearne는 실제 인물일 수도 있으나, 익명의 노인을 통해 소개한 것을 보면, 그 다음에 나오는 경마 격언 "You can't tell till you bet."을 알려주기 위한 가공의 인물일 가능성이 높다.

다 투자하는 게 좋겠느냐고 단도직입적으로 의견을 물어오면 그는 으레 자기가 좋아하는 경마 격언을 얘기해주었어. 「돈을 걸기 전까지는 알 수 없는 법이네.」 그는 우리 증권회사 사무실에서 거래했어. 거래가 활발히 이뤄지는 주식을 100주 매수하고는 주가가 1% 오르면 100주를 추가로 매수하지. 또 1% 더 오르면 다시 100주를 추가 매수해. 계속 그런 식이야. 그는 이렇게 말하곤 했어. 자기는 다른 사람들 돈 벌어주려고 주식 투기를 하는 게 아니라고, 그래서 자기는 마지막 매수 가격보다 1% 낮은 주가로 미리 손절매 주문을 해놓는다고 말이야. 주가가 계속 상승하면 그는 자신의 손절매 주문 가격을 계속 올리지. 주가가 1%만 조정을 받으면 그는 손절매하고 빠져나오는 거야. 그는 1% 이상 손실을 보는 건 이해할 수 없는 일이라고 단언했어. 최초의 투자 원금에서 손실을 보는 것이든, 평가이익이 그만큼 줄어드는 것이든 말이지.

알다시피 프로 도박사는 이길 확률은 적으면서 배수(倍數)가 높은 판보다는 배수는 낮아도 확실히 돈을 딸 수 있는 판을 좋아하지. 물론 배수가 높은 판도 먹기만 하면 좋겠지만 말이야. 주식시장에서 팻은 비밀정보를 따르지도 않았고, 일주일에 20포인트씩 먹으려 하지도 않았어. 여유로운 생활을 하기에 충분한 금액만 확실히 벌려고 했지. 내가 월스트리트에서 만나본 수천 명의 일반 투자자들 가운데 주식 투기를 그저 패로(faro)나 룰렛 같은 확률 게임으로 본 사람은 팻 허니가 유일했어. 그럼에도 불구하고 그는 꽤 확실한 베팅 방법을 고수해나갈 수 있었지.

팻 허니가 세상을 떠난 뒤 이런 일이 있었다네. 늘 팻과 함께 거래하며 그의 시스템을 활용해왔던 우리 고객 하나가 라카와나 주식으로 10만 달러 넘게 번 거야. 그러자 이 친구는 다른 종목으로 갈아탔는데, 이제 큰돈을 벌었으니 굳이 팻의 방법만 따라야 할 필요는 없다고 생각했지. 주가가 조정을 받자 이 친구는 손실이 적을 때 손절매를 하는 대신 그냥 놔

뒤버렸어. 그때까지도 이 친구는 돈을 벌어둔 상태였거든. 결국 한 푼도 남기지 않고 다 날렸지. 이 친구가 거래를 끝냈을 때는 우리한테 수천 달러 빚까지 지게 됐다네.

그는 2~3년간을 주변에서 어슬렁거렸지. 돈을 다 날리고 나서 한참 동안 분을 삭이지 못했어. 그래도 우리야 그가 얌전히 구는 한 가만히 내버려뒀다네. 그는 자기가 팻 허니의 매매 스타일을 고수하지 못한 건 정말 입이 열 개라도 할 말이 없다며 솔직히 자기 잘못을 인정했어. 그러고는 어느날 무척 흥분된 표정으로 나를 찾아와 어떤 주식을 공매도할 테니 우리 증권회사에서 허락해줬으면 한다고 부탁하더군. 그는 괜찮은 친구였고 한창때는 훌륭한 고객이었으므로, 개인적으로 그가 100주를 매매할 수 있도록 승인해주었어.

그는 레이크 쇼어 주식을 100주 공매도했다네. 그 시점은 빌 트래버스가 주식시장에서 매도 공세를 펼칠 때였으니까, 1875년이겠군. 로버츠 그 친구는 정확한 시점에 한치의 오차도 없이 레이크 쇼어 주식을 공매도했고, 주가가 떨어지는 동안 계속 추가로 더 매도했어. 그러니까 팻 허니의 시스템을 버리고 희망의 속삭임을 들었던 그가 다시 잘나갔던 옛날 방식으로 돌아간 셈이지.

그렇게 4일간 피라미딩 방식에 따라 성공적으로 거래한 결과 로버츠의 계좌에는 1만5000달러의 평가이익이 쌓였다네. 그런데 그가 손절매 주문을 미리 해놓지 않은 것을 보고 내가 지적해주었더니, 그는 급락 따위는 시작할 기미도 안 보일 뿐만 아니라 자기는 이제 1포인트 조정에는 흔들리지 않을 것이라고 대답하더군. 그게 8월의 일이었다네. 9월 중순이 채 되기도 전에 그는 넷째 아이의 유모차 살 돈이라며 10달러를 빌려가더군. 그는 이미 입증된 자신의 시스템을 고수하지 못했던 거야. 그건 대부분의 사람들이 갖고 있는 문제점이기도 하지.' 노신사는 나를 향해 고개를 흔들어 보였습니다.

그의 말은 옳았어요. 투기란 좀 부자연스러운 사업임에 틀림없다는 생각이 들 때가 있습니다. 왜냐하면 대개의 투기자들이 자기 자신의 본성에 반해 행동하기 때문이지요. 누구나 빠져들기 쉬운 약점들은 투기에서 성공하는 데 치명적입니다. 바로 이런 약점들 때문에 자기 주변 사람들이 하는 것이라면 무조건 좋아 보이고, 주식이나 상품 거래에 비해 훨씬 덜 위험한 다른 사업에 선뜻 나서지 못하는 겁니다."

내부의 적, 희망과 두려움

"투기자의 가장 큰 적은 늘 자기 내부에서 튀어나옵니다. 희망과 두려움은 따로 떼어놓을 수 없는 인간의 본성이지요. 시장이 자신의 생각과 반대로 움직일 경우 하루하루가 마지막 날이기를 하고 바랍니다. 이 희망은 크든 작든 제국을 건설한 인물과 개척자들에게는 위대한 성공의 견인차가 되어주는 동맹군이지만, 투기라는 게임에서는 차라리 귀 기울이지 않았더라면 입었을 손실보다 더 큰 상처를 주지요. 또한 시장이 자신의 예상대로 움직일 경우 다음날 평가이익이 사라져버릴까 두려워하게 되고, 결국 너무 빨리 빠져나와 버립니다. 두려움은 마땅히 벌었어야 할 그 많은 돈을 벌지 못하게 만들지요. 성공적인 트레이더라면 반드시 이 두 가지 뿌리깊은 본능과 싸워야 합니다. 인간의 자연스러운 반응이라고 부르는 것을 완전히 바꿔버려야 합니다. 희망을 가지려 할 때 두려워해야 합니다. 두려워질 때 희망을 가져야 합니다. 지금의 손실이 점점 더 커질지도 모른다는 점을 두려워해야 하고, 지금의 이익이 더 크게 불어날 수 있다는 희망을 가져야 합니다. 대개의 사람들이 하는 방식으로 주식시장에서 도박을 하는 것은 정말 잘못된 것이에요.

나는 열네 살 때부터 줄곧 투기라는 게임을 해오고 있습니다. 그게 내가 한 일의 전부지요. 내가 지금 무엇을 얘기하고 있는지 나는 잘 알고 있습니다. 때로는 아주 적은 금액으로, 때로는 수백만 달러를 갖고서 근 30년간 꾸준히 트레이딩을 한 결과 내가 도달한 결론은 이렇습니다. 누구든 특정 시점에 한 종목 혹은 여러 종목에서 돈을 벌 수는 있지만, 살아있는 사람이라면 아무도 주식시장을 이길 수 없습니다! 누구든 곡물이나 면화 선물을 거래해 돈을 벌 수는 있지만, 절대 누구도 곡물 시장이나 면화 시장을 이길 수는 없지요."

래리 리빙스턴은 말을 마치더니 나를 처다봤다. 그러고 보니 그에게 고마운 마음이 들었다. "리빙스턴 씨, 그렇게 말해주니까 정말 감사합니다. 나도 오래 전부터 사람들 앞에서 한껏 소리 높여 그런 말 하길 좋아했지요. 당대 최고의 성공적인 주식 투기자 입에서 그런 말이 나왔다면 더 신뢰가 갈 것이고, 아무튼 그렇게 말해줘서 고맙습니다. 그러면 이제 1907년 10월에 백만장자가 된 다음 어떻게 했는지 말해주지 않겠습니까?"

리빙스턴은 고개를 끄덕이고는 금세 이야기를 멈췄던 시점으로 돌아가 다시 말을 이어갔다.

"나는 요트를 한 척 구입했고, 뉴욕을 떠나 남쪽 먼바다를 항해할 만반의 준비를 다 갖춘 상태였습니다. 지금도 여전히 낚시광이지만, 그때는 정말 내 요트를 타고 나가 원하는 곳에서 하고 싶을 때 마음껏 낚시를 즐길 생각이었어요. 이제 출발만 하면 됐지요. 나는 이미 주식시장에서 큰돈을 벌어놓았습니다. 그런데 마지막 순간 옥수수가 발목을 잡았어요.

사실 자금시장에 패닉이 벌어져 난생 처음 100만 달러를 거머쥐기 전부터 나는 시카고 선물시장[6]에서 곡물을 거래하고 있었습니다. 그때 나는 밀 선물 1000만 부셸과 옥수수 선물 1000만 부셸을 각각 매도해둔 상태였지요. 나는 오랫동안 곡물시장을 연구해왔고, 그 무렵 주식과 마찬가지로 옥수수와 밀에 대해서도 약세 시각을 갖고 있었습니다.

어쨌든 밀 선물과 옥수수 선물 모두 처음에는 하락했습니다. 그런데 밀은 계속 떨어졌지만, 옥수수는 시카고 선물시장에서 제일 막강한 큰손, 여기서는 그냥 스트래튼[7]이라고 부르겠는데, 이 사람이 열심히 매집하고 있었어요. 공매도한 주식을 전부 정리하고, 내 요트를 타러 남쪽으로 떠날 채비를 다 갖춘 다음 보니 밀 선물에서는 꽤 짭짤한 평가이익이 났지만, 옥수수 선물에서는 스트래튼이 가격을 끌어올리는 바람에 상당한 평가손실을 기록하고 있었습니다.

옥수수 가격의 상승을 뒷받침하기에는 전국적으로 옥수수 생산량이 매우 많다는 사실을 나는 잘 알고 있었지요. 수요와 공급의 법칙은 언제든 유효한 법입니다. 그러나 옥수수 수요는 다른 곳은 차치하고라도 스트래튼에 의해 계속 나오고 있었지만, 공급은 옥수수 운송이 심각한 애로를 겪는 바람에 전혀 나오지 않고 있었지요. 그때 나는 마법처럼 추위가 닥쳐와 통행이 끊긴 도로를 전부 얼려버리면, 농부들이 옥수수를 시장에 내놓을 수 있을 것이라며 기도까지 했던 기억이 납니다. 그러나 그런 행운은 없었지요."

전략적으로 빠져나오다

"당시 내 처지는, 마냥 즐거운 마음으로 낚시 여행을 떠나려던 참에 옥수수 선물의 평가손실에 발목이 잡힌 형국이었습니다. 시장이 이런 상황인데 그냥 떠날 수는 없었지요. 스트래튼은 당연히 선물 매도자들을 철저

---

6) 시카고 상품거래소(Chicago Board of Trade)를 말한다. CBOT는 1848년 개장한 세계에서 가장 오래된 선물 거래소로, 당시 뉴욕농산물거래소를 통해서도 곡물을 거래할 수 있었으나 CBOT의 거래량이 압도적으로 많았다. 리버모어는 후에 CBOT의 정식 회원이 된다.
7) Stratton은 작중 이름으로, 당시 시카고 선물시장에서 악명 높은 투기자였던 James A. Patten을 가리킨다.

히 감시하고 있었고요. 그는 내가 자기 손아귀에 들어왔음을 알았고, 나 역시 그가 나를 쥐고 있다는 것을 알았습니다. 하지만 앞서도 말했듯이, 나로서는 하루빨리 날씨가 추워져 내게 도움이 되기를 바랄 뿐이었습니다. 날씨는 물론 그 어떤 기적도 내 절실한 요구에 귀 기울이지 않는다는 사실을 깨닫자, 나는 어떻게 하면 내 힘으로 이 곤경에서 빠져나올 수 있을지 궁리하게 됐습니다.

나는 밀 선물의 매도 포지션을 전부 정리해 상당한 차익을 실현했습니다. 그러나 옥수수 선물은 이보다 훨씬 더 골치 아픈 문제였어요. 내가 매도한 옥수수 선물 1000만 부셸을 현재 가격으로 정리할 수만 있다면 비록 손실이 크겠지만 기꺼이 당장 그렇게 했을 겁니다. 그러나 내가 옥수수 선물을 사들이기 시작하는 순간 스트래튼은 당연히 가장 강력한 압제자로서의 자기 소임을 다할 것이고, 그러면 나 자신의 매수로 인해 옥수수 선물가격은 올라가고, 결국 내 손으로 자멸을 초래하는 모습을 보며 기뻐하는 꼴밖에 되지 않겠지요.

옥수수 선물가격은 강세였지만 낚시를 가고 싶은 내 욕망은 더욱 강했습니다. 따라서 즉시 빠져나갈 수 있는 탈출구를 찾아내는 건 순전히 내 몫이었습니다. 전략적 후퇴를 감행해야 했지요. 내가 매도한 1000만 부셸을 환매수하는 동시에 손실을 가능한 한 줄여야 했습니다.

마침 그 무렵 스트래튼은 귀리 선물시장에서도 거래했고, 그는 이 시장 역시 확실히 장악하고 있었습니다. 나는 모든 곡물 관련 뉴스와 거래소에 나도는 소문을 통해 곡물시장의 사정을 전부 추적했는데, 강력한 세력인 아머[8]와 스트래튼 간의 이해관계가 어긋나 있다는 소식이 들려

---

8) Jonathan Ogden Armour는 육류가공업자 출신으로, 1907년부터 다음해 5월까지 패튼(스트래튼)과 선물시장에서 치열한 전투를 벌였다. 당시 패튼은 옥수수를 매집하고 밀은 매도한 반면, 아머는 옥수수는 매도하고 밀은 매집한 상태였다. 두 사람의 경쟁은 5월물 선물 계약이 끝나면서 둘 다 큰 상처를 입지 않고 마무리됐는데, 패튼 혼자 이때 거둔 이익이 200만 달러에 달했다.

오더군요. 스트래튼은 당연히 나로 하여금 자기가 원하는 가격으로 옥수수 선물을 환매수하게 만들 것이었습니다. 그러나 아머가 스트래튼한테 맞서고 있다는 소문을 듣는 순간, 시카고 선물시장의 트레이더들로부터 도움을 받을 수도 있겠다는 생각이 들었습니다. 그들이 나를 도와줄 수 있는 유일한 방법은 스트래튼이 팔려고 하지 않는 옥수수 선물을 나에게 파는 것이었지요. 그러면 모든 일이 일사천리로 풀릴 수 있었습니다.

나는 먼저 옥수수 선물가격이 8분의 1센트 떨어질 때마다 옥수수 선물을 50만 부셸씩 매수하라고 주문을 냈습니다. 매수 주문이 모두 접수된 뒤 네 곳의 선물회사에 각각 귀리 5만 부셸씩을 시장가로 매도하라고 동시에 주문을 냈지요. 이렇게 되면 귀리 선물가격이 곧 급락할 수밖에 없다는 게 내 생각이었습니다. 트레이더들의 마음이 어떻게 움직일지는 뻔했어요. 이들은 즉각 아머가 스트래튼을 향해 공격을 개시했다고 생각할 게 분명했습니다. 귀리 시장에서 불길이 당겨졌으므로 그들은 논리적으로 볼 때 다음은 옥수수 시장이 급락할 차례라는 결론을 내릴 것이고, 옥수수 선물을 팔기 시작할 것이었지요. 옥수수 선물의 매집 공세가 무너진다면 그 여파는 가히 폭발적일 것이었습니다.

시카고 선물 트레이더들의 심리가 어떻게 움직일지 내다본 내 예상은 완벽할 정도로 정확했습니다. 몇 차례의 매도 주문으로 귀리시장이 급락하자 이들은 곧장 옥수수시장으로 달려가 아주 열심히 팔아 치웠어요. 나는 10분만에 옥수수 선물 600만 부셸을 사들일 수 있었습니다. 이들의 옥수수 선물 매도가 멈췄다는 것을 확인한 순간 나는 400만 부셸의 매수 주문을 시장가로 냈습니다. 물론 내 주문으로 옥수수 선물가격은 다시 올라갔지만, 이 같은 전술 덕분에 나는 시카고 선물 트레이더들의 매도 물량을 사들이면서 환매수를 개시했을 때의 가격보다 단 0.5센트도 높지 않은 가격으로 1000만 부셸에 달하는 매도 물량을 전부 정리할 수 있었지요.

선물시장 트레이더들의 옥수수 매도를 끌어내기 위해 매도했던 20만 부셸의 귀리는 불과 3000달러의 손실만 입고 정리했습니다. 매도 유인을 위한 미끼로는 무척 저렴했던 셈이지요. 앞서 밀 선물 거래에서 거둔 이익이 옥수수 선물 거래로 입은 손실의 상당 부분을 벌충해준 덕분에 곡물 거래를 통틀어 입은 손실은 2만5000달러에 그쳤습니다. 그 뒤 옥수수는 부셸 당 25센트나 올랐지요. 스트래튼은 틀림없이 자기 마음대로 나를 요리했을 겁니다. 만일 내가 가격 불문하고 옥수수 선물 1000만 부셸을 환매수하기 시작했다면 얼마를 지불해야 했을지 상상만 해도 끔찍합니다.

한 가지 일에 몇 년씩 집중해서 매달리면 대개의 초보자들과는 전혀 다른 자세로 그 일을 대하게 됩니다. 이 차이가 바로 프로와 아마추어를 구분 짓는 것이지요. 사람들이 투기적인 시장에서 돈을 벌거나 잃는 것은 그 일을 어떻게 바라보는가에 달려있습니다. 일반 대중은 자기가 기울이는 노력에 대해 아마추어 애호가의 시각밖에 갖고 있지 못하지요. 자기중심적인 사고가 지나치게 강해 생각이 깊지 못하고 철저히 파고들지도 않습니다. 반면 프로는 돈을 벌어야 한다는 점보다는 자신이 옳은 일을 하고 있는가에 관심을 갖지요. 다른 무언가에 전력을 기울이다 보면 이익은 자연히 따라온다는 점을 알고 있기 때문입니다. 무릇 트레이더란 프로 당구 선수가 하듯 게임을 해나가야 합니다. 당장 눈 앞의 수만 생각하지 말고 멀리 몇 수 앞을 내다보는 거지요. 그래야 본능적으로 자기 포지션에 맞게 게임을 풀어나갈 수 있습니다."

내부자 정보를 이용하는 법

"내가 꼭 집어 말하고 싶은 것을 아주 멋지게 보여주는 일화가 있습니다. 애디슨 캐맥에 관한 이야기에요. 지금까지 들은 바로는 캐맥이야말로 월스트리트 역사상 가장 뛰어난 주식 트레이더 중 한 명이었다는 생각이 듭니다. 그는 많은 사람들이 생각하는 것처럼 항상 약세론만 고집한 건 아니었어요. 다만 약세 시각을 갖고 거래하는 게 희망과 두려움이라는 결정적인 두 가지 인간적 요소를 훨씬 더 유리하게 활용할 수 있다고 느꼈을 뿐이지요. 그는 이런 경구(警句)를 만들어낸 것으로 유명합니다. '수액이 나무를 타고 올라갈 때는 주식을 팔지 말라!' 증권회사의 터줏 대감들 말로는 그가 진짜 큰돈을 번 것은 강세 쪽에 섰을 때라고 합니다. 그런 점에서 그는 주관적 편견이 아니라 시장을 둘러싼 여건에 따라 거래했음이 분명해요. 아무튼 그는 최고의 트레이더였습니다. 강세장이 막바지에 이르렀을 때의 이야기인데, 이 무렵 캐맥은 약세 시각으로 시장을 바라보게 됐습니다. 금융담당 기자이자 작가이기도 한 J. 아서 조셉이 이 사실을 알았습니다. 그러나 시장은 강세 주도 세력들과 낙관적인 신문 보도에 힘입어 그때까지도 여전히 강했을 뿐만 아니라 계속 상승세를 이어나갔지요. 캐맥 같은 트레이더가 약세 쪽 정보를 얼마나 유용하게 써먹을지 잘 알고 있던 조셉은 어느날 기쁜 소식을 듣고 캐맥의 사무실로 달려갔습니다.

'캐맥 씨, 아주 괜찮은 제 친구가 세인트폴 철도회사에서 주식 출납 담당 직원으로 일하고 있습니다. 근데 이 친구가 방금 저한테 한마디 해줬는데, 아무래도 당신도 알아야 할 것 같아서요.'

'뭔 얘긴가?' 캐맥은 아무 관심도 없다는 듯이 물었습니다.

'시장을 보는 관점이 바뀌었지요, 그렇죠? 이제 약세론자 아닙니까?' 조셉은 확인차 물어봤습니다. 만일 캐맥이 관심을 갖지 않는다면, 귀중한 총알을 낭비할 필요가 없었으니까요.

'그렇네. 그 기막힌 정보란 뭔가?'

'오늘 세인트폴 철도회사에 들렀거든요. 일주일에 두세 번은 뉴스 취재를 위해 들리는 게 제 일과지요. 근데 제 친구가 이런 말을 하더군요. 「우리 보스가 주식을 팔고 있어.」 그가 말하는 보스란 윌리엄 록펠러입니다. 「그게 정말이야, 지미?」 그에게 물었더니 이렇게 대답하더군요. 「그래, 주가가 8분의 3포인트(0.375달러) 오를 때마다 1500주씩 팔고 있다고. 나는 요즘 2~3일간 계속 주식을 내주고 있네.」 저는 한시도 지체하지 않고 곧장 달려와 알려드리는 겁니다.'

캐맥은 쉽게 흥분하지 않았어요. 더구나 그는 자신의 사무실로 헐레벌떡 달려와 온갖 뉴스와 소문, 루머, 비밀정보, 거짓정보 따위를 쏟아내는 사람들을 너무나도 많이 봐와서 이제는 그런 사람들한테 짜증이 날 정도였지요. 그가 짧게 물었습니다. '정확히 들었다고 확신하나, 조셉?'

'확신하냐고요? 당연히 확신하지요! 제가 귀머거리인줄 아세요?'

'자네 친구에 대해서도 확신하나?'

'절대적으로요!' 조셉은 맹세하듯 외쳤지요. '그 친구는 오래 전부터 아는 사이에요. 지금까지 거짓말한 적이 한 번도 없습니다. 거짓말할 친구가 아니에요! 그런 건 물을 필요도 없어요! 저는 그 친구를 절대적으로 신뢰할 만한 친구로 여기고 있고, 그 친구가 제게 말한 것에 제 인생을 걸 수도 있어요. 저는 이 세상 누구보다 그 친구를 잘 알아요. 당신이 저를 만난 다음 그토록 오랫동안 저에 대해 알아온 것보다 훨씬 더 많은 걸 그 친구에 대해 알고 있다는 말입니다.'

'그 친구를 확신한다는 거지, 응?' 캐맥은 다시 조셉을 바라보고는 이렇게 덧붙였습니다. '그래, 자네도 알아둬야겠지.' 그는 자기가 거래하는 주식중개인 W.B. 휠러를 불렀어요. 조셉은 그가 최소한 세인트폴 주식 5만 주는 매도할 것이라고 기대했습니다. 윌리엄 록펠러는 시장의 강세를 틈타 세인트폴 보유 지분을 팔고 있는 중이었으니까요. 록펠러가 팔고 있는 주식이 투자 목적으로 갖고 있던 것인지, 아니면 투기용으로 보유하고 있던 것인지는 상관없었습니다. 단 하나 중요한 사실은 스탠더드 오일 주요 주주 가운데 최고의 주식 트레이더로 손꼽히는 인물이 세인트 폴 주식을 팔고 있다는 것이었지요. 보통사람이 믿을만한 소식통으로부터 이런 뉴스를 건네 받았다면 어떻게 했을까요? 물어볼 필요도 없을 겁니다."

천재 트레이더의 전술

"그러나 캐맥은 달랐습니다. 최고의 약세 투기자로 전성기를 보냈고, 바로 지금 약세 시각으로 시장을 바라보고 있던 그는 주식중개인에게 이렇게 말했습니다. '빌리, 증권거래소로 가서 세인트폴 주가가 8분의3포인트 오를 때마다 1500주씩 매수해주게.' 그때 세인트폴 주가는 90달러 대였지요.

'매도하는 거 아닌가요?' 조셉이 급히 끼어들었습니다. 그도 월스트리트에서 햇병아리 수준은 아니었지만, 신문기자의 눈으로 시장을 바라보고 있었고, 덧붙이자면 그건 일반 대중과 똑같은 시각이었지요. 내부자가 매도한다는 뉴스가 나오면 주가는 당연히 떨어지겠지요. 더구나 윌리엄 록펠러가 주식을 매도하는 것만큼 확실한 내부자 매도는 없지요. 스탠더드 오일 주요 주주가 매도하고 있는데 캐맥은 매수하고 있다니! 이건 있을 수 없는 일이었습니다.

'아니네.' 캐맥이 대답했어요. '나는 매수하라고 했네!'

'제 말을 못 믿습니까?'

'믿네!'

'제 정보를 믿지 못하겠다는 겁니까?'

'믿네.'

'약세 관점이잖아요?'

'그렇네.'

'그런데, 어째서?'

'그게 바로 내가 매수하는 이유라네. 내 말을 잘 듣게. 자네는 그 믿을 만한 자네 친구와 계속 연락을 취하게. 그러다가 일정 물량씩 내놓고 있는 매도 주문이 멈추게 되면 즉시 나한테 알려주게. 곧바로 말이야! 알아듣겠나?'

'네.' 조셉은 대답과 함께 사무실에서 나왔습니다. 하지만 윌리엄 록펠러가 팔고 있는 주식을 캐맥이 사는 이유가 무엇인지 납득이 가지 않았지요. 게다가 캐맥이 약세 시각으로 시장을 바라보고 있다는 점을 감안하면 그의 작전 의도는 더더욱 이해할 수 없었습니다. 하지만 조셉은 친구인 주식 출납 담당 직원을 만나 그의 보스가 매도를 끝내면 비밀리에 정보를 알려줬으면 한다고 말했습니다. 조셉은 하루에 두 번씩 전화를 걸어 친구에게 어떻게 됐는지 물어봤지요.

어느날 주식 출납 담당 직원이 알려왔습니다. '보스한테서 나오는 주식은 더 이상 없네.' 조셉은 고맙다고 말한 다음 정보를 전하러 캐맥의 사무실로 달려갔습니다.

캐맥은 주의 깊게 듣더니 휠러 쪽으로 고개를 돌려 이렇게 물었다. '빌리, 우리 사무실에서 세인트폴 주식을 얼마나 샀나?' 휠러는 훑어보더니 6만 주 정도를 확보했다고 보고했습니다.

약세 시각을 갖고 있던 캐맥은 세인트폴 주식을 매수하기 훨씬 전부터 그레인저스[9] 주식뿐만 아니라 다른 여러 기업의 주식들까지 공매도하고 있었습니다. 그는 현재 엄청난 물량의 주식을 공매도해둔 상태였지요. 그는 즉시 휠러에게 보유하고 있는 세인트폴 주식 6만 주를 매도하는 것은 물론 추가로 공매도하라고 지시했습니다. 그는 자신이 보유하고 있던 세인트폴 주식을 지렛대로 활용해 주식시장 전체를 짓눌러버리고, 자신의 공매도 작전을 결정적으로 유리하게 만들려 했던 것이지요.

세인트폴 주가는 계속 떨어져 결국 44달러까지 하락했고, 캐맥은 여기서 대박을 터뜨렸습니다. 그는 절정의 기술로 게임을 했고 당연히 수익을 거뒀지요. 내가 말하고 싶은 요점은 트레이딩을 대하는 그의 평소 자세에요. 그는 오래 생각할 필요도 없었습니다. 그는 눈앞의 한 종목에서 얻을 수 있는 이익보다 훨씬 더 중요한 게 무엇인지 즉시 알아차렸지요. 그는 대규모 공매도 작전을 개시할 적절한 시점뿐만 아니라 마침내 방아쇠를 당길 기회까지 하늘이 내려주셨다는 것을 알았던 겁니다. 세인트폴 주식에 관한 비밀정보를 듣자 그는 즉각 이 정보가 그의 매도 공세에 최고의 무기로 쓰일 것임을 알고, 매도하는 대신 매수를 했던 거지요.

내 이야기로 돌아가보지요. 나는 밀과 옥수수 선물 거래를 정리한 뒤 내 요트를 타고 남쪽으로 갔습니다. 나는 플로리다 앞바다를 항해하며 멋진 한때를 보냈습니다. 낚시는 끝내줬어요. 모든 게 즐거웠습니다. 세상에 아무런 근심도 없었고 닥칠 것 같지도 않았지요.

하루는 팜비치 해변가로 나가봤습니다. 월스트리트에서 사귄 여러 친구와 다른 사람들까지 많이 만났지요. 그들은 하나같이 당시 가장 흥미진진한 인물이었던 면화 투기자에 관한 이야기를 하고 있었어요. 뉴욕발 기사에 따르면 퍼시 토마스[10]가 전 재산을 날렸다는 것이었습니다. 화제거리는 단지 그가 파산했다는 게 아니었어요. 진짜 화제거리는 세계적으로 유명한 투기자가 면화시장에서 장렬하게 산화한 두 번째 워털루

---

9) Grangers. 주로 곡물을 운반하는 철도회사들을 일컫는다.
10) Percy Thomas는 작중 이름으로 Theodore Hazeltine Price를 가리킨다. 뒤에 나오는 Sheldon & Thomas 역시 가공의 회사 이름으로 Price, McCormick & Company를 가리키는데, 이 회사는 1899~1900년에 당시로서는 최대 규모의 면화 매집에 나섰다가 1300만 달러 이상의 부채를 남기고 파산했다. 따라서 프라이스의 이번 파산은 두 번째 "워털루 전투"에서 패배한 셈이다.

전투에 관한 루머였습니다.

나는 퍼시 토마스를 대단히 존경해왔습니다. 그에 관한 이야기를 처음 들은 것은 토마스가 면화 선물을 매집하려고 시도했을 무렵, 뉴욕증권거래소 회원사였던 셀든 앤 토마스가 파산했다는 신문기사를 통해서였지요. 셀든은 그의 파트너였던 토마스에 비해 비전이나 용기가 부족했는데, 결국 성공을 목전에 두고 겁을 집어먹었습니다. 적어도 당시 월스트리트에서 했던 얘기는 그랬습니다. 어쨌거나 그들은 큰돈을 벌기는커녕 수년래 최악의 파산 사태를 일으키고 말았지요. 그들이 몇 백만 달러의 손실을 입었는지는 모르겠습니다. 둘의 회사는 문을 닫았고, 토마스는 홀로 독립했습니다. 그는 면화에만 전력을 기울였고, 얼마 지나지 않아 재기에 성공했지요. 그는 법적으로 갚을 의무가 없는 채무였지만 채권자들에게 원금과 이자까지 전부 지급했습니다. 그러고도 그의 수중에는 100만 달러가 남았지요. 그의 면화시장 복귀는 너무나도 극적이어서 디콘 S.V. 화이트가 주식시장에서 1년만에 100만 달러의 채무를 다 갚은 전설 같은 성공담에 비견될 정도였습니다. 토마스의 담대한 용기와 빠른 두뇌는 나로 하여금 그에게 무한한 존경의 마음을 품게 했습니다."

7월물 면화 선물 거래

"팜비치에 있는 사람들은 누구나 3월물 면화 선물 거래에서 토마스가 몰락한 이야기를 하고 있었습니다. 이런 이야기가 어떻게 전개되고 부풀려지는지 잘 알 겁니다. 잘못된 정보가 넘쳐나고 과장과 비약을 거듭하다 우리 귀에 들어오는 것이지요. 하기는 나 자신에 관한 루머도 엄청나게 부풀려집니다. 처음에 루머를 퍼뜨렸던 친구조차 그 루머가 만 하루도 지나지 않아 흥미진진하고 따끈따끈한 뼈와 살이 잔뜩 붙어 되돌아오자 그게 그 루머인지 분간하지 못했을 정도니까요.

퍼시 토마스가 겪은 최근의 불행한 사태에 관한 뉴스는 내 관심을 낚시에서 면화시장으로 돌려놓았습니다. 나는 시장 상황이 어떤지 정보를 얻기 위해 경제신문 기사들을 모아서 읽었지요. 뉴욕으로 돌아오자마자 전력을 기울여 시장을 연구했습니다. 모두가 약세 시각을 갖고 있었고, 전부들 7월물 면화 선물을 팔고 있었지요. 사람들이 어떤지 알 겁니다. 이건 자기 주변의 모든 사람이 똑같은 일을 한다는 이유만으로 자기도 그것을 하는, 아주 전형적인 전염의 사례라는 생각이 들더군요. 어쩌면 무리 본능의 한 단면 혹은 변종일지도 모르겠습니다. 어떤 경우든 수많은 트레이들이 7월물 면화 선물을 매도하는 게 현명하고 적절한 행동이며, 그래서 매우 안전하기까지 하다는 의견을 갖고 있었습니다! 그렇다고 해서 무모하게 일제히 매도에 나섰다고 말할 수는 없지요. 이런 표현조차 너무 부수적이니까요. 트레이더들은 단지 시장의 한 쪽 면만 봤고, 그러면 엄청난 이익을 챙길 것이라고 기대했습니다. 그들은 틀림없이 면화 가격이 폭락할 것으로 예상했던 겁니다.

물론 나는 이 모든 것을 지켜봤습니다. 그런데 매도한 친구들이 면화 선물을 환매수하기에는 그리 시간이 많지 않다는 사실을 알고 나는 깜짝 놀랐어요. 상황을 분석해볼수록 이 점은 더욱 뚜렷하게 보였고, 마침내 7월물 면화 선물을 매수하기로 했습니다. 나는 작업에 들어가 재빨리 10만 베일을 매수했지요. 워낙 많은 매도자가 매물을 쏟아냈기 때문에 이 정도 물량을 매수하는 데는 아무 문제도 없었습니다. 마치 내가 7월물 면화 선물을 매도하지 않는 트레이더를 생사 불문하고 단 한 명이라도 잡아오면 백만 달러의 현상금을 주겠다고 했는데도, 누구 하나 현상금을 가져가려 하지 않는 것처럼 보였어요.

이게 5월 하순의 상황이었습니다. 나는 계속 매수했고, 그들은 계속 팔았습니다. 결국 시장에 나온 선물계약을 내가 전부 사들여 내 보유 물량은 12만 베일에 달했지요. 내가 마지막으로 매수한 뒤 이틀이 지나자 가격이 오르기 시작했습니다. 일단 상승세로 돌아서면 시장은 굳이 부탁하지 않아도 알아서 척척 잘 나가주는데, 하루에 40~50포인트씩 올라가는 식이지요.

내가 매수 작전을 개시한 지 열흘쯤 지난 어느 토요일이었습니다. 면화 선물가격이 조금씩 오르기 시작했습니다. 나는 7월물 면화 선물의 매도 물량이 더 나올 게 있는지 알 수 없었어요. 이걸 알아내는 것은 내가 해야 할 일이었습니다. 그래서 장 마감 10분 전까지 기다렸지요. 그 시간에는 통상적으로 트레이더 친구들이 매도에 나서므로, 그날 시장이 상승세로 마감할 경우 이들을 안전하게 낚아챌 수 있으니까요. 그래서 나는 각각 5000베일씩 4건의 매수 주문을 시장가로 동시에 냈습니다. 내 주문으로 인해 가격은 30포인트나 올랐고, 매도 쪽 트레이더들도 더 높은 가격에 팔기 위해 최선을 다했지요. 시장은 그날 최고가로 마감했어요. 그날 내가 한 일은 마지막 2만 베일을 매수한 게 전부라는 점을 기억하기 바랍니다.

다음날은 일요일이었어요. 그런데 월요일에 영국 리버풀 선물시장이 뉴욕 시장의 상승세와 보조를 맞추려면 개장과 함께 20포인트가 상승해야 했습니다. 리버풀 시장은 무려 50포인트나 상승 출발했어요. 리버풀 시장의 상승폭이 뉴욕 시장에 비해 두 배 이상 컸다는 말이지요. 리버풀 시장에서 면화 가격이 오른 것은 나와 아무 상관도 없었습니다. 이건 오로지 내 추론이 확실했으며, 내가 최소 저항선을 따라 거래하고 있음을 보여주는 것이었으니까요. 이와 동시에 나는 한번에 털어내기에는 터무니없을 정도로 많은 물량을 보유하고 있다는 사실도 잊지 않았습니다. 시장은 급상승할 수도 있고 천천히 올라갈 수도 있습니다. 하지만 일정한 매도 물량 이상을 소화해낼 힘은 아직 갖지 못한 상태였지요.

당연히 리버풀에서 전해진 소식은 이쪽 시장을 날뛰게 만들었습니다. 하지만 7월물 면화 선물가격이 올라가면 물량은 갈수록 더 줄어들 것이라는 점을 나는 알고 있었지요. 나는 보유 물량을 하나도 내놓지 않았습니다. 한마디로 월요일은 흥미만점의 날이었지만 약세 쪽 트레이더들에게는 그리 즐겁지 않은 날이었지요. 그러나 이런 점을 모두 감안하더라도 약세론자들의 패닉이 임박했다는 징후는 찾을 수 없었습니다. 도망치듯 앞다퉈 매도 물량을 정리하는 모습은 아직 나타나지 않고 있었던 거지요. 아무튼 나는 14만 베일을 보유하고 있었고, 이걸 소화시킬 시장을 찾아내야 했습니다.

화요일 아침 사무실로 걸어가는데 건물 입구에서 한 친구를 만났습니다.

'오늘 아침 〈월드〉[11]에 실린 기사 참 대단해.' 그가 미소를 지으며 말하더군요.

'무슨 기사?' 내가 물었습니다.

'무슨 기사? 지금 그 기사를 못 봤다는 거야?'

'나는 〈월드〉를 안 봐. 무슨 기사길래 그래?'

'나 참, 전부 자네에 관한 이야기야. 자네가 7월물 면화 선물을 매집했다고 그러더군.'

'그런 기사 못 봤어.' 나는 그렇게 말하고는 그와 헤어졌습니다. 그가 내 말을 믿는지 여부는 알 수 없었어요. 그 기사가 사실이든 아니든 내가 미리 귀띔해주지 않아 꽤 서운하게 생각하는 것 같았습니다.

---

11) 뉴욕에서 발행된 신문 〈World〉는 당시 가장 대중적인 신문 가운데 하나였다. 신문 사상 처음으로 1896년 컬러인쇄를 도입하고 "Yellow Kid" 만화를 게재했는데, 황색신문이라는 말은 여기서 유래했다.

나는 사무실에 도착하자마자 그 신문을 한 부 사오라고 시켰습니다. 진짜 그 기사가 대문짝만한 제목으로, 그것도 1면에 실려 있더군요.

래리 리빙스턴 7월물 면화 선물 매집

당연히 이 기사가 시장에 엄청난 파장을 몰고 오리라는 사실을 나는 즉각 알아챘습니다. 내가 14만 베일을 어떻게든 최대한 유리하게 팔아 치우기 위한 온갖 수단과 방법을 다 짜냈다 하더라도 이보다 훌륭한 시나리오를 만들어내지는 못했을 겁니다. 그런 방법이 있는지조차 몰랐으니까요. 이 기사는 나오자마자 〈월드〉를 통해 혹은 이 기사를 인용한 다른 신문을 통해 전국의 독자들에게 읽혀졌습니다. 유럽에도 타전됐고요. 리버풀 시장의 면화 선물가격을 보면 틀림없었습니다. 리버풀 시장은 한마디로 난리였어요. 그런 뉴스가 떴으니 놀랄 일도 아니었지요."

빠져나올 수 있을 때 빠져나와야 한다

"물론 나는 뉴욕 시장이 어떻게 돌아갈지, 그리고 나는 어떻게 해야 할지 잘 알고 있었습니다. 뉴욕 시장은 오전 10시에 개장했습니다. 10시 10분이 되자 내 수중에는 면화 선물이 하나도 남아있지 않았습니다. 그들로 하여금 내가 보유하고 있던 14만 베일을 남김없이 다 가져가게 한 겁니다. 나중에야 내가 정리한 물량 대부분이 그날 최고가로 팔렸다는 사실을 알게 됐지요. 트레이더들이 나를 위해 시장을 만들어준 셈이었어요. 정말로 내가 한 일이라고는 하늘이 주신 기회임을 알아차리고 보유하고 있던 면화 선물을 정리한 게 전부였습니다. 나는 어쩔 수 없이 그 기회를 붙잡았을 뿐이에요. 달리 어떻게 할 수 있었겠습니까?

해결하려면 골치께나 썩일 것이라고 생각했던 문제가 아주 우연히 풀려버린 겁니다. 만일 〈월드〉에서 그 기사를 싣지 않았더라면 내가 거둔 평가이익의 상당 부분을 희생하지 않고서는 보유 물량을 전부 처분할 수 없었겠지요. 가격을 떨어뜨리지 않고 7월물 면화 선물 14만 베일을 매도한다는 건 내 능력 밖의 일이었습니다. 그런데 〈월드〉에 실린 기사가 이 문제를 아주 말끔히 해결할 수 있게 해준 거죠.

〈월드〉에서 왜 그 기사를 실었는지는 나도 알 수 없습니다. 한 번도 그 이유를 들어보지 못했어요. 그저 어느 기자가 면화 선물시장에 있는 어떤 친구한테서 비밀정보를 들었을 것이고, 이 기사가 나가면 특종이라고 생각했을 것이라고 추측할 뿐입니다. 나는 그 기자는 물론, 〈월드〉에서 일하는 어느 누구도 알지 못했어요. 그날 아침 9시 이전까지는 그 기사가 실렸는지조차 몰랐습니다. 만일 친구가 그 기사에 관한 이야기를 해주지 않았더라면 그때까지도 알지 못했을 겁니다.

그 기사가 아니었다면 내가 보유하고 있던 물량을 소화시킬 만한 큰 시장은 만들어지지 않았을 겁니다. 이건 대규모로 거래할 때 부딪치는 한 가지 문제이기도 하지요. 소규모로 거래하면 재빨리 들어갔다 나올 수 있지만 대규모로 거래하면 그렇게 살며시 빠져나올 수 없습니다. 자기가 원한다고 해서, 혹은 지금이 적절한 타이밍이라고 해서 언제든 팔아 치울 수는 없지요. 빠져나올 수 있을 때 빠져나와야 합니다. 자기가 보유한 물량 전부를 소화할 만한 시장이 만들어졌을 때 매도해야 하는 것이다. 빠져나올 수 있는 기회를 놓쳐버리면 수백만 달러의 대가를 치러야 할 수도 있습니다. 머뭇거릴 여유는 없지요. 그랬다가는 손실을 봅니다. 빠져나와야 할 때 거꾸로 매수 경쟁에 뛰어들어 가격을 끌어올리는 방법으로 약세 투기자들을 저지하려고 해서도 안 됩니다. 그랬다가는 결과적으로 보유 물량이 더 많아져 시장의 소화 능력 자체를 더 떨어뜨릴 수 있으니까요. 기회가 왔다는 것을 알아차린다는 게 말처럼 쉽지 않다는 점을 얘기해주고 싶습니다. 늘 긴장된 자세로 주의를 게을리하지 말아야 기회가 문 앞에 고개를 디밀고 있을 때 꽉 붙잡을 수 있습니다.

물론 모두들 내가 우연한 사건 덕분에 큰돈을 벌었다고만 생각하지 않았습니다. 그런 문제에 관해서는 어디나 마찬가지지만, 월스트리트에서는 누가 우연히 큰돈을 벌게 되면 의심의 눈초리로 바라보지요. 우연한 사건이 손실로 이어지면 그건 우연이 아니라 탐욕과 자만이 초래한 당연한 결과라고 이해합니다. 그러나 이익이 발생하면 사람들은 부정한 이득을 챙겼다고 하면서, 그게 얼마나 부도덕한 대가인지, 사회도의상 얼마나 형편없으며 체면 깎이는 일인지 입방아를 찧어대지요."

면화 왕이라는 영예

"내가 상황을 극적으로 반전시키기 위해 일부러 시나리오를 짰다고 비난한 사람들은 자신들의 무모함으로 인해 손실을 입은 악의적인 매도 투기자들뿐만이 아니었습니다. 다른 사람들도 똑같이 그렇게 생각했지요.

하루인가 이틀 뒤 전 세계 면화시장에서 최대 큰손으로 꼽히는 인물 가운데 한 명을 만났더니 이렇게 말하더군요. '자네가 지금까지 보여준 거래 중에서 정말 가장 멋진 것이었네, 리빙스턴. 나는 말이야, 자네가 그 많은 물량을 시장에 내놓으면 얼마나 큰 손실을 입을까 궁금했다네. 자네도 알다시피 이 시장은 그리 크지가 않아서 가격불문하고 팔아치우지 않는 이상 5만~6만 베일 이상은 소화해낼 수가 없지. 그러니까 나는 자네가 보유 물량을 팔아치우면서 평가이익을 전부 반납하지 않을 방법을 어떻게 찾아낼지 흥미롭게 지켜봤다네. 근데 자네의 그 작전은 생각지도 못했어. 정말로 멋졌어.'

'나는 그 기사와 아무 관련도 없습니다.' 나는 최대한 진지한 자세로 그를 납득시키려고 애썼습니다.

하지만 그는 똑같은 말만 되풀이하더군요. '자네 참, 대단한 솜씨였어. 아주 대단해! 그렇게 겸손 떨지 말게나!

몇 군데 신문에서 나를 면화 왕(Cotton King)이라고 이름 붙인 것은 그 거래가 있은 다음이었습니다. 하지만 앞서도 말했듯이 나는 정말 그런 영예를 받을 자격이 없었어요. 미국에서는 아무리 많은 돈이 있어도 뉴욕에서 발행되는 〈월드〉의 칼럼을 매수할 수 없고, 개인적으로 아무리 끈끈한 연줄을 가졌다 해도 그런 기사를 〈월드〉에 실을 수 없다는 것은 두말할 필요도 없지요. 당시 그 사건은 전혀 얻을 자격도 없는 명성을 내게 안겨주었습니다.

그러나 내가 이 이야기를 하는 이유는, 때로 받을 자격이 없는 트레이더의 이마 위에 얹혀지곤 하는 영예를 합리화하기 위해서두 아니고, 또 기회가 언제 어떻게 다가오든 그것을 붙잡는 게 중요하다는 점을 강조하려는 것도 아닙니다. 내가 이 이야기를 하는 목적은 단지 7월물 면화 선물 거래의 결과로 나에게 쏟아진 엄청난 분량의 악의적인 신문 보도에 대해 설명하려는 것입니다. 만일 이런 신문 보도가 없었더라면 나는 그 유명한 인물, 퍼시 토마스를 결코 만나보지 못했을 테니까요. 당신은 내가 어떻게해서 그를 만났고, 만난 다음 어떻게 됐는지 틀림없이 물어보겠지요."

로렌스 리빙스턴은 말을 멈추고는 마치 자기 생각이 맞는지 확인시켜 주기라도 하듯 나를 바라봤다. 그러나 나는 이렇게 말했다.

"나는 퍼시 토마스보다는 로렌스 리빙스턴이라는 인물이 더 흥미 있습니다."

"하지만 내가 맨 처음 100만 달러를 잃게 된 사연을 알고 싶다고 했잖아요."

"그랬지요." 내가 말했다.

"그래요, 내가 들려줄 이야기가 바로 그겁니다. 그런데 오늘은 안 되겠군요. 이제 요트를 타러 갈 시간입니다."

"전 재산을 날린 겁니까?" 나는 기대 어린 목소리로 물었다.

"전 재산하고, 100만 달러 이상을 더 날렸지요." 리빙스턴이 대답했다.

"좋습니다! 나중에 듣도록 하지요!" 내가 말했다.

나는 두 가지 이유에서 즐거운 마음으로 일어섰다. 우선 누구라도 훌륭한 스토리를 듣기 위해서라면 기꺼이 기다릴 것이었다. 리빙스턴이 자기 전 재산은 물론 그 이상을 날린 이야기는 흥미진진할 게 분명했다. 두 번째로 그는 손실을 만회한 뒤 더 큰돈을 벌어 재기하는 데 성공했다. 그렇다면 그것은 또 하나의 훌륭한 스토리가 될 것이었다.

〈*Saturday Evening Post*〉 1922년 9월 2일

7
다른 사람의 게임에 돈을 걸다

하루는 저녁 때 그의 집에서 로렌스 리빙스턴을 만났다. 그는 앞서 이야기하다 말았던 그의 이력을 다시 회고했다. "기대 이상의 대성공을 거둔 7월물 면화 선물 거래를 정리하고 얼마 지나지 않아 편지 한 통을 받았습니다. 발신인은 퍼시 토마스로, 만나서 대화를 나눴으면 한다는 내용이었지요. 당연히 즉시 답장을 보냈습니다. 그가 원할 때면 언제든 내 사무실에서 반갑게 맞이하겠다고 말이지요. 다음날 그가 찾아왔습니다. 당신도 잘 알 테니 그가 얼마나 흥미진진한 인물인지 소개할 필요는 없겠지요.

토마스는 사업을 과학적으로 해나가는 인물이었어요. 진정한 투기자였고, 몽상가다운 비전과 투사다운 용기를 지닌 사색가였으며, 면화 거래의 이론과 실제를 두루 알고 있는 보기 드물 정도로 박식한 인물이었지요. 그는 다른 사람 이야기를 듣기 좋아했고, 자신의 아이디어와 이론, 추론을 기꺼이 드러냈습니다. 동시에 면화시장의 현장 구석구석과 면화 트레이더들의 심리까지 모르는 게 거의 없다고 해도 과언이 아니었지요. 그도 그럴 것이 오랜 세월 면화를 거래해오면서 엄청난 돈을 벌기도 하고 잃기도 했으니까요.

뉴욕증권거래소 회원사였던 셀든 앤 토마스가 파산한 뒤 혼자가 됐지만, 그는 불과 2년만에 극적으로 재기하는 데 성공했습니다. 〈선Sun〉에서 이런 기사를 읽은 게 기억나는군요. 그가 경제적으로 건강을 회복한 다음 가장 먼저 한 일은 옛 채무자들에게 빚을 전부 갚은 것이었고, 다음으로 한 일은 자신이 가진 100만 달러를 어떻게 투자할지 연구하고 결정할 전문가를 고용한 것이었다고요. 이 전문가는 여러 기업의 재산 상태를 조사하고 각종 보고서를 분석한 뒤 델라웨어 앤 허드슨 주식을 매수 추천했다고 합니다.

어쨌든 수백만 달러를 잃었다가 그보다 더 많은 돈을 벌어 재기에 성공한 토마스는 3월물 면화 선물 거래에서 실패하는 바람에 다시 전 재산을 날린 상태였어요. 그는 나를 만나자마자 곧장 본론으로 들어가 사업상 동맹을 맺자는 제안을 했습니다. 그는 자신이 면화 수확과 관련된 정보 및 통계를 수집할 뿐만 아니라 특히 시장의 뉴스와 논점을 중계하는 놀랄만한 조직을 만들었다고 설명했습니다. 그는 목화를 재배하고 원면 상태로 거래하는 수많은 사람들을 통신원으로 갖고 있었어요. 또 목화 가공 공장과 수출업자들과도 선이 닿아 있었지요. 그는 자신의 수확량 보고서가 정부 보고서보다 더 정확하다고 확신했고, 미국 내 면화 생산량뿐만 아니라 전 세계 소비량까지 다 꿰고 있었습니다."

월스트리트의 독불장군

"그는 면화 수확량과 관련된 정보를 계속해서 수집할 것이며, 자신의 의

견과 추정, 예상을 전할 것이라고 넌지시 비췄어요. 그가 어떤 정보를 입수하든 공식적으로 발표하기 전에 미리 나에게 알려주겠다는 것이었지요. 나에게는 직접 트레이딩을 맡으라고 했는데, 나는 특별한 천재성을 갖고 있지만 자기는 그렇지 못하다고 했습니다. 그가 생각하기에, 자신이 가진 정보와 자기의 시장 소식지가 미치는 영향력이면 내가 트레이딩 하는 데 엄청난 역할을 할 것이라고 본 거죠.

이 제안은 여러 가지 이유에서 마음에 들지 않았어요. 나는 솔직히 말했습니다. 우리 두 사람이 협력해서 일할 수 있을 것 같지도 않고, 굳이 다른 사람한테서 어떤 정보를 듣고 싶지도 않다고 말이지요. 하지만 그는 아주 이상적인 결합이 될 거라고 강변했어요. 나는 다른 사람이 거래하는 데 어떤 영향을 미치고 싶지 않다고 단호히 끊어버렸습니다.

나는 이렇게 말했습니다. '내가 바보짓을 한다면 혼자 고통을 받을 것이고, 그 대가는 내가 즉시 치를 겁니다. 내가 모르는 채무도 없을 것이고, 예기치 않게 난처한 일을 당하는 경우도 없겠지요. 내가 혼자서 하는 것은 내가 선택한 일이고, 실은 그게 가장 현명하기도 하거니와 제일 비용이 적게 드는 방법이기 때문입니다. 나는 다른 트레이더들과 머리 싸움을 하는 데서 즐거움을 얻습니다. 내가 만나본 적도 없고, 얘기를 나눠본 적도 없으며, 사라 팔라 조언해준 적도 없고, 앞으로 만날 일도 서로 알게 될 일도 없는 트레이더들 말입니다. 돈을 벌면 그것으로 내 의견이 옳았다는 확신을 얻습니다. 나는 내 의견을 팔지도 않고, 그것을 다른 데다 이용하지도 않습니다. 만일 다른 방식으로 돈을 번다면 그건 정당하게 번 돈이 아니라고 생각할 겁니다. 선생님의 제안은 관심이 없습니다. 나는 투기라는 게임을 오로지 혼자서, 나 자신의 방식으로 해나가는 데만 관심이 있으니까요.'

그는 내가 그런 식으로 느낀다니 유감이라며, 내가 자기 제안을 거절한 게 잘못이라는 점을 설득하려고 애썼어요. 하지만 나는 내 입장을 고수했습니다. 나머지 다른 이야기는 즐겁게 대화를 나눴어요. 나는 그가 '재기할 것' 이며, 그에게 경제적인 도움을 줄 수 있도록 허락해준다면 영광으로 여기겠다고 말했습니다. 하지만 그는 내가 빌려주는 돈은 한 푼도 받을 수 없다고 답했어요. 그러고는 나에게 7월물 면화 선물 거래에 대해 물었고, 나는 자세한 내용을 전부 이야기해주었습니다. 어떻게 해서 7월물 면화 선물 거래에 뛰어들게 됐는지, 얼마나 많은 면화 선물을 매수했는지, 그리고 면화 선물가격을 비롯해 온갖 자질구레한 것들까지 다 얘기했지요. 우리는 좀더 이야기를 나눈 다음 헤어졌습니다.

앞서 투기자는 수많은 적들을 갖고 있으며, 그 적들 가운데 상당수는 자기 내부에서 아주 튼튼하게 자라난 것들이라는 말을 하면서, 나는 내가 저지른 숱한 실수들을 떠올렸습니다. 나는 누구든 자기만의 고유한 시각과 평생토록 독립된 사고 방식을 가질 수 있다고 배웠지만, 그럼에도 불구하고 설득력 있는 인물이 공격하면 쉽게 무너질 수 있다는 사실 역시 알게 됐지요. 나는 탐욕과 두려움, 희망 같은 투기자들이 자주 걸리는 질병에는 꽤 면역이 된 상태였어요. 그러나 나 역시 보통사람이라 너무 쉽게 잘못을 저지를 수 있음을 깨닫습니다.

실은 얼마 전에 당한 일도 있어서 특히 이 시점에는 스스로 경계해야 마땅했어요. 인간이란 존재가 얼마나 쉽게 자신의 판단은 물론 심지어 자신의 바람과도 어긋나는 행동을 하도록 설득 당할 수 있는지 아주 생생하게 경험해봤기 때문이지요. 바로 하딩 증권회사에서 겪었던 일입니다. 나는 증권회사 측에서 혼자 쓰라고 내준 일종의 개인사무실을 갖고 있었는데, 주식시장 개장 시간 중에는 아무도 내 허락 없이는 들어올 수 없었지요. 나는 누구로부터도 방해 받고 싶지 않았고, 거래 규모는 상당히 컸던 데다 양호한 수익률을 올리고 있었으므로, 증권회사에서는 내 공간을 무척 잘 관리해주었습니다.

어느날 장 마감 직후 어떤 사람의 목소리가 들리더군요. '안녕하십니까, 리빙스턴 씨.'

돌아보니 일면식도 없는 낯선 인물이 눈에 들어왔어요. 서른에서 서른다섯 살쯤 돼 보이는 사내였습니다. 나는 그 사내가 어떻게 들어왔는지 이해할 수 없었지만, 어쨌든 그는 내 사무실 안에 들어와 있었습니다. 나한테 무슨 볼일이 있어서 왔겠거니 하고 생각했지요. 하지만 아무 말도 하지 않았어요. 가만히 그를 바라보기만 하자, 그는 곧바로 '저, 월터 스콧[1] 전집에 대해 말씀 드리려고 찾아왔습니다' 라고 말하고는 본격적으로 시작했습니다.

그는 서적 외판원이었어요. 그런데 특별히 붙임성이 좋아 보이거나 언변이 뛰어나지는 않았습니다. 외모 역시 전혀 잘 생긴 편이 아니었어요. 하지만 그에게는 확실히 인격 같은 게 있었습니다. 그는 나에게 말을 했고, 나는 그의 말을 들었던 것 같아요. 그가 무슨 말을 했는지는 모르겠어요. 실은 그때도 알았던 것 같지 않습니다. 그는 독백과도 같은 말을 마치자 먼저 나에게 자기 만년필을 쥐어주었고, 그 다음으로는 빈 서류 양식을 건네주었는데, 나는 여기에 사인을 했습니다. 이 서류는 500달러짜리 월터 스콧 전집 한 질을 사겠다는 계약서였어요.

사인을 하고 나서야 나는 제정신으로 돌아왔습니다. 하지만 계약서는 이미 그의 주머니 깊숙이 들어간 뒤였지요. 나는 그 책을 사고 싶지 않았어요. 책을 놔둘 곳도 없었습니다. 나한테는 아무 쓸모도 없는 책이었지요. 그렇다고 책을 줄 사람도 없었어요. 하지만 이미 500달러를 주고 그 책을 사겠다고 한 겁니다."

---

1) 월터 스콧(Walter Scott, 1771~1832)은 『아이반호(Ivanhoe)』 같은 대중소설로 유명한 영국 작가다.

실수를 용서받을 수 있는 유일한 길

"나는 사실 돈을 손해 보는 데는 워낙 이력이 나서 내가 저지른 실수 가운데 돈을 잃은 부분을 먼저 생각하는 법은 없습니다. 중요한 것은 늘 게임 그 자체기 때문이지요. 나는 그래서 맨 먼저 내 자신의 한계와 사고 습관을 알고 싶어 합니다. 돈을 잃은 것을 먼저 생각하지 않는 또 다른 이유는 똑같은 실수를 두 번 다시 반복하고 싶지 않기 때문이지요. 자신이 저지른 실수를 용서받을 수 있는 유일한 길은 그 실수를 활용해 다음번에 이익을 거두는 것뿐이니까요.

아무튼 500달러짜리 실수를 저지르기는 했는데, 뭐가 문제인지는 확실히 감을 잡지 못한 상태에서 나는 1단계 조치로 그 사내의 인물 됨됨이를 가늠해보기 위해 가만히 쳐다봤습니다. 만일 그가 충분히 이해한다는 의미로 나를 향해 살짝 미소 짓지 않았더라면 나는 쥐구멍이라도 찾아야 했을 겁니다! 그는 내 생각을 읽은 것 같았어요. 굳이 그에게 뭐라고 설명할 필요가 없을 것이라는 점을 알 수 있었습니다. 내가 얘기하지 않아도 그는 이미 알고 있었어요. 그래서 나는 거두절미하고 단도직입적으로 물었습니다. '그 500달러짜리 책 주문을 따내면 수수료는 얼마나 받습니까?'

그는 곧바로 머리를 저으면서 이렇게 대답하더군요. '그렇게는 해드릴 수 없습니다! 죄송합니다!'

'얼마를 받느냐니까요?' 나는 물러서지 않았습니다.

'3분의1입니다. 하지만 그렇게 해드릴 수는 없습니다!' 그가 말했지요.

'500달러의 3분의1이라면 166달러66센트가 되겠군요. 내가 사인한 계약서를 돌려주면 200달러를 현금으로 주겠소.' 나는 다짐하듯 주머니에서 돈을 꺼냈습니다.

'그렇게 해드릴 수 없다고 말씀 드렸는데요.'

'당신 고객들은 한결같이 이런 제안을 하나 보죠?'

'아닙니다.'

'그러면 무슨 이유로 내가 이런 제안을 할 거라고 확신했지요?'

'그건 선생님이 그런 유형의 투기자기 때문입니다. 선생님은 지고서도 화를 내거나 불평하지 않는 일류 패배자고, 그 점 덕분에 일류 사업가가 된 거지요. 제안은 너무나도 감사하지만, 그렇게는 해드릴 수 없습니다.'

'그러면 수수료보디 더 많은 돈을 벌 수 있는데 굳이 그렇게 하지 않으려는 이유가 뭔지나 알려주시오.'

'그렇지 않습니다. 분명히 아니지요. 저는 단지 수수료를 받으려고 일을 하는 게 아닙니다.'

'그러면 무엇 때문에 일을 하는 겁니까?'

'수수료와 기록을 위해서지요.'

'기록이라니?'

'제 기록이죠.'

'당신 목표가 뭐요?'

'선생님은 오로지 돈을 벌기 위해 일합니까?' 그가 물었습니다.

'그렇다면.' 내가 대답했습니다.

'아니지요.' 그는 고개를 저었습니다. '아니에요. 선생님은 그렇지 않지요. 돈을 버는 게 그렇게 재미있지는 않을 겁니다. 단지 은행통장 잔고를 얼마 더 늘리기 위해 일하는 건 틀림없이 아닐 겁니다. 쉽게 돈을 벌고 싶어서 월스트리트에 있는 건 더더욱 아니지요. 선생님은 뭔가 다른 데서 재미를 얻고 있는 겁니다. 그러니까 지금 이곳에서도 마찬가지고

요.'

나는 반박하지 않고 계속 물었습니다. '그러면 당신은 어디서 재미를 얻습니까?'

'사실, 우리는 누구나 약점을 갖고 있지요.' 그가 고백하듯 말하더군요.

'그래서 그게 뭐요?'

'허영심이지요.'

'어쨌든 당신은 내가 사인을 하도록 만들었어요. 근데 나는 사인을 취소하고 싶단 말이오. 그래서 당신이 10분간 일한 대가로 200달러를 주려고 하는 겁니다. 이 정도면 당신 자부심에 충분한 것 아니오?' 내가 말했습니다.

'아닙니다.' 그가 대답했습니다. '한번 보세요, 다른 외판원들은 몇 달 동안 월스트리트에서 일하고도 차비조차 챙기지 못했습니다. 그들은 상품이 잘못됐다고, 또 영업 구역이 문제라고 얘기합니다. 그래서 회사에서는 잘못은 책이나 구역에 있는 게 아니라 영업자로서의 자세에 있다는 점을 보여주기 위해 저를 보낸 겁니다. 그들은 25%의 수수료를 받고 일을 했지요. 저는 클리블랜드에서 일할 때 2주만에 82질을 팔았습니다. 제가 이곳에 온 건 다른 외판원들한테서 책을 사지 않았던 사람들은 물론이고 아예 외판원들을 만나주지도 않던 사람들에게 내가 마음먹은 수량만큼 책을 팔기 위해서입니다. 회사에서 제게 33.3%의 수수료를 주기로 한 건 이런 이유 때문이지요.'

'그래도 당신이 그 전집을 어떻게 팔았는지 충분히 납득이 가지 않는군요.'

'그렇다면, 저는 J.P. 모건에게도 한 질을 팔았습니다.' 그가 위로하듯 말하더군요.

'아니, 그건 말도 안 돼.'

그는 화도 내지 않고 간단히 응수하더군요. '솔직히, 정말 그랬습니다!'

'월터 스콧 전집 한 질을 J.P. 모건에게 팔았다? 멋진 장정본 몇 질은 물론이고, 아마도 그가 쓴 소설의 초고를 갖고 있을지도 모르는 사람한테 말이요?'

'그럼요, 여기 그의 자필 서명이 있습니다.' 그는 그자리에서 J.P. 모건 본인이 서명한 계약서를 나에게 흘끔 보여주었습니다. 그게 모건의 서명이 아닐 수도 있겠지만, 그때는 전혀 의심할 수가 없었어요. 그의 주머니에는 내가 서명한 계약서도 들어있었으니까요. 호기심이 불길처럼 솟아 올랐습니다. 그래서 이렇게 물었지요. '그의 도서관 사서는 어떻게 통과했소?'

'도서관 사서는 부딪치지도 않았습니다. 나는 그분을 직접 만났지요. 그분의 집무실에서요.'

'과장이 너무 심하군!' 내가 말했습니다. 모건의 집무실에, 그것도 빈손으로 들어간다는 것은 째각거리는 자명종 시계를 들고 백악관에 들어가는 것보다 훨씬 어렵다는 건 삼척동자도 아는 사실이니까요.

그런데도 그는 단언하듯 말했어요. '저는 그랬습니다.'

'하지만 어떻게 그의 집무실에 들어갔소?'

'선생님 집무실에는 어떻게 들어왔겠습니까?' 그가 반문했습니다.

'나야 모르지. 당신이 말해줘야지.'

'그러니까, 제가 모건 씨 집무실에 들어간 방법이나 선생님 집무실에 들어온 방법이나 똑같다 이겁니다. 저는 단지 문 앞에서 저를 들여보내지 않는 게 자기 일인 친구를 설득했을 뿐입니다. 또 제가 모건 씨한테서 사인을 받아낸 방법이나 선생님한테서 사인을 받아낸 방법이나 똑같습니다. 선생님은 책 한 질을 사는 계약서에 서명한 게 아닙니다. 선생님은 단지 제가 드린 만년필을 받아 들고, 제가 그걸로 하라고 말씀 드린 행동을 했을 뿐입니다. 모건 씨도 전혀 다르지 않았지요. 선생님과 똑같았습니다.'

'그러면 그게 진짜로 모건 씨의 사인이란 말이오?' 나는 뒤늦게 의심 어린 목소리로 물었습니다.

'그럼요! 모건 씨는 어렸을 적에 자기 이름 쓰는 법을 배웠으니까요.'

'그래서 그게 전부라는 거요?'

'그게 전부입니다.' 그가 대답했습니다. '저는 제가 뭘 하는지 정확히 알고 있습니다. 제가 가진 비밀은 그게 전부지요. 정말 감사 드립니다. 안녕히 계십시오, 리빙스턴 씨.' 그러고는 막 나가려고 했지요.

'잠깐.' 내가 말했습니다. '나는 당신이 나에게서 꼭 200달러를 벌어 가도록 하고 싶소.' 그리고 나서는 그에게 35달러를 건네주었습니다.

그는 고개를 저은 다음 이렇게 말하더군요. '아닙니다. 그렇게는 할 수 없습니다. 하지만 이건 해드릴 수 있습니다!' 그는 주머니에서 계약서를 꺼내더니 반으로 찢어 나에게 돌려주었습니다.

나는 200달러를 세어 그에게 내밀었지만 이번에도 그는 고개를 젓더군요.

'이게 당신이 원한 것 아니오?' 내가 말했습니다.

'아닙니다.'

'그러면 왜 계약서를 찢은 거요?'

'그건 선생님이 전혀 불평도 하지 않고, 마치 제가 선생님 입장이었다면 받아들였을 법한 행동으로 계약서 건을 받아들였기 때문입니다.'

'하지만 200달러는 내가 그러고 싶어서 주는 거요.'

'압니다. 그러나 돈이 전부는 아니지요.'

그의 목소리에는 내 입을 열게 하는 뭔가가 있었어요. '당신 말이 맞아요. 돈이 전부는 아니지. 그럼 이제 내가 어떻게 해드렸으면 좋겠소?'

'눈치가 빠르시군요, 그렇죠? 정말로 제게 뭔가를 해주고 싶으세요?'

'그래요, 해드리고 싶소. 하지만 내가 할 수 있을지 말지는 당신이 뭘 원하느냐에 달려있소.'

'저를 데리고 에드 하딩 씨 사무실로 가서 정확히 3분간만 내 이야기를 들어주라고 말해주세요. 그리고 저랑 그분 단 둘만 있게 해주세요.'

나는 고개를 저었습니다. '그는 내 좋은 친구요.'

'그분 나이는 쉰이고 직업은 주식중개인이지요.' 서적 외판원이 말했습니다.

그건 틀림없는 사실이었어요. 그를 에드의 사무실로 데려갔습니다. 그러고 나서는 서적 외판원으로부터 아무 소식이 없었고, 그에 관한 얘기도 듣지 못했습니다. 그런데 몇 주가 지난 어느날 저녁 뉴욕 지하철을 타고 시내로 나가는 길에 6번가에서 우연히 그를 만났어요. 그는 아주 정중하게 모자를 벗어 인사했고, 나도 고개를 끄덕여 답례했습니다. 그는 내게로 오더니 안부를 묻더군요. '안녕하세요, 리빙스턴 씨? 하딩 씨도 잘 지내시죠?'

'잘 있습니다. 그건 왜 묻는 거요?' 그에게 하고 싶은 이야기가 있다는 느낌이 들었습니다.

'선생님이 저를 데리고 가주신 그날 그분한테 책을 2000달러어치나 팔았답니다.'

'내게는 한 마디도 안 하던데.'

'안 하죠. 그런 유형의 사람들은 원래 얘기 안 합니다.'

'얘기를 안 하는 그런 유형이라니?'

'실수를 저지르는 건 자신에게 좋지 않은 일이라는 이유로 절대 실수하지 않는 그런 유형이지요. 그런 유형은 늘 자기가 뭘 원하는지 알고 있고, 그런 사람한테는 아무도 다른 얘기를 할 수 없습니다. 실은 제가 아이들을 가르치고 아내를 즐겁게 해줄 수 있는 건 다 그런 유형 덕분이지요. 제게 정말로 친절을 베풀어 주신 겁니다, 리빙스턴 씨. 실은 선생님이 그렇게 주고 싶어했던 200달러를 거절했을 때 저는 그리 될 거라고 생각했습니다.'

'만일 하딩 씨가 주문하지 않았다면 어떻게 됐겠소?'

'아니, 저는 주문할 줄 알았습니다. 그분이 어떤 유형인지 미리 파악해 둔 다음이었으니까요. 그건 식은죽 먹기였습니다.'

'알겠소. 하지만 그분이 정말로 책을 사지 않았다면 어떻게 했겠소?' 나도 고집스럽게 물었습니다.

'선생님한테 돌아와서 뭘 팔았겠지요. 그럼 안녕히 가십시오, 리빙스턴 씨. 저는 시장을 만나러 가는 길이거든요.' 우리가 탄 열차가 파크 플레이스에 정차하자 그가 자리에서 일어났습니다.

'전집 열 질은 팔기를 기대하겠소.' 내가 말했습니다. 시장은 태머니 파[2] 사람이었거든요.

'저도 공화당원입니다.' 그는 이렇게 말하고는 전혀 서두르는 기색 없이, 열차가 기다려줄 것이라고 확신한다는 듯 아주 느긋하게 걸어나갔습니다. 열차는 진짜로 기다려주었지요."

인격의 값비싼 대가

"이 얘기를 이토록 자세히 소개하는 이유는 나로 하여금 사고 싶지 않은 것을 사게 만든 탁월한 인물에 관한 것이기 때문입니다. 그는 나를 그렇

---

2) Tammany Hall은 1700년대 말부터 1960년대까지 뉴욕 시 정가를 주름잡은 민주당 정파인데, 이 무렵에는 악덕 투기꾼과 결탁한 부패 정치인을 일컬었다.

게 만든 첫 번째 인물이었지요. 나를 그렇게 만든 두 번째 인물이 절대 있어서는 안 됐겠지만 유감스럽게도 있었습니다. 누구도 이 세상에 탁월한 세일즈맨이 한 명밖에 없을 것이라고 기대해서는 안 되지요. 또 자기가 충분히 면역이 돼 있어서 이런 인물의 설득에 흔들리지 않을 것이라고 속단해서도 안 됩니다.

퍼시 토마스가 함께 일하자는 제안에 내가 정중하지만 단호하게 거부 의사를 밝힌 뒤 그가 내 사무실을 떠났을 때 나는 우리 두 사람의 사업 행로가 절대 서로 엇갈리지 않을 것이라고 맹세라도 할 것 같았습니다. 그를 다시 만날 수 있을지는 확신할 수 없었지요. 하지만 바로 다음날 그는 내게 편지를 보내 자기를 도와주겠다는 내 제안에 감사를 표하면서 자기 사무실에서 한번 더 만나자고 초대했습니다. 나는 그러겠다고 답했습니다. 그는 다시 편지를 보내왔어요. 나는 그를 찾아갔습니다.

나는 그와 자주 만났습니다. 그의 얘기를 듣는 것은 늘 즐거웠어요. 그는 아는 게 정말 많았고, 흥미진진하게 지식 보따리를 풀어놓았습니다. 그는 사람의 마음을 잡아 끄는 인물로는 내가 만나본 중에 최고였어요.

우리는 다양한 주제를 놓고 대화를 나눴지요. 그는 여러 분야에 걸쳐 깊이 있는 지식을 갖춘 해박한 독서가인 데다, 흥미롭게 일반화할 줄 아는 탁월한 재능까지 갖고 있었습니다. 그의 언변은 인상적이었어요. 정말로 그럴듯하게 이야기한다는 점에서는 타의 추종을 불허했습니다. 많은 사람들이 이런저런 이유로 퍼시 토마스를 공격하고, 그의 말이 위선적이라는 비난도 하지요. 하지만 먼저 자기 스스로 철저히 확신했기 때문에 다른 사람에게도 믿음을 심어줄 수 있는 것이고, 이야기를 진짜 그럴듯하게 이끌어가는 그의 탁월한 재주는 이런 데서 나오는 게 아닌가 하는 생각을 종종 합니다.

물론 우리는 시장과 관련된 문제를 아주 오랫동안 이야기했습니다. 나는 면화시장을 강세 시각으로 바라보지 않았지만, 그는 강세 시각을 갖고 있었어요. 나는 강세 요인을 전혀 볼 수 없었지만, 그는 강세 요인을 찾아냈습니다. 그는 가히 압도당할 수밖에 없는 엄청난 사실과 수치들을 제시했지만, 나는 압도당하지 않았지요. 나는 그가 제시한 사실과 수치들이 진실하다는 점을 부정할 수 없었고, 따라서 그것들이 틀리다고 반박할 수는 없었습니다. 그렇다고는 해도 나 스스로 읽어낸 것에 대한 믿음이 흔들리지는 않았지요. 그러나 그는 끝까지 사실과 수치들을 제시했고, 나는 결국 면화업계 전문지와 일간신문에서 수집한 나 자신의 정보를 더 이상 확신하지 못할 지경에 이르렀습니다. 이건 곧 나 자신의 눈으로 시장을 바라보지 못하게 됐다는 말이지요. 누구도 자신의 신념에 반하는 믿음을 강요당할 수는 없지만, 집요한 설득으로 인해 불확실하다고 느끼고 우유부단해질 수는 있습니다. 이보다 더 나쁜 것은 이로 인해 더 이상 확신과 여유를 갖고 매매할 수 없게 된다는 거지요.

엄밀히 말해 내가 완전히 혼란에 빠졌다고는 할 수 없겠지만 균형감각을 상실한 상태였습니다. 아니 독자적인 사고를 포기했다고 말하는 게 더 정확할 겁니다. 내가 어떻게 해서 그토록 값비싼 대가를 치르게 된 마음상태에 이르렀는지 하나하나씩 자세히 설명하지는 못하겠군요. 그가 제시한 수치들은 혼자만 갖고 있는 것이었고, 그는 이 수치의 정확성을 확신했지만, 내가 가진 정보는 혼자만의 것이 아닌 누구나 다 알 수 있는 것이었고, 그러다 보니 이 정보에 전적으로 의지할 수 없었던 것 같습니다. 그는 자기 휘하에 있는 1만 명의 남부지역 통신원들이 얼마나 신뢰할 만한 존재인지 몇 번이나 반복해 장황하게 이야기했습니다. 종국에는 그가 그의 눈으로 시장 상황을 보는 것처럼 나도 그렇게 시장 상황을 보게 됐지요. 왜냐하면 둘 다 똑같은 책의 똑같은 페이지를 읽었기 때문인데, 이 책은 물론 그가 내 눈앞에 펼쳐 들고 있는 것이었지요. 그는 논리적인 인물이었습니다. 일단 내가 그의 사실들을 받아들인 이상 그의 사실들을 토대로 얻어진 내 결론은 그의 결론과 당연히 일치했습니다.

그가 맨 처음 면화시장을 둘러싼 여건들에 관해 나와 이야기를 나누기 시작했을 때까지도 나는 약세 시각을 갖고 있었고, 면화 선물을 매도해놓고 있었습니다. 그런데 그의 사실과 수치들을 받아들이기 시작하자 시간이 갈수록 내가 취해놓은 매도 포지션이 잘못된 정보에 근거한 게 아닌가 하는 두려움이 일기 시작했지요. 물론 그렇게 느끼지 않았다면 매도 포지션을 정리하지 않았을 겁니다. 토마스로 인해 내가 틀렸다는 생각을 갖게 됐고, 결국 매도 포지션까지 정리하자 나는 매수 포지션을 취하지 않을 수 없었습니다. 내 머리는 원래 그렇게 돌아갔습니다. 알다시피 평생 해온 일이라고는 주식과 상품 거래밖에 없었으니까요. 약세 시각을 갖는 게 틀린 것이라면 당연히 강세 시각을 가져야 한다는 생각이 자연스럽게 들었지요. 강세 투기자가 되는 게 맞다면 매수하는 게 절대적으로 필요한 일이었습니다. 예전에 팜비치에서 들었던 팻 허니의 십팔번 '직접 돈을 걸기 전까지는 알 수 없다!'는 말처럼 나 역시 시장에 대한 내 판단이 맞는지 틀리는지 반드시 증명해봐야 했습니다. 이 증명이란 매달 말 증권회사에서 보내오는 잔고증명서를 통해서만 가능했지요.

나는 면화 선물을 매수하기 시작했고, 순식간에 내가 통상 보유하던 물량인 6만 베일가량을 확보했습니다. 내 평생 가장 바보 같은 거래였지요. 잘 되든 말든 나 자신의 관찰과 추론에 따라 매매한 게 아니라 순전히 다른 사람의 게임에 판돈을 걸었던 겁니다. 이런 바보 같은 거래가 이대로 끝나지 않을 것은 너무나도 분명했지요. 강세 시각을 가질 이유가 전혀 없는 상황에서 매수했을 뿐만 아니라 경험을 통해 얻은 직관과는 어긋나게 매수 물량을 계속 늘려나갔어요. 나는 옳게 거래하지 않았습니다. 남의 말을 듣다가 길을 잃어버린 셈이었지요.

시장은 내가 바랐던 방향으로 움직이지 않았습니다. 나는 내 포지션에 대해 확신하고 있을 때는 절대 두려워하거나 조급해하지 않습니다. 그런데 시장은 토마스가 맞았다면 당연히 그렇게 움직였어야 할 방향으로 흘러가지 않았지요. 첫 번째 단추를 잘못 꿰는 바람에 나는 두 번째, 세 번째 단추도 잘못 꿰게 됐고, 그 결과 완전히 엉망진창이 돼버렸습니다. 나는 손절매를 하지 말라고, 또 계속해서 시장을 떠받치자고 스스로 다짐했습니다. 이건 내 성격과 전혀 다른 거래 스타일이었고, 내 트레이딩 원칙이나 이론과도 배치되는 것이었어요. 버컷샵에서 거래하던 어린 시절에도 이보다는 잘 알았습니다. 그러나 나는 내가 아니었어요. 나는 다른 사람, 즉 토마스로 변해버린 존재였습니다.

나는 면화 선물을 보유하고 있었을 뿐만 아니라 밀 선물도 꽤 많이 보유하고 있었습니다. 밀 선물은 매우 잘 나갔고 괜찮은 평가이익을 올려주고 있었지요. 면화 가격을 지지하려는 바보 같은 노력의 결과로 면화 선물 보유량은 15만 베일 정도까지 늘어났습니다. 이 무렵부터는 이미 내 기분이 썩 좋지 않았던 것 같습니다. 이런 말을 하는 이유는 내가 저지른 실수를 변명으로 얼버무리려는 것이 아니라 여기에 딱 들어맞는 사실을 적시(摘示)하기 위해서에요. 나는 머리를 식히려고 베이쇼어[3]에 갔던 것으로 기억합니다.

그곳에 머무는 동안 생각을 좀 해봤습니다. 내가 가진 투기 포지션이 너무 과하다는 생각이 들더군요. 나는 기본적으로 소심한 성격은 아니지만 초조한 느낌을 지울 수 없었고, 그래서 부담을 줄이기로 결정했던 겁니다. 그러려면 면화 선물과 밀 선물 가운데 어느 하나를 정리해야 했습

---

[3] 베이쇼어라는 지명은 여러 곳에서 찾을 수 있는데, 제시 리버모어는 투기 포지션을 취하고 있을 때는 뉴욕에서 멀리 떠나지 않는다. 따라서 여기서는 뉴저지 주의 바닷가 휴양지 Raritan Bayshore를 말하는 것으로 보인다.

니다.

나처럼 투기라는 게임을 잘 알고 있는 사람이, 더구나 주식시장과 상품시장에서 투기를 한 경력이 12~14년이나 되는 사람이 어쩌면 그리 한 치 오차도 없이 잘못된 행동을 했는지 믿기지 않을 정도예요. 면화 선물은 손실을 기록하고 있었는데 계속 보유했습니다. 밀 선물은 이익이 나고 있었는데 전부 팔아버렸습니다. 정말 어처구니없는 바보짓이었지요. 최소한의 변명이라도 해보자면 이건 내가 한 거래가 아니라 토마스가 한 것이었습니다. 투기를 하면서 저지를 수 있는 실수 가운데 손실이 난 종목을 계속해서 물타기 하려는 것만큼 치명적인 것도 없지요. 내가 했던 면화 선물 거래가 얼마 뒤 이를 똑똑히 보여주었습니다. '반드시 손실이 나고 있는 것을 팔고 이익이 나고 있는 것은 계속 보유하라.' 이 말대로 하는 게 현명하다는 것은 너무나도 자명한 사실이고, 이 말은 너무나도 잘 알고 있었는데도 이 말과는 정반대로 행동했다는 게 지금 생각해봐도 참 신기할 따름입니다.

보유하고 있던 밀 선물을 팔아버림으로써 밀 선물에서 나고 있던 이익을 내 손으로 끊어버린 셈이 됐습니다. 내가 밀 선물을 정리한 뒤 밀 가격은 부셸 당 20센트나 수직 상승했지요. 밀 선물을 계속 보유했더라면 800만 달러 가량의 이익을 챙길 수 있었을 겁니다. 더구나 손실이 나고 있는 것을 계속 보유하기로 결정함으로써 나는 면화 선물을 추가로 매수했던 겁니다!

내가 어떻게 매일같이 면화 선물을 매수하고 또 매수했는지 지금도 아주 생생하게 기억합니다. 도대체 내가 왜 그걸 샀다고 생각합니까? 가격이 떨어지는 것을 막기 위해서였습니다! 이게 정말 호구 중에 호구가 하는 짓이 아니라면 무엇이란 말입니까? 나는 단지 점점 더 많은 돈, 결과적으로 다 날려버릴 돈을 계속 걸고 있었던 겁니다. 증권회사 사람들과 가까운 친구들은 내 행동을 이해할 수 없었지요. 지금도 이해하지 못합니다. 물론 내가 한 거래가 다른 결과를 낳았다면 감탄의 대상이 됐을 겁니다. 퍼시 토마스의 명쾌한 분석을 너무 과신하지 말라는 지적을 여러 차례 받았어요. 나는 이런 경고에는 아랑곳하지 않고 가격 하락을 막기 위해 면화 선물을 계속 사들였습니다. 심지어 리버풀에서도 면화 선물을 매수했지요. 보유 물량이 44만 베일이나 돼서야 내가 무슨 짓을 했는지 깨달았습니다. 그러나 너무 늦은 시점이었지요. 결국 나는 보유 물량을 전부 팔아 치웠습니다.

나는 그동안 주식시장과 상품시장에서 벌어두었던 거의 모든 재산을 날렸습니다. 완전히 빈털터리가 된 것은 아니었지만 그 영리한 친구 퍼시 토마스를 만나기 전까지 수백만 달러에 달했던 재산이 몇 십만 달러로 쪼그라들었어요. 돈을 벌기 위해서는 꼭 지켜야 한다고, 경험을 통해 배워왔던 원칙들을 모조리 깨뜨렸다는 게 정말 한심스럽게 느껴졌어요.[4]

인간이란 그것이 무엇이든 아무런 이유 없이도 바보처럼 매매할 수 있다는 점을 배웠다는 게 내가 얻은 귀중한 교훈이었습니다. 사람을 끌어당기는 매력을 가진 탁월한 인물이 그럴듯하게 꾸며 자꾸 이야기하는데 넘어가버리는 것이야말로 트레이더에게 또 하나의 위험한 적이라는 사실을 배우는 데 수백만 달러의 비용이 들었던 셈이지요. 그러나 나는 수업료가 딱 100만 달러만 됐다 해도 충분히 그 가르침을 제대로 배웠을 것이라고 생각합니다. 그러나 운명의 여신은 절대 수업료를 못박지 않지요. 운명의 여신은 금액이 얼마든 관계없이 우리가 그걸 지불해야 한다는 걸 알고 있기 때문에 훈육을 위해 가혹하게 내리친 다음 자기가 정한 수업료를 냉정하게 청구합니다. 내가 얼마나 어리석은 짓을 저지를 수 있는지 확실히 깨달은 다음 나는 그 사건을 마무리지었습니다. 퍼시 토마스는 내 삶에서 완전히 지워버렸지요."

순식간에 날아가버린 전 재산

"짐 피스크가 자주 말했듯이, 담쟁이덩굴이 휘감고 올라간 빗물 홈통 위로 내 판돈의 90% 이상이 그렇게 사라져버렸던 겁니다. 불과 1년 전만 해도 나는 백만장자였지요. 그 수백만 달러는 행운이 따르기도 했지만 내 머리를 써서 번 것이었습니다. 그런데 이와 정반대로 하는 바람에 그 돈을 날린 겁니다. 나는 두 척의 요트를 팔았고, 사치스러운 생활 습관도 최대한 줄여야 했습니다.

그러나 타격은 한 번으로 끝나지 않았습니다. 행운은 나를 피해갔습니다. 처음에는 몸이 아팠고, 그 다음에는 급히 20만 달러의 현금이 필요했지요.[5] 몇 달 전만 해도 그 정도 금액은 아무것도 아니었어요. 그러나 이제는 남은 전 재산과 맞먹는 것이었습니다. 나는 돈을 조달해야 했고, 문제는 하나뿐이었습니다. 어디서 돈을 가져올 수 있지? 내 증권회사 계좌에서 돈을 찾고 싶지는 않았습니다. 그렇게 하면 트레이딩하는 데 증거금을 충분히 확보하지 못할 수도 있었으니까요. 잃어버린 수백만 달러를 빠른 시일 안에 되찾으려면 그 어느 때보다 많은 실탄이 필요했습니다. 그렇다면 알고 있는 대안은 하나밖에 없었지요. 그것은 주식시장에서 돈을 벌어오는 것이었습니다!

한번 생각해보세요! 대개의 증권회사와 거래하는 대개의 고객들에 대해 잘 알고 있다면, 주식시장에서 돈을 벌어 필요한 돈을 충당하겠다는 바람이야말로 월스트리트에서 돈을 잃는 가장 흔한 이유 가운데 하나라는 데 동의할 겁니다. 꼭 그렇게 해야겠다고 고집한다면 결국 자기가 가

---

4) 퍼시 토마스(프라이스)는 이때 리버모어를 배신했다고 한다. 리버모어에게 알리지 않고 혼자만 먼저 약세 포지션으로 돌아서 면화 선물을 매도함으로써 상당한 수익을 거뒀다는 후문이다.

5) 이 무렵 리버모어의 처남이 아내 살해 혐의로 재판을 받게 됐는데, 여기에 필요한 변호사 비용을 말한다. 그의 처남은 결국 사형 선고를 받고 전기의자에 앉았다.

진 전 재산을 다 날리게 될 겁니다.

하기야, 어느 해 겨울 하딩 증권회사에서 한 무리의 잘 나가던 투기자들이 오버코트 한 벌을 사겠다고 무려 3만~4만 달러를 썼지만, 결국 한 명도 그걸 입어보지 못한 것 역시 이런 바람 때문이었습니다. 이 일은 나중에 '연봉 1달러 자원봉사 기업인'[6]으로 세계적인 명성을 얻기도 한 아주 뛰어난 플로어 트레이더가 바다수달피로 안감을 댄 모피코트를 입고 증권거래소에 나타나면서 우연히 비롯됐습니다. 그 시절만 해도 모피 값이 천정부지로 뛰어오르기 전이었으므로 모피코트 가격은 기껏해야 1만 달러 정도 했지요. 그런데 하딩 증권회사에 있던 밥 커운이라는 이름의 사내가 러시아산 검은담비 모피로 안감을 댄 코트를 사겠다고 마음먹었습니다. 그는 시내에 나가 가격을 알아봤지요. 바다수달 모피코트와 거의 같은 1만 달러 정도였습니다.

'정말 엄청나게 비싸군.' 무리 가운데 한 친구가 질색하며 소리쳤지요.

'아냐, 괜찮아! 적당해!' 밥 커운은 기분 좋게 받아들였습니다. '한 일주일치 급료군. 만일 자네들이 이 증권회사의 제일 멋진 인물에 대해 작지만 진실한 존경의 표시로 이걸 선물해주지 않는다면 말이지. 내가 증정식에서 감사의 말을 들을 수 있을까? 아니겠지? 그래도 좋아. 나는 주식시장한테 이걸 사주라고 할 테니까 말이야!'

'자네는 왜 검은담비 모피코트를 입으려 하나?' 에드 하딩이 물었습니다.

'나 정도 키의 남성에게 아주 딱 어울리거든요.' 밥은 대들 듯이 몸을

---

[6] dollar-a-year men은 제1차 세계대전 당시 자원해서 정부 일을 한 기업인을 말한다. 당시 법적으로 정부는 기업으로부터 어떤 용역도 무상으로 제공받지 못하게 돼있었기 때문에, 이들은 연간 1달러의 급여를 받고 일했다.

꼿꼿이 세우며 대답했지요.

'근데 모피코트 값을 어떻게 벌 거라고 했지?' 이번에는 증권회사에서 비밀정보를 가장 잘 물어오는 짐 머피가 물었습니다.

'단타 종목을 골라 영리하게 투자하는 거야, 제임스. 그게 방법이지.' 머피가 원하는 건 오로지 비밀정보임을 아는 밥이 대답했습니다.

예상했던 대로 지미가 다시 물었지요. '어느 종목을 살 건데?'

'자네는 자꾸 틀리기만 하는군. 지금은 어느 종목도 매수할 때가 아니야. 나는 스틸을 5000주 공매도할 생각이네. 최소한 10포인트는 떨어질 수밖에 없거든. 나는 2.5포인트만 먹고 빠져나올 걸세. 그 정도면 보수적이지 않나?'

'그 종목에 대해 뭐 들은 게 있나?' 머피가 진지한 표정으로 물었습니다. 그는 키가 크고 야윈 편인 데다 머리칼은 검고 늘 배고픈 모습이었는데, 이건 수가 테이프에서 하나라도 놓치는 게 두려워 절대 밖에 나가 점심을 먹지 않는 바람에 그리 된 것이었지요.

'그 모피코트야말로 내가 가지려고 했던 것 중에서 가장 잘 어울린다고 하더군.' 밥은 에드 하딩 쪽으로 몸을 돌리더니 이렇게 말했습니다. '에드 씨, 스틸 5000주를 시장가로 매도해주세요. 오늘, 부탁해요!'

그는 투기꾼이었고, 역시 밥다운 행동이었지요. 그는 우스갯소리도 즐겼습니다. 그는 이런 방식으로 자기가 두려움을 모르는 강철 같은 인물이라는 것을 세상에 알렸지요. 그가 스틸 5000주를 매도하자, 스틸 주가는 곧바로 올라갔습니다. 밥은 말할 때처럼 그렇게 고집스럽지 않았고, 자기가 매도한 주가보다 1.5포인트 상승하자 손절매했지요. 그러고는 증권회사에 모인 친구들에게 뉴욕 날씨가 모피코트를 입기에는 너무 따뜻하다고 털어놓았습니다. 춥지도 않은데 모피코트를 입는 건 건강에도 좋지 않고 돈 자랑하는 거나 마찬가지라고 덧붙이더군요. 친구들은 전부 그를 놀려댔지요. 그런데 얼마 지나지 않아 또 한 친구가 모피코트 값을 벌려고 유니언 퍼시픽 주식을 얼마 매수했습니다. 그는 1800달러를 잃은 다음 검은담비는 여성용 외투의 겉감으로는 적당하겠지만, 지적이고 점잖은 남성이 입을 만한 겉옷의 안감에는 어울리지 않는다고 말했지요.

그 일이 있은 뒤에도 증권회사에 있던 사내들이 한 명 또 한 명 주식시장에서 돈을 벌어 모피코트를 사겠다고 덤벼들었습니다. 그러던 어느날 나는 증권회사 친구들이 전부 파산하는 것을 막기 위해서라도 내가 그 모피코트를 사겠다고 말했지요. 하지만 그들은 이구동성으로 그렇게 사는 건 위험을 무릅쓴 행동이 아니라고 하더군요. 내 손으로 그 모피코트를 가져가고 싶다면 마땅히 주식시장에서 번 돈으로 사야 한다는 주장이었지요. 그러나 에드 하딩은 내 의사를 강력히 지지해주었고, 나는 그날 오후 그걸 사려고 모피상을 찾아갔습니다. 알고 보니 시카고에서 온 남자가 지난주에 사갔더군요."

월스트리트의 가장 흔한 악운

"이건 단지 한 가지 사례일 뿐입니다. 주식시장에서 돈을 벌어 자동차를 사겠다고, 팔찌 혹은 모터보트, 그림 살 돈을 마련하겠다고 덤벼들었다가 돈을 날려보지 않은 사람은 월스트리트에 단 한 명도 없지요. 인색하기 짝이 없는 주식시장이 지급하기를 거절한 생일선물 값을 다 합치면 어마어마한 자선시설을 세울 수 있을 겁니다. 사실 주식시장을 너그러운 독지가처럼 만들겠다는 다짐만큼 월스트리트에서 가장 빈번하게 볼 수 있고, 또 제일 없어지지도 않는 악운은 없을 것이라는 게 내 생각입니다.

충분히 입증된 악운들이 다 그렇듯 여기에도 그럴만한 이유가 있지요. 갑자기 돈이 필요해 주식시장에서 이 돈을 벌겠다고 마음먹은 사람은 어떻게 하겠습니까? 당연히 그는 바라기만 하지요. 그는 도박을 합니다. 그러다 보니 현명하게 투기를 했다면, 즉 현재의 상황을 냉정하게 분석해 논리적으로 얻어낸 의견이나 믿음에 근거해 투기를 했다면 부담했을 리스크보다 훨씬 더 큰 리스크를 감수하는 겁니다. 처음부터 그는 당장 손에 쥘 수 있는 이익을 좇습니다. 기다릴 여유가 없지요. 일단 시작했다 하면 시장이 자기 말을 잘 따라줘야 한다고 생각합니다. 그는 의기양양하게 자기는 판돈을 대는 만큼만 벌려고 하지 그 이상은 원하지 않는다고 하지요. 그는 아주 민첩하게 대응할 준비가 돼 있으므로, 즉 바라는 게 2포인트 버는 것이라면 2포인트 손실이 났을 때 손절매할 태세가 돼 있기 때문에 자기는 단지 50대50의 승률을 갖고 있다고 착각하는 겁니다. 하기는, 이런 식으로 거래하다 수천 달러를 날린 사람을 나는 여럿 봤어요. 특히 이들은 강세장의 정점에서 어느 정도 조정이 임박한 시점에 매수했다가 손실을 보곤 했습니다. 절대 이런 식으로 거래해서는 안 됩니다.

아무튼 주식 투기자로서 보낸 평생을 통틀어 더없이 어리석었던 그 거래는 도저히 참을 수 없는 마지막 한계였습니다. 돈을 벌어오려고 했던 주식시장에게 나는 패배했습니다. 면화 선물 거래를 정리한 뒤 조금 남아있던 돈마저 날려버렸던 겁니다. 이보다 더욱 나빴던 것은 그럼에도 불구하고 계속 트레이딩을 했고 계속 잃었다는 것이지요. 주식시장이 최후에는 돈을 벌게 해줄 수밖에 없다는 생각을 버리지 않았습니다. 하지만 눈앞에 보이는 최후는 내가 동원할 수 있는 돈이 최후를 맞고 있다는 것이었습니다. 나는 빚까지 지게 됐어요. 주로 거래하던 증권회사는 물론 적정 증거금을 예치하지 않아도 거래할 수 있게 해주던 다른 증권회사들에까지 빚을 졌습니다. 나는 단지 빚을 졌을 뿐만 아니라 그 이후 한동안 채무자 신세에서 벗어나지 못했습니다.

그렇게 해서 나는 또 다시 파산해버린 겁니다. 이것도 끔찍한 일이었지만 이보다 훨씬 더 참담했던 것은 너무나도 잘못된 트레이딩을 했다는 점이지요. 몸도 아팠고, 불안과 흥분에 휩싸여 차분하게 논리적으로 생각할 수 없었습니다. 한마디로 어떤 투기자도 트레이딩을 하는 동안에는 결코 빠져서는 안 되는 그런 정신 상태에 있었던 겁니다. 모든 일이 뒤죽박죽이 돼버렸어요. 솔직히 잃어버린 균형감각을 회복하지 못할 수도 있다는 생각이 들기 시작했습니다. 이미 크게 베팅하는 데 익숙해져서, 그러니까 10만 주 이상을 매매할 정도로 나 자신이 커버리는 바람에 작게 트레이딩할 경우 올바른 판단을 내릴 수 있을지 걱정이 되기도 했어요. 기껏해야 100주를 거래하는 게 전부라면 정확한 판단을 내려봐야 별 의미가 없을 거라는 생각이 들었던 겁니다. 포지션을 크게 잡아 한번에 엄청난 이익을 챙기는 게 몸에 밴 터라 작은 포지션으로 매매할 경우 언제 이익을 취해야 할지 잘 모를 것 같았지요. 그 무렵 얼마나 큰 무력감을 느꼈는지는 이루 다 설명할 수가 없습니다. 나는 완전히 잘못된 길로 빠져든 것이었지요.

또 다시 파산했고 더 이상 공격적으로 나설 수도 없었습니다. 채무자 신세로 전락한 데다 계속 잘못된 트레이딩을 했던 겁니다! 오랜 성공의 세월을 지나왔고, 그 과정에서 숱한 실수를 저지르며 스스로 더욱 단련해 더 큰 성공을 향한 길을 닦아왔던 내가 이제 버킷샵에서 처음 주식 거래를 했을 때보다 더 비참한 상황에 놓인 것이었지요. 나는 주식 투기라는 게임에 대해 진짜 많은 것을 배웠지만, 인간의 약점이 어떤 역할을 하는지에 관해서는 그리 많이 배우지 못했습니다. 사람의 마음이 늘 똑같이 효과적으로 작동하기를 기대해서는 안 됩니다. 언제든 사람들한테서 아무 영향도 받지 않고, 또 불운이 닥쳐도 꿋꿋이 초연하게 있을 수는 없다는 사실을 나는 이제서야 깨달았습니다."

자만심이라는 몹쓸 병

"지금까지 돈을 잃는 것은 조금도 걱정거리가 아니었습니다. 하지만 다른 문제들은 얼마든지 나를 괴롭혔지요. 내게 닥친 불행한 사태를 자세히 분석해보니 어디서 바보짓을 저질렀는지 확연히 드러났습니다. 정확한 시간과 장소까지 딱 집어낼 수 있었어요. 누구든 투기적인 시장에서 훌륭하게 트레이딩하고 싶다면 자기 자신을 철저히 알고 있어야 합니다. 내가 얼마나 어리석은 짓을 할 수 있는지 알려면 길고도 힘든 교육 과정을 거쳐야 하지요. 투기자가 자만심을 갖지 않는 방법을 배울 수만 있다면 아무리 비싼 수업료를 치러도 아깝지 않다는 생각을 가끔 합니다. 똑똑한 사람들이 그토록 무수히 무너져버리는 것도 자만심에서 직접적인 원인을 찾을 수 있습니다. 자만심이라는 몹쓸 병은 어디서든 누구에게든 아주 값비싼 대가를 요구하지만 월스트리트의 투기자들에게는 특히 더 하지요.

뉴욕에 있자니 자꾸 내가 저질렀던 바보짓이 떠올라 영 편치가 않더군요. 트레이딩을 하기에 좋은 컨디션도 아니었고 아예 거래하고 싶지도 않았습니다. 나는 뉴욕을 떠나 다른 곳에서 판돈을 구해오기로 결심했습니다. 환경이 바뀌면 내 본래 모습을 되찾는 데 도움이 될 것이라는 생각이 들었지요. 결국 나는 투기라는 게임에 패배한 채 또 다시 뉴욕을 떠났습니다. 나는 단순히 파산만 한 게 아니라 이보다 더 심각한 상태였는데, 여러 증권회사에 10만 달러 이상의 빚을 지고 있었습니다.

나는 시카고로 떠나 그곳에서 종자돈을 마련할 수 있었습니다. 그리 큰돈은 아니었지만, 종자돈이 작다는 것은 내가 날린 재산을 되찾는 데 시간이 좀더 필요하다는 것을 의미할 뿐이었지요. 한때 거래한 적이 있는 증권회사 한 곳에서 트레이더로서의 내 실력을 믿고서, 자기네 회사에서 작은 규모로나마 거래할 수 있도록 기꺼이 배려해준 것이었습니다.
나는 매우 보수적으로 시작했습니다. 계속 그곳에 머물렀다면 어떻게 됐을지 잘 모르겠군요. 어쨌든 내 평생 가장 별난 일 한 가지를 겪으면서 시카고 체류도 짧게 끝나고 말았습니다. 그야말로 믿기 힘든 이야기였지요.
어느날 루시우스 터커가 보낸 전보가 도착했습니다. 그는 내가 가끔 거래하던 증권거래소 회원사의 지점 매니저로 일할 때 알고 지낸 사이였는데, 그 이후 연락이 끊긴 상태였지요. 전보에는 이렇게 적혀 있었습니다:

즉시 뉴욕으로 올 것.
L. 터커

그는 내 친구들한테서 내가 어떻게 지내는지 소식을 들었을 것이고, 뭔가 준비를 한 게 틀림없었습니다. 그렇다고는 해도 쓸데없이 여비를 써가며 뉴욕까지 다녀오기에는 내 주머니사정이 여의치 않았어요. 그래서 그가 요구하는 대로 하는 대신 시외전화를 걸었습니다.
'전보 잘 받았어.' 내가 말했습니다. '근데 무슨 말이야?'
'뉴욕에 있는 거물 은행가가 자네를 만나고 싶어한다는 거야.' 그의 대답이었습니다.
'그게 누군데?' 내가 물었습니다. 그가 누구일지 상상이 되지 않더군요.
'뉴욕에 오면 얘기해주지. 그러지 않으면 말해줄 수 없네.'
'그 사람이 나를 만나고 싶어한다는 얘기야?'
'그렇다니까.'
'왜 그러는데?'

'그를 만나면 본인이 직접 말해줄 걸세.' 루시우스의 말이었습니다.

'편지로 알려주면 안 될까?'

'안 되네.'

'그러면 좀더 솔직히 얘기해보게.'

'그럴 수 없네.'

'이봐, 루시우스.' 내가 말했습니다. '이것만이라도 얘기해줘. 헛걸음하는 건 아니겠지?'

'절대 아니네. 뉴욕에 오는 게 자네한테 좋을 걸세.'

'힌트라도 줄 수 없나?'

'안 되네. 그 사람과의 약속을 어길 순 없지. 더군다나 그 사람이 사네에게 뭘 원하는 건지 나도 정확히는 몰라. 하지만 내 말을 듣게. 이리로 와, 당장 말이야.'

'그 사람이 나를 만나려고 하는 게 분명한가?'

'다른 누구도 아닌 바로 자네야. 오는 게 좋아, 내가 장담하네. 자네가 탈 열차편을 전보로 보내주게, 그러면 역으로 마중 나갈 테니.'

'알았네.' 그리고는 전화를 끊었습니다."

내 평생 가장 기이한 경험

"나는 너무 비밀스러운 이야기라는 점이 마음에 들지 않았지만, 루시우스는 친한 사이인 데다 틀림없이 그럴만한 이유가 있으니까 그렇게 이야기하는 것이라는 생각이 들더군요. 어차피 시카고에서 일이 대단히 잘되어나간 것도 아니어서 떠나는 게 그리 가슴 아프지도 않았습니다. 지금 식으로 트레이딩을 해나가다가는 다시 옛날처럼 크게 거래할 만한 돈을 벌려면 기나긴 시간이 지나야 할 테니까요.

무슨 일이 벌어질지 아무것도 모른 채 뉴욕으로 돌아왔습니다. 사실 뉴욕으로 오는 도중에도 괜한 헛걸음으로 아까운 기차 삯과 시간만 허비하는 게 아닌가 하는 걱정을 몇 번이나 했습니다. 내 평생 정말 가장 기이한 경험을 하게 되리라고는 꿈에도 생각지 못했지요.

루시우스는 역에서 나를 보더니 단도진입적으로 잘 알려진 뉴욕증권거래소 회원사인 윌리엄슨 앤 브라운의 다니엘 윌리엄슨[7]이 급한 용건이 있어 자기를 보낸 것이라고 말해주었습니다. 윌리엄슨은 루시우스에게 말하기를 나에게 사업상 제안할 게 있으며, 이 제안은 나에게 꽤 수지맞는 일이므로 틀림없이 내가 수락할 것이라고 전해달라고 했다는 겁니다. 루시우스는 맹세컨대 이 제안이 무슨 내용인지 자기도 모른다고 말했습니다. 윌리엄슨 앤 브라운이라는 회사의 평판을 감안하면 내게 터무니없는 요구를 해오지는 않을 게 확실했지요.

댄 윌리엄슨은 에크버트 윌리엄슨이 1870년대에 설립한 이 회사의 고위 임원이었습니다. 회사 이름과는 달리 브라운 가문 사람은 설립에 참여하지 않았고, 오랫동안 단 한 명도 이 회사에 몸담지 않았지요. 이 증권회사는 댄의 아버지 시대에 아주 잘 나갔고, 댄은 상당한 유산을 물려받았지만 사업 이외에는 한눈을 팔지 않았어요. 이 회사에는 보통고객 100명과 맞먹는 귀중한 고객이 한 명 있었는데 댄의 매부인 앨빈 마퀀드[8]였습니다. 마퀀드는 열 곳이 넘는 은행과 신탁회사의 임원을 맡고 있었을 뿐만 아니라 체사피크 앤 애틀랜틱 레일로드 그룹의 대주주였지요.

루시우스는 윌리엄슨 앤 브라운 측에서 자기를 위해 만들어준 자리로 옮길 것이라고 말하더군요. 그는 전국을 무대로 일종의 신규 사업을 총

---

[7] Williamson & Brown과 Daniel Williamson은 모두 가공의 이름인데, 리버모어가 일부러 이름을 숨기려 한 것으로 보인다.
[8] Alvin Marquand는 당시 철도 사업가로 유명했던 Charles E. Pugh의 작중 이름으로, 1911년에 은퇴해 1914년 세상을 떠났다.

괄하는 역할을 맡기로 한 것 같았습니다. 윌리엄슨 앤 브라운은 일반 고객 대상의 증권회사를 지향하고 있었는데, 루시우스는 윌리엄슨을 설득해 지점 두 개를 새로 내도록 했지요. 그 중 하나는 시내 중심가의 대형 호텔에, 또 하나는 시카고에 열기로 한 겁니다. 내가 추측하기에 시카고에 새로 여는 지점에서 일하라는 제안을 해올 것 같았습니다. 아마도 지점 매니저 자리일 것이고, 나는 받아들이지 않을 생각이었어요. 그래도 루시우스가 말하는 중에 끼어들지는 않았습니다. 일단 거절하기 전에 정식으로 제안이 올 때까지 기다려보는 게 낫겠다는 생각이 들었기 때문이지요.

루시우스는 나를 데리고 윌리엄슨의 집무실로 가서는, 그의 보스에게 나를 소개시켜준 뒤 바로 나가버리더군요.

윌리엄슨은 아주 호감이 가는 스타일이었습니다. 완벽한 신사에 세련된 매너와 다정한 미소까지 갖추고 있었어요. 누구든 금세 친구로 만들어 오래도록 친구로 지내는 인물임을 알 수 있었지요. 그렇지 않겠습니까? 그는 건강했고 유머감각도 있었습니다. 돈이 아주 많았고 야비한 짓 따위는 전혀 하지 않을 것처럼 보였지요. 이런 요소들에다 좋은 교육과 사회적인 교양까지 더해져 정중하면서도 친근할 뿐만 아니라 다정하면서도 도움을 주는 사람이 된 겁니다.

나는 아무 말도 하지 않았습니다. 할 말도 없었지만 나는 원래 무슨 말을 하기 전에 상대방으로 하여금 할 말을 다하게 합니다. 이런 얘기를 들은 적이 있어요. 지금은 고인이 된 제임스 스틸먼은 누가 그에게 어떤 제안을 가져오면 무표정한 얼굴로 가만히 듣기만 했다는 겁니다. 그리고 보니 내셔널 씨티 뱅크의 은행장을 지낸 스틸먼은 윌리엄슨과 매우 친한 사이였는데, 상대방이 이야기를 다 끝낸 뒤에도 마치 할 얘기가 더 남았다는 듯이 계속해서 그 사람을 쳐다봤다고 하지요. 그러면 그 사람은 뭔가 말을 더 해야겠다고 느끼고 그렇게 했습니다. 단지 가만히 바라보며 듣기만 함으로써 스틸먼은 그 사람이 처음 말을 시작하면서 마음먹었던 것보다 은행 측에 훨씬 더 유리한 제안을 하도록 만들곤 했지요.

내가 아무 말도 하지 않는 것은 더 나은 거래조건을 내놓도록 하기 위한 게 아니라 그 문제와 관련된 모든 사실을 알고 싶었기 때문입니다. 만일 당신이 어떤 사람으로 하여금 하고 싶은 말을 전부 하도록 한다면 그 즉시 판단을 내릴 수 있을 겁니다. 이렇게 하면 시간을 상당히 절약할 수 있지요. 또한 논쟁이나 토론이 한도 끝도 없이 길어지는 것도 피할 수 있습니다. 나에게 들어오는 거의 모든 사업상의 제안은, 그것이 내가 참여할 것인지를 묻는 것일 경우 네, 아니오라는 말로 끝낼 수 있습니다. 하지만 정확한 제안 내용을 알기 전까지는 네, 아니오라는 대답을 할 수 없지요."

승부사라는 명성을 이용하다

"댄 윌리엄슨은 말을 멈추지 않았고, 나는 듣기만 했습니다. 그는 내가 주식시장에서 벌였던 투기 거래에 대해 아주 많은 이야기를 들었으며, 내가 전문 분야를 벗어나 면화시장에 뛰어들었다가 실패한 데 대해 참으로 안타깝게 생각한다고 말했습니다. 하지만 내가 그런 불운을 겪는 바람에 자기가 이렇게 만나 얘기를 나눌 수 있게 됐다고 덧붙이더군요. 자기가 보기에 내 강점은 주식시장에 있고, 나는 주식시장을 위해 태어났으며, 무슨 일이 있어도 주식시장에서 한눈을 팔아서는 안 된다는 것이지요.

'그리고 그게 이유라네, 리빙스턴.' 그는 유쾌하게 결론지었습니다. '우리가 자네와 사업을 하고 싶어하는 이유 말이야.'

'어떤 사업 말입니까?' 내가 물었습니다.

'자네의 증권회사가 되어주는 거지. 우리 증권회사가 자네의 주식 거래 사업을 하고 싶다는 거야.'

'나도 선생님 회사에 맡기고 싶지만 그럴 수가 없군요.'

'왜 안 된다는 거지?' 그가 물었습니다.

'돈이 없으니까요.' 내가 대답했습니다.

'그건 염려 말게.' 그가 다정한 미소를 지으며 말했지요. '내가 제공할 테니까.' 그는 수표책을 꺼내더니 내 앞으로 2만5000달러짜리 수표를 끊어 건네주었습니다.

'이게 뭡니까?' 내가 물었습니다.

'자네가 거래하는 은행에 예치하게. 자네 이름으로 수표를 끊을 수 있을 게야. 나는 자네가 우리 증권회사에서 주식 거래를 했으면 해. 자네가 돈을 벌건 잃건 관계없네. 이 돈을 다 날리면 내가 또 수표를 끊어줄 거니까. 그러니 이 수표를 받는다고 해서 그리 신경 쓸 필요는 없네. 알겠나?'

이 회사는 워낙 돈도 많고 한창 잘 나가는 상황이었으므로 굳이 누군가의 주식 거래를 유치할 필요도 없고, 더더군다나 누구한테 증거금으로 쓰라고 돈을 쥐어줄 이유가 없다는 점은 나도 잘 알고 있었습니다. 그렇다면 그는 정말 대단히 인심을 쓴 셈이었지요! 나에게 증권회사 신용을 쓸 수 있게 해준 게 아니라 당장 사용할 수 있는 현금을 주었고, 따라서 그 돈의 출처에 대해서는 그 혼자만 알 수 있었습니다. 조건이라고는 내가 거래를 할 경우 그의 회사를 통해야 한다는 것뿐이었어요. 거기다가 그 돈을 전부 잃으면 추가로 더 주겠다는 약속까지 했습니다. 하지만 틀림없이 무슨 까닭이 있을 것이었습니다.

'왜 이러는 겁니까?' 내가 물었지요.

'이유는 간단하네. 아주 크게 적극적으로 거래한다고 알려진 트레이더를 우리 회사 고객으로 갖고 싶은 거지. 사람들은 전부 자네가 공매도 쪽으로 아주 크게 베팅한다고들 알고 있어. 내가 특히 자네를 좋아하는 것도 그 점 때문이지. 자네는 승부사로 알려져 있으니까.'

'아직도 무슨 말인지 모르겠습니다.'

'솔직하게 말해주지, 리빙스턴. 우리에게는 주식을 대규모로 매매하는 재력가 고객 두세 명이 있네. 나는 우리 회사에서 1만~2만 주를 팔 때마다 월스트리트에서 우리 고객이 보유 주식을 파는 것이라고 의심하는 걸 원치 않는단 말이야. 자네가 우리 회사에서 트레이딩하고 있다는 걸 월스트리트도 알게 된다면, 시장에 매물로 나오는 게 자네가 공매도하는 것인지 아니면 우리 고객이 보유 주식을 파는 것인지 모를 거란 말이지.'

나는 당장 알아차렸어요. 그는 자기 매부의 대량 거래를 승부사라는 내 명성으로 가려버리고 싶었던 겁니다! 사실 나는 1년 반 전에 약세 쪽에 베팅해 엄청난 수익을 올렸고, 당연히 월스트리트의 가십꾼과 멍청한 루머쟁이들은 주가가 떨어질 때마다 나를 비난해대는 몹쓸 버릇이 있었어요. 지금까지도 시장이 심각한 약세를 보일 때면 사람들은 내가 공매도 공세를 펴고 있다고 말하니까요.

나는 굳이 고민할 필요도 없었습니다. 댄 윌리엄슨은 내가 복귀할 기회, 그것도 하루빨리 복귀할 수 있는 기회를 제공하고 있다는 것을 단박에 알아챘지요. 나는 수표를 받아 은행에 예치한 다음, 그의 회사에 계좌를 만들어 트레이딩을 시작했습니다. 주식시장의 거래량은 상당히 많았고, 시장 전반적으로 활기가 넘쳐 굳이 어느 한두 종목에 집착할 필요가 없었지요. 앞서도 말했듯이 혹시 정확한 매매 감각을 잃지나 않았을까 하는 걱정이 들더군요. 그러나 그건 기우인 것 같았습니다. 나는 3주만에 댄 윌리엄슨이 빌려준 2만5000달러로 11만2000달러의 수익을 거뒀으니까요.

나는 그에게로 가서 말했습니다. '2만5000달러를 갚으려고 왔습니다.'

'아니, 안 되네!' 그는 마치 내가 피마자유로 만든 칵테일을 권하기라도 한 것처럼 손사래를 치면서 말했습니다. '아냐, 아니지, 이 친구야. 자네 계좌의 잔고가 더 불어날 때까지 기다리게. 아직은 갚을 생각하지 말고. 이제 겨우 푼돈 좀 벌었을 뿐이니 말이야.'

내가 월스트리트에서 겪은 어떤 일보다 더 후회하고 있는 실수가 바로 이 대목입니다. 너무 오랫동안 힘들고 우울한 세월을 보낸 탓이었지요. 나는 그에게 돈을 받으라고 고집을 피웠어야 했습니다. 나는 내가 잃은 돈보다 더 큰 재산을 벌어가는 중이었고, 그것도 아주 빠르게 이뤄나가고 있었습니다. 3주 동안 내가 올린 수익률은 매주 평균 150%에 달했으니까요. 내 트레이딩 규모도 계속해서 늘어갈 것이었습니다. 그런데 나스스로 족쇄를 풀어버리는 대신 그가 원하는 것을 하도록 했고, 그에게 2만5000달러를 받으라고 강력히 요구하지도 못했지요. 당연히 그는 내게 빌려준 2만5000달러를 내 계좌에서 인출해가지 않았으므로, 나 역시 수익금을 인출해가기가 영 불편했습니다. 그가 무척 고맙기는 했지만 원래 내 성격은 남에게 빚을 지거나 신세를 지고는 못 견디는 타입이지요. 돈은 돈으로 갚을 수 있지만, 친절과 호의는 반드시 선의로 갚아야 합니다. 그리고 이런 도덕적 의무로 인해 때로는 엄청나게 비싼 대가를 치르기도 합니다. 더구나 여기에는 소멸시효조차 없지요.

나는 빌린 돈을 그대로 놔둔 채 트레이딩을 다시 시작했습니다. 아주 잘 돼 나갔지요. 나는 본래의 균형감각을 회복했고, 오래지 않아 1907년의 내 페이스를 되찾을 것이라고 확신했습니다. 일단 이 정도까지 되자, 조금만 더 지금 같은 호조세가 유지됐으면 하는 바람뿐이었어요. 그러면 손실을 만회하는 것 이상을 벌 수 있을 테니까요. 그러나 돈을 벌고 못 벌고는 그리 신경 쓰이지 않았습니다. 정말로 기분 좋은 것은 자꾸만 틀리던 습관, 그러니까 나 자신의 신념을 지키지 못하던 데서 벗어나고 있다는 것이었습니다. 지난 몇 달간 나를 엉망으로 만들어버린 게 이런 행동이었지만, 나는 여기서 나름대로의 교훈을 배웠던 겁니다.

바로 그 무렵 나는 약세 시각으로 돌아섰고, 여러 철도주를 공매도하기 시작했습니다. 그 중에는 체사피크 앤 애틀랜틱도 있었지요. 내 생각으로는 이 주식을 8000주 정도 공매도했던 것 같습니다."

감사하는 마음이 족쇄를 채우다

"어느날 아침 시내로 나갔더니 시장도 열리기 전 시간인데 댄 윌리엄슨이 자기 집무실로 부르더니 이렇게 말하더군요. '래리, 지금은 체사피크 앤 애틀랜틱을 가만 놔두게. 자네가 8000주 공매도한 건 잘못된 거래야. 내가 오늘 아침 런던 시장에서 자네 공매도 물량을 정리하고 매수 포지션을 취해두었네.'

나는 체사피크 앤 애틀랜틱이 떨어질 것이라고 확신했습니다. 주가 테이프는 분명히 그렇게 말해주고 있었어요. 더구나 나는 전체 주식시장에 대해 약세 시각을 갖고 있었지요. 급격한 폭락을 기대하거나 맹목적인 약세론을 편 것은 아니더라도 어느 정도 공매도 물량을 갖고 있어야 마음이 편했습니다. 나는 윌리엄슨에게 말했지요. '대체 왜 그렇게 한 겁니까? 나는 시장 전반을 약세 시각으로 바라보고 있어요. 모든 종목이 다 떨어질 거라고요.'

하지만 그는 고개를 저으며 이렇게 대답하더군요. '체사피크 앤 애틀랜틱에 대해 우연히 들은 게 있어서 그런 거야. 자네는 알 수 없는 것이

지. 내 충고는 공매도하는 게 안전하다고 말해줄 때까지 공매도하지 말라는 것일세.'

내가 어떻게 할 수 있겠습니까? 이건 얼토당토않은 비밀정보가 아니었어요. 그 회사 이사회 의장의 처남이 해주는 충고였습니다. 댄은 앨빈 마퀀드와 절친한 사이일 뿐만 아니라 나를 친절하고 너그럽게 대해주는 사람이었어요. 그는 나를 신뢰했고 내 말을 믿어주었습니다. 나는 그에게 감사할 수밖에 없었어요. 따라서 내 감정이 내 판단을 넘어섰고, 나는 물러섰습니다. 내 판단보다 그의 바람을 우선한다는 것은 나를 망치는 길이었지요. 순수한 사람에게 감사의 마음이란 피할 수 없는 감정이지만, 누군가에게 그것은 완전한 속박을 의미하는 것이기도 합니다. 내가 처음으로 알게 된 사실은 그동안 거뒀던 모든 이익을 다 날렸을 뿐만 아니라 15만 달러의 빚까지 지게 됐다는 겁니다. 나는 무척이나 속이 상했지만 댄은 걱정하지 말라고 얘기하더군요.

'내가 그 수렁에서 끄집어내줄 거야.' 그가 다짐하듯 말했습니다. '나는 그렇게 할 것이네. 하지만 자네가 그렇게 해주도록 해야 내가 그럴 수 있지. 자네 마음대로 주식 거래하는 것을 그만둬야만 하네. 그러지 않으면 내가 자네를 위해 어떻게 할 수도 없고, 내가 자네 편에서 하는 모든 작업을 전부 망쳐버리게 되지. 그냥 시장에서 물러나 내가 자네를 위해 돈을 벌어줄 수 있도록 해주게나. 그렇게 할 테지, 래리?'

다시 한번 물어보겠습니다. 내가 어떻게 할 수 있겠습니까? 내 머릿속은 그가 친절하다는 생각뿐이었고, 감사한 마음에 조금이라도 어긋나는 행동은 할 수 없었습니다. 나는 이미 그를 좋아하게 됐던 거지요. 그는 매우 호감이 가는 인물이었고 다정했습니다. 그는 나에게 용기를 불어넣어주기만 했던 것으로 기억합니다. 모든 일이 다 잘 풀릴 것이라는 믿음을 나에게 계속 심어주었어요. 6개월쯤 지난 어느날 그가 환한 미소를 지으며 신용전표를 몇 장 건네주었습니다.

'내가 자네를 이 수렁에서 끄집어내줄 거라고 말했었지. 그래서 이렇게 했네.' 그제서야 알게 된 사실은 그가 내 빚을 전부 갚았을 뿐만 아니라 신용으로 쓸 수 있는 약간의 금액까지 남겨두었다는 것입니다.

사실 시장이 좋았으므로 내가 했어도 큰 어려움 없이 그 정도는 했을 테지만, 그는 이렇게 덧붙이더군요. '서던 애틀랜틱 1만 주를 자네 이름으로 사두었네.' 서던 애틀랜틱은 그의 매부인 앨빈 마퀀드가 경영권을 쥐고 있는 또 다른 철도회사였는데, 주식시장에서 이 주식의 운명은 마퀀드의 손에 달려 있었지요.

만일 댄 윌리엄슨이 내게 했던 것과 똑같은 일을 누군가가 당신에게 해주었다면, 당신 역시 '고맙습니다' 라는 말밖에는 할 수 없었을 겁니다. 시장을 바라보는 당신의 시각이 어떻든 간에 말이지요. 당신의 시각이 옳다고 확신할 수도 있겠지만, 팻 허니는 분명히 '자기 돈을 걸기 전까지는 아무 말도 할 수 없다!' 고 했지요. 이번에도 내가 아니라 댄 윌리엄슨이 내 돈이 아닌 자기 돈을 걸었던 겁니다.

아무튼 서던 애틀랜틱의 주가는 떨어졌고 다시 올라가지 못했습니다. 댄이 내 이름으로 산 1만 주를 처분하기 전까지 계속해서 손실을 봤지만 얼마나 됐는지는 기억도 안 납니다. 나는 그에게 그 어느 때보다 많은 빚을 지게 됐습니다. 하지만 내 평생 이렇게 신사적이고 또 빚 독촉도 하지 않는 채권자는 처음 봤어요. 그는 한 번도 싫은 소리를 하지 않았습니다. 오히려 나를 격려해주며 빚은 신경 쓰지 말라고 조언하더군요. 결국에 가서는 이전과 똑같이 관대하지만 뭔가 신비스러운 방식으로 내 손실을 원상회복시켜 놓았던 겁니다."

기회는 매일같이 찾아오지 않는다

"그는 자세한 설명은 일체 하지 않았습니다. 내 계좌가 얼마인지가 전부였지요. 댄 윌리엄슨이 나에게 했던 말은 딱 이런 식이었습니다. '자네가 서던 애틀랜틱에서 손실을 본 금액을 우리가 다른 거래에서 올린 이익으로 벌충해놓았네.' 그러고는 자기가 어떻게 해서 다른 주식 7500주를 팔아 멋지게 이익을 챙겼는지 말해주었어요. 솔직히 말하건대 나는 빚을 전부 갚았다는 말을 듣기 전까지 내 이름으로 무슨 거래를 했는지 정말 하나도 몰랐습니다.

그런 일이 몇 차례 있자 나는 곰곰이 생각해보기 시작했고, 이 문제를 다른 시각으로 바라보게 됐습니다. 마침내 깨달을 수 있었지요. 나는 댄 윌리엄슨에게 이용당한 게 분명했습니다. 그렇게 생각하니 화가 치밀어 올랐지만 좀더 빨리 깨닫지 못했다는 게 더 분하게 느껴졌어요. 나는 댄 윌리엄슨을 찾아가서, 이제 윌리엄슨 앤 브라운과의 관계를 끊겠으며 거래도 접겠다고 말했습니다. 윌리엄슨이나 그 회사의 다른 파트너들과는 아무런 언쟁도 하지 않았습니다. 그래 봐야 무슨 소용이 있겠습니까? 하지만 윌리엄슨 앤 브라운에 대한 분노만큼이나 나 자신에 대해서도 분노를 느꼈다는 점은 인정해야 할 것 같군요.

돈을 잃는 것은 그렇게 괴롭지 않습니다. 주식시장에서 손실을 볼 때면 나는 늘 뭔가를 배웠다고 생각합니다. 비록 돈은 날렸지만 경험을 얻었고, 그런 점에서 수업료를 치른 셈이라고 여겼으니까요. 누구든 경험을 쌓아야 하고, 그러기 위해서는 대가를 지불해야 합니다. 그러나 내가 댄 윌리엄슨의 회사에서 겪은 일에는 정말 뼈아픈 무언가가 있었는데, 그건 진짜 대단한 기회를 놓쳤다는 겁니다. 돈을 잃는 건 아무것도 아니에요. 언제든지 복구할 수 있습니다. 그러나 내가 그때 놓쳐버린 그런 기회는 매일같이 찾아오는 게 아니었습니다.

알다시피 그 무렵 주식시장은 트레이딩하기에 아주 괜찮았습니다. 나는 옳았습니다. 다시 말해 나는 시장을 정확히 예측하고 있었어요. 수백만 달러를 벌 수 있는 기회가 거기 있었습니다. 그런데 신세를 졌다는 생각이 내 거래에 끼어든 겁니다. 스스로 내 발목을 옭아맸던 거지요. 나는 댄 윌리엄슨이 친절히 자기 하고 싶은 대로 하도록 놔둘 수밖에 없었습니다. 이건 차라리 피붙이와 동업하는 것만도 못한 일이었어요. 빌어먹을 짓거리였습니다!

더구나 그게 최악이 아니었습니다. 그 일이 있고 난 뒤 내가 큰돈을 벌어볼 만한 기회가 정말 완전히 사라졌다는 겁니다. 시장은 납작 엎드린 채 지루한 장세를 이어갔습니다. 모든 게 계속 더 나빠져갔지요. 나는 가진 것을 전부 날렸을 뿐만 아니라 다시 빚을 지게 됐고, 채무액은 그 어느 때보다도 많아졌습니다. 1911년과 1912년, 1913년, 1914년까지 시장은 오래도록 깨어나지 못했지요.[9] 기회는 눈을 씻고 찾아봐도 없었고, 나는 악화일로를 걸었습니다."

주식시장과 노블레스 오블리주

"손실을 봐도 마음이 안 아플 때가 있습니다. '그렇게 되지 않았을 수도 있었을 텐데' 하는 가슴저린 기억만 없으면 됩니다. 내가 차분히 생각할 수 없었던 게 바로 이런 이유 때문이었고, 그래서 더 마음이 어지러웠죠. 투기자가 빠져들기 쉬운 약점은 헤아릴 수 없이 많다는 점을 나는 잘 알

---

9) 1910~1914년의 연말 기준 다우존스 산업 평균주가를 보면 1910년 말 81.36, 1911년 말 81.68, 1912년 말 87.87, 1913년 말 78.78, 1914년 말 54.58이었다. 결국 1911년에는 0.5%도 채 오르지 못했고, 1912년에는 7.6% 상승했으나 1913년에 10.3%나 떨어졌고, 1914년에는 제1차 세계대전으로 주식시장이 4개월 이상 문을 닫는 우려곡절 끝에 무려 30% 가까이 주저앉았다.

고 있습니다. 내가 댄 윌리엄슨의 회사에서 했던 행동은 인간으로서 적절한 행동이었어요. 그러나 어떤 생각에 사로잡혀 나 스스로 자기 자신의 판단에 반하는 행동을 하도록 한 것은 투기자로서 부적절할 뿐만 아니라 현명하지 못한 처사였습니다. 특별한 권한에는 그만한 책임이 따른다는 노블레스 오블리주(Noblesse Oblige)는 주식시장에서는 통하지 않습니다. 주가 테이프는 기사도 정신을 중시하지 않을뿐더러 그것에 충실하다고 해서 어떤 보상도 해주지 않으니까요. 지금 되돌아보면 달리 어떻게 행동할 수 없었을 것 같습니다. 단지 주식시장에서 거래하고 싶었다는 이유만으로도 나는 다른 선택을 하지 못했을 겁니다. 그러나 사업은 언제나 사업일 뿐입니다. 투기자로서의 내 사업은 늘 나 자신의 판단에 모든 것을 걸어야 하는 거니까요.

그건 정말 이상한 경험이었습니다. 내 생각이기는 하지만 그 전말을 이야기하지요. 댄 윌리엄슨이 나를 처음 만났을 때 했던 말은 100% 진실된 것이었습니다. 그의 회사가 어떤 주식을 몇 천 주 매매하면 월스트리트에서는 항상 앨빈 마퀀드가 사거나 판 것이라고 즉각 단정지었지요. 마퀀드는 당연히 그 회사의 큰손 트레이더였고, 자신의 주식 매매를 전부 그 회사에 맡겼으니까요. 그는 또 그 회사가 일찍이 가져보지 못했던 월스트리트 최고이자 최대 트레이더 가운데 한 명이었습니다. 그래서 내가 연막작전 용으로 쓰였던 것인데, 특히 마퀀드가 주식을 매도할 때 나를 이용했어요.

그들 입장에서는 내가 빚을 지도록 하고 그 빚을 대신 갚아주는 게 차라리 내가 다른 증권회사에서 적극적인 공매도 공세를 펴는 것보다 훨씬 더 싸게 먹혔던 거지요. 댄 윌리엄슨의 관대함을 절대 무시해서는 안 된다는 내 감정만 아니었다면 나는 틀림없이 다른 증권회사에서 공격적으로 공매도를 하고 있었을 겁니다.

주식 투기자로서 온갖 일을 다 당해봤지만 이때의 경험은 그 중에서도 가장 안타깝고 참 인상 깊었던 경우로 늘 뇌리 속에 남아있습니다. 나는 교훈을 얻었지만 그 대가는 도저히 비교할 수 없을 정도로 값비쌌습니다. 나의 재기 시점이 몇 년이나 늦춰졌으니까요.

나는 잃어버린 수백만 달러를 되찾을 때까지 인내하면서 기다려도 될 만큼 아직 젊었습니다. 그러나 5년이라는 세월은 한 인간이 가난 속에서 견뎌내기에는 긴 시간이지요. 젊었든 늙었든 그건 절대 좋은 일이 아닙니다. 재기의 발판이 될 시장도 없이 지내기란 낚시광인 내가 요트 없이 지내는 것보다 훨씬 힘들었습니다. 일생일대의 기회가 앞서 날려버렸던 재산을 갖고 바로 내 눈앞에 나타나 있었습니다. 그런데 나는 손을 뻗어 그것을 잡을 수 없었어요."

리빙스턴은 말을 끝내더니 나를 쳐다봤다.

"친구처럼 느껴집니까?" 내가 물었다.

"그럼요, 친구처럼 느껴지지요." 그가 대답했다. "그래서는 안 되나요?"

나는 그를 바라봤다.

"나도 당신이 친구처럼 느껴져요." 내가 화답했.

월스트리트라고 해서 그래서는 안 된다는 이유는 없으니까.

〈*Saturday Evening Post*〉 1922년 9월 16일

8
100만 달러 채무를 전부 갚다

월스트리드에서 활동하는 오랜 친구 하나가 지난 일주일 동안 일곱 번 중에 두 번을 맞췄다며 나에게 근사한 호텔의 그릴 식당에서 식사를 하자고 했다. 그 호텔은 주식시장의 전문 도박꾼들이 자주 드나드는 곳이었다. 그는 일곱 번 가운데 틀린 다섯 번이 아니라 적중한 두 번을 상기시키면서 스스로 금융의 천재가 된 양 환상에 젖어갔고, 나는 가만히 듣고만 있었다. 그때 한 남자가 우리 테이블 옆을 지나가다 나에게 아는 체를 하더니 멈춰 섰다.

내가 말했다. "잘 지냈나?"

그가 대답했다. "최고지!"

월스트리트에서 일하면서 만난 인물이라는 것은 알겠는데 이름까지는 생각나지 않았다.

지난주에 일곱 번 가운데 두 번 돈을 벌었지만 그 두 번만 기억하는 말 많은 내 친구가 이 낯선 사내를 보더니 소리쳤다. "어이, 찰리! 혼자 식사

하나?"

"응."

"앉게."

찰리가 자리에 앉았다.

나는 안도의 한숨을 내쉬며 입을 열었다. "오랫동안 못 만났지."

"그래." 찰리도 맞장구를 쳤다. "요즘 뭐 하며 지내나?"

"졸리는 걸 억지로 참아가며 이 친구 얘기를 듣고 있어." 내가 대답했다.

그 역시 나처럼 내 얼굴만 기억하고 있을 뿐이었다. 웨이터가 그에게 주문서를 가져왔고, 그가 그걸 보는 사이 나는 친구 쪽으로 몸을 돌려 소리 나지 않게 입술 동작만으로 물어봤다. "저 친구 누구야?"

"찰리 웨이드!" 친구는 이렇게 속삭이고는 손짓으로 "다 날렸어!"라는 시늉을 했다.

웨이드는 아는 인물이었다. 그는 한때 잘나가던 주식중개인이었다. 수백 명의 다른 사람들처럼. 그리고 지금 그는 파산한 상태였다. 수천 명의 다른 사람들처럼.

승부사의 일하는 스타일

앞서 어떤 멕시코 석유회사 주식에 대해 이야기했던 내 친구는 다시 말을 계속했다. "그건 운이 좋았기 때문이 아니야. 직감이었지. 나는 머리를 쓰거든. 수익이라는 게 저절로 내 지갑 속으로 걸어 들어오지는 않잖아. 그 주식이 160달러를 넘는 것을 본 순간, 나는 이게 소심한 공매도 투기자들의 환매수가 아니라 고래 같은 큰손 투기자가 작살을 맞고 있는 것임을 알았지. 나는 목표를 찾아 바다 한가운데서 노를 젓느니 작살을

든 내부자들과 함께 보트에 앉아있는 걸 더 좋아하거든. 바로 그거지."

그는 나를 바라봤다. 현명한 관객에게서 찬사를 받아내려는 아주 겸손한 표정이었다.

"이게 올 들어 자네가 적중시킨 첫 번째 작품인가?" 내가 물었다.

"지난주에만 두 번째야." 그는 무게를 잡으며 반박했다.

하지만 나는 쾌활하게 이야기했다. "2타수 2안타군. 100% 적중했으니 완벽한 실력이야. 존 W. 게이츠가 이런 말을 했다고 들었어. 자기가 바라는 건 다섯 번 가운데 세 번, 그러니까 60%만 맞추는 것이라고 말이야."

"그래 내가 원하는 건 말이지, 다섯 번 중에 딱 한 번 맞추는 세 선부야." 친구가 말했다. "다섯 번 중에 한 번. 왜냐고? 내가 틀렸을 때는 재빨리 빠져나오고, 내가 옳았을 때는 운이 닿는 데까지 밀어붙이기 때문이시. 내가 틀릴 때는 한 번에 기껏해야 5000달러 손실이 나. 그러니까 네 번 틀리면 최대 2만 달러를 잃게 되지. 그런데 내가 옳을 때는 수익이 10만 달러가 돼도 그만두지 않아. 그게 바로 이유지."

"아주 훌륭한 이유군." 내가 말했다.

그러나 나는 웃지 말았어야 했다. 그가 신랄한 어조로 이렇게 말했기 때문이다. "자네 친구 래리 리빙스턴이 하는 방식이야."

찰리 웨이드는 웨이터에게 주문을 마치더니 나에게 물었다. "〈새터데이 이브닝 포스트〉에 실린 그에 관한 연재기사는 읽어봤나?"

"저 인간이 바로 그 기사를 쓴다네." 내 친구가 끼어들더니 눈을 부라리면서 나를 가리켰다.

"그래, 자네가?" 찰리가 말했다. "알다시피, 그는 우리 증권회사에서 계좌를 운용했었지."

"언제?" 내가 물었다.

"한 15년도 더 됐어. 하지만 그가 우리 증권회사를 찾게 된 사연은 절대 잊지 못할 거야."

"그 이야기를 듣고 싶군." 내가 말했다. 그건 내 진심이었다.

찰리는 고마운 표정을 지으며 말하기 시작했다.

"우리 아버지가 한동안 은퇴 문제에 대해 얘기할 때였지. 나는 당신이 그만두는 것을 내가 기뻐하지 않는다는 걸 알아주었으면 하면서도, 마음 한구석에선 내가 책임자가 돼 능력 발휘하는 모습을 보여줄 기회를 갖고 싶었어. 아버지를 알지 모르지만 굳이 내가 말하지 않아도 그분은 대단히 훌륭한 주식중개인이었어. 그분이 아는 것이라고는 오로지 그것밖에 없었고, 그분처럼 잘하는 사람도 별로 없었지. 그분은 다른 주식중개인들이 맡은 주문까지 대신 처리해줄 정도였는데, 막상 많은 고객들을 유치하는 스타일은 아니었어. 그래서 내가 우리 증권회사도 남들처럼 운영해야 한다고 주장했지. 그분은 뭐라고 하지 않더군. 나는 아주 잘 해나갔지만 발목을 잡는 게 너무 많더라고. 한번 생각해봐! 회사에 시세판을 설치하려 하니까 노인네가 허락하지 않는 거야! 그건 너무 평범한 데다 버컷샵처럼 보인다지 뭔가!

우리 회사에는 기딩스라는 이름의 매니저가 있었네. 하루는 어떻게 하면 진짜 적극적으로 거래하는 고객을 유치할 수 있을지 이 친구하고 논의했지. 그래야 한 달에 기껏 100주 거래하는 소액 투자자들도 친절히 대할 수 있을 테니 말일세. 그런데 이 친구가 바로 하딩 증권회사의 꼬마 승부사 래리 리빙스턴과 친하다는 사실을 알게 됐지. 그래서 내가 기딩스에게 말했어. '리빙스턴의 계좌를 유치해보는 게 어때?'

'시도해봤어.' 기딩스가 말하더군.

'그가 뭐라고 하던데?'

'없어!'

'하겠다거나 말겠다는 답조차 주지 않았다는 말이야?'

'그의 주문을 받아내지 못했다는 거야.'

'조금이라도 주문을 달라고 해봤나?' 내가 물었지.

'여러 말 할 필요도 없었어.' 기딩스가 대답하더군.

'뭐라고 하면서 주문을 달라고 했는데?'

'나는 그에게 아무 부탁도 하지 않았어. 하지만 그는 내가 이 회사에 몸담고 있다는 걸 알고 있고, 또 우리가 뉴욕증권거래소 회원이며 일반 고객들을 상대하는 증권회사라는 사실도 알아. 그가 우리 회사를 통해 거래하고 싶으면 그렇게 할 거야. 그런 친구한테는 부탁해봐야 소용없어.'

'하지만 그래도 부탁해보면 우리가 그의 주문을 유치할 가능성이 있는지는 알 수 있을 거 아냐?'

'찰리, 나는 그럴 수도 없고 그렇게 하지도 않을 거야.' 기딩스가 이야기하더군. '그 친구하고 나는 아주 가까워. 하지만 그가 우리 회사와 거래한다면 그건 자유의지에 따라 자기 발로 걸어오는 길밖에 없어. 나는 그와 주식시장에 대해 얘기해본 적도 없고, 그 역시 내 앞에서 주식시장 얘기를 안 꺼내. 그런 얘기 해봐야 쓸데없거든.'

납득할 수는 없었지만 내 주장만 할 수도 없었지. 앞서 말했듯이 아버지는 우리 회사에 시세판도 설치하지 못하게 했어. 그분 생각으로는 객장에 티커 두 개만 있으면 고객들이 시세를 알 수 있고, 쓸데없이 다른 건 갖다 놓을 필요가 없다는 거야. 그런데 기딩스와 얘기를 나누고 며칠 지나 한쪽 티커 옆에 서 있는데, 한 친구가 들어오더라고. 큰 키에 늘씬한 몸매, 금발에다 수염은 말끔히 깎았더군.

그 친구는 기딩스에게 고갯짓을 하며 '안녕!' 하고 짧게 인사하고는 다른 쪽 티커로 걸어갔어. 그때 객장에는 아무도 없었지. 기딩스가 아주 친근한 목소리로 답하더라고. '반갑군, 래리. 잘 지냈어?' 그런데 리빙스턴은 자기한테 뭐라고 하든 전혀 신경 쓰지 않더군. 그는 주가 테이프를 지켜봤어.

잠시 후 그가 고개를 들더니 갑자기 이렇게 묻는 거야. '여기서는 주문 처리를 얼마나 잘 해주나?'

'어떤 증권회사보다도 뒤지지 않아.' 기딩스가 대답했어.

리빙스턴은 즉시 왼손을 바지 호주머니에 넣어 지폐를 꺼내더라고. 다섯 장을 세더니 기딩스에게 건네줬지. 1000달러짜리 지폐 다섯 장이었어. 그는 다시 주가 테이프를 살펴보기 시작하더군. 곧이어 오른손으로 바지에 달린 작은 주머니에서 스톱워치를 꺼내면서 이렇게 말하는 거야. '어맬거메이티드 500주를 매수해주게!'

기딩스는 주문서를 곧장 증권거래소 플로어로 보냈지. 그는 거래소의 룸 트레이더한테 급히 처리하라고 말했을 거야. 금방 거래내역서가 도착했거든. 기딩스는 그걸 들고 달려와 리빙스턴에게 어맬거메이티드 500주를 매수 완료했다고 말했지.

리빙스턴은 스톱워치를 누르더니 한번 보고는, 아무 말 없이 주머니에 집어넣은 다음 다시 주가 테이프를 읽더군. 잠시 후 바지 주머니에 손을 넣어 지폐를 몇 장 더 꺼내더니 주가 테이프에서 눈도 떼지 않은 채로 기딩스에게 그 돈을 건네주더라고. 그러고는 다시 스톱워치를 꺼내면서 이렇게 말하는 거야. '한 번 더 500주를 매수해주게!'

우리가 거래내역서를 갖다주면 그는 스톱워치를 보고서 우리가 주문을 처리하는 데 시간이 얼마나 걸렸는지 정확히 쟀어. 물론 체결 가격도 비교했겠지. 그는 만족해 하는 눈치였어. 왜냐하면 모자를 벗어서는 기딩스에게 넘겨줬거든. 기딩스는 그걸 선반 위에 걸어두었지."

정신을 집중하는 습관

"리빙스턴은 아무 말도 하지 않았어. 그는 주가 테이프만 바라보며 잠시도 쉬지 않고 시가를 피워댔지. 그날 주식시장이 끝나기 전까지 3000주에서 4000주를 매매했는데, 내 기억으로는 그날 트레이딩의 순수익으로 2000달러 이상을 챙긴 것 같아. 장이 마감하자마자 그는 입구 쪽의 선반으로 걸어가더니 중산모자를 들고는 아주 조심조심하면서 모자를 쓰더라고. 마치 두통 때문에 조금이라도 머리를 건드리면 안 되는 사람처럼 말이야. 문 앞에서 그가 기딩스에게 이렇게 말하더군.

'나한테 전용사무실을 내줄 수 있나?'

'그럼.' 기딩스는 즉각 대답했지.

리빙스턴은 고개를 끄덕이더니 '잘 있게' 하고는 밖으로 나갔어.

니는 래리한테 아버지의 집무실을 내주기로 하고, 그곳에다 별도의 티커를 설치했지. 사무실 청소도 깨끗이 하고 깔끔하게 정돈해두었어. 다음날 리빙스턴이 트레이딩을 하러 오면 뭐든지 할 수 있도록 만반의 준비를 갖춰놓았지.

그는 오전 9시50분에 왔어. 기딩스는 그를 전용 사무실로 안내했지. 리빙스턴은 자리에 앉더니 온갖 뉴스와 속보를 전부 읽더군. 하지만 아무 얘기도 하지 않았어. 티커가 돌아가기 시작하자 자리에서 일어나 티커 옆에 서더니 이렇게 말하더군. '시세판을 하나 들여놔야겠어.'

'그럴 거야.' 기딩스가 말했지. 리빙스턴은 트레이딩할 때 시세판과 주가 테이프를 둘 다 본다고 기딩스가 나한테 설명해주더군.

어쨌든 그가 우리 증권회사에 온 그 주에만 리빙스턴은 7만 주를 매매했어. 그가 우리 회사에서 얼마나 오랫동안 거래했는지는 정확히 기억나지 않지만 몇 달쯤 됐을 거야. 그는 주문 처리에 만족해 했던 것 같아. 그런데 어느날 오후 아무런 낌새나 사전 경고도 없이 '나가겠다!' 고 말하면서, 자기 잔고를 수표로 끊어달라더군. 그는 계좌를 정리하고는 우리 회사에 다시는 나타나지 않았어. 기딩스도 그가 왜 떠났는지 몰랐고, 나 역시 기딩스에게 사연을 들어보라고 시키지 않았네. 리빙스턴이 어떤 인물인지 나도 충분히 지켜봤으니까. 그는 아무 이유도 없이 무슨 일을 한다든가, 자기 사업에 감정을 개입하는 성격은 절대 아니지. 그에게 우리 회사로 다시 돌아와달라고 부탁해봐야 부질없는 일 같아서 아예 시도해 보지도 않았네. 그가 우리 회사에서 계속 거래했다면 엄청난 돈벌이가 됐겠지. 어떤 날은 수수료 수입이 5000달러가 넘기도 했으니까. 꼬마 승부사다웠어. 우리는 그를 좋아했네. 나는 그가 화를 내거나 조바심치는 걸 한 번도 본 적이 없어. 아니 기뻐하는 모습도 못 봤어. 그런데 기딩스 말로는 그가 월스트리트 바깥에서는 아주 재미있고 호인이라는 거야. 우리 회사에서 그토록 말이 없었던 것은 워낙 정신을 집중하는 그의 습관 때문이었겠지."

"자네 수프 다 식겠어." 내 친구가 말하자 찰리 웨이드도 회상을 멈췄다.

다음날 오후 주식시장이 끝나고 래리 리빙스턴을 만났다. 나는 그에게 계속해서 회상해보라고 했고, 그는 아무렇지도 않게 이야기를 다시 풀어나갔다.

운명의 저주를 받다

"내가 윌리엄슨 앤 브라운 증권회사를 떠나자 시장의 화려했던 불꽃도 사그라져 버렸다는 점이 지금까지 늘 내 가슴에 응어리처럼 남아있습니다. 돈이 되지 않는 기나긴 휴지기로 돌입했던 것이지요. 그렇게 4년을 숨죽인 채 지내야 했어요. 그야말로 단 한 푼도 벌 수 없었습니다. 언젠가 빌리 헨리케스가 이야기했던 것처럼 '스컹크조차 냄새를 풍길 수 없는 시장'이었지요.

마치 운명의 저주를 받고 있는 것 같았습니다. 그런 식으로 나를 단련시키려는 신의 섭리일 수도 있었겠지만, 사실 그런 위험을 자초할 만큼 내가 자만심으로 가득 차 있지는 않았었거든요. 트레이더로서 반드시 속죄해야 할 만큼 투기적인 범죄를 저지르지도 않았습니다. 호구들이 쉽게 저지르는 그런 어처구니없는 짓도 하지 않았어요. 내가 한 행동, 아니 정확히 말하자면 아무 일도 하지 않고 가만히 있었던 것은 42번가 북쪽 편의 브로드웨이였다면 칭찬받아 마땅하지 결코 비난 받을 일이 아니었습니다. 하지만 월스트리트에서는 얼토당토않은 행동이었고 값비싼 대가를 치러야 했지요. 그러나 나의 행동이 정말로 나빴던 점은 그 성격에 있었습니다. 주가 티커가 돌아가는 지역에서는 인간적인 감정을 조금이라도 덜 개입시키도록 애써야 하는데 그렇게 하지 못했던 것이지요.

나는 윌리엄슨의 회사를 떠나 다른 증권회사를 돌아다니며 거래했는데, 가는 곳마다 돈을 잃었습니다. 시장이 나를 제대로 대해준 것이었지요. 내가 시장으로 하여금 굳이 나에게 줄 필요가 없는 것, 즉 돈을 벌 기회를 달라고 억지로 떼를 쓴 거니까요. 나를 아는 증권회사들이 나를 신뢰해준 덕분에 신용을 쓰는 데는 아무런 문제도 없었습니다. 내가 신용을 써가며 하던 트레이딩을 최종적으로 그만두었을 때 내가 진 빚이 100만 달러는 족히 넘었다고 하면 나에 대한 그들의 믿음이 얼마나 두터웠는지 금방 알 수 있을 겁니다.

문제는 자제력을 잃었다는 점이 아니라 그 비참한 4년 동안 돈 벌 기회가 전혀 없었다는 점입니다. 나는 여전히 시장에 뛰어든 채 판돈을 만들어보려고 발버둥쳤고 그럴수록 부채만 계속 늘어갔어요. 더 이상 친구들한테 빚을 질 수 없어 결국 내 계좌로는 트레이딩을 그만뒀습니다. 그러고 나서는 침체된 시장에서도 내가 시장 수익률 이상을 버는 방법을 알고 있다고 믿는 사람들의 계좌를 관리해주면서 생활했습니다. 이들의 계좌를 관리해준 대가로는 이익이 있을 경우 그 중 몇 퍼센트를 받는 식이었지요. 그렇게 해서 생활비를 벌었습니다. 하지만 그건 어디까지나 겨우 생계를 유지하는 수준이었어요.

물론 내가 매번 손실을 본 것은 아니었습니다. 그렇지만 내가 진 빚을 어느 정도 갚을 수 있을 정도로 많이 벌지도 못했어요. 설상가상으로 최후에는 내 평생 처음으로 자신감을 잃어가기 시작했습니다.

모든 일이 꼬여가는 것만 같았어요. 수백만 달러의 재산에 요트[1]까지 가졌다가 빚더미에 올라 앉아 무일푼의 처지로 몰락했다고 해서 내 신세를 한탄하지는 않았습니다. 이런 상황을 즐긴 것은 아니지만 자기 연민에 빠져들지도 않았지요. 또 그저 참고 기다리며 시간이 흐르면 신의 섭리에 따라 내 불행도 끝날 것이라고 여기지도 않았어요. 그래서 내 문제를 분석해봤습니다. 이 난국을 빠져나갈 유일한 탈출구는 돈을 버는 것이라는 게 분명했습니다. 돈을 벌기 위해서는 오로지 성공적인 거래만하면 됐어요. 예전에 성공적으로 거래해봤으므로 한 번 더 그렇게 해야 했습니다. 푼돈으로 시작해 수십만 달러를 벌었던 적이 이미 여러 차례 있었으니까요. 조만간 시장은 나에게 기회를 줄 것이었습니다.

무엇이 잘못 됐건 그 잘못은 나에게 있지 시장에 있지 않다는 점을 나 스스로 납득시켰습니다. 그렇다면 과연 내가 가진 문제는 무엇일까? 나는 트레이딩의 다양한 국면에서 부딪치는 문제들을 분석할 때 늘 가졌던 똑같은 마음으로 이 물음을 나 자신에게 던져보았습니다. 조용히 생각해

---

[1] 리버모어는 1908~1909년 사이 길이 310피트의 Venetia와 202피트의 Anita, 이렇게 두 척의 요트를 소유했는데, 당시 J.P. 모건 다음으로 큰 개인 요트를 가졌다고 했다.

보니 가장 큰 문제는 빚에 대한 걱정에서 비롯됐다는 결론에 도달했습니다. 나는 빚을 진 데서 오는 정신적 불안으로부터 한 순간도 자유로울 수 없었어요. 이건 단순히 내가 짊어진 부채를 의식해서가 아니라는 점을 말해둬야겠군요. 사업하는 사람이라면 누구나 정상적인 사업 과정에서 남의 돈을 씁니다. 내가 진 빚 역시 대부분 사업 여건이 나에게 불리하게 돌아가는 바람에 지게 된 사업상의 채무였고, 어느 상인이 예컨대 극히 이례적으로 아주 오랫동안 날씨가 나빠져 고통을 받는 것이나 다를 바 없었지요.

물론 시간이 흘러가도 빚을 갚을 수 없게 되자 보다 현실적으로 내가 진 빚에 대해 생각하기 시작했습니다. 이렇게 설명하지요. 나는 100만 달러 이상의 빚을 졌고, 그건 전부 주식시장에서 손실을 보는 바람에 생긴 것이었다는 점을 상기하기 바랍니다. 채권자들은 대부분 아주 신사적이었고, 나를 성가시게 하지 않았습니다. 그런데 나를 괴롭히는 채권자가 두 명 있었어요. 그 둘은 내 뒤를 쫓아다니곤 했습니다. 내가 수익을 올리기만 하면 언제든 부리나케 나타나 내가 얼마나 벌었는지 꼬치꼬치 캐물었고 즉시 자기네 돈을 갚으라고 독촉했어요. 그 중 한 명은 나한테 800달러를 받을 게 있었는데, 고소를 하겠다고 위험하는가 하면 가구에 차압딱지를 붙이고 온갖 짓을 다했습니다. 당시 내 몰골은 곧 굶어 죽을 것 같은 부랑자 꼴이었는데 이런 모습을 보고도 내가 재산을 숨기고 있을 거라고 의심했다는 게 지금도 이해가 되지 않아요.

문제를 들여다볼수록 관건은 주가를 제대로 읽어내야 하는 게 아니라 나 자신을 제대로 읽어내야 하는 것이라는 사실을 깨닫게 됐습니다. 나는 아주 냉정하게 결론을 내렸지요. 내가 노심초사하는 한 뭔가 가시적인 성과를 내기란 불가능하며, 빚을 지고 있는 한 걱정할 수 밖에 없다는 결론이었습니다. 다시 말해 어느 채권자든 자기 마음대로 나를 괴롭히거나 내가 충분한 판돈을 벌기도 전에 빚 독촉을 하는 바람에 내 복귀 자체를 방해해서는 절대 가시적인 성과를 낼 수 없다는 겁니다. 이건 정말 너무나도 명백했으므로 나 스스로 '파산 선고를 해야만 해' 라고 말했을 정도지요. 내 마음을 진정시킬 방법이 달리 뭐가 있었겠습니까?

듣기에는 쉬운 것 같고 합리적이라는 생각이 들지 않습니까? 하지만 이건 단순히 기분 나쁜 것 이상이었습니다. 나는 이렇게 하는 게 진짜 싫었어요. 나 자신이 남들한테 오해를 받거나 잘못 인식되는 그런 처지에 놓이는 게 싫었습니다. 나는 절대 돈에 연연하지 않았어요. 돈이라는 게 그것 때문에 거짓말을 할 정도로 가치 있다고는 단 한 번도 생각해보지 않았습니다. 하지만 사람들이 전부 이런 식으로 생각하지는 않을 것이라는 점도 알고 있었어요. 또 재기에 성공하면 당연히 내가 돈을 빌린 모든 이들에게 빚을 다 갚아줄 생각이었습니다. 파산 선고로 채권채무 관계가 사라지더라도 의무라는 건 남아있으까요. 그러나 내가 예전 방식대로 거래하지 못한다면 절대로 내가 빚진 100만 달러는 갚을 수 없었습니다."

월스트리트의 또 다른 얼굴

"나는 용기를 내서 채권자들을 만나러 갔어요. 나로서는 말할 수 없이 고통스러운 일이었습니다. 거의 대부분 개인적으로 친한 사이거나 오래 전부터 알고 지내던 사람들이었으니까요.

나는 한 점 숨김없이 상황을 설명했습니다. '내가 빚을 갚지 않으려고 이런 절차를 밟고자 하는 것은 아닙니다. 나 자신과 당신의 입장에서 냉정하게 따져보면 내가 돈을 벌 수 있는 위치에 있어야 하기 때문입니다. 지난 2년간 가끔씩 이 문제를 생각해봤지만 이렇게 나서서 솔직히 털어놓을 만큼 용기가 없었습니다. 할 수만 있다면 이 방법은 우리 모두에게 더할 나위 없이 좋은 선택입니다. 이렇게 요약할 수 있을 겁니다. 내가 채무로 인해 연일 시달리고 초조해 한다면 절대 예전의 내 모습으로 돌아갈 수 없습니다. 나는 지금 1년 전에 했어야 할 결정을 내렸습니다. 방금 말한 것 외에는 어떤 이유도 없습니다.'

내가 처음 찾아갔던 사람이 해준 말은 사실상 모든 채권자들이 한 말과 같았어요. 그는 회사를 대신해 이렇게 말했습니다.

'리빙스턴, 이해하네. 자네 처지가 어떤지 충분히 알겠어. 우리는 이렇게 해주겠네. 자네의 부채를 즉시 탕감해주지. 자네 변호사에게 자네가 원하는 서류를 준비하도록 하게나. 그러면 우리가 서명하도록 하지.'

내가 빚을 많이 진 채권자들이 말한 내용의 골자는 이랬어요. 월스트리트는 이런 얼굴도 갖고 있는 겁니다. 그렇다고 해서 천성이 순진무구하다거나 깨끗하기 때문은 아닙니다. 이건 사업상 득이 되는 게 분명했으므로 상당히 지혜로운 결정이었지요. 나는 이들의 호의와 사업수완에 감사를 표했습니다.

채권자들이 나에게 탕감해준 부채는 100만 달러가 넘었습니다. 하지만 채권 규모가 작은 두 명의 채권자가 채무 면제 서류에 서명하지 않으려 했습니다. 그 중 한 명은 앞서 말했던, 내가 800달러를 빚진 채권자였어요. 다른 한 곳은 6만 달러를 빚진 증권회사였는데, 이곳은 이미 파산해 회사를 인수한 측에서 나를 전혀 몰랐고, 그래서 한시도 나를 놓아주지 않았지요. 이들이 내 최대 채권자들의 전례를 따를 마음이 조금이라도 있었더라면 굳이 법정까지 가서 채무 면제 서류에 서명하지 않아도 됐을 겁니다. 어쨌든 내가 파산 선고 절차에 따라 신고한 채무액은 10만 달러에 불과했어요. 이것도 큰 금액이었지만 앞서 말했듯이 당초 내가 지고 있던 빚은 100만 달러가 훨씬 넘었습니다."

새로운 출발

"신문에서 이런 기사2)를 보는 건 정말 기분 상하는 일이었어요. 나는 늘 빚진 돈을 다 갚아왔는데, 처음 당해보는 이번 일은 진짜 굴욕적이었습니다. 내가 살아있는 한 언젠가는 모든 채권자들에게 빚을 전부 갚아주리라는 것을 알고 있었지만, 이 기사를 읽는 사람들은 누구도 그 사실을 알지 못할 테니까요. 신문에 난 기사를 보자 나다니는 것조차 부끄러웠습니다. 하지만 곧 그런 감정은 사라졌습니다. 그리고 '누구든 주식 투기에서 성공하려면 자기 일에 전력을 기울여야 한다'는 사실을 이해하지 못하는 사람들에게 더 이상 괴롭힘을 당하지 않아도 된다는 것을 알고 내가 얼마나 짜릿한 해방감을 느꼈는지 말로는 다 표현하기 힘들 것 같군요.

이제 마음 편히 빚 독촉에 시달리지 않고 성공을 향해 트레이딩할 준비를 마쳤습니다. 다음 단계는 새로운 판돈을 구하는 것이었지요. 뉴욕증권거래소는 1914년 7월 31일부터 12월 중순까지 문을 닫았고, 월스트리트는 을씨년스러운 분위기였습니다. 상당히 오랫동안 정말 아무 일거리도 없었어요. 친구들한테는 죄다 돈을 빌려 쓴 상태였습니다. 이들이 나를 기분 좋게, 또 다정하게 대해준다고 해서 다시 또 손을 내밀 수는 없었어요. 뻔히 아무도 다른 사람을 돌봐줄 만큼 그렇게 여유롭지 못한 시기라는 점을 잘 알고 있었으니까요.

어느 정도의 종자돈을 얻는다는 건 무척이나 어려운 일이었습니다. 증권거래소가 문을 닫았다 다시 연 판국이다 보니 어느 증권회사든 뭘 부탁할 수가 없었어요. 두 곳을 찾아가 봤지만 소용없었습니다.

---

2) 뉴욕에서 발행되는 거의 모든 신문에 기사가 실렸다. 1915년 2월 18일자 〈뉴욕타임스〉에 실린 기사의 제목은 "면화 왕 파산하다(Cotton 'King' a Bankrupt)"였다.

마지막으로 댄 윌리엄슨을 만나러 갔습니다. 1915년 2월의 일이지요. 나는 부채라는 정신적 부담에서 벗어났으며 예전처럼 거래할 준비가 돼 있다고 말했어요. 앞서 얘기했던 것처럼 그는 자기가 나를 필요로 했을 때는 내가 요구하지도 않았는데 2만5000달러를 쓰라고 주었어요.

이제 내가 그를 필요로 했습니다. 그가 이렇게 말하더군요. '자네한테 괜찮아 보이는 종목이 눈에 띄어 그 주식 500주를 매수하고 싶다면 말이지, 가서 그렇게 하게나, 아무 문제도 없을 테니까.'

나는 고맙다고 말한 다음 자리에서 일어섰습니다. 그로 인해 나는 큰 돈을 벌 기회를 놓쳤고, 그의 증권회사는 나 덕분에 엄청난 수수료 수입을 올렸어요. 솔직히 말해 윌리엄슨 앤 브라운에서 상당한 금액의 종자돈을 내주지 않았다고 생각하니 좀 서운했습니다. 나는 우선 보수적으로 거래하자고 마음먹었어요. 만일 500주보다 좀더 많은 포지션을 갖고 시작한다면 경제적으로 더 쉽게, 더 빨리 회복할 수 있겠지요. 하지만 어쨌든 보잘것없기는 해도 재기할 기회는 생긴 것이라고 생각했습니다.

댄 윌리엄슨의 집무실을 나오자마자 나는 시장 전반의 상황과 함께 특히 나 자신이 처해있는 문제를 분석했습니다. 시장은 강세였어요. 이 점은 다른 수천 명의 트레이더들도 그랬겠지만 나에게도 아주 확실했습니다. 하지만 내가 가진 판돈은 500주를 매매할 수 있도록 허락 받은 것밖에는 없었습니다. 자금 면에서 조금의 여유도 없었고, 그게 나의 한계였지요. 나는 바로 첫 거래부터 판돈을 키워나가야 했습니다. 내 이름으로 하는 첫 번째 500주 거래에서 반드시 수익을 거둬야 했어요. 현금을 손에 쥐어야 했지요. 충분한 자본 없이 트레이딩을 하면 훌륭한 판단을 내릴 수 없다는 점을 나는 잘 알고 있었습니다. 증거금이 충분하지 않으면 투기라는 게임을 한치의 흔들림도 없이 냉정하게 바라볼 수 없는데, 이런 냉정함은 크게 베팅하기에 앞서 시장 테스트 용으로 내가 종종 감수하는 몇 차례의 작은 손실을 볼 수 있어야 얻어지는 것입니다.

지금 뒤돌아보면 내가 투기자로서 보낸 세월 가운데 그때가 가장 절박한 시기였던 것 같아요. 이번에 실패한다면 한번 더 도전할 새로운 종자돈을 구하려 해도 어디서 얻을지, 언제 얻을지 알 수 없었으니까요. 아주 정확한 심리적 순간이 오기를 참고 기다려야 한다는 것은 너무나도 분명했습니다.

윌리엄슨 앤 브라운 증권회사에는 얼씬거리지도 않았어요. 나는 꾸준히 주가를 읽어가면서 의도적으로 증권회사를 멀리했던 겁니다. 만일 그곳에 갔다가는 성격상 덥석 500주를 매수할 수도 있다는 것을 알고 있었고, 그랬다가는 잘못된 타이밍에 잘못된 주식을 트레이딩할 수 있다는 점이 마음에 걸렸어요. 트레이더란 기본적인 시장 여건을 공부하는 것 외에도 시장에서 벌어졌던 과거 사례들을 기억하고, 대중들의 심리뿐만 아니라 주식중개업자들의 한계까지 늘 마음속에 담아두는 한편 반드시 자기 자신을 알아야 하고, 또 자신의 약점에 대비하고 있어야 합니다. 인간적인 감정이나 행동에 화를 낼 필요는 없어요. 주가 테이프를 읽는 방법을 알듯이 자기 자신을 읽는 방법을 아는 게 필요합니다. 나는 시장이 활기를 띠면 나타나게 되는 나 자신의 어떤 충동이나 어쩔 수 없는 유혹을 마치 농산물 작황을 검토하거나 기업 결산 보고서를 분석할 때와 똑같은 기분과 정신으로 연구하고 이해해 왔습니다."

연구하고 지켜보면서 기다리다

"파산한 처지에 오로지 트레이딩을 재개하겠다는 열망에 사로잡혀 있던 나는 그래서 매일같이 단 한 주의 주식도 사거나 팔 수 없는 다른 증권회사 객장의 시세판 앞에 앉아 시장을 연구하면서 주가 테이프가 전해주는 단 한 건의 거래 기록도 놓치지 않고 주시했고, 전속력으로 달리라는 출발 신호를 울릴 심리적 순간을 긴장하며 기다렸습니다.

전 세계가 다 알고 있던 경제 상황에 근거할 때 1915년 초의 그 결정적인 시점에 내가 가장 강세를 띨 것이라고 본 주식은 베들레헴 스틸이었어요. 나는 이 주식이 상승하리라고 믿어 의심치 않았지만, 그야말로 첫 번째 거래에서 확실하게 수익을 내야만 했고, 그러기 위해서는 일정한 금액을 넘어설 때까지 기다려야 한다고 결심했습니다.

앞서 얘기했듯이 내 경험에 따르면 어떤 종목의 주가가 100달러 혹은 200달러나 300달러를 처음으로 돌파하면 거의 언제나 30~50포인트는 추가로 상승하고, 300달러를 넘어섰을 때는 100달러나 200달러를 넘어섰을 때보다 더 빨리 올라갑니다. 내가 맨 처음 큰돈을 벌었던 경우 가운데 하나가 아나콘다였는데, 주가가 200달러를 돌파하는 시점에 매수해 다음날 260달러에 팔았었지요. 주가가 일정 금액을 막 넘어선 종목을 매수하는 나의 이런 방식은 옛날 버컷샵 시절까지 거슬러 올라갑니다. 꽤 오래된 트레이딩 원칙인 셈이지요.

내가 다시 예전처럼 스케일 크게 트레이딩하고 싶은 마음이 얼마나 굴뚝같았을지 상상할 수 있을 겁니다. 거래를 재개하고 싶어 정말 미칠 지경이라 다른 생각은 전혀 할 수 없었어요. 하지만 나 자신을 꼭 붙잡아두었습니다. 나는 베들레헴 스틸의 주가가 올라가는 것을 지켜봤어요. 내가 확신했던 대로 매일같이 오르고 또 올랐습니다. 그래도 나는 꿋꿋이 자리를 지킨 채 윌리엄슨 앤 브라운 증권회사로 달려가 당장 500주를 매수하려는 충동을 억누르고 있었지요. 내 첫 번째 매매는 세 살짜리 어린아이도 할 수 있을 만큼 간명하게 이뤄져야 한다는 점을 나는 잘 알고 있었습니다.

베들레헴 스틸의 주가가 1포인트 오를 때마다 내가 벌 수 있었던 500

달러가 날아가버렸습니다. 처음에 10포인트 상승했을 때 나는 피라미딩 방식으로 매수 물량을 늘릴 수 있었고, 그랬다면 500주가 아니라 1000주를 보유하고 있었을 것이며, 1포인트 오를 때마다 1000달러를 벌었을 겁니다. 하지만 나는 꾹 참고 앉아 큰 소리로 요란하게 울려대는 내 바람과 믿음에 귀 기울이는 대신 경험에서 우러나오는 한결 같은 목소리와 상식이 전해주는 지혜에 주의를 기울였어요. 일단 어느 정도의 판돈만 마련하면 언제든 기회를 잡을 수 있습니다. 그러나 판돈이 없다면 기회를 잡아도, 그것이 아무리 작은 기회라 할지라도 언감생심 손을 뻗을 수조차 없겠지요. 6주를 그렇게 참고 견뎌내야 했지만, 마침내 상식이 탐욕과 희망을 이겨냈습니다!

베들레헴 스틸의 주가가 90달러를 돌파하자 그때부터는 정말 결심이 흔들리면서 안절부절 하지 못했습니다. 당시 그토록 강세 시각을 갖고 있던 내가 주식을 매수하지 못하는 바람에 벌지 못한 돈이 얼마인지 생각해보십시오. 그러다 주가가 98달러를 넘어서자 나는 속으로 이렇게 중얼거렸습니다. '베들레헴은 100달러를 돌파할 것이고, 그렇게 되면 천정이 깨끗이 다 날아가버리는 거야!' 주가 테이프는 너무나도 당연하다고 말해주고 있었습니다. 사실 주가 테이프가 전해주는 메시지는 확성기로 울려대는 것이나 마찬가지였어요. 솔직히 말하자면, 티커에 98달러가 찍히는 순간 나는 이미 주가 테이프에서 100달러가 되는 것을 봤던 겁니다. 그리고 이것은 내가 듣고 싶은 목소리도, 보고 싶은 장면도 아니라 본능적으로 주가를 예측하는 데서 나온 확신이라는 것을 나는 알고 있었어요. 그래서 마음속으로 이렇게 외쳤지요. '100달러를 돌파할 때까지 기다릴 수는 없어. 지금 매수해야 해. 100달러를 돌파한 것이나 다름없어.'

나는 윌리엄슨 앤 브라운 증권회사로 달려가 베들레헴 스틸 500주의 매수 주문을 냈습니다. 그때 주가는 98달러였어요. 내가 주문한 500주는 98달러에서 99달러 사이에 체결됐습니다. 내가 매수한 뒤 주가는 계속 상승해 그날 종가는 내 기억에 114달러인가 115달러로 끝났어요. 나는 500주를 추가로 매수했습니다."

누구든 돈벼락을 피할 수 없는 시기가 있다

"다음날 베들레헴 스틸은 145달러까지 상승했고, 나는 주식을 팔아 종자돈을 마련할 수 있었습니다. 힘들게 벌었다고 하는 게 맞겠지요. 정확한 시점이 오기를 기다리며 참고 참았던 6주의 기간은 지금까지 내가 겪었던 가장 피곤했던 6주인 동시에 그야말로 비상한 노력을 요구했던 6주였습니다. 하지만 거기에는 보상이 따랐어요. 나는 이제 꽤 큰 물량을 거래할 만한 자본을 확보했습니다. 500주 한도에 갇혀 있어서는 절대 내 마음껏 거래할 수 없을 것이니까요.

무슨 사업을 하든 첫 번째 단추를 제대로 꿰는 게 대단히 중요합니다. 베들레헴 스틸 거래 이후 나는 아주 잘 나갔어요. 사실 이게 같은 사람이 트레이딩한 결과인지 믿지 못할 정도로 훌륭했습니다. 정확히 말하자면 나는 같은 사람이 아니었어요. 빚에 시달리며 맨날 틀린 판단을 내리던 예전 모습에서 벗어나 이제는 편한 마음으로 옳은 판단을 내리게 됐으니까요. 나를 괴롭히는 채권자는 한 명도 없었고, 자금이 부족해 사고하는 데 제약을 받거나 진실한 경험의 목소리를 외면하는 일도 없었습니다. 그러다 보니 계속해서 좋은 성과를 거뒀던 겁니다.

이렇게 확실한 재산을 벌어가던 중에 갑자기 루시타니아 호 사건[3]으

---

3) 1915년 5월 7일 북대서양 아일랜드 먼바다에서 독일 잠수함에 의해 영국 여객선 Lusitania 호가 격침된 사건으로 1198명이 희생됐다.

로 시장이 폭락을 맞았지요. 누구든 그런 식으로 태양신경총[4]에 충격을 받게 되면, 인간이란 손실을 끼치는 사건으로부터 영향 받지 않을 만큼 그렇게 일관되게 시장을 정확히 판단할 수는 없다는 슬픈 사실을 떠올리게 되는 겁니다. 사람들은 프로 투기자라면 루시타니아 호 피격 뉴스에도 큰 손해를 보지 않았을 것이라고 말하지요. 또 어떻게 해서 월스트리트보다 훨씬 먼저 이런 뉴스를 알게 됐는지 얘기하기도 합니다. 그런데 나는 미리 정보를 입수해 시장의 급락을 피해갈 만큼 영리하지 못했습니다. 내가 해줄 수 있는 말은, 루시타니아 호 사건에 따른 손실과 내가 현명하지 못해 미리 예상할 수 없었던 한두 차례의 조정을 겪고 난 뒤 1915년 말 당시 내가 거래하던 증권회사에는 약 14만 달러의 잔고가 남아있었다는 것입니다. 비록 그해 거의 대부분의 기간 동안 계속해서 시장을 정확하게 판단했지만 내가 실제로 번 돈은 이게 전부였어요.

다음해에는 훨씬 더 잘했습니다. 운도 아주 좋았지요. 나는 초(超) 강세장에서 초지일관 강세 시각으로 밀고 나갔습니다. 모든 일이 내 뜻대로 확실히 풀려나가다 보니 돈을 버는 것 외에 달리 할 게 없었습니다. 지금은 고인이 된 스탠더드 오일의 H.H. 로저스가 한 말이 떠오르는군요. 우산도 없이 폭풍우 속을 걸어갈 때 온몸이 어쩔 수 없이 젖어버리듯 그렇게 돈벼락을 피할 수 없는 시기가 있다는 겁니다. 그때는 진짜 일찍이 보지 못했던 가장 뚜렷한 강세장이었지요. 미국에서 생산하는 모든 물자를 연합국이 구매해 가면 미국이 세계에서 가장 부유한 국가가 되리라는 건 너무나 당연해 보였어요. 미국에는 다른 어느 나라도 팔지 못하는 모든 게 있었고, 전 세계의 현금이 미국으로 빠르게 유입되고 있었습니다. 다시 말해 세계 각지의 금이 미국으로 억수같이 쏟아져 들어오고 있었지요. 인플레이션이 불가피했습니다. 물론 그렇게 되면 모든 가격이 다 오를 것이었지요.

이 모든 것은 처음부터 너무나도 명백해 주가를 끌어올리기 위한 어떤 작전도 필요 없을 정도였습니다. 다른 강세장에 비해 사전 준비 작업이 그리 눈에 띄지 않았던 이유이기도 했지요. 전쟁 특수를 누리는 산업은 다른 분야보다 더 뜨거운 경기 붐을 맞았지만, 일반 대중 모두 전례가 없을 정도로 수익을 챙긴 시기였습니다. 즉 1915년에 주식시장에서 거둔 수익은 월스트리트 역사상 그 어느 때보다 광범위하게 골고루 돌아갔다[5]는 말이지요. 물론 대중들은 자신이 거둔 평가이익을 현금화하지 못하고 자기 손아귀에 들어온 이익조차 오래 갖고 있지 못하지만, 이건 역사적으로 늘 되풀이되는 사실일 뿐입니다. 역사가 그토록 자주, 또 그토록 똑같은 모습으로 반복하기를 좋아하는 곳으로 월스트리트만한 데도 없지요. 최근에 벌어지는 투기 붐과 패닉에 관한 설명을 읽다 보면, 가장 강하게 뇌리를 때리는 생각은 주식 투기든 주식 투기자든 어쩌면 그리 예전이나 지금이나 차이가 없는가 하는 겁니다. 투기라는 게임은 변하지 않고 인간의 본성 역시 변하지 않지요.

　나는 1916년에도 계속 상승장을 따라갔습니다.[6] 다른 사람들과 마찬가지로 나도 강세 시각을 갖고 있었지만, 당연히 경계를 게을리하지 않았지요. 모두가 알고 있듯이 나 역시 상승장에는 반드시 끝이 있다는 점을 잊지 않았고, 경고 신호가 나타나기를 주의 깊게 지켜보고 있었습니다. 나는 어디서 비밀정보가 나오는지 전혀 신경 쓰지 않았으므로 굳이 한 곳만 바라보지 않았지요. 나는 시장의 한 측면 혹은 다른 측면에 끝까지 매달리지 않았고, 그렇게 집착한 적은 단 한 번도 없었던 것 같습니

---

4) Solar plexus, 위 뒤쪽에 있는 가장 큰 교감 신경총. 여기서는 사람이 가장 민감하게 느끼는 부분이라는 의미로 쓰였다.
5) 1915년 말 다우존스 산업 평균주가는 99.15로 마감해 전년도 말보다 82% 상승했다.
6) 다우존스 산업 평균주가는 1916년 초반 다소 조정을 받았으나 11월 21일 110.15로 사상 최고치를 기록했고, 그 뒤 하락세로 돌아서 95.00으로 그해를 마감했다.

다. 강세장 덕분에 돈을 더 벌었다거나 약세장에서 특히 돈 벌기가 용이했다고 해서, 뻔히 빠져나가라는 경고 신호가 나온 다음에도 강세론이나 약세론을 고집할 필요는 없다고 생각합니다. 누구도 강세론 혹은 약세론에 영원한 충성을 맹세해서는 안 됩니다. 중요한 것은 얼마나 정확한 판단을 하느냐니까요."

약세장의 조짐

"그리고 또 한 가지 기억할 게 있는데, 시장의 불꽃은 한 차례 화려하게 타오른 다음 정점에 도달하는 게 아니라는 점입니다. 마찬가지로 시장의 불꽃이 갑작스러운 한 번의 반전으로 꺼져버리는 것도 아닙니다. 시장은 주가가 급락하기 훨씬 이전에 강세 흐름을 마감할 수 있고, 실제로 그런 경우를 종종 발견합니다. 시장을 주도해왔던 종목들이 하나 둘씩 최고가에서 몇 포인트 조정을 받았는데, 이건 몇 달 만에 처음 있는 경우였어요. 이 종목들이 다시 회복하지 못하는 것을 보자 나는 오랫동안 기다려온 경고음이 울렸음을 알 수 있었습니다. 이들 종목의 주가는 명백히 경쟁하듯 떨어지고 있었고, 따라서 나의 트레이딩 전술도 바뀌어야 했지요.

그건 아주 간단했습니다. 강세장에서 나타나는 주가의 흐름은 당연히 모든 종목에 걸친 뚜렷한 상승세에요. 따라서 어떤 주식이 시장 전반의 흐름과 거꾸로 가는 모습을 보이면 그 종목에 뭔가 잘못된 게 있다고 추론할 수 있지요. 노련한 트레이더라면 이것만 보고도 뭔가 잘못됐음을 알아챌 수 있을 겁니다. 노련한 트레이더는 주가 테이프가 일일이 가르쳐주기를 기대해서는 안 됩니다. 그가 할 일은 주가 테이프가 '빠져나가!'라고 외치는 소리를 듣는 것이지, 주가 테이프가 법적으로 나가도 좋다고 승인해줄 때까지 기다리는 게 아닙니다.

앞서 말했듯이 나는 그동안 대단한 상승세를 이끌어왔던 주도주의 주가 상승이 멈췄다는 것을 알게 됐습니다. 이들 종목의 주가는 6~7포인트 하락한 뒤 제자리걸음을 하고 있었지요. 동시에 시장의 나머지 종목들은 새로운 기수의 인도 아래 상승세를 지속했습니다. 주도주 기업 자체에는 특별히 문제될 게 없었으므로 이유는 다른 데서 찾아야 했지요. 이들 종목은 지난 몇 달 동안 시장의 흐름을 주도해왔습니다. 비록 강세 흐름은 여전히 강하게 남아있지만 이들 종목이 더 이상 시장을 주도하지 못한다는 것은, 적어도 이 종목들만큼은 강세장이 끝났음을 의미했지요. 시장의 나머지 종목들이 여전히 뚜렷한 상승세를 보이고 있었지만 말입니다.

그렇다고 해서 당혹스러워하며 손을 놓고 있을 필요는 없었습니다. 사실 서로 상충되는 흐름은 없었으니까요. 나는 그때까지 약세 시각으로 돌아서지 않고 있었어요. 주가 테이프가 그렇게 하라는 신호를 보내오지 않았기 때문이지요. 비록 그 끝이 코앞까지 다가오기는 했지만 강세장은 아직 끝나지 않은 상태였습니다. 강세장의 종말은 임박했지만 상승세에 베팅해 돈을 벌 기회는 여전히 남아있었어요. 상황이 이렇다 보니 나는 상승세를 멈춘 종목들에 대해서만 약세 시각으로 전환했고, 나머지 종목들은 상승하려는 에너지가 여전했으므로 매수와 공매도를 동시에 진행했습니다.

상승세를 멈춘 시장 주도주는 팔았습니다. 이들 주도주 한 종목 당 5000주씩 공매도했어요. 그리고 새로운 주도주는 매수 포지션을 취했습니다. 내가 공매도한 주식은 많이 떨어지지 않았지만, 매수한 주식은 계속 올랐지요. 새로운 주도주들마저 상승세를 멈추자 나는 이들 보유 주식을 전부 팔고, 역시 한 종목 당 5000주씩 공매도했습니다. 이번에는 강세 시각보다는 약세 시각이 더 강했지요. 왜냐하면 다음 번에는 틀림없이 하락하는 쪽에서 큰돈을 벌 것이었기 때문이지요. 강세장이 실제로 끝나기도 전에 사실상 약세장이 시작된 게 확실하다고 생각했지만, 본격적인 약세장은 아직 도래하지 않았다는 점 역시 잘 알고 있었습니다. 제왕보다 더 강력한 왕당주의자가 되겠다는 것은 말이 안 되지요. 특히 너무 앞서 나가면 더욱 안 됩니다. 주가 테이프는 단지 대세하락 군대의 정찰대가 전속력으로 지나갔다고 말해주었을 뿐이니까요. 준비를 갖출 시간이었습니다."

시장이 기회를 줄 때까지

"나는 한 달간 매수와 공매도를 동시에 한 끝에 최종적으로 12개 종목에 걸쳐 5000주씩 공매도하게 됐는데, 이들 주식은 그해 초만 해도 폭발적인 강세장의 주도주로 대중들의 인기를 한껏 받았던 종목들이었습니다. 내가 공매도한 물량은 그리 대단한 건 아니었어요. 하지만 시장이 아직 확실하게 약세로 전환한 것도 아니라는 점을 잊지 말기 바랍니다.

그러던 어느날 시장 전체가 뚜렷이 약세로 기울며 모든 종목의 주가가 떨어지기 시작했습니다. 내가 공매도해둔 12개 종목 전부에서 한 종목당 최소 4포인트의 수익이 나자 그때서야 비로소 내 판단이 옳았다는 생각이 들었지요. 주가 테이프는 이제 약세 시각을 가져도 안전하다고 말해주었고, 그래서 나는 공매도 물량을 두 배로 늘렸습니다.

나는 매도 포지션을 취하고 있었어요. 이제 확실히 약세로 돌아선 시장에서 공매도를 해둔 상태였습니다. 더 이상 계속 밀어붙일 필요조차 없었지요. 시장은 내가 원하는 방향으로 움직일 것이었고, 그것을 아는 이상 나는 충분히 기다려줄 수 있었습니다. 공매도 물량을 두 배로 늘린 다음 한동안 일절 거래하지 않았어요. 그렇게 7주 정도가 흘렀을 때 유명한 '정보유출' 사건이 터졌고, 주식시장은 급락했지요. 월슨 대통령이 유럽에 급히 평화의 사절을 다시 보내라는 메시지를 띄울 것이라는 뉴스를 누군가 워싱턴에서 미리 빼냈다는 얘기가 돌았어요. 물론 전쟁 특수로 경기 붐이 시작된 것이나 유지되고 있는 것은 세계대전 발발로 인한 것이므로, 평화는 곧 약세 요인이었습니다. 증권거래소 플로어에서 활동하던 가장 영리한 트레이더 가운데 한 명은 미리 빼낸 정보로 이익을 챙겼다는 비난을 받자 자신은 어떤 뉴스 때문에 주식을 공매도한 게 아니라 강세장이 정점을 지났다고 생각해서 공매도한 것일 뿐이라고 말했지요. 나 역시 공매도 물량을 두 배로 늘린 것은 이미 7주 전의 일이었습니다.

뉴스로 인해 시장이 급락하자 나는 당연히 공매도 물량을 정리했습니다. 그것 외에는 달리 매매할 도리가 없었어요. 처음 계획을 세울 때 미처 예상하지 못했던 일이 발생하면 일단 미소 짓는 여신이 준 기회를 이용하는 게 필요합니다. 우선 그날처럼 시장이 급락하게 되면 거래량이 크게 늘어나는데, 그야말로 내가 입장을 선회할 수 있는 시장이 열리게 되므로, 이 시점이 바로 평가이익을 실현해 현금을 손에 쥘 때지요. 아무리 약세장이라 해도 주가를 전혀 올리지 않으면서 12만 주의 공매도 물량을 정리한다는 게 늘 가능한 일은 아니니까요. 자신이 거둔 평가이익에 큰 영향을 주지 않고 환매수할 수 있는 기회를 시장이 줄 때까지 기다려야 합니다.

나는 딱 그 시점에 바로 그런 이유로 그렇게 갑작스런 급락 사태가 벌어지리라고는 생각지 못했다는 점을 지적하고 싶습니다. 하지만 앞서도 말했듯이 트레이더로 지낸 30년간의 경험에 따르면 그런 사건은 대개 내 시장 포지션의 기초가 되는 최소 저항선과 궤적을 같이 한다는 겁니다. 또 한 가지 명심해야 할 점이 있어요. 절대 천정에서 팔려고 하지 말라는 겁니다. 그건 현명한 행동이 아니에요. 조정을 받은 뒤 반등이 나오지 않으면 그때 팔아야 합니다.

나는 1916년 한 해 동안 300만 달러를 벌었습니다. 강세장이 지속되는 기간에는 강세 시각을 유지했고, 약세장이 시작되면 약세 시각을 가졌던 덕분이지요. 이미 설명한 것처럼, 죽음이 갈라놓을 때까지 오로지 시장의 한 쪽 하고만 함께 하겠다고 결혼 서약을 하는 것은 절대 금물입니다.

바다낚시를 너무너무 좋아하는 나는 그해 겨울에도 남쪽으로 떠나 단골 휴양지인 팜비치로 갔습니다. 나는 주식과 밀 선물을 공매도 해놓은 상태였는데, 둘 다 상당히 괜찮은 평가이익을 거두고 있었지요. 그리 신경 쓰이는 일도 없었고, 덕분에 즐거운 시간을 보내고 있었습니다. 물론 유럽으로 떠나지 않는 한 주식시장이나 상품시장과 완전히 떨어져 있을 수는 없지요. 가령 애디론댁스[7]에 있는 우리 집은 증권회사와 직통 전화가 연결돼 있습니다.

팜비치에서는 증권회사 지점을 정기적으로 들르곤 했습니다. 면화에는 당초 관심이 없었는데, 면화 가격이 강세를 보이며 상승하는 게 눈에 띄더군요. 그 무렵, 그러니까 1917년이었는데, 윌슨 대통령이 전쟁 종결을 위해 노력한다는 말이 여기저기서 들려왔습니다. 워싱턴 발 뉴스들이 공식 신문기사 형태로 혹은 사적인 조언 형식으로 팜비치에 있는 친구들에게 전해졌어요. 그 바람에 나까지도 주식시장을 비롯한 여러 시장이 윌슨 대통령의 평화 노력을 확신하고 있으며, 이를 반영하고 있다는 생각을 갖게 됐습니다. 예상대로 평화가 가시화되면 주식과 밀은 가격이 떨어질 수밖에 없고, 면화는 가격이 오를 것이었습니다. 나는 주식과 밀 시장에서는 적절한 포지션을 취해놓았지만, 면화 시장에서는 아무 포지

---

7) Adirondacks, 뉴욕 주 북부의 애팔래치아 산맥에 있는 휴양지다.

선도 취하지 않은 지 좀 된 상태였지요.

  그날 오후 2시 20분까지도 나는 면화를 단 1베일도 보유하고 있지 않았는데, 2시 25분이 되자 평화가 임박했다는 확신이 들면서 1차로 1만 5000베일을 매수했어요. 나는 앞서 설명했던 내 오랜 트레이딩 시스템에 따라 전체 매수 포지션을 짜나갈 작정이었습니다.

  그런데 바로 그날 오후 시장이 마감된 뒤 독일의 무제한 잠수함전(Unrestricted Warfare) 선언이 나왔지요. 다음날 시장이 개장되기만을 기다리는 수밖에 도리가 없었습니다. 그날 밤 그리들리스 카지노에 있던 미국 산업계의 최대 거물 가운데 한 명이 U.S. 스틸 주식을 그날 종가보다 5포인트 낮은 가격으로 얼마든지 팔겠다고 했어요. 이 제안은 피츠버그의 백만장자 여러 명의 귀에도 들어갔지만 아무도 이 거물의 제안에 응하지 않았습니다. 다음날 아침 시장이 대폭락하리라는 사실을 그들도 알고 있었으니까요.

  누구나 상상할 수 있었던 것처럼 다음날 아침 주식시장과 상품시장은 그야말로 난리통이었습니다. 주식시장의 일부 종목들은 전날 종가보다 8포인트나 떨어진 채 개장했지요. 나로서는 내가 가진 공매도 물량을 훌륭한 가격으로 전부 정리할 수 있도록 하늘이 내려주신 기회였습니다. 앞서도 말했듯이 약세장에서 갑작스럽게 시장이 무너져 내리면 공매도 물량을 정리하는 게 언제든 현명한 행동이지요. 상당히 큰 포지션을 갖고 거래할 경우 이 방법이야말로 이미 거둔 막대한 평가이익을 신속하게 실현하고, 이익이 줄어들어 후회하는 것도 방지하는 유일한 길이니까요. 예를 들어 당시 나는 U.S. 스틸 주식만 5만 주를 공매도하고 있었습니다. 물론 다른 주식들도 공매도 하고 있었고, 그러다 보니 공매도 물량을 정리할 수 있는 시장이라는 생각이 들자 곧장 정리했던 겁니다. 그날 거둔 이익은 약 150만 달러에 달했어요. 결코 무시할 수 없는 기회였습니다."

한꺼번에 빚을 갚다

"전날 오후 장 마감 30분 전에 매수해 1만5000베일을 보유하고 있던 면화는 개장과 함께 500포인트나 가격이 떨어졌어요. 급락이었지요! 하룻밤 사이 37만5000달러의 손실을 입은 겁니다. 주식과 밀은 폭락장에서 공매도 물량을 정리하는 게 언제든 현명한 행동이라고 할 수 있었지만, 보유하고 있는 면화는 어떻게 해야 할지 확실한 판단이 서질 않았어요. 여러 가지를 고려해야 했고, 더구나 나는 늘 내가 틀렸다고 확신하는 순간 손절매를 하는데도 불구하고 그날 아침에는 손절매를 하고 싶지 않았어요. 그러다가 이런 생각이 들더군요. 내가 남쪽으로 떠나온 것은 면화 시장의 추이를 지켜보며 가슴을 졸이려고 했던 게 아니라 즐거운 마음으로 낚시를 즐기기 위해서였다고 말이지요. 게다가 나는 주식과 밀 거래에서 상당히 괜찮은 이익을 거뒀으므로 면화에서는 손실을 감수하기로 했습니다. 그렇게 하니 내가 거둔 이익은 150만 달러 이상에서 100만 달러가 조금 넘는 금액으로 줄어들었던 것 같아요. 사람들이 너무 많은 것을 물어오면 선동가들이 자주 하는 말처럼, 이건 순전히 회계상의 문제였습니다.

나는 1917년 초 뉴욕으로 돌아와 내가 탕감 받았던 100만 달러가 넘는 부채를 전부 갚았습니다. 나로서는 빚을 갚는다는 게 무척이나 즐거운 일이었어요. 이보다 몇 달 앞서 빚을 갚을 수도 있었지만, 그렇게 하지 않은 건 아주 단순한 이유 때문이었습니다. 당시 나는 아주 활발하게, 또 성공적으로 트레이딩하고 있었는데, 그러다 보니 가진 돈 전부를 자본으로 써야 했지요. 1915년과 1916년의 그 기막힌 시장에서 최대한 수익을 거둬야 했던 것은 내게 돈을 빌려줬던 채권자들뿐만 아니라 나 자신에게도 꼭 갚아야 할 부채였습니다. 나는 큰돈을 벌 것이라는 점을 알고 있었고, 대부분 돌려받으리라고 기대조차 하지 않는 돈을 몇 달 늦게 갚는다고 해서 염려될 것은 없었습니다. 나는 빚을 조금씩 갚아나가거나 한 명씩 한 명씩 갚는 게 아니라 한 번에 싹 다 갚고 싶었어요. 그래서 시장이 나에게 최선을 다해주는 동안 내가 가진 돈이 허용하는 최대 규모로 계속 트레이딩을 해나갔던 겁니다.

나는 이자까지 갚고 싶었지만, 채무를 탕감해주었던 채권자들 모두가 이자 수령을 거절했어요. 내가 맨 마지막에 돈을 갚은 사람은 800달러의 빚을 졌던 채권자였는데, 나로 하여금 사는 게 다 싫어질 정도로 만들고 도저히 거래를 할 수 없게 못 살게 굴었던 녀석이었지요. 나는 다른 채권자들한테 전부 빚을 갚았다는 말이 그 녀석 귀에 들어갈 때까지 기다렸습니다. 그 다음에야 빚을 갚았어요. 나는 그 녀석한테 다음 번에 누가 또 몇 백 달러 빚을 지게 되면 좀 동정심을 가지라고 가르쳐주고 싶었던 거죠.

이렇게 해서 나는 시장에 복귀할 수 있었던 겁니다." 리빙스턴은 이야기를 마치더니 나를 물끄러미 쳐다봤다. 마치 뭔가 중요한 내용을 빠뜨리지 않았는지 자기도 잘 모르겠다는 표정이었다.

돈을 따로 신탁해둔 이유

그의 얼굴을 보니 그가 큰 발견을 했다는 생각이 들었다. 계속 빚에 시달렸다면 그는 결코 성공적인 트레이딩을 할 수 없었을 것이다. 그는 이런 혼란스러움으로부터 탈출하기 위해, 또 제대로 수익을 올릴 수 없는 정신 상태, 즉 빚을 갚기 위해서는 꼭 성공해야 한다는 강박관념에서 벗어나기 위해 파산을 선언했던 것이다. 내가 보기에는 주가 테이프를 읽어내는 그의 통찰력보다 오히려 그의 이런 용기가 더 대단하게 느껴졌다.

어느 사업을 하든 위대한 성공을 이뤄내기 위해서는 자기가 하는 사업뿐만 아니라 자기 자신을 잘 알아야 한다. 그는 이 두 가지를 분명히 알고 있었다.

내가 물었다. "당신 친구가 말하기를 수백만 달러를 따로 저축해두었다고 하는데, 이건 빚을 다 갚기 전입니까 아니면 다 갚은 다음입니까?"

"빚을 완전히 다 갚은 다음이지요. 나는 상당히 많은 금액을 연금에 넣어두었습니다." 리빙스턴이 대답했다.

그의 친구 한 명이 내게 말하기를 그는 500만 달러를 4% 금리로 맡겨두었다고 했다. 나는 그에게 액수는 묻지 않았다. 그보다는 그가 왜 그렇게 했는지가 더 궁금했다.

"이유가 뭡니까?" 내가 물었다.

그가 답했다. "다시는 가난해지지 않을 것이며, 피곤하게 살지도 않을 것이고, 판돈을 축내는 일도 없을 것이라고 결심했으니까요."

"하지만 연금은 당신이 죽으면 끝나는데, 가족들도 있잖아요." 내가 응수했다.

"네, 하지만 결혼한 다음에는 아내를 위해 돈 일부를 신탁해두었어요. 아들을 낳은 다음에는 아들 앞으로도 신탁을 해두었고요." 리빙스턴이 말했다.[8]

"그러면 왜 그렇게 한 겁니까?" 내가 물었다.

"그렇게 할 수밖에 없었으니까요." 그가 답했다.

---

8) 리버모어는 1918년 11월 첫 번째 부인 Nettie Jordan과 결혼 18년 만에 이혼하고, 한 달 뒤 Dorothy Fox Wendt와 결혼했다. 당시 리버모어는 41세, 카바레 가수 출신인 도로시는 23세였다. 도로시는 1919년에 큰아들 Jesse Livermore Jr.를, 1921년에 둘째아들 Paul Livermore를 낳았다. 여기서 리버모어가 아내와 아들 앞으로 신탁했다는 말은 도로시와 두 아들 앞으로 신탁했다는 의미다. 이때 신탁해둔 덕분에 리버모어가 1934년 마지막으로 파산한 뒤에도 가족 앞으로 매년 5만 달러의 연금이 나왔다.

"주식시장이 그 돈을 당신한테서 빼앗아갈지도 모른다고 생각한 겁니까?"

"분명한 사실은 말입니다." 리빙스턴이 진지하게 얘기했다. "인간이란 자기가 마음대로 할 수 있는 것은 전부 써버립니다. 전 재산을 날려버릴 수 있지요. 그러나 내가 아내와 아이들을 위해 따로 신탁해둔 것은 절대로 건드릴 수 없는 겁니다."

내가 미소를 짓자 그의 표정이 일그러졌다. 나는 왜 미소를 지었는지 설명했다.

"리빙스턴 씨, 당신 말이 맞습니다. 내가 제일 좋아하는 이론을 확인해주는 것이기도 하고요. 그런데 당신도 잘 아는 옛 친구가 떠오르는군요. 그 친구는 맨 처음 돈을 다 날린 직후에 결혼했지요. 그 친구가 재기해 면화시장에서 큰돈을 벌자 내가 이렇게 얘기했습니다. '자네가 앞서 파산했을 때는 독신이었지. 혼자서야 어떻게 살아도 괜찮아. 그러나 이제 자네는 부양해야 할 가족이 있어. 다시는 파산하지 않을 거라고 100% 확신하나? 그렇지 않다면 그런 가능성에 대비해놓는 게 좋을거야.' 그 친구는 내가 자기를 자만심 덩어리나 자기 욕심만 채우는 이기주의자로 본다고 생각했는지 그냥 웃더군요. 그러면서 자기는 아내를 위해 80만 달러를 신탁해두었다고 덧붙였습니다. 그 돈이 결국 어떻게 됐는지는 잘 모르겠군요."

로렌스 리빙스턴의 얼굴에 분노의 빛이 스쳐 지나갔다. 하지만 그의 말을 들어보니 그건 나를 향해 화를 낸 게 아니었다.

"네." 그의 말에는 감정이 섞여 있었다. "그 친구는 돈이 필요해지자 아내를 교묘히 설득해 신탁을 해지하도록 했고, 그 돈을 다 날렸어요. 하지만 나는 내가 원하든 아내가 원하든 무슨 일이 있어도 신탁이 그대로 유지되도록 확실히 해두었습니다. 우리 부부 누구의 공격으로부터도 절대적으로 안전합니다. 투기를 위해 돈이 필요해도 안전하지요. 심지어 헌신적인 아내의 사랑으로부터도 안전합니다. 나는 이 돈을 절대 건드릴 수 없어요!"

"참 현명하시군요." 나는 과할 정도로 그의 말에 동의했다.

그는 아무 말도 하지 않았지만 묘한 표정을 지어 보였다. 미소와 냉소가 절묘하게 어우러진 표정이었다. 마치 주식 투기자라면 반드시 알고 있어야 할 모든 적들을 자기가 몰랐을 거라고 내가 넘겨짚기라도 한 것처럼 말이다.

〈*Saturday Evening Post*〉 1922년 10월 7일

9
검은 고양이와 억제할 수 없는 충동

하루는 저녁 모임에 나갔더니 꽤 오래 전부터 로렌스 리빙스턴과 알고 지낸 한 친구가 이야기를 하다 말고 불쑥 이렇게 물어왔다. "래리가 자네한테 내니 마틴데일에 대해 말하던가?"

"아니." 나는 대답한 다음 아무 말도 하지 않고 가만히 있었다.

"래리에게 얘기해보라고 하게."

말을 꺼낸 친구는 전형적인 주식중개인인 터커였다. 그는 다정한 미소와 매력적인 눈동자를 갖고 있었고, 머리 모양도 흠잡을 데 하나 없었다. 얼굴은 친근하면서도 지적이었는데, 보는 순간 당연히 그가 박학하며 충직하다는 인상을 심어주었다. 그는 모든 고객을 친구로 만들고, 고객을 위해서라면 포기하지 않고 끝까지 해내는 그런 인물이었다.

"안 돼. 괜히 경솔한 말은 하지 않는 게 좋아. 내니라니 여성 합창단원 이름이야? 아니면 집에서 기르는 염소새끼 이름이야?"

"둘 다 아냐. 내가 선뜻 말을 꺼내지 못하는 건 내 얘기도 해야 돼서 그래. 분명한 사실은 이런 거야. 리빙스턴이 오늘날 주식 투기자로는 가장 열심히 공부하는 인물이자 주가를 읽어내는 데는 최고 고수(高手)라는 건 다 알지. 그런데 그런 것들뿐만 아니라 그는 어떤 분석도 깡그리 무시할 수 있는 힘을 갖고 있다는 거야. 심령술사, 아니면 뭐든 좋을 대로 불러도 돼. 하지만 내가 말할 수 있는 건 그 친구의 직감이야말로 내가 지금까지 본 중에서 가장 특별한 것이었다는 거야. 그는 자신의 불가사의한 충동에 따라 행동하지. 그런데 열 번 중에 아홉 번은 아주 정확한 순간에 시장을 빠져 나온단 말이야. 한 치의 오차도 없이. 그건 기술이나 지식을 훨씬 뛰어넘는 거야. 그는 그걸 감지하는 거지. 거기에는 내가 설명할 수 없는 뭔가 신비한 게 있어."

행운을 가져다 준 검은 고양이

나는 터커가 도저히 설명이 되지 않는 것을 굳이 설명하려는 시도를 일찌감치 포기했음을 알 수 있었다. 그는 또한 나 역시 설명하지 못하리라는 것도 미리 알고 있었다. 그래서 내가 말했다. "지금은 고인이 됐지만 내가 만나본 중에 진짜 현명한 투기자 가운데 한 명이었던 노먼 B. 림이 이런 말을 자주 했지. 자기는 어떤 예감 때문에 무얼 하는 일은 절대 없다고 말이야. 그런 예감은 그저 신경통 같은 것일 수 있다는 거지. 그는 직감에 따라 행동하는 건 지혜롭지 못하다고 생각했어."

"그는 아마 그런 경험이 없었을……." 터커는 입을 열다가, 마치 내 말을 자른 게 무례한 짓이었다는 듯 입을 다물었다.

"그는 천만 달러 이상의 재산을 남겼어." 내가 말했다. "그가 보이지 않는 귀띔정보를 무시했다는 사실은 인정해야겠지. 그래 리빙스턴 얘기를 해봐."

"먼저 내 얘기를 해야 돼." 터커가 말했다. 그는 내가 지루해 할까 봐 좀 미안해 하는 눈치였다.

하지만 나는 격려하듯 말해주었다. "괜찮은 이야기라면 얼마든지 들을 수 있지."

"그럼 시작하겠네. 나는 어려서부터 증권회사에서 일을 해왔고 다른 일은 한번도 해본 적이 없어. 스물세 살에 뉴욕증권거래소 소속 증권회사의 워싱턴 지점 매니저가 됐으니까. 우리 지점에는 아주 대단한 고객이 여럿 있었고, 영업도 꽤 잘 됐어. 그래서 나는 굳이 고객들에게 불필요한 환상을 심어줄 필요가 없었어. 그래도 사실은 사실대로 알려줘야지. 비록 당장은 급하지 않으니까 그걸 믿지 않으려는 사람들에게는 우습게 들리더라도 말이야."

그는 말을 멈췄고, 나는 서둘러 그의 말에 동의했다. "나는 그걸 믿네. 그래 무슨 일이 있었어?"

"하루는 우연히 검은 고양이와 마주쳤어. 절룩절룩 거리는 게 어디서 다리가 부러진 떠돌이 고양이 같더군. 너무 불쌍하다는 생각이 들어 집으로 들어오게 했지. 그러고는 부러진 다리에 붕대를 감아주고 먹을 것도 주면서 편하게 해줬어. 그런데 말이야, 이유도 모르겠고 설명할 수도 없고, 뭐라고 단정지을 수도 없는 일이 벌어지더군. 그러니까 이전까지는 그저 그랬던 내 운이 그날부터 완전히 활짝 튼 거야. 자꾸자꾸 돈이 벌렸고, 나는 마치 돈을 찍어내듯이 흥청대며 뿌려댔지. 원래 돈이 쉽게 들어올 때는 쉽게 나가잖아. 주식시장에서 번 돈은 오래 못 가. 충분히 땀을 흘리지 않았으니 돈이 붙어있을 수가 없지. 일부라도 따로 떼내 저축해뒀어야 했는데, 나는 앞날을 생각하지 않았어. 마치 내가 매매하는 주식에서는 절대 손해보지 않을 것처럼 생각했지. 물론 나는 무척 신중한 편이었고, 내가 투기를 하면서 무모한 짓만 하지 않는다면 굳이 저축할 필요는 없다고 여긴 거지. 알다시피 나는 계속 돈을 벌었어. 내가 풍족할 만큼 돈을 충분히 벌었을 때 결혼도 했지. 멋진 저택을 샀고 비싼 가구도 들이고 집안을 고급스럽게 꾸미기도 했다네. 요점만 얘기하도록 하지. 어느날 검은 고양이가 죽더니 내 운이 역전되더군. 이전에는 손실을 볼래야 볼 수가 없었지. 그런데 고양이가 죽은 다음에는 도저히 수익을 낼 수 없는 거야. 무슨 짓을 해도 돈을 잃었지. 내가 따라 한 비밀정보는 틀린 것으로 드러나고, 내가 무시해버린 비밀정보는 맞는 것으로 드러나는 식이었지. 나는 돈만 잃은 게 아니라 내 사업 자체를 잃게 됐어. 세상에서 가장 별난 일이 나한테 벌어진 거야. 그것도 아주 값비싼 대가를 치러야 했던 일들이 말이지. 강세장이 내 눈앞에서 사그라지더군. 오래도록 함께 해야 할 단골고객들이 죽더라고. 한 번도 잘못된 정보를 준 적이 없는 친구가 기업 합병과 관련된 아주 근사한 이야기를 구체적으로 해주는 거야. 3일 뒤 나도 이제 백만장자가 되겠다고 생각했는데 그 친구가 정신병원으로 가더군. 얼마 지나지 않아 나는 전 재산을 몽땅 다 날렸어. 그리고 얼마 뒤에는 15만 달러의 빚까지 지게 됐지.

거기까지 오게 된 거야. 신용은 다 떨어졌고, 바닥까지 추락해버린 거지. 검은 고양이가 살아있었을 때 샀던 아름다운 주택을 팔고 허름한 집을 세를 얻어 이사했는데, 임대료조차 못 낼 지경이 됐지. 세달 치 집세가 밀리자 집주인이 완전히 달라지더라고. 임대료를 못 내겠으면 집을 비우라고 통보하는데 정말 슬퍼지더군. 나는 집주인한테 시달리지 않기 위해서라도 돈을 빌려보려고 시내로 나갔지. 갈 수 있는 데는 다 가보고 만날 수 있는 사람은 다 만나봤지. 친구건 경쟁자건, 부자건 가난뱅이건, 심지어 공무원들까지 만나봤어. 땡전 한푼 안 주더군!

물론 내 아내는 우리가 얼마나 절망적인 상황에 처해있는지 몰랐어. 나는 사업이 악화돼서 생활비를 줄여야 한다고 말했지. 아내는 내가 걱정하는 걸 보는 게 미안했던지 내가 의자에 앉아 생각에 잠겨 있으면 살금살금 걸어 다니더라고."

다시 현관문을 긁다

"마침내 집을 비우라는 통보가 왔고, 나는 절망적인 심정으로 마지막 시도를 해봤어. 달리 방법이 없으니 잔돈푼이라도 빌려볼 심산이었지. 그날밤 빈손으로 집으로 돌아오는데 정말 처음으로 내가 완전히 무일푼이라는 느낌이 들더군. 나는 식탁에 앉아 억지로 음식을 삼켰어. 그래야 불쌍한 아내가 내일 우리가 어딘가 다른 데서 잠잘 곳을 구해야 한다는 사실을 모를 테니까 말이지.

그런데 갑자기 현관문을 긁는 것 같은 소리가 나더니 야옹 하는 작고 가냘픈 소리가 들리더라고. 아내가 막 푸른 생선을 구워왔어. 그런데 내가 갑자기 자리에서 일어선 거야.

'무슨 일 있어요?' 아내가 소리를 지르더군.

나도 소리를 질렀지. '검은 고양이가 들어오려고 해!' 그러고는 푸른 생선의 꼬리를 집어서 현관문으로 달려갔지. 문을 열었어. 아니나다를까 버려진 새끼 검은 고양이가 서 있더군. 새끼 고양이 눈앞에 잘 구운 푸른 생선을 들이대니까 침을 삼키며 달려들더라고. 내가 천천히 뒷걸음질치니까 조금씩 조금씩 따라 들어오더니 주방까지 왔어. 거기서 푸른 생선을 먹으라고 주었지.

나는 아내한테 이 새끼 고양이가 우리에게 행운을 가져다 줄 거라고 말했어. 아내는 믿지 못하겠다는 듯이 미소를 지었지만 내 맘대로 하도록 놔두더군. 그래서 나는 잠잘 곳도 봐주고 다 해줬지. 다음날 아침 집을 나가면서 아내한테 고양이가 떠나버리지 않게 잘 살펴보라고 신신당

부했어. 시내로 나갔더니 마틴데일 우선주에 관한 비밀정보가 들려오더군. 나는 개장가로 100주를 살 수 있었어. 그 대단했던 거래 기억 안 나? 이 회사가 거액의 특허권 소송에서 이기면서 보통주하고 우선주 모두 급등한 거 말이야. 그게 바로 그날이었어. 나는 물량을 두 배로 늘린 덕분에 정오가 되기 전에 이미 1600달러를 벌었지. 실은 내가 보수적이었던 데다 너무 빨리 매도하는 바람에 그 정도밖에 안 됐던 거야. 그날 밤 나는 7개월 만에 처음으로 돈을 벌어갔고 돌아왔네. 지긋지긋했던 7개월이었지. 나는 돈만 번 게 아니라 자신감도 회복했지. 나는 정말 성심 성의껏 고양이를 보살펴주었네. 우리는 고양이에게 내니라는 이름을 지어주었고, 앞서 행운의 검은 고양이가 죽은 다음 처음 경험한 멋진 주식 거래를 기념하기 위해 마틴데일이라는 성까지 붙여주었지. 내가 처음에 말했던 내니 마틴데일이란 이름은 그렇게 붙여진 거라네.

이 고양이는 그저 행운의 마스코트 정도가 아니라 우리 품 안에 있는, 의문의 여지 없는 아주 강력한 주식시장 바로미터라네. 100% 정확하거든. 이 고양이가 새끼를 낳았다 하면 시장이 방향을 틀어. 그러니까 고양이 식구가 늘어나면 강세장이 됐든 약세장이 됐든 종말을 고하는 신호로 받아들여야 한다는 거지. 내게 시장의 반전을 알려주는 절대 틀리지 않는 정보가 한 가지 있다면 바로 이거야. 이 고양이는 벌써 몇 년이나 이렇게 해왔는데, 나한테 곧바로 알려주는 데 실패한 적이 여태껏 단 한 번도 없다네."

그는 자신이 소개한 그야말로 완벽한 적중률에 내가 감동했으면 하는 솔직한 심정으로 나를 쳐다봤다. 그래서 나도 진지하게 동의해주었다. "그게 바로 다른 방법으로는 절대 이길 수 없는 게임을 이겨내는, 그것도 지금까지 생각할 수 있는 가장 합리적인 방법이지."

"나는 있었던 일을 그대로 말한 거야." 그가 더 힘주어 강조했다. "하지만 숨 넘어가기 전에 래리 리빙스턴이 이 이야기에 어떻게 끼어들었는지 말해야겠군. 그때 그가 워싱턴에 왔어. 의회에서 주식 매매에 세금을 부과해 우리 사업을 고사시키려 할 때였지. 래리가 워싱턴에 온 건 몇몇 의원들을 상대로 의회에서 제안한 과세법안이 너무 근시안적이라는 점을 설득하기 위해서였다네. 그도 당연히 이해관계가 있었지. 법안이 통과되면 그의 소득세는 엄청났겠지만, 그는 이기적인 생각에서가 아니라 더 넓은 시각으로 문제를 바라봤어. 나는 그에게 상원과 하원의 여러 의원들을 소개해주었네. 그는 우리 본사의 스타 고객 중 한 명이었을 뿐만 아니라 나와 오랫동안 친하게 지낸 사이였으니 말일세. 나는 그가 강세 시각을 갖고 있다는 걸 알았지만, 그건 순전히 그가 엄청나게 많은 물량의 주식을 보유하고 있다는 사실을 들었기 때문이지. 그리고 참, 그는 우리 집에 머물렀다네. 그는 매일 아침 나와 함께 우리 증권회사 지점으로 나갔지만, 시세판에는 눈길조차 주지 않았고, 나는 그가 시장에 관해 무슨 생각을 하고 있는지 한 마디도 듣지 못했네. 그의 마음은 오로지 과세법안에 가 있었고, 나는 우리 집에 온 손님의 침묵을 존중해 주었다네."

리빙스턴의 기이한 행동

"하루는 아침에 그가 식사를 하러 식탁에 왔는데 찌뿌드드한 표정이더라고. 하지만 왜 그런지 이유는 알 수 없었어. 그는 한마디도 하지 않았고, 나도 입을 다물고 있었지. 그가 앉더니 얼굴을 찡그리더군. 잠시 후 그 고양이, 그러니까 내니 마틴데일이 들어왔어. 래리를 잘 아는지 모르겠지만, 그는 어린아이들한테는 껌벅 넘어가고 애완동물도 꽤 좋아해. 당시 그는 자녀가 없는 시절이었는데, 내니와 아주 친해졌지. 그날 아침 그 고양이가 래리한테 올라가더니, 뒷발로 일어서서는 래리의 무릎을 할

퀴더군. 그가 내니한테 먹이를 주었지만, 그 고양이는 계속해서 할퀴는 거야.

그의 표정을 보니 화가 난 것 같더라고. 그래서 내가 식탁에서 일어나면서 얘기했지. '래리, 고양이를 내보내겠네.'

그런데 그가 나에게 호통치듯 얘기하는 거야. '그 고양이를 그냥 놔둬! 지금 나한테 말을 하고 있으니까!'

그는 긴장된 표정이었고, 나는 그가 멍하니 집게손가락으로 자기 코를 때리고 있는 걸 봤어. 이건 그가 사색에 잠길 때면 늘 하는 버릇이거든. 나는 그가 긴장된 표정으로 코를 때리는 장면을 몇 번 봤는데, 시장의 움직임이 종잡을 수 없을 때 그랬어. 그런 모습이 무슨 의미인지 잘 아는 터라 나는 더 이상 아무 말도 하지 않았고, 그 역시 마찬가지였네. 아침 식사를 마치고 평소처럼 함께 집을 나섰지만 여전히 아무 얘기도 없었어. 그는 워싱턴으로 오면서 자가용을 두 대 가져왔는데, 그 중 한 대가 길가에서 우리를 기다리고 있었지.

나는 그쪽으로 걸어갔어. 그런데 그가 나한테 소리치더군. '우리 걷지!'

나는 '그거 좋지!' 라고 말했어. 그리고 우리는 거리를 따라 걸어갔지.

아무 말도 하지 않고 두 블록을 걸어갔는데, 갑자기 그가 외치더라고. '전차를 타세!'

그래서 손을 흔들어 전차를 세운 다음 올라탔지. 잠깐 타고 가더니 그가 일어나 운전기사에게 다음 코너에서 세워 달라고 하더군. 우리는 내려서 지점까지 말없이 걸어갔어. 알다시피 그는 애연가 아닌가. 그래서 그가 좋아하는 시가를 권했지. 그는 그런 시가를 수없이 피워봤을 거야. 그런데 고개를 흔들더군.

나는 깜짝 놀랐어. 그가 이렇게 말하는 거야. '그 따위 걸 피우나!' 기

가 막히더군. 그가 한마디 더 하더라고. '나는 좀 좋은 걸로 피우겠네!'

우리는 계속 걸었지. 잠시 후 그가 한 호텔 앞에서 걸음을 멈추더니 잠깐 생각하고는 안으로 들어가 로비에 있는 매점에서 시가를 하나 사오더군. 우리는 지점까지 다 왔어. 그는 워싱턴에 온 다음 매일 아침마다 그곳에 도착하면 잠시 둘러보고는 의원들과 만나기 위해 다시 나갔는데, 이날은 자리에 앉더니 시세판을 주시하는 거야. 주식시장이 개장하기 전이라 우리는 기다렸지. 그가 이렇게 자리에 앉아서 시장이 열리기를 기다린 건 그 주 들어 처음 있는 일이었어. 10시가 되자 티커가 돌아가기 시작하더군. 그는 자리에서 일어나 티커 쪽으로 걸어갔어. 그의 사무실에 가면 볼 수 있는 것처럼, 그는 티커 옆에 서서 주가 테이프가 흘러나오는 것을 지켜보다가 시세판으로 눈을 돌렸다가는 다시 주가 테이프를 보았지. 무엇을 할지 결심이 서지 않았을 때 하는 버릇대로 검지손가락으로 자기 코를 두드리면서 말이야. 잠시 후 그는 내게로 와서 매도 주문을 내기 시작하는 거야.

시장은 정말 대단한 상승세였어. 강세장이 한참 더 갈 것 같았지. 그가 상당한 수익을 거둔 것은 분명했어. 그러니까 나도 그에게 뭐라고 하지 않은 거지. 하지만 대세상승이 끝났다고 생각하는지 묻고 싶더군. 그는 U.S. 스틸 주식만 7만 주 이상을 팔아 125만 달러의 수익을 챙겼고, 다른 주식도 3만 5000주 매도했어. 그가 거둔 수익은 전부 합쳐 200만 달러쯤 됐을 거야.

시장은 처음에 그가 U.S. 스틸 5만 주를 매도하자 마치 아무것도 아니라는 듯 소화해내더군. 그가 매도한 가격은 당시 강세장에서 기록했던 거의 최고가였어. 이걸 뭐라고 얘기해야겠나? 만일 그가 뉴욕의 자기 사무실에서 시장 돌아가는 상황을 지켜보고 내부자 정보나 루머도 들으면서 그렇게 했다면 나도 놀라지 않았을 거야. 그저 강세장이 대단원의 막을 내리는 신호를 내가 보지 못했기 때문이라고 생각했겠지. 그런데 그 주 내내 그는 워싱턴에 있으면서 우리 뉴욕 본사에서 보내오는 소식에는 일절 신경을 쓰지 않았거든. 그는 단 한 번도 누구하고 시장과 관련된 얘기를 나누지 않았어. 그가 워싱턴에 왔을 때는 강세 시각을 갖고 있었고, 그의 시각을 바꿀 만한 행동은 하지도 않았고 그런 일은 있지도 않았어. 사실 나는 그가 시장의 흐름에 그토록 무관심했던 경우를 본 적이 없어. 그의 대화 주제는 온통 주식 매도에 과세하는 입법 조치의 어리석음에 대한 것이었지. 그런데 갑자기, 도대체 아무런 이유도 없이, 시세조차 확인하기 전에 빠져나가고 싶어진 거야. 그는 기분도 상하고 조바심이 나서 그냥 보유하고 있던 주식을 전부 팔았던 거지. 나는 이게 기이한 심리적 현상이라는 점에서 직감이라고 부르겠네. 자네라면 뭐라고 하겠나?"

"나는 훌륭한 이야기였다고 하겠네." 내가 말했다.

"사실 그대로를 얘기한 거야. 정말이라고." 터커가 단언하듯 말했다.

"나도 알아." 내가 말했다.

몇몇 친구들이 들어왔고, 우리는 래리 리빙스턴이니 트레이딩할 때의 충동이니 하는 이야기는 그만두었다.

정말로 무슨 일이 있었나

그날 밤 나는 래리 리빙스턴의 집으로 가서 그에게 직감에 대해 물어봤다. 지금까지 그가 나한테 해준 이야기를 통틀어 직감이라고 할 만한 것은 하나밖에 없었다. 그 직감은 실제 상황에서 정확한 행동으로 옮기는, 도저히 말로 설명할 수 없는 충동이다. 그가 이런 직감을 보여준 것은 샌프란시스코 대지진 소식이 전해지기 전 유니언 퍼시픽 주식을 매도했을 때뿐이었다. 소위 직감이라고 불리는 나머지 것들은 경험이 가르쳐준 일련의 티커 관찰 결과라고 할 수 있다. 하나하나의 관찰 결과는 아무것도 아닐 수 있지만 그게 쌓이면 행동으로 옮기기에 충분할 정도로 강력해지는 것이다.

그는 고개를 끄덕였다. 그래서 나는 워싱턴 친구한테서 들은 이야기를 해주었다. 터커의 말에 따르면, 리빙스턴이 한 일은 행운의 검은 고양이가 가져다 준 직감 덕분이며, 그렇게 해서 200만 달러의 수익을 올렸다고 말이다.

"아, 그건 터커의 단골 메뉴에요." 리빙스턴이 짜증내듯이 말했다. "아무 상관도 없는 얘깁니다! 시장에서 특별히 뭔가를 해야 한다는 억제할 수 없는 충동이 들 때가 가끔 있다는 점은 인정합니다. 내가 매수 포지션인지 혹은 매도 포지션인지는 관계없어요. 그럴 때는 일단 시장에서 빠져나와야 합니다. 빠져나오기 전까지는 마음이 편치 않지요. 무슨 일이 벌어졌는가 하고 혼자 생각해보면 숱한 경고 신호들을 본 것 같아요. 아마도 단 하나의 경고 신호로는 내가 그렇게 단호하지 못했을 것이며, 갑작스럽게 생각난 것을 행동으로 옮길 만한 확실한 이유도 찾아내지 못했을 겁니다. 어쩌면 그건 나이든 트레이더들이 말하기를 제임스 R. 킨이 결정적으로 개발해냈으며, 킨 이전의 다른 투기자들도 활용했던 티커 센스라는 것일지 모르겠군요. 고백하자면 대개의 경우 경고 신호는 나중에 딱 들어맞았을 뿐만 아니라 시간적으로 한치의 오차도 없었던 것으로 드러났지요. 하지만 이번 경우에는 전혀 직감 같은 건 없었습니다. 검은 고양이가 끼어들 여지가 아예 없었다는 말이지요. 그 친구 말처럼 그날 아침 내 표정이 꽤 언짢아 보였던 것은, 실제로 기분이 좀 나빴다면 그건 실망감 때문이었다고 설명할 수 있을 것 같습니다. 나는 대화를 나눈 의원들을 설득하지 못했고, 하원 위원회에서는 월스트리트에 과세하는 문제를 나와 다른 시각으로 바라보고 있었어요. 나는 주식 거래에 과세하는 것을 방해하거나 가로막으려 했던 게 아니라 경험 많은 주식 투기자로서 생각하는, 불공정하지도 않고 어리석지도 않은 과세 방안을 제시하려 했던 겁니다. 나는 미국 정부가 잘만 다루면 정말로 많은 황금알을 낳여줄 거위를 죽이는 걸 바라지 않았어요. 아마도 설득하기가 어려워지자 나는 초조해졌을 뿐만 아니라 불공정하게 과세될 주식시장의 미래에 대해 회의적인 시각을 갖게 됐을지 모릅니다. 하지만 무슨 일이 벌어졌는지 정확히 이야기하자면 이렇습니다.

강세장의 시작 단계에서 나는 철강 산업과 구리 시장의 전망을 아주 좋게 내다봤고, 그래서 두 가지 업종의 주식들에 대해 강세 시각으로 기울었습니다. 당연히 이들 업종 주식의 보유 물량을 쌓아나가기 시작했지요. 처음에 유타 코퍼 주식 5000주를 매수했다가 주가 움직임이 맞지 않아 더 이상 매수하지 않았습니다. 즉 이 주식을 매수하는 게 옳다는 생각이 들게 할 만큼 주가가 제대로 움직이지 않았다는 말입니다. 그때 주가가 114달러 정도였던 것 같아요. U.S. 스틸 주식도 거의 같은 가격에 매수하기 시작했습니다. 주가 움직임이 맞았으므로 첫 날에만 2만 주를 매수했어요. 앞서 설명했던 방법에 따라 매수했음은 물론이지요.

스틸 주식은 계속해서 맞는 방향으로 움직였고, 그래서 보유 물량을 지속적으로 늘려가 마침내 총 주식수가 7만2000주가 됐습니다. 하지만 유타 코퍼 주식은 맨 처음 매수한 그대로였어요. 5000주 외에는 더 이상 사지 않았습니다. 추가로 매수하기에는 이 주식의 움직임이 적당하지 않았기 때문이지요.

무슨 일이 벌어졌는지는 다들 알 겁니다. 엄청난 강세장이 펼쳐졌지요. 나는 시장이 상승하리라는 것을 알았습니다. 경제 전반의 여건 역시 양호했고요. 주가가 꽤 많이 올라 내가 거둔 평가이익이 상당한 금액에 달한 뒤에도 주가 테이프는 계속해서 진군나팔을 불어대고 있었습니다.

아직 아냐! 아직 아냐! 내가 워싱턴에 도착했을 때까지도 주가 테이프는 계속 이렇게 외쳐댔습니다. 물론 그때까지도 나는 여전히 강세 시각을 유지하고 있었지만, 강세장이 한참 진행된 그 순간까지 계속해서 보유 물량을 늘려갈 생각은 없었지요. 한편으로는 시장이 내 예상대로 흘러가고 있었던 데다, 나는 원래 시장을 빠져나올 만한 비밀정보가 없나 해서 하루종일 시세판 앞에 눌러앉아 있는 성격도 아니었습니다. 전혀 예기치 못한 대재난은 예외겠지만, 후퇴하라는 트럼펫 소리가 들려오기 전에 시장은 멈칫멈칫 하거나 포지션을 바꿀 수 있도록 준비시간을 줄 것이었습니다. 내가 가벼운 마음으로 의원들을 만나러 갔던 것도 바로 이런 이유 때문이었지요.

한편으로는 주가가 꾸준히 상승하고 있었는데, 이건 강세장의 끝이 점점 가까워지고 있다는 의미였어요. 강세장이 언제 끝날지 정확한 날짜까지 못박을 수는 없었습니다. 그건 내 판단력을 훨씬 뛰어넘는 일입니다. 하지만 경고 신호를 예의주시하고 있었다는 점은 두말할 필요도 없을 겁니다. 나는 어떤 식으로든 항상 경고 신호를 예의주시합니다. 이건 투기라는 사업을 하면서 몸에 밴 습관이지요."

평가이익을 현금화할 수 있는 기회

"맹세까지야 못하겠지만 주식을 팔기 전날 이런 생각을 했던 것 같아요. 한참 상승한 주가를 보자 내가 거둔 평가이익이 얼마나 큰지 떠올리게 됐을 뿐만 아니라, 내가 보유한 물량, 게다가 의원들에게 월스트리트를 공정하고 현명하게 다뤄주도록 설득했던 일이 허사로 돌아간 것이 머릿속을 맴돌았습니다. 아마도 그렇게 해서 그 시간에 내 마음속에 씨앗이 뿌려졌을 겁니다. 내 잠재의식은 밤새 작동했습니다. 아침이 되자 나는 시장에 대해 생각해봤고, 그날 시장이 어떻게 움직일지 곰곰이 따져보기 시작했지요. 친구의 지점에 나가보니 주가는 계속 상승하고 있었고, 내가 거둔 수익은 만족할 만한 수준에 도달해 있었습니다. 더구나 아무리 많은 매물이라도 다 소화할 수 있을 만큼 아주 활기찬 시장이 만들어져 있었지요. 이런 시장이라면 얼마든지 주식을 처분할 수 있었습니다. 누구든 주식 포지션을 최대한으로 갖고 있다면 당연히 자신의 평가이익을 현금화할 수 있는 기회를 주의 깊게 살펴봐야 하지요. 그래야 현금화하는 과정에서 평가이익이 줄어드는 것을 최소화할 수 있습니다. 잘 살펴보면 언제든 자신이 거둔 평가이익을 현금화할 수 있는 기회를 집어낼 수 있으며, 이런 기회는 대개 강세장이든 약세장이든 큰 흐름의 막바지에 찾아오지요. 이건 주가를 예측하는 기술도 아니고 직감도 아닙니다.

그날 아침 아무 문제 없이 보유 주식을 전부 매도할 수 있는 시장을 발견했을 때 나는 당연히 그렇게 했지요. 주식을 처분하면서 50주를 파는 것보다 5만 주를 파는 게 더 용감해져야 한다거나 더 현명해져야 하는 건 아닙니다. 그러나 50주는 거래량이 적은 답답한 시장에서도 주가를 떨어뜨리지 않고 매도할 수 있지만, 어느 한 종목 주식 5만 주를 매도하는 건 전혀 차원이 다른 문제에요. 그런데 나는 U.S. 스틸 주식을 7만2000주나 갖고 있었어요. 이 정도면 천문학적인 수준은 아니더라도, 앞서 계산해봤을 때 상당히 근사해 보였을 뿐만 아니라 만일 잃는다면 은행에 넣어둔 돈이 없어지는 것처럼 가슴 아플 평가이익을 일부 날려버리지 않고는 처분할 수 없는 물량이었지요.

내가 손에 쥔 이익은 약 150만 달러에 달했고, 나는 이 이익을 적절한 순간에 거두어들였습니다. 하지만 150만 달러를 벌었다고 해서 이게 내가 정확한 시점에 매도했다고 생각하는 진짜 이유는 아닙니다. 내가 정확했음을 시장이 입증해주었고, 그것이 바로 내가 흡족해 하는 실제 이유에요. 이렇게 설명해보지요. 나는 보유하고 있던 U.S. 스틸 7만2000주 전부를 성공적으로 팔아 치웠는데, 평균 매도가격은 그날 최고가이자 당시 강세장의 천정보다 불과 1포인트 낮은 주가였습니다. 자로 잰 듯 아주 정확했던 겁니다. 하지만 그날 똑같은 시간에 유타 코퍼 5000주를 매각하는 과정에서는 주가가 5포인트나 급락했습니다. 내가 이들 두 종목 주식을 동시에 매수하기 시작했으며, U.S. 스틸 보유 물량을 2만 주에서 7만2000주로 늘린 것은 현명한 행동이었고, 유타 코퍼 주식을 맨 처음 5000주에서 더 이상 늘리지 않은 것 역시 현명했다는 점을 상기하기 바랍니다. 내가 좀더 일찍 유타 코퍼 주식을 팔지 않았던 이유는 구리 산업에 강세 시각을 갖고 있었던 데다 주식시장노 상세장이라, 유타 코퍼에서 비록 대박을 터뜨리지는 못한다 할지라도 큰 손해를 보지는 않을 것이라고 생각했기 때문이지요. 그러나 이 주식 역시 직감이 개입할 여지는 전혀 없었습니다. 나는 늘 정말 훌륭한 이유라고 판단되는 이유가 있어서 매도했던 겁니다. 내가 평생 쌓아온 사업 이력은 한마디로 '배운 게 전부' 라고 할 수 있어요. 즉 내 친구가 직감이라고 부르며 어느날 갑자기 하늘에서 뚝 떨어진 것 같아 도저히 설명할 수 없다고 하는 그런 일을 하도록 스스로 단련한 것이지요."

성공하는 트레이더의 4가지 요소

"주식 트레이더의 훈련 과정은 의학 교육과 비슷합니다. 외과의사가 되려면 수 년간 해부학과, 생리학, 약물학, 그리고 수십 가지의 부수적인 과목들을 공부해야 하지요. 외과의사는 이론을 배운 다음 평생 그것을 현장에서 실습합니다. 온갖 종류의 병리학적 현상을 관찰하고 분류하지요. 진단하는 법도 배웁니다. 만일 그의 진단이 옳다면, 이건 그의 관찰이 정확한가에 달려있는데, 어쨌든 앞서 그가 내렸던 예단(豫斷)도 매우 뛰어났을 겁니다. 물론 인간의 오류 가능성과 전혀 예기치 못했던 요인들로 인해 100% 적중하지는 못할 것이라는 점을 염두에 둬야겠지만 말입니다. 그리고 나서 계속 경험을 쌓아감에 따라 그는 정확한 진단을 하는 방법뿐만 아니라 그 자리에서 즉시 진단을 내리는 방법도 배울 겁니다. 그러다 보면 많은 사람들은 그가 한눈에 진단을 내린다고 생각합니다. 실제로는 그렇게 자동적인 게 아닌데도 말이지요. 사실 그는 오랜 세월 관찰해왔던 수많은 사례들에 기초해 진단을 내리고 있는 겁니다. 또한 진단을 내린 뒤에는 당연히 경험을 통해 배운 적절한 치료 방법을 통해서만 치료할 수 있겠지요. 누구든 지식을 전수해줄 수는 있습니다. 자신이 갖고 있는 특별한 사실들을 색인카드로 묶어 전달해줄 수 있는 겁니다. 그러나 경험은 전수해줄 수 없지요. 무엇을 해야 하는지 알면서도 손실을 볼 수 있습니다. 제때 신속하게 움직이지 않는다면 말이지요.

　관찰, 경험, 기억, 수학적 사고, 이 네 가지는 성공하는 트레이더가 반드시 의지해야 할 요소입니다. 성공하는 트레이더는 정확하게 관찰할 뿐만 아니라 자신이 관찰한 것을 항상 기억합니다. 인간의 비합리성에 대한 개인적 확신이 아무리 강하다 할지라도 절대 비합리적으로 베팅하지 않고, 예상할 수 없는 사건이 자주 벌어질 것이라는 느낌이 들었다 해도 그런 예상할 수 없는 사건에는 결코 베팅하지 않지요. 성공하는 트레이더는 반드시 확률에 기초해 베팅합니다. 언제나 확률을 예측해내려고 노력합니다. 투기라는 게임을 오랜 세월 해왔고, 꾸준히 공부했으며, 자신이 관찰한 것을 늘 기억하는 트레이더는 예상했던 일이 일어나고 있을 때는 물론 예기치 못했던 일이 벌어질 때도 즉시 대처할 수 있습니다.

　뛰어난 수학적 사고 능력과 비범할 정도의 탁월한 관찰력을 가진 사람도 경험과 기억력이 없다면 투기에 실패할 수 있습니다. 게다가 외과의

사가 부단히 새로운 과학적 사실들을 공부해나가듯, 현명한 트레이더는 주식시장을 비롯한 여러 시장의 흐름에 영향을 미치는 모든 분야의 변화 추이를 추적할 수 있도록 경제 전반의 상황을 꾸준히 공부해야 합니다. 이렇게 오랫동안 투기라는 게임을 해나가면 습관처럼 최신 정보를 잘 알게 되지요. 또 거의 자동적으로 대처할 수 있습니다. 값으로 따질 수 없는 프로의 자세가 몸에 배게 되고, 이를 바탕으로 투기라는 게임에서 이길 수 있게 되는 겁니다. 항상 이기는 것은 아니더라도 말이지요! 여기서 설명한 프로와 아마추어, 혹은 프로와 비직업적인 트레이더 간의 차이는 아무리 강조해도 지나치지 않습니다. 예를 들어 나의 경우에도 수학적 사고 능력과 기억력이 큰 도움이 됐습니다. 월스트리트에서는 수학적인 기초가 있어야 돈을 벌 수 있어요. 다시 말해 사실과 수치를 제대로 다룰 줄 알아야 월스트리트에서 돈을 벌 수 있다는 겁니다.

트레이더라면 최신 정보를 아주 정확하게 알아야 하며, 어느 시장이든 어떤 변화 추이든 순전히 프로의 자세로 접근해야 합니다. 이렇게 말하는 이유는 직감이나 신비한 티커 센스 같은 것은 성공과 거의 관계가 없다는 점을 다시 한 번 강조하기 위해서지요. 물론 노련한 트레이더의 경우 일일이 그 이유를 설명할 필요도 없이 재빨리 행동할 때가 종종 있습니다. 하지만 그럼에도 불구하고 거기에는 그럴만한 이유가 충분히 있어요. 왜냐하면 그는 오랫동안 프로의 시각으로 관찰하고 생각하고 작업해오면서 축적해온 사실들에 기초해 모든 것을 전부 활용하니까요. 그러면 내가 말하는 프로의 자세가 무엇인지 설명해보겠습니다.

나는 늘 상품시장의 흐름을 주시합니다. 오래된 습관이지요. 알다시피 미국 정부 발표에 따르면 올해(1922년) 겨울밀 수확량은 전년도와 같은 수준이고, 봄밀 수확량은 1921년보다도 많은 것으로 나타났습니다. 실제 작황은 훨씬 더 좋았고, 아마도 평소보다 일찍 수확할 것 같았어요. 내가 밀 작황에 관한 각종 수치를 입수해 수학적으로 수익을 낼 수 있는 방법은 무엇일까 생각해보니, 그 자리에서 광산 노동자와 철도 수리공들의 파업[1]이 떠오르더군요. 나는 늘 시장에 영향을 미치는 모든 요소들을 고려하기 때문에 이것들을 감안하지 않을 수 없었지요. 이미 모든 운송 부문에 파급을 미치고 있는 이 파업이 틀림없이 밀 가격의 흐름을 뒤집을 것이라는 생각이 퍼뜩 뇌리를 스치고 지나갔습니다. 나는 이렇게 내다봤어요. 파업으로 인해 운송 능력이 큰 손상을 입었으므로 겨울밀이 시장에 출회되는 시기는 상당히 지연될 수밖에 없으며, 봄밀을 운송할 때가 돼서야 상황은 나아질 수 있을 것이라고 말입니다. 즉 철도를 통해 대규모로 밀을 수송할 때가 되면 운송 시기가 지연된 겨울밀과 일찍 수확한 봄밀 두 가지를 함께 운반하게 될 것이며, 이건 엄청난 양의 밀이 한꺼번에 시장으로 쏟아질 것이라는 의미였지요. 사실들이 이렇게 확률적으로 분명할 경우 나처럼 상황을 파악하고 예측한 트레이더라면 한동안 밀 시장을 강세 시각으로 바라보지 않을 겁니다. 밀 가격이 너무 떨어져 정말로 훌륭한 투자 대상이라는 생각이 들 때까지는 매수하려 들지 않지요. 시장에 매수 에너지가 하나도 없으면 가격은 떨어질 수밖에 없지요. 평소에 해왔던 방식대로 내 판단이 옳은지 아니면 그른지 확인해봐야 했습니다. 왕년의 팻 허니가 자주 입에 올렸듯이 '돈을 걸기 전까지는 알 수 없습니다.' 일단 약세 시각을 가졌다면 지체 없이 매도에 나서야 합니다."

시장이 나타내는 증상

"시장이 어떻게 움직이는가를 보면 어떤 식으로 주식 거래를 해야 할지

---

[1] 철도 수리공의 파업은 1922년 7~9월까지, 광산 노동자들의 파업은 1년 내내 이어졌다.

결정적인 가이드를 얻을 수 있다는 것을 나는 경험을 통해 배웠습니다. 이건 의사가 환자의 체온과 맥박을 재보고 눈동자 색깔과 혓바닥 상태를 살펴보는 것과 비슷하지요.

이제 시장으로 돌아가보죠. 통상적이라면 밀 선물 100만 부셸을 매수하거나 매도할 때 밀 가격의 변동폭은 0.25센트 이내라야 합니다. 그날은 내가 타이밍이 적절한지 시장을 테스트해보기 위해 25만 부셸을 매도했더니 밀 가격이 0.25센트 떨어지더군요. 그러고는 반등 과정에서 내가 알고 싶은 것이 확실히 드러나지 않기에 추가로 25만 부셸을 더 매도했습니다. 매수 주문은 찔끔찔끔 나오고 있더군요. 즉 평상시처럼 두세 번의 거래로 내가 매도한 물량이 소화된 게 아니라 1만 부셸, 1만5000부셸 단위로 매수 주문이 나왔던 겁니다. 게다가 내 매도 주문으로 인해 밀 가격은 1.25센트나 하락했습니다. 이제 시장이 내 매도 주문을 어떤 식으로 소화했는지 금세 판명이 났고, 비정상적인 가격 하락은 매수 여력이 없다는 사실을 알려주었지요. 사태가 이럴 경우 한 가지 해야 할 일이 있다면 무엇이겠습니까? 당연히 더 많이 매도하는 겁니다. 경험을 통해 배운 것을 따라가다 보면 이따금 바보가 될 때도 있습니다. 그러나 경험을 통해 배운 것을 따라가지 않으면 아주 다양한 방식으로 바보 취급을 당합니다. 그래서 나는 밀 선물 200만 부셸을 매도했고, 밀 가격은 더 떨어졌지요. 며칠 뒤 시장 움직임은 나로 하여금 200만 부셸을 추가로 매도하도록 했고, 가격은 계속해서 더 떨어졌습니다. 며칠 더 지나자 밀 가격이 급락하기 시작해 부셸 당 6센트나 주저앉더군요. 게다가 가격 하락은 거기서 멈추지 않았어요. 잠깐 반등하고는 다시 계속 추락했습니다.

어쨌든 나는 직감을 따른 게 아니었어요. 아무도 나에게 비밀정보를 주지 않았지요. 내가 이익을 거둔 것은 이미 몸에 밴, 상품시장을 대하는 프로의 정신 자세 덕분이었습니다. 이런 자세는 오랜 세월 투기라는 비즈니스를 하면서 터득한 것이었지요. 내 비즈니스는 매매하는 것이기 때문에 나는 연구합니다. 내가 정확한 길을 가고 있다고 가격이 말해주는 순간 사업상 해야 할 일은 포지션을 늘리는 겁니다. 나는 그렇게 했습니다. 거기서 해야 할 일은 그게 전부였어요.

투기라는 게임에서는 경험을 쌓아야 꾸준히 소득을 올릴 수 있습니다. 또 관찰하는 것이야말로 그 무엇보다 훌륭한 최고의 정보에요. 때로는 특정 종목의 주가 움직임만 알면 다 되는 경우도 있지요. 잘 관찰하십시오. 그러면 주가가 평상시의 움직임, 즉 가장 가능성 높은 움직임과는 다르게 변동할 때 어떻게 이익을 얻을 수 있는지 경험이 말해줄 겁니다. 예를 들어 모든 주식이 전부 한 방향으로 움직이지는 않지만 같은 업종의 주식은 강세장에서는 다 함께 오르고 약세장에서는 다 함께 내린다는 사실은 알지요. 이건 투기의 상식입니다. 누구나 한 번만 생각하면 떠올릴 수 있는 가장 일반적인 정보기도 한데, 증권회사에서는 늘 이것을 염두에 두고 있다가 혼자서는 이런 것도 생각하지 못하는 고객들에게 일러주지요. 다시 말해 같은 업종의 다른 종목보다 주가 움직임이 뒤처지는 종목을 매매하라고 조언하는 겁니다. 따라서 만일 U.S 스틸 주가가 오르면 논리적으로 볼 때 크루서블이든 리퍼블릭이든 베들레헴 스틸이든 결국 동반상승 하는 건 시간 문제라고 할 수 있지요. 업계의 상황과 전망은 해당 업종의 모든 주식들에게 비슷하게 작용할 것이므로 그 과실 역시 함께 누릴 겁니다. 헤아릴 수 없을 정도로 숱하게 경험해봤듯이 어느 종목이든 전성기를 누릴 때가 있다는 이론에 따라, 대중들은 B스틸과 C스틸 주식이 올라가면 A스틸이 아직 오르지 않았다는 이유로 이 주식을 매수합니다."

같은 업종 주식과 다르게 움직인다면

"나는 아무리 강세장이라 하더라도 어떤 주식이 마땅히 따라야 할 시장의 흐름대로 움직이지 않으면 절대 매수하지 않습니다. 때로는 확실한 강세장 기간 중에 매수한 주식인데, 같은 업종의 다른 주식들이 강세 움직임을 보여주지 못하는 것을 보면 내가 보유하고 있던 주식도 팔아버립니다. 왜 그러냐고요? 소위 '업종 동조 현상'에 맞서는 것은 현명하지 않다는 점을 경험을 통해 배웠기 때문이지요. 오로지 확실한 매매만 하기를 바랄 수는 없습니다. 확률을 이해하고, 확률을 예상해야 합니다. 한 나이 든 주식중개인이 이런 얘기를 해준 적이 있어요. '철길을 따라 걸어가는데 저 앞에서 기차가 시속 60마일 속도로 나를 향해 달려오는 것을 봤다면, 계속해서 침목 위를 걸어가야 할까요? 당연히 옆으로 비켜날 겁니다. 그렇다고 해서 내가 물러난 게 대단히 현명하거나 신중하다고 칭찬할 일도 아니지요.'

지난해 시장 전반의 대세상승 흐름이 한참 진행된 뒤 한 종목의 주가 움직임이 눈에 띄었습니다. 이 주식이 속한 업종은 시장 전체와 같은 방향으로 움직이고 있었는데, 유독 이 종목만 해당 업종의 다른 종목들과 함께 하지 못하고 있었어요. 나는 그때 블랙우드 모터스 주식을 꽤 많이 보유한 상태였습니다. 모두들 이 회사가 사업을 상당히 잘 해나가고 있다고 생각했지요. 이 회사의 주가는 하루에 1~3포인트씩 올랐고, 대중들은 점점 더 많이 몰려들었습니다. 당연히 이 종목 덕분에 자동차 업종이 주목 받게 됐고, 이런저런 자동차 주식들도 상승하기 시작했어요. 하지만 자동차 주식 가운데 한 종목만은 요지부동이었는데, 바로 체스터였습니다. 이 종목의 주가 움직임이 다른 종목들에 비해 워낙 뒤처지다 보니 얼마 지나지 않아 사람들은 이 종목에 대해 이야기하기 시작했지요. 체스터의 낮은 주가 및 부진한 거래는 블랙우드를 비롯한 다른 자동차 주식의 강세 및 활발한 거래와 극명하게 대비됐고, 대중들은 비밀정보 제공자와 영리한 체하는 인간들, 그리고 뻐끼들이 하는 말에 당연히 귀를 기울였지요. 그러고는 체스터 주식이 곧 다른 자동차 주식들과 함께 움직일 것이 틀림없다는 이론에 따라 이 주식을 매수하기 시작했습니다.

대중들이 웬만큼 매수해주는데도 불구하고 체스터 주가는 올라가기는 커녕 떨어졌어요. 사실 그런 강세장에서 체스터 주가를 끌어올리는 것은 일도 아니었어요. 같은 업종의 블랙우드 주식이 주식시장 전반의 상승세를 이끄는 최고의 주도주 가운데 하나인 데다, 들려오는 소식이라고는 차종을 불문하고 모든 자동차의 수요가 급격히 늘어나고 있고 생산량도 사상 최고치를 기록하고 있다는 것뿐이었으니 말입니다.

그렇다면 체스터의 내부자 무리는 손을 놓고 있는 게 분명했습니다. 강세장에서는 통상적으로 내부자 무리가 어떤 식으로든 주가를 끌어올리는 일을 하는데도 말이지요. 이렇게 하지 않는 이유로는 두 가지가 있을 수 있었습니다. 우선 주가가 상승하기 전에 더 많은 주식을 확보해두기 위해 내부자들이 일부러 주가를 올리지 않았을 수 있지요. 하지만 체스터 주식이 어떤 식으로 거래됐으며 거래량은 얼마나 됐는지 분석해보면 이건 아니라는 답이 금방 나옵니다. 주가를 끌어올리지 못한 다른 한 가지 이유는 내부자들이 괜히 주가를 끌어올리려 시도했다가 발목을 잡힐까 봐, 그러니까 시장 전반은 물론 특히 자동차 업종이 상승세를 보이고 있음에도 불구하고 현재 가격대에서는 주식 매수를 두려워했기 때문이지요.

어떤 주식을 당연히 갖고 싶어해야 할 사람들이 그 주식을 원하지 않는데, 왜 내가 굳이 그 주식을 갖고 싶어해야 합니까? 다른 자동차 회사가 제아무리 잘 나간다 해도 체스터 주식은 공매도하는 게 당연하다는 생각이 들었습니다. 경험에 비춰보면 업종 주도주를 따르지 않는 주식을 매수하는 건 늘 조심해야 했습니다.

나는 내부자 매수가 전혀 없으며 실은 내부자들이 매도하고 있다는 사실을 쉽게 파악할 수 있었어요. 이 밖에도 체스터 주식을 매수해서는 안 된다는 다른 사전 경고들이 있었지만, 나로서는 시장 흐름과 일치하지 않는 주가 움직임만으로도 충분했습니다. 이번에도 역시 나에게 정보를 알려준 것은 주가 테이프였으며, 체스터 주식을 공매도한 이유도 주가 테이프 덕분이었지요. 이로부터 그리 오래 지나지 않아 체스터 주가는 아주 큰 폭으로 떨어졌습니다. 나중에 공식적으로 알려진 사실이지만 내부자들은 회사 사정이 좋지 않다는 사실을 아주 잘 알고 있었으므로 시장에서 이 주식을 팔고 있었어요. 대개의 경우처럼 진짜 이유는 급락한 다음에야 알려졌습니다. 하지만 경고는 급락 이전에 나왔지요. 내가 주의해서 살폈던 것은 주가 급락이 아니라 경고 신호였습니다. 나는 체스터 자동차 회사에 정확히 무슨 문제가 있는지 알지 못했어요. 직감을 따른 것도 아니었어요. 단지 주가 테이프가 '팔아!' 하고 말해주길래 뭔가 잘못된 것이 틀림없다는 사실을 알았던 것뿐입니다."

가이아나 골드의 급등락

"얼마 전 신문들이 가이아나 골드 마이닝 컴퍼니[2]의 '충격적인 주가 급락'이라고 부른 일이 벌어졌었지요. 이 주식은 장외시장에서 50달러 수준까지 거래되다 뉴욕증권거래소에 상장됐어요. 거래소로 옮겨와서는 맨 처음 35달러 내외에 거래되기 시작했는데, 한번 하락하기 시작하자

---

2) Guiana Gold Mining Company는 가공의 회사 이름인데, 당시 장외시장에서 거래되던 Engineering's Gold라는 종목의 주가가 55달러에서 100달러까지 급등했던 경우가 있다.

20달러까지 급락해버린 겁니다.

그런데 나 같으면 이런 사태를 충분히 예상할 수 있었다는 점에서 결코 충격적인 급락이라고는 부르지 않았을 겁니다. 누구에게 물어보기만 하면 그 회사가 걸어온 길을 알 수 있었지요. 모르는 사람이 없을 정도였어요. 내가 들은 내용은 이랬습니다. 6명의 아주 유명한 자본가와 내로라하는 은행이 인수단을 만들었어요. 인수단 멤버 가운데 한 명은 벨 아일 익스플로레이션 컴퍼니의 대표였는데, 이 회사는 앞서 가이아나 골드에 1000만 달러를 투자한 대가로 채권과 함께 전체 발행 주식이 100만 주인 가이아나 골드 주식 25만 주를 받았습니다. 이 주식은 꾸준히 배당금을 지급했고, 이 점은 널리 선전됐지요. 벨 아일 측에서는 이 주식을 현금화하는 게 좋겠다고 생각하고서 은행가들에게 25만 주를 매수할 수 있는 콜옵션을 주었는데, 이로써 은행가들은 기존에 자신들이 보유하고 있던 지분 일부와 새로 콜옵션을 행사해 받게 될 주식까지 팔 수 있었어요. 이들은 주식 매각을 위한 시장 조성을 프로에게 맡길 생각이었지요. 프로들이 받을 수수료는 25만 주를 주당 36달러 이상에 매도할 경우 그 수익의 3분의 1이었습니다. 내가 알기로는 이 계약이 거의 성사돼 서명만 남은 상태였는데, 마지막 순간 은행가들이 직접 시장을 조성해 수수료를 절약하기로 마음을 바꿨다고 합니다. 한마디로 은행가들은 내부자 세력을 결성한 셈이었지요. 이들은 벨 아일로부터 25만주를 주당 36달러에 살 수 있는 콜옵션을 받았어요. 그리고 이들은 41달러에 이 주식을 팔았습니다. 다시 말해 내부자들은 처음부터 은행가들에게 주당 5포인트의 이익을 챙겨주었던 겁니다. 물론 그들이 이 사실을 알고 있었는지 여부는 나도 모르는 일이지만 말입니다.

은행가들 입장에서 이런 식으로 주식을 매매하기란 너무나도 쉬운 일이었을 겁니다. 시장은 강세장을 이어가고 있었고, 가이아나 골드가 속해있는 업종의 주식들이 시장 주도주에 끼어있었지요. 가이아나 골드는 대규모 순이익을 기록하고 있었고, 배당금도 정기적으로 지급하고 있었어요. 게다가 이 회사 발기인들의 대단한 면면까지 감안한다면 대중들은 가이아나 골드를 투자 주식으로 여겨도 될 정도였지요. 내가 듣기로는 주가가 47달러까지 올라가는 와중에 약 40만 주가 대중들에게 넘어갔다고 합니다.

금광 업종 주식들은 초강세를 구가했습니다. 하지만 가이아나는 곧 뒤처지기 시작했어요. 주가가 10포인트나 하락했습니다. 내부자 세력이 주식을 매수하고 있다면 아무 문제도 아니었지요. 그러나 곧바로 월스트리트에 이런 얘기가 나돌기 시작했어요. 회사 사정이 전체적으로 좋지 않으며, 회사 실적도 주가를 띄웠던 세력들의 높은 기대치에 미치지 못한다는 것이었습니다. 당연히 주가 하락의 이유도 명백해졌지요. 그러나 이런 이유가 알려지기 전에 나는 사전 경고를 포착했고, 가이아나 주식을 시장에서 테스트해보았습니다. 이 주식 역시 체스터 모터스가 그랬던 것처럼 똑같이 움직였어요. 나는 가이아나 주식을 공매도했습니다. 주가는 떨어졌지요. 나는 추가로 공매도했습니다. 주가는 계속 떨어졌습니다. 이 주식은 체스터를 비롯해 그런 징후를 보였던 것으로 기억하는 12개 종목의 하락세를 그대로 반복했습니다. 주가 테이프는 나에게 잘못된 뭔가가 있다고, 즉 내부자들로 하여금 주식을 사지 못하게 하는 뭔가가 있다고 분명히 말해주고 있었어요. 내부자들은 강세장에서도 자기 회사 주식을 매수해서는 안 되는 이유를 정확히 알고 있었을 겁니다. 반대로 아무것도 모르는 외부자들의 눈에는 45달러 이상에 팔리던 주식이 35달러 이하로 떨어졌으니 싸게 보였을 테고, 이들은 그래서 매수에 나선 것이었지요. 여전히 배당금도 지급되고 있었으니, 아주 헐값에 사는 셈이라고 생각했을 겁니다.

그때 뉴스가 전해졌어요. 중요한 뉴스의 경우 나는 가끔 대중들보다 먼저 입수하는데 이번에도 그랬지요. 그러나 이 회사가 채굴한 게 매장량이 풍부한 금광이 아니라 아무것도 없는 바위뿐이었다는 뉴스를 받아 봤을 때 나는 단지 앞서 내부자들이 이 주식을 판 이유를 확인할 수 있었을 뿐이에요. 나는 뉴스에 따라 매도한 게 아니었습니다. 나는 이미 한참 전에 주가의 움직임에 따라 매도했어요. 내가 이 주식에 관심을 가졌던 것은 철학적인 이유에서가 아니었습니다. 나는 트레이더고, 따라서 한 가지 신호에 주목합니다. 내부자 매수가 그것이지요. 그런데 전혀 없었어요. 자기 회사 주가가 떨어지는데도 왜 내부자들이 자사주를 사지 않는지 그 이유까지 알 필요는 없었습니다. 이들의 시장 조성 시나리오에 주가를 끌어올리는 작전은 포함돼 있지 않다는 점만 알면 충분했지요. 이것만 알면 마음 놓고 이 주식을 공매도할 수 있습니다. 대중들은 이미 50만 주 가까이 매수했어요. 이제 가능한 유일한 주식 거래는 오로지 손실을 줄이기 위해 매도하려는 무지한 외부자들이, 돈을 벌겠다는 일념으로 매수에 나설 무지한 외부자들에게 주식을 떠넘기는 것뿐이었지요.

여기서 나는 가이아나 주식을 매수한 대중들의 손실이 도덕적으로 옳은지, 혹은 내가 이 주식을 공매도해서 거둔 이익이 도덕적으로 그른 것인지를 지적하려는 게 아닙니다. 내가 말하려는 것은 같은 업종 주식들의 주가 동조 현상을 연구하는 게 얼마나 중요하며, 거래 규모가 크든 작든 제대로 준비하지 않은 트레이더들이 이 교훈을 얼마나 쉽게 무시해버리는가 하는 점이에요. 더구나 가격 테이프에서 경고 신호를 포착할 수 있는 곳은 주식시장뿐만이 아닙니다. 가격 테이프는 곡물 시장에서든 면화 시장에서든 아주 큰 소리로 경고음을 울려대지요.

면화시장에서 흥미로운 경험을 한 적이 있습니다. 나는 주식시장에서 약세 시각을 갖고 있었고, 그리 많지 않은 공매도 포지션을 취해둔 상태였어요. 한편으로는 면화 선물도 5만 베일을 매도해두었지요. 공매도한 주식에서는 이익이 났지만, 면화 선물은 깜박 잊고 그냥 놔둬버렸어요. 내가 처음 알게 된 사실은 매도한 5만 베일에서 25만 달러의 손실이 발생했다는 겁니다. 앞서 말했듯이 내 관심은 공매도한 주식에 가 있었고, 이익도 괜찮았기 때문에 괜히 다른 데다 정신을 팔고 싶지 않았어요. 면화 선물에 생각이 미칠 때면 속으로 이렇게 말했습니다. '기다렸다가 조정을 받으면 그때 정리하면 돼.' 면화 가격은 조금 조정을 받았다가는 미처 내가 손실을 감수하고 정리하기로 마음 먹기도 전에 다시 랠리를 이어가 신고가를 경신했습니다. 결국 나는 좀더 기다려보기로 하고, 주식시장으로 눈을 돌려 공매도한 주식에만 관심을 쏟았지요. 마침내 나는 공매도한 주식을 정리해 꽤 근사한 이익을 챙긴 뒤 휴식 겸 휴가를 즐기기 위해 핫스프링스[3]로 떠났습니다."

100만 달러 손실을 감수하다

"면화 선물에서 손실을 보고 있는 상황에서 훌훌 털고 그렇게 떠나보기는 실로 처음 있는 일이었어요. 시장은 계속 안 좋게 돌아갔습니다. 내가 이길 것처럼 보이는 순간도 몇 차례 있었어요. 누군가 대규모로 매도할 때마다 상당한 조정이 뒤따르는 게 보였습니다. 그러나 거의 즉시 면화 가격은 반등해 신고가를 경신해버렸지요.

결국 핫스프링스에서 며칠 지냈을 때는 면화 선물에서의 손실이 100만 달러에 달했고, 오름세가 멈출 것 같지도 않았습니다. 나는 내가 했던 것과 하지 않았던 것들을 전부 떠올려본 뒤 속으로 이렇게 말했어요. '내가 틀린 거야!' 내가 틀렸다고 느끼는 것과 시장을 빠져 나와야겠다고 마

---

[3] Hot Springs. 버지니아 주의 휴양지로 자연온천과 최고급 호텔로 유명하다.

음 먹는 것은 나에게 사실상 하나의 과정이었습니다. 그래서 100만 달러 정도의 손실을 감수하고 면화 선물을 정리했지요.

다음날 아침 골프를 치면서 다른 건 아무것도 생각하지 않았습니다. 나는 앞서 면화 선물을 거래했고 틀렸습니다. 나는 틀린 데 대한 대가를 치렀고, 이제 그 영수증까지 지갑 안에 들어있었어요. 그때 면화시장을 향한 관심은 싸늘하게 식어버려 지금 이 순간보다 더 차가웠습니다. 그런데 점심을 먹으러 호텔로 돌아오다가 증권회사에 들러 시세판을 보게 됐습니다. 면화 가격이 50포인트나 떨어진 게 눈에 들어왔어요. 대단한 일은 아니었지요. 그런데 또 한 가지 눈에 들어온 것은 지난 몇 주 동안 늘 보였던 랠리, 즉 면화 가격을 떨어뜨리는 매도 압력이 사라지자마자 나타났던 랠리가 없다는 점이었습니다. 이건 최소 저항선이 위쪽으로 올라갔다는 것을 의미했고, 여기서 내가 가만히 있는다면 그건 수백만 달러를 그냥 날려버리는 꼴이었지요.

그런데 이전에는 으레 나타났던 즉각적이면서도 격렬한 랠리가 안 보인다는 점에서, 내가 큰 손실을 보고 면화 선물을 정리했던 이유는 더 이상 내가 손을 대지 말아야 할 이유가 될 수 없었습니다. 그래서 나는 1만 베일을 매도한 뒤 기다렸어요. 곧바로 시장은 50포인트 하락하더군요. 좀더 기다려봤어요. 랠리의 기미도 없었습니다. 이때 나는 무척 배가 고파 식당으로 가서 점심을 주문했어요. 웨이터가 음식을 가져오기 전에 나는 자리에서 일어나 증권회사로 달려갔습니다. 랠리가 없다는 것을 확인한 뒤 1만 베일을 추가로 매도했어요. 좀 기다려보니 기쁘게도 면화 가격이 40포인트 더 하락하는 게 눈에 들어왔습니다. 이건 내가 옳게 트레이딩했다는 것이므로, 식당으로 돌아와 점심을 먹은 뒤 다시 증권회사로 갔습니다. 그날 면화 가격은 한 번도 반등하지 못했어요. 그날 밤 나는 핫스프링스를 떠났습니다.

골프를 치는 거야 기분 좋은 일이었지만, 앞서 면화 선물을 잘못 매도해 손실을 보고 정리한 것은 내가 틀렸기 때문이었어요. 그래서 나는 내 자리로 돌아가 마음 편히 매매할 수 있는 곳에 있어야 했습니다. 이번에는 나로 하여금 처음에 1만 베일을 매도할 수밖에 없게 만들었던 시장의 움직임이 똑같이 반복돼 두 번째 1만 베일을 매도했던 것이고, 두 번째 매도까지 하게 만든 시장의 움직임을 보니 시장의 방향이 바뀌었다는 확신이 들었습니다. 시장의 흐름은 달라져 있었어요.

어쨌든 워싱턴에 도착해 내가 거래하던 증권회사로 갔습니다. 그곳의 매니저는 내 오랜 친구 터커였지요. 거기서 지켜보는 동안 면화 가격은 좀더 떨어졌습니다. 나는 이전에 내가 틀렸다고 생각했던 것보다 지금 정확한 판단을 내렸다는 생각에 더 확신이 갔어요. 그래서 4만 베일을 추가로 매도했고, 면화 가격은 75포인트 떨어졌습니다. 면화 가격을 떠받쳐주는 매수 여력이 없다는 방증이었지요. 이날 시장은 좀더 하락한 채로 마감했습니다. 예전의 매수 에너지는 완전히 사라져버렸어요. 면화 가격이 어디까지 떨어져야 매수 에너지가 되살아날지 알 수 없었지만, 내 매도 포지션이 현명한 것이었다는 확신이 들었습니다. 다음날 아침 나는 자동차편으로 워싱턴을 떠나 뉴욕으로 향했어요. 서두를 이유는 하나도 없었지요.

필라델피아에 도착해 증권회사로 차를 몰았습니다. 면화시장에는 그야말로 참극이 벌어져 있었지요. 면화 가격은 폭락했고, 심각하지는 않았지만 패닉에 빠져 있었습니다. 나는 뉴욕에 도착할 때까지 기다리지 않았습니다. 내가 거래하던 증권회사에 장거리전화를 걸어 매도한 물량을 전부 정리했어요. 거래 보고서를 받아보니 앞서 손해 본 것을 전부 만회했다는 사실을 알게 됐습니다. 나는 더 이상 시세를 확인하기 위해 중간에 차를 세울 필요 없이 뉴욕으로 곧장 차를 몰았습니다."

역사는 똑같은 모습으로 반복된다

"핫스프링스에서 함께 했던 친구 몇몇은 요즘도 내가 점심식사 테이블에서 자리를 박차듯 일어나 1만 베일을 두 번째로 매도했던 이야기를 합니다. 그러나 다시 말하지만 그건 분명히 직감 때문이 아니었어요. 앞서의 실수로 인한 손실이 제아무리 컸다 해도, 이번에는 틀림없이 면화 선물을 매도할 때라는 확신에서 나온 충동이었습니다. 나는 유리한 입장에 설 수밖에 없었어요. 그건 나의 기회였습니다. 아마도 잠재의식이 발동해 나름대로의 결론에까지 이르게 됐을 겁니다. 워싱턴에서 추가로 매도한 것은 관찰의 결과였습니다. 오랜 세월에 걸친 트레이딩 경험에 따라 최소 저항선이 상승 추세에서 하락 추세로 바뀌었다는 것을 알 수 있었지요.

나는 앞서 100만 달러를 잃고도 면화시장에 전혀 원한 같은 것을 갖지 않았고, 그런 실수를 저지른 나 자신을 미워하지도 않았으며, 마찬가지로 필라델피아에서 매도 물량을 정리해 손실을 만회한 데 대해서도 자랑스럽게 생각하지 않았습니다. 내가 가진 트레이딩 정신은 오로지 트레이딩이라는 문제에만 집중합니다. 경험과 기억력 덕분에 첫 번째 손실을 만회했다고 말할 수 있다면 그것으로 충분하다는 생각이에요.

월스트리트에서 역사는 늘 똑같은 모습으로 반복됩니다. 스트래튼이 옥수수 선물을 매집했을 때 내가 매도 물량을 정리했던 경우를 기억합니까? 그런데 얼마 뒤 주식시장에서도 똑같은 전술을 써먹었어요. 트로피칼 트레이딩[4]이란 종목이었지요. 이 주식은 원래 강세와 약세 쪽에 번갈아 베팅해가며 수익을 거뒀던 종목이었어요. 언제나 거래가 활발해 모험

---

[4] Tropical Trading과 뒤에 나오는 Equatorial Commercial Corporation, 그리고 Mulligan 사장은 모두 가공의 회사와 인물이다.

을 좋아하는 트레이더들이 선호한 종목이었습니다. 신문에서는 이 회사의 내부자 무리가 장기적인 투자를 지원하기는커녕 단기적인 주가 등락에만 관심을 쏟는다는 비난 기사를 자주 실었지요. 언젠가 한번은 잘 아는 유능한 주식중개인이 단언하듯 이렇게 말했습니다. 주식시장을 조작해 큰돈을 번 것으로 따지자면, 이리 철도의 다니엘 드루나 아메리칸 슈가의 H.O. 해브마이어조차도 트로피칼 트레이딩의 멀리간 사장과 그 일당의 완벽한 수법을 따라가지 못할 것이라고 말이지요. 이들은 여러 차례 약세론자들로 하여금 TT 주식을 공매도하도록 유인한 다음 냉정하고 가차없이 그들을 압박했지요. 한마디로 수압 프레스로 짓누르듯 인정사정 봐주지 않았고, 서운한 감정 따위는 전혀 개입시키지 않았어요.

물론 TT 주식의 시장 이력에 따라다니는 '불미스러운 사건들'에 대해 이야기하는 사람들도 있습니다. 하지만 이렇게 비난하는 사람들은 공매도했다가 호되게 당한 경우일 겁니다. 룸 트레이더들은 내부 거래자들의 부정한 수법에 그렇게 자주 당하면서도 대체 왜 계속해서 그런 게임에 나서는 것일까요? 굳이 한 가지 이유를 찾자면 이들은 거래량이 많은 주식을 좋아하고, 그러다 보니 트로피칼 트레이딩에 빠져들었을 겁니다. 이 주식은 거래가 부진한 적이 없었어요. 그 이유야 아무도 알고 싶어하지 않았지요. 시간을 허비할 필요도 없었어요. 비밀정보에 따라 주가가 움직이기 시작할 때까지 가슴 졸이며 기다릴 필요도 없었습니다. 언제든 충분한 주식이 거래됐으니까요. 다만 정리해야 할 공매도 물량이 너무 많아 얼마 안 되는 유통 주식의 몸값이 치솟을 때는 제외하고 말이지요. 늘 새로운 호구들이 들어왔어요!

얼마 전 플로리다에서 평소처럼 겨울 휴가를 즐기고 있는데 이런 일이 있었습니다. 낚시를 즐기면서 한 묶음의 신문이 배달될 때를 제외하고는 일절 시장에 대한 생각을 끊고 지내던 중이었어요. 어느날 아침 일주일에 두 번 오는 우편물을 받아 시세표를 확인해 보니 트로피칼 트레이딩의 주가가 155달러로 나와있더군요. 내 기억에 지난번 시세표를 봤을 때는 140달러 근방이었어요. 당시 나는 시장이 약세로 기울고 있다는 시각을 갖고 있었는데, 주식을 공매도하기에 앞서 시간을 재고 있는 중이었지요. 하지만 그렇게 서두를 필요는 없다고 생각하고. 낚시나 하며 주가 티커도 외면한 채로 있었던 겁니다. 진짜 때가 되면 원래의 자리로 복귀할 것이란 점을 나는 잘 알고 있었으니까요. 아무튼 내가 한 일이나 하지 않은 일 모두 전혀 서두를 필요가 없는 것이었습니다."

실수를 용납하지 않는 주식시장

"그날 아침 신문에 따르면 트로피칼 트레이딩의 주가 움직임은 시장의 주목을 끌고 있었습니다. 덕분에 나는 시장 전반에 대한 약세 시각을 구체적으로 이용할 계기를 마련할 수 있었지요. 다른 종목들은 전부 무겁게 움직이고 있는데, 내부자들이 TT 주가를 끌어올린다는 게 너무 어리석은 짓이라는 생각이 들더군요. 시세를 조작하는 일도 반드시 늦춰야만 할 때가 있습니다. 비정상적인 모습은 트레이더의 눈에 결코 바람직하게 비쳐지지 않거든요. 이 종목의 주가를 끌어올리는 것은 치명적인 실수나 다름없어 보였습니다. 이런 끔찍한 실수를 저지르면 아무도 무사히 빠져나갈 수 없어요. 주식시장에서는 특히 그렇습니다.

신문을 다 읽고 난 뒤 다시 낚시를 하러 나갔으나 트로피칼 트레이딩의 내부자들이 하려는 짓에 대한 생각이 뇌리에서 떠나지 않더군요. 그들이 실패할 수밖에 없다는 사실은 마치 20층짜리 건물 꼭대기에서 낙하산도 없이 뛰어내리면 누구라도 처참하게 부서질 수밖에 없는 것이나 마찬가지로 아주 분명했어요. 도저히 다른 생각은 할 수가 없어 결국 낚시를 포기한 채 내가 거래하는 증권회사에 전보를 보내 TT 주식 2000주를 시장가로 공매도하도록 했습니다. 그러고 나서야 낚시를 즐길 수 있었어요. 낚시는 아주 잘 됐습니다.

그날 오후 내 전보에 대한 답신이 특급 우편으로 도착했습니다. 증권회사에서는 TT 주식 2000주를 153달러에 매도했다고 알려왔지요. 아직까지는 괜찮은 편이었습니다. 하락하는 시장에서 공매도한 셈이었는데, 이건 반드시 그렇게 해야 하는 것이었으니까요. 하지만 더 이상 낚시나 하고 있을 수는 없었습니다. 시세판에서 너무 멀리 떨어져 있었어요. 트로피칼 트레이딩 주식이 내부자의 시세조종에 따라 주가가 올라가지 않고 다른 종목들과 마찬가지로 하락할 수밖에 없는 이유를 하나하나씩 생각하다 보니 내린 결론이었습니다. 그래서 낚시 캠프를 떠나 팜비치로 돌아왔지요. 아니 뉴욕에 직통 전화를 걸 수 있는 곳으로 왔다는 표현이 더 적합하겠군요.

팜비치에 도착하자마자 나는 착각에 빠진 내부자들이 여전히 무슨 짓을 시도하고 있는지 확인한 뒤 TT 주식 2000주를 추가로 매도했습니다. 거래보고서를 받아보고는 다시 2000주를 매도했어요. 시장은 아주 멋지게 움직이고 있었지요. 내가 매도할 때마다 주가가 떨어졌던 겁니다. 모든 게 만족스럽게 돌아가자 나는 바깥으로 나가 체어라이드[5]를 탔습니다. 하지만 마냥 기쁘지만은 않았어요. 생각할수록 마음이 편치 않았는데, 그렇다면 충분히 팔지 않았기 때문이라는 생각이 들었어요. 그래서 다시 증권회사로 돌아가 2000주를 추가로 매도했습니다.

이 주식을 매도하고 있을 때만 기분이 좋더군요. 곧이어 공매도한 물량이 1만 주로 불어났습니다. 그러고 나서는 뉴욕으로 돌아가기로 마음

---

[5] chair ride. 앞에 차양이 쳐진 의자가 있어서 관광객이 여기에 올라타면 뒤에서 자전거를 몰 듯 운전해가는 것인데, 20세기 초 팜비치 같은 관광지에서 흔히 볼 수 있었다.

먹었지요. 이제 처리해야 할 비즈니스가 생긴 겁니다. 낚시야 언제든 하면 되니까요.

뉴욕에 도착해서는 무엇보다 먼저 이 회사의 사업 현황과 미래 전망을 알아볼 수 있는 정보원을 구했습니다. 내가 알아낸 사실은, 시장 전반의 분위기로 보나 회사의 실적으로 보나 도저히 그런 주가 상승을 용납할 수 없는 시점에 무모하기 짝이 없게도 주가를 끌어올리고 있다는 확신을 더 굳혀주었지요. 내가 공매도를 하기 시작한 것은 경험을 통해 내부자들이 어리석은 짓을 하고 있다는 사실을 알았기 때문입니다. 또 계속해서 공매도를 했던 것은 이 회사 상황이 주가를 끌어내릴 수밖에 없었기 때문이지요.

비록 논리에도 어긋나고 시점도 잘못된 주가 상승이었지만 일단 대중들은 관심을 갖게 됐고, 내부자들은 여기에 고무돼 자신들의 어리석은 전술을 계속 밀고 나갔습니다. 그래서 나는 추가로 매도했습니다. 내부자들은 바보짓을 멈췄어요. 나는 내 트레이딩 방식에 따라 시장을 계속해서 테스트했고, 마침내 공매도한 트로피칼 트레이딩 컴퍼니 주식이 3만 주에 달했습니다. 그때 주가는 133달러였어요.

경고의 목소리가 들려왔습니다. TT 내부자들은 월스트리트에 유통되고 있는 TT 주식이 정확히 누구에게 들어가 있는지 알고 있으며, 공매도 물량을 누가 얼마나 정리해야 할지는 물론 전술적으로 중요한 다른 사항들까지 다 파악해두었다는 겁니다. TT 내부자들은 유능한 친구들일 뿐만 아니라 교활한 트레이더들이었어요. 종합적으로 고려해볼 때 이들과 맞선다는 건 위험한 일이었습니다. 그러나 사실은 사실이며, 시장을 둘러싼 여건이야말로 무엇보다 강력한 동맹군이었지요.

물론 153달러에서 133달러로 떨어지는 과정에서 공매도를 정리한 투기자들도 많았고, 주가가 조정을 받을 때 매수하는 대중들도 평소처럼 떠들어대기 시작했습니다. 이 주식은 153달러 이상일 때도 괜찮은 매수 대상으로 여겨졌지요. 그런데 이제 20포인트나 떨어졌으니 당연히 훨씬 더 매력적인 매수 대상이 된 셈이었어요. 똑같은 주식에 배당금도 그대로고 경영진과 사업 내용도 그대로였습니다. 그러니 얼마나 싸게 보였겠어요?

대중들이 매수에 나서자 이 주식의 유통 물량이 줄었고, 상당수의 룸 트레이더들이 공매도했다는 사실을 알고 있던 내부자들은 공매도 투기자들을 압박하기에 적절한 시점이라고 판단했습니다. 주가는 금세 150달러까지 상승했지요. 아마도 공매도를 정리하는 물량이 많았겠지만 나는 꿋꿋이 견뎌냈습니다. 왜 내가 움직여야 한단 말입니까? 3만 주의 공매도 물량이 정리되지 않았다는 걸 내부자들이 알았을 수도 있지만, 그렇다고 해서 내가 겁을 집어먹을 필요가 있을까요? 맨 처음 153달러에 매도하기 시작했던 이유나 133달러까지 떨어지는 동안 계속해서 추가로 매도했던 이유는 지금도 여전히 유효할 뿐만 아니라 그 어느 때보다 더 강력해졌어요. 내부자들은 강제로라도 공매도 물량을 정리하도록 만들고 싶었겠지만 내가 납득할 만한 근거를 내놓지 못했어요. 기본적인 시장 여건은 나에게 유리하게 돌아갔습니다. 두려워하지 않고 참고 견디는 것은 전혀 어렵지 않았어요. 투기자는 모름지기 자기 자신과 자기가 내린 판단에 믿음을 갖고 있어야 합니다. 뉴욕면화거래소 이사장을 지냈고, 《예술로서의 투기》라는 저서로 유명한 고 딕슨 G 와츠는 이렇게 말했지요. 투기자에게 용기란 단지 자기가 마음 먹은 것을 행동으로 옮길 수 있는 신념이라고 말이지요. 나는 틀린 것으로 판명 날 때까지는 절대로 내가 틀렸다고 생각하지 않기 때문에 틀렸을지 모른다는 두려움은 전혀 갖지 않습니다. 사실 기분이 편치 않을 때는 경험을 제대로 활용하지 못한 경우에요. 어느 시점에 시장이 어떻게 움직인다고 해서 반드시 내가 틀렸다는 것은 아닙니다. 내가 취한 시장 포지션이 옳은지 그른지 결정하는 것은 상승세 혹은 하락세의 성격이지요. 지식이 있어야 비로소 일어설 수 있습니다. 내가 주저앉는다면 그건 틀림없이 나 자신의 실수 때문일 겁니다."

경험과 기억을 다시 끄집어내다

"주가가 133달러에서 150달러로 반등하는 과정에서 내가 공매도 물량을 정리해야 할 정도로 두려운 것은 없었습니다. 더구나 예상했듯이 주가는 곧바로 다시 하락하기 시작했지요. 140달러 밑으로 떨어지자 내부자들이 주가를 떠받치기 시작했습니다. 이들의 매수와 동시에 주가 상승을 부추기는 루머들이 쏟아졌지요. 내가 듣기로는 이 회사가 아주 대단한 순이익을 거두고 있는 중이며, 이 같은 실적에 비춰볼 때 정규 배당금이 증액될 것이라고 하더군요. 또 공매도 물량을 정리하려는 투기자들이 엄청나게 많으며, 세기적인 공매도 압박이 통상적인 약세 투기자들, 특히 상당히 오랫동안 물고 늘어진 어떤 투기꾼에게 타격을 줄 것이라고 했습니다. 내부자들이 주가를 10포인트 끌어올리는 동안 내가 들은 온갖 루머를 이야기하자면 한도 끝도 없을 겁니다.

나로서는 내부자들의 이런 시세조종이 특별히 위험하다고 느껴지지는 않았지만, 주가가 149달러까지 오르자 월스트리트가 시중에 떠도는 주가 띄우기 루머를 전부 사실인양 믿게 해서는 안 되겠다고 생각했습니다. 물론 나도 그렇고 다른 순진한 외부인 누구나 그렇듯이, 이미 겁을 집어먹은 공매도 투기자나 주위들은 정보에 따라 매매하는 귀 얇은 증권회사 고객들에게 새로운 신념을 심어줄 방법은 따로 없습니다. 가장 효과적이고 품위 있는 대응방식은 주가 테이프에 그대로 찍혀 나오는 겁니다. 사람들은 다른 누구의 말도 믿지 않을 때라 하더라도, 더구나 3만 주를 공매도 해놓고 있는 인물의 말은 귓등으로도 듣지 않을지라도 주가 테이프에 찍혀 나오는 것은 믿을 테니까요. 그래서 나는 앞서 스트래튼이 옥수수를 매집했을 때, 트레이더들로 하여금 옥수수를 매도하도록 하기 위해 귀리를 매도했던 것과 똑같은 전술을 쓰기로 했습니다. 경험과 기억을 다시 끄집어낸 것이었지요.

내부자들이 공매도 투기자들을 겁주겠다는 심산으로 트로피칼 트레이딩의 주가를 끌어올리는 동안 나는 굳이 이 주식을 추가로 매도해 상승세에 제동을 걸려고 하지 않았습니다. 이미 3만 주나 공매도한 상태였고, 이건 유통 주식 가운데 상당히 큰 물량이라 이 정도면 섣불리 공매도한 것이라고 생각했지요. 내부자들이 나를 위해 친절하게 깔아놓은 올가미에 스스로 목을 들이밀 필요는 없었습니다. 사실 두 번째 반등은 진짜 다급하게 나를 불러 세웠어요. TT 주가가 149달러까지 올랐을 때 내가 한 일은 이퀴토리얼 커머셜 코퍼레이션 주식 1만 주 정도를 공매도한 것이었습니다. 이 회사는 트로피칼 트레이딩의 대규모 지분을 갖고 있었지요.

이퀴토리얼 커머셜 주식은 TT 주식만큼 거래가 활발하지 않아 내가 공매도하자 주가가 급락했습니다. 예상한 대로였지요. 당연히 내가 노린 소기의 목적은 달성한 셈이었어요. 트레이더들은 물론 TT 주가의 일관된 상승 예상에 귀를 기울였던 증권회사 고객들까지 TT 주가가 올라가는 동시에 이퀴토리얼은 대량 매도 주문과 함께 급락하자, 자연히 TT의 강세가 단지 연막 작전이라고 생각하게 된 겁니다. 즉 TT의 최대 주주인 이퀴토리얼 커머셜이 보유 지분을 보다 쉽게 매각하기 위해 TT 주가를 끌어올리려 한 시세조종이라고 본 거지요. 트로피칼 트레이딩의 주가가 대단한 강세인데, 이런 때 그렇게 많은 공매도 물량을 쏟아낼 외부자는 아무도 없을 것이므로, 이건 당연히 이쿼토리얼 내부자가 보유하던 주식이라고들 생각했습니다. 이들이 트로피칼 트레이딩 주식을 매각하자 주가 상승세는 제동이 걸렸고, 내부자들도 매도 주문이 쏟아져 나오는 이 주식을 전부 받아줄 생각은 없었지요. 내부자들이 발을 빼자 곧바로 TT 주가는 하락했습니다. 트레이더들과 주요 증권회사에서는 이제 이쿼토리얼 주식도 매도했고, 나는 공매도했던 이쿼토리얼 주식을 약간의 이익과 함께 정리했어요. 어차피 내가 이쿼토리얼 주식을 공매도한 목적은 이 주식을 매매해 돈을 벌겠다는 게 아니라 TT 주가의 상승세에 제동을 걸겠다는 것이었으니까요.

그 뒤로도 가끔씩 트로피칼 트레이딩의 내부자들과 이들이 고용한 부지런한 홍보직원들은 주가 상승을 부추기는 각종 재료를 월스트리트에 퍼뜨려 주가를 끌어올리려고 시도했습니다. 그럴 때마다 나는 이쿼토리얼 커머셜 주식을 공매도했고, TT 주가가 조정을 받아 EC 주가도 동반 하락하면 공매도한 EC 주식을 정리했지요. 이로 인해 시세조종 주도자들은 당황할 수밖에 없었습니다. TT 주가가 마침내 125달러까지 떨어지자 공매도를 정리하려는 투기자들이 그야말로 폭발적으로 늘어나 내부자들은 금세 주가를 20~25포인트나 올려놓을 수 있었지요. 이번에는 지나치게 오랫동안 공매도했던 투기자들에 맞서 합법적으로 주가를 부양한 것이었습니다. 하지만 나는 이런 반등세를 예상하고 있었기 때문에 공매도 물량을 정리하지 않았지요. 내 매도 포지션을 잃고 싶지 않았습니다. TT 주가가 상승하면서 EC 주가도 동반 상승하기 전에 나는 EC 주식을 대량으로 공매도했지요. 내가 거둔 성과는 늘 비슷했습니다. 이렇게 함으로써 갑자기 급상승세를 보인 뒤 뜨겁게 달아오른 TT 주식의 강세 이야기가 거짓임을 드러낼 수 있었지요.

이 무렵 시장 전반의 약세 분위기가 한층 뚜렷해졌습니다. 앞서 말했듯이 내가 플로리다의 낚시 캠프에서 TT 주식을 공매도하기 시작한 것은 지금 시장이 약세장이라는 확신 때문이었어요. 나는 다른 몇 종목도 공매도해놓고 있었지만 내가 가장 애착을 가졌던 것은 TT 주식이었지요. 마침내 시장을 둘러싼 상황이 너무 나빠지자 내부자들은 더 이상 저항할 수 없었고, TT 주가는 급락했습니다. 수 년 만에 처음으로 TT 주가는 120달러 밑으로 떨어졌어요. 그러고는 110달러가 무너졌고, 100달러 아래로 추락했습니다. 그때까지도 나는 공매도 물량을 정리하지 않았어요. 시장 전체가 극도로 위축돼 트로피칼 트레이딩 주가가 90달러 밑으로 추락해 신음하던 날 나는 공매도 물량을 정리했습니다. 지금까지와 똑같은 이유에서였습니다! 내게 기회가 왔으니까요. 거래량은 아주 많았고, 약세 분위기였으며, 매수자보다 매도자가 넘쳐났습니다. 나 스스로 자꾸만 똑똑하다는 소리를 반복하는 것 같지만 그래도 말해야겠군요. 나는 공매도한 TT 주식 3만 주를 이번 대세하락 과정에서 사실상 최저가로 매수했습니다. 하지만 내가 바닥에서 공매도 물량을 정리하겠다고 마음먹었던 것은 아니에요. 나는 그저 내가 거둔 평가이익을 현금화하는 과정에서 손실을 최소화하고자 했을 뿐입니다.

내 매도 포지션이 옳다는 것을 알았기에 꿋꿋이 견뎌낼 수 있었지요. 나는 시장의 추세에 역행하지 않았고, 기본적인 시장 여건을 거스르지도 않았습니다. 오히려 그 반대였어요. 그 점이 바로 내가 스스로를 과신하던 내부자 무리들의 실패를 믿어 의심치 않았던 이유지요. 그들이 다른 사람들을 상대로 시도했던 시세조종은 이전에도 행해진 적이 있었고, 항상 실패했어요. 반등은 자주 있었지만, 내가 다른 사람들과 마찬가지로 그런 반등이 올 것이라는 것을 알았을 때조차도 나는 전혀 겁먹지 않았습니다. 나는 꿋꿋이 견뎌내는 것이 일단 공매도 물량을 정리했다가 더 높은 가격에 새로 공매도를 시도하는 것보다 종국에 가서는 훨씬 더 나을 것이라는 점을 잘 알고 있었어요. 내가 옳다고 생각하는 포지션을 고수함으로써 나는 100만 달러가 넘는 돈을 벌었습니다. 나는 직감에 기대지도 않았고, 대단한 주가 예측 능력을 구사하지도 않았으며, 오로지 용기 하나만 믿고 버틴 것도 아니었어요. 이건 내가 내린 판단에 대한 나 자신의 믿음이 가져다 준 보상이었지, 결코 내가 똑똑해서 혹은 자부심이 강해서 얻어진 결과가 아니었습니다. 지식은 강력한 힘이고, 강력한 힘이 있다면 거짓말을 두려워할 필요가 없습니다. 주가 테이프를 통해 거짓말을 흘려 보낸다 해도 말이지요. 거짓말은 순식간에 자취를 감춰버립니다.

1년 뒤 TT 주가는 다시 150달러까지 올라 2주 가량 이 시세를 유지했습니다. 시장 전반은 이미 쉬지 않고 오른 탓에 적당한 조정이 불가피한 상태였고, 강세 분위기가 더 이상 이어질 수는 없었습니다. 내가 시장을 테스트해보고 알아낸 사실이었지요. 그런데 TT 주식이 속해 있는 업종의 경기가 아주 나빠 고전하고 있었어요. 이 업종 주식들은 도저히 상승의 단서를 찾아볼 수 없었습니다. 실제로 그렇지도 않았지만 시장의 나머지 다른 주식들이 전부 상승한다 해도 그랬어요. 그래서 나는 트로피칼 트레이딩 주식을 공매도하기 시작했습니다. 나는 도합 1만 주를 공매도할 생각이었지요. 내가 매도하자 주가는 떨어졌습니다. 어떤 식으로든 주가를 떠받치려는 움직임은 볼 수 없었어요. 그런데 갑자기 매수의 성격이 바뀌어버리더군요.

주가를 떠받치는 지지 세력이 들어온 순간을 확실히 말할 수 있다고 해서 내가 무슨 마법사인양 행세하려는 것은 아닙니다. 주가를 끌어올리는 게 결코 자신의 도리라고 여기지 않던 내부자들이, 시장 전반이 하락하는데도 불구하고 여기에 맞서 주식을 매수하고 있다면 틀림없이 이유가 있을 것이라는 생각이 퍼뜩 들었어요. 이들은 무지한 바보천치도 아니고 자선사업가도 아니었습니다. 그렇다고 장외시장에서 더 많은 주식을 팔기 위해 주가를 끌어올리려는 투자은행가들은 더더욱 아니었지요. TT 주가는 나의 공매도와 다른 투기자들의 매도에도 불구하고 상승했습니다. 153달러까지 오르자 나는 공매도한 1만 주를 정리했고, 156달러로 올랐을 때는 매수 포지션으로 돌아섰습니다. 이때는 이미 주가 테이프를 통해 최소 저항선이 상향 추세로 바뀌었다는 사실을 알았으니까요. 나는 시장 전반에 대해서는 약세 시각을 갖고 있었지만, 일반적인 투기 이론이 아니라 한 가지 주식의 매매 상황이 내 앞을 가로막아선 셈이었습니다. 주가는 순식간에 날아올라 200달러를 돌파해버리더군요. TT 주식은 그해 최고의 선풍을 몰고 온 종목이었습니다. 내가 공매도했다가 매수 세력한테 당해 800만~900만 달러를 날렸다는 이야기가 퍼지고 신문에까지 난 것을 보고 나는 고소를 금치 못했어요. 실제로는 TT 주가가 계속 올라가는 동안 나는 공매도를 한 게 아니라 매수 포지션을 취해놓고 있었습니다. 사실 나는 조금 너무 오래 보유했고, 그로 인해 내가 거둔 평가이익을 일부 잃기도 했습니다. 내가 왜 그랬는지 알고 싶습니까? 나는 TT 주식의 내부자들도 당연히 내가 그들 입장이라면 했을 행동을 할 것이라고 넘겨짚었기 때문입니다. 그런데 내가 해야 할 일은 매매하는 것이지, 그런 건 내가 생각할 게 아니었어요. 다시 말해 내가 매달려야 할 것은 내 앞에 놓인 사실들이지, 다른 사람들이 어떻게 해야 할 것이라고 넘겨짚는 것이 아니었던 겁니다.

〈*Saturday Evening Post*〉 1922년 10월 21일

10
투기 거래에서는 어떤 것도 100% 확신할 수 없다

주식시장은 증권 기자들이 좋아하는 표현대로 형세 반전으로 인해 신음하고 있었다. 강세장이 꽤나 오랫동안 이어지면서 얼마 전까지도 낙관주의가 만연했고 '묻지마' 식의 분위기가 팽배했었다. 희생자들은 늘 그래왔던 것처럼 이번에도 정확한 이유보다는 변명거리를 구하고 있다.

나는 증권가에 볼 일이 있어 가는 길에 여러 친구를 만났는데, 다들 아는 체만 하고는 급히 사라졌다. 그러고 보니 뭔가 이해할 수 없는 끔찍한 하락세가 진행 중이라는 걸 느낄 수 있었다.

우연히 만난 월스트리트의 옛 친구 표정을 보니 이날의 급락이 진짜 심각한 게 아닐까 하는 생각이 들었다. 그는 멈춰 서서 악수를 나누고는 자꾸만 자기와 함께 가자고 졸라댔다.

"우리 사무실로 가자고. 즐거웠던 옛날 얘기나 하잔 말일세." 그가 재촉했다.

그가 시장의 건전한 조정에는 흔들리지 않는다고 생각하니 마음이 가벼워져 나는 이렇게 말했다. "기쁘군! 옛날이 그립네, 그치?"

"누가 그립다고?"

"옛 시절 말일세."

"아이고, 요즘 사업은 죽을 맛이야! 자네가 은퇴한 건 정말 현명한 행동이었어." 그가 바라보는 눈빛에는 나를 대단하다고 여기는 마음은 털끝만치도 없었고 오히려 기분 나쁜 시기심만 가득했다. 그는 사실 내가 예기치 못하게 큰돈을 번 것을 비난하려고 "은퇴"라는 말을 꺼냈던 것이다. 그때의 그 특별했던 주식 거래에서, 어떻게 쓸지 전혀 생각해보지도 못했던 수익을 거두자, 나는 현명하게도 더 이상 걱정 없이 살 궁리를 했고 그래서 월스트리트를 떠났던 것이다.

값비싼 끄트머리

수수료 수입에만 만족하지 않고 열심히 트레이딩해서 은퇴하기에 충분한 돈을 벌려고 하는 주식중개인이 어떤 부류인지 목소리만 듣고도 구분할 수 있다면, 이런 사실 역시 이해할 수 있을 것이다. "딱 10만 달러만 더 벌면 그때 은퇴할 거야" 같은 말만 하지 않았더라면 뉴욕증권거래소 회원 수백 명이 "은퇴한" 현명한 동료들을 질시하지 않을 거라고 말이다. 마지막 끄트머리가 너무너무 값비싼 것이다.

예전에 내 동료이기도 했던 이 금융업자는 스스로를 자책하듯이 신랄한 어조로 재차 말했다. "박수칠 때 떠난 자네야말로 정말 현명했어."

그가 머리 속으로 어떤 주식 거래를 생각하고 있는지 몰랐던 나는 공감을 나타내며 이렇게 물었다. "무슨 주식 때문에 그래?"

그도 지난 번 만났을 때보다 흰머리가 많이 늘었다. 나는 항상 그가 좋았다. 내 공감은 진심이었다.

"무슨 주식이라니, 그게 무슨 뜻이야?" 그가 얼굴을 찡그렸다.

"자네가 은퇴할 수 있었던 돈을 날리게 만든 주식 말일세."

"뭐, 그건 주식이 아니야. 그건, 그래 인생이지. 월스트리트도 예전 모습이 아냐."

"아, 옛날 그대로지." 내가 말했다.

"아냐!" 그가 대들듯이 부정했다.

"이 친구야, 그렇게까지 자학할 필요는 없네." 내가 달래듯 말했다. "적어도 방금 지나간 기회를 보면 그렇지. 그건 충분히 논리적이야. 하지만 월스트리트가 예전 모습이 아니라는 자네 말은 틀렸네. 월스트리트는 늘 옛날 그대로지. 월스트리트는 지금 모습 그대로 시작했고, 시작했던 모습 그대로 끝날 거야. 바뀌는 건 자네 마음이지. 여기서의 게임은 이길 수 없다는 것을 자네도 분명히 깨닫고 있을 거야. 또 그만둬야 할 시점은 붐이 끝났을 때라는 것도 알겠지. 왜냐하면 그 시점이야말로, 장세가 지루했을 때 같았으면 '이 정도 벌고 난 다음에는 은퇴해야지' 하고 생각했던 것보다 두 배는 더 벌었을 테니까 말이야. 자네는 오래 전부터 마음속에 아주 편안한 노후를 담아두고 있지만, 어떤 주식 거래에서 큰 수익을 거둘 때마다 자네의 은퇴 목표액은 더 올라가고, 그래서 이렇게 붙잡혀 있는 거지. 조금만 더 있다가, 조금만 더, 그러면서 말이야."

"말도 안 돼! 오늘 돈만 충분히 벌면……." 그가 부인했다.

"말도 안 돼!" 내가 부정했다. "자네가 오늘 은퇴해도 될 만큼 충분히 돈을 번다 해도 내일까지 또 기다릴 거야. 왜냐하면 다음에 또 전쟁이 터지고 생활비가 오를 것에 대비해 더 많은 안전 마진을 확보해야 한다고 생각할 테니 말이지. 자네의 문제는 대부분의 나이든 주식중개인들이 갖고 있는 문제야. 이들은 평생 공돈을 벌어왔으면서도 절대 한번에 그만두지 못하거든. 호구 근성에 푹 빠져 있는 거지. 자네는 아주 유식해서 순진한 호구는 되지 않겠지만 그렇다고 해서 현자(賢者)가 될 정도는 아니야. 내 말은 시장이 한쪽으로 격렬하게 움직일 때 자네는 겁이 나서 한껏 내지르지 못한다는 것은 알지만, 세월도 그렇게 빨리 지나간다는 사실은 알지 못하지. 사실 월스트리트에서 충분한 은퇴 자금을 가장 쉽게 벌 수 있는 방법은 정확한 시점에 호구가 되는 거야. 그렇게 따분해하지 말게나. 주식시장에 붐이 일면 누가 가장 많은 돈을 버는지 한번 생각해 보게. 호구들이야. 그러나 붐이 일었을 때 무지에서 나온 용기로 무조건 내질러 큰돈을 벌었다고 해서 호구라는 건 아니네. 이들이 호구가 되는 건 영리하게 굴다가 강세장에 너무 오래 머무르기 때문이지. 자네도 벌써 30년 이상 있었으니 너무 오래 있은 것 아닌가."

"말은 쉽지." 그가 빈정대듯 말했다.

"아냐, 자네 같은 친구한테 이런 말 하기는 무척 어려워. 자네는 절반밖에 모르기 때문에 절반밖에 치유할 수 없지. 자네는 여기서 하는 이 게임은 이기기가 힘들다고 생각해. 하지만 이길 수 없는 게임이라고는 깨닫지 못하지. 자네는 딕이나 빌이 얼마를 벌었는지는 기억하지만, 그렇게 돈을 번 수많은 사람들이 저녁 때 카지노에 가서 그 돈을 다 잃는다는 것은 잊고 있지. 그 사람들이 룰렛에 돈을 걸어 한 번은 거액을 딸 수도 있지만, 계속해서 룰렛 게임을 해서는 아무도 돈을 벌 수는 없다는 건 자네도 잘 알아. 그런데 주식시장에서는 다르지. 자네는 고객들이 이길 수 없다는 건 알면서도, 자기는 이길 거라고 생각해. 똑똑한 체 하는 거지!"

"자네는 아직도 여전하구만!" 그가 처음으로 미소를 지어 보였다. 예의 고집스러운 내 모습이 즐거웠던 모양이다.

"뭐가 그렇게 재미있나?" 내가 물었다.

"일관성이 없잖아. 사람들이 월스트리트에서 돈을 번다고 해놓고서는……."

"저녁 때 카지노에 가지." 내가 말을 끊었다. "다음날 밤이 되면 그 사람들은 돈을 다 날려."

"그래 좋아, 그런데 자네가 쓴 래리 리빙스턴에 관한 기사를 읽고 있거든." 그가 반박했다. "자네는 이 게임은 이길 수 없는 것이라고 말해놓고서는 래리 리빙스턴이 어떻게 수백만 달러를 벌었는지 얘기하는 시리즈 기사를 싣고 있어. 그 돈은 전부 주식시장에서 번 것이고, 그는 요트랑 경주마랑 온갖 것들을 다 샀잖아."

"하지만 그 자신도 얘기하잖아. 이 게임은 이길 수 없다고 말이야." 나도 굽히지 않았다.

"그렇지만 그는 백만장자야." 내 친구는 느긋하게 미소를 지었.

"자네가 어느 정도의 지식을 갖고 생각해 가면서 그 기사들을 읽었다면 그가 거둔 성공이야말로 누구도 주식시장을 이길 수 없다는 것을 입증해준다는 사실을 알았을 거야."

"만일 주식시장을 이기지 못하고도 리빙스턴만큼 돈을 벌 수 있다면 나도 굳이 주식시장을 이기지 않겠네." 그는 유쾌하게 말했다.

"자네는 30년이나 월스트리트에 있었잖아!"

"39년이네." 그가 힘있는 목소리로 바로잡았다. 대개의 사람들은 살다 보면 언젠가는 자기가 쓸데없이 너무 오랫동안 같은 일을 해왔다는 생각을 할 때가 오게 마련이다. 마치 공포정치 시절 프랑스 귀족이 단두대에 끌려가서야 그런 생각을 했을 때처럼 말이다.

"자기 일을 정확히 개괄하는 법을 배우는 데는 대부분의 경우 그보다 더 오랜 세월이 걸리지." 내가 위로하듯 얘기했다. "그러니까 자네처럼 39년씩이나 꿋꿋하게 자리를 지키는 것이고. 더구나 다른 일처럼 재미도 느끼면서 말일세."

리빙스턴 따라 하기

어느새 우리는 그의 증권회사에 도착했다. 나는 이전부터 잘 알고 있던 시니어 파트너와 악수를 나눈 다음 처음 보는 주니어 파트너와도 악수를 했다. 내 친구는 약간 쑥스러워하는 투로 주니어 파트너에게 말했다. "〈새터데이 이브닝 포스트〉에 그 기사를 연재하고 있는 친구야."

"아, 네." 주니어 파트너는 흥미가 솟구치는 듯이 말했다. "리빙스턴은 요즘 시장에 대해 어떻게 생각하나요? 강세 쪽으로 얘기합니까, 아니면 공매도하고 있습니까?"

"그가 무슨 생각을 하고 있는지는 나도 모른다네. 그가 지금 뭘 하는지는 묻지 않으니까. 나는 그가 무슨 일을 해왔는지에 더 관심이 많거든. 과거는 역사고, 우리가 다뤄야 할 사실들이 거기에 있지. 미래는 예상하는 거고, 그건 내가 지금 쓰고 싶은 게 아닐세."

주니어 파트너는 의아하다는 듯이 물끄러미 나를 바라봤다. 믿기지 않지만 순전히 예의를 지키기 위해 가만히 참고 있는 눈치였다. 하지만 곧 고개를 가볍게 끄덕였다.

"아, 알겠군요!" 그가 말했다. "맞아요. 그게 그 사람 문제지요. 그 사람을 따라 하려 했던 사람들은 죄다 돈을 날렸으니까요."

"내 말은 그게 아닌데." 내가 난처한 목소리로 말했다.

"그 사람을 잘 아는 친구들을 여럿 알아요. 그 사람과 아주 가까운 친구들이지요! 그런데, 그 사람이 강세 시각을 가져서 그들이 뭘 매수한다든가, 그 사람이 공매도해서 뭘 매도한다는가 하면 꼭 손해를 봐요. 이 친구들은 그가 일부러 잘못된 정보를 줬다고 비난하지는 않았지만 결국 따라 하기를 포기했지요. 그는 순식간에 포지션을 바꾸지요. 우리가 여전히 20포인트는 더 급락할 거라고 예상하고 있는데 그는 공매도 물량을 정리하는 겁니다. 그러면 이 친구들은 그도 종종 틀린다고 얘기하지요. 그렇게 틀리면 그도 수백만 달러를 날리는 겁니다."

"그는 기민하게 움직인다네." 내가 말했다. "그는 주가 테이프를 읽으면서 어떤 편견도 갖지 않지."

"그 사람이 늘 수백만 달러를 버는 건 아니지요." 주니어 파트너가 말했다.

"그가 호구 짓을 할 때마다 그에 상응하는 대가를 톡톡히 치른다는 사실을 그는 전혀 숨기려 하지 않는다네." 내가 재차 강조했다.

"그 사람도 종종 틀리는 데다, 맞을 때조차 따라 할 수 없다면 대체 답이 뭡니까?" 주니어 파트너가 말했다.

나는 웃었다. 주니어 파트너는 표정이 일그러졌다. 그는 무척 젊었고 아주 진지했고 꽤나 아는 게 많았다.

나는 아량을 갖고 설명했다. "젊은이, 나이든 사람은 다들 이렇게 때로 웃는다네. 참지를 못하거든. 나는 잠시 전 여기 있는 자네 회사 고참 파트너한테 리빙스턴도 이 게임을 이기지 못한다고 말했다네. 하지만 자네가 태어나기 전부터 월스트리트에서 활동한 자네 상사도 내 말을 믿지 못했지. 그런데 자네가 리빙스턴에 대해, 또 리빙스턴을 따라 하려고 했던 그의 친구들에 대해 하는 얘기를 듣자니 제임스 R. 킨이 신뢰했던 주식중개인들이 떠오르는군. 이들은 킨을 따라 하려다가 돈을 날렸다고 얘기하곤 했지. 몇몇은 돈을 잃은 게 하도 억울했던지 킨이 자기들을 배신했다고, 물론 등 뒤에서 그를 비난하기도 했다네. 사실 킨은 이들이 시장에서 감히 자기를 따라 한다는 것을 신경 쓰지도 않았지."

큰손 추종자들이 돈을 날리는 이유

내가 보기에 주니어 파트너는, 오늘은 분명히 어제와 다르다고 생각하는 것 같았다. 그는 아주 정중한 목소리로 말했다. "물론 리빙스턴의 사례는 그저 그의 친구들이 지나가는 말로 하는 것을 들었을 뿐이에요. 나는 아직껏 그와 얘기를 나눠본 적이 없거든요."

"자네가 그와 하루에 수천 번을 만나 얘기한다 해도 달라질 건 없네." 내가 말했다. "누구도 리빙스턴 같은 슈퍼 트레이더를 따라 해서 돈을 벌 수는 없다네. 리빙스턴이 자기 주식중개인한테 내는 모든 주문 내용을 다 알더라도 말이야. 이유는 많지. 큰손 투기자와 가까운 친구들은 하나같이 바로 그 큰손 투기자 때문에 돈을 날리지. 나는 그렇지 않은 경우를 한 번도 못 봤어. 그들은 돈을 날린 다음 농담 삼아 나한테 얘기하지. 지금은 세상을 떠난 H.O. 해브마이어가 그의 가까운 친척한테 이런 말을 했다는 거야. 가장 적은 비용으로 슈가 주식을 투기할 수 있는 곳은 버킷샵이라고. 버킷샵에서는 주가가 1포인트만 떨어지면 대부분 깡통을 차게 되니까 말이야. 그런데 정식 증권회사 고객들은 대부분 슈가 사장의 자금이 들어올 거라고 믿고 계속 밀고 나가거든. 내가 아는 머리 잘 돌아가는 주식중개인 친구가 이런 말을 해주더군. 내가 킨하고 정말 친했다면 6개월 안에 파산했을 거라고 말일세. 그래서 내가 말했지. '나는 킨에게서 비밀정보 따위는 듣지 않을 텐데?' 그러자 그가 대답하더군. '아, 그건 그의 비밀정보 때문이 아니야. 오히려 뭐랄까, 살아있는 사람이라면 절대 거부할 수 없는 초특급 정보라고나 할까. 그 노회한 인물은 자네한테 어떤 주식을 사라거나 팔라고 얘기 안 하지. 그는 단지 얘기하는 중에 자기가 볼티모어 앤 오하이오 주식 6만 주를 보유하고 있다고, 그러니까 크리스마스 전에 주당 10포인트의 수익을 얻을 것으로 생각한다고 말할 뿐이야. 세상에 자네, 아니 살아있는 사람이라면 누구든 그 주식을 매수하고 싶지 않겠나? 킨이라는 인물이 자기가 강세 시각을 갖고 있는 주식을 어떻게 할지 뻔히 알고 있으니 말이야. 내가 장담하건대, 자네는 따라 할 수밖에 없을 거야. 킨을 이용해 돈을 벌 수 있는 방법은 딱 하나뿐이지. 그에게로 가서 돈을 얼마 준 다음 자기한테 좋아 보이는 주식을 뭐든 사거나 팔도록 하고는 그 거래를 마칠 때까지 절대 아무 말도 해주지 말라고 하는 거야. 물론 그가 자네 판돈을 건 주식에서 손해를 볼 수도 있어. 그렇다고는 해도 자네가 허망하게 돈을 날리는 것보다야 낫겠지.' 나는 웃었지만, 그는 진지하게 얘기하더군. '그가 의도적으로 그러는 건 아냐. 하지만 다른 사람들처럼 그도 틀리지. 어느 해인가는 그가 수십만 주를 거래했는데, 그나마 파산하지 않을 수 있었던 건 경마 경주에서 돈을 딴 덕분이었지. 무슨 말이냐 하면, 킨 같은 승부사는 자기가 옳았을 때 워낙 많은 돈을 벌기는 하지만 연속해서 실수를 저지르면 결국 그의 재산도 타격을 받는다는 거야.' 나에게 그 얘기를 해준 친구는 한창 시절 최고로 영리한 주식중개인이었다네. 내가 자네를 보고 웃었던 것은, 이 분야에 뛰어든 지 8년 어쩌면 10년 정도밖에 안 되는 자네가 내게 월스트리트의 오래된 이야기를 하니까 그랬던 것일세."

주니어 파트너는 억지로 정중한 표정을 지으며 고개를 끄덕였다. 확신할 수 없다는 기색이 역력했다. 역사가 반복된다는 사실은 젊은이에게 화를 돋울 뿐이다. 그가 분명하게 알 수 있는 것은 리빙스턴이 결과적으로 큰돈을 벌었다는 점이다. 그건 그의 추종자 역시 꾸준히 그를 따라 한다면 궁극적으로 돈을 벌어야 한다는 의미였다. 따지거나 분석하거나 정상 참작의 여지를 논할 필요조차 없었다.

주니어 파트너와 시니어 파트너는 물론 내가 그날 만난 고객들까지도 전부 리빙스턴에 대해 똑같은 시각을 갖고 있었다. 그들은 하나같이 그가 얼마나 벌었는가 하는 것만이 그가 거둔 승리의 내용을 알려준다고 생각했다. 그가 이 게임에서 이겼으니, 이 게임은 다른 맹목적인 도박꾼들도 이길 수 있는 것이어야 했다. 정말로 꼭 필요한 것들, 그러니까 기본적인 경제 상황에 대한 지식, 온갖 투기적인 시장에서 터득한 경험, 그리고 현명함과 논리, 용기, 이런 것들을 즉각 뭉쳐내는 힘의 결합 같은 것들은 리빙스턴의 성공을 얘기하면서 하나도 고려하지 않았다.

나 자신의 오랜 경험에서 느낀 점을 이야기하겠다. 사람들한테 투기라든가 트레이딩 철학을 일반화해서 말해주면 그런대로 들으려고는 하지만, 이건 나중에 듣고 우선 어떻게 하면 돈을 벌 수 있는지부터 들으려고 한다. 대개의 증권회사에서 보는 대개의 고객들은 말할 것도 없고 프로 트레이더들조차 킨이나 워리쇼퍼, 리빙스턴 같은 인물들이 때로 수백만 달러를 번 이유를 분석해서 들려주면 하품을 한다. 그런데 누군가가 어떤 주식을 66달러에 매수하기 시작해 피라미딩 방식으로 1만 주까지 보유 물량을 늘려 마침내 7주 만에 23포인트의 수익을 거뒀다고 차근차근 이야기하기 시작하면, 사람들은 마치 티커가 마음속에서 울려대는 것처럼 온 정신을 집중해서 듣는다. 게다가 어떤 친구가 몇 달 동안 보유했던 주식을 팔려고 증권회사에 가던 중에 엘리베이터에 갇혀버리는 바람에 그날 주식시장 마감 1분 전에야 겨우 매도 주문을 낼 수 있었는데, 그날 마침 다른 누군가가 그 주식을 매집해 엘리베이터에 갇혔던 현명한 희생자는 1만2000달러를 손해볼 뻔 했다가 오히려 3만8000달러의 수익을 챙겼다고 말해주면, 당신의 얘기를 듣던 사람들 모두 언젠가는 자기에게도 그런 신의 섭리가 오게 해달라고 들리지는 않지만 겉으로 드러날 정도로 간절하게 기도할 것이다. 내가 리빙스턴이 들려준 격언과 트레이딩 원칙을 추상적으로 이야기해주면 상대방은 별로 흥미를 느끼지 않는다. 그런데 리빙스턴이 어떻게 20만 주의 주식을 확보해 거기서 주당 35포인트의 수익을 거뒀는지 얘기해주면 청중들은 감탄을 연발하며 자기들도 그렇게 할 것이라고 다짐한다.

친구의 회사를 떠난 뒤 우연히 리빙스턴과 가까운 여러 친구들을 만났는데, 모두들 래리가 나한테 말해주지 않은 숨겨진 이야기들을 해주고 싶어 안달이었다. 그들이 그랬던 것은 대단히 영광스러운 일이 있어서 그것을 더 빛내주려는 게 아니었다. 그건 리빙스턴뿐만 아니라 자기들이 하고 있는 이 게임에서는 이기는 자에게 상금이 따른다는 것을 만천하에, 물론 그들 자신에게도 알리고 싶어서였다.

이 글을 읽는 독자들에게는 당연하겠지만, 이 친구들 역시 주식시장 게임은 결코 이길 수 없다는 사실을 알게 될 터였다. 당대의 가장 성공적인 주식 투기자도 내가 그랬던 것처럼 아무도 주식시장을 이길 수 없다고 확신했다. 그는 경험을 통해 자기가 옳다고 믿었다. 그가 번 수백만 달러가 이를 뒷받침해준다. 그가 회상을 통해 이야기한 숱한 성공과 실패 사례들은 오로지 교육적으로 언급할 가치가 있는 것뿐이었다. 다시 말해 대부분의 사람들이 트레이딩을 하면서 얼마나 잘못된 판단을 내릴 수 있는지 알려주는 사례들만 그는 이야기했다. 그는 모든 상품시장을 다 공부한다. 어느날 그의 친구가 나에게 묻기를, 은(銀) 가격이 상승할 때 그가 은을 매수해 큰돈을 벌었는데, 그걸 알고 있느냐고 했다. 내가 리빙스턴에게 그때 어떻게 했는지 묻자 이렇게 말했다. "아, 그건 아무 일도 아녜요. 물론 은 가격은 오를 수밖에 없었고, 나는 꽤 많은 물량을 매수했지요. 하지만 그 거래에서는 배울 게 없습니다. 당신 기사를 읽는 독자들이 읽을 만한 가치 있는 내용은 하나도 없어요. 투기라기 보다는 그냥 상업적인 거래에 가까웠으니까요."

이와 비슷하게 그는 나에게 잡다한 다른 거래의 세세한 내용은 쓰지 말아달라고 부탁했다. 그 거래들 역시 독특했고 수익을 냈으며, 큰돈을 버는 과정 자체가 흥미진진한 모험담이었다. 하지만 그는 교육적인 요소가 결여돼 있으며, 따라서 그런 이야기를 기사화할 필요는 없다고 주장했다.

나는 그에게 앞서 그가 이야기를 멈췄던 주식시장 경험담을 다시 계속해달라고 부탁했다.

"당신이 옛날 채권자들에게 빚을 다 갚은 뒤인 1917년에는 뭘 했습니까?"

"잠깐만요." 그가 말했다. "우선 일반론부터 이야기하지요. 투기의 숱한 위험 가운데서도 예상하지 못했던 일, 그러니까 전혀 기대하지 않았던 일이 벌어지는 것이야말로 정말로 경계해야 합니다. 누구 못지않게 신중한 사람조차 어쩔 수 없이 받아들여야 하는 운 같은 게 있거든요. 한갓 푼돈벌이 장사치에 머물러 있지 않으려면 반드시 감수해야 하는 운이라고 할 수 있지요."

돈을 떼먹는 비겁한 너석들

"사업상 부딪치는 일반적인 위험은 우리가 집을 나와 거리를 돌아다니거나 기차를 타고 여행할 때 감수하는 리스크와 별반 다르지 않습니다. 나는 아무도 예상할 수 없었던 상황이 벌어지는 바람에 손실을 보게 되면 그저 갑작스럽게 폭풍우를 만났을 때처럼 전혀 분노하지 않습니다. 인생이란 태어나서 죽을 때까지가 일종의 도박이니까요. 따라서 내가 미래를 내다보는 천리안을 갖지 못해 일어나는 일은 담담하게 받아들일 수 있습니다. 그러나 투기자로 보낸 지난 세월을 돌아보면, 내가 정확한 판단을 내렸고 또 정직하게 거래했음에도 불구하고 정정당당하지 못한 상대방의 야비한 술책으로 인해 내가 거둔 이익을 빼앗긴 경우가 몇 차례 있었습니다.

판단이 빠르고 선견지명이 있는 사업가라면 사기꾼이나 겁쟁이, 어리석은 군중들이 아무리 잘못된 행동을 해도 스스로를 지켜나갈 수 있어요. 내가 터무니없는 속임수에 맞서 싸웠던 적은 지금까지 버컷샵 한두 곳이 전부였습니다. 그럴 수 있었던 것은 버컷샵 같은 곳조차도 정직이 최선의 정책이었기 때문이지요. 큰돈은 정직한 사람이 버는 것이지 남의 돈을 떼먹는다고 해서 큰돈을 버는 게 아닙니다. 어떤 게임을 하든 딜러를 계속 감시해야 하는 그런 곳에서 한다면 그건 절대 괜찮은 사업이 될 수 없어요. 왜냐하면 잠시 한눈을 팔면 딜러가 속임수를 쓰려고 할 테니까요. 하지만 사기꾼이라 하더라도 울먹거리게 되면 점잖은 사람은 그저 속수무책일 수밖에 없습니다. 공정한 시합은 정정당당하게 하는 겁니다. 내가 맹세한 것은 신성한 약속이라고 여기는 바람에, 신사협정은 절대 어기지 않으려고 하는 바람에 결국 손해를 본 경우가 열 번은 족히 됩니다. 하지만 그런다고 해서 무슨 도움이 되지도 않을 것이므로 굳이 여기서 소개하지는 않겠습니다.

소설가나 성직자, 여성들은 증권거래소 플로어를 무슨 떼강도들의 전쟁터인 양 묘사하고, 월스트리트에서 맨날 하는 일이라는 게 그저 싸움질이라고 즐겨 이야기하지요. 이건 극적(劇的)이기는 하지만 전혀 맞지 않는 표현이에요. 나는 내가 하는 비즈니스가 싸우거나 시합을 벌이는 거라고 생각하지 않습니다. 나는 개인이든 집단이든 다른 투자자와 절대 싸우지 않습니다. 나는 단지 그들과 의견이 다를 뿐이에요. 다시 말해 시장을 둘러싼 기본적인 여건을 읽어내는 내 시각이 다르다는 겁니다. 극작가들이 비즈니스 전쟁이라고 부르는 것은 사람들 사이의 싸움이 아니지요. 그건 순전히 사업상의 비전을 놓고 경쟁하는 겁니다. 나는 사실들, 오로지 사실들에만 집착하고자 하고, 그것에 따라 내 행동을 결정하려고 애씁니다. 버나드 M. 바루크가 엄청난 부를 축적한 성공 비결도 여기에 있지요. 때로는 사실들, 즉 필요한 모든 사실들을 확실하게 볼 수 없거나 미리 내다볼 수 없는 경우가 있습니다. 혹은 논리적으로 사고하지 못할 때도 있어요. 어떤 경우든 이럴 때는 손실을 봅니다. 내가 틀린 것이지요. 틀렸을 때는 늘 그 대가를 치러야 합니다.

합리적인 사람이라면 자신이 저지른 실수에 대해 응당 대가를 치를 겁니다. 실수를 저지르는 데는 누가 먼저랄 것도 없고, 예외나 봐주는 것도 없지요. 다만 내가 옳았는데도 손실을 보는 것에는 반대합니다. 그렇다고 해서 특정 거래소의 규칙이 갑자기 바뀌는 바람에 손해를 보는 게 억울하다는 말은 아닙니다. 내가 마음속에 담아두고 있는 특별한 투기 위험이 있는데, 그것은 은행통장에 돈이 들어오기 전까지는 어떤 이익도 안전하다고 여겨서는 안 된다는 점을 이따금 상기시켜주지요.

유럽에서 세계대전이 발발하자 예상했던 대로 상품 가격이 오르기 시작했습니다. 이건 전시 인플레이션을 예측하는 것만큼이나 예측하기가 쉬웠어요. 전쟁이 장기화되자 당연히 상품가격 전반의 상승세도 이어졌습니다. 기억하겠지만, 나는 1915년에 '재기하느라' 무척 바빴습니다. 주식시장은 붐을 타고 있었고, 나는 반드시 이 상승장에 올라타야 했지요. 내가 가장 안전하게, 또 제일 빠르고 쉽게 대규모 거래를 할 수 있는 곳은 주식시장이었고, 알다시피 운도 따라주었지요.

1917년 7월 무렵에는 채무를 전부 상환할 수 있었을 뿐만 아니라 빚을 다 갚고도 상당한 금액이 남았습니다. 주식시장은 물론 상품시장에서도 트레이딩을 해볼 수 있는 시간과 돈, 의지를 갖게 됐다는 말이지요. 나는 오랫동안 습관처럼 모든 시장을 분석해왔습니다. 상품 가격의 상승폭은 전쟁 발발 전에 비해 100~400%에 달했어요. 한 가지 예외가 있었는데, 바로 커피였습니다. 물론 여기에는 그럴만한 이유가 있었지요. 전쟁 발발로 인해 유럽 시장이 봉쇄되자, 유일하게 남은 거대 시장인 미국으로 엄청난 물량이 쏟아져 들어왔던 겁니다. 이로 인해 미국에서는 곧바로 커피 원두의 엄청난 재고 과잉 현상이 빚어졌고, 그 결과 커피 가격이 바닥을 끼게 된 거지요. 어쨌든 내가 처음 투기 대상으로서 커피의 가능성을 검토하기 시작했을 때 커피 가격은 전쟁 발발 이전보다도 낮았습니다. 이런 예외적인 현상의 이유가 당연한 것이라면, 독일과 오스트리아 잠수함들이 갈수록 적극적이고도 효과적인 작전을 펼칠 것이고, 그에 따라 운항할 수 있는 상선 숫자도 급격히 줄어들 것이라는 점 역시 틀림없을 테지요. 그렇게 되면 결국 커피 수입은 감소할 것이었습니다. 물량은 줄어드는데 소비는 그대로라면 잉여 재고는 전부 소화될 것이고, 이에 따라 커피 가격도 다른 모든 상품 가격이 그랬던 것처럼 올라갈 수밖에 없을 것이었지요."

신중한 커피 트레이딩

"셜록 홈즈가 아니더라도 이런 상황은 충분히 간파할 수 있었습니다. 사람들이 왜 전부들 커피를 매수하지 않았는지는 나도 설명할 수 없어요. 내가 커피를 매수하기로 마음먹었을 때 나는 이게 투기라고 생각하지도 않았어요. 이건 투자에 훨씬 더 가까웠습니다. 진짜로 돈을 벌기까지는 시간이 좀 걸리겠지만, 틀림없이 아주 괜찮은 수익률을 올릴 것이라는 점을 잘 알고 있었어요. 그런 점에서 이건 보수적인 투자 결정이었고, 도박꾼의 '한판 내지르기'라기보다는 은행가의 신중한 행동이었습니다.

나는 1917년 겨울 매수 작전을 개시했습니다. 커피 선물을 대규모로 사들인 거지요. 그러나 시장은 아무 반응도 보이지 않았습니다. 시장은 계속 지지부진했고, 커피 가격 역시 예상처럼 오르지 않았어요. 그 결과 나는 무려 9개월 동안이나 아무런 소득도 없이 매수 포지션을 그대로 갖고 있어야 했지요. 선물 계약의 만기일이 닥쳐 보유하고 있던 선물을 전부 팔아야 했습니다. 이로 인해 엄청나게 큰 손실을 입었지만, 그래도 내 입장이 옳다는 믿음에는 변함이 없었어요. 다만 시간이라는 문제에서는 완벽하게 틀린 셈이었지요. 그러나 커피도 다른 모든 상품처럼 틀림없이 가격이 오를 것이라고 확신했고, 그래서 만기가 된 선물을 청산하자마자 곧바로 다음 만기일의 선물을 매수하기 시작했습니다. 나는 허망하게 날려버린 지난 9개월간 아무 소득도 없이 보유하고 있던 물량보다 3배나 많은 커피를 매수했어요. 물론 내가 살 수 있는 선물 계약 가운데 만기가 최대한 긴 것이었습니다.

이번에는 그렇게 틀리지 않았어요. 이전보다 3배나 많은 물량을 다 매수하자마자 시장은 상승하기 시작했습니다. 전국 각지의 사람들이 갑자기 커피시장에서 무슨 일이 벌어지려 하는지 깨달은 것 같았어요. 이제 내가 투자한 돈이 훌륭한 수익률로 이자를 지급할 것처럼 보였습니다.

내가 보유한 커피 선물계약의 매도자는 로스터[1]들이었는데, 대부분 녹일계이거나 그 협력자들이었습니다. 브라질산 커피가 당연히 미국으로 들어올 수 있을 거라 생각하고 브라질에서 이미 커피를 매수해두었지요. 그러나 브라질산 커피를 들여올 상선이 없었습니다. 더구나 이들은 한쪽에서는 커피 재고가 계속 소진되고 있는데, 다른 한쪽에서는 이미 나한테 대규모로 공매도한 터라 비로소 자신들이 궁지에 몰렸다는 사실을 알게 됐지요.

내가 맨 처음 커피시장을 강세 시각으로 바라본 것은 커피 가격이 전쟁 이전 수준일 때였다는 점을 상기하기 바랍니다. 또 커피 선물을 매수한 뒤 1년 가까이 보유했고 큰 손실을 보기도 했다는 점을 잊지 말았으면 합니다. 내 판단이 틀릴 때 그 대가는 돈을 잃는 겁니다. 내 판단이 옳을 때 그 보상은 돈을 버는 것이죠. 내 판단은 아주 정확했고 대규모 물량을

---

1) roaster, 커피생두 가공업자.

보유하고 있었습니다. 따라서 큰 수익을 기대하는 게 당연했어요. 나는 수십만 부대[2]의 커피 선물을 보유하고 있었기 때문에 가격이 그리 많이 오르지 않아도 만족스러운 이익을 거둘 수 있었습니다. 일일이 숫자까지 열거해가며 내가 어떻게 거래했는지 얘기하는 건 별로 좋아하지 않습니다. 그러다 보면 때로 대단한 무용담처럼 들려서 괜히 자랑이라도 하는 것처럼 비칠 수 있으니까요. 사실 나는 수중의 현금을 감안해 거래하고, 늘 충분한 증거금 한도를 남겨둡니다. 이번 경우에도 나는 꽤 보수적으로 했어요. 내가 마음껏 커피 선물을 매수했던 이유는 도저히 손해를 볼래야 볼 수 없었기 때문이지요. 모든 상황이 나에게 유리했습니다. 나는 1년을 기다려야 했지만, 이제 그 기다림과 정확한 판단에 대한 보상을 받을 차례였지요. 수익이 다가오는 게 보였습니다. 그것도 아주 빨리. 이건 내가 영리해서가 아니었어요. 단지 눈을 감고 있지만 않으면 훤히 보이는 것이었습니다."

예상할 수 없는 일

"수백만 달러의 수익이 확실하게, 그것도 아주 빨리 다가오고 있었어요! 그런데 끝내 내 손에는 닿지 않았습니다. 그렇다고 해서 상황이 갑자기 변해 옆으로 비켜간 건 아니었어요. 시장이 180도 돌변하는 일이 벌어진 것도 아니었습니다. 커피가 미국으로 대량 유입된 것도 아니었습니다. 대체 무슨 일이 벌어졌던 것일까요? 도저히 예상할 수 없는 일이었어요! 누구도 지금껏 경험해보지 못한 일이었습니다. 따라서 나 역시 아무런 대책도 세워둘 필요가 없었던 일이 벌어졌던 겁니다. 나는 항상 지니고

---

2) bag, 상품거래소에서 커피 선물은 파운드 당 가격으로 거래되는데, 한 부대는 132.276파운드에 해당한다.

다니는, 투기의 숱한 위험들을 기록해둔 리스트에 새로 하나를 추가했습니다. 나에게 커피 선물을 매도했던 놈들은 자신의 재고 창고에서 무슨 일이 일어나고 있는지 알고 있었고, 그들 스스로 취해놓았던 매도 포지션에서 빠져 나오려고 몸부림치다 마침내 돈을 떼먹고 도망칠 수 있는 새로운 방법을 찾아냈던 겁니다. 그들은 워싱턴으로 달려가 도움을 청했고 구원을 받았습니다.

당시 정부가 생활필수품으로 더 이상 부당이득을 취하지 못하도록 하기 위해 여러 조치를 강구했던 것을 기억할 겁니다. 실제로 그런 조치들이 어떻게 실행됐는지도 알고 있겠지요. 아무튼 그 인정 넘치는 커피 선물 매도자들은 공식적으로 출석 명령이 있었던지, 전시산업국(War Industries Board) 산하 물가통제위원회(Price Fixing Committee)에 출석해 미국인들의 아침 식탁을 보호해줄 것을 애국심에다 대고 호소했습니다. 이들은 단 한 명의 프로 투기자, 로렌스 리빙스턴이 커피를 사재기해왔거나, 이제 막 사재기에 착수했다고 주장했지요. 만일 리빙스턴의 투기 작전이 무위로 돌아가지 않는다면, 그는 전시 상황을 이용해 부당이득을 취하게 될 것이며, 미국인들은 매일 마시는 커피를 엄청나게 비싼 값에 구입해야 할 것이라는 말이었어요. 나한테 막대한 양의 커피 선물을 팔았지만 막상 커피를 들여올 배를 구할 수 없었던 이들 애국자 생각으로는 1억 명의 미국인들이 금액이 적든 많든 비양심적인 투기자에게 추가로 돈을 더 주지는 않을 것이라고 본 겁니다. 자신들은 커피시장의 도박꾼들이 아니라 커피업계의 대표자들이며, 정부가 현재 혹은 장래의 부당이득을 억제하는 것을 돕고자 한다고 말했지요.

이제 내 앞에는 울먹거리는 사기꾼들이 무섭게 버티고 있었습니다. 그렇다고 해서 물가통제위원회가 부당이득과 자원낭비를 막기 위해 최선을 다하지 않았다는 말이 아닙니다. 그러나 위원회가 커피시장의 특정 문제에 그렇게 깊숙이 개입하지는 말아야 했다는 말은 해야겠군요. 위원회에서는 커피 생두 가격의 상한선을 정했고, 만기가 도래하지 않은 모든 커피 선물 계약의 정리매매 시한까지 정했습니다. 이 같은 결정에 따라 커피거래소[3]는 당연히 문을 닫아야 했지요. 내가 할 수 있는 것은 한 가지밖에 남지 않았고, 나는 그렇게 했습니다. 그건 내가 가진 선물 계약을 전부 매도하는 것이었지요. 이전에 돈을 벌었을 때처럼 틀림없이 나를 향해 달려오는 것 같았던 수백만 달러의 이익이 실현되기 직전에 완전히 날아가버린 겁니다. 나는 그때나 지금이나 우리네 생활필수품으로 부당이득을 취하는 사람들에 대해서는 상당히 반감을 갖고 있습니다. 하지만 물가통제위원회가 커피와 관련된 명령을 내렸을 때 다른 모든 상품 가격은 이미 전쟁 발발 이전에 비해 250~400%나 올라 있었고, 커피 생두만 전쟁 전 몇 년간의 평균가격을 밑돌고 있었어요. 커피 선물 계약을 누가 보유하고 있는가에 따라 뭐가 달라지는지 나는 이해할 수 없습니다. 커피 가격은 올라갈 수밖에 없었습니다. 그 이유는 비양심적인 투기자들의 작전 때문이 아니라 과잉 재고의 감소 때문이었고, 그 주된 원인은 수입 감소에 있었지요. 또 커피 수입 감소는 전적으로 독일 잠수함의 공격으로 인해 전 세계적으로 상선 운항이 급격히 줄어들었기 때문입니다. 물가통제위원회는 커피 가격이 상승할 때까지 기다리지 않았어요. 위원회는 즉각 제동을 걸었습니다.

정책적 함의와 그 수단의 적절성이라는 관점에서 볼 때 바로 그 시점에 커피거래소를 강제로 문 닫게 한 것은 실수였어요. 만일 위원회에서 커피를 가만 내버려두었다면, 커피 가격은 어느 누가 사재기를 했든 말았든 상관없이 앞서 내가 설명했던 이유로 인해 당연히 상승했을 겁니

---

[3] 뉴욕커피거래소(New York Coffee Exchange)는 1882년 설립됐는데, 1900년대 초 커피 수입상의 증가와 함께 급성장했다.

다. 하지만 커피 가격이 올랐다면, 물론 터무니없이 치솟지는 않았을 테지만, 어쨌든 미국 시장으로 커피 공급을 끌어들이는 유인 요인이 됐을 겁니다. 그러나 당시 버나드 M. 바루크는 이렇게 말했지요. 전시산업국은 가격 통제 시 공급을 확보할 수 있는지 여부를 고려했으며, 따라서 특정 상품의 가격 상한선에 대한 불만은 정당하지 못하다고 말이지요. 나중에 커피거래소가 다시 개장했을 때 커피 가격은 파운드 당 23센트에 달했습니다. 공급 부족으로 인해 미국인들은 이 가격을 지불할 수밖에 없었지요. 공급 부족이 야기된 이유는 인정 넘치는 커피 공매도자들의 설득 덕분에 커피 가격을 너무 낮은 수준으로 동결했기 때문입니다. 이 바람에 수입업자들은 높은 운송료를 부담할 수 없었고, 따라서 지속적인 수입도 이뤄지기 어려웠지요.

당시 내가 했던 커피 선물 거래는 지금까지 해왔던 어떤 상품 거래보다도 합법적이었다고 늘 생각합니다. 그건 투기보다는 투자에 더 가까웠어요. 나는 커피 선물을 1년 이상 보유했습니다. 만일 도박이라고 할만한 게 있었다면 그건 그토록 애국적이었던 독일계 로스터들이 한 짓이었어요. 그들은 브라질에서 커피 생두를 사서 뉴욕에서 나에게 팔았습니다. 물가통제위원회는 전쟁 발발 이후 가격이 전혀 오르지 않은 유일한 상품의 가격을 동결해버렸어요. 위원회는 가격이 오르기도 전에 공공을 위해 부당이득을 막겠다며 나섰습니다. 하지만 곧 이어 나타난 불가피한 가격 상승은 막지 못했지요. 뿐만 아니라 심지어 커피 생두 가격이 파운드 당 9센트로 억제되고 있을 때도 가공된 커피 가격은 다른 상품 가격과 마찬가지로 상승했습니다. 로스터들만 잇속을 챙겼던 셈이지요. 만일 커피 생두 가격이 파운드 당 2~3센트만 올랐다면 나는 수백만 달러의 이익을 거뒀을 겁니다. 이로 인해 국민들이 추가로 부담했을 비용은 나중에 커피 가격이 올랐을 때 치러야 했던 비용에 비하면 아무것도 아니었지요."

약세 투기자를 탓하다

"지나간 투기 거래에 대해 왈가왈부하는 것은 시간낭비일 뿐입니다. 그래 봐야 아무 소용도 없으니까요. 하지만 이건 특별한 거래였고 분명히 교육적 가치가 있어요. 내가 지금까지 해본 어떤 거래 못지 않게 멋진 것이었습니다. 커피 가격의 상승은 정말 확실했고, 너무나도 논리적이어서 나는 수백만 달러를 벌 수밖에 없겠다고 생각했습니다. 그러나 그렇게 되지 못했어요.

거래소 당국이 아무런 경고 없이 트레이딩 규칙을 변경하는 바람에 곤경에 빠졌던 적이 두 번 더 있습니다. 그러나 두 경우 모두 당시 내가 취했던 포지션은 기술적으로는 정확했지만 커피 거래 때만큼 그렇게 경제적으로 확실하지는 않았어요. 투기 거래에서는 어떤 것도 100% 확신할 수 없습니다. 지금까지 이야기한 경험은 내 투기 위험 리스트의 '예기치 못한 것들' 항목에 예상할 수 없는 것으로 추가했습니다.

커피 사건을 겪은 뒤 다른 상품시장에서 꽤 수익을 올렸고, 주식시장에서도 공매도에 나서 상당한 성과를 거뒀습니다. 그러다 보니 말도 안 되는 소문에 시달리게 됐지요. 월스트리트의 전문가와 신문기자들은 불가피한 시장의 급락세가 나타나기만 하면, 나를 비난하면서 내가 공세를 취했다고 몰아붙이기를 좋아합니다. 때로는 내가 매도한 게 비애국적인 처사라고 공격하기도 하지요. 내가 실제로 팔았는지조차 모르면서 말입니다. 내 거래 규모와 그 영향을 과장하는 이유는 끊임없이 변동하는 가격의 모든 움직임 하나하나의 원인이 뭔지 다 알고 싶어하는 대중들의 끝없는 욕구를 충족시켜주기 위해서일 겁니다.

몇 번이나 강조했듯이 어떤 시세조종 행위도 주가를 떨어뜨려 계속 낮은 상태로 유지시킬 수는 없습니다. 여기에는 이상할 게 하나도 없지요. 30초도 생각해보기 싫은 사람들조차 쉽게 알 수 있는 이유가 있으니까요. 가령 어떤 투기자가 특정 주식을 공격해 실제 가치보다 낮은 수준으로 주가를 떨어뜨렸다고 합시다. 그러면 불가피하게 무슨 일이 벌어지지 않겠습니까? 무엇보다 공세를 취한 투기자는 막강한 내부 매수자 세력과 그 자리에서 한판 붙고 싶지는 않을 겁니다. 이 주식의 가치가 얼마인지 아는 사람들은 이 주식이 형편없는 주가로 떨어지면 언제든 매수에 뛰어들 겁니다. 만약 내부자들이 매수할 수 없다면, 그건 전반적인 경제 상황으로 인해 자기들이 가진 돈을 마음대로 동원하지 못하기 때문일 것이고, 그런 경제 상황은 시장의 강세 여건이 아닌 거지요. 어떤 주식에 대해 공매도 공세를 취하면 사람들은 그런 공세가 부당하며 범죄에 가까운 행위라고 생각합니다. 그러나 어떤 주식을 실제 가치보다 훨씬 낮은 가격으로 끌어내리는 것은 상당히 위험한 일이지요. 이 점을 명심해야 합니다. 공매도 공세를 당한 주식이 반등에 실패한다면, 그건 내부자 매수가 그리 많지 않다는 말입니다. 반면 공매도 공세가 있었는데, 그게 정말로 부당한 공세였다면 대개는 내부자 매수가 일어납니다. 그렇게 되면 주가는 공매도 공세로 인해 떨어진 가격에 그냥 머물러 있지 않지요. 분명히 알아둬야 할 점은, 소위 말하는 공매도 공세가 100번 벌어지면 이 중 99번은 사실 합법적인 주가 하락이라는 겁니다. 때로는 공매도 공세로 인해 주가 하락이 가속화하기도 하지만, 기본적으로는 프로 트레이더가 제아무리 많은 물량을 매매한다 해도 그의 거래 때문에 그런 게 아니에요.

갑작스러운 주가 하락이나 이례적인 폭락 사태가 벌어지면 큰손 투기꾼의 작전 때문이라고 설명하곤 합니다. 이건 한번 생각해보기 보다는 들리는 건 뭐든지 믿으려 하는, 맹목적인 도박꾼에 불과한 투기자들이 쉽게 납득할 수 있는 이유를 제공하기 위해 고안된 장치에요. 불운한 투기자들이 거래 증권회사나 증권가의 루머꾼들로부터 자주 듣는 이야기, 그러니까 그들의 손실이 공매도 공세 때문이라는 변명은 사실 '거꾸로 된 정보(inverted tip)'지요. 그 차이는 이렇습니다. 약세 쪽 비밀정보는 명백히 매도하는 게 좋다는 조언입니다. 그러나 거꾸로 된 정보, 즉 제대로 설명해주지도 못하는 설명은 단지 현명한 매도를 하지 못하게 가로막을 뿐이지요. 어떤 주식이 급락하게 되면 매도하는 게 자연스러운 대응입니다. 주가가 급락했다면 거기에는 알려지지는 않았지만 충분히 그럴 만한 이유가 있었을 겁니다. 따라서 빠져나와야 하지요. 그런데 그 주식의 급락이 어떤 투기자의 공매도 공세로 인한 것이었다면 팔고 나오는 건 현명한 행동이 아니겠지요. 왜냐하면 이 투기자가 공세를 멈춘다면 주가도 틀림없이 반등할 테니까요. 이게 바로 거꾸로 된 정보입니다!"

비밀정보는 누가 이용하는가

"비밀정보! 사람들은 비밀정보에 얼마나 목말라 하나요! 비밀정보를 간절히 바랄 뿐만 아니라, 비밀정보를 주지 못해 안달이지요. 여기에는 탐욕이 자리잡고 있고 허영심도 한몫 합니다. 때로 공부깨나 했다는 사람들마저 비밀정보를 간절히 원하는 모습을 지켜볼 때면 절로 웃음이 나옵니다. 비밀정보를 주는 사람은 그 정보의 질을 따질 필요가 없습니다. 왜냐하면 비밀정보를 구하는 사람은 수익이 되는 정보를 좇는 게 아니라 아무 정보든 원하기 때문이지요. 비밀정보 덕분에 수익이 나면 좋아합니다! 수익이 나지 않으면 다음에는 운이 더 좋기를 기약하지요. 지금 내가 하는 말은 보통 증권회사의 보통 고객들을 두고 하는 겁니다. 시장을 조성하거나 시세를 조종하는 사람들 가운데는 시종일관 비밀정보가 최고라고 믿는 부류가 있지요. 이들은 비밀정보의 원활한 흐름이야말로 대중과 소통할 수 있는 가장 고상한 방식이며, 팔아먹을 수 있는 이 세상 최고의 정보 상품이라고 여깁니다. 왜냐하면 비밀정보를 구하고 비밀정보를 손에 쥔 사람들은 어떤 식으로든 비밀정보를 전달하는 사람이 되므로 결국 비밀정보 중계방송은 끝없이 이어지는 광고가 되기 때문이지요. 비밀정보를 제공하는 동시에 시장을 조성하기도 하는 사람은 적절하게만 전달된다면 감히 어느 누구도 비밀정보에 의심을 품지 못할 것이라는 환상 속에서 일합니다. 그래서 이런 사람은 어떻게 하면 비밀정보를 품위 있게 넘겨줄 수 있을지 그 기술을 연구하는 겁니다. 세상에, 이런 일도 있었는데……."

리빙스턴은 말을 멈추더니 갑자기 웃음을 터뜨렸다. 나는 당연히 그에게 물어봤다. "그런 정보를 당신에게 주는 사람은 누굽니까?"

"매일같이 온갖 사람들한테서 수백 가지 정보를 받지요." 그가 대답했다.

"하지만 그걸 떠올리면 웃음이 나는 그런 정보가 있잖아요?" 내가 다그쳤다.

"그건 내가 받은 정보가 아니에요. 리빙스턴 부인이 받은 거랍니다."

"부인도 투기를 합니까?" 내가 물었다.

"이야기를 들려드리지요." 리빙스턴이 말했다. "보르네오 틴[4] 주식 얘깁니다. 이 주식이 언제 주식시장에 상장됐는지는 알고 있을 겁니다. 한창 주식 붐이 불 때였지요. 이 주식의 시장 조성을 맡은 세력은 아주 영리한 은행가로부터의 조언을 받아들여 주식 인수단에게 시간을 주는 대

---

[4] Borneo Tin은 가공의 회사 이름이다. 다만 이 무렵 통조림 가공용으로 주석 도금을 한 양철 깡통의 수요가 크게 늘어나 1914년 Continental Can이 설립되는 등 주석 제조 기업이 잇달아 등장했다.

신 즉시 공개시장에서 신규 주식을 매각하기로 결정했습니다. 훌륭한 조언이었지요. 이들 세력이 저지른 유일한 실수는 경험 부족에 따른 것이었습니다. 이들은 주식시장이 광기에 휩싸이면 어떤 일이 벌어지는지 알지 못했고, 지적으로도 유연하지 않았어요. 주식을 매각하기 위해 주가를 끌어올릴 필요가 있다는 점에는 의견이 일치했지만, 막상 거래를 개시할 때 이들이 매겨놓은 주가는 트레이더들이나 상장 직후부터 덤벼드는 투기자들이 안심하고 매수할 수 있는 수준이 아니었습니다.

따라서 시장 조성자들이 곤욕을 치르는 게 당연한 수순이었겠지만, 워낙 불 같은 강세장이다 보니 이들의 탐욕스러움마저 상당히 보수적인 것이 되고 말았지요. 대중들은 그럴듯한 비밀정보가 붙은 주식은 무조건 매수했습니다. 투자를 원한 게 아니었어요. 일확천금을 노렸던 겁니다. 그저 도박판에서 돈만 따고자 했지요. 당시 엄청난 금이 전쟁 물자 구입 대금으로 미국에 쏟아져 들어왔습니다. 내가 듣기로는, 시장 조성자들은 보르네오 틴 주식을 상장시키기로 하면서 대중들을 상대로 한 공식적인 첫 거래 이전에 세 차례나 상장 가격을 올렸다고 합니다.

나에게도 시장 조성 세력에 참여해달라는 제안이 들어왔고, 이미 그들의 움직임을 지켜보고 있던 상황이었지만, 나는 그 제안을 받아들이지 않았지요. 만약 시세를 조종할 여지가 있다면 차라리 혼자서 하는 게 나았습니다. 나는 나 자신의 정보에 따라 거래하고, 나 자신의 방식을 고수합니다. 보르네오 틴이 주식시장에 상장됐을 때, 나는 시장 조성 세력의 자금 동원력이 어느 정도고, 그들이 어떻게 할 계획이며, 또 대중들의 역할이 어디까지인지 잘 알고 있었기 때문에 상장 당일 처음 한 시간 동안 이 주식을 1만 주 매수했습니다. 이 주식의 주식시장 상장은 적어도 그 정도까지는 성공한 셈이었지요. 사실 시장 조성자들은 주식 수요가 워낙 많자 너무 많은 주식을 너무 성급하게 매각한 게 실수였다고 판단했습니다. 이들은 주가를 25~30포인트 더 올렸어도 자신들이 보유한 주식을 전부 다 팔았을 것이라고 생각했고, 동시에 내가 이미 1만 주를 매수했다는 사실도 알게 됐지요. 그렇게 되자 이들은 내가 1만 주를 매수해 자신들한테서 빼앗아갈 이익이, 사실상 은행에 들어온 것이나 다름없는 자신들의 이익 수백만 달러 가운데 너무 큰 부분이라고 생각했습니다. 이들은 곧 주가를 끌어올리려는 작전을 중단한 채 내가 주식을 팔도록 흔들어댔지요. 하지만 나는 그냥 꿋꿋이 주식을 들고 있었어요. 이들도 시장이 자신들의 의도와는 어긋나게 돌아가기를 바라지 않았기 때문에 결국 나에게 못되게 구는 걸 포기했습니다. 그리고는 다시 주가를 끌어올리기 시작했는데, 이 과정에서 자신들이 내놓을 수 있는 최소한의 물량만 팔았지요.

이들은 다른 주식들이 광적인 열기를 분출하며 상승하는 것을 보자 수백만 달러가 아닌 수십억 달러를 벌 수 있을 것이라고 생각하기 시작했습니다. 어쨌든 나는 보르네오 틴 주가가 120달러까지 올랐을 때 보유하고 있던 1만 주를 전부 이들에게 넘겨버렸습니다. 이로 인해 상승세는 주춤해졌고, 시장 조성 세력도 주가를 끌어올리려는 움직임을 일단 중단했지요. 새로이 시장 전반의 상승세가 찾아오자 이들은 다시 한번 보르네오 틴의 거래에 활기를 불어넣으려 애썼습니다. 이들은 주식을 아주 조금밖에 내놓지 않았지만, 주가를 끌어올리는 데는 상당한 비용이 들어갔지요. 마침내 이들은 주가를 150달러까지 끌어올렸어요. 하지만 강세장의 열기가 완전히 식어버리자, 이들 세력도 주가가 급전직하할 때 주식을 팔아 치워야 했습니다. 이들의 마케팅 대상은 주가가 크게 조정을 받은 뒤에 매수하기를 좋아하는 사람, 즉 한때 150달러까지 갔던 주식이 130달러가 되면 싸다고 생각하고, 120달러면 그야말로 염가세일이라고 여기는 대중이었지요. 이들은 비밀정보도 흘렸는데, 일시적이나마 시장을 만들어낼 수 있는 플로어 트레이더들에게 먼저 건넸고, 다음에는 주식중개인들에게 알렸습니다. 그러나 이 모든 게 별 도움이 되지 않자 이들 세력은 온갖 수단을 전부 동원했지요. 문제는 주가를 띄울 수 있는 시간이 이미 지나가버렸다는 것이었어요. 호구들은 이미 다른 미끼를 집어 삼킨 다음이었으니까요. 보르네오 틴 일당은 이걸 몰랐거나 알려고 하지 않았던 겁니다."

아내에게 건넨 비밀정보

"나는 그때 아내와 함께 팜비치에 내려가 있었습니다. 하루는 그리들리스 카지노에서 돈을 조금 땄길래 집으로 와서 아내에게 500달러짜리 지폐[5] 한 장을 주었어요. 기막힌 우연의 일치였는지, 그날 밤 아내는 저녁 만찬 자리에서 보르네오 틴 컴퍼니의 사장이자 시장 조성 세력의 매니저 역할을 했던 위센스타인[6]을 만났지요. 우리는 한참 뒤에야 위센스타인이 일부러 저녁 만찬에서 아내의 옆자리에 앉는 술책을 부렸다는 사실을 알게 됐습니다.

그는 특별히 아내에게 멋지게 보이려고 무던히도 노력했고, 아주 재미있게 대화를 이끌어갔지요. 끝에 가서는 아내에게 아주 은밀하게 이야기했습니다. '리빙스턴 부인, 제가 지금 뭔가를 하려고 하는데, 이런 일은 처음 하는 겁니다. 부인께서 제 말이 무슨 뜻인지 알고 있다는 게 저는 무척 기쁩니다.' 그는 말을 멈추고는, 아내를 걱정스런 표정으로 바라봤어요. 그녀가 현명할 뿐만 아니라 신중한 성격이라는 점을 재차 확인한

---

[5] 500달러짜리 지폐는 1918년에 처음 발행됐는데, 1969년 100달러가 넘는 고액권 지폐의 유통을 금지함으로써 사라졌다. 그 이전까지 고액권 지폐로는 1000달러, 5000달러, 1만 달러, 10만 달러짜리까지 있었다.
[6] Wisenstein 역시 보르네오 틴처럼 가공의 인물이다.

표정이었지요. 아내는 그의 얼굴에서 속마음을 확실히 읽어낼 수 있었습니다. 하지만 그녀가 한 말은 '그렇군요'가 전부였어요.

'그렇습니다, 리빙스턴 부인. 부인과 부군(夫君)을 만나게 돼 정말 대단히 기쁩니다. 앞으로도 두 분을 자주 만나게 될 테니 제 말이 빈 말이 아니라는 걸 알아주셨으면 합니다. 사실 제가 이야기할 내용이 절대 비밀이라는 점은 굳이 말씀 드리지 않아도 아실 겁니다!' 그러고는 이렇게 속삭였어요. "보르네오 틴 주식을 사면 아주 큰돈을 벌 겁니다.'

'그게 정말이에요?' 아내가 물었지요.

'제가 호텔을 나서기 직전에 전보를 몇 통 받았는데, 이 뉴스들은 적어도 며칠 동안은 대중들에게 알려지지 않을 겁니다. 저는 가능한 한 많은 주식을 사둘 생각입니다. 부인도 내일 주식시장이 개장할 때 주식을 사두면 저와 똑같은 시각에 똑같은 가격으로 매수하는 셈이지요. 보르네오 틴은 틀림없이 오를 것이라고 약속해드리지요. 부인은 제가 이런 이야기를 해드리는 유일한 분입니다. 이 세상에 부인 딱 한 분뿐이지요!'

아내는 그에게 감사를 표한 다음 자신은 주식 투기에 관해 아무것도 모른다고 덧붙였습니다. 하지만 그는 자기가 말해준 것만 알면 충분하다고 다짐해주었어요. 그녀가 제대로 들었는지 확인하기 위해 그는 재차 자신의 조언을 들려주었습니다.

'부인께서는 보르네오 틴 주식을 원하는 만큼 넉넉히 사두기만 하면 됩니다. 장담하건대 그렇게 하면 단 1센트도 손해보지 않을 겁니다. 내 평생 여성분께, 아니 남성도 마찬가지지만, 어떤 주식을 사라고 얘기해보기는 처음입니다. 그렇지만 이 주식은 200달러까지 곧장 올라갈 것이고, 저는 부인께서 돈을 벌기만 바랄 뿐입니다. 아시다시피 저 혼자 주식을 다 살 수도 없는 노릇이고, 주가 상승에 따른 이익을 나 말고 다른 누가 챙길 것이라면, 제가 모르는 사람이 아니라 부인이었으면 하는 겁니다다. 그러면 정말 좋겠습니다! 제가 이렇게 은밀하게 말씀 드리는 것은 부인께서 절대 어디다 얘기하지 않으리라고 생각하기 때문입니다. 리빙스턴 부인, 제 말을 믿으시고, 보르네오 틴 주식을 매수하세요!'

그는 너무나도 진지했고 아내의 마음을 움직이는 데 성공했습니다. 아내는 그날 오후 내가 준 500달러를 쓰기에 딱 알맞은 곳을 찾았다고 생각했지요. 그 돈은 내가 카지노에서 번 돈인 데다, 그녀에게는 생활비 외의 공돈이었으니까요. 달리 말하자면 만일 운이 나빠 돈을 날린다 해도 괜찮은 돈이었지요. 하지만 그는 틀림없이 돈을 벌 거라고 말해주었습니다. 그녀는 자기 힘으로 돈을 번 다음 나에게 자초지종을 들려준다면 더할 나위 없이 좋을 것이라고 생각했지요."

정보 제공자가 간과한 것

"그렇게 해서 바로 다음날 아침 아내는 주식시장이 개장하기도 전에 하딩 증권회사로 가서 매니저에게 이렇게 말했던 겁니다.

'할리 씨, 주식을 사려고 하는데요, 내 원래 계좌로 거래하고 싶지는 않아요. 돈을 벌 때까지 남편이 이 사실을 몰랐으면 하거든요. 그렇게 처리해줄 수 있겠지요?'

매니저인 할리는 흔쾌히 대답했습니다. '물론이지요. 그렇다면 특별 계좌로 해드리지요. 어떤 주식을 얼마나 매수하려고 하는데요?'

아내는 그에게 500달러를 주면서 얘기했습니다. '잘 들어둬요. 나는 이 돈 이상은 손해보고 싶지 않거든요. 손해를 보더라도 증권회사에 돈을 더 갖다 줘야 하는 일은 없었으면 한다고요. 그리고 남편 리빙스턴 씨의 귀에 이 사실이 조금이라도 흘러들어가선 안 된다는 점 잊지 마세요. 그러면 보르네오 틴 주식을 이 돈으로 살 수 있는 만큼 개장가로 매수해

주세요.'

할리는 돈을 받으면서 절대 누구한테도 발설하지 않겠다고 얘기한 뒤 보르네오 틴 주식을 개장가로 100주 매수해주었습니다. 내 생각에 아내의 매수 단가는 주당 108달러였던 것 같아요. 보르네오 틴은 그날 대량 거래를 동반하며 3포인트 상승한 채 마감했습니다. 아내는 자기가 해낸 게 너무 기쁜 나머지 이와 관련해 나한테 일언반구도 하지 않았지요.

마침 그 무렵 나는 주식시장 전반에 대해 점점 더 약세 시각으로 기울고 있었습니다. 그러던 차에 보르네오 틴의 예사롭지 않은 거래량에 주목하게 됐지요. 나는 어떤 종목도 상승세를 탈 만한 시기가 아니며, 보르네오 틴은 더더욱 아니라고 생각했습니다. 나는 바로 그날부터 약세 쪽에 베팅하기로 마음먹고, 보르네오 틴 주식 1만 주를 공매도하기 시작했어요. 만일 내가 공매도하지 않았더라면, 그날 보르네오 틴 주가는 3포인트가 아니라 5~6포인트 올랐을 겁니다.

바로 다음날 나는 개장과 동시에 2000주를 추가로 공매도하고, 장 마감 직전에 2000주를 또 공매도했습니다. 주가는 102달러까지 급락했지요.

셋째 날 아침 하딩 브라더스 증권회사 팜비치 지점 매니저인 할리는 리빙스턴 부인이 오기를 기다렸습니다. 아내는 내가 무슨 일을 하고 있을 때면 늘 그렇듯이 오전 11시경에 어슬렁거리며 나타나 시장이 어떻게 돌아가는지 살펴봤지요.

할리는 아내를 한쪽 옆으로 데려가더니 속삭이듯 얘기했습니다. '리빙스턴 부인, 제가 매수해드린 보르네오 틴 주식 100주를 계속 보유하려면 추가 증거금을 내야 합니다.'

'근데 저는 돈이 더 없어요.' 아내가 말했지요.

'그러면 이 주식을 부인 원래 계좌로 돌려드릴 수도 있습니다.'

'안 되요. 그러면 남편이 그 사실을 알게 되잖아요.'

'하지만 부인 계좌는 이미 손실이 많이 나서……' 그가 설명하기 시작했습니다.

'그렇지만 내가 분명히 얘기했잖아요. 500달러 이상은 손해보기 싫다고요. 실은 그 돈도 잃고 싶지 않지만요.' 아내가 말했습니다.

'압니다, 리빙스턴 부인, 저도 부인께 알려드리지 않고는 그 주식을 팔지 않을 생각입니다. 하지만 부인께서 계속 보유하라고 하지 않으면 저도 반대 매매를 할 수밖에 없습니다.'

'그렇지만 내가 주식을 샀던 날은 꽤 좋았잖아요. 이렇게 갑자기 떨어지다니 믿을 수가 없군요. 그렇지 않나요?'

'그럼요, 저도 못 믿겠습니다.' 할리가 대답했습니다. 증권회사 직원들은 늘 능구렁이처럼 빠져나가지요.

'이 주식이 뭐가 잘못된 거에요, 할리 씨?'

할리는 이유를 알고 있었지만, 나 몰래 어떤 이야기도 해줄 수 없었지요. 고객의 비즈니스는 신성한 것이니까요. 결국 그는 이렇게 말했습니다. '그 주식에 대해서는 어떤 식으로든 특별한 뉴스를 듣지 못했습니다. 저거 보십시오! 저렇게 계속 떨어지지 않습니까!' 그는 시세판을 가리켰어요.

리빙스턴 부인은 주저앉는 주가를 뚫어지게 바라보더니 비명을 질렀지요. '세상에, 할리 씨! 정말로 500달러를 잃고 싶지 않거든요! 어떻게 하면 좋아요?'

'모르겠습니다, 리빙스턴 부인, 하지만 저 같으면 리빙스턴 씨에게 말씀 드리겠습니다.'

'절대 안 되요! 남편은 내 마음대로 투기하는 걸 싫어해요. 남편은 이렇게 얘기했거든요. 자기한테 부탁하면 내 이름으로 주식을 매매해주겠

다고요. 그래서 지금까지 남편 모르게 거래한 적이 한 번도 없어요. 그런데 어떻게 남편한테 얘기하겠어요.'

'맞습니다.' 할리가 위로하듯 말했어요. '남편 분은 아주 대단한 트레이더지요. 그러니까 부인이 지금 어떻게 해야 할지 알고 있을 겁니다.' 아내가 아주 심하게 고개를 흔들어대자 그는 더욱 엄한 목소리로 덧붙였지요. '그렇게 하지 않으면 보르네오 틴 주식 때문에 1000~2000달러를 추가로 내야 합니다.'

아내는 그 자리에서 둘 중 하나를 선택해야 했지요. 아내는 증권회사 안을 돌아다녔지만, 시장의 약세 분위기가 갈수록 짙어지자 내가 시세판을 지켜보며 앉아있는 자리로 와서는 할 말이 있다고 하더군요. 아내와 나는 내 전용 사무실로 들어갔고, 아내는 자초지종을 다 설명했습니다. 나는 아내에게 이렇게 얘기해줄 수밖에 없었어요. '어리석기 짝이 없는 순진한 아가씨 같으니라고, 이제 당신은 그 주식 거래에서 손을 떼요.'

아내는 그렇게 하겠다고 약속했고, 나는 아내에게 500달러를 돌려주었지요. 그러자 아내는 기분 좋게 사라지더군요. 보르네오 틴 주가는 그때 100달러를 가리키고 있었습니다.

무슨 일이 벌어졌는지 한눈에 들어왔습니다. 위센스타인은 아주 교활한 인간이었어요. 그는 자기가 내 아내한테 해준 말을 아내가 나에게 할 것이며, 그러면 내가 보르네오 틴 주식에 눈을 돌릴 것이라고 판단한 겁니다. 그는 또 내가 늘 거래량이 많은 주식에 관심을 보이며, 평소 거래 규모가 상당히 크다는 점도 알고 있었지요. 그는 내가 1만~2만 주를 매수할 것이라고 생각했던 것 같습니다.

이건 내가 지금까지 들어본 비밀정보 가운데 가장 교활한 각본에 가장 멋진 연출이 어우러진 것이었습니다. 하지만 실패했지요. 그럴 수밖에 없었어요. 무엇보다 아내는 바로 그날 공돈 500달러를 받았고, 그러다 보니 평소보다 훨씬 과감해졌습니다. 아내는 순전히 자기 혼자 힘으로 돈을 벌어보려고 했어요. 여자가 보기에 그 유혹은 워낙 극적인 데다 매력적이다 보니 아내도 어쩔 수 없었지요. 일반인들이 주식 투기를 하는 걸 내가 어떻게 생각하는지 아내도 알고 있었기 때문에 감히 내게는 그 문제를 꺼내지 못했던 겁니다. 위센스타인은 아내의 심리를 정확히 꿰뚫어보지 못했던 셈이지요."

주기적으로 찾아오는 희망의 열병

"그는 또 내가 어떤 성격의 트레이더인지 전혀 감을 잡지 못했어요. 나는 절대 비밀정보를 받지 않는 데다, 그때는 시장 전반에 약세 시각을 갖고 있었습니다. 나로 하여금 보르네오 틴 주식을 매수하도록 유인할 것이라고 그가 믿었던 전술, 즉 대량 거래를 동반한 3포인트의 주가 상승은 오히려 내가 전체 시장을 상대로 매도 공세를 취하면서 그 첫 번째 종목으로 보르네오 틴 주식을 정확히 집어내도록 만들었어요.

아내의 이야기를 들은 뒤 나는 이전보다 더 강력하게 보르네오 틴 주식을 공매도했습니다. 매일 아침 개장 시각에, 또 매일 오후 장 마감 직전에 나는 그가 계속해서 주식을 매수할 수 있도록 해주었고, 그렇게 해서 내가 공매도한 주식에서 상당한 이익을 거둘 수 있었지요.

비밀정보에 따라 거래하는 것이야말로 정말 어리석음의 극치라고 늘 생각해왔습니다. 나는 천성적으로 비밀정보를 받는 성격이 아닌 것 같아요. 비밀정보를 받는 사람들은 술주정꾼 같다는 생각이 들기도 합니다. 술을 마시고 싶은 강렬한 욕구를 이겨내지 못해, 술을 먹고 떠들어대야만 행복해질 수 있다고 생각하는 사람들이 있지요. 귀를 쫑긋 세우고 비밀정보를 듣는 것은 무척 쉬운 일이지요. 그저 이렇게만 하면 금방 행복해질 수 있다고 하는 말을 확실하게 듣는 것이야말로 진정한 행복에 버금갈 정도로 멋진 일입니다. 그러나 진정한 행복이란 자기 마음속에서 우러나오는 바람을 충족시키려는 기나긴 여정의 첫 걸음이지요. 그런 점에서 비밀정보를 듣는 것은 '돈에 눈이 먼 탐욕' 이라기 보다 차라리 '아무 생각도 하지 않으려는 자세가 옭아맨 희망' 이라고 할 수 있습니다.

상습적으로 비밀정보를 받는 사람들 가운데는 일반 대중만 있는 게 아닙니다. 뉴욕증권거래소의 플로어에서 활동하는 프로 트레이더도 그런 면에서는 똑같지요. 내가 절대 누구에게도 비밀정보를 주지 않기 때문에 수많은 사람들이 나에 대해 오해하고 있다는 사실을 잘 알고 있습니다. 내가 사람들에게 '스틸 5000주를 팔게나!' 라고 이야기하면, 그 사람은 즉시 그렇게 할 겁니다. 그런데 내가 시장 전반에 대해 상당히 약세 시각을 갖고 있다고 하면서 왜 그런지 자세히 설명해주면, 그 사람은 들으면서 짜증을 내고 얘기를 다 듣고 난 뒤에는 나를 빤히 바라보며 시장 상황에 관한 내 견해를 듣느라 시간만 낭비했다고 생각하겠지요. 그 사람은 나 역시 월스트리트에 넘쳐나는 자선사업가들, 그러니까 친구들과 지인들, 일면식도 없는 사람들의 수중에 수백만 달러를 넣어주고 싶어하는 부류들처럼 자기한테 직접적이면서도 특별한 비밀정보를 주기를 바랐던 겁니다.

모두가 마음속에 품고 있는 기적에 대한 믿음은 희망에 대한 과도한 집착에서 비롯됩니다. 때만 되면 장밋빛 환상에 빠져드는 사람이 있고, 밤낮 희망에 취해있어서 우리가 전형적인 낙관론자라고 부르는 이들도 있지요. 비밀정보를 받는 사람들 역시 실은 전부가 이렇습니다.

내가 아는 지인 중에 뉴욕증권거래소 소속 주식중개인이 있는데, 그는 내가 절대 비밀정보를 주지 않는 데다 뭘 알려주지도 않는다는 이유로 나를 이기적이며 냉혹한 동물이라고 여기는 사람들 가운데 한 명이었어요. 꽤 오래 전 이야기인데, 하루는 그가 신문기자와 얘기를 나누다가, 이 기자가 훌륭한 취재원으로부터 G.O.H.의 주가가 올라갈 것이라는 정보를 얻었다는 말을 우연히 듣게 됐습니다. 이 친구는 곧바로 1000주를 매수했는데, 주가가 급락하는 바람에 결국 3500달러를 손해보고 손절매를 해야 했지요. 그는 이 일로 인해 부아가 난 상태에서 하루인가 이틀 뒤 그 신문기자를 만났습니다.

'완전히 쓰레기 같은 정보를 나한테 줬더군.' 그가 불만을 털어놓았어요.

'정보라니, 무슨?' 신문기자는 그날 일을 기억하지도 못한 채 물었지요.

'G.O.H. 주식 말이야. 자네가 말하기를 훌륭한 취재원한테서 들었다고 했잖아.'

'맞아, 그랬지. 그 회사의 임원이자 재무위원회 위원이 말해준 거니까.'

'그게 대체 누구야?' 주식중개인 친구는 분통을 터뜨리며 물었어요.

'꼭 알아야겠다면 말해주지.' 신문기자가 대답했지요. '자네 장인인 웨스트레이크 씨라네.'

'이런 제기랄, 왜 장인이라는 걸 말해주지 않았나!' 주식중개인 친구가 비명을 질렀습니다. '자네 때문에 3500달러나 날렸다고!' 그는 가족이 주는 정보는 믿지 않았습니다. 비밀정보란 원래 정보 소스가 멀면 멀수록 더 믿을 만하다고 여겨지니까요."

비밀정보를 거꾸로 이용하다

"왕년의 웨스트레이크는 아주 잘 나가던 부유한 은행가이자 시장 조성자였습니다. 하루는 그가 존 G. 게이츠와 우연히 마주쳤어요. 게이츠는 그에게 뭐 알고 있는 게 있느냐고 물었습니다. '당신이 내 정보에 따라 행동하겠다면 비밀정보를 드리지요. 그러지 않을 거라면 입을 열 필요도 없겠지요.' 노회한 웨스트레이크가 짓궂은 목소리로 대답했습니다.

'물론 당신의 정보를 따를 겁니다.' 게이츠는 기꺼이 약속했어요.

'레딩을 파세요! 25포인트 하락은 확실하고, 더 떨어질 수도 있습니다. 무조건 25포인트는 틀림없어요.' 웨스트레이크는 인상적인 목소리로 말했지요.

'어떻게 감사를 드려야 할지 모르겠군요.' 그러고는 「백만 달러 내기의 사나이」 게이츠는 정답게 악수를 나눈 뒤 지기가 거래하던 증권회사 쪽으로 사라졌지요.

웨스트레이크는 레딩 주식에 관한 한 선수였습니다. 그는 이 회사 사정을 속속들이 다 알고 있었어요. 내부자들과도 워낙 사이가 좋아 이 종목이 거래되는 시장을 손바닥처럼 훤히 꿰뚫었고, 모두들 그 사실을 알고 있었지요. 그런 그가 서부 출신의 승부사에게 레딩 주식을 공매도하라고 조언한 겁니다.

그런데 레딩 주가는 쉬지 않고 올라가기만 했어요. 불과 몇 주만에 100포인트는 상승했을 겁니다. 하루는 능글맞은 웨스트레이크가 월스트리트에서 존 W. 게이츠와 갑자기 마주쳤어요. 하지만 못 본 채 하고 가던 길을 걸어갔지요. 존 W. 게이츠가 그를 따라오더니 만면에 미소를 머금은 채 손을 붙잡았습니다. 노회한 웨스트레이크도 멍한 표정으로 악수를 나눴지요.

'당신이 나한테 준 레딩 주식 정보에 대해 감사를 드리고 싶군요.' 게이츠가 말했어요.

'당신한테 정보를 준 적이 없는데요.' 웨스트레이크는 상기된 표정으로 답했습니다.

'분명히 주었지요. 더구나 단연 최고의 정보였어요. 덕분에 6만 달러나 벌었으니까요.'

'6만 달러를 벌었다고요?'

'그럼요! 기억 못하겠어요? 나한테 레딩 주식을 공매도하라고 말했잖아요. 그래서 나는 그 주식을 매수했거든요! 나는 항상 당신 정보를 코퍼링[7]해서 돈을 벌거든요, 웨스트레이크 씨.' 존 W. 게이츠는 즐거운 표정으로 덧붙였지요. '항상 말입니다!'

노회한 웨스트레이크는 이 거침없는 서부 사나이를 바라보다가 곧 감탄하듯 중얼거렸답니다. '게이츠, 내가 저 사람처럼 머리가 돌아갔다면 엄청난 부자가 됐을 텐데!'

또 한번은 유명한 삽화가인 W.A. 로저스(W.A. Rogers)를 만난 적이 있습니다. 그가 월스트리트를 소재로 해서 그린 삽화는 여러 해에 걸쳐 뉴욕〈헤럴드Herald〉에 매일같이 연재돼 많은 사람들에게 즐거움을 주었고, 주식중개인들 사이에도 대단한 인기를 끌었지요. 그런 그가 재미있는 이야기를 하나 들려주더군요. 미국과 스페인 간의 전쟁[8]이 벌어지기 직전에 있었던 일이에요. 어느날 그는 주식중개인으로 일하는 친구의 집에 들러 저녁시간을 함께 보냈습니다. 헤어질 시간이 돼 그는 선반에서 자신의 중산모자를 집어 들었지요. 모양도 똑같았고, 자기한테 딱 맞았으니 적어도 그가 생각하기에는 자신의 중산모자였습니다.

당시 월스트리트의 이목은 온통 스페인과의 전쟁에만 쏠려 있었습니다. 전쟁이 벌어질 것인가 아닌가? 만일 전쟁이 벌어진다면 시장은 하락할 것이었습니다. 미국인들의 매도보다는 미국 주식을 보유한 유럽인들의 매도 압력이 클 것이었기 때문이지요. 평화라면, 황색 신문들이 한껏 자극하는 바람에 이미 주가가 상당히 하락한 상태인 주식을 매수하는 게 당연한 수순이었어요. 로저스가 나에게 들려준 이야기를 마저 하죠.

'전날 저녁 내가 집에 들렀던 주식중개인 친구는 다음날 증권거래소에 출근했지. 하지만 그는 여전히 시장의 어느 편에 서서 거래해야 할지 갈피를 못 잡은 상태였어. 그는 양쪽 입장을 다 짚어봤지만, 어느 게 루머이고 어느 게 사실인지 구별해내기도 어려웠지. 그가 의지할 만한 진실한 뉴스도 전혀 없었어. 한 순간 전쟁이 불가피하다는 생각이 들었다가는, 다음 순간에는 절대 그럴 리 없다는 생각이 들곤 했어. 너무 고민하다 보니 머리에 열이 다 났고, 그는 이마 위의 땀을 닦기 위해 쓰고 있던 중산모자를 벗었지. 매수해야 할지 매도해야 할지 도저히 알 수가 없었어.

그런데 우연히 모자 안을 들여다보게 된 거야. 거기에는 금실로 쓴「전쟁(WAR)」이라는 글자가 있었어. 그가 원했던 직감이 바로 그것이었지. 내 모자를 통해 하늘이 주신 비밀정보가 아니면 무엇이었겠어? 그래서 그는 마음껏 주식을 매도했고, 곧이어 선전포고가 나왔어. 주가가 급락하자 그는 공매도한 주식을 정리해 대박을 터뜨렸지.' W.A. 로저스는 이 야기를 이렇게 끝맺더군요. '나는 그 모자를 끝내 돌려받지 못했다네!'

그러나 비밀정보와 관련된 일화 가운데 백미(白眉)는 뉴욕증권거래소 회원 중에서도 꽤 유명한 인물 가운데 한 명인 J.T. 후드에 관한 것이지요. 하루는 동료 플로어 트레이더인 버트 워커가 다가와 하는 말이 애틀랜틱 앤 서던9)의 실세 임원에게 호의를 베풀었더니, 이 내부자가 고맙다며 답례로 A. & S. 주식을 최대한 매수해두라고 얘기해주더라는 겁니다.

---

7) coppering, 직감에 따라 어떤 정보나 루머의 반대쪽에 돈을 거는 것을 말한다.
8) 미국과 스페인 간의 전쟁은 스페인으로부터 독립하려는 쿠바의 독립투쟁을 빌미로 1898년 4월 발발해 그해 12월 파리조약이 체결되면서 끝났다. 미국은 승전의 대가로 푸에르토리코와 괌, 필리핀 등을 얻어냈다.
9) Atlantic & Southern은 가공의 회사 이름이다.

이사회에서 주가를 최소한 25포인트 끌어올릴 모종의 조치를 곧 취할 것이라고 했지요. 이사 전원이 그 안건에 찬성하는 건 아니지만, 이사 다수가 그가 바라는 대로 투표할 게 틀림없다는 얘기였어요.

버트 워커는 배당금이 인상될 것이라고 판단했지요. 그는 친구인 후드에게 자신의 생각을 말해주었고, 두 사람은 각자 A. & S. 주식 2000주씩을 매수했습니다. 주가는 이들이 매수하기 전이나 그 후나 계속해서 아주 약세였지만, 후드는 버트에게 그 실세 임원이 이끄는 내부자 무리가 물량 확보를 원활히 하기 위해 의도적으로 그러는 게 틀림없다고 말했지요.

다음주 목요일 장 마감 뒤 애틀랜틱 앤 서던 이사회가 열려 배당금 안건을 통과시켰습니다. 금요일 아침 개장과 동시에 주가는 급락해 6분만에 6포인트나 떨어졌지요."

프로들도 당한다

"버트 워커는 말도 못할 정도로 화가 치밀었습니다. 그 실세 임원은 워커가 찾아가자, 자기도 무척 가슴 아프다며 진심으로 유감을 표시했지요. 그는 자기가 워커에게 주식을 매수하라고 했다는 사실을 깜박 잊었다고 말했습니다. 그 바람에 이사회의 다수파가 계획을 바꿨다는 사실을 전화로 알려주지 못했다는 겁니다. 안타까운 마음의 이 임원은 어떻게든 손실을 만회해주기 위해 워커에게 또 한 가지 비밀정보를 일러주고 싶어했지요. 그는 자신의 동료 이사 두 명이 주식을 싸게 매수하기 위해 자신의 반대에도 불구하고 그런 비열한 짓을 저질렀다고 친절하게 설명해주었습니다. 그들의 표를 얻기 위해 자기도 어쩔 수 없이 굴복할 수밖에 없었다고 했지요. 하지만 이제 그들은 원하는 물량을 다 확보했으니 더 이상

상승세를 막을 장애물은 없다고 덧붙였습니다. 그렇다면 지금 A. & S. 주식을 매수하는 것이야말로 너무나도 확실하면서도 손쉬운 방법이었지요.

버트 워커는 그를 용서해주었을 뿐만 아니라 이 고위 금융업자와 따뜻하게 악수까지 나누었습니다. 당연히 그는 친구이자 동료 희생자인 후드를 서둘러 찾아가 자기가 들은 기쁜 소식을 전했지요. 두 사람은 대박을 터뜨릴 참이었습니다. 앞서 이 주식이 상승할 것이라는 비밀정보를 듣고 두 사람은 매수했지요. 그런데 지금 주가는 그때보다 15포인트나 떨어졌어요. 덕분에 누워서 떡 먹기가 된 셈이었습니다. 그래서 두 사람은 공동계좌로 5000주를 매수했지요.

마치 그들이 출발 신호를 알리는 종이라도 친 것처럼 갑자기 내부자 매도가 쏟아지면서 주가가 급전직하했습니다. 두 스페셜리스트는 의심했던 것을 분명히 확인할 수 있었지요. 후드는 5000주를 팔아버렸습니다. 그가 매도를 끝내자 버트 워커가 이렇게 말했지요. '만일 천하의 그 몹쓸 웬수 놈이 그저께 플로리다로 떠나지 않았더라면 내가 아주 박살을 내버렸을 거야. 맞아, 그랬겠지. 근데 나랑 같이 좀 가자고.'

'어디?' 후드가 물었어요.

'전화국에. 그 사기꾼 녀석이 평생 잊지 못할 전보를 보낼 생각이야. 가자.'

후드도 따라 나섰지요. 버트가 앞장서 전화국으로 들어섰습니다. 전화국에서, 버트는 자신의 분노를 잔뜩 실어, 그러니까 두 사람이 매수했던 5000주에서 손해 본 걸 떠올리며 독설로 가득한 기막힌 문장을 써 내려갔지요. 그는 이걸 후드에게 읽어준 뒤 마무리했습니다. '이 전보를 받아보면 내가 자기를 어떻게 생각하는지 감이 잡힐 거야.'

기다리고 있는 전화국 직원에게 그가 전보를 건네주려는 찰나 후드가

말했습니다. '잠깐만, 버트!'

'무슨 일이야?'

'안 보내는 게 좋겠어.' 후드가 진지한 표정으로 조언했습니다.

'왜?' 버트가 재빨리 말을 막았지요.

'이 전보를 받아보면 그가 불같이 화를 낼 거야.'

'우리가 원하는 게 그거잖아?' 버트는 놀란 표정으로 후드를 바라봤어요.

하지만 후드는 그러면 안 된다는 듯이 고개를 흔들며 아주 심각한 표정으로 입을 열었습니다. '자네가 이 전보를 보내면 앞으로 다시는 그 사람한테서 비밀정보를 받을 수 없을 거야!'

프로 트레이더들도 실제로 이렇게 합니다. 그러니 비밀정보에 귀 기울이는 호구에 대해 이야기한들 무슨 소용이 있겠습니까? 사람들이 비밀정보를 귀담아 듣는 것은 그들이 천성적으로 나빠서가 아니라 앞서 얘기했던 것처럼 희망의 칵테일에 취해보고 싶어서지요. 그 유명한 로스차일드 남작이 밝힌 엄청난 부를 일군 비결은 시공을 초월한, 투기의 가장 든든한 밑바탕이지요. 누가 그에게 묻기를, 주식시장에서 돈을 번다는 게 너무 힘든 일 같지 않느냐고 하자, 그는 정반대로 그건 아주 쉬운 일 같다고 대답했습니다.

'그야 당신이 대단한 부자니까 그렇겠지요.' 그에게 물어본 사람이 항변했습니다.

'전혀 그렇지 않아요. 나는 쉬운 방법을 찾아냈고, 그 방법을 고수하고 있습니다. 그러니 돈을 벌 수밖에 없지요. 원한다면 내 비법을 말해주지요. 이겁니다. 나는 절대 바닥에서 사지 않고, 또 늘 너무 빨리 팔아치웁니다.'

투자자들은 이와 전혀 다른 부류지요. 대부분의 투자자들은 재고자산과 순이익 통계를 비롯해 온갖 수학적 데이터들을 줄줄이 꿰차고 있습니다. 마치 이런 것들이 사실이고 또 확실한 것인 양 받아들이지요. 인간이라는 요소는 대체로 최소화합니다. 유능한 경영자 혼자서 모든 걸 다 하는 기업의 주식을 매수하려고 하는 투자자는 극히 드물지요. 그런데 내가 지금까지 본 가장 현명한 투자자는 이런 사람이에요. 그는 펜실베이니아 더치맨[10]으로 성장해 월스트리트에 왔고, 러셀 세이지와도 교류했던 인물입니다."

펜실베이니아 더치맨의 투자 방식

"그는 뭐든지 아주 철저하게 조사했고 끊임없이 의심했습니다. 그는 자기가 직접 물어봐야 직성이 풀렸고, 자기 눈으로 직접 봐야 한다고 생각했지요. 그는 다른 사람의 눈을 신뢰하지 않았어요. 꽤 오래 전 일입니다. 그가 애치슨 주식을 아주 조금 보유하게 된 것 같습니다. 그런데 이 회사와 경영진에 관한 걱정스러운 소식들이 들려오기 시작했지요. 그가 듣기로는 이 회사의 라인하트 사장이 바깥에 알려진 것처럼 탁월한 인물이 아니라 실제로는 아주 방탕한 경영자로 분별력이 전혀 없어 회사를 하루하루 망쳐가고 있다고 했습니다. 언젠가는 라인하트 사장으로 인해 끔찍한 사태가 초래될 수도 있었지요.

펜실베이니아 더치맨에게 이런 뉴스는 그야말로 생명만큼이나 소중한 것이었지요. 그는 서둘러 라인하트와 이야기를 나누기 위해 보스턴으로 향했고, 그에게 몇 가지 질문을 던졌습니다. 질문은 자기가 들은 문제점들을 다시 나열한 것이었는데, 애치슨, 토페카 앤 산타페 레일로드 사장

---

10) Pennsylvania Dutchman, 17~18세기에 독일과 스위스에서 건너와 펜실베이니아 주에 정착한 주민으로, 전통적인 삶을 고집하는 아미쉬 사람들도 펜실베이니아 더치맨이다.

한테 이게 진짜냐고 대놓고 물어본 것이었지요.

라인하트는 지적 사항에 대해 단호하게 부인했을 뿐만 아니라 추가적으로 더 이야기해주었습니다. 문제점을 지적한 사람들이 악의적인 거짓말쟁이임을 수치를 들어 입증하려고 한 거지요. 펜실베이니아 더치맨은 정확한 정보를 요구했고, 라인하트는 회사가 지금 무슨 일을 하고 있으며 재무상태는 어떤지 자세히 보여주면서 거기에 답했습니다.

펜실베이니아 더치맨은 라인하트 사장에게 감사를 표한 뒤 뉴욕으로 돌아와 보유하고 있던 애치슨 주식을 전부 팔았습니다. 일주일 뒤 혹은 이보다 좀더 지나서 그는 매각대금으로 꽤 많은 물량의 델라웨어, 라카와나 앤 웨스턴 주식을 매수했지요.

세월이 한참 흘러 우리끼리 운 좋게 종목 교체에 성공한 경우를 말할 기회가 있었는데, 그는 자신이 직접 경험한 사례를 이야기하더군요. 그는 무엇 때문에 종목 교체를 했는지 설명했습니다.

'들어보세요. 라인하트 사장이 숫자를 적어가는데, 유심히 보니까 자기가 쓰는 마호가니 롤톱식 책상11)의 칸막이 선반에서 편지지 여러 장을 끄집어냅니다. 두꺼운 고급 린네르 종이였는데, 편지지 맨 위에는 두 가지 색깔로 아름답게 레터헤드12)까지 새겨놓았더군요. 단지 그 종이가 아주 비싸다는 게 문제가 아니라, 이보다 더 나쁜 것은 불필요할 정도로 비싸다는 점이었지요. 그는 종이에다 숫자를 몇 개 써서는 회사의 어느 부서에서 이익을 얼마 내고 있는지 보여주거나, 각종 비용을 얼마나 줄이고 있으며 원가를 얼마나 절감하고 있는지 설명하고는, 그 비싼 종이를 이리저리 꾸겨서는 휴지통에다 던져버리는 겁니다. 그러고는 곧바로 자기네가 새로 도입한 비용 절감 방안을 나에게 각인시켜주기 위해 맨 위

---

11) roll-top desk, 책상 위쪽에 말려들어갈 수 있는 뚜껑이 달린 책상.
12) letterheads, 편지지 상단에 인쇄한 개인이나 회사의 이름과 주소.

에 두 가지 색깔로 레터헤드를 새긴 그 아름다운 편지지를 깨끗한 걸로 다시 한 장 꺼내더군요. 숫자 몇 개 쓰고는, 바로 휴지통으로 골인이지요! 그렇게 많은 돈이 아무 생각도 없이 날아갔지요! 사장이 저런 사람이라면 비용 절감을 하려고도 않을 것이고, 직원이 그런 방안을 내놓아도 보상해주지 않을 게 분명하다는 생각이 들었습니다. 그래서 사장의 설명을 받아들이는 대신 경영진이 방탕하다고 말하는 사람들을 믿기로 결심한 다음 보유하고 있던 애치슨 주식을 다 판 겁니다.

그런데 며칠 후 우연히 델라웨어, 래카와나 앤 웨스턴의 사무실을 방문할 일이 생겼습니다. 왕년의 샘 슬론이 사장이었지요. 그의 집무실은 출입구에서 가장 가까웠고, 집무실 문은 활짝 열려 있었습니다. 늘 개방돼 있었지요. 당시 D.L. & W.의 사무실에 들어가려면 반드시 자기 책상 앞에 앉아 있는 이 회사 사장 앞을 지나야 했던 겁니다. 그가 특별한 일을 하지 않을 때면 누구든 시장실에 들어와 시업과 관련된 얘기를 즉석에서 나눌 수 있었지요. 경제부 기자들은 나에게 이런 말을 하곤 했습니다. 샘 슬론을 만나서는 한 번도 에둘러 말한 적이 없었다고 말이지요. 기자들이 질문을 던지면 다른 임원들이 보기에는 주식시장에 긴급 뉴스가 될 사안이라 하더라도 그는 네, 아니오로 즉답을 해주었다는 겁니다.

내가 들어갔을 때 그는 바빴습니다. 처음에는 그가 편지를 열어보고 있다고 생각했지요. 그런데 안으로 들어가 책상 쪽으로 다가가자 뭘 하는지 알게 됐습니다. 나중에는 그렇게 하는 게 그의 일상 습관이라는 사실도 알게 됐지요. 편지를 분류해 열어본 다음, 빈 봉투를 버리는 게 아니라 전부 챙겨서 자기 집무실에 모아두는 겁니다. 한가한 시간에 모아둔 봉투를 잘라내지요. 그러면 한쪽 면이 깨끗한 두 장의 종이가 생기는 겁니다. 그는 이걸 차곡차곡 쌓아놓고서는 직원들에게 나눠주지요. 앞서 라인하트가 레터헤드까지 새긴 편지지를 사용한 것처럼 이걸 메모용지로 쓸 수 있게 말입니다. 빈 편지봉투 하나도 낭비하지 않고, 사장이 자신의 한가한 시간을 허투루 쓰지 않았지요. 모든 것을 활용하고 있었습니다.

퍼뜩 이런 생각이 들었지요. 이런 사람이 D.L. & W.의 사장이라면 이 회사는 모든 부문에서 효율적으로 운영되고 있을 것이라고 말입니다. 사장이 몸소 보여주고 있었으니까요! 물론 나는 이 회사가 빠짐없이 배당금을 지급하고 있고 자산가치도 훌륭하다는 사실을 알고 있었습니다. 나는 D.L. & W. 주식을 최대한 매수했습니다. 내가 매수한 뒤로 이 회사의 발행 주식수는 두 배가 되고 네 배가 되었지요.[13] 현재 내가 매년 받는 배당금 액수는 처음 이 회사 주식을 매수한 금액과 맞먹을 정도에요. 나는 지금도 D.L. & W. 주식을 보유하고 있습니다. 애치슨은 파산해 법정관리인의 손에 넘어갔지요. 사장이 직접 자기가 방탕한 경영자가 아니라는 점을 보여주기 위해 두 가지 색깔로 레터헤드까지 새긴 린네르 용지에 숫자 몇 개 끄적거린 다음 휴지통에 던져버리는 모습을 목격하고 난 지 불과 몇 달 만에 말입니다.'

이 이야기의 정수(精髓)는 이것이 있는 그대로의 진실이라는 점입니다." 래리 리빙스턴은 이렇게 이야기를 마무리했다. "게다가 펜실베이니아 더치맨이 매수할 수 있었던 다른 어떤 주식도 D.L. & W.만큼 훌륭한 투자 대상이 되지 못했을 거라는 것이지요."

〈*Saturday Evening Post*〉 1922년 12월 16일

---

13) 한국의 무상증자에 해당하는 주식분할을 통해 보유 주식수가 늘어났다는 의미다.

11
대중은 왜 항상 손실을 입는가

하루는 일부러 한 외국인 화가가 그린 초상화 전시회를 보러 갔다. 5번가의 어느 화상(畫商)이 붐을 일으키려 하는 화가였는데, 이런 고상한 예술을 다루는 동네라면 투자 따위의 세속적인 이야기는 듣지 않을 것이라고 내심 믿어 의심치 않았다. 그런데 화상은 자신이 가장 최근에 발굴한 화가를 띄우느라 여념이 없었고, 그러다 보니 자기가 얼마나 인심을 쓰는 것인지를 설명하면서 시장에서나 쓰는 용어를 무의식적으로 갖다 썼다. 그는 내게 자기 화가한테 내 초상화를 부탁하라고 하면서, 나중에 후손이 그 초상화를 유산으로 넘겨받으면 자산 가치가 매년 20%씩 상승할 것이라고 했다. 사업가로서 말하는데, 20%의 확실한 투자 수익률이라면······.

나는 그의 말을 다 듣지도 않고 돌아섰다. 전시회에 온 사람들 가운데 두 명이 내가 서 있던 자리에서 그의 말을 듣게 됐는데, 아무튼 그들은 전혀 그림과는 상관없는 얘기를 반복해서 들을 수 있었다.

433

막 그곳을 떠나려는데 한 유명한 해병대 소속 화가가 들어왔다. 나와는 30여 년 전부터 만나면 서로 말을 건네는 사이였다. 그는 이 갤러리에서 무엇을 볼지 정확히 알고 있는 눈치였다. 그건 허접쓰레기였다! 그는 걸려있는 28개의 캔버스 하나하나에 가래침을 뱉었다. 물론 실제로 그런 것은 아니지만, 신사이자 화가로서 가끔 그렇게 한다. 눈으로 보면서 말이다.

그는 나를 보자 매스꺼움도 사라졌는지 팔을 휘저으며 빠른 걸음으로 걸어왔다.

기사에 경의를 표하다

"자네를 만나니까 정말 반갑군!" 격렬하다고는 할 수 없었지만 워낙 열정적으로 말하는 통에 나는 그의 진심을 의심할 수 없었다. 그의 이런 환대는 일견 기쁘기도 했지만 좀 미안하기도 했다. 그를 반가워하는 만큼 나는 그를 만난 게 그렇게 반갑지 않았기 때문이다. 그는 내가 미안해하는 기색을 알아차렸지만 내가 자기 말을 믿지 못한다고 생각했는지, 황급히 재차 강조했다. "사실이야, 정말 반가워! 안 그래도 자네를 만나러 갈 참이었어. 일주일 전에 돌아왔거든. 항해 중에 내가 만난 두 친구 얘기를 해줄게. 알다시피 나는 뉴포트뉴스에서 쿠바까지 가는 구축함에 승선했잖아. 두 친구는 그 구축함에 탄 장교들이야. 두 친구는 〈새터데이 이브닝 포스트〉에 실리는 자네 기사의 아주 열광적인 팬들이지. 둘 다 해군사관학교 출신이고 우수한 성적으로 졸업했어. 그 중 한 친구는 자네가 쓴 월스트리트 관련 기사를 오래 전부터 읽어왔지. 월스트리트를 소재로 한 자네 책까지 말이야." 해병대 화가는 그의 친구들을 대신해 나를 자랑스러워하는 눈빛으로 바라봤다. 그러고는 이렇게 덧붙였다. "그 친구 말이 자네 글은 사실 그대로라고 하더군."

"그 친구 좀 배워야겠네." 나는 겸손하게 얘기했다. "월스트리트에서 멀어지는 게 그 친구에게도 현명한 길이라는 걸 말이야."

화가는 내 말을 듣지도 않고 이렇게 말했다. "세상에, 항해하던 중에 말이야, 어린애 하나가 신문이랑 잡지를 팔러 왔지. 그날이 목요일이었는데, 그 두 친구가 어린애한테 〈새터데이 이브닝 포스트〉를 달라고 하더군. 둘은 그 잡지에 자네 연재기사가 실려있는지 확인하더라고. 기사가 실린 것을 발견하고는 각자 한 부씩 사서는 그자리에서 읽기 시작하는 거야!"

이 대목에서 나는 의심이 들기 시작했다. 나는 준비를 해야겠다 싶어, 마치 나도 그런 농담을 즐겨 하는 것처럼 사람 좋은 미소를 지어 보였다.

화가는 진지하게 얘기를 계속했다. "나중에 두 친구가 이렇게 말하더군. 자기들은 자네가 쓴 연재기사 하나하나를 정말로 흥미진진하게 읽고 있을 뿐만 아니라 몇 번씩 다시 읽으며 교과서 보듯이 공부한다는 거야. 두 친구는 기사 내용 하나하나를 검증했고, 또 해군사관학교에서 수학 수업을 들을 때처럼 주식 투기에 관한 한 모든 문제를 다 풀어봤다더군. 〈새터데이 이브닝 포스트〉에 다음 회분이 실릴 때까지 기다리는 동안 둘은 뉴욕증권거래소의 주식 시세표를 잘 오려서 챙겨두지. 세상에, 두 친구는 나를 몹시도 부러워하더군. 내가 자네와 오래 전부터 알고 지내는 사이라고 얘기했거든. 구축함이 관타나모에 정박하고 내가 하선할 때가 되자 두 친구가 마지막으로 한 말이 뭔지 아나. 리빙스턴이 주창한 것을 실전에 써먹어 보겠다는 거야. 그들은 자네 기사를 읽고 결심하게 됐다더군. 해군을 그만두고 월스트리트에 뛰어들겠다고 말일세. 두 친구는 백만장자가 되기를 바라지는 않지만, 경제적으로 지금보다는 훨씬 나아질 것은 분명하다고 하더군."

"맙소사!" 내가 소리를 질렀다.

"참, 해군장교의 연봉은 그리 대단하지 않다네."

"내 말은 그게 아냐. 아무튼 두 사람이 그동안 배워온 자기 분야를 떠나 다른 게임에 뛰어든다는 건 절대 현명한 행동이 될 수 없어."

정확한 시점을 집어내려면

"그게, 두 친구는 햇병아리가 아니거든. 항해술이나 천문학을 배운 것처럼 어려운 수학도 할 줄 알고 투기 이론도 이해하는, 배울 만큼 배운 친구들이라고. 자네 주장이나 자네가 표현한 내용에 하나도 틀린 게 없다고 하더군. 그들은 주식 투기에 아주 냉정하고 과학적인 열의를 쏟고 있어. 어중이떠중이들하고는 천지 차이지. 이 친구야 자네는 그 연재기사 덕분에 구축함에서 대단한 인물이었어, 그럼."

"자네는 내가 그 연재기사를 왜 썼는지 아나?" 내가 물었다.

"무슨 말이야?"

"내가 그 연재기사를 쓰고 있는 단 하나의 목적이 무엇인지 아느냐고?"

"알지. 〈새터데이 이브닝 포스트〉에 실리면 돈을 받으니까."

"아냐. 그 기사를 쓰는 건 내가 제일 좋아하는 주제를 입증하고 싶어서네. 누구도 주식 투기라는 게임을 이길 수 없다는 주제 말일세."

"그래, 하지만 두 친구는 보통사람이 아니야. 해군사관학교 출신이라고."

"주식 투기라는 게임은 똑똑한 사람일수록 더 쉽게 바보로 만들지." 내가 단언하듯 말했다.

"그 친구들은 걱정할 필요 없어. 두 사람이 어떻게 해나가는지 알려줄

게." 그는 미소를 지으며 약속했다.

"그럴 필요 없어. 나는 두 사람이 어떻게 해나갈지 아니까."

"그걸 어떻게?"

"자네는 내가 쓴 연재기사를 읽었나?"

"그럼."

"그런데도 자네 친구들한테 주식시장을 멀리 하라고 충고하지 않았다는 거야?"

"응, 내가 왜 그래야 하지?"

"그러면 그들은 자네 친구가 아닌 거야."

"분명히 내 친구들이야."

"그러면 자네는 그 연재기사를 읽지 않은 거야."

"분명히 읽었다고. 아주 좋은 기사였어."

"누구도 이 게임을 이길 수 없다는 점을 자네에게 납득시키지 못했다면 그 기사는 썩 좋은 기사가 아니지. 나는 기회 있을 때마다 그 얘기를 했고, 내 능력이 닿는 한 가장 강력하게 호소했거든."

"응, 두 친구는 그렇게 매일같이 게임에서 이기려고 하지는 않을 거야. 그들은 그 정도로 영리하다고. 정확한 시점을 잡아내야 한다는 점도 이해하고 있지."

"정확한 시점은 결코 오지 않아." 내가 말했다. "아마추어치고 정확한 시점만 골라 트레이딩할 만큼 아는 경우는 없으니까. 정확한 시점을 집어내려면 먼저 자기가 가진 것을 전부 날려봐야 해. 그게 유일한 방법이야. 잘못된 시점에 트레이딩을 해봐야 이걸 배울 수 있다고."

"그 친구들은 걱정 마." 화가가 말했다. "두 사람 다 그 정도는 알 만큼 똑똑하고, 게다가……."

"그러면 자네 이 그림들은 어떻게 생각하나?" 내가 그에게 물었다.

이길 수 없는 게임에 대해 보이는 그의 관심에 찬물을 확 끼얹은 것이다. 그의 얼굴에서는 다정한 빛이 사라지고, 대신 표정이 일그러지며 뭐 이런 영악한 화가가 다 있나 하는, 비웃는 듯한 기색이 역력해졌다. 덕분에 나는 오랜 세월 수없이 되풀이해왔던 논점들을 가만히 생각해볼 수 있었다. 그 중 하나인, 주식 투기라는 게임은 이길 수 없다는 주제를 썼는데 결국 아무 소용도 없었던 셈이다.

며칠 뒤 침대열차의 흡연실에 들렀더니 주식시장과 월스트리트 시스템에 관해 이야기를 나누고 있었다. 풀먼식 호화 열차의 흡연실에 타는 전형적인 인물들이었다. 모두가 사업가들로 세 명은 중년이었고 두 명은 젊었으며 나머지 한 명은 아주 젊었는데, 이 친구만 유일하게 궐련을 피우고 있었다. 각자 하는 일은 다르지만 틀림없이 똑같은 부류라는 것을 알 수 있었다. 비록 형제까지는 아니더라도 사촌쯤은 될 것 같았다.

대화를 주도한 건 빈틈없이 생긴 살찐 사내였다. 머리 회전은 빠르지만 동작은 느릿느릿한 친구였다. 그는 이렇게 말했다. "나는 투기는 절대 하지 않아요. 너무 바빠서도 아니고 공돈 같은 건 없다고 생각해서도 아닙니다. 나는 머리가 좋거든요. 자기 게임도 아닌데 괜히 끼어들어서는 절대 안 되지요. 내 사업은 아주 잘 압니다. 그런데 주식 투기는 잘 몰라요. 더구나 누가 월스트리트에 대해 잘 안다고 해도 정말로 신뢰할 만한 경우는 없더군요. 또 증권회사 객장에 있는 잘난체하는 인간들도 그리 많이 알지 못하거나 그저 공돈을 약간 만져봤을 뿐이지요. 뭘 알고 있는 진짜 내부자들은 내 귀에까지 들어올 정도로 정보를 퍼뜨리지 않습니다. 혹시 귀띔정보를 넘겨줄지도 모르지만 많은 것을 알려주는 일은 결코 없어요. 그래서 나는 거리를 유지하는 겁니다. 보통사람들이 어디서 잘못되는지 나는 정확히 알지 못하거든요. 하지만 래리 리빙스턴이라는 친구가 어떻게 수백만 달러를 벌었는지는 분명히 압니다. 그는 자기가 한 모든 행동의 이유를 설명해주는데, 하나같이 훌륭한 이유에요. 굳이 그가 알고 있는 만큼 내가 그 게임에 대해 알지 못하더라도 그의 자세한 사정을 알 수 있지요. 나는 내 담당의사가 얼마나 많은 의학지식을 알고 있는지 모르더라도, 그의 고용계약이나 그가 받는 수당 혹은 손해배상액을 들으면 그가 어느 수준이며 어떤 부류인지 말해줄 수 있습니다. 나는 이전에는 신문의 금융면을 한 번도 본 적이 없었어요. 근데 최근 들어 경제 상황을 살펴보고 있습니다. 경기 전반에 관해 아주 많은 걸 파악했어요. 내가 하는 사업이 어떻게 될지에 대해서는 약간만 예상하면 되는데, 언제 주식을 사고 팔아야 하는지를 알려면 훨씬 더 멀리까지 내다봐야 합니다. 이런 식으로 한다면야 맹목적으로 하지는 않겠지요."

"처음에는 돈을 벌 겁니다." 그의 맞은 편에 앉아 있던 사내가 아는 체 차면서 얘기했다. "초심자들 대부분이 그러니까요. 하지만 시장이 그 돈을 빼앗아가게 되지요."

교훈을 놓친 독자

"나를 모르는군요." 살찐 남성이 응수했다. "시장이 나한테서 돈을 빼앗아가지는 못할 겁니다. 그럴 기회가 없을 테니까요. 증권회사에서 돈을 버는 동안에만 나는 계속할 겁니다. 대개의 사람들은 시도 때도 없이 게임을 붙잡고 있는데, 그건 탐욕이고 시장이 맞건 틀리건 늘 게임에서 이기려고 하는 거지요. 이건 내가 알고 있는 모든 사업에서 그렇습니다. 이 연재기사는 결국 지식과 상식이 중요하다는 점을 보여주지요. 그게 바로 이 글을 쓴 친구가 무엇을 말하고자 하는지 내가 아는 이유입니다."

이쯤 돼서는 도저히 가만 있을 수가 없었다. "하지만 기사에서는 아무도 그 게임을 이길 수 없다고 밝히고 있습니다. 기사를 쓴 작가도 그걸 알려주려고 한 것 같은데요."

"네, 하지만 리빙스턴은 게임을 이겼지요, 그렇지 않나요?"

한꺼번에 세 명이 똑같은 말을 했다. 정말이다! 여섯 명 중에 세 명이.

"그렇지만, 리빙스턴 본인조차 아무도 그 게임을 이길 수 없다고 말하지요. 그가 돈을 번 건 극히 드물게 나타나는 경제 상황을 제대로 읽어냈을 때뿐입니다. 그가 게임을 이기려고 시도했을 때는 번번이 돈을 잃었지요. 그건 바보 같은 짓이고 그도 상응한 대가를 치른 겁니다. 게임을 이길 수 있다는 논리로 덤벼들었을 때마다 그의 출중한 능력이나 타고난 성격, 오랜 경험조차 아무 도움이 되지 않았지요. 하다 보니 월스트리트에서 활동하는 많은 사람들을 알게 됐는데, 계속해서 시장을 이겨낸 경우는 아직 한 번도 보지 못했습니다. 리빙스턴 자신도 그 점을 강조하고 있지요. 그리고 그 기사를 쓰는 유일한 이유는 한 가지 주제를 알려주려는 것입니다. 리빙스턴이 아주 성공적으로 그것을 보여주고 있지요. 그가 입은 손실을 한번 떠올려보세요."

"당신은 그 기사를 다 읽어봤나요?" 파이프 담배를 피우던 사내가 물었다. 이 사내는 대답이 뻔한 질문을 하면서 자기가 상대방에 대해 어떻게 생각하는지를 숨김없이 드러내는 좀 아둔한 부류였다. 그의 단조로운 목소리는 눈썹과 아주 잘 어울렸다.

"어쩔 수 없이라도 다 읽고 있습니다." 내가 대답했다.

"전부 다요?" 그는 이제 미소까지 지어 보였다.

나 역시 미소로 답례하며 말해주었다. "나는 단어 하나하나까지 세 번을 읽어야 합니다."

"그럴 리가?" 나를 믿지 못하겠다는 기색이 역력했다.

나는 고백할 수밖에 없었다. "내가 그 기사를 쓰거든요."

"당신이 쓴다고요?"

"그 이상은 묻지 말아주십시오." 내가 말했다. "나는 단지 〈새터데이 이브닝 포스트〉 독자들에게 리빙스턴 같은 전문가조차도 얼마나 쉽게 돈을 잃는지 말해주고 싶었을 뿐입니다."

"그래요, 하지만 당신은 그가 바보짓을 하지 않았을 때 어떻게 돈을 벌었는지도 설명했잖아요. 누구든 두 눈 똑바로 뜨고 있으면 바보짓 할 리가 없는 것 아닌가요?" 살찐 사내가 말했다.

그도 더 이상 할 말이 없었다. 그러나 내가 가만히 있으면 다시 살아날 것 같아 몇 마디 더 해주었다. "여러분 이렇게 얘기해서 미안합니다. 증권회사도 먹고 살아야지요. 그런 겁니다." 그러고는 내 자리로 돌아왔다.

내가 그렇게 말했다고 해서 그들이 정말로 나를 필자로 생각하는 것 같지는 않았다. 또 앞서 내 이름을 불렀던 나이든 열차 사환에게도 나에 대해 물어볼 것이었다. 어쨌든 잠시 뒤 살찐 사내가 자기 자리로 돌아가다가 내 앞을 지나게 됐다.

그는 멈춰 서더니 다정하게 말했다. "참 훌륭한 기사들이요."

"정말 형편없는 기삽니다." 내가 말했다.

"내가 아는 사람들은 한결같이……." 그가 말하기 시작했다.

"죄송합니다만 당신 경우를 봅시다." 내가 말을 끊었다. "당신은 절대 투기를 하지 않았잖아요. 다른 사람의 게임에 끼어들지 않을 만큼 머리가 돌아가니까요. 그런데 그 기사를 읽고는 더 이상 현명하게 행동하지 않기로 결심했어요. 당신도 리빙스턴이 하는 말을 기사에서 읽었겠지만, 그가 걸어온 길을 보면 누구도 아무런 노력 없이 뭘 얻을 수는 없으며, 공돈은 환상이라는 것을 결론적으로 알 수 있지요. 물론 공사장 인부가 볼 때는 대형 로펌 소속 변호사가 버는 수입은 공돈일 거라고 생각하겠지만, 당신은 그보다는 잘 알 겁니다. 내가 쓴 기사가 성공을 거둔 게 있다면, 당신 마음속에 자기는 백만 분의 일 확률에 들 수 있다는 욕망을 불러일으킨 것밖에 없군요. 정말로 슬픈 성과가 아닐 수 없네요, 그렇지 않습니까?"

그는 내 마지막 물음은 무시한 채 말했다. "그런데, 사실 이제는 무지가 투기에서 손실을 보는 주된 원인은 아니지 않나요? 다시 말해 투기라는 게임 자체에 대한 무지, 시장의 큰 흐름이 어떻게 일어나는가에 대한 무지는 당신의 기사 덕분에 상당히 많이 사라진 것 아닌가요? 내가 래리 리빙스턴이 한대로 따라 한다면, 그가 호구처럼 했을 때는 말고 그가 옳게 게임을 했을 때만 그렇게 한다면 돈을 벌 수 있지 않겠어요?"

나는 그 사람 스스로 이미 답을 내렸다는 사실을 알 수 있었다. 그렇기는 해도 나는 애써 입을 열었다. "보세요, 어쩌면 무지는 없앨 수 있을지 모르겠지만, 탐욕을 없애지는 못할 겁니다. 그렇다고 해서 당신이 도둑놈 같은 탐욕, 그러니까 아무 노력도 하지 않고 뭔가를 얻으려 한다는 말은 아닙니다. 이건 마치 당신이 책만 읽고서 의사가 될 수 있다고 생각하는 것이나 마찬가지에요. 무지를 한번에 싹 날려버리기는 무척 어렵습니다. 경험이 큰 역할을 하는데, 이건 단시일에 쌓을 수 없지요. 내가 쓴 기사가 당신을 납득시키지 못했으니 훌륭한 기사라고는 할 수 없다는 겁니다, 그렇지 않나요?"

"그 기사는 대단히 흥미진진해요." 그가 장담했다.

"어쨌거나 당신의 행운을 빌겠습니다." 내가 말했다.

그가 우물쭈물하더니 말했다. "투기는 하지 않을 겁니다." 열 번쯤이나 서약한 것 같은 목소리였다.

내가 말했다. "이미 투기를 하기 시작했다 해도 나는 놀라지 않을 겁니다. 리빙스턴이 약세 시각을 갖고 있다는 말을 들으면 귀가 쫑긋하겠군요."

"그가요? 세상에, 내가 듣기로는 그가 주식을 매수하고 있다고 하던

데."

"나도 그렇게 생각합니다!" 나는 말한 다음 크게 웃었다.

그도 씩 웃고는 내 앞을 지나갔다.

리빙스턴에게 의견을 묻다

그 뒤로 나는 거의 어딜 가나 똑똑한 체하는 아마추어들을 만나 얘기를 들었다. 그들은 한결같이 이제 대부분의 트레이더가 늘 저지르는 실수는 하지 않을 것으로 확신한다며 내 기사가 큰 도움이 됐다고 털어놨다. 그리고 나서 마지막으로는 모두들 내게 지금의 상승세가 대세상승 흐름의 시작인지, 아니면 그리 오래 가지 않을 반짝 랠리인지를 물었다.

그래서 래리 리빙스턴을 만나자 내가 겪은 일들을 이야기해주었다. 그는 나만큼이나 주식 투기라는 게임이 이길 수 없는 것이라는 사실을 널리 알리는 데 열의를 갖고 있었다.

그는 내 얘기에 전혀 놀라지 않았다.

"자기가 모르는 게임인데도 사람들이 운에 맡기고 덤벼드는 것을 그만두게 할 수 있는 방법은 아무도 알지 못한다고 생각해요. 주식 투기는 영원히 사라지지 않을 겁니다. 사라지는 것 또한 바람직하지 않아요. 국가에서 법률로 정하고 그 위험을 아무리 경고해도 없앨 수 없을 겁니다. 그리고 투기가 존재하는 한 누군가는 손실을 보겠지요.

제아무리 실력 있고 경험 많은 사람도 주식 투기에서는 잘못된 판단을 내릴 수 있습니다. 우리 모두는 외부의 적뿐만 아니라 자기 내부의 수많은 적들을 갖고 있으니까요.

신중하게 세운 계획도 예상치 못했던 일이나 전혀 예상할 수 없었던 사건이 발생하는 바람에 엉뚱한 결과로 이어질 수 있습니다. 파탄은 자연재해나 기상이변으로 인해 야기될 수 있고, 자신의 탐욕이나 누군가의 허영심 때문에 비롯될 수 있으며, 두려움이나 억제할 수 없는 바람이 그 원인일 수 있지요.

그러나 인간이기에 어쩔 수 없는 내부의 적들은 차치하고라도 주식 투기자라면 제거할 수 있고 또 제거해야 마땅한 부정적인 요소들과는 싸워야 합니다.

내 말은 상업적으로는 물론 도덕적으로도 변명의 여지가 없는 잘못된 관행이나 악습에 맞서 싸워야 한다는 거지요. 이런 나쁜 요소들은 원천 봉쇄하는 게 불가능하다고들 말합니다. 대중들, 바로 월스트리트 최고 고객들의 이익을 지켜주기 위한 모든 노력에 찬물을 끼얹은 것이지요.

주식시장에서 입는 손실 대부분은 보통의 투기자들이 고집스럽게도 과거의 교훈을 무시하고, 자기 자신과 다른 사람들의 경험에서 배우려 하지 않기 때문에 비롯되는 것입니다. 한마디로 주식 투기의 기본 요소를 무시하기 때문이지요. 나 자신의 경험을 들어보면 손실의 원인이 어디에 있는지 분명히 알 수 있을 겁니다. 왜냐하면 나는 당연히 돈을 잃어야 했을 때는 항상 돈을 잃었고, 당연히 돈을 잃을 때가 아니었는데도 가끔은 돈을 잃었으니까요. 하지만 대체로 이런 손실은 월스트리트에 타격을 줄 정도는 아니지요. 그러면 매년 대중들에게 막대한 금액의 손실을 입히는 게 무엇인지 말해보겠습니다. 이건 월스트리트에도 악영향을 주는 것들이지요.

내가 처음 월스트리트에 발을 디뎠던 25년 전의 일반적인 관행들을 되돌아보면 많은 부분이 개선된 게 사실입니다. 아무나 들어와 1포인트의 증거금을 걸고 달랑 2주 혹은 200주의 주식을 사던 옛날 버킷샵들은 이제 볼 수 없지요. 물론 지난 2~3년 사이 많은 버커티어들과 신종 버킷샵이 생겨나 대중들에게서 많은 돈을 빼앗아가고 있는 것도 사실이지만 말입니다. 그래도 이런 데서 잃는 돈은 옛날 버컷샵에서 돈을 날리던 것과는 비교도 할 수 없지요. 당시 대형 버컷샵들은 무조건 돈을 벌었으니까요. 고객들은 증거금이 워낙 적어 돈을 딸 수가 없었습니다. 지금 감독당국은 버커티어를 단속하고 있고 뉴욕증권거래소도 협조하고 있습니다.

사람들한테 믿을만한 증권회사하고만 거래하라고 얘기해줘도 소용이 없는 것 같습니다. 경찰에서는 악덕 사기꾼들을 몰아내려고 하지만 남녀노소를 불문하고 모두들 일확천금을 노리고 게임에 뛰어들어 끊임없이 돈을 날리지요. 뉴욕증권거래소도 이런 야바위꾼들을 근절하기 위해 열심일 뿐만 아니라 회원들로 하여금 거래소 규칙을 철저히 지키도록 많은 노력을 기울이고 있습니다. 주식중개인들을 상대로 한 많은 규정과 규제가 엄격하게 적용되고 있지요.

우리나라 경제는 워낙 빠르게 성장해 일부 극소수 계층은 엄청난 행운을 몇 번씩이나 누리고 그러다 보면 균형감각을 잃게 됩니다. 기대했던 것보다 10배나 빠르게 이익을 얻게 되면 부호들조차도 더 탐욕스러워진다고들 하지만, 실은 눈이 멀어져 넘어서는 안 될 선을 넘어버리게 되는 겁니다. 1901년에 이런 일이 벌어졌지요. 눈앞에서 굉장한 돈이 쏟아졌습니다. 이걸 보자 돌아버린 거에요. 결국 대법원에서 노던 시큐리티즈 판결을 내린 뒤에야 끝이 날 수 있었던 겁니다.

내가 처음 월스트리트에 왔을 때까지도 뉴욕증권거래소의 플로어에서 행해졌던 것들이 지금은 많이 사라졌습니다. 사람들은 이걸 갖고 다니엘 드루나 제이콥 리틀, 짐 피스트가 활동하던 시절보다 크게 개선됐다고들 말합니다.

내가 이런 말을 하는 이유는 대중들이 돈을 잃을 가능성이 줄어드는 방향으로 더 나은 환경이 만들어지고 있다는 내 낙관론을 설명하려는 것입니다. 옛날 사람들은 뉴욕증권거래소가 잘못된 관행에 종지부를 찍었다고 자랑하곤 했지요.

톰 오킬트리에 관해 전해져 오는 이야기 기억합니까? 어느날 밤 월도프 호텔에서 이 양반이 한달 내내 자신에게 악운이 쫓아다녔다며 그렇게 불평하더랍니다.

'세상에, 어젯밤에는 포커판에서 2만7000달러를 날렸지 뭐야.'

'꽤 많이 잃었군. 톰.' 한 친구가 동정해주었지요.

'그래, 근데 진짜 운이 없었던 것은 그 중에서 11달러를 현금으로 잃었다는 거야!' 오킬트리가 버럭 소리를 질렀습니다.

이 얘기를 들으면 오래 전 증권회사에서 들었던 이야기를 떠올리게 됩니다. 한 작전 세력의 주도자가 그날 자기가 얼마나 훌륭한 솜씨를 발휘했는지 자랑하고 있었습니다. 그날 시세표를 보면 해당 종목의 거래량이 2만5000주까지 불어났으니까요.

그런데 그의 얘기를 듣고 있던 그 증권회사 소속 주식중개인 친구가 다가오더니 이렇게 물었습니다. '그래, 빌, 우리끼리니까 솔직하게 얘기하세. 자네가 말하는 주식 가운데 세탁되지 않은 게 얼만가? 가장매매[1] 아닌 게 얼마나 되느냐는 말이었지요.

'응, 1000주는 넘어!' 빌은 진지하게 얘기했습니다. 다시 말해 2만5000주 가운데 2만4000주 가까이는 거짓으로 꾸민 거래량이었다는 점을 솔직히 인정한 셈이지요. 그러나 이 주식중개인이 한 말은 '대단하군!' 이 고작이었고 모두들 웃기만 했지요. 분노를 터뜨린 사람은 아무도 없었습니다. 왜 그랬을까요? 그런 일은 늘 벌어지거든요. 작전 세력은 항상 그렇게 할 것이라고들 생각하는 거지요."

아는 것이 힘이다

"요즘 주식 투기를 하는 대중들은 그런 뻔뻔한 짓에는 속아넘어가지 않습니다. 그렇기는 해도 많은 구식 규정들로 인해 대중들은 여전히 돈을 잃고 있지요. 이런 손실 대부분은 가장매매처럼 반드시 금지해야 할 일부 관행으로 인한 것입니다. 증권거래소 당국은 이런 속임수를 근절할 수 있고 근절해야 마땅합니다. 거래소를 회원들로만 운영할 수 있는 게 가능한 것처럼 이것도 할 수 있습니다. 물론 더 나은 환경을 조성하기 위한 증권거래소의 노력은 거래소 수준에서 그쳐서는 안 되겠지요.

내가 보기에 없애야 할 것으로 보이는 것들을 소개하기 전에 우선 이 말을 해둬야겠군요. 투기라는 게임을 이기기란 항상 지난(至難)한 일이고, 갈수록 더 어려워지고 있다는 겁니다. 아는 것이 힘입니다. 트레이더는 모름지기 자기가 무엇을 트레이딩하고 있는지 알아야 합니다. 어떤 주식을 매수하거나 공매도할 때는 반드시 그 주식에 대해 정통해야지요. 그 회사의 현재 업황이라든가 향후 전망, 전반적인 경기 상황까지 전부 파악해야 한다는 말입니다. 얼마 전까지만 해도 웬만한 트레이더라면 주식시장에 상장된 사실상 모든 종목에 대해 상당히 많은 실무 지식을 갖고 있었습니다. J.P. 모건이 통합한 지 2년도 채 되지 않은 철강회사들을 합쳐 U.S. 스틸을 주식시장에 상장시켰던 1901년 당시 뉴욕증권거래소에는 275개 종목이 상장돼 있었고, 비상장부[2]에 100개 정도의 종목이 있었지요. 더구나 이들 가운데는 회사 규모가 아주 작은 종목들, 혹은 시장에서 외면당한 주식이나 배당률이 고정된 주식[3]처럼 거래량이 적고 투

---

1) wash sales, 한 사람이 동일 종목 주식에 대해 매수 주문과 매도 주문을 동시에 냄으로써 거래가 활발한 것처럼 꾸미는 매매 수법을 말한다. 이와 유사한 방식인 담합매매(matched orders)는 주식을 사고파는 매수자와 매도자가 사전에 거래할 종목과 수량, 가격을 담합해 시세를 조작하는 수법을 말한다.

2) unlisted department, 장외시장이 커지자 이에 위협을 느낀 뉴욕증권거래소가 1885년 3월 비상장 주식을 관리하는 특별부서로 만든 것인데, 비상장부 종목과 정식 상장종목 간의 가장 큰 차이점은 비상장부 종목의 경우 거래소의 공식 호가가 인정되지 않았다는 것이다. 뉴욕증권거래소는 1910년 비상장부를 폐지하고 보다 엄격한 상장 기준을 도입한다.

3) guaranteed stocks, 우선주보다 더 높은 배당률을 보장하는 사실상 채권과 같은 주식이다.

기적인 매력도 떨어져 굳이 알 필요가 없는 종목들도 많았습니다. 실제로 그 무렵에는 상당수 종목이 몇 년 동안 단 한 차례도 거래된 적이 없었어요. 현재 뉴욕증권거래소에는 정규 상장 종목만 약 900개에 달하고, 최근처럼 거래가 활발한 시장에서는 600개 정도의 개별 종목들이 매일같이 매매되고 있지요.

게다가 옛날에는 업종 구분이나 주식 종류도 간단해 주가 흐름을 파악하기가 쉬웠어요. 그 숫자도 워낙 적었을 뿐만 아니라 자본금 규모도 작았습니다. 레딩이나 델라웨어 앤 허드슨 같이 주로 석탄을 운반하는 철도회사 주식을 가리키는 콜러스(coalers)가 있었고, 세인트폴이나 벌링턴, 록 아일랜드처럼 곡물을 운반하는 철도회사들인 그레인저스(grangers) 주식들도 있었지요. 또 기관차 주식(tractions)이 서너 개 있었고, 산업주(industrials)가 U.S. 스틸을 비롯해 10개 남짓 있었어요.

활발히 거래되는 종목의 숫자나 종류가 제한적이다 보니 트레이더가 신경 써야 할 뉴스의 범위도 그리 넓지 않았습니다. 그러나 오늘날에는 그야말로 모든 것을 트레이딩하지요. 전 세계 거의 모든 산업을 망라합니다. 정보를 수집하는 데 점점 더 많은 시간과 노력이 필요해지고, 그런 점에서 공부를 하면서 주식 거래를 하는 사람들에게는 주식 투기 자체가 훨씬 어려운 일이 돼버렸어요. 물론 이 말은 현명하게 투기하는 사람들을 염두에 두고 하는 말입니다. 신뢰할 만한 정보만 입수한다거나 혹은 기업 스스로 아주 정확한 보고서만 발표한다 해도 요즘 대중들이 트레이딩 가능한 모든 주식을 다 알기란 무척 어려운 일이지요."

출처 불명의 루머들

"투기적으로 주식을 사고파는 사람은 헤아릴 수 없이 많지만, 투기 거래로 수익을 내는 사람은 적습니다. 투기에 실패하는 사람들이 입은 손실을 다 합치면 천문학적일 겁니다. 거래 규모에 따라 손실액도 차이가 나겠지요. 하지만 대중들은 늘 어느 정도까지는 시장에 머물러 있는데, 그러다 보면 항상 손실을 보게 됩니다.

아마추어 투기자들이 손실을 입는 가장 일반적인 이유를 꼽자면 비밀정보에 따라 트레이딩한다는 게 첫 번째일 겁니다. 그러나 통상적인 비밀정보와 구별되는, 의도적으로 흘린 틀린 정보를 따라 하는 경우도 있습니다. 이런 정보는 그럴듯하게 포장돼 주식 트레이더에게 들어오기 때문에 더욱 음흉하고 위험합니다.

통상적인 비밀정보에 대해서는 방어할 수도 없습니다. 가령 평생 친구가 진심으로 당신을 부자로 만들어주기 위해 자신이 어떻게 했는지 알려줄 수 있습니다. 즉 당신도 어떤 주식을 매수하라거나 매도하라고 말해주는 거지요. 친구의 의도는 선의에서 나온 겁니다. 하지만 이 비밀정보가 틀린 것이라면 어떻게 하겠습니까? 게다가 일반 대중이 직업적인 혹은 사기꾼 비밀정보 유포자들로부터 보호받는 정도는 가짜 금괴나 가짜 주류와 다를 게 없습니다. 반드시 공시된 사실만 믿어야 합니다. 물론 어떤 것이든 덥석 물어버리는 바보천치는 어디나 있습니다. 하지만 대부분의 트레이더는 친구도 아니면서 비밀정보를 제공하는 사람의 동기나 진실성, 신뢰도를 체크해볼 정도는 될 것이라고 생각합니다. 더구나 비밀정보 제공자가 거짓말을 하거나 실수를 저지른다 해도 애당초 그를 믿지 않는다면 위험해질 필요도 없겠지요.

그러나 투기 대중은 월스트리트의 전형적인 루머로부터 보호받지도 보상받지도 못합니다. 이 점을 꼭 명심하기 바랍니다. 루머를 액면 그대로 받아들였다가 바보가 되면 뒤늦게 속았다는 사실을 알아도 돈을 돌려받지 못합니다. 돈은 떠나간 다음이니까요. 루머 덕분에 이익을 챙긴 사람이 있다 해도 루머의 책임자는 없기 때문에 아무도 처벌받지 않습니다.

유가증권을 대규모로 거래하는 딜러와 시세조종 주도자, 작전 세력, 개인들은 저마다 자신이 처분하려는 주식을 최선의 가격을 받고 팔기 위해 온갖 수단을 다 동원합니다. 신문이나 뉴스 티커를 동원해 주가 상승을 부추기는 재료들을 퍼뜨리는 것은 그 중에서도 제일 악랄한 수법이지요.

증권면에 실리는 기사들은 담당부장이 한눈 파는 사이에 그냥 아무렇게나 들어간 게 아닙니다. 증권기자들은 내용을 잘 아는 사람한테서 들은 내용이라고 판단해 이를 기사화합니다. 그런데 무슨 일이 벌어집니까? 세상에, 대중들은 월스트리트 최악의 루머꾼들을 만들어내는 시스템의 희생양이 되는 겁니다.

아무 날짜든 금융 뉴스 통신사의 소식지를 한번 보세요. 얼마나 많은 내용이 암시적으로 준(準) 공식적인 성격을 띠고 있는지 살펴보면 깜짝 놀랄 겁니다. 출처를 확인해보면 아마도 자기가 말하는 내용을 알고 있을 것으로 생각되는 유력한 내부자라든가 실세 임원 혹은 고위 인사나 권위자로 돼있지요. 여기 오늘 자 소식지가 있습니다. 그저 무작위로 골라본 겁니다. 한번 들어보세요. '하락장을 기대하기는 아직 너무 이르다고 한 유력한 은행가가 말했다.'

트레이더라면 뭐가 뭔지 알아내야 할 게 너무 많습니다. 유력한 은행가가 진짜로 그렇게 말했을까요? 만일 그랬다면 그는 왜 그렇게 말했을까요? 그는 왜 기사에서 자기 이름을 밝히지 않았을까요? 만일 자기 이름을 밝히면 사람들이 믿을 게 두려웠던 것일까요?

여기 하나 더 있습니다. 이번 주에 주식 거래가 활발했던 기업에 관한 뉴스지요. 이번에는 기사 내용이 실세 임원의 입에서 나왔군요. 그렇다면 이 회사의 임원 10여 명 가운데 누가 말을 한 걸까요? 실명을 밝히는 대신 공식 직함만 쓴 것은 대중들에게 권위와 신뢰를 심어주기 위한 것이지요. 익명을 유지하는 한 이 기사가 초래할지도 모를 피해에 대해 누구를 비난할 수 있을까요? 아무도 비난하지 못합니다.

주식 트레이더는 다양한 투기 시장에 대해 열심히 공부하는 것과는 별개로 반드시 특정 사실들을 월스트리트에서 행해지는 게임과 관련 지어 생각해봐야 합니다. 어떻게 하면 돈을 벌 수 있을지 궁리하는 것은 물론이고 돈을 잃지 않으려면 어떻게 해야 하는지도 강구해야 합니다. 무엇을 하지 말아야 하는가를 아는 것은 무엇을 해야 하는가를 아는 것만큼이나 중요합니다. 가령 개별 종목의 주가가 오를 때는 사실상 모든 경우 어떤 식으로든 시세조종이 개입돼 있게 마련이며, 이 같은 주가 상승은 오로지 단 한 가지 목적, 즉 가능한 한 많은 이익을 남기고 팔겠다는 목적을 가진 내부자들이 만들어낸 것이라는 점을 기억해두는 게 좋아요.

사실 사람들은 늘 시장의 움직임에 대한 설명을 요구하지요. 내가 보기에 대개의 증권회사 고객들은 그저 어떤 종목의 주가가 왜 오르는지 그 이유를 알려고 하는 것만으로 자신이 주도 면밀한 사업가가 되는 양 착각합니다. 이들이 어떤 말을 듣는가는 그리 중요하지 않지요. 이런 경우 시세조종 주도자들이 상승세의 배후에 있는데, 당연히 시세조종 주도자들은 주식을 대규모로 처분하는 데 도움이 되도록 설명합니다."

익명의 비밀정보 제공자들

"나는 월스트리트에서 20년 이상 정말 꾸준히 주식 거래를 해왔습니다. 보통 증권회사에서 거래하며 고객들과 어울렸고, 그러다 보니 루머 시스템이 어떻게 돌아가는지도 알게 됐지요. 내가 지켜본 결과 이런 확신을 갖게 됐습니다. 만일 익명의 출처를 내세워 주가 상승을 부추기는 기사를 싣지 못하게 한다면, 즉 대중들로 하여금 주식을 매수하거나 계속 보유하도록 조장하는 기사를 금지한다면 대중들이 입는 손실을 크게 줄일 수 있을 것이라고 말입니다. 모든 기사의 출처를 실명으로 한다면 틀림없이 대중들을 지켜줄 겁니다. 이름을 밝히면 책임이 명확해지니까요. 그런다고 해서 시세조종 주도자들이 완전히 진실해지지야 않겠지만, 주식시장을 선동하더라도 좀더 신중해질 것만은 분명합니다.

주가 상승을 부추기는 기사들 대다수는 이름을 밝히지 않은 임원이나 내부자들을 출처로 해 대중들에게 신뢰할 수 없거나 잘못된 인상을 심어줍니다. 대중들은 이런 내용이 준 공식적인 것이며, 따라서 믿을 수 있는 것이라고 받아들이는 바람에 매년 막대한 손실을 입지요. 물론 대중들은 그게 어떤 내용이든 익명의 강세 정보에는 귀를 기울이지 말아야 합니다. 유력한 내부자나 유명 은행가, 실세 임원들의 이름을 밝히도록 해봅시다. 적어도 누가 말한 것인지 알도록 합시다. 특히 그 내용이 어떤 사실이나 의견을 표명하려는 것이라면 그래야 합니다. 정직하기는 하지만 실수로 틀린 의견을 가질 수도 있습니다. 하지만 자기가 어떤 사실을 말할 때는 반드시 진실해야 하고, 그 결과가 어떻게 되든 책임을 져야 합니다. 조언을 받아들이는 트레이더는 자기 책임 하에 그렇게 하는 겁니다. 그러나 주가에 영향을 미치는 누군가의 말을 믿고 거래했다면, 그 사실은 옳은 것이라야 하고 그렇지 않다면 트레이더는 누구를 비난해야 할지 알 것입니다.

예를 들어보지요. 어느 회사가 주력 사업 부문에서 침체기를 견뎌내고 있습니다. 회사 주식은 거래가 부진한 편입니다. 주가는 실제 가치에 대한 일반적이면서도 비교적 정확한 믿음을 반영하지요. 만일 주가가 실제 가치에 비해 터무니없이 낮다면 누군가가 그 사실을 알고 매수에 나서 주가가 올라갈 겁니다. 주가가 너무 비싸다면 누군가가 알고 매도에 나서 주가는 떨어지겠지요. 어느 쪽으로든 아무 일도 일어나지 않는다면 아무도 이 주식에 대해 얘기하지 않을 것이고, 아무것도 하지 않을 겁니다.

이제 회사의 주력 사업 부문이 새로운 전기(轉機)를 맞습니다. 좋아지기 시작합니다. 그러면 이 사실을 처음 아는 사람은 내부자일까요, 아니면 대중들일까요? 대중들이 아니라는 점은 확실할 겁니다. 그 다음에 무슨 일이 벌어질까요? 당연히 사업 여건이 지속적으로 개선되면 순이익은 증가할 것이고, 회사는 주주들에게 다시 배당금을 지급할 수 있겠지요. 만일 그동안 계속해서 배당금을 지급해왔다면 배당금을 더 늘릴 겁니다. 당연히 주식의 가치는 높아지겠지요.

이렇게 계속 더 좋아진다고 해보지요. 경영진은 이런 기쁜 사실을 공식 발표할까요? 사장이 주주들에게 이야기해줄까요? 어느 마음씨 좋은 임원이 자기 이름까지 밝히면서 신문 경제면이나 뉴스 통신사의 소식지를 읽는 대중들의 이익을 위해 기사를 제공할까요?

평소 익명을 고수해왔던 겸손한 내부자가 이름을 밝히지 않은 채로 회사 장래가 아주 밝다고 이야기할까요? 이런 일은 없을 겁니다. 다들 한마디도 하지 않을 것이며, 신문지상이나 뉴스 티커에는 아무런 기사도 나오지 않을 겁니다."

주가 상승을 유도하는 정보

"주식의 가치가 높아지는 정보는 이제 입이 무거운 실세 내부자들이 시장으로 달려가 그들이 살 수 있는 싼값의 주식을 전부 매수하는 동안 대중들에게는 조심스럽게 통제됩니다. 물론 주가는 조금씩 오르기 시작합니다. 확실한 정보 아래 소리소문 없이 매수가 이어지면서 주가는 계속 올라가지요. 증권기자들은 주가가 상승하는 이유를 틀림없이 알고 있을 것이라고 생각하는 내부자들에게 질문을 던집니다. 내부자들은 당연히 알고 있지요. 그들의 매수가 상승하는 이유니까요. 그들이 매수하는 이유는 회사 사업이 더 좋아졌고 전망도 더 밝아졌기 때문이지요. 그러나 기자가 정보를 달라고 하면 한결같이 익명으로 등장하는 내부자들은 자기들은 알려줄 뉴스가 없다고 큰소리칩니다. 주가 상승을 뒷받침할 만한 근거를 알지 못한다고 발뺌하지요. 때로는 한 걸음 더 나아가 자기들은 주식시장의 일시적인 변동이나 주식 투기자들의 공세에 별로 관심을 두지 않는다고 말합니다.

상승세는 이어지고, 미리 알고 있는 인사들이 원하는 만큼 혹은 매수할 수 있는 만큼의 주식을 다 사들이는 행복한 날이 도래합니다. 그 즉시 월스트리트에서는 주가 상승을 부추기는 온갖 종류의 루머들이 들려오기 시작하지요. 뉴스 티커들은 트레이더들에게 믿을만한 소식통에 따르면 회사가 힘든 시기를 벗어난 게 확실하다고 전해줍니다. 앞서 이름 밝히기를 꺼려하면서 주가가 왜 상승하는지 알 수 없다고 말했던 바로 그 겸손한 임원이 이번에는, 물론 이번에도 이름은 밝히지 않으면서 이렇게 말하지요. 주주들은 회사의 향후 전망에 대해 무척 자신감을 가져도 좋을 만한 충분한 이유가 있다고 말입니다. 때로는 이것조차 보수적인 언급이라고 덧붙입니다.

주가 상승을 부추기는 뉴스가 넘쳐나고 여기에 자극 받은 대중들은 주식을 매수하기 시작합니다. 이들의 매수는 주가를 더욱 높이는 데 일조하지요. 머지않아 한결같이 이름을 밝히지 않았던 임원들의 예측이 사실로 드러나고, 회사는 배당금을 다시 지급하거나 배당금을 증액합니다. 이와 함께 주가 상승을 부추기는 재료는 몇 배로 늘어나지요. 수적으로도 그 어느 때보다 많아지지만 훨씬 더 자극적입니다. 어느 유력한 임원은 현재 상황을 단도직입적으로 묻는 질문에 업황은 그냥 나아지고 있는 것 이상이라고 분명하게 말해주지요. 한 실세 내부자는 한참이나 추궁을 당한 끝에 결국 한 뉴스 통신사에다 회사 순이익이 그야말로 경이적인 수준이라고 털어놓습니다. 또 사업상 이 회사와 긴밀한 관계에 있는 한 은행가는 폭발적인 매출액 증가는 한마디로 업계 역사상 전례가 없는 일이라고 말합니다. 추가 주문이 들어오지 않는다 해도 회사가 언제까지 주야로 공장을 가동할지 아무도 알 수 없을 것이라고 덧붙이지요. 그런가 하면 재무위원회 위원은 목에 잔뜩 힘을 준 채 대중들이 주가 상승을 놀라워하는 게 놀랍다고 표현합니다. 오히려 놀라운 사실은 주가가 완만하게 상승하고 있다는 것 한 가지뿐이라고 단언하지요. 누구든 곧 발표될 사업보고서를 분석해보면 장부가치가 현재 주가보다 얼마나 높은지 쉽게 알 수 있을 것이라고 덧붙입니다.

대중들로 하여금 높은 주가에도 불구하고 계속 더 많은 주식을 매수하게 만드는 온갖 일들이 벌어집니다. 하지만 어떤 경우에도 이 너그럽고 말하기 좋아하는 인사의 이름은 알려지지 않지요.

실적 호조세가 계속 이어지고, 회사의 호황이 멈출 기미를 보이지 않는 한 내부자들은 앞서 주가가 쌀 때 매수한 주식을 계속 보유합니다. 주가를 끌어내릴 아무 재료도 없는데, 굳이 왜 주식을 팔겠습니까? 그러나 회사 사업이 나빠지는 전환점이 오고야 말면 무슨 일이 벌어지겠습니까? 그들 스스로 기사에 등장하거나 경고를 하고 희미하게나마 단서를 제공할까요? 그런 일은 없을 겁니다. 추세는 이제 아래쪽으로 기웁니다. 회사가 호황으로 돌아설 때 아무 소리도 내지 않고 주식을 매수했듯이 이번에도 조용히 매도하지요. 이 같은 내부자 매도로 주가는 당연히 하락합니다. 대중들은 설명을 듣기 시작합니다. 아주 익숙한 것들이지요.

세월이 가도 이건 변하지 않습니다. 유력한 내부자는 모든 게 다 잘 되고 있으며, 주가 하락은 단지 주식시장 전체를 끌어내리려는 약세 투기자들의 매도 공세 때문이라고 주장합니다.

한동안 주가가 내림세를 걷다가 어느날 갑자기 급락세가 덮쳐 주가가 뚝 떨어집니다. 그러면 이유와 설명에 대한 요구가 빗발치지요. 만일 아무도 무슨 얘기를 해주지 않으면 대중들은 최악의 상황을 우려할 겁니다. 그래서 뉴스 티커들은 이제 이런 식의 뉴스를 전해줍니다. '주가 하락에 대해 회사의 실세 임원에게 물었더니, 오늘의 하락은 약세 투기자들의 공세 때문이라고밖에는 생각할 수 없다고 말했다. 기존 상황은 변하지 않았다. 회사 사업이 지금처럼 잘 된 적이 없었으며, 당분간 전혀 예기치 못한 어떤 일이 벌어지지 않는 이상 다음 번 배당금 결정 때 배당금이 증액될 가능성도 높다. 시장의 약세 투기 세력은 더 공격적으로 나오고 있고, 주가 약세는 마음 약한 보유자들이 주식을 내놓도록 의도적으로 계획된 공세가 분명하다.' 뉴스 티커에서는 그럴듯한 판단 근거를 제공하려고 하지만, 주가가 떨어지던 날 대부분의 주식을 내부자 세력이 매수했으며, 약세 투기자들은 스스로 무덤을 팠다는 점을 알게 될 것이라는 사실을 믿을만한 소식통으로부터 들었다는 기사는 절대 쓰지 못할 겁니다. 물론 그 이전에 운명의 날은 오고야 말겠지만 말이지요."

내부자들의 매도와 약세 투기자들의 공세

"주가 상승을 부추기는 말만 믿고 주식을 매수한 대중들이 입는 손실과는 별도로 이로 인해 대중들이 보유 주식을 팔지 못함으로써 입는 손실도 있습니다.

실세 내부자가 처분하려는 주식을 일반인들로 하여금 매수하게끔 하는 차선책은 내부자가 주가를 지지하거나 주식을 추가로 매수하지 않으려 할 때 일반인들로 하여금 주식을 팔지 못하게 하는 겁니다.

실세 내부자가 한 말을 기사에서 읽은 대중들은 무엇을 믿겠습니까? 대부분의 일반인들이 무엇을 생각할 수 있겠습니까? 당연히 이렇게 생각할 겁니다. 주가는 전혀 떨어질 리가 없었는데, 약세 투기자들의 매도로 인해 어쩔 수 없이 하락했으며, 이들의 공세가 끝나는 대로 내부자들이 응징에 나서 공매도 투기자들로 하여금 높은 가격으로 공매도 물량을 정리하게 만들 것이라고 말이지요. 대중들이 이런 생각을 액면 그대로 받아들이는 이유는, 주가 하락이 진짜로 약세 투기자들의 공세로 야기됐다면 곧 바로 이런 일이 벌어질 것이기 때문이지요. 실은 내부자들의 내도로 인해 주가가 하락한 것이고. 이런 시장 상황에서 주가를 떨어뜨리는 것은 늘 이런 식의 내부자 매도입니다.

문제의 주식은 그러나 너무 오래 버티고 있는 공매도 세력을 상대로 무시무시한 압박을 가할 것이라는 온갖 위협과 다짐에도 불구하고 반등하지 못합니다. 주가는 계속 떨어지지요. 어쩔 도리가 없습니다. 내부자들이 시장에 쏟아낸 주식이 너무 많아 시장이 도저히 다 소화해내지 못하는 거죠. 실세 임원들과 유력한 내부자들이 내다판 내부자 주식은 프로 트레이더들 사이에 서로 상대방 진영으로 차버리는 축구공 신세가 되지요. 주가는 바닥도 없이 추락하는 것 같습니다. 내부자들은 업황이 회사의 향후 실적에 악영향을 끼치리라는 사실을 알고 있기 때문에 사업 여건이 개선될 새로운 전기가 나타나기 전까지는 감히 주가를 지지하지 못합니다. 새로운 전기가 나타나면 그때는 내부자들이 조용히 매수에 나설 것이다.

나는 나름대로 열심히 트레이딩을 해왔고, 오랜 기간 주식시장에서 확고한 자리를 고수해왔습니다. 그런 내가 분명히 얘기할 수 있는 것은 어떤 종목의 주가가 맹목적인 약세 투기자들의 공세로 인해 그렇게 과도하게 떨어진 경우는 단 한 번도 본 적이 없다는 사실입니다. 약세 투기자들의 공세란 사실 현 상황에 대한 정확한 지식에 기초해 매도하는 것일 뿐입니다. 하지만 내부자들이 판다고 해서 혹은 내부자들이 사지 않는다고 해서 주가가 떨어진다고는 말하지 않겠습니다. 모두들 서둘러 매도에 나서고, 모두가 팔기만 할 뿐 아무도 사지 않을 때 주가는 수렁 속으로 빠져드는 겁니다.

확실히 알아두어야 할 게 한 가지 있습니다. 주가가 꾸준히 계속 하락하는 이유는 절대 약세 투기자들의 공세 때문이 아닙니다. 주가가 계속해서 떨어지면 그 주식에 뭔가 잘못된 게 있다고 봐도 좋습니다. 그 주식의 수급에 문제가 있거나 회사에 문제가 있다는 말입니다. 만일 주가 하락이 비정상적이라면 주가가 실제 가치 아래로 떨어질 경우 매수세를 촉발해 하락세를 멈추게 만들 겁니다. 사실 약세 투기자가 어떤 주식을 팔아 큰돈을 벌 수 있는 시기는 오로지 그 주식의 주가가 과도하게 높을 때뿐입니다. 내부자들이 그런 사실을 세상에 공표하지 않으리라는 점은 바보천치 아닌 다음에야 다 알 수 있을 겁니다.

뉴헤이븐 철도가 당연히 그 고전적인 사례가 되겠지요. 지금은 누구나 다 알고 있는 사실을 당시에는 극소수만이 알았습니다. 뉴헤이븐 주식은 1902년 당시 255달러에 거래됐고, 뉴잉글랜드 투자자들에게 최고의 철도주로 손꼽혔습니다. 뉴잉글랜드에서는 이 주식을 보유하고 있다는 것만으로도 존경을 받았고 사회적 지위를 인정받았지요. 만일 누가 이 회사의 자금사정에 문제가 있다고 이야기한다면 그런 말을 했다고 해서 감옥에 보내지는 않았을 겁니다. 대신 주민들은 이 사람을 다른 미치광이들과 함께 정신병원에 가둬버렸겠지요. 그런데 공격적인 신임 사장이 임명되면서 붕괴가 시작된 겁니다.

새로운 정책이 이 철도회사를 예전 상태로 되돌릴 수 있을지 처음부터 명확하지 않았습니다. 그런데 이런저런 기업 자산이 하나씩 컨솔리데이티드 로드에 부풀려진 가격으로 떠넘겨지기 시작하자, 몇몇 예리한 관찰자들이 찰스 S. 멜렌 사장의 정책이 현명한지 의구심을 던졌습니다. 200만 달러에 매수한 어떤 도심 전차 시스템을 1000만 달러에 뉴헤이븐으로 넘겼지요. 그 결과 한두 사람이 나서 뉴헤이븐 경영진이 무모하게 행동한다고 말하는 불경죄까지 저지르기에 이르렀습니다. 뉴헤이븐이라 해도 이런 낭비는 당해낼 수 없다고 잠깐이라도 언급하는 것은 마치 지브롤터 바위산의 단단함에 맞서는 것과 마찬가지였지요."

뉴헤이븐 철도의 사례

"물론 바로 앞에 암초가 있다는 걸 맨 처음 본 사람들은 내부자들이었어요. 이들은 회사가 처한 진짜 사정을 파악하자 보유 주식을 줄이기 시작했습니다. 이들이 주가를 지지하기는커녕 매도에 나서면서 뉴잉글랜드의 가장 확실한 철도주도 주가가 꺾이기 시작했지요. 의문이 던져졌고, 통상적인 설명이 필요해졌습니다. 통상적인 설명은 즉각 나왔지요. 실세 내부자들은 자신들이 알기에 아무런 문제도 없으며 주가 하락은 무모한 약세 투기자들의 매도 때문이라고 강조했습니다. 그 결과 뉴잉글랜드의 투자자들은 갖고 있던 뉴욕, 뉴헤이븐 앤 하트포드 주식을 팔지 않고 계속 보유했지요. 당연히 그렇게 하지 않았겠습니까? 내부자들이 말하기를, 아무런 문제도 없고 약세 투기자들의 매도 때문이라지 않습니까? 배당금은 계속해서 지급될 것이라고 하지 않았습니까?

어쨌든 주가는 계속해서 떨어졌지요. 약세 투기자에 대한 약속했던 응징은 나타나지 않고 주가는 계속해서 신저가를 경신해나갔습니다. 내부자들의 매도는 더 다급해졌고 노골적으로 나왔지요. 그럼에도 불구하고 보스턴의 시민의식을 지닌 사람들은, 안전한 투자와 꾸준한 배당금 지급을 원했던 뉴잉글랜드의 모든 이들에게 엄청난 손실을 입힌 이 주식의 통탄할 만한 주가 하락에 대해 사실 규명을 요구했다고 해서 단타 투기꾼이니 선동가니 하는 비난을 들어야 했지요. 대중들이 막대한 손실을 입을 때까지도 주가 하락은 여전히 약세 투기자들의 공세 탓으로 돌려졌습니다. 결국 배당금 지급은 중단됐고, 1921년에 이 회사 주가는 12달러까지 떨어졌습니다. 책임자들의 설명은 항상 거짓투성이였고 잘못된 것이었습니다. 약세 투기자들의 공세를 비난한 내부자들의 준공식적인 언급이 없었더라면 내부자들은 그렇게 쉽게 자기들이 갖고 있던 주식들을 처분할 수 없었을 겁니다. 회사에 뭔가 근본적으로 잘못된 것이 없었다면 그런 끔찍한 하락세는 이어지지 않았겠지요.

주가가 255달러에서 12달러까지 폭락한 것은 역사상 전례가 없는 일이었고, 결코 약세 투기자들이 만들어낼 수 없는 것이었습니다. 이 같은 폭락은 약세 투기자들의 작전 때문에 비롯된 것도 아니었고, 약세 투기자들의 작전으로 인해 지속된 것도 아니었습니다. 내부자들은 꾸준히 주식을 내다팔았는데, 자신들이 진실을 말했더라면 혹은 진실이 알려지도록 놔두었다면 받을 수 있었던 가격보다 늘 더 높은 주가에 매도했지요.

주식을 거래하는 대중들 입장에서는 일단 투기를 멈춘 다음 몇 명의 사람들만 진실을 알도록 하는 그런 회사의 주식을 매매해서 돈을 벌려고 하는 게 얼마나 불리한 짓인지 생각해보는 게 유익할 거에요. 이 점을 조금이라고 고려했다면 이건 마치 카드 뒷장을 읽을 줄 알고 따라서 상대방이 정확히 어떤 패를 들고 있는지 아는 프로 도박사와 함께 포커 게임을 하는 것이나 마찬가지라는 결론에 어렵지 않게 도달했을 겁니다."

리빙스턴을 희생양 삼다

"메트로폴리탄 스트리트 레일웨이의 사례 역시 지저분했습니다. 이 회사 주식을 보유했던 사람들이 더 많았을 뿐이지요. 내부자들은 주가를 거의 300달러까지 끌어올렸습니다. 당시 약세 투기자들에 대해서는 무모한 매도 공세에 따른 응징을 받고 있으며, 이는 코모도어 밴더빌트가 주도했던 제2차 할렘 주 매집 사태 이래 가장 끔찍한 것이라는 말이 나돌았죠. 나중에 들은 바로는 그때의 상승은 공매도 세력의 환매수 때문이 아니라 내부자들이 주가의 천정을 확실히 하려는 것이었습니다. 멋진 주식이었던 데다 맨해튼 육상 교통 시스템을 사실상 독점한 회사였으니 수입이 얼마나 불어날지 가늠할 수 없었으니까요. 전차 운영비는 절감된 반면 수입은 계속 늘어났지요. 아무튼 마침내 주가가 떨어지기 시작하자, 이건 사악한 약세 투기자들의 매도 공세 때문이 아니었습니다. 그건 회사의 현재 업황과 전망을 가장 잘 아는 인간들이 주식을 처분했기 때문이었죠.

앞서도 말했듯이 지난 20년간 최악의 폭락을 기록했던 주식들은 약세 투기자들의 공세 때문에 떨어진 게 아니었습니다. 그런데 그런 설명을 쉽게 받게 받아들이는 바람에 대중들은 수억 달러에 이르는 손실을 감수하는 겁니다. 사람들은 자기가 보유한 주식의 주가 흐름이 마음에 들지 않는 터에, 약세 투기자들의 공세만 멈추면 주가가 제자리를 찾을 것이라고 기대하지 않았더라면 주식을 처분했겠지만, 그런 설명에 솔깃해져 팔지 못한 거죠.

이런 일도 떠오르는군요. 그냥 회사 이름은 인터베일 오일이라고 하지요. 작전 세력이 이 회사의 주가를 끌어올리자 일부 매수자들이 상승세에 동참했습니다. 시세조종 주도자들은 주가를 50달러까지 올렸어요.

세력이 매도하자 곧바로 주가는 떨어졌습니다. 급락세였지요. 당연히 작전 세력이 판 것이었습니다. 그런데 으레 그렇듯 주가 하락을 설명해 달라는 요구가 있었죠. 인터베일의 주가는 왜 그렇게 약세인가? 많은 사람들이 이런 질문을 제기하자 그 답은 중요한 뉴스로 부상했습니다. 한 금융 뉴스 티커에서는 과거 인터베일 오일 주가가 상승할 때 그 이유를 가장 잘 알았으므로 틀림없이 하락하는 이유도 잘 알 것이라고 생각되는 주식중개인에게 물어봤다고 했습니다. 앞서 주가를 끌어올린 세력의 일원이었던 이 주식중개인은 뉴스 통신사에서 전국적으로 공급하는 기사에 쓸 만한 이유를 묻자 뭐라고 답했을까요? 세상에, 래리 리빙스턴이 시장을 공격하고 있다는 것이었어요! 그것으로도 충분치 않았는지, 이 주식중개인은 나를 아주 세게 혼내줄 것이라고 했습니다. 나를 사업에서 영원히 손을 떼도록 하겠다고도 했지요. 그들이 말하는 '시장을 공격하는 사업'이란 게 매번 설명을 요구하는 대중들에게 주식을 팔지 못하도록 하는 것이 아닌가 하는 생각이 들었습니다. 그 와중에도 작전 세력이 계속해서 매도했음은 물론이지요. 그때 주가는 12달러 수준에서 겨우 하락을 멈췄는데, 그들은 주가를 10달러, 아니 그 아래로 떨어뜨려도 이익을 챙길 수 있었지요. 그래도 자신들의 평균 매도 가격이 매수 단가를 웃돌았으니까요.

내부자들에게는 이렇게 주가가 하락하는 동안 매도하는 게 현명하면서도 적절한 행동이었습니다. 하지만 인터베일 주식을 40달러 대에 매수한 외부 투자자들에게 이건 전혀 다른 문제였지요. 일반인들은 뉴스 티커가 전해주는 기사만 읽고서 래리 리빙스턴이 분노한 내부자 세력의 손에 혼쭐나기만을 기다렸던 겁니다. 이런 설명으로 인해 대중들은 막대한 손실을 입었지요. 어느 주식중개인이 그렇게 설명하는지 실명을 밝혔더라면 그런 손실은 막을 수 있었을 겁니다.

강세장에서는, 특히 주식 붐이 일 때면 대중들은 처음에는 돈을 벌지만 나중에는 너무 오래 머물러 있는 바람에 돈을 잃고 맙니다. 약세 투기자들의 공세 같은 이야기가 이들을 너무 오래 붙잡아두는 것이죠. 대중들이 믿기만을 바라면서 익명의 내부자들이 제공하는 설명은 반드시 경계해야 합니다.

〈*Saturday Evening Post*〉 1923년 5월 19일

12
제왕에서 거지로, 투기라는 게임은 얼마나 위험한가

"대중들은 늘 뭔가를 들으려고 하지요." 하루는 내가 월스트리트에 돌아다니는 온갖 정보와 틀린 정보를 최근에 들은 게 있느냐고 묻자 래리 리빙스턴이 이야기를 시작했다. "어느 곳이든 그렇겠지만 월스트리트도 마찬가지입니다. 그러다 보니 비밀정보를 주고 받는 게 일반적인 관행처럼 돼버렸어요. 증권회사에서 고객들에게 매매와 관련된 조언을 직접 해주거나 시장 소식지 같은 매체를 통해 전해주는 건 적절하다고 할 수 있지요. 하지만 증권회사에서 당장의 상황에만 집착해서는 안 됩니다. 또 현재 주가가 그 회사의 확실한 수익성에 비해 낮으므로 그 주식이 싸다느니 조정 시 매수해야 한다고 말해서도 안 되지요.

왜냐하면 주식시장의 흐름은 반드시 현 상황보다 6~9개월 앞을 반영한다는 사실을 증권회사에서는 경험을 통해 알고 있을 것이기 때문이지요. 당장의 실적이 아무리 좋다 해도 6~9개월 후를 내다볼 때 이 같은 순이익 증가율이 지속될 것이라는 확실한 믿음이 없는 한 증권회사에서는 고객들에게 주식 매수를 권해서는 안 됩니다. 만일 당신이 장기적으로 전망해볼 때 현재 주가에 영향을 미치는 변수들이 어떻게 발전할지 상당히 분명하게 알아낼 수 있다면, 언젠가는 지금 주가가 싸지 않을 때가 찾아오겠지요. 이때 증권회사에서는 상황이 긍정적이지 않으니 매도하는 게 좋다고 조언할 겁니다. 트레이더는 반드시 주가의 추세를 파악해야 하는데, 이건 먼 앞날을 내다봐야만 가능하지요. 반면 증권회사는 지금 당장의 수수료 수입에 관심을 쏟습니다. 대개의 시장 소식지가 불가피하게 오류를 범하는 것은 이 때문이지요. 증권회사는 대중들에게서 받는 수수료 수입으로 먹고 삽니다. 시장 소식지나 뉴스 제공업자들이 주가가 피크에 달했을 때 여전히 전망이 좋다며 매수하라고 권유하지 않는다면 내부자들과 몇몇 현자(賢者)들은 자신이 보유하고 있는 물량을 높은 가격에 대중들에게 떠넘기기가 더 힘들어지겠지요."

내부자와 그 공모자들

"주식중개인들은 대중들에게서 받는 수수료 수입으로 먹고 사는데도 불구하고 내부자들이나 시세조종 주도자들한테서 얼마 안 되는 수수료를 더 받기 위해 이들이 매도 주문을 낸 바로 그 주식을 자기네가 만든 시장 소식지나 입 선전을 통해 대중들에게 매수하라고 이야기하지요. 그런 걸 보면 참 기가 막힐 노릇이죠. '무슨 일이 있어도 수수료는 챙기겠다'는 식의 행동은 나중에 정말 큰 일을 벌지도 모릅니다.

더구나 무슨 말로도 합리화할 수 없는 경우가 있습니다. 가령 어느 주식중개인이 고객들에게 어떤 주식을 매수하라고 권유하면서 자연스럽게 이 주식을 대규모로 처분할 수 있는 시장을 조성한다고 합시다. 그런데 그 이유가 다름아닌 이 주식을 매도하려는 내부자가 주식중개인한테 현재 주가보다 싼 가격으로 그 주식을 매수할 수 있는 콜옵션을 주었기 때문인 겁니다. 이런 경우 주식중개인은 매수 주문을 낸 고객들한테서 수수료를 받을 뿐만 아니라, 내부자한테서 받은 콜옵션으로 근사한 이익까지 챙기는 거죠.

구체적으로 얘기하면 이렇습니다. 어떤 내부자가 증권회사 사장을 찾아가 이렇게 말하는 겁니다. '내가 보유한 주식 5만 주를 처분할 수 있게 시장을 조성해주었으면 합니다.'

증권회사에서는 좀더 자세한 설명을 요구하지요. 가령 이 주식이 현재 50달러에 거래되고 있다고 합시다. 내부자는 이렇게 말합니다. '당신한테 45달러에 5000주, 46달러에 5000주, 47달러에 5000주, 이런 식으로 1달러 올라갈 때마다 5000주씩 해서 5만 주 전체를 매수할 수 있는 콜옵션을 주겠소.' 이것도 괜찮은 거래인데, 내부자는 또 이렇게 덧붙이는 겁니다. '그리고 5만 주를 현재 시장가로 팔 수 있는 풋옵션도 주겠소.'

그러면 증권회사 입장에서 이건 아주 손쉬운 돈벌이가 됩니다. 물론 그의 휘하에 추종자들이 많이 있고, 내부자가 바로 그런 증권회사를 찾아냈다면 말이지요. 직통 전화로 연결된 지점망과 전국 각지에 다양한 연락망을 갖춘 증권회사라면 대부분 이런 큰 건에 동원할 만한 다수의 추종자들을 거느리고 있습니다. 증권회사 입장에서는 풋옵션이 있기 때문에 어떤 경우라도 절대적으로 안전하게 거래할 수 있다는 점을 잊지 말기 바랍니다. 만일 대중들을 추종자로 끌어들인다면, 이 증권회사는 의뢰 받은 주식 전부를 팔아 큰 이익을 거둘 뿐만 아니라 공식 수수료 수입까지 챙길 수 있지요.

월스트리트에서 꽤 유명한 아주 특별한 내부자가 어떤 수법을 쓰는지 알려드리지요. 그는 돈벌이가 될만한 주식의 시장을 조성하기 위해 이런 수법을 동원합니다:

우선 대형 증권회사의 고객 담당 책임자에게 전화를 걸지요. 때로는 더 높이 올라가 증권회사의 주니어 파트너에게 전화할 수도 있습니다. 그는 이런 식으로 얘기할 겁니다. '어이, 오랜만이야, 몇 번이나 자네한테 신세를 졌는데 보답을 할까 하네. 확실하게 돈을 벌 기회를 주겠네. 우리 계열사 가운데 한 군데의 자산을 분할해 새로운 회사를 만들고 있는데, 이 회사 주식을 현재 주가보다 훨씬 높은 가격으로 인수할 예정이야. 자네한테 밴탐 샵 주식 500주를 65달러에 주도록 하겠네. 지금 이 주식의 주가는 72달러야.'

이 너그러운 내부자는 대형 증권회사 여러 곳의 고객 담당 책임자 10여 명에게 같은 얘기를 하지요. 그런데 내부자가 이런 관대한 선물을 베푼 수혜자들은 월스트리트에서 활동하는 사람들입니다. 그러면 이들은 이미 이익을 올려주고 있는 주식을 받아 들고서 무슨 일을 할까요? 당연히 연락이 닿는 모든 사람에게 이 주식을 매수하라고 조언할 겁니다. 친절한 기부자는 이 점을 알고 있었던 겁니다. 그래서 증권회사 사람들한테 그토록 친절하게 굴었던 거죠. 결국 이 사람들은 너그러운 내부자가 불쌍한 대중들을 상대로 보유 주식을 높은 가격에 팔 수 있도록 시장을 조성하는 데 일조하는 겁니다.

주식을 처분하려는 시장 조성자들이 쓰는 수법 가운데는 이 밖에도 반드시 금지해야 할 것들이 있습니다. 증권거래소에서는 대중들을 상대로 주식을 공모하면서 매수 대금을 분할 납부할 수 있게 하는 상장 종목은 거래를 금지시켜야 합니다. 어느 주식이든 거래소에서 공식적으로 호가가 이뤄지도록 한다는 건 일종의 인가를 내주는 겁니다. 더구나 거래소가 자유시장의 공식적인 표상이라는 점, 게다가 시시각각 가격이 달라진다는 점만으로도 대중들을 끌어들이기에 충분하지요.

통상적으로 쓰이는 또 다른 매도 수법이 있는데, 생각이 얕은 대중들에게 막대한 손실을 입히면서도 모든 면에서 합법적이라는 이유로 아무도 구속되지 않지요. 이건 시장이 꼭 필요로 한다는 이유를 내세워 발행 주식수를 늘리는 수법입니다."

선물을 가져오는 그리스인

"구주(舊株) 1주를 2주 이상의 신주로 교환해주는 것은 사실상 주권의 색깔만 바꾸는 것이나 다를 바 없습니다. 예전에도 사람들은 기업의 납입자본금만 엄격하게 따졌기 때문에, 발행 주식수는 불필요하게 늘리는 경우가 가끔 있었습니다. 물론 다른 이유도 있었지요. 가령 제임스 J. 힐은 그레이트 노던 주주들에게 특별배당을 해줄 때 액면가로 신주를 발행했습니다. 당시 주가는 200달러가 넘었어요. 기존 주주들은 100달러로 200달러짜리를 주식을 사는 셈이니 당연히 환영했지요. 여기에는 충분히 그럴만한 이유가 있었습니다. 그레이트 노던은 매년 7%의 배당금을 지급했고, 그러고도 이익이 많이 남았어요. 하지만 7%가 넘는 배당금을 지급한다는 것은 철도회사 입장에서 곤란한 일이었습니다. 만약 그랬다가는 당장 철도 요금을 인하하라는 요구가 나올 테니까요. 그래서 제임스 힐은 배당금을 증액하지 않은 겁니다. 실제 이익을 살짝 감춘 셈이었지요.

구주 1주를 신주 2주 혹은 4주, 심지어 10주로 교환해주는 식의 속임수는 원래 일반 상품을 더 쉽게 팔기 위해 고안된 겁니다. 포장 규격을 바꾸는 거죠. 잘 팔리지 않는 상품의 포장 규격을 4분의 1로 줄이는 겁니다. 1파운드짜리 한 상자에 1달러 할 때는 잘 팔리지 않지요. 그런데 4분의 1파운드짜리 상자로 쪼개 한 상자에 25센트로 팔면 잘 나갑니다. 어쩌면 27~30센트에 팔아도 될 겁니다. 시세조종 주도자나 시장 조성자들도 이런 수법을 자주 쓰는데, 주가를 어느 정도 끌어올리면 수요가 줄어들기 때문이지요. 구주에서 신주로 바꾸면 더 많은 주식을 처분할 수 있는 겁니다. 대중들은 멋도 모르고 신주를 매수하고 결국 엄청난 손실을 입게 되지요.

어째서 대중들은 주식을 더 쉽게 살 수 있게 만들었는지 묻지 않는 걸까요? 그것도 왜 그 시점에 주식을 더 쉽게 살 수 있게 했는지 물어봐야 합니다. 대중들이 이익을 챙길 기회가 아닌 것은 분명하지요. 현명한 트레이더는 선물을 가져오는 그리스인[1]을 조심합니다. 이건 확실한 경고 신호에요. 물론 그럴듯하게 꾸며져서 등장하죠. 대중들은 여기에 넘어가 매년 수백만 달러의 손실을 입는 겁니다.

개인이나 법인이 영위하는 사업과 신용에 악영향을 미칠 의도로, 즉 유가증권의 가치를 떨어뜨려 대중들이 보유 주식을 처분하도록 하기 위해 루머를 생산해내거나 퍼뜨리면 누구든 법적으로 처벌을 받습니다. 이런 법은 원래 경제가 어려울 때 은행의 지불능력을 공개적으로 의심해대는 사람을 처벌함으로써 패닉의 위험을 줄여보자는 의도였을 겁니다. 물론 이를 통해 대중들이 보유 주식을 실제 가치 미만으로 파는 것을 막아주기도 했겠지요. 다시 말해 이 나라의 법은 기본적으로 주가 하락을 부추기는 내용을 유포하는 사람을 처벌하는 것입니다.

그렇다면 대중들이 실제 가치보다 높은 가격으로 주식을 매수하는 위험으로부터는 어떻게 보호해야 할까요? 근거 없이 주가 상승을 부추기는 뉴스를 퍼뜨리는 사람은 누가 처벌합니까? 아무도 없어요. 하지만 대중들이 익명의 내부자 정보에 따라 주식을 매수하는 바람에 입는 손실은 엄청납니다. 소위 약세 투기자들의 공세 기간 중에, 주가 하락을 부추기

---

1) the Greeks bearing gifts, 버질의 서사시 「아이네이드」에 나오는 "트로이의 목마" 이야기에서 유래한 표현이다. 10년간이나 트로이를 함락시키지 못하던 그리스군이 거대한 목마를 성문 앞에 가져다 놓자 신중한 성직자인 라오쿤이 "선물을 가져오는 그리스인을 믿어서는 안 된다"고 경고했다. 그러나 이 목마를 성문 안으로 들여옴으로써 트로이는 멸망한다.

는 조언 때문에 실제 가치 미만으로 주식을 매도해서 입는 손실보다 이게 훨씬 더 많습니다."

내부자들의 발언은 실명화 해야

"주가 하락을 부추기는 거짓말쟁이를 지금처럼 법으로 처벌하듯이 주가 상승을 부추기는 거짓말쟁이를 처벌하는 법안이 통과된다면 대중들은 막대한 손실을 보지 않아도 될 겁니다. 그러나 시장 조성자들은 비명을 지르겠지요. 익명의 낙관론을 신문지상에 실을 수 없게 하면 자기네가 처분할 주식의 시장 조성이 아주 어려워질 테니까요.

익명의 거짓 낙관론 덕분에 이익을 보는 시장 조성자와 시세조종 주도자 쪽에서는 스스럼없이 이렇게 말할 겁니다. 이름을 밝히지 않은 대화 내용이나 루머를 믿고 거래했다가 손실을 입었다면 결국 자기 자신밖에 비난할 수 없다고 말이지요. 이건 마약 중독자가 될 만큼 어리석은 사람은 보호해줄 가치가 없다고 주장하는 것이나 마찬가지에요.

증권거래소 당국이 발벗고 나서야 합니다. 불공정한 관행들로부터 대중을 보호하는 것은 정말로 중요한 일이니까요. 만일 어떤 사실을 알 만한 자리에 있는 사람이 그 사실과 관련된 자신의 말이나 심지어 자기 의견을 대중들이 받아들였으면 좋겠다고 생각할 경우 그의 이름을 밝히도록 해야 합니다. 주가 상승을 부추기는 내용을 실명화한다고 해서 반드시 그 내용이 진실이 되는 것은 아닙니다. 하지만 그렇게 하면 내부자들과 임원들이 좀더 조심스럽게 행동하겠지요. 대중들도 무슨 일이 벌어졌는지 기억할 것이고, 그 사람이 다음 번에 뭐라고 이야기하면 그 말을 믿어야 할지 알게 될 겁니다.

대중들은 늘 주식 트레이딩의 근본원리를 명심하고 있어야 합니다. 어떤 주식의 주가가 올라갈 때는 왜 올라가는가만 알면 됐지 아주 정교한 설명은 필요 없습니다. 주가가 계속해서 올라가려면 지속적인 매수가 따라야 합니다. 이따금 약간의 자연스러운 조정을 동반하며 꾸준히 상승하는 한 이 주식을 계속 들고 가는 게 아주 안전하다고 할 수 있지요. 그러나 오랫동안 꾸준히 상승한 뒤 방향을 틀어 점점 하락하기 시작하면, 가끔씩 작은 반등이 있다고는 해도, 그건 최소 저항선이 오름세에서 내림세로 바뀐 게 틀림없습니다. 이런 경우 왜 꼭 그 설명을 구해야 할까요? 주가가 하락한 데는 그럴만한 충분한 이유가 있겠지만, 이런 이유는 몇몇 사람들만 알고 있습니다. 이들은 그 이유를 자기들끼리만 알고 있거나, 대중들에게 현새 주가는 아주 싼 편이라고 설명히지요. 원래 투기라는 게임의 속성상 진실은 그것을 알고 있는 소수의 입에서는 절대 나오지 않는다는 것을 반드시 명심해야 합니다. 그렇게 하지 않으면 그것을 알고 있는 소수는 이익을 거둘 수 없으니까요.

소위 내부자나 책임자들이 했다는 말 가운데 대다수는 사실 아무런 근거도 없습니다. 임원들은 아예 아무 말도 하지 않을 겁니다. 심지어 내부자에게 익명이든 실명이든 그런 말을 해달라는 요구조차 하지 않는 경우도 있습니다. 이런 이야기들은 시장에 상당한 이해관계가 있는 누군가가 꾸며낸 겁니다. 어느 주식이 일정 수준까지 상승세를 타게 되면 대규모 지분을 보유한 내부자들도 이 주식을 거래하는 프로들이 개입하는 것을 싫어하지 않습니다. 하지만 내부자는 큰손 투기자에게 정확한 매수 시점을 알려주기는 해도 언제 매도해야 할지는 결코 말해주지 않아요. 결국 큰손 프로 투기자 역시 대중들과 똑같은 처지가 돼 여기서 빠져나가려면 자기가 보유한 물량을 처분할 만큼 큰 시장을 조성해야 합니다. 이럴 때가 바로 잘못된 정보가 가장 많이 돌아다니는 시기에요. 물론 투기라는 게임의 어떤 국면에서든 신뢰할 수 없는 내부자들이 틀림없이 있게 마련입니다. 일반적으로 대표직에 있는 사람이라면 내부자로서 알게 된 지식을 바탕으로 시장에서 거래를 할 수는 있겠지만 거짓말을 하지는 않습니다. 이들은 단지 아무 말도 하지 않는데, 그건 침묵이 금일 때가 있다는 사실을 잘 알고 있기 때문입니다. 게다가 주식시장만큼 경쟁이 치열한 곳도 없으니까요.

여러 차례 이야기했지만 아무리 반복해도 지나치지 않은 것이 있습니다. 주식 투기자로서 오랜 세월을 지나오면서 확신하게 된 것이지요. 몇 차례 개별 종목들을 매매해 돈을 벌 수는 있어도 지속적으로 또 계속해서 주식시장을 이길 수 있는 사람은 없다는 점입니다. 나는 지금까지 내가 어떻게 해서 돈을 벌었고 어떻게 해서 돈을 잃었는지, 또 무슨 이유로 그렇게 됐는지 설명하려고 애썼습니다. 제아무리 경험이 많은 트레이더라 해도 투기라는 게임에서 손실을 볼 가능성은 늘 있게 마련입니다. 투기란 절대 100% 안전하게 만들 수 없으니까요. 그러니 이 게임을 더 위험하게 만들 필요는 없는 겁니다. 낙관론의 책임 소재를 분명히 해야 하는 것은 당연한 겁니다. 월스트리트의 프로들은 내부자 정보에 따라 매매하는 것이야말로 기근이나 흉작, 악성 전염병이나 정치적 격변, 혹은 일반적으로 말하는 대형 사건들보다 더 빨리 인간을 파산하게 만든다는 걸 알고 있습니다. 월스트리트건 어디건 성공으로 이어지는 탄탄대로는 없습니다. 그런데 왜 이마저도 가로막으려 하는 겁니까?"

이 말을 끝으로 나는 래리 리빙스턴의 사무실을 나왔다. 정말 그의 경고대로 한다면 대중들이 더 이상 공짜로 뭔가를 얻으려 하지 않을지 여전히 궁금했다. 보통사람들이 왜 주식시장에서 돈을 잃는가에 대한 그의 결론은 냉정하게 이 문제를 연구했다면 누구나 내릴 수 있는 결론이었다. 내 생각으로는 그가 거둔 성공이야말로 그가 겪은 실패와 마찬가지로 이 게임이 이길 수 없는 것이라는 점을 웅변해주는 것이었다. 왜냐하면 그의 실패는 모두가 경험하는 실패인 반면 그의 성공은 백만 명 가운데 한 명이 누리는 성공이기 때문이다.

헤아릴 수 없는 숱한 사람들이 이 게임에서 이겨보겠다고 덤벼들었다가 계속해서 패배하고 마는 것은 그리 흥미로운 사실도 아니다. 예전부터 그래왔고 그건 불가피한 일이기 때문이다. 월스트리트에서 희생당한 사람들은 전염병 사망자나 똑같은 취급을 받는다. 그들은 더 이상 살아있는 사람이 아니라 통계수치로만 존재한다. 인간의 평균 수명표를 본다고 해서 가슴이 저며오지는 않는다. 모든 인간이 죽는다는 사실에 굳이 슬퍼할 이유는 없다. 모두가 알고 있듯이 주식 투기자도 패배할 운명인 것이다. 원래가 그런 것이다.

그렇다면 왜 그렇게 많은 사람들이 손에 넣을 수 없는 것을 향해 그토록 바보 같은 몸부림을 쳐대느냐는 의문이 들 것이다. 그건 월스트리트에서는 돈을 더 쉽게, 더 빨리, 그리고 다른 어느 곳보다 엄청나게 더 많이 벌 수 있다고 믿기 때문이다. 이들은 래리 리빙스턴처럼 티커 하나로 백만장자가 된 성공신화를 보라고 한다. 또 일요판 신문에 나오는 수백만 달러를 번 승부사들을 얼마든지 열거한다. 정작 래리 리빙스턴 본인은 대중들에게 이 게임은 아무도 이길 수 없으며, 아무리 좋게 봐줘도 월스트리트는 대다수가 돈을 잃는 반면 극소수만이 돈을 버는 곳이라고 이야기한다. 그러면 사람들은 이 극소수 인물들한테서 배우면 자기들도 현명해질 수 있다고 주장한다. 대다수가 잃는 돈이 많으면 많을수록 극소수가 버는 돈은 더 많아지는데도 말이다! 이들은 오로지 월스트리트의 제왕들이 보여주는 화려함에만 눈이 멀어 돈을 잃은 사람들이 겪는 고통과 비극, 파산하고 심지어 자살까지 하는 모습은 보지 못한다.

주식시장 최초의 지도자 제이콥 바커

아, 그러나 월스트리트 제왕들은 재임기간이 너무나 짧다! 이들도 인간이고, 호구들과 한 핏줄이며, 오류를 범한다. 월스트리트에서 오류를 범한다는 것은 퇴출을 의미한다. 죽을 때까지 권좌를 유지했던 제왕을 나는 단 한 명도 기억하지 못한다. 내가 지칭하는 '주식시장에 군림한 주가 테이프의 마법사들'은 물론 J.P. 모건 같은 은행가나 제임스 J. 힐 같은 대재벌 혹은 제이 굴드 같은 철도왕은 아니다.

래리 리빙스턴 같은 걸출한 주식 투기자를 염두에 두고 하는 말이다. 리빙스턴은 그를 대단하게 여기는 사람들의 마음속에 그의 성공신화를 각인시켜줄 만한 모든 요소를 다 갖추었다. 그가 수백만 달러를 번 것은 틀림없는 사실이다. 맹목적인 추측만으로 이 돈을 번 것도 아니었다. 가르침을 받기 위해 그는 수백만 달러를 지불해야 했다. 그가 월스트리트에서 보낸 삶의 궤적을 보면 돈을 번 것만큼이나 돈을 잃은 단락들을 많이 만날 수 있다. 그는 아직 젊다. 더 많은 단락들이 있을 것이다. 과연 마지막 단락은 어떻게 될까? 그가 연금채권을 사두고 수백만 달러를 신탁해둔 것은 언제 닥칠지 모를 최후의 패배에 대비한 아주 현명한 행동이었다. 마치 권좌가 위태로운 외국의 권력자가 영란은행 금고에 거금을 예치해두는 것처럼 말이다.

그런데, 월스트리트의 역사를 연구해보면 자명하게 드러나는 사실이 있다. 결국 똑같은 티커가 돈을 벌어주기도 하고 돈을 빼앗아가기도 한다는 것이다. 적당한 때 일선에서 물러나 다 털릴 위험에서 도망치지 않았던 월스트리트의 제왕들은 하나같이 불명예스럽게 쫓겨났다. 주식시장에 이런 왕족들은 너무도 많다. 나도 여러 명 알고 있다. 이들의 지나온 과정은 선배들이 지나온 과정과 일치한다.

주식시장 최초의 걸출한 지도자는 제이콥 바커였다. 정말로 빼어난 인물이었던 그의 이력을 돌아보면 단순한 사업가의 이야기가 아니라 위대한 미국인의 모험담을 읽는 것 같다. 그는 1779년 메인 주에서 태어났다. 부모는 모두 퀘이커 교도였다. 역사학자들은 그를 미국 역사상 비즈니스 감각이 가장 탁월했던 인물 가운데 한 명으로 꼽는다. 만일 누군가 주식시장을 이겨낼 수 있다면 그건 틀림없이 바커 같은 인물일 것이다. 그는 스물한 살이 채 되기 전에 이미 대규모 상선단을 소유했고 엄청난 신용까지 쓸 수 있었는데, 이건 정말 보통 솜씨가 아니었다. 그는 1801년에 파산했지만 정부와 석유 공급 계약을 맺으면서 다시 재산을 모았다. 1812년 영국과의 전쟁 기간 중에는 미국 정부가 차입할 500만 달러의 자금을 조성하는 임무를 수행하기도 했다. 그의 본부는 뉴욕에 있었는데, 그는 태머니파의 창립자 중 한 명이었다. 1815년에는 스테이츠 뱅크를 설립했으나 이 은행은 1819년 파산했다. 그는 생명보험회사와 손해보험회사에 관심이 많았다. 주식시장에도 투기를 했는데, 곧 두말할 필요가 없는 시장의 지도자로 우뚝 섰다. 그가 세운 기업이 망할 때마다 그가 쓰는 금융 수법에 비난이 쏟아졌고, 그가 주식시장에서 더 이상 돈을 벌지 못할 때마다 그의 투기 방식은 공격을 받았다. 심지어 기소되기도 했다. 1심 재판에서 배심원들은 그에게 유죄판결을 내렸다. 그는 항소했고, 2심에서 배심원들은 의견 일치를 보지 못했다. 결국 기소는 취하됐다. 그는 주식시장에서 막대한 부를 쌓았지만, 그의 비상한 재주로도 부를 지켜낼 수는 없었다. 그는 1835년 뉴올리언스로 가서 법률을 공부한 뒤 변호사가 돼 다시 엄청난 돈을 모았지만 남북전쟁 기간 중 전부 잃었다. 1867년에는 루이지애나 주에서 연방 상원의원으로 선출됐으나 의석에 앉지는 못했다. 그는 1869년 파산선고를 받았고, 1871년 필라델피아에서 세상을 떠났다. 그는 월스트리트 최초의 제왕이었지만, 죽을 때까지 권좌를 유지하지 못했다. 그의 삶의 궤적을 돌아보면, 선원에서 선박 소유주, 트레이더, 사업가, 은행가, 정치인, 주식 투기자, 시장 조성자, 변호사, 연방 상원의원까지 두루 거쳤고, 메인 주와 뉴욕 주, 루이지애나 주, 펜실베이니아 주에서 성공했으며, 몇 차례나 백만장자가 됐으나 최후에는 90대 나이에 파산한 채로 죽었다.

금융시장에서 그는 일류급 인물이었다. 변호사로서도 그의 능력은 대단했다. 그렇지만, 그 역시 이 게임에서 이길 수는 없었던 것이다!

제이콥 리틀의 파란만장한 이력

바커 시대 이후에도 탁월한 인물은 계속 나왔다. 시장에 대한 이들의 견해는 교사나 목사, 정치인의 말보다 더 귀하게 여겨졌다. 돈에 굶주린 인간들은 이들의 말 한 마디에 한껏 흥분했다. 이들 가운데는 수백 명 아니 수천 명의 열렬한 추종자를 거느린 경우도 있었다. 하지만 이들의 이름을 인명사전에서 찾아봐야 헛일이다. 오늘날 누가 제이콥 리틀을 기억하겠는가? 하지만 그의 삶은 정말 대단했다! 그는 아홉 번이나 엄청난 돈을 벌었고, 아홉 번이나 다 날렸다. 아홉 번이나! 그는 제이콥 바커의 뒤를 이은 주식시장의 지도자였다. 그는 일찌감치 바커의 사무실에서 훈련을 받았으나 1835년에야 자신의 계좌로 트레이딩하기 시작했다. 2년 뒤 몇 가지 이유로 극심한 인플레이션이 덮쳤고 곧 이어 그 유명한 1837년의 패닉이 닥쳤다. 끔찍한 시기였다. 뉴욕 시에서만 파산한 금액이 1억 달러를 넘었다. 요즘 가치로 따져 수십억 달러에 달하는 최악의 파산사태였다. 미국 전역의 은행 850곳 가운데 350곳이 문을 닫고 다시는 열지 못했다. 심각한 경기침체와 디플레이션 정도에 그친 게 아니었다. 사람들의 정서까지 바뀌었다. 상거래를 하는 사람들이 은행을 믿지 못했다. 은행은 예금자가 발행한 어음을 할인해주지 못했고, 그러다 보니 예금자들은 돈을 인출해가야 했다. 은행은 문을 닫았고, 예금자들도 돈이 말랐다.

바로 이때 제이콥 리틀이 공매도 공세를 펼쳐 그의 이름을 전국적으로 널리 알렸다. 패닉은 그 정도와 범위에서 모두 격렬했고, 상당한 기간 동안 경기침체가 뒤따랐다. 제이콥 리틀은 계속해서 약세 전술을 이어갔다. 결국 패닉 때 권좌에 오른 그는 경기 붐이 불면 권좌에서 쫓겨났다. 그의 적들은 리틀을 가리켜 불신의 유포자 혹은 파산의 예언자라고 불렀다. 하지만 그는 그렇게 퍼뜨린 덕분에 패닉에 이은 경기침체기에 보상을 받았던 것이다. 1845년에 그의 재산은 200만 달러에 달했다. 공부께나 한 은행가 친구 말로는 요즘 가치로 3000만 달러에 달한다고 한다. 그러나 그는 엄청난 부자 그 이상이었다. 그는 주식시장의 제왕이자 위대한 제이콥 리틀이었다. 그는 벼락부자가 되기를 바라는 많은 이들이 우러러보는 성공신화의 주인공이었다.

1846년에 그는 노위치 앤 워체스터 레일로드의 경영권을 지키려는 일단의 보스턴 작전세력에 가담했다. 그들은 막대한 물량의 주식을 매수했고, 각자 2만5000달러를 내도록 해 작전세력 중 누구라도 보유주식을 90달러 밑으로 팔 경우 이를 몰수하기로 했다. 이들 패거리는 주가를 끌어올렸지만, 리틀은 강세를 유지하기가 어렵다고 봤다. 그는 주가 하락이 불가피하다고 예상하고 보스턴의 주식중개인에게 매도 주문을 냈다. 그의 동료들이 이 매도 물량을 매수했고, 곧 이게 리틀에게서 나온 주식이라는 사실을 알게 됐다. 이들이 그를 배신자라고 비난하기 전에 그들에게는 리틀이 보낸 2만5000달러의 수표가 도착했다. 약속을 어길 경우 몰수하기로 한 금액이었다. 리틀은 이때 처음으로 100만 달러의 손실을 입었다. 또한 그가 강세에 베팅한 것은 평생 이게 유일했다. 그가 말하기를 이 거래를 통해 약세 시각을 유지해야 한다는 교훈을 얻었다고 한다. 그런 점에서 이렇게 말할 수 있을 것이다. 미국에서 큰돈을 버는 사람들은 미래에 대한 신념을 갖고 있는 낙관론자와 개척자들이지만, 큰손 투기자들은 비록 강세에 베팅해 수백만 달러를 버는 경우가 있다 하더라도 약세 시각에 더 편향돼 있다는 것이다. 제이콥 리틀이나 다니엘 드루, 빌 트레버스, 애디슨 캐맥, 찰스 워리쇼퍼, 제임스 킨을 비롯한 큰손 트레이더들은 하나같이 공매도를 더 선호했다고 털어놓았다. 주식 트레이더라면 무슨 뜻인지 쉽게 이해할 것이다.

제이콥 리틀은 워체스터 주식에서 입은 손실을 그의 유명한 이리 철도 주식 반란으로 만회했다. 그가 쓴 수법은 나중에 다니엘 드루가 그대로 따라 했다. 당시 정황을 자세히 살펴보면 월스트리트가 그때나 지금이나 얼마나 부주의하게 사업을 하는지 알 수 있을 것이다. 이리 주가를 끌어올리려는 세력이 하나 만들어졌다. 엄청난 매수로 주가는 천정부지로 치솟았다. 제이콥 리틀이 보기에 이건 좋은 표적이었고, 그는 공매도 전선을 구축하기 시작했다. 주가가 올라갈수록 그는 이리 주식을 더 많이 팔았다. 그러나 매수 세력은 그의 매도 물량을 다 소화했고, 추가로 매수 주문을 더 냈다. 이들은 곧 월스트리트에서 매집에 대해 이야기할 것이며 약세 투기자는 매도를 멈출 것이라고 확신했다. 매수 세력이 좀더 공격하자 공매도 투기자들은 전부 환매수를 했는데, 유일한 예외가 있었으니 바로 제이콥 리틀이었다. 마침내 이리 주식을 매집하고 있는 게 명백해졌고, 월스트리트에서는 이제 리틀이 매수 세력에게 떼어줘야 할 금액이 얼마나 될지 입방아를 찧어댔다. 적어도 100만 달러 이상의 손실이 불가피했다. 모두들 리틀이 굴복했다는 소식이 나오기를 기다렸다. 그러나 무관심한 트레이더들조차 궁금해 할 때까지도 리틀은 물러서지 않았다. 이건 금세기 최대의 매집 사건이 될 것이며, 위대한 투기자가 결국 영원히 사라질 게 분명해 보였다. 그는 월스트리트에서 잊혀질 것이었다.

대반전이 이루어지다

마침내 최후의 순간이 다가왔다. 매수 세력은 주가를 몇 포인트 더 올렸다. 어쩌면 이게 마지막 기회였다. 그러나 리틀은 증권회사 객장으로 달려가 그가 공매도한 물량을 환매수하는 대신 이리 철도의 주식 명의변경 사무소를 찾아갔다. 아마도 누가 주식을 보유하고 있는지 알아보려는 것 같았다. 사무소를 나오면서 그는 온 세상을 비웃는 듯한 표정을 짓고 있었다. 그의 얼굴 어디서도 인정 따위는 눈곱만큼도 찾아볼 수 없었다. 그의 친구들―사실 이들은 눈치 빠르게 다른 주식중개인이 낸 주문을 알아채는 관상의 달인들이었는데―보기에는 리틀이 당장 300만 달러는 내놔야 할 것으로 보였다. 승리를 거둔 이리 주식 매집 세력은 모든 약세 투기자를 상대로 고집을 부려봐야 그건 용기도 아니고 현명한 행동도 아니라는 점을 똑똑히 보여주었다. 그러나 길이가는 이 위대한 투기자의 표정은 그 어느 때보다 냉소적이었다.

"제이콥, 어딜 가나?" 한 친구가 물었다.

리틀은 걸음을 멈췄다.

"알고 싶나?" 그가 말했다.

"그럼."

"진짜로 알고 싶어?"

"아, 그렇다니까!"

"그래, 나는 지금 이리 주식을 매집한 바보 멍청이들을 만나러 가는 길일세. 기분 좋은가?"

"아냐, 제이콥."

"아니, 그렇겠지! 그들 때문에 자네도 공매도한 걸 환매수했잖아. 자네가 공매도한 주가보다 7포인트나 주가를 끌어올리자 자네는 아주 고통스러웠지. 그런데 이제 자네 친구 하나가 공매도 물량을 환매수해야 하는 거야. 그것도 자네가 매수했던 것보다 7포인트나 더 높은 주가에, 자네보다 70배나 많은 물량을 말이지. 자네는 기뻐 죽을 지경일 거야. 아무튼 좀 있다가 웃어보라고."

제이콥은 매수 세력 패거리의 주요 멤버들이 모여있는 사무실을 향해 무서운 표정으로 성큼성큼 걸어갔다.

"내가 당신들한테 아주 싼값에 판 이리 주식을 이제 넘겨줄까 해서 왔소." 그가 말했다. 그에게는 이제 아무런 불만도 없어 보였다. 심지어 그의 목소리는 정중하게 들리기까지 했다.

"이렇게 만나보니 반갑소, 리틀 씨." 매수 세력의 우두머리가 웃으며 그에게 답했다. "그래요, 우리가 당신한테서 좀 샀지요. 그게 얼마나 되더라……."

"얼만지 생각할 필요 없소." 리틀이 말을 막았다. "내가 정확히 아니까. 그만큼 샀거든."

"뭐라고?"

"말했다시피, 여기 당신들한테 줄 주식이 있소. 한 주도 빠짐없이!"

리틀은 주식 증서 뭉치를 꺼냈다. 런던에서 매입한 엄청난 물량의 전환사채를 그날 아침 명의변경 사무소에서 주식으로 바꿨던 것이다. 매수 세력 패거리는 사채에 전환권 조항이 있는지 몰랐으나 리틀은 알았던 것이다.

그는 남북전쟁 무렵까지 월스트리트 역사상 최고의 승부사였다. 나이 든 분들한테서 듣기에, 개인으로는 제이콥 리틀처럼 큰 물량을 거래한 경우가 전무후무했다고 한다. 또한 그가 번 돈을 전부 합치면 1879년 주식시장에서 무려 900만 달러의 수익을 챙긴 제임스 R. 킨을 포함해 누구도 상대가 되지 않는다는 것이다. 당시의 화폐가치를 지금과 비교해볼 때 리틀이 주식시장에서 거둔 수익은 앞으로도 영원히 깨지지 않을 기록으로 남을 것이다. 이 말은 그냥 해보는 게 아니라 깊이 생각한 끝에 하는 것이다.

그는 타고난 투기자였고, 역사상 최고의 투기자 중 한 명이었다. 그는 두뇌회전이 기가 막히게 빨랐고 다재다능 했으며 대담했고 독창적이었다. 그는 게임의 기술을 놀라울 정도로 발전시켰다. 그는 증권거래소의 규정과 원칙은 거의 하나도 빠뜨리지 않고 활용했다. 그가 고안한 수법은 다름아닌 거래소 규정에 의해 만들어진 상황을 이용하는 것이었다. 그가 뉴욕증권거래소에서 사용한 트레이딩 기술의 효과를 자세히 설명하려면 지면이 부족할 것이다.

원금과 이자까지 나 갚다

주식 투기의 대가들이 다 그렇듯이 그 역시 놀라운 숫자 기억력의 보유자였다. 이 점은 프로 카드 도박사들의 경우와 비슷할 것이다. 주식시장이 끝나면 그는 자신의 상세한 매매내역, 즉 그날 자기가 한 100건 이상의 거래 하나하나의 정확한 거래량과 가격을 별 어려움 없이 기억해냈다. 그는 따로 장부를 기록하지 않았다. 그와 마찬가지로 코모도어 밴더빌트와 다니엘 드루도 장부를 기록하지 않았는데, 두 사람 다 장부는 믿을 수가 없다고 공언하곤 했다.

제이콥 리틀에게는 오로지 승부가 전부였다. 그는 게임을 게임으로서 사랑했다. 그는 게임을 하는 데서 기쁨을 찾았다. "나는 게임에 몰입하는 한 무슨 일이 벌어지든 개의치 않아." 그는 이런 말을 여러 차례 했다. 하지만 그는 다른 투기의 대가들처럼 결코 맹목적인 도박꾼이 아니라 진정한 트레이더였다. 40여 년에 걸친 그의 트레이딩 인생에서 아홉 번의 엄청난 수익과 아홉 번의 파산은 상황이 그랬기 때문이다. 맨 처음에 거둔 놀라운 성공으로 인해 그는 미래를 내다보는 안목을 잃어버렸다. 그가 투기를 시작한 1835년부터 10년간 큰돈은 약세 투기자들만 벌었다. 불행하게도 국가적 재난이 닥칠 때 개인적으로 부를 누리는 일이 무의식적으로 몸에 배게 됐다. 이로 인해 그는 비관적인 전망과 함께 투기자에게는 치명적인 '변치 않는 편견'을 갖게 됐다. 수익을 거두기 위해서는 상황 판단이 정확해야 한다. 그 역시 정확한 판단을 위해서는 어느 쪽으로도 치우치지 않아야 했다.

제이콥 리틀은 25년 동안 미국 제1의 주식 투기자로 군림했다. 그는 단 한 가지 바람과 야망을 가졌으니, 주식시장을 마음대로 주무르는 것이었다. 누구나 그런 꿈, 제왕이 되겠다는 야망을 품었다. 아마도 이렇게 생각했을지도 모른다. 절대군주가 돼 막대한 판돈을 쌓아놓으면 소위 말하는 재난, 즉 생각지도 않았던 투기적 오류가 닥쳐와도 견뎌낼 수 있을 것이라고 말이다. 어쩌면 제왕이 되겠다는 꿈의 밑바탕에는 과거의 불운을 복수하려는 바람이 있었을 수도 있다. 결국 그건 충분히 논리적인 충동이다. 돈으로 쌓아 올린 모든 왕조는 영원히 통치하기를 바란다. 그러나 100년도 훨씬 더 지난 제이콥 바커 시대 이래로 월스트리트의 나폴레옹 황제들은 하나같이 오스털리츠 대첩에 이어 월털루 패전을 겪었다. 이걸 알면서도 바커의 후계자들은 권좌에서 물러나지 않으려는 나폴레옹 황제의 꿈을 버리지 못한다. 제이콥 리틀도 이런 야심이 있었기에 항상 자기 능력보다 훨씬 더 크게 베팅했다. 어차피 가야 할 목표라면 더 빨리 도달해야 했다. 덕분에 그는 월스트리트 역사상 최고의 승부사가 됐지만, 이로 인해 아홉 번이나 파산한 것이다. 여덟 번은 재기에 성공해 권좌를 다시 찾았다. 그러나 아홉 번째로 물러난 뒤에는 다른 사람들과 똑같은 최후를 맞았다. 그도 죽은 것이다.

그는 파산할 때마다 채권자들에게 억지로라도 약속어음을 써주는 버릇이 있었다. 그는 재기에 성공한 뒤 그걸 회수했다. 그는 일단 빚을 진 사람과는 가깝게 지내지 못했다. 빚을 갚은 다음에야 다시 예전 관계로 돌아갔다. 한번은 그가 다시 큰돈을 벌어 대형 증권회사를 찾아갔다. 자기가 써준 약속어음을 회수하고 싶다고 했다. 증권회사에서는 이미 오래전에 그의 부채를 탕감해주었으며, 그가 없애려고 하는 약속어음 금액을 받고 싶지도 않다고 말했다. 또 그의 재기를 축하해주며 앞으로 행운이 함께 하길 바란다고 덧붙였다.

"처어어언만에 말씀!" 제이콥 리틀이 미친 듯이 소리를 질러댔다. "이 돈을 꼭 받아야 한다고!" 그러고는 원금과 이자까지 전부 갚았다.

위대한 인물의 조라한 밀로

그는 호리호리한 체격에 키가 컸는데, 등은 굽었지만 동작은 재빨랐다. 내가 월스트리트에 처음 왔을 때 한 나이든 주식중개인이 말해주기를, 리틀은 철학자처럼 사색에 잠긴 두 눈과 이재(理財)의 달인다운 길게 늘어진 코, 배우마냥 탄력적인 입술을 가졌다고 했다. 그의 감정 변화는 아주 극적이어서 그의 몸짓에 그대로 드러났다. 오랜 친구 하나는 젊은 시절 제이콥 리틀이 사람들로 꽉 찬 객장에 들어오는 것을 여러 번 봤다며 이렇게 전했다. 그는 버릇처럼 혀를 낼름거렸는데, 마치 시장 분위기를 미각으로 감지하려는 것 같았고, 어떤 때는 마치 애인에게 다가가듯 입술을 오므리기도 했다. 주식중개인들은 이런 행동을 보고 제이콥 리틀이 자기가 번 돈에 키스하고 있다고 말하곤 했다. 그는 모여든 사람들의 한쪽 편에 서서 발뒤꿈치를 든 채로 몸을 앞뒤로 흔들어댔다. 그는 열 번쯤 천천히 의미심장하게 고개를 끄덕였다가, 마치 측면에서 누가 공격해오기라도 하듯 시선을 한 쪽에서 다른 쪽으로 돌렸다. 그러고는 갑자기 흥분한 군중을 노려보고는 수천 주의 매도 주문을 냈다. 그야말로 독수리가 공중에서 먹이를 잡아채가는 모습이었다.

결국, 나이든 약세 투기자 제이콥 리틀은 젊은 강세 투기자 앤서니 W. 모스를 만나 파멸했다. 사실 약세 투기자는 자신이 트레이더라는 사실을 망각한 채 늘 약세 시각만 고집함으로써 파멸을 자초한다. 이와 마찬가지로 모스 역시 냉정한 투기자가 아닌 성미 급한 강세 투기자가 됨으로써 스스로 파멸을 길을 걸었다.

리틀이 마지막이자 아홉 번째로 파산하면서 손실을 본 금액은 100만 달러가 훨씬 넘었다. 그는 투기의 세계에서 한 세대 이상 가장 찬란하게 빛났던 존재였고, 뉴욕증권거래소 역사상 가장 큰돈을 벌었던 인물이었다. 공짜로 뭔가를 얻으려 했던 뉴욕의 허황된 아마추어들 모두가 그의 이름과 얼굴, 성공담을 알고 있었다. 그는 주식 투기라는 게임을 이겨낸 온갖 수법의 달인이었고, 그는 물론 그를 추종하고 따라 하는 이들에게 수백만 달러를 벌게 해준 투기 방식의 창시자였다.

그의 사인(死因)은? 강세장에서도 철저히 약세 시각을 가진 것이었다. 이건 누구나 다 아는 병이었다. 오랜 경험과 노련한 기술을 가졌던 그가 어떻게 이런 병에 걸린 것일까? 왜냐하면 그 역시 인간이라서 그랬다. 이 게임이 모두를 패배하게 만드는 것도 바로 이것 때문이다.

주식중개인을 오래 한 내 친구는 이런 말을 해주었다. 초라한 몰골의 이상하게 생긴 노인네가 객장에 죽치고 앉아 있던 장면을 생생하게 기억하는데, 그게 바로 한때 그 유명했던 제이콥 리틀이었다는 것이다. 그는 이 왕년의 위대한 승부사가 이 종목 저 종목을 5주씩 주문하는 것을 몇 번인가 들었다고 했다. 한때 자기가 시장 전체를 쥐락펴락 했던 바로 그 주식을 말이다! 5주라니! 1837년에는 오로지 주식시장에서 번 돈만 갖고 미국에서 손꼽히는 천만장자 가운데 한 명이 됐던 이 인물이 죽으면서 한 말은 "가난하게 죽는군!" 이었다.

그는 게임을 하면서 수없이 이겼고 엄청난 돈을 벌었지만, 최후에는 그 역시 게임에서 패배했고 아무것도 남지 않았다. 그가 마지막으로 한 말은 진실이었다. 그의 사무실 직원으로 사회생활을 시작했던 리틀의 친구 한 명이 그가 죽은 뒤 금고를 열자 유가증권이 하나도 없었다. 그러자 리틀이 내팽개쳐 두었던 서류뭉치를 살펴봤다. 거기에는 수백 장에 이르는 크고 작은 금액의 차용증서가 있었다. 리틀은 평생 월스트리트에서 활동하면서 채무자에게 빚 독촉을 한 적이 한 번도 없었다. 그가 돈을 빌려주었거나 채무를 탕감해준 사람들이 그에게서 빌려간 돈은 수백만 달러에 달했다. 그와 막역한 사이인 데이비드 그로스벡은 차용증서의 효력이 아직 남아있는 사람들한테서 15만 달러를 회수해 리틀의 유족에게 전해주었다.

투기판에서 당대 최고의 스타로 이름을 날렸으며, 그가 무슨 말을 했고 뭘 했는지가 한동안 매일같이 신문지상에 보도됐던 바로 그 제이콥 리틀을 지금 시장은 기억하지 못하고 있다.

"그의 무덤은 아무도 모른다." 언젠가 뉴욕증권거래소에 등록된 주식 중개인 9명에게 제이콥 리틀에 대해 들어본 적이 있느냐고 물어본 일이 있다. 젊은 친구들도 아니었는데, 이중 6명이 들어보지 못했다고 답했다. 3명만 들어봤다고 했다. 그러나 구체적으로 리틀의 행적을 아는 친구는 하나도 없었다. 단지 어딘가에서 이름만 들어본 것 같다고 했다. 결국 제이콥 리틀의 삶 역시 매년 수도 없이 명멸해가는 인생들이나 다를 바 없는 것이다. 정도의 차이는 있다 해도 굳이 기억할 필요까지는 없는 것이다.

제이콥 리틀을 무너뜨린 투기자는 앤서니 W. 모스였다. 지금은 고인이 된 헨리 클루스가 이런 말을 해준 적이 있다. 모스야말로 자기가 아는 어떤 투기자보다도 대담했다고 말이다. 심지어 제임스 R. 킨보다도 더 놀라웠다고 한다. 그는 대담했을 뿐만 아니라 사람들에게 친절했고 인기도 높았는데, 여유 있고 태평한 성격 덕분이었다.

강세 투기자 앤서니 모스

그는 투기라는 게임을 위해 태어난 인물이라는 점에서는 어느 주식 투기자에게도 뒤지지 않았다. 그는 어린 시절부터 남다른 수학적 재능을 갖고 있었다. 나중에 '번개 같은 계산기'로 불렸을 정도다. 그에게 숫자는 보통사람들에게 글자와 같았다. 그는 네 자리 숫자의 연산을 마치 사람들이 1더하기 1을 하는 것처럼 순식간에 해치웠다. 다트머스 대학 재학 중에는 주식중개인이나 트레이더들에게 아주 유용한 재능을 마음껏 발휘했다. 학교 친구들과 벌인 포커판을 휩쓴 것이다.

그는 대학을 졸업한 뒤 뉴욕 시에 있는 한 상사에 입사했다. 사장은 종종 그를 월스트리트로 보내 회사 어음의 발행 조건을 협상하고 전반적인 자금 문제를 해결하도록 했다. 하루는 모스의 수학적 재능과 정확하면서도 기민하게 돌아가는 그의 두뇌 회전을 높이 산 대형 증권회사의 시니어 파트너 한 명이 그에게 따로 독립해 주식중개인으로 일하라고 조언해 주었다. 이런 수학 천재라면 금방 성공하리라고 내다본 것이었다.

모스는 700달러를 모아둔 상태였다. 일설에 의하면 그의 아내한테서 돈을 빌렸다고도 한다. 어쨌든 그는 다니던 회사를 그만두고 월스트리트로 와서 모스 앤 코(Morse & Co.)를 차렸다.

그는 마치 오리가 물살을 가르듯 거침없이 주식 투기를 해나갔다. 몇 차례 강세 쪽에 베팅한 덕분에 비교적 단시일 안에 꽤 크게 성공할 수 있었다.

그때까지 그는 흐름을 좇아가는 식이었는데, 요즘 말로 하면 주가 테이프를 읽어내면서 큰손 트레이더들이 매매하는 것을 최대한 활용하는 방식이었다. 그런데 일단 25만 달러의 판돈을 손에 쥐자 굳이 큰손들 뒤에 숨어 소심하게 굴 필요가 없었다. 그는 처음으로 자기가 하고 싶은 대로 하기로 결심하고, 뒤를 따르는 대신 앞장서 가기로 했다. 그는 주가를 끌어올릴 종목으로 클리브랜드 앤 피츠버그 철도를 골라냈다. 당시 주가는 65달러였고, 당분간 계속해서 배당금을 줄 수 있는 실적이었다. 모스가 보기에 주식시장은 곧 대세상승을 시작할 태세였다. 그는 피츠버그 주식을 매수하기 시작했다. 주가는 겨우겨우 올라갔는데, 시장은 여전히 두 가지 요인을 다 갖고 있었다. 곧이어 자금 경색이 심화되더니 모든 종목의 주가기 떨어졌다. 모스는 증거금이 적었기 때문에 주가 하락으로 인해 거의 깡통계좌가 될 지경이었다. 그의 동료 주식중개인들은 자기네가 피츠버그 주식을 공매도하면 그가 틀림없이 망할 거라고 생각했다. 그러나 모스는 한 치도 물러서지 않고 그들이 내놓은 매물을 전부 사들였고 더 많은 매수 주문을 냈다. 약세 투기자들도 전혀 두려워하지 않고 더 많은 물량을 내놓음으로써 그가 파국을 향해 달려가고 있음을 확실하게 보여주었다.

재무부가 달러화를 신규로 추가 발행한다고 발표하자 시중자금 사정은 풀렸고 주가는 상승하기 시작했다. 그러나 대세상승은 파이팅 조 후커[2]에게 달려있었다. 그가 전투에서 승리하면 전쟁은 조기에 끝날 것이고, 인플레이션도 막을 내릴 것이었다. 그러면 주가는 급락할 것이었다.

---

2) Fighting Joe Hooker(1814-1879), 남북전쟁 당시 북군의 사령관으로 타고난 용맹성 덕분에 "파이팅"이라는 별명까지 얻었으나, 챈셀러스빌에서 벌어진 전투에서 남군사령관 로버트 리 장군에게 패배했다. 챈셀러스빌 패전으로 북군이 수세에 몰리자 재무부는 화폐 공급을 늘리게 되고, 이를 계기로 챈셀러스빌 강세장이 시작된다.

하지만 후커는 아직 그렇게 하지 못했고, 약세 투기자는 잔뜩 돈을 벌어둔 상태였다. 챈셀러스빌에서 뉴스가 전해졌을 때 모스는 기회가 왔다고 느꼈다. 그는 피츠버그의 주가를 끌어올리기 시작했다. 한동안 인구에 회자된 일화가 있다. 어느날 그가 피츠버그 주식을 거래하는 한 떼의 트레이더들 사이로 뛰어들었다. 그러고는 목소리를 한껏 높여 105달러에 수량 불문하고 얼마든지 매수하겠다고 주문을 냈다. 그의 목소리가 워낙 확신에 차 있었던 데다 지불능력도 충분해 보였기 때문에 그의 매수 주문에 응하는 트레이더가 하나도 없었다.

"1년 내내 팔아온 매도자들이여, 발행주식 전부를 가져오건 몇 주만 가져오건 달라는 대로 다 주겠소!" 하지만 아무도 응하지 않았다. 그는 실망한 표정이었다. 왜냐하면 트레이더들이 그가 원하는 주식을 매도한 게 아니라 매수하기 시작했기 때문이다. 그러나 바로 그 순간 그의 휘하 주식중개인들은 마음껏 피츠버그 주식을 팔아치우고 있었다. 물론 주가는 하나도 떨어뜨리지 않고서 말이다. 모두가 주식을 매수하려고 할 때야말로 그가 거둔 평가이익을 현금화할 수 있는 절호의 찬스였다. 그는 그렇게 했고 100만 달러 이상을 벌었다.

이 사건을 계기로 모스는 월스트리트에서 확실하게 자리매김했다. 이로써 그는 성공을 확신했을 뿐만 아니라 큰손으로 행세할 만한 판돈까지 거머쥐었다. 이때부터 챈셀러스빌 강세장의 영웅은 자신의 운명을 믿게 됐다. 군대나 정계, 금융시장에서 나폴레옹으로 알려진 인물들이 하나같이 빠져드는 신념이었다. 이런 믿음은 확신을 더 키우고 용기를 북돋워준다. 하지만 이와 동시에 너무 과신하도록 부추기고 위험을 과소평가하게 만든다. 이런 사람들은 힘든 일을 하는 게 마치 자신의 운명인 듯 여긴다.

모스의 다음 타깃은 록 아일랜드였다. 그는 주가를 끌어올리기 위한 세력을 구성한 뒤 조용히 대규모 물량을 사들였다. 당시 그는 공개적으로 매수했을 뿐만 아니라 오만하게 앞뒤 가리지 않고 덤벼들었다. 당연히 트레이더들은 마음 놓고 매도했다. 그들은 모스가 피츠버그 주식으로 성공하는 바람에 자만하게 됐으며, 거대한 환상에 사로잡힌 또 한 명의 인간이 월스트리트에서 불행한 운명을 맞게 될 것이라고 생각했다. 트레이더들의 송곳 같은 매도에 따라 주가는 105달러로 떨어졌다. 하지만 모스는 이전보다 더 무모하게 매수해 주가는 114달러까지 상승했다. 그는 한 번에 5만 주, 10만 주씩 매수 주문을 냈다. 일주일 사이 전체 발행 주식의 몇 배에 달하는 물량이 거래됐다. 모스는 모든 수단을 동원해 록 아일랜드 주식을 사들였고, 그래도 아무런 문제가 없이 보였다. 어느새 작전세력은 발행 주식의 4분의 3을 보유하게 됐지만 조금도 걱정하지 않았다. 이들의 자금 동원력은 어마어마했다. 발행 주식 전부를 사들여도 될 정도였다.

다니엘 드루마저 물리치다

모스는 무모한 승부사에다 자만심으로 인해 잔뜩 흥분한 상태였지만 아주 잘 해나갔다. 그는 주식을 결코 화풀이 대상으로 삼지 않았다. 그는 단지 주가를 조금 올렸다가 또 몇 포인트 떨어뜨려 주식시장에서 계속 거래되도록 했다. 자연히 작전세력 멤버 가운데 일부가 시세조종이 잘못됐다고 지적했다. 이들은 주가를 왜 더 높이 끌어올려 공매도 투기자들로 하여금 환매수하게 압박하지 않느냐고 따졌다. 그러나 모스는 그냥 웃으면서 자기한테 맡겨두라고만 했다. 동료 세력 한 명이 모스에게 대체 무슨 일이 있는 거냐고 묻자, 그는 록 아일랜드가 과연 언제나 175달러가 되겠느냐고 되물었다.

월스트리트에서 이 작전세력은 '무조건 충성파'로 알려졌는데, 그도 그럴 것이 시장에서 무슨 일을 벌이고 있는지 아는 사람은 앤서니 W. 모스 한 명뿐이었으니 말이다. 다른 멤버들은 단지 모스가 말해준 대로 서류에 서명하고, 모스가 필요하다고 한 금액만큼 돈을 모아준 것밖에 없었다. 이들은 금세 어떤 정보도 알고 싶어하지 않게 됐다. 모스가 지금 무슨 작전을 벌이고 있는지도 모르는 상황에서 주식을 매매한다는 게 겁났기 때문이다. 이들은 그래서 다른 쪽으로 거래할 수도 없었고 모스를 배신할 수도 없었다.

그 무렵 재무부에서는 몇 달 전 발표했던 신규 화폐 발행을 집행하기로 결정했다. 이렇게 되면 인플레이션은 심화되고 주가는 올라갈 것이었다. 록 아일랜드 주식을 대규모로 공매도한 유명한 약세 투기자 한 명이 워싱턴 정가에 선이 닿아 있었다. 그런데 이 뉴스가 대중에게 알려지기 전에 누군가가 그에게 이 소식을 전보로 보내왔다. 월스트리트에서는 소설 속에서처럼 이런 일이 자주 벌어지는데, 우연히 메신저 보이[3]가 이 소식을 알게 됐고 모스의 충직한 주식중개인에게 이를 전달했다.

모스는 이 소식을 안 지 채 1분도 안 돼 객장에 나가있는 자기 휘하의 대표 주식중개인과 장외시장의 주요 대리인에게 지시를 내렸다. 록 아일랜드 주식을 124달러 밑에서는 팔지 말라고 말이다. 그러고는 서둘러 증권거래소로 나가 주가를 가차없이 끌어올리기 시작했다. 천천히 하지만 꾸준히. 주가는 140달러까지 상승했고, 모두가 더 높이 올라갈 거라고 생각했다. 그러나 이때 모스는 매도하기 시작했다. 그가 가격 불문하고 팔아치우자 주가는 118달러까지 떨어졌다. 이제 모스는 지금까지 해왔던 록 아일랜드 작전보다 더 큰 일을 염두에 두고 있었다. 그는 주식시장

---

[3] messenger boy, 증권회사나 주식중개인이 고용한 심부름꾼 소년으로 각종 서류와 유가증권, 급한 소식을 전해주었다.

전체를 아주 광범위하게 강세장으로 만들겠다고 마음먹었다. 그래서 의도적으로 록 아일랜드 주식을 대규모로 매도함으로써 나머지 주식들의 주가도 떨어뜨린 다음 헐값에 나온 주식을 마음껏 주워담은 것이었다. 실은 그래도 록 아일랜드 주식에서는 괜찮은 수익을 거둘 수 있었다.

그는 이리 철도로 눈을 돌려 공격적으로 매수하기 시작했다. 이건 다니엘 드루의 구역을 침범한 것이었다. 예전에는 이런 식으로 남의 영역을 침범하면 값비싼 대가를 치러야 했다. 그래야 노회한 약세 투기자 드루가 만족할 터였다. 그러나 모스는 다니엘 드루의 심사 따위는 아랑곳하지 않고, 다른 트레이더들이 매도하기를 두려워할 정도로 이리 주식을 엄청나게 사들였다. 그는 더 높은 가격으로 1만 주 매수 주문을 냈다. 드루는 휘하 주식중개인에게 그 물량을 팔되 매도자가 얼마나 무서운 사람인지 알려주라고 했다. 그렇게 했지만, 모스는 겁을 내기는커녕 오히려 웃으면서 2만 주를 추가로 매수 주문했다. 다시 한번 드루의 주식중개인은 그 물량을 모스에게 팔면서 매도자가 "다니엘 드루"라는 점을 분명히 밝혔다. 모스는 미소를 지으며 또 한번 대규모 매수 주문을 냈다. 월스트리트 전체가 그의 배짱에 기겁을 했다. 다름아닌 수많은 강세 투기자들을 파멸시킨 그 주식을 이처럼 엄청나게 매수하다니 말이다. 그러나 한때 이리 주식 물타기의 달인이었던 드루는 이 무모한 강세 투기자를 응징할 수 없었고, 결국 25만 달러 이상의 손실을 입었다.

이 승리 덕분에 모스의 성가는 한층 높아졌고, 그는 여세를 몰아 다른 작전들도 성공적으로 수행했다. 1864년 대세상승 장에서 앤서니 W. 모스는 자타가 공인하는 주식시장의 지도자였다.

모스만큼 그렇게 무지막지하게 밀어붙이는 주식 투기자도 없었다. 그 대단했던 제이콥 리틀도 새로운 지도자에 비하면 느렸고 한물간 인물이었다. 가냘픈 체격의 모스는 굽은 어깨에 매부리코, 쭉 찢어진 눈으로 늘 잘 모르면서도 아는 체하는 것 같은 분위기를 풍겼다. 그는 시간에 쫓기는 주식중개인이라기 보다는 방학을 맞은 대학생처럼 행동했다.

그러다 보니 먼저 증권거래소에 있던 그의 동료 주식중개인들이 그의 매너에 속아넘어갔다. 그들이 보기에 그는 오래 갈 것 같지 않았다. 게임을 어떻게 하는 줄 모르니 게임에 집어삼켜버릴 것이었다. 더구나 그는 게임에 대해 배우려는 자세도 전혀 보이지 않았다. 그는 자신의 매매 내역을 완전히 다 까발렸기 때문에 그의 파산은 시간 문제처럼 보였다. 그는 자신이 무슨 작전을 벌이고 있는지 숨기지 않았다. 그럼에도 불구하고 그는 성공에 성공을 거듭했다. 온 나라가 주식 열기로 들떠있을 때 앤서니 W. 모스는 상승장을 이끄는 지도자로 받아들여졌고, 이런 명성은 그가 큰돈을 버는 데 일조했다.

잠시 제왕으로 군림하다

1864년 당시 그의 사무실은 미국에서 가장 붐비는 곳이었다. 모두들 그의 세력에 끼고 싶어 안달이었다. 그가 운용할 수 있는 것보다 더 많은 계좌가 그에게 밀려들었고, 그가 흘린 귀띔정보는 현금이나 마찬가지였다. 백만장자들이나 소심한 사람들이나 똑같이 자기 재산을 불려달라고 그에게 매달렸다. 그는 이들을 파트너나 세력의 일원으로 받아들이지 못하는 경우에도 최소한 추종자로 인정해 자신이 어느 종목을 사고 있는지, 그러니까 그들도 무엇을 사야 하는지 말해주었다. 그의 사무실 앞에는 미다스의 손을 가진 인물을 잠깐이라도 만나 보증수표나 다름없는 시장에 관한 그의 언급을 들어보려는 군중들이 하루종일 보도 위에서 그를 기다리며 서 있었다. 나이든 분들 얘기로는 모스가 사무실에 도착하기 한참 전부터 군중들이 기다렸다고 한다. 이들은 사무실까지 그를 쫓아오면서 하나라도 물어보거나, 그가 다른 사람에게 해주는 대답을 듣기 위해 서로 밀치고 싸우기까지 했다. 그를 신봉하는 사람의 숫자는 수천 명에 달했고, 여기에는 부유층에서 빈곤층에 이르기까지 모든 계층이 망라돼 있었다. 그리고 이들 가운데 누구도 경고의 목소리에 귀 기울이지 않았다. 약세론자는 흥을 깨는 정도가 아니라 바보 멍청이에다 범죄자였다. 세상에 모스 같은 인물을 잘못됐다고 하는 게 제정신인가? 그것도 포트 웨인의 매수 호가를 단 하루 사이 118달러에서 152달러로 끌어올린 장본인을 말이다.

몇 분만에 엄청난 돈이 쌓였다.

그저 신기할 따름이었다!

무모한 투기 심리를 가라앉히기 위해 체이스 장관은 경고 신호를 주었다. 금을 내다팔 수도 있다는 것이었다. 상승세는 일단 멈췄다. 그러자 모스가 그 막강한 재무부장관에게 전보를 보내 미국 정부가 팔 수 있는 모든 금을 사들이겠다고 했다! 그는 자신의 운을 믿었고, 자기가 이길 것이라고 생각했던 것이다. 그러나 체이스 장관은 다음날 금을 팔고 시중 통화를 회수하는 것으로 응수했다.

이로써 시중자금은 말라버렸고, 은행은 대출자금을 회수했으며, 주식 보유자들은 주식을 팔았고, 주가는 떨어지기 시작했다.

체이스 장관이 금을 내다팔기로 했다는 소식을 아침 신문을 통해 알게 된 모스는 자신의 사무실로 나갔다. 그의 파트너들도 나와 있었다. 그는 파트너 한 명에게 이렇게 말했다. "게임은 끝났어." 한 시간 뒤 은행에서 그에게 지불정지를 통보했다. 그가 하루 사이 30포인트 이상이나 매수호가를 끌어올렸던 포트 웨인의 주가는 153달러에서 110달러로 떨어졌다.

몇 초만에 엄청난 돈이 다 날아갔다.

그저 끔찍할 따름이었다!

시장의 제왕은 그렇게 파국에 자신의 이름을 내주게 됐다. 이날의 폭락은 모스 패닉으로 불렸다.

그는 잠시 제왕으로 군림했다. 그리고 이제 권좌에서 쫓겨난 그에게 들려오는 것은 저주의 목소리밖에 없었다. 그가 파산한 날 집으로 가는데, 얼마 전까지 그의 추종자였던 광분한 폭도들이 그를 뒤따르며 욕설을 퍼붓고 침을 뱉고 주먹을 날려댔다. 그렇지 않아도 가냘픈 체격이었던 모스는 도와주는 사람 하나 없이 처참하게 무너져 버렸다.

아무도 기억하지 못하는 이름들

내가 취재한 바로는 그 대단했던 주식 투기자들을 통틀어 모스야말로 한 인간으로서 가장 인기가 높았던 인물이었다. 그는 품성이 너그러웠고 절대 거짓말을 하지 않았다. 한번은 어느 트레이더가 괴로워하면서 그에게 도움을 청했다. 모스는 그에게 어떤 주식 200주를 매수한 다음 자기 사무실로 보내주면 알아서 처리해주겠다고 했다. 이 친구는 700주나 매수했다. 모스는 좀 뻔뻔스럽다는 생각은 들었지만 미소만 지어보였다. 그는 서너 차례 거래한 뒤 2주 만에 5만 달러 수표를 보내주었다.

그렇다면 그의 최후는? 이 게임이 야기한 심리적 압박과 손실로 인해 그는 기진맥진해졌다. 모스는 결핵에 걸렸다. 다시는 회복하지 못했다. 그의 모든 시도는 실패로 돌아갔다. 그러나 그의 이름은 그냥 이렇게 잊혀지지는 않았다. 어느날 운명의 사신이 월스트리트를 찾아왔고, 그날 포트 웨인 주가는 5포인트나 상승했다. 하지만 그는 지저분한 하숙집에 묵고 있었고, 몸을 덮을 담요조차 충분치 않았다. 담요 살 돈도 없었던 것이다. 그는 감기에 걸렸고 폐렴으로 악화됐다. 이건 치명적이었다. 그러나 여기서 끝나지 않았다. 하숙집 여주인은 밀린 방값을 내기 전까지는 그의 시신을 내줄 수 없다고 버텼다. 한때 주식시장의 제왕으로 군림했던 그 대단했던 앤서니 W. 모스의 시신은 친구가 몇 달러의 빚을 대신 갚아주기 전까지 제대로 묻힐 수도 없었던 것이다.

나는 중장년 나이의 뉴욕증권거래소 소속 주식중개인 11명에게 앤서니 W. 모스에 대해 들어본 적이 있느냐고 물어봤다. 2명이 찰스 W. 모스가 아니냐고 했을 뿐 단 한 명도 그에 대해 아무것도 알지 못했다. 당대에는 역사상 가장 많은 추종자를 거느렸던 투기자를 말이다. 아마도 그보다 더 많은 추종자를 거느린 경우는 35년이나 지난 뒤에 등장한 플라워 주지사가 유일할 것이다.

그래서 나는 잠시 스치듯 지나갔던 다른 제왕들을 떠올려봤다. 이들은 시장의 지도자로 군림했고, 게임에서 수백만 달러를 벌었지만 최후에는 어쩔 수 없이 게임에 패배했다. 전성기 시절에는 온통 그의 업적뿐이었지만 곧바로 그의 이름은 잊혀져 버렸다. 우리보다 앞서간 세대의 그토록 탁월했고 그토록 성공적이었던 투기자들, 가령 옛날 서던 퍼시픽 주식을 6만 주나 매수해 손에 넣은 다음 파산해버린 W.S. 우드워드와 애디슨 G. 제롬, 한창때는 1901년의 제임스 R. 킨이나 요즘의 래리 리빙스턴만큼 유명했던 핸리 N. 스미스와 존 M. 토빈 같은 인물을 과연 누가 기억하겠는가? 그들 모두는 절정의 기술과 최고 수준의 대담함을 발휘해 수백만 달러, 수천만 달러를 벌었다. 그리고 절대 이길 수 없는 게임을 계속해서 이겨내겠다고 고집하는 바람에 한 푼도 남김없이 다 날렸다. 그 대단한 킨의 경우도 마찬가지다. 1901년의 사상 유례없는 U.S. 스틸 시세조종과 몇 년 뒤에 벌어진 호킹 작전세력의 시세조종에 무슨 차이가 있는가!

앨든 B. 스톡웰이라는 인물이 있었다. 그는 큰 재산을 물려받은 상속녀와 결혼했고, 월스트리트의 권좌가 탐이 났다. 그는 경험은 없었지만 돈은 많았다. 그래서 퍼시픽 메일의 경영권을 인수했고, 이걸 기반으로 활동했다. 후에 그는 많은 경험을 쌓았지만 돈은 하나도 남지 않았다. 그가 토로하는 자기 삶의 궤적이야말로 지금까지 들어본 가운데 가장 적절한 월스트리트 인생 행로가 아닐까 싶다.

"내가 처음 여기 왔을 때 나는 A.B. 스톡웰이었어. 그러고는 퍼시픽 메일을 사들였고, 나는 스톡웰 제독으로 불렸지. 그러고는 시장이 내 돈을 다 가져갔고, 나는 그저 클리브랜드 출신의 붉은 머리 바보 멍청이가 됐다네."

이 세상에는 얼마나 많은 스톡웰이 있는가!

〈*Saturday Evening Post*〉 1923년 5월 26일

■ 주요 인물 설명

*순서는 성(姓)을 기준으로 가나다 순임.

존 W. 게이츠(John W. Gates, 1855~1911)는 일명 "백만 달러 내기(Bet-A-Million)" 사나이로 불린 인물이다. 1890년대 말 군소 철강업체들을 인수 합병해 American Steel and Wire Company를 설립한 뒤 J.P. 모건이 1901년 미국 최초의 수십억 달러 규모 기업인 U.S. 스틸을 설립할 때 이 회사를 터무니없이 높은 가격(1억1100만 달러)에 팔아 큰돈을 벌었다. 한때 1억 달러가 넘는 주식 거래를 신용으로 할 만큼 월스트리트 최대의 투기 세력으로 군림했다. 1907년 패닉 때 그의 증권회사와 새로 만든 철강회사가 자금경색으로 문을 닫았으나, 텍사스 유전에서 석유가 난 덕분에 부유한 말년을 보낼 수 있었다.

제이 굴드(Jay Gould, 1836~1892)는 월스트리트 기피대상 1호이자 시세조종의 대가로 꼽힌 인물이다. 역사상 최악의 금 매집 실패로 1869년 9월 24일 검은 금요일을 야기했지만 교묘히 빠져 나왔다. 그의 시세조종은 단순한 차익을 노린 게 아니라 철도회사의 인수 합병을 위한 것으로, 그는 새로 인수한 철도회사 경영에 전력을 기울였다. 말년에는 미국 최대의 전신회사인 웨스턴 유니언을 손에 넣기도 했다. 다니엘 드루와 짐 피스크 같은 당대의 투기자들을 굴복시켰으나, 1884년 제임스 킨이 주도한 베어레이드에 그도 패배했고, 건강까지 악화돼 가련한 말년을 맞았다.

다니엘 드루(Daniel Drew, 1797~1879)는 월스트리트의 전설적인 투기자로, 1866~1868년에 걸쳐 이리 철도의 경영권을 놓고 코모도어 밴더빌트와 벌인 "이리 전쟁"으로 유명하다. 주식시장에서 내부자 거래 수법으로 돈을 번 최초의 인물이었으며, 소몰이꾼 출신답게 필요할 때마다 주식을 신규로 발행하는 "물타기 수법"을 처음 써먹었다. 1873년 공황 때 전 재산을 날리고 결국 파산했는데, 당시 그의 채무는 100만 달러가 넘었고 자산은 500달러에도 못 미쳤다. 고향으로 돌아가 82세의 나이로 죽었을 때 신문에는 그의 부음 기사도 실리지 않았다.

H.H. 로저스(H.H. Rogers, 1840~1909)는 1900년대 초 월스트리트에서 가장 무서운 세력으로 악명을 떨쳤던 스탠더드 오일 일파(Standard Oil Crowd)를 주도한 인물로, "월스트리트의 해적" "지옥문을 지키는 개" 같은 별명이 말해주듯 인정사정 없이 몰아붙이는 투기꾼이었다. 그는 평생을 오로지 돈 되는 일에만 전념했고, 52세가 돼서야 결혼했지만 첫

번째 부인과 2년 만에 사별했다. 두 번째 부인마저 먼저 세상을 떠나자, "모든 게 내 곁을 떠나고 이제는 나밖에 없구나!"라고 한탄했다.

윌리엄 록펠러(William Rockefeller, 1841~1922)는 형 존 D. 록펠러와 함께 스탠더드 오일을 창업한 인물이다. 1911년 대법원 판결로 스탠더드 오일이 분할되자 자신의 지분을 처분한 돈으로 철도회사와 구리회사, 전력회사, 은행에 이르기까지 다수 기업의 지분을 사들여 금융시장에 막강한 영향력을 행사했으며, 스탠더드 오일 일파의 좌장으로 통했다.

존 D. 록펠러(John D. Rockefeller, 1839~1937)는 미국 역사상 최대 부호로 클리브랜드에서 석유정제회사를 창업해 스탠더드 오일로 발전시켰다. 1882년 그가 조직한 석유 트러스트는 미국에서 생산되는 석유의 95%를 지배해 그는 "석유왕"으로 불렸다. 독점으로 돈을 번 악덕 기업가로 비난 받기도 했으나 시카고 대학교 설립을 위해 6000만 달러를 기부했고, 석유 트러스트 해체 후에는 자선사업에 힘을 쏟았다.

제이콥 리틀(Jacob Little, 1797~1865)은 월스트리트에서 당대 최고의 승부사에게 붙여주는 별칭인 "큰곰(Ursa Major, 북두칠성을 포함한 북천의 성좌인 큰곰자리)"으로 불린 첫 번째 인물이다. 월스트리트 최초의 전업 트레이더로 공매도를 위한 시세조종을 처음으로 창안한 인물이며, 다니엘 드루와 제시 리버모어가 그의 정신적 후계자로 꼽힌다. 공격적이고 현란한 투기 솜씨를 발휘하면서도 늘 냉정을 유지했던 그는 투기의 달인답게 무너져도 무너져도 다시 일어섰다. 그러나 1857년 공황 때 이리 철도 주가의 폭락을 목전에 두고 주식 인도 시한에 걸려 파산한 다음에는 끝내 재기하지 못했다. 몇 달만 더 버텼으면 이리 주식 폭락으로 리틀은 수천만 달러를 벌 수 있었지만, 이 실패로 그는 외롭고 비참한 말년을 보내야 했다.

J.P. 모건(J.P. Morgan, 1837~1913)은 그가 활동하던 시절 "자본을 다루는 마술사" "1인 중앙은행"이라는 별칭을 들을 정도로 월스트리트뿐만 아니라 세계적으로도 가장 강력했던 은행가다. 1907년 공황의 위기에서 최후의 대여자 역할을 맡아 사실상 중앙은행으로서의 임무를 해낸 것으로 유명하다. 주식 투기보다는 기업 인수 합병으로 모건 제국을 건설했는데, 더 낮은 금리로 채권을 재발행하거나 채권을 주식으로 전환하는 방식으로 신규 자본을 조달했고, 이 과정에서 자신의 투자은행은 수수료까지 챙겼다.

앤서니 W. 모스(Anthony W. Morse, 1827~1865)는 1862년 500달러로 뉴욕증권거래소 회원권을 매입해 주식시장에 본격적으로 뛰어들어, 남북전쟁(1861~1865)과 운명을 함께 했던 월스트리트의 풍운아였다. 1962년 5월 북군의 조 후커 장군이 남군보다 2배나 많은 병력을 갖고도 패배한 챈셀러스빌 전투를 계기로 월스트리트의 스타로 부상했으나 1864년 포트 웨인 주식 상승에 과도하게 베팅하다 무너지고 말았다. 파산한 뒤 노름판을 전전하며 재기를 노렸지만 오히려 건강만 해치고 허무하게 죽음을 맞았다.

버나드 M. 바루크(Bernard M. Baruch, 1870~1965)는 증권회사 사환으로 월스트리트에 들어가 서른도 되기 전 큰돈을 벌었으며, 1929년 주식시장이 붕괴하기 전에 일찌감치 투기에서 손을 뗀 영리한 투기자다. 그는 1928년부터 주식시장이 광기와 미망에 빠져 있다고 경고했다. 미련 없이 월스트리트를 떠나 워싱턴으로 간 그는 윌슨, 루즈벨트, 트루먼 대통령 밑에서 전쟁 보좌관을 지내는 등 거물 정치인으로도 이름을 날렸다.

제이콥 바커(Jacob Barker, 1779~1871)는 메인 주 출신으로 16세 때 뉴욕으로 진출해 무역업으로 큰돈을 벌었고, 1812년 영국과의 전쟁 당시 미국 정부에 500만 달러의 자금을 조달해주었다. 반노예제 운동에도 적극 나서 남북전쟁 후 루이지애나 주에서 연방 상원의원에 당선되기도 했으나, 루이지애나 주의 연방 재가입 불허로 의석에 앉아보지는 못했다. 1807년 피산 후 말년을 아들 집에서 보내야 했다.

코모도어 밴더빌트(Commodore Vanderbilt, 1794~1877)의 본명은 Cornelius Vanderbilt며, 해운업계 거물로 "제독"이라는 칭호를 얻었다. 나이 70대에 접어들어 미래의 물결이 철도산업에 있다는 것을 깨달은 그는 일전불사의 태도로 철도주를 매수하기 시작해, 1863년과 1864년 두 차례에 걸친 할렘 철도 매집으로 다니엘 드루를 비롯한 공매도 세력을 물리쳤다. 파산한 철도회사 주식을 매수해 물타기 수법으로 돈을 번 그는 1871년 뉴욕의 상징인 그랜드 센트럴 역을 세웠다. 죽을 때까지 1억 달러가 넘는 재산을 모았지만 병마에 시달리며 불행한 노년을 보냈다.

러셀 세이지(Russell Sage, 1816~1906)는 고리대금업으로 큰돈을 번 "역사상 최고의 투기꾼"으로 알려진 인물이다. "누구나 돈을 벌 수 있지만 현명한 사람만이 그 돈을 지킨다"는 좌우명과 함께 평생 구두쇠로 살아 죽을 때 1억 달러의 재산을 남겼다. 요즘도 옵션 트레이딩 기법으로 사용되고 있는 스프레드(spread)와 스트래들(straddle) 전략을 처음으로 고안해 1000만 달러 이상을 벌어들였다. "밀짚모자는 아무도 원치 않는 겨울에 사서, 모두가 원하는 여름에 팔라"는 유명한 격언도 그가 남긴 것이다.

찰스 슈왑(Charles Schwab, 1862~1939)은 카네기 스틸 출신으로 1901년 설립된 세계 최대의 철강회사 U.S. 스틸의 초대 회장을 맡았다. 전성기였던 1910년대 무렵 그의 재산 규모는 2500만 달했고, 미국에서 가장 호화로운 대저택을 두 채나 소유하기도 했다. 그러나 1930년대 들어 도를 넘은 사치와 방탕한 생활에 대공황까지 겹치며 결국 몰락해 사망했을 때 그의 자산은 140만 달러, 부채는 170만 달러가 넘었다.

제임스 스틸먼(James Stillman, 1850~1918)은 아버지가 운영하던 면화상점의 직원으로 출발해 현재 씨티뱅크의 전신인 내셔널 씨티 뱅크(National City Bank)의 은행장까지 오른 입지전적인 인물이다. 1897년 모건의 라이벌인 E.H. 해리먼 편에 서기도 했으나 1907년에 J.P. 모건과 화해했고, 누구와도 사업상의 적대관계를 유지하지 않는 것으로 유명했다.

딕슨 G. 와츠(Dickson G. Watts, 1845~1902)는 뉴욕면화거래소 이사장을 두 차례 지냈으며, 추세매매 기법을 처음으로 선보여 제시 리버모어에게도 큰 영향을 주었다. 《예술로서의 투기와 인생 단상Speculation as a Fine Art and Thoughts on Life》이라는 저서를 남겼다.

찰리 워리쇼퍼(Charles F. Woerishoffer, 1843~1886)는 독일 태생의 증권업자로 1883년의 노던 퍼시픽 버블 때처럼 주가가 기업가치보다 터무니없이 높아지면 과감히 공매도 공세를 펼친 것으로 유명했다. 어린 나이에 미국으로 이민 와 월스트리트 밑바닥부터 출발한 그는 성공을 거두고 고향 독일로 여행을 준비하던 도중 급성 폐렴으로 43세에 생을 마감했다.

애디슨 캐맥(Addison Cammack, 1826~1901)은 남북전쟁을 전후한 시기에 약세 투기자로 이름을 날렸다. 1880년대 월스트리트에서 "큰곰(Ursa Major)"으로 불렸는데, 정교한 분석과 신중한 사전 계획 아래 투기한 것으로 유명하다. 1897년 증권거래소 회원권을 처분하고 은퇴할 당시 그의 재산은 120만 달러였다. 그는 자신의 성공 비결로 "행운과 조심성"을 꼽았다. 그는 과도하게 거래하지 않았고 절대 크게 손실을 입는 일이 없었다.

제임스 R. 킨(James R. Keene, 1838~1913)은 시세조종에 관한 한 당대 최고의 대가로 "주식 거래를 예술의 경지로 끌어올렸다"는 찬사까지 들었지만, 주식과 상품 매집으로 가격을 마구 끌어올린 작전의 명수로 비난을 받기도 했다. 경주마에 각별한 애정을 쏟은 것으로도 유명한데, 그가 사랑했던 경주마 시손비(Sysonby)는 참가했던 메이저 경마대회에서 단 한 번을 제외하고 모두 우승했다. 1906년 6월 시손비가 죽자 〈뉴욕타임스〉는 장문의 부음 기사를 실었다.

윌리엄 R. 트레버스(William R. Travers, 1819~1887)는 남북전쟁이 끝난 뒤 공매도 투기로 대성공을 거둔 것으로 유명하다. 대단한 경마 애호가로 뉴욕 주 휴양도시인 사라토가에 사라토가 경마장을 세웠는데, 여기서 벌어지는 "트레버스 대상 경마"는 순종 경주마들만 달리는 미국에서 가장 오래된 경마 경주다.

로스웰 P. 플라워(Roswell P. Flower, 1835~1899)는 월스트리트의 전설적인 투기자로 1892~1894년 뉴욕 주지사를 지내 "플라워 주지사"로 불렸으며, 연방 하원의원으로도 두 차례 선출됐다. 1899년 5월 12일 저녁 그의 사망 소식이 전해지자 다음날 뉴욕 주식시장이 개장 직후 잠시 급락세를 보였을 정도로 그의 영향력은 막강했다.

제임스 피스크(James Fisk Jr., 1835~1872)는 다니엘 드루의 주식중개인으로 성장해 이리 철도 주식과 금 매집 작전으로 유명해진 월스트리트의 악명 높은 투기꾼이었다. 금 매집 작전에서 실패한 뒤 계약 이행을 외면하고 잠적한 그는 부패 경찰의 보호 아래 호화 생활을 이어갈 수 있었다. 그러나 그는 사업의 목적을 자기만족과 돈이 가져다 주는 쾌락에 두었고, 결국 방탕한 여자관계로 인해 내연녀의 애인이 쏜 총탄에 맞아 36세의 나이로 죽음을 빚있다.

E.H. 해리먼(E.H. Harriman, 1848~1909)은 한때 미국 최대의 철도 제국을 건설한 인물이다. 파산한 철도회사를 인수한 뒤 이익을 우려내 팔아 치워버렸던 다른 투기꾼들과는 달리 경영을 정상화하고 노선을 확장하는 데 수백만 달러를 투자한 다음 이익이 영글기를 기다렸는데, 1895년 인수해 재편하는 데 성공한 유니언 퍼시픽이 대표적이었다. 1901년에는 노던 퍼시픽의 경영권 확보를 위해 제임스 힐과 일전을 벌여 노던 퍼시픽 주가가 1000달러까지 치솟고 주식시장이 패닉에 빠지기도 했다.

H.O. 해브마이어(H.O. Havemeyer, 1847~1907)는 1890년대 슈가 트러스트(Sugar Trust)를 주도하며 미국 설탕산업을 지배했던 인물이다. 유산으로 상속받은 소규모 설탕 정제업체를 기반으로 1891년 아메리칸 슈가를 설립했다. 아메리칸 슈가는 파운드 당 1.1센트의 고정이익을 챙김으로써 1893년에는 22%에 이르는 배당금을 지급하는 등 주식시장에서 인기주로 자리매김했다.

디콘 S.V. 화이트("Deacon" S.V. White, 1831~1913)는 월스트리트에서 보기 드물게 존경 받았던 투기자로, 웨스턴 유니언과 라카와나 철도의 임원으로 일하기도 했다. 법률가로 출발해 시인, 고전학자, 천문학자로 활동하기도 했고, 반노예제 운동을 지원하는 등 많은 선행을 베풀어 "디콘(집사)"이라는 존칭이 붙었다. 본명은 Stephen Van Cullen White로 네 차례나 백만장자가 됐으나 네 차례 파산한 뒤 가난하게 세상을 떠났다.

제임스 힐(James J. Hill, 1836~1916)은 1873년 세인트폴을 사들여 철도 사업에 뛰어든 뒤 1889년 그레이트 노던 인수로 거대 철도 기업가로 부상했다. 1893년 J.P. 모건의 자금 2억1500만 달러를 끌어들여 벌링턴을 인수했다. 특히 1901년 5월 9일 패닉을 야기했던 노던 퍼시픽 주식 매집 사건으로 유명하다. 당시 힐은 J.P. 모건과 손잡고 상대인 E.H. 해리먼 세력과 치열한 경쟁을 벌였는데, 결국 양측은 4억 달러 규모의 합작 지주회사인 노던 시큐리티즈를 설립하는 데 합의하고 싸움을 끝냈다.

■ 제시 리버모어 연보

1877년(출생) 7월 26일 매사추세츠 주 슈루즈버리에서 태어나다. 뉴잉글랜드의 척박한 땅에서 농사를 짓던 아버지 하이렘 리버모어는 리버모어가 갓 태어났을 무렵 땅을 잃고 가족과 함께 장인이 있던 팍스톤으로 이주했다. 여기서 농사를 지으며 약간의 돈을 모은 하이렘은 사우스 액톤에 농지를 마련했고, 리버모어는 이곳에서 어린 시절을 보냈다. 아버지 하이렘은 근면했지만 엄격하고 말수가 적은 성격이었던 반면 어머니 로라는 너그럽고 따뜻한 마음씨였다. 리버모어는 어려서부터 마른 체격에 허약한 편이었지만, 아버지를 도와 밭에서 자갈을 골라내는 일을 해야 했다. 1884년 7월 3일 다우존스 평균주가가 처음으로 발표됐다. 〈월스트리트 저널〉의 전신인 〈애프터눈 뉴스레터〉를 통해 세상에 첫 선을 보인 다우존스 평균주가에는 철도주 9개와 산업주 2개가 편입됐는데, 당시 뉴욕증권거래소(NYSE)의 하루 평균 거래량은 25만 주 수준이었다.

1891년(14세) 리버모어가 초등학교를 마치자 아버지는 자신을 도와 농사일을 하도록 했으나, 호기심 많은 그는 넓은 세상을 보기 위해 집을 떠나기로 결심하다. 어머니는 그가 자라도 한동안은 계속 더 입을 수 있도록 큼지막한 양복 한 벌을 해주고, 5달러를 마련해 아버지 몰래 마차를 타고 떠날 수 있게 했다. 마차를 타고 보스턴에 도착한 리버모어는 마침 마차 정거장 바로 앞에 있던 페인 웨버(Paine Weber & Co.) 증권중개회사의 시세판 담당 사환 자리를 얻어 여기서 일하기 시작한다.

1892년(15세) 친구와 함께 처음으로 거래한 벌링턴 주식에서 3.12달러를 벌다. 리버모어는 버컷샵에서 주식과 상품선물을 거래해 1000달러를 모으는 데 성공한다.

1893년(16세) 페인 웨버 측에서 리버모어에게 버킷샵에서 벌이는 투기 행위를 중단하든가 직장을 그만두라고 경고하다. 리버모어는 버킷샵에서 버는 돈이 시세판 사환으로 일하고 받는 돈보다 훨씬 많았기 때문에 직장을 그만두는 길을 택했다. 1896년 5월 26일 다우존스 산업 평균주가가 처음으로 발표됐다. 여기에는 뉴욕증권거래소에서 거래되는 산업주 12개가 편입됐는데, 당시 NYSE에 상장된 산업주는 이게 전부였고, 나머지 상장 종목은 철도주 53개, 유틸리티주 6개였다. 이날 다우존스 산업 평균주가는 40.94였으며, 두 달 뒤 인 8월 8일에 기록한 28.48이 역사상 최저치로 남아있다.

1897년(20세) 버킷샵에서 투기에 전념한 결과 생애 처음으로 1만 달러를 손에 쥐는 데 성공하다.

1898년(21세) 뉴욕증권거래소(NYSE)의 정식 회원사로 있는 증권회사에서 거래하기 위해 뉴욕으로 향하다.

1899년(22세) 뉴욕증권거래소 소속 증권회사에서 거래를 시작한 지 6개월 만에 가진 돈을 전부 날리고 약간의 빚까지 지게 되다. 리버모어는 빌린 돈 500달러로 세인트루이스의 버킷샵에서 거래해 2500달러로 만든 뒤 뉴욕으로 돌아와 정식 증권회사에서 거래를 재개한다.

1900년(23세) 10월 보스턴에서 인디애나폴리스 출신의 네티 조던과 결혼하다. 리버모어는 부인 네티 덕분에 처음으로 신문 지상에 이름을 올리는데, 유럽 여행을 다녀오는 길에 그녀의 핸드백에서 1만 2000달러 상당의 보석이 발견돼 세관에 압수당하자, 신문에서 그를 월스트리트의 큰손 투기자로 다룬 것이었다.

1901년(24세) 5월 9일 노던 퍼시픽 주식 매집을 둘러싼 패닉이 주식시장을 강타하다. 이날 패닉은 금융시장의 양대 세력인 E.H. 해리먼과 J.P. 모건이 노던 퍼시픽 보통주를 경쟁적으로 매집하는 바람에 야기된 것인데, 노던 퍼시픽 보통

주 주가가 160달러에서 한때 1000달러까지 치솟기도 했다. 패닉이 덮친 5월 9일 주식시장 개장 전까지 리버모어의 재산은 현금으로만 5만 달러에 달했으나, 하루종일 정신 나간 듯 황당하게 트레이딩 한 끝에 한 푼도 남김없이 전부 날렸다. 버컷샵에서 거래하기를 거부하는 바람에 버커티어 사냥에 나서다. 리버모어의 목표는 이번에도 뉴욕증권거래소 정식 회원사에서 다시 거래할 종자돈을 마련하는 것이었다.

1902년(25세) 1년간 버커티어를 상대로 성공적인 트레이딩을 한 끝에 상당한 금액의 종자돈을 모아 뉴욕에 복귀하다. 1905년 버컷샵을 사실상 불법화하는 판결이 내려지다. 대법원은 그동안 정식 증권거래소 및 상품거래소에서 체결된 가격을 무단으로 활용해 영업해온 버컷샵의 행위를 금시하는 판결을 내렸다. 이로써 버컷샵은 급격히 사양길로 접어든다.

1906년(29세) 4월 18일 새벽 샌프란시스코 대지진이 발생하다. 진도 8.3의 지신이 42초간 계속되며 약 1000명의 사망자가 발생하고 5억 달러의 재산피해가 났다. 애틀랜틱 시티에서 휴가를 보내던 리버모어는 대지진 전날 일종의 직감으로 유니언 퍼시픽 주식을 공매도해 25만 달러의 수익을 올렸다.

1907년(30세) 10월 24일 패닉이 월스트리트를 강타. 리버모어는 패닉이 발생하기 전 대규모로 공매도 포지션을 취해둠으로써 처음으로 100만 달러 이상을 벌다. 당시 미국 최대의 은행가였던 J.P. 모건이 리버모어에게 주식 매도를 자제해줄 것을 요청했을 정도로 막강한 영향력을 행사해, 리버모어 자신도 이날을 "생애 최고의 날"이라고 회상할 정도였다.

1908년(31세) 5~6월 사이 면화시장의 강세를 예상하고 7월물 면화선물을 매수해 이 거래에서 대성공을 거두었다. 그러나 곧이어 면화업계의 전설적인 인물인 시어도어 프라이스의 조언에 따라 면화선물을 대규모로 매수했다가 수백만 달러의 손실을 입다. 1913년 국가적인 은행 산업의 안정을 위해 연방준비제도가 도입돼 신용 통제 및 금리 결정 기구로 연방준비제도이사회(FRB)가 설립된다.

1914년(37세) 주식시장은 1910년부터 지지부진한 상태를 이어갔고, 리버모어는 한 푼도 벌지 못한 채 100만 달러 이상의 부채를 지게 된다. 제1차 세계대전이 발발하자 뉴욕증권거래소는 유럽 투자자들의 무차별적인 주식 매도와 이로 인한 주가 급락을 막기 위해 이해 7월 31일부터 12월 11일까지 폐장했다. 12월 12일 뉴욕증권거래소가 다시 문을 열자 다우존스 산업 평균주가는 30.7%나 폭락해 1907년 패닉 이래 가장 낮은 수준으로 떨어졌다.

1915년(38세) 2월 17일 파산을 선언하다. 이해 6월 리버모어의 파산신청이 받아들여져 채무가 면제됐는데, 채무 면제에 반대한 채권자는 한 명도 없었다. 파산신청을 한 뒤 리버모어는 마지막 기회를 노리며 2월 중순부터 시장을 지켜본 끝에 마침내 4월 8일 베들레헴 스틸 주식 500주를 매수해 재기의 발판을 마련하다. 1915년 주식시장은 그야말로 초강세장으로 12월 말 다우존스 산업 평균주가는 99.15로 마감해 전년도 말보다 82%나 상승했다. 이해 말까지 리버모어는 거래 증권회사 계좌에 약 14만 달러의 잔고를 남겨두었다.

1916년(39세) 1915년에 이어 초강세장이 계속돼 리버모어는 한 해 동안 300만 달러를 벌었다.

1917년(40세) 부채를 모두 정리하다. 리버모어는 앞서 파산 선고로 더 이상 갚지 않아도 됐던 100만 달러가 넘는 빚을 이자까지 다 갚으려 했으나 채무를 탕감해준 채권자들 모두가 이자 수령을 거절해 원금만 상환했다.

1918년(41세) 12월 2일 첫 번째 부인 네티 조던과 결혼 18년 만에 이혼. 다음날인 12월 3일 도로시 폭스와 결혼. 카바레 가수 출신인 도로시는 당시 23세였다. 도로시와의 사이에는 두 아들 제시 주니어(1919년)와 폴(1921년)이 태어났다. 도로시와의 결혼 직후 가족을 위해 80만 달러의 연금 신탁에 가입하다. 이때 신탁해둔 덕분에 리버모어가 1934년 마지막으로 파산한 뒤에도 가족 앞으로 매년 5만 달러의 연금이 나왔다.

1922년(45세) 에드윈 르페브르와 인터뷰를 시작하다. 이때의 인터뷰는 이해 6월 10일부터 다음해 5월 26일까지 12회에 걸쳐 〈새터데이 이브닝 포스트〉에 연재됐고, 르페브르는 이를 1인칭 소설 형식으로 각색한 《제시 리버모어의 회상》를 1923년 6월 출간했다.

1923년(46세) 월스트리트와 멀리 떨어진 5번가의 헥셔 빌딩 18층에 개인사무실을 만들어 여기서 거래하기 시작하다. 헥셔 빌딩에는 리버모어만 쓸 수 있는 고속 엘리베이터가 있었고, 개인사무실에는 벽면 세 곳에 따로따로 설치한 시세판에 주가를 적는 직원과 사설 경비원을 포함해 모두 7명이 일했다. 이해 말 주식시장에서의 시세조종과 작전 세력에게서 수수료를 받은 혐의로 상원 위원회에 소환돼 증언하다.

1924년(47세) 이해 여름 밀 시장의 강세를 내다보고 밀선물 1000만 부셸을 매수했으나 성급하게 매도해 부셸 당 25센트의 이익밖에 올리지 못하다. 리버모어는 곧바로 시장에 재진입하기로 하고 앞서 매도한 가격보다 부셸 당 25센트나 높은 가격에 500만 부셸을 매수해 다음해에 매도했다.

1925년(48세) 이해 3월 이후 밀시장이 약세로 돌아선 것을 호밀 시장을 통해 미리 간파하고 밀선물 1500만 부셸을 매도해 300만 달러가 넘는 수익을 거두다.

1926년(49세) 약세 투기자로 월스트리트는 물론 일반 대중들에게까지 널리 알려지다. 이로 인해 주식시장이 급락하면 그의 매도 공세 때문이라는 루머가 빠지지 않고 돌았다.

1929년(52세) 이해 초반까지 강세 시각을 갖고 있던 리버모어는 여름을 고비로 약세 시각으로 돌아서 주식시장에 상장된 주요 종목들을 상대로 대대적인 공매도 공세를 펼친다. 10월 말 주가 대폭락을 계기로 리버모어는 1억 달러가 넘는 수익을 올렸다. 다우존스 산업 평균주가는 이해 9월 3일 381.17로 사상 최고치를 기록하며 마침내 천정을 쳤다. 10월 28일 다우 평균주가는 전날보다 38.33포인트(12.8%) 폭락한 260.64로 마감해 주식시장 붕괴를 알렸고, 다음날인 10월 29일에도 30.57포인트(11.7%) 급락해 이틀 동안 24.5%나 폭락했다.

1930년(53세) 주가 대폭락의 원흉으로 꼽히며 그를 향한 비난과 위협이 쏟아지면서 우울증 증세를 보이기 시작하다.

1932년(55세) 7월 8일 다우존스 산업 평균주가는 전날보다 0.59포인트 하락한 41.22를 기록해 1929년 9월 3일의 사상 최고치에 비해 89.19%나 떨어졌다. 9월 16일 두 번째 부인 도로시와 결혼 14년 만에 이혼하다.

1933년(56세) 3월 28일 오마하 출신의 해리엇 메츠 노블과 결혼하다. 해리엇은 당시 38세로 이번이 다섯 번째 결혼이었는데, 그와 이전에 결혼했던 남성 4명은 모두 자살로 생을 마감했다. 12월 19일 오후 3시 집을 나간 리버모어가 밤중이 되도록 귀가하지 않자 해리엇이 경찰에 실종 신고를 하다. 그의 실종 뉴스로 인해 다음날 월스트리트가 소란스러워졌으나 그는 27시간 만에 집으로 돌아왔다. 개인사무실을 브로드웨이 120번지로 옮기고 시세판 담당자들도 모두 해고한다. 얼마 뒤에는 개인사무실을 다시 5번가 745번지에 있는 스큅 빌딩으로 옮긴다. 이때부터 에드 허튼 같은 오랜 친구들과도 더 이상 만나지 않게 된다.

1934년(57세) 3월 7일 네 번째이자 마지막으로 파산하다. 파산신청 당시 리버모어의 자산은 18만4900달러, 부채는 225만9212달러에 달했다. 파산신청에도 불구하고 가족 앞으로 신탁해둔 재산에서 연금이 나와 리버모어와 가족은 여전히 사치스러운 생활을 계속했다. 리버모어가 어떻게 그 많은 돈을 다 날리고 파산했는지는 정확히 알려져 있지 않지만, 1930~1934년 사이 주식시장과 상품시장의 거래량이 크게 줄어들고 새로운 규제가 쏟아지자 그는 주식시장과 상품시장 이외의 다른 곳에 투자해 전부 날렸다.

1935년(58세) 11월 29일 도로시가 리버모어의 큰아들 제시 주니어를 총으로 쏘는 사건이 발생하다. 제시 주니어는 탄환이 심장을 1인치 비켜간 덕분에 겨우 목숨을 구할 수 있었다.

1937년(60세) 11월 14일 큰아들 제시 주니어가 볼티모어 출신의 에블린 설리반과 결혼하다. 리비모어는 결혼식에는 가지 않고 결혼 선물로 코네티컷 주의 펩시콜라 프랜차이즈 사업권을 사주었다. 이 시기에는 리버모어의 우울증 증세가 더 심해져 악몽으로 잠을 못 이루는 날이 많다고 털어놓는다.

1939년(62세) 큰아들 제시 주니어의 권유로 10월 무렵부터《주식 투자의 기술》을 쓰기 시작하면서 다시 원기를 회복하다. 뉴욕증권거래소의 하루 평균 거래량이 100만주 아래로 떨어져 1923년 이후 최저치를 기록하다.

1940년(63세)《주식 투자의 기술》집필을 끝내고 3월 듀얼, 슬론 앤드 피어스 출판사에서 가죽 장정본과 일반 하드커버본 두 가지 종류로 책을 출간하다. 책은 리버모어의 기대와는 달리 큰 반향을 불러일으키지 못했다. 11월 27일 아내 해리엇과 함께 스토크 클럽에 갔다가 사진사가 사진을 찍어도 괜찮겠느냐고 묻자 리버모어는 이렇게 대답했다. "물론이지요. 하지만 이게 내 마지막 사진이 될 겁니다. 내일이면 아주 오랫동안 떠나있을 거니까요." 다음날인 11월 28일 오후 5시 33분 5번가에 있는 셰리 네덜란드 호텔의 휴대품 보관소에서 자신의 머리에 권총을 쏴 스스로 목숨을 끊다. 32구경 권총으로 자살하면서 남긴 리버모어의 메모장에서는 니나라는 애칭으로 불렀던 아내 해리엇 앞으로 쓴 8페이지 분량의 유서가 발견됐다. "사랑하는 니나에게: 어쩔 도리가 없소. 모든 것들이 내게 등을 돌려버렸어. 싸우는 데도 지쳐버렸소. 더 이상 견딜 수가 없어. 이게 유일한 탈출구야. 나는 당신의 사랑을 받을 자격도 없는 인간이지. 나는 실패자야. 정말로 미안해. 하지만 내겐 이 길밖에 다른 방법이 없소. 사랑하는 로리가." 유서에는 이 같은 내용 외에 자신의 실패한 삶과 외로운 심정, 절망감을 계속해서 반복하는 내용이 적혀 있었다. 11월 29일 오후 뉴욕 주 하츠데일에 있는 펀클립 화장장에서 아내 해리엇과 두 아들 제시 주니어와 폴, 해리엇을 그에게 소개시켜준 친구 알렉산더 무어, 이렇게 네 사람만이 지켜보는 가운데 리버모어가 누워있는 관이 화염 속으로 들어갔다.

옮긴이 박정태

1962년 서울에서 태어나 고려대학교 경제학과를 졸업했다. 15년간 신문기자로 일했고, 현재 경제평론가 겸 전문 번역가로 활동 중이다. 지은 책으로는 《아시아 경제위기 1997-1998》이 있고, 옮긴 책으로는 존 템플턴의 《영혼이 있는 투자》와 《템플턴 플랜》, 윌리엄 오닐의 《최고의 주식 최적의 타이밍》과 《The Successful Investor》, 짐 로저스의 《월가의 전설 세계를 가다》와 《어드벤처 캐피탈리스트》《상품시장에 투자하라》, 필립 피셔의 《위대한 기업에 투자하라》와 《보수적인 투자자는 마음이 편하다》, 제럴드 로브의 《목숨을 걸고 투자하라》, 랄프 웬저의 《작지만 강한 기업에 투자하라》, 찰스 다우의 칼럼을 중심으로 정리한 《주가의 흐름》, 세계적인 첨단 기업의 성공과 좌절을 담은 《반도체에 생명을 불어넣는 사람들 1,2》《열정이 있는 지식기업 퀄컴이야기》 등 20여 권이 있다. 《제시 리버모어의 회상》과 《주식 투자의 기술》을 번역하면서 완벽에 가까운 한국어판을 만들기 위해 1년 이상에 걸친 시간과 노력을 바쳤다. 제시 리버모어에 대한 깊이 있는 자료조사를 바탕으로 이번에 《원전으로 읽는 제시 리버모어의 회상》과 《투자의 핵심》을 새로 펴내게 됐다.

원전으로 읽는 제시 리버모어의 회상
Reminiscences of a Stock Operator

1판 1쇄 펴낸날 2010년 12월 20일
1판 3쇄 펴낸날 2021년 12월 30일

지은이 에드윈 르페브르
옮긴이 박정태
펴낸이 서정예
표지디자인 오필민
펴낸곳 굿모닝북스

등록 제2002-27호
주소 (10364) 경기도 고양시 일산동구 호수로 672 804호
전화 031-819-2569
FAX 031-819-2568
e-mail goodbook2002@daum.net

가격 19,800원
ISBN 978-89-91378-23-0 03320

*잘못된 책은 구입하신 서점에서 바꿔드립니다.
*이 책의 전부 또는 일부를 재사용하려면 사전에
 서면으로 굿모닝북스의 동의를 받아야 합니다.

투자의 고전을 펴내면서

어느 분야에나 고전은 있다. 문학과 역사, 철학, 과학 분야의 고전은 우리 인간이 쌓은 지식의 보고(寶庫)다. 고전은 세월의 검증을 받은 책이고, 고전이기에 틀림없이 우리에게 무언가 좋은 것을 말해줄 것이다. 수많은 독자들로부터 위대한 책으로 인정받았기 때문에 고전이 된 것이다.

투자 분야의 고전도 마찬가지다. 투자의 고전을 통해 우리는 투자 이론과 투자 심리를 이해할 수 있고, 투자 역사와 투자 산업을 통찰할 수 있다. 우리나라 주식시장에서 외국인 투자자가 활개를 치는 이유는 자금력이 우세해서도, 정보력이 뛰어나서도 아니다. 이들이 늘 한 발 앞서 갈 수 있는 것은 다름아닌 지식이라는 힘을 가졌기 때문이다. 이 지식은 투자의 고전에서 나온 것이다.

우리나라 투자자들도 이 지식으로 무장할 수 있다. 그러기 위해서는 훌륭한 투자의 고전이 한국어로 번역돼야 한다. 처음부터 우리말로 쓰여지지 않았다고 해서 우리의 것이 아니라고 여겨서는 안 된다. 기본적으로 저자가 쓴 글이 어떤 의미를 가진 텍스트라면 그것은 어떤 언어를 통해서든 이해하고 소화할 수 있어야 한다. 제대로 된 번역이 절실히 요구되는 이유이기도 하다.

모든 분야의 고전이 한국어로 번역돼야 하는 것처럼 투자의 고전도 반드시 한국어로 읽을 수 있어야 한다. 고전 읽기는 뿌리를 찾아가는 여행이다. 투자의 분야도 예외일 수 없다.